Die mein schöner Garten Enzyklopädie der Gartenpflanzen

mein schöner Garten

Die Garten Enzyklopädie der Gartenpflanzen

herausgegeben von
Jürgen Wolff und Angelika Throll

KOSMOS

Inhalt

Das Expertenteam

Dipl.-Ing. Angelika Throll, fachliche Beraterin bei allen Kapiteln. Sie arbeitet seit fast 20 Jahren als Gartenredakteurin und ist als Redaktionsleiterin Garten im KOSMOS-Verlag tätig.

Jürgen Wolff, Fachberater bei allen Kapiteln. Er ist seit 1984 im Redaktionsteam und seit 1995 Chefredakteur von Mein schöner Garten in Offenburg.

Peter Beck, Mitarbeit an Texten und Fotos sowie Fachberatung. Er ist Fachautor und Sachverständiger für Gartenteiche sowie Leiter der Fachgruppe Steingarten und alpine Stauden, Gruppe München.

Dipl.-Ing. Eva-Maria Geiger, fachliche Beratung des Kapitels Balkon- und Kübelpflanzen. Sie ist Landwirtschaftsoberrätin und leitet das Sachgebiet Zierpflanzenbau an der Bayerischen Landesanstalt für Wein- und Gartenbau in Veitshöchheim.

Dipl.-Ing. (FH) Hans Peter Haas, fachliche Beratung der Kapitel Sommerblumen und einjährige Kletterpflanzen. Er ist Betriebsleiter am Institut für Gartenbau der Forschungsanstalt Weihenstephan.

Gerd Hartung, fachliche Beratung des Kapitels Rosen. Er ist Inhaber des Pflanzenversandes „Rosarot" in Raa-Besenbek. Im Internet finden Sie diesen Versand unter www.rosenversand24.de

Dr. Heidi Heuberger, fachliche Beratung des Kapitels Kräuter. Sie arbeitet am Lehrstuhl für Gemüsebau der Technischen Universität München, Freising-Weihenstephan.

Dipl.-Ing. (FH) Robert Koch, Mitarbeit an den Texten und Bildern, Fachberatung bei allen Kapiteln. Er arbeitet als Versuchsingenieur an der Staatlichen Lehr- und Versuchsanstalt für Gartenbau (LVG) in Heidelberg.

Dr. Folko Kullmann, Mitarbeit an den Texten und Bildern, Fachberatung bei den Kapiteln Bäume und Sträucher, mehrjährige Kletterpflanzen und Stauden. Er arbeitet im Gartenlektorat des KOSMOS-Verlages und ist ein vielseitig erfahrener Gartenpraktiker im In- und Ausland.

Dipl.-Ing. (FH) Dirk Mann, Mitarbeit an Text und Bildern sowie Fachberatung. Er ist Fachautor in den Bereichen Kräuter, Stauden, Gräser, Farne sowie Zwiebel- und Knollenpflanzen und hat schon mehrere Bücher geschrieben. Er betreut den umfangreichen Sichtungsgarten der Kräuter- und Staudengärtnerei Mann und unterstützt deren Pflanzenversand www.plantasia.de

Dr. Ulrich Mayr, fachliche Bearbeitung des Kapitels Baum- und Beerenobst. Er ist am Kompetenzzentrum Obstbau Bodensee in Bavendorf tätig und verantwortlich für den Arbeitsbereich Sortenprüfung Obst und ökologischer Obstanbau.

Antje Verstl, Firma DENDRON, Berlin, fachliche Beratung der Kapitel Bäume und Sträucher sowie mehrjährige Kletterpflanzen. Sie leitet Fachseminare rund um den Garten.

Vorwort

Rosen und Lilien, Erdbeeren und Tomaten, Himmelsleiter und Teufelskralle – sie alle machen Lust auf Garten. Dieses wunderbare Buch stellt Ihnen über 2500 Pflanzen vor. Bekannte und unbekannte, prächtige und bescheidene, große und kleine.

Ganz besonders gut gefällt mir persönlich ein Extrakasten unter jeder Beschreibung. Hier finden Sie das, was für heutige Gartenfreunde große Bedeutung hat: Ist die Pflanze für kleine Gärten und Einsteiger geeignet. Und: Macht sie wenig oder viel Arbeit. Damit erhalten Sie ganz praktische Auswahlkriterien, um genau die richtigen Pflanzen für sich zu finden.

Seit über 100 Jahren verlegt der KOSMOS-Verlag erfolgreich Garten- und Naturbücher. MEIN SCHÖNER GARTEN ist seit Jahrzehnten das größte europäische Gartenmagazin. Wir gemeinsam haben all unsere Erfahrung in dieses Werk gelegt, um Ihnen ein Buch an die Hand zu geben, das Sie jahrelang als Ratgeber und Lexikon begleiten wird.

Angelika Throll

Angelika Throll
Redaktionsleiterin Garten
KOSMOS-VERLAG

Auf dieses Buch haben Gartenfreunde lange gewartet: Mehr als drei Jahrzehnte nach der Gründung von MEIN SCHÖNER GARTEN liegt die erste umfassende Pflanzen-Enzyklopädie von Europas größtem Gartenmagazin in Zusammenarbeit mit dem KOSMOS-Verlag vor. Damit können wir unseren Leserinnen und Lesern endlich das bieten, was eine Monatszeitschrift naturgemäß nicht enthalten kann: eine kompakte Übersicht nahezu aller Pflanzen, die für unsere Gärten geeignet sind.

Für dieses Buch haben zwölf Garten-Praktiker und Experten zusammengearbeitet, die sich mit den Ansprüchen der Gartenbesitzer speziell in Deutschland und in seinen Nachbarländern auskennen. Und wir haben besonderen Wert darauf gelegt, dass die Beschreibungen der Pflanzen für jeden Hobbygärtner leicht verständlich und übersichtlich dargestellt sind. Denn mit der neuen Enzyklopädie möchten wir vor allem erreichen, dass Sie noch mehr Erfolg und damit auch noch mehr Spaß an Ihrem individuellen Gartenparadies haben.

Jürgen Wolff

Jürgen Wolff
Chefredakteur
MEIN SCHÖNER GARTEN

Wichtiges zu diesem Buch

Gliederung des Buches

Wir haben dieses Buch in elf Kapitel untergliedert

- Bäume und Sträucher ab Seite 10
- Rosen ab Seite 56
- Kletterpflanzen ab Seite 82
- Sommerblumen und Stauden ab Seite 92
- Gräser, Bambus & Farne ab Seite 178
- Wasserpflanzen ab Seite 194
- Kräuter ab Seite 206
- Gemüse ab Seite 224
- Obst ab Seite 236
- Balkon- und Kübelpflanzen ab Seite 252
- Verwendungstabellen ab Seite 282

Innerhalb der Haupt-kapitel sind die Pflanzen nach botanischen Namen geordnet, mit Ausnahme des Gemüses und des Obstes. Diese sind nach Gruppen und Wichtigkeit gegliedert.

Und so sieht ein Porträt aus

Deutscher Name oder Name

Botanischer Name

Gattungsname: das erste Wort

Artname: das zweite Wort

Achtung: Manchmal befindet sich ein × zwischen dem Gattungs- und dem Artnamen. Dann handelt es sich um eine Hybride (siehe Seite 9)

Sortenbeispiele: Eine Sorte steht immer in einfachen Anführungs-zeichen. Wir haben Ihnen einige empfehlenswerte Namen aufgezählt. Es gibt jedoch oft unzählige Züchtungen, deren Nennung das Buch sprengen würde. Erkundigen Sie sich daher auch vor Ort, was Ihr Gärtner oder das Gartencenter anbietet und welche Vorzüge und Nachteile die jeweilige Sorte hat.

Extra-Info zur schnellen Übersicht am Ende der Pflanzen-beschreibung

Sonnenauge
Heliopsis helianthoides

Aussehen: aufrecht buschig, horstbildend; **Höhe:** 60–150 cm; **Breite:** 50–60 cm
Blütezeit: Juli bis September
Blüte: Gelb- und Orangetöne; gefüllt, ungefüllt – je nach Sorte
Blätter: dunkelgrün
Standort: sonnig
Boden: neutral, ausgeglichen; frisch; sandig-lehmig, sandig-humos
Nährstoffbedarf: hoch;
Bewässerung: regelmäßig
Pflanzabstand: 60–70 cm;
Vermehrung: Teilung;
Schnittmaßnahmen: den Spross im späten Herbst oder zeitigen Frühjahr zurückschneiden
Verwendung: bunte Beet- und Staudenpflanzung, Schnittblume, lockt Bienen und Schmetterlinge an, auffallende Blüten
Sortenbeispiele: 'Karat' – leuchtend gelb, 'Goldgefieder' – goldgelb, gefüllt 'Goldgrünherz' – gelb mit grünem Herz, gefüllt , 'Spitzentänzerin' – gelb, halbgefüllt, 'Venus' – goldorange, gute Schnittsorte

pflegeleicht, für Einsteiger

Fremdworte und Abkürzungen

Cultivar/Cultivars: internationale Bezeichnung für den Begriff Hybride, kann auch Sorte bedeuten

Hybride: Kreuzung zwischen Arten einer Gattung

syn.: Synonym, Name, unter dem die Pflanze auch bekannt ist und gehandelt wird

var.: Diese Abkürzung bedeutet Varietät, eine abweichende Form der Pflanzenart.

Blütezeit

In den Pflanzen-Beschreibungen finden Sie die durchschnittliche Blütezeit. Es kann regional zu Abweichungen kommen, zum Beispiel durch eine besonders geschützte Lage.

Dasselbe trifft auf Temperaturunterschiede zwischen den einzelnen Jahren zu. In manchen Jahren kommt der Frühling eher, in anderen später.

Auch wenn Pflanzen unter Glas oder am Fenster vorgezogen oder angetrieben werden, kann das zu anderen Blütezeiten führen. Gärtnereien zum Beispiel verkaufen verschiedene Blumen blühend, deren Farbpracht sich im eigenen Garten erst Wochen später zeigt.

Blütenfarbe

Die genannte Blütenfarbe gehört zur jeweiligen Art. Von vielen Arten gibt es Sorten, die in den unterschiedlichsten Farben blühen. So können Sie durch geschickte Sortenwahl genau die Farbe bekommen, die sie wünschen.

Höhe und Breite

In den Beschreibungen finden sie die durchschnittliche Höhe und Breite der Pflanze. Bitte beachten Sie, dass Pflanzen auf nährstoffreichen Böden wesentlich größer werden als die auf kargen Plätzen. Auch die verschiedenen Sorten können deutlich größer oder kleiner wachsen als die Art.

Verwendungstabellen

Ab Seite 282 finden Sie schnell und übersichtlich Pflanzen zu folgenden Themen:
– Bodendecker
– Pflanzen für Steingärten
– Heckenpflanzen
– Duftpflanzen
– Pflanzen für Schattenplätze
– Pflanzen mit auffallendem Wuchs
– immergrüne Bäume und Sträucher

Tulpenbaum (S. 32)

Ball-Rhododendron 'Flava' (S. 42)

Acer 'Dissectum Garnet' (S. 14)

Gewöhnlicher Buchsbaum (S. 19)

Ball-Hortensie (S. 30)

Lauben-Ulme (S. 44)

Geweihbaum (S. 29)

Ginkgo (S. 49)

Grüne Berberitze im Herbst (S. 18)

Chinesische Scheinhasel (S. 24)

Magnolia-Hybride (S. 32)

Parrotie (S. 35)

Kork-Spindel (S. 27)

Latsche (S. 52)

Rhododendron (S. 38f.)

Hainbuche (S. 21)

Zwerg-Balsam-Tanne (S. 46)

Stechpalme 'J.C. van Tol' (S. 30)

Strauch-Pfingstrose (S. 34)

Südbuche (S. 34)

Bäume
und Sträucher

Echte Felsenbirne (S. 16)

Kriech-Weide (S. 41)

Jap. Blumen-Hartriegel (S. 23)

Tsuga canad. 'Pendula' (S. 55)

Kleines Immergrün 'Alba' (S. 45)

Heidekraut (S. 20)

Stiel-Eiche (S. 38)

Pagoden-Hartr. 'Variegata' (S. 23)

Gehölze — Grundgerüst jedes Gartens

Bäume und Sträucher bieten mit ihren Blüten, mannigfaltigen Blattformen und -farben, leuchtender Herbstfärbung und interessanten Rindenstrukturen zu jeder Jahreszeit ein ständig wechselndes Bild im Garten. Die Palette der Wuchsformen reicht von schlanken Säulen über malerische Hänge- und Laubenformen bis hin zu breit ausladenden oder kriechend den Boden bedeckenden Formen. Unter der Vielzahl von verschiedenen Baum- und Straucharten gibt es kompakt oder zwergig wachsende Sorten, so dass auch für kleinere Gärten und sogar Terrassen oder Balkone eine große Auswahl zur Verfügung steht. Gehölze lassen sich geschnitten als Hecke zur Abgrenzung des Grundstücks genauso wie einzeln an markanter Stelle gesetzt als Mittelpunkt im Garten verwenden.

Laubgehölze

Die Vielfalt der Laubgehölze ist beinahe unendlich und für jeden Garten und Gartenliebhaber gibt es eine ganze Palette empfehlenswerter Arten. Man kann sich zwischen den unterschiedlichsten Blattformen entscheiden – von dem winzigen rundlichen Laub der Zwergmispel bis zu den riesigen Blättern des Blauglockenbaums und Farben von Gelb über alle Grün-Töne bis zu Bronzerot. Viele Arten bestechen zudem durch eine atemberaubende Herbstfärbung. Dazu kommen Blüten in allen Farben und zu allen Jahreszeiten und bei vielen Arten eine attraktive Rinde, die im Winter für Farbtupfer sorgt.

Nadelgehölze

Als Nadelgehölze oder Koniferen bezeichnet man alle Baumarten, deren Samen nicht, wie bei den Laubgehölzen, von einer Hülle geschützt wird. Deshalb nennt man sie botanisch auch „Bedecktsamer". Auch der Fächerblattbaum oder Gingko gehören zu dieser Gruppe. Ein weiteres gemeinsames Merkmal sind die zu Nadeln umgeformten Blätter, die bei den meisten Arten das ganze Jahr über am Baum bleiben. Einige wenige wie die Lärchen, der Urweltmammutbaum oder die Sumpfzypresse werfen aber im Herbst ihre Nadeln ab. Auch wenn Koniferen keine attraktiven Blüten besitzen, so sind sie doch ein unersetzlicher Gartenbestandteil.

Verwendung

Bäume und Sträucher geben einem Garten ein Rahmengerüst und prägen das Bild unserer Umgebung. Sträucher und Hecken schützen vor neugierigen Blicken, bieten Wind und Wetter die Stirn, und Bäume schaffen auch im Hochsommer angenehm kühle Sitzplätze in ihrem lichten Schatten. Sie beeinflussen das Kleinklima im Garten maßgeblich. Viele Stauden, Farne und Gräser gedeihen erst richtig im Schatten von Gehölzen und entfalten dort ihre Schönheit. Nadelgehölze erlauben durch ihre vielgestaltigen Formen und ein ganzjährig ansprechendes Äußeres viele verschiedene Gestaltungsmöglichkeiten. Allerdings sollte der Anteil immergrüner Arten in einem Garten nicht mehr als ein Viertel oder ein Drittel der gesamten Pflanzen ausmachen, damit keine zu düstere Atmosphäre entsteht.

Auswahl und Kauf

Bei der Auswahl von Gehölzen müssen verschiedene Dinge beachtet werden. Zunächst einmal entscheidet der ganz persönliche Geschmack, das Aussehen, die Wuchsform, Blüte oder Herbstfärbung, welche Bäume man im Garten pflanzen möchte. Jede Pflanzenart hat mehr oder weniger spezielle Ansprüche an den Boden, gedeiht eher im Schatten oder in der Sonne, verträgt Wind oder bevorzugt einen geschützten Standort, braucht eine gleichmäßige Bodenfeuchte oder toleriert Trockenperioden. Der Garten ist zwar ein künstlich geschaffenes Stück Natur, ihm sind aber auch Grenzen gesetzt, die nicht ohne weiteres überwunden werden können. Wer ein Grundstück besitzt, das nach Norden ausgerichtet ist und kühl und schattig liegt, wird mit Hibiskus keine Freude haben, genauso wie die Kultur von Rhododendron auf kalkhaltigen schweren Böden nur mit aufwändigen Bodenverbesserungen zu gewährleisten ist.

Beim Kauf ist besonders bei größeren Gehölzen und Bäumen eine gute Qualität wichtig. Angesichts der Lebensdauer und der höheren Anschaffungskosten wird man hier nicht sparen. Ein gesundes, gut entwickeltes Wurzelsystem ist entscheidend für ein erfolgreiches An- und rasches Weiterwachsen.

Containerpflanzen, bei denen die Wurzeln ringförmig innen im Topf wachsen oder aus der Oberfläche des Substrates ragen, sollten man nicht kaufen. Solche Pflanzen wachsen später schlecht an und fallen leicht um. Wurzelnackte Pflanzen dürfen keine oder nur wenig beschädigte Wurzeln aufweisen. Das Laub sollte eine natürliche Farbe besitzen, vergilbte Blätter weisen auf Nährstoff- oder Wassermangel hin. Bei Hochstämmen achtet man auf einen geraden, durchgehenden Stamm.

Pflanzung

Bei der Wahl des Standorts muss man neben den individuellen Ansprüchen der jeweiligen Baumart auch die zukünftige Größe mit in

Japanischer Fächerahorn (Acer japonicum) am Teichrand

Betracht ziehen. Der Abstand zur Nachbarsgrenze oder zu anliegenden Wegen und Straßen wird je nach Gemeinde individuell geregelt. Die örtlichen Bauämter oder Stadtverwaltungen geben hier Auskunft. Auch der Abstand zu Gebäuden oder Parkplätzen muss beachtet werden, damit bei eventuellen Stürmen keine Gefahr durch herabfallende Zweige oder Äste entsteht. Und zuletzt wollen ja auch die übrigen Gartenpflanzen mit ihren Ansprüchen berücksichtigt sein.

Bei der Pflanzung von Bäumen und Sträuchern lassen sich prinzipiell drei verschiedene Methoden unterschieden. Wurzelnackte Exemplare werden im Spätherbst gepflanzt, Pflanzen mit Wurzelballen im Herbst und Frühjahr und Containerpflanzen im Grunde das ganze Jahr über. Vor der Pflanzung wird ein Pflanzloch ausgehoben, das doppelt so breit und eineinhalb Mal so tief wie der Ballen oder die Wurzeln der Pflanze ist. Wurzelnackte Gehölze werden vor dem Pflanzen gut gewässert. Anschließend werden verletzte Wurzeln sauber abgeschnitten. In das Pflanzloch wird die Pflanze gesetzt, der freie Wurzelraum mit einem Gemisch aus Sand, Erde und Kompost aufgefüllt und angetreten.

Ballen- und Containerpflanzen werden ebenso gepflanzt. Ballentücher müssen aufgeschnitten werden. Nach der Pflanzung kann man die Krone eventuell etwas zurück schneiden. Ein Gießrand und ein Pflock vervollständigen die Pflanzung. Wenn der neue Baum im Boden steht, muss erst einmal gründlich gewässert werden, damit ein guter Anschluss zwischen Erde und Ballen beziehungsweise Wurzeln stattfindet und ein zügiges Weiterwachsen möglich ist. Ein Pflock bringt in der Anfangszeit Stabilität, ehe der Baum mit den eigenen Wurzeln genug Standfestigkeit erreicht hat. Vor allem in der ersten Phase des Anwachsens ist eine ausreichende und regelmäßige Bewässerung wichtig.

Pflege und Schnitt

Einmal angewachsen verlangen die meisten Gehölze relativ wenig Pflege. Bei großer Trockenheit im Sommer muss eventuell zusätzlich gewässert werden. Immergrüne Laubgehölze wie Rhododendron oder Stechpalmen sind im Winter weniger durch Frost als durch Wassermangel gefährdet. Bei gefrorenem Boden können sie mit den Wurzeln kein Wasser aufnehmen. Deshalb sollten diese Bäume und Sträucher im Herbst und im Frühjahr, sobald die Temperaturen wieder über den Gefrierpunkt klettern, durchdringend gewässert werden.

Im Frühjahr und Sommer freuen sich vor allem stark wachsende Gehölze über eine Düngergabe. Im Fachhandel gibt es spezielle Mischungen für die unterschiedlichen Baum- und Strauchgruppen wie Blütensträucher, Nadelgehölze oder Rhododendren.

Ein Garten ist ein kleiner, künstlich geschaffener Lebensraum für Menschen, Pflanzen und Tiere und so muss der Mensch manchmal eingreifen, um für ein ausgewogenes Gefüge zu sorgen. Viele Bäume und Sträucher, die sich für kleinere Gärten eignen, benötigen kaum Schnittmaßnahmen. Für Hecken wählt man sinnvollerweise nur solche Arten aus, die regelmäßigen Schnitt gut vertragen. Viele Ziersträucher können nach einigen Jahren ihre Blühwilligkeit einbüßen und mit einem Verjüngungsschnitt zu neuer Blütenpracht angeregt werden. Arten wie der Schmetterlingsstrauch, die im Frühjahr an den Trieben blühen, die im selben Jahr gewachsen sind, werden im zeitigen Frühjahr geschnitten. Andere, wie Forsythien, die an Zweigen des Vorjahres im zeitigen Frühjahr Blüten tragen, schneidet man unmittelbar nach der Blüte. Einige wenige Arten wie Walnuss und manche Ahorn-Arten können, wenn sie in der Phase des Austriebs geschnitten werden, regelrecht „verbluten" und sollten deshalb nur im Spätherbst oder Winter geschnitten werden.

Je nach Bundesland regeln die Landesnaturschutzgesetze alle Schnittmaßnahmen an Bäumen, Sträuchern und Hecken. So dürfen in der Regel zwischen dem 1. März und dem 30. September Bäume und Sträucher nicht geschnitten werden, um brütende Vögel und andere Tiere nicht zu stören.

Pflanzschnitt: Beschädigte Wurzeln einkürzen und Konkurrenztriebe des Mitteltriebes entfernen

Verjüngungsschnitt: Ältere Triebe bis auf den Boden zurückschneiden

Pflanzung von Bäumen in 8 Schritten

1 Immergrüne Gehölze können nur mit Ballen verpflanzt werden. 2 Den Boden des Pflanzloches gut lockern. 3 Ein Pflock zum Anbinden. 4 Wichtig: Vor dem Pflanzen wässern. 5 Beschädigte Wurzeln werden eingekürzt. 6 Um die Wurzelscheibe einen Gießrand ziehen. 7 Gut angießen! 8 Verschlämmungen an der Oberfläche aufharken.

Feld-Ahorn
Acer campestre

Aussehen: eiförmige bis rundliche Krone; **Höhe:** 5–15 m
Breite: im Alter 5–10 m
Blütezeit: Mai
Blüte: grüngelbe Rispen
Früchte: braune Fruchtflügel
Blätter: dunkelgrün; Herbstfärbung leuchtend gelb bis orange
Standort: sonnig bis halbschattig
Boden: schwach sauer bis schwach alkalisch; trocken bis frisch; durchlässig, sandiglehmig
Verwendung: einheimisch, kleiner bis mittelhoher Baum oder sparrig verzweigter Strauch, Einzelpflanzung, Großheckenpflanzung, große Gärten und Parks, als Stadt- und Straßenbaum, Großkübel-Baum; interessante Blätter, auffällige Früchte, leuchtende Herbstfärbung

Weißbunter Feld-Ahorn 'Carnival'

Empfehlenswerte Sorte: 'Carnival' – Weißbunter Feld-Ahorn, kompakt wachsend, Laub mit weißem Rand

pflegeleicht, für Einsteiger

Eisenhutblättriger Japan-Ahorn
Acer japonicum 'Aconitifolium'

Aussehen: baumartiger Strauch
Höhe: 3–5 m; **Breite:** 3–5 m
Blütezeit: April/Mai
Blüte: purpurfarben, in Trauben
Früchte: Fruchtflügel; im Sommer glänzend rot
Blätter: frischgrün, tief geschlitzt; Herbstfärbung leuch-

Japan-Ahorn

tend orange bis feurig weinrot
Standort: sonnig bis halbschattig
Boden: schwach sauer; frisch bis feucht; durchlässig, humos, nahrhaft
Verwendung: Großstrauch, Kleinbaum, Einzelpflanzung, für kleine und große Gärten, Parks und Kübel, auffallende Blätter und Herbstfärbung, geschützter Standort
Weitere Sorte: 'Vitifolium' – Blätter breit fächerförmig; Herbstfärbung karmin

Liebhaberpflanze, für kleine Gärten

Eschen-Ahorn
Acer negundo

Aussehen: baum- bis strauchförmig, breite Krone, Zweige überhängend; **Höhe:** bis 15 m
Breite: 10–12 m
Blütezeit: März bis April
Blüte: blassgelb; in hängenden Trauben
Früchte: gelblichweiße Fruchtflügel in Trauben
Blätter: hellgrün, gegenständig, gefiedert; Herbstfärbung lichtgelb, gelegentlich leuchtend orange
Standort: sonnig bis halbschattig
Boden: anspruchslos; trocken bis nass; kalkverträglich
Verwendung: Großstrauch, Kleinbaum, Einzelpflanzung, kleine und große Gärten und Parks, für Kübel, ungewöhnliches Laub, auffallende Blüten und Früchte

Eschen-Ahorn 'Aureo-Variegatum'

Empfehlenswerte Sorten:
'Aureo-Variegatum' – Gold-Eschen-Ahorn, Blätter goldgelb panaschiert, 'Flamingo' – Flamingo-Ahorn, Blätter weiß bis rosaweiß gerandet und marmoriert

pflegeleicht, für Einsteiger

Fächer-Ahorn
Acer palmatum

Aussehen: baumartiger Großstrauch, rundliche bis schirmartig übergeneigte Krone; **Höhe:**

'Dissectum Garnet'

5–7 m; **Breite:** genauso breit
Blütezeit: Mai
Blüte: purpurrot; in Trauben
Früchte: rötliche Fruchtflügel; stehen stumpfwinklig zueinander
Blätter: frischgrün; Herbstfärbung leuchtend orange bis rot
Standort: sonnig bis halbschattig; windgeschützt
Boden: schwach sauer; frisch bis feucht; durchlässig; humos, sandig-lehmig
Verwendung: kompakt wachsend, Großstrauch, Kleinbaum, Einzelpflanzung, Japangarten, kleine und große Gärten und Parks, für Kübel, auffallende Blätter, bizarrer Wuchs, leuchtende Herbstfärbung, in der Jugend frostgefährdet, geschützter Standort
Sorten: siehe Tabelle

pflegeleicht, für Einsteiger, für kleine Gärten

Sorten vom Fächerahorn (*Acer palmatum*)

Sorte	Deutscher Name	Laub	Höhe, Breite
'Bloodgood'	Roter Fächer-Ahorn	dunkelpurpurrot bis schwarzrot	bis 4 m, bis 4 m
'Deshojo'	Deshojo-Fächer-Ahorn	dunkelgrün, im Austrieb leuchtend rot	bis 3 m, genauso breit
'Dissectum'	Grüner Schlitz-Ahorn	hellgrün, fein geschlitzt	bis 2 m, 2–3 m
'Dissectum Garnet' (Bild Seite 10)	Roter Schlitz-Ahorn	dunkelrot, tief geschlitzt	bis 2 m, 3–4 m
'Osakazuki'	Osakazuki-Fächer-Ahorn	groß, grün, Herbstfärbung leuchtend rot	4–6 m, genauso breit
'Sangokaku'	Korallenrinden-Ahorn	hellgrün, Rinde korallenrot	bis 3 m

Weitere *Acer*-Arten und Sorten

Botanischer Name	Deutscher Name	Aussehen	Höhe	Verwendung
Acer pseudoplatanus	Berg-Ahorn	eiförmig oder breit gewölbt	25–30 m	pflegeleicht, auffallende Blüte, Rinde blättert schuppig ab, leuchtende Herbstfärbung
Acer rubrum	Rot-Ahorn	kegel- bis rundförmig	10–15 m	auffallende Blätter und Herbstfärbung
Acer rufinerve	Rostbart-Ahorn	locker breitkronig	6–8 m	Liebhaberpflanze, für kleine Gärten, ungewöhnliches Laub, leuchtende Herbstfärbung
Acer saccharinum	Silber-Ahorn	hochgewölbte Krone, weit ausladend	15–20 m	pflegeleicht, auffallende Herbstfärbung
Acer saccharinum 'Lacinatum Wieri'	Geschlitzter Silber-Ahorn	locker aufrecht, weit ausladend	15–20 m	auffallende Blätter, ungewöhnlicher Wuchs
Acer saccharinum 'Pyramidale'	Schmaler Silber-Ahorn	säulen- bis eiförmig	bis 20 m	pflegeleicht, auffallende Herbstfärbung
Acer shirasawanum 'Aureum'	Gold-Ahorn	rundlich	2–3 m	Liebhaberpflanze, für kleine Gärten, kompakt wachsend, auffallende Blätter, bizarrer Wuchs

Spitz-Ahorn
Acer platanoides

Aussehen: rundkronig; **Höhe:** 20–30 m; **Breite:** 15–22 m **Blütezeit:** April

Spitz-Ahorn

Blüte: gelblichgrün bis zitronengelb
Früchte: Fruchtflügel
Blätter: dunkelgrün, unterseits heller
Standort: sonnig bis halbschattig
Boden: schwach sauer bis alkalisch; trocken bis feucht; durchlässig, sandig-lehmig
Verwendung: einheimisch, Großbaum, Einzelpflanzung, große Gärten und Parks, auffallende Blüten und Herbstfärbung
Empfehlenswerte Sorten: 'Columnare' – Wuchs kompakter, breit säulenförmig, bis 10 m, 'Deborah' – breit- und rundkronig, bis 20 m, 'Drummondii' – weiß bis cremeweiß gerandetes Laub, 'Faassen's Black' – mittelgroß, bis 15 m, Laub dunkelrot, 'Globosum' – Kugel-Ahorn, Krone rundlich, bis 6 m

pflegeleicht, für Einsteiger

Scharlach-Rosskastanie
Aesculus × carnea 'Briotii'

Aussehen: ausladend rundkronig; **Höhe:** 10–15 m
Breite: 8–12 m
Blütezeit: Mai bis Juni
Blüte: rosarot
Blätter: dunkelgrün
Standort: sonnig bis halbschattig
Boden: schwach sauer bis alkalisch; frisch bis feucht; sandig-lehmig; nährstoffreich
Verwendung: mittelgroßer Baum, Blüten- und Ziergehölz, Einzelpflanzung, große und kleine Gärten und Parks, auffallen-

Scharlach-Kastanie

de Blüten, auffallende Herbstfärbung, widerstandsfähig gegen Kastanienminiermotte

pflegeleicht, auch für kleine Gärten

Rosskastanie
Aesculus hippocastanum

Rosskastanie

Aussehen: ausladend rundkronig; **Höhe:** 20–25 m
Breite: 10–15 m
Blütezeit: Mai bis Juni
Blüte: weiß bis gelblich rosa
Früchte: braune Kastanien
Blätter: mittelgrün
Standort: sonnig bis halbschattig
Boden: schwach sauer bis alkalisch; frisch bis feucht; sandig-lehmig; nährstoffreich
Verwendung: Großbaum, Blüten- und Ziergehölz, Einzelpflanzung, große Gärten und Parks, auffallende Blüten und Früchte, leuchtende Herbstfärbung
Empfehlenswerte Sorten: 'Baumannii' – Gefüllt blühende Rosskastanie, 20–25 m, 'Pyramidalis' – Säulen-Rosskastanie,

Wuchs säulenförmig, bis 8 m hoch und 4–6 m breit, 'Umbraculifera' – Kugel-Kastanie, kugelförmig bis rundkronig, 6–10 m

pflegeleicht

Strauch-Rosskastanie
Aesculus parviflora

Aussehen: breit wachsend bis aufrecht buschig; Ausläufer treibend; **Höhe:** 3–4 m **Breite:** meist viel breiter als hoch
Blütezeit: Juli bis August
Blüte: weiß
Früchte: braune Kastanien
Blätter: mittelgrün
Standort: sonnig bis halbschattig
Boden: schwach sauer; frisch; durchlässig, sandig-lehmig
Verwendung: kompakt wachsend, Großstrauch, Blüten- und Ziergehölz, Einzelpflanzung, große Gärten und Parks, auffallende Blätter und Blüten, auffallender Wuchs, wächst gut im Schatten unter Bäumen

pflegeleicht, für Einsteiger

Götterbaum
Ailanthus altissima

Aussehen: breit rundkronig
Höhe: bis 25 m
Breite: 10–15 m
Blütezeit: Juni bis Juli
Blüte: grünlich
Früchte: geflügelt, eschenähnlich
Blätter: glänzend dunkelgrün
Standort: sonnig
Boden: anpassungsfähig;

Weitere *Alnus*-Arten

Botanischer Name	Deutscher Name	Aussehen	Höhe	Verwendung
Alnus glutinosa	Rot-Erle, Schwarz-Erle	kegelförmig	10–20 m	pflegeleicht
Alnus incana	Grau-Erle, Weiß-Erle	kegelförmig	6–10 m	pflegeleicht
Alnus incana 'Aurea'	Gold-Erle	kegelförmig	10–12 m	für kleine Gärten, pflegeleicht, kompakt wachsend, auffallende Blätter
Alnus × spaethii	Purpur-Erle	kegelförmig	12–15 m	Liebhaberpflanze, auffallende Blätter und Herbstfärbung

trocken bis feucht; durchlässig
Verwendung: Großbaum, große Gärten und Parks, stadtklimafest, trockenresistent

pflegeleicht

Italienische Erle, Herzblättrige Erle
Alnus cordata

Aussehen: locker kegel- bis eiförmig; **Höhe:** bis 15 m
Breite: 8 m
Blütezeit: März bis April
Blüte: gelblich
Früchte: zapfenähnlich
Blätter: glänzend dunkelgrün; herzförmig
Standort: sonnig bis halbschattig
Boden: anpassungsfähig; frisch bis feucht; durchlässig
Verwendung: kleiner bis mittelgroßer Baum, Einzelpflanzung, große Gärten und Parks, auffallende Blätter, ungewöhnliche Früchte, treibt früh aus und behält das Laub bis November

pflegeleicht

Kahle Felsenbirne
Amelanchier laevis

Aussehen: leicht überhängende schirmförmige Krone
Höhe: 3–5 m; **Breite:** genauso breit wie hoch
Blütezeit: April bis Mai

Felsenbirne

Blüte: weiß
Früchte: schwarzrote Beeren
Blätter: stumpfgrün
Standort: sonnig bis halbschattig
Boden: sauer bis leicht alkalisch; mäßig trocken bis feucht; sandig-lehmig; durchlässig
Verwendung: kompakt wachsend, Großstrauch, Kleinbaum, Einzelpflanzung, kleine und große Gärten und Parks, auffallende Blätter, schöne Blüten, Früchte und Herbstfärbung, stadtklimafest, sehr frosthart
Sortenbeispiel: 'Ballerina' – Blüten sehr groß

pflegeleicht, für kleine Gärten

Kupfer-Felsenbirne
Amelanchier lamarckii

Aussehen: trichterförmig, leicht überhängend; **Höhe:** 4–6 m
Breite: im Alter oft breiter als hoch
Blütezeit: April bis Mai
Blüte: weiß
Früchte: bläulich schwarze Beeren
Blätter: mittelgrün
Standort: sonnig bis halbschattig
Boden: sauer bis leicht alkalisch; mäßig trocken bis feucht; durchlässig; sandig-lehmig

Verwendung: Großstrauch, Kleinbaum, Einzelpflanzung, Heckenpflanzung, kleine und große Gärten und Parks, auffallende Blüten, Früchte und Herbstfärbung, frosthart, wind- und stadtklimafest

pflegeleicht, für Einsteiger, für kleine Gärten

Echte Felsenbirne, Gewöhnliche Felsenbirne
Amelanchier ovalis
(Bild Seite 11)

Aussehen: locker aufrecht bis rundlich; Ausläufer treibend
Höhe: 1–3 m; **Breite:** genauso breit wie hoch
Blütezeit: April bis Mai
Blüte: weiß
Früchte: dunkelblaue bis schwarze Beeren
Blätter: dunkelgrün; Herbstfärbung orange bis scharlachrot
Standort: sonnig bis halbschattig
Boden: kalkreich; trocken bis frisch; durchlässig; warm; anpassungsfähig
Verwendung: kompakt wachsend, Einzelpflanzung, Heckenpflanzung, kleine und große Gärten und Parks, Kübel- und Topfkultur, auffällige Früchte und Herbstfärbung

pflegeleicht, für Einsteiger, für kleine Gärten

Japanische Aralie
Aralia elata

Aussehen: ausladende bis schirmförmige Krone
Höhe: 5 m; **Breite:** 3 m
Blütezeit: August bis September
Blüte: weiß
Früchte: rötlichschwarze Beeren
Blätter: mittel- bis dunkelgrün
Standort: sonnig bis halbschattig; windgeschützt
Boden: kalkverträglich; mäßig

Japanische Aralie

trocken bis feucht; sandig-lehmig; durchlässig
Verwendung: bizarrer Wuchs, Großstrauch, Einzelpflanzung, kleine und große Gärten und Parks, Kübel- und Topfkultur, auffallende Früchte, interessante Blätter, auffallende Herbstfärbung, geschützter Standort
Sortenbeispiel: 'Variegata' – Blätter unregelmäßig weiß gerandet

Liebhaberpflanze, für kleine Gärten

Apfelbeere
Aronia prunifolia

Aussehen: locker strauchförmig ausladend, **Höhe:** bis 4 m
Breite: bis 3 m
Blütezeit: Mai bis Juni
Blüte: weiß
Früchte: schwarzrote Beeren
Blätter: dunkelgrün, unterseits grau behaart; Herbstfärbung rot
Standort: sonnig bis halbschattig
Boden: sauer bis schwach alkalisch; mäßig trocken bis frisch; sandig-lehmig

Apfelbeere

Verwendung: kleine und große Gärten und Parks, auffällige Früchte und Herbstfärbung, frosthart, salzverträglich
Sortenbeispiel: 'Viking' – Beeren großfrüchtiger

> pflegeleicht, für Einsteiger

Buchsbaumblättrige Berberitze
Berberis buxifolia 'Nana'

Aussehen: kompakt rundlich
Höhe: bis 0,5 m
Breite: bis 0,8 m
Blütezeit: Mai bis Juni
Blüte: orangegelb
Früchte: dunkelpurpurne Beeren
Blätter: blau- bis dunkelgrün; immergrün
Standort: sonnig bis halbschattig
Boden: anpassungsfähig; mäßig trocken bis frisch; durchlässig, sandig-lehmig
Verwendung: kompakt wachsend, Zwergstrauch, Heckenpflanzung, Grabbepflanzung, Kübel- und Topfkultur, auffallende Blüten

> Liebhaberpflanze, pflegeleicht, für kleine Gärten

Kugel-Berberitze
Berberis × frikartii 'Amstelveen'

Aussehen: kompakt mit zierlich überhängenden Zweigen
Höhe: bis 1,5 m; **Breite:** 1,5–2 m
Blütezeit: Mai
Blüte: hellgelb
Früchte: dunkelblaue Beeren
Blätter: mittelgrün, unterseits bläulichweiß, immergrün
Standort: sonnig bis halbschattig
Boden: anpassungsfähig; mäßig trocken bis frisch; durchlässig, sandig-lehmig
Verwendung: kompakt wachsend, Heckenpflanzung, Kübel- und Topfkultur, frosthart

> Liebhaberpflanze, pflegeleicht, für kleine Gärten

Großblättrige Berberitze
Berberis julianae

Aussehen: aufrecht, sehr dicht
Höhe: 2–3 m; **Breite:** oft breiter als hoch
Blütezeit: Mai bis Juni
Blüte: gelb
Früchte: dunkelblaue Beeren
Blätter: dunkelgrün, immergrün
Standort: sonnig bis halbschattig
Boden: sauer bis alkalisch; mäßig trocken bis feucht; sandig-lehmig; durchlässig
Verwendung: Heckenpflanzung, auffallende Blätter und Blüten, stadtklimafest, frosthart

> Liebhaberpflanze, pflegeleicht, für kleine Gärten

Schmalblättrige Berberitze
Berberis × stenophylla

Aussehen: ausladend, Zweige bogig überhängend

Großblättrige Berberitze

Schmalblättrige Berberitze

Andere *Berberis*-Arten für den Gärten

Botanischer Name	Deutscher Name	Aussehen	Höhe	Blütenfarbe	Früchte	Verwendung
B. candidula	Schneeige Berberitze	kompakt kugel- bis kissenförmig	bis 0,8 m	leuchtend gelb	purpur-weiß bereifte Beeren	pflegeleicht, kompakt wachsend, auffallende Blätter
B. hookeri	Himalaja-Berberitze	aufrecht; Außenzweige bei alten Pflanzen überhängend	1–1,5 m	gelb	blauschwarze Beeren	für kleine Gärten, pflegeleicht, Blätter und Wuchs auffallend
B. × hybrido-gagnepainii	Berberitze	breit buschig	bis 3 m	goldgelb	blauschwarze Beeren	für kleine Gärten, pflegeleicht, auffallende Blätter
B. × ottawensis	Ottawa-Berberitze	aufrecht buschig bis überhängend	2–2,5 m	gelb bis rötlich	hellrote Beeren	pflegeleicht, auffallende Blätter und Wuchs

Höhe: bis 2 m; **Breite:** 2 m
Blütezeit: Mai bis Juni
Blüte: goldgelb bis orange
Früchte: blauschwarze Beeren
Blätter: dunkelgrün, immergrün
Standort: sonnig bis halbschattig
Boden: anpassungsfähig; mäßig trocken bis frisch; durchlässig, sandig-lehmig
Verwendung: Einzelpflanzung, Heckenpflanzung, auffallende Blüten, geschützter Standort, trockenresistent, schnittverträglich

> Liebhaberpflanze, pflegeleicht, für kleine Gärten

Grüne Hecken-Berberitze
Berberis thunbergii
(Bild Seite 10)

B. thunbergii *'Atropurpurea'*

Aussehen: aufrecht trichterförmig; **Höhe:** 2–3 m
Breite: genauso breit wie hoch
Blütezeit: Mai bis Juni
Blüte: gelb bis rotgetönt
Früchte: glänzend rote Beeren
Blätter: frischgrün

Standort: sonnig bis halbschattig
Boden: sauer bis schwach alkalisch; mäßig trocken bis frisch; durchlässig
Verwendung: Einzelpflanzung, Heckenpflanzung, auffallende Blätter und Früchte, schöne Herbstfärbung, frosthart, hitzeverträglich, schnitt- und windfest, stadtklimafest
Empfehlenswerte Sorten:
'Atropurpurea' – Laub rotbraun bis purpurrot, im Herbst karminrot, 'Bonanza Gold' – Gold-Berberitze, Laub goldgelb, sonnenfest, zwergwüchsig, 'Red Chief' – Laub purpur braunrot, im Herbst leuchtend rot, 'Rose Glow' – Laub leuchtend rotbraun bis karminrosa; rosaweiß gefleckt, bis 1,5 m hoch

> pflegeleicht, für kleine Gärten

Zwerg-Birke
Betula nana

Zwerg-Birke

Aussehen: niederliegend bis aufrecht; **Höhe:** 0,5–1,2 m
Breite: 0,5–1,2 m
Blätter: dunkelgrün
Standort: sonnig
Boden: schwach sauer bis neutral; frisch bis feucht; durchlässig, sandig-lehmig
Verwendung: Zwergstrauch, Einzelpflanzung, Kübel- und Topfkultur, auffallende Blätter und Wuchs, auffallende Herbstfärbung, anspruchsvoll, sehr frosthart

> Liebhaberpflanze, für kleine Gärten

Sand-Birke, Betula pendula

Sand-Birke, Weiß-Birke
Betula pendula

Aussehen: gewölbt bis überhängend; **Höhe:** 18–25 m
Breite: 7–12 m
Blütezeit: April bis Mai
Blätter: mittelgrün
Standort: sonnig
Boden: anpassungsfähig; trocken bis feucht
Verwendung: einheimisch, mittelhoher Baum, Einzelpflanzung, große Gärten und Parks, auffallende Rinde und Wuchsform, leuchtend gelbe Herbstfärbung, sehr frost-

Weitere *Betula*-Arten

Botanischer Name	Deutscher Name	Aussehen	Höhe	Wichtiges
B. albosinensis	Chinesische Birke	kegel- bis breit kegelförmig	6–8 m	auffallende Rinde, leuchtende Herbstfärbung
B. ermanii	Gold-Birke, Ermans-Birke	breit und locker auseinander strebend	15–20 m	auffallende Rinde, leuchtende Herbstfärbung
B. humilis	Strauch-Birke	strauchförmig	1–1,5 m	Liebhaberpflanze, kompakt wachsend, leuchtende Herbstfärbung
B. jacquemontii	Weißrindige Himalaja-Birke	breit oval bis trichterförmig	8–10 m	auffallende Rinde, leuchtende Herbstfärbung
B. nigra	Fluss-Birke, Schwarz-Birke	trichterförmig	12–15 m	interessante Rinde, gelbe Herbstfärbung
B. papyrifera	Papier-Birke	pyramidal	15–20 m	auffallende Rinde, leuchtende Herbstfärbung

Calluna-Sorten für den Garten; 'Calluna'-Beschreibung siehe Seite 20

Sorte	Blütenfarbe	Blüte	Höhe	Aussehen
'Alba Plena'	weiß, gefüllt	August bis September	0,2–0,3 m	breit buschig aufrecht, kompakt
'Amethyst'	amethystfarben	Juli bis September	0,2–0,35 m	kompakt buschig
'Darts Parrot'	cremeweiß	August bis September	0,25–0,4 m	kompakt buschig
'J.H. Hamilton'	lachsrosa, dicht gefüllt	September bis Oktober	0,4–0,5 m	breit aufrecht, kompakt
'Kinlochruel'	weiß, gefüllt	August bis September	0,20–0,25 m	dicht buschig, kompakt
'Liebestraum'	dunkelpurpurrot	August bis Oktober	0,2–0,3 m	kompakt, breit wachsend
'Silver Knight'	purpurrosa	August bis September	0,3–0,4 m	dicht buschig, aufrecht

hart, trockenheitsresistent
Sortenbeispiel: 'Youngii' –
Trauer-Birke, Äste hängend,
langsamwüchsig

> pflegeleicht

Wechselblättriger Sommerflieder
Buddleja alternifolia

Wechselblättriger Sommerflieder,
Buddleja alternifolia

Aussehen: breit ausladend bis
überhängend; **Höhe:** 2–3 m
Breite: 2–4 m
Blütezeit: Juni bis Juli
Blüte: fliederfarben bis lavendel-
farbig; Duft
Blätter: dunkelgrün, unterseits
silbrig grau
Standort: sonnig; warm, geschützt
Boden: schwach sauer bis
alkalisch; mäßig trocken bis
frisch; durchlässig

Verwendung: Blüten- und Ziergehölz, Einzelpflanzung, kleine
und große Gärten und Parks,
auffallende Blüten, regelmäßiges
Auslichten der alten Blütenäste
im Turnus von 4–5 Jahren, frosthart, trockenheitsresistent

> pflegeleicht, für Einsteiger,
> für kleine Gärten

Schmetterlingsstrauch, Sommerflieder
Buddleja-Davidii-Hybriden

Schmetterlingsstrauch, Buddleja davidii

Aussehen: trichterförmig aufrecht, breit wachsend bis
überhängend; **Höhe:** 3–4 m
Breite: 3–4 m
Blütezeit: Juli bis September
Blüte: aufrechte Blütenrispen; je
nach Sorte weiß, blau, violett,
rot, rosa oder weiß; herber Duft
Blätter: graugrün, unterseits
graufilzig
Standort: sonnig; warm
Boden: schwach sauer bis alkalisch; mäßig trocken bis frisch;
durchlässig

Verwendung: kompakt wachsend, Blüten- und Ziergehölz,
Einzelpflanzung, kleine und
große Gärten und Parks, Kübel-
und Topfkultur, auffallende
Blüten, Triebe im Frühjahr auf
einige kräftige Knospen zurückschneiden; Bienenweide,
trockenheitsresistent, hitze- und
stadtklimafest
Empfehlenswerte Sorten: 'Black
Knight' – Blüten tief dunkelviolett, 'Empire Blue' – blauviolett blühend, 'Ile de France' –
violette Blüten, 'Nanho Blue' –
rein violettblaue Blüte, 'Pink
Delight' – Blüten rosa in
besonders großen Rispen,
'White Bouquet' – Blüten weiß

> pflegeleicht, für Einsteiger,
> auch für kleine Gärten

Gewöhnlicher Buchsbaum
Buxus sempervirens var.
arborescens (Bild Seite 10)

Aussehen: dicht buschig,
breit aufrecht; **Höhe:** 2–4 m
Breite: genauso breit
Blütezeit: April bis Mai
Blüte: unscheinbar gelb
Früchte: unscheinbar
Blätter: dunkelgrün
Standort: sonnig bis schattig
Boden: neutral bis alkalisch;
mäßig trocken bis frisch; durchlässig, nahrhaft
Verwendung: einheimisch; kompakt wachsend; Einzelpflanzung, Einfassung, Heckenpflanzung, Grabbepflanzung, Japangarten, kleine und große Gärten
und Parks, Kübel- und Topfkultur, auffallender Wuchs,
schnittverträglich
Sortenbeispiele: 'Blauer Heinz'
– kleinwüchsig, bläuliches Laub,
extrem frosthart, 'Rotundifolia'

Gewöhnlicher Buchsbaum

– kräftig wachsend, Laub größer, 'Suffruticosa' – Heckenbuchs, langsam und dicht buschig wachsend

pflegeleicht, auch für kleine Gärten

Liebesperlenstrauch, Schönfrucht
Callicarpa bodinieri 'Profusion'

Aussehen: aufrecht strauchförmig; **Höhe:** 2–3 m; **Breite:** 2 m
Blütezeit: Juli bis August
Blüte: bronzefarben bis blassrosa
Früchte: leuchtend dunkelviolette Früchte
Blätter: mittel- bis mattgrün
Standort: sonnig; geschützt
Boden: sauer bis schwach sauer; frisch; durchlässig, sandighumos

Liebesperlenstrauch

Verwendung: Einzelpflanzung, Kübel- und Topfkultur, auffällige Früchte

pflegeleicht, für Einsteiger, für kleine Gärten

Besenheide, Heidekraut
Calluna vulgaris (Bild Seite 11)

Besenheide

Aussehen: niederliegend bis aufrecht, dicht buschig; **Höhe:** 0,2–0,8 m; **Breite:** 0,3–0,5 m
Blütezeit: August bis Oktober
Blüte: rosa
Blätter: grün bis graugrün
Standort: sonnig bis halbschattig
Boden: sauer; mäßig trocken bis feucht; durchlässig
Verwendung: Bodenbegrünung, Blüten- und Ziergehölz, Einfassung, Grabbepflanzung, Heidegarten, Kübel- und Topfkultur, auffallende Blüten

pflegeleicht, für Einsteiger, auch für kleine Gärten

Echter Gewürzstrauch
Calycanthus floridus

Aussehen: breit buschig aufrecht; **Höhe:** 1,5–3 m; **Breite:** 2 m
Blütezeit: Mai bis Juni
Blüte: dunkelrotbraun
Früchte: unscheinbar

Echter Gewürzstrauch

Blätter: dunkelgrün
Standort: sonnig bis halbschattig, geschützt
Boden: sauer bis schwach alkalisch; frisch bis feucht; nahrhaft, humos
Verwendung: Blüten- und Ziergehölz, auffallende, nach Erdbeeren duftende Blüten, geschützter Standort

pflegeleicht, für kleine Gärten

Japanische Kamelie
Camellia japonica (auch S. 274)

Japanische Kamelie

Aussehen: dicht buschig, aufrecht bis ausladend
Höhe: 2–5 m; **Breite:** 1–2 m
Blütezeit: Mai bis Juli
Blüte: je nach Sorte weiß, rosa, rot, gestreift; einfach oder gefüllt
Früchte: bräunliche Kapseln
Blätter: glänzend dunkelgrün, immergrün
Standort: halbschattig; windgeschützt
Boden: schwach sauer; frisch bis feucht; durchlässig, sandiglehmig; nährstoffreich
Verwendung: Blüten- und Ziergehölz, Rhododendronbeete, Kübel- und Topfkultur, auffallende Blüten, mäßig frosthart, Winterschutz empfehlenswert, darf nicht austrocknen
Empfehlenswerte Sorten: 'Adolphe Audusson' – scharlachrot, gelbe Staubgefäße, halbgefüllt, 'Bob Hope' – halbgefüllt, rot mit gelben Staubgefäßen, 'Donckelarii – halbgefüllt, rot mit unregelmäßigen weißen Flecken, goldgelbe Staubgefäße, 'Eastern Morn' – zartrosa, wenig sichtbare hellgelbe Staubgefäße, halb gefüllt bis unregelmäßig paeonienförmig blühend, 'Gay Time' – orchideenrosa, halbgefüllt, 'K. Sawada' – weiß, gefüllt blühend

Liebhaberpflanze, anspruchsvoll

Gewöhnlicher Erbsenstrauch
Caragana aborescens

Aussehen: straff aufrecht
Höhe: 4–5 m; **Breite:** in der Regel immer höher als breit
Blütezeit: Mai bis Juni
Blüte: gelb
Früchte: walzenförmige Hülsen
Blätter: frischgrün
Standort: sonnig bis halbschattig
Boden: sauer bis alkalisch; trocken bis frisch; sandiglehmig; durchlässig
Verwendung: Großstrauch, Einzelpflanzung, Heckenpflanzung, frosthart, hitzeverträglich
Sortenbeispiele: 'Pendula' – Trauerform, Zweige bogig herabhängend, 'Walker' – Wuchs kriechend, bei Kronenveredlung Zweige senkrecht herabhängend

pflegeleicht, für kleine Gärten

Hainbuche, Weißbuche
Carpinus betulus (Bild Seite 10)

Aussehen: kegelförmig bis rundlich; **Höhe:** 10–20 m
Breite: 7–12 m

Hainbuche

Blütezeit: April bis Mai
Blüte: unscheinbar gelblich
Früchte: geflügelte Früchte
Blätter: mittelgrün
Standort: sonnig bis schattig
Boden: anpassungsfähig; sauer bis alkalisch; mäßig trocken bis feucht; durchlässig
Verwendung: einheimisch, mittelhoher Baum, Heckenpflanzung, schnittverträglich, frosthart, hitzeverträglich, große Gärten und Parks
Sorten für den Garten: 'Fastigiata' – Pyramiden-Hainbuche, Wuchs aufrecht mit kegelförmiger Krone, 'Quercifolia' – Eichenblättrige Hainbuche, Blätter kleiner, unregelmäßig gelappt und gebuchtet

pflegeleicht, für Einsteiger

Bartblume
Caryopteris × clandonensis 'Heavenly Blue'

Aussehen: straff aufrecht
Höhe: bis 1 m; **Breite:** 0,8–1 m
Blütezeit: August bis Oktober
Blüte: tiefblau
Früchte: bräunliche Büschel
Blätter: glänzend dunkelgrün, unterseits graufilzig
Standort: sonnig, geschützt

Boden: schwach sauer bis alkalisch; trocken bis frisch; durchlässig, sandig-lehmig
Verwendung: Blüten- und Ziergehölz, Rosenbegleiter, Staudenrabatten, Kübel- und Topfkultur, aromatisches Laub, auffallende Blüten, Bienenweide, mäßig frosthart
Weitere Sorte: 'Kew Blue' – Blüten dunkler tiefblau

Liebhaberpflanze, pflegeleicht, für kleine Gärten

Trompetenbaum
Catalpa bignonioides

Aussehen: breit gewölbt bis rundlich; **Höhe:** 10–15 m
Breite: 6–10 m
Blütezeit: Juni bis Juli
Blüte: weiß
Früchte: lange bohnenförmige Fruchtkapseln
Blätter: frischgrün
Standort: sonnig bis halbschattig; windgeschützt
Boden: schwach sauer bis schwach alkalisch; mäßig trocken bis frisch; sandig-lehmig

Gold-Trompetenbaum 'Aurea'

Verwendung: kleiner bis mittelhoher Baum, Einzelpflanzung, große Gärten und Parks, auffallende Blüten, auffallende Blätter
Empfehlenswerte Sorten: 'Aurea' – Gold-Trompetenbaum schwach wachsend, 8–10 m, Laub leuchtend goldgelb, 'Nana' – Kugel-Trompetenbaum, 4–7 m hoch und genauso breit, blüht nicht

pflegeleicht

Blaue Säckelblume
Ceanothus × delilianus 'Gloire de Versailles'

Aussehen: locker aufrechter Strauch; **Höhe:** bis 1,5 m
Breite: meist genauso breit
Blütezeit: Juli bis Oktober
Blüte: hellblau
Früchte: bräunlich purpurne Früchte
Blätter: dunkelgrün
Standort: sonnig bis halbschattig; warm geschützt
Boden: schwach sauer; mäßig trocken bis frisch; durchlässig, sandig-kiesig

Blaue Säckelblume, Ceanothus x delilianus

Verwendung: Blüten- und Ziergehölz, Winterschutz ratsam, auffallende Blüten; jährlicher Schnitt im März fördert dichten Wuchs und Blütenreichtum

Liebhaberpflanze, für kleine Gärten

Säckelblume
Ceanothus impressus 'Victoria'

Aussehen: strauchförmig bis überhängend; **Höhe:** 1–1,5 m
Breite: 1–1,8 m
Blütezeit: Juli bis Oktober
Blüte: schieferblau bis blassblau
Früchte: bräunlich purpurne Früchte
Blätter: dunkelgrün; immergrün
Standort: sonnig bis halbschattig
Boden: neutral bis alkalisch; mäßig trocken bis frisch; durchlässig, sandig-kiesig
Verwendung: Blüten- und Ziergehölz, härter als andere *Ceanothus*, Winterschutz ratsam, auffallende Blüten, auffallende Blätter

Liebhaberpflanze, für kleine Gärten

Rosa Säckelblume
Ceanothus × pallidus 'Marie Simon'

Aussehen: strauchförmig, locker aufrecht; **Höhe:** 1–1,5 m
Breite: 1–1,8 m
Blütezeit: Juli bis Oktober

Blüte: hellrosa
Früchte: bräunlich purpurne Früchte
Blätter: dunkelgrün
Standort: sonnig bis halbschattig
Boden: schwach sauer; mäßig trocken bis frisch; durchlässig, sandig-kiesig
Verwendung: Blüten- und Ziergehölz, auffallende Blüten, Winterschutz ist ratsam, jährlicher Schnitt im März fördert dichten Wuchs und Blütenreichtum

Liebhaberpflanze, auch für kleine Gärten

Katsurabaum, Kuchenbaum
Cercidiphyllum japonicum

Katsurabaum, Herbstfärbung

Aussehen: kegelförmig bis rundkronig; **Höhe:** 8–10 m
Breite: 4,5–7 m
Blütezeit: April
Blüte: rötlich
Früchte: Kapselfrüchte
Blätter: mittelgrün
Standort: sonnig bis halbschattig
Boden: sauer bis kalkreich; frisch bis feucht; durchlässig; sandig-humos; nährstoffreich, tiefgründig
Verwendung: mittelhoher Baum, Einzelpflanzung, große Gärten und Parks, auffallende Herbstfärbung, Blätter verströmen süßen Duft; Früchte sind winterliche Vogelnahrung

Liebhaberpflanze

Roter Kanadischer Judasbaum
Cercis canadensis 'Forest Pansy'

Aussehen: breit- und rundförmig; **Höhe:** bis 12 m
Breite: 5–6 m
Blütezeit: April
Blüte: purpurrot
Früchte: bräunliche Hülsen
Blätter: mittelgrün
Standort: sonnig
Boden: neutral bis alkalisch; mäßig trocken; durchlässig, sandig-humos
Verwendung: mittelgroßer Baum, Blüten- und Ziergehölz, Kübel- und Topfkultur, auffallende Blüten, ungewöhnliche Herbstfärbung, Winterschutz ratsam

Liebhaberpflanze

Gewöhnlicher Judasbaum
Cercis siliquastrum

Aussehen: straff aufrecht bis breit ausladend; **Höhe:** 3,5–6 m
Breite: genauso breit
Blütezeit: April
Blüte: purpurrosa
Früchte: bräunliche Hülsen
Blätter: mattgrün
Standort: sonnig; warm, geschützt
Boden: kalkliebend; mäßig trocken bis trocken; durchlässig; kiesig-lehmig
Verwendung: Großstrauch, Blüten- und Ziergehölz, Kübel- und Topfkultur, auffallende Blüten, leuchtende Herbstfärbung, in der Jugend ist Winterschutz ratsam

Gewöhnlicher Judasbaum

Sorte mit anderer Blütenfarbe: 'Alba' – blüht weiß

Liebhaberpflanze

Zierquitte
Chaenomeles-Hybriden

Aussehen: niedrig gedrungen bis locker aufrecht
Höhe: 0,5–2 m; **Breite:** 1–1,5 m

Zierquitte, Chaenomeles japonica

Blütezeit: April bis Mai
Blüte: je nach Sorte rot, rosa, weiß oder orange
Früchte: grüngelb bis orangefarben
Blätter: mittelgrün
Standort: sonnig
Boden: sauer bis schwach alkalisch; mäßig trocken bis frisch; durchlässig, humos, nährstoffreich
Verwendung: Blüten- und Ziergehölz, Einzelpflanzung, Heckenpflanzung, kleine und große Gärten und Parks, Vasenschmuck; auffallende Blüten, auffallende Früchte
Geeignete Sorten: 'Andenken an Carl Ramcke' – Blüte zinnoberrot, etwas später blühend, 'Crimson and Gold' – Blüte dunkelrot, 'Fusion' – Blüte rot, 'Jet Trail' – Blüte silberweiß, 'Nicoline' – Blüte scharlachrot; bis 4,5 cm , 'Pink Lady' – Blüte rosa bis dunkelrosa, groß, 'Nivalis' – Blüten reinweiß

pflegeleicht, für Einsteiger, für kleine Gärten

Hohe Scheinquitte
Chaenomeles speciosa

(Syn.: *C. lagenaria*)
Aussehen: aufrecht, breit strauchförmig; **Höhe:** 2–3 m
Breite: 2–3 m
Blütezeit: März bis April
Blüte: rosa bis dunkelrot ohne Orange-Töne
Früchte: grüngelb, manchmal gerötet
Blätter: glänzend dunkelgrün
Standort: sonnig bis halbschattig
Boden: sauer bis schwach alkalisch; mäßig trocken bis frisch; durchlässig
Verwendung: Blüten- und Ziergehölz, Einzelpflanzung, Heckenpflanzung, Vasenschmuck, auffallende Blüten, auffällige Früchte

pflegeleicht, für Einsteiger, für kleine Gärten

Schneeflockenstrauch
Chionanthus virginicus

Schneeflockenstrauch

Aussehen: breit buschig bis aufrechter Strauch; **Höhe:** 3 m
Breite: genauso breit
Blütezeit: Mai bis Juni
Blüte: weiß; duftend
Früchte: unscheinbar
Blätter: mittelgrün
Standort: sonnig; geschützt
Boden: schwach sauer; frisch bis feucht; sandig-lehmig; durchlässig
Verwendung: Blüten- und Ziergehölz, große Gärten und Parks, auffallende Blüten

> Liebhaberpflanze, pflegeleicht

Gewöhnlicher Blasenstrauch
Colutea aborescens

Aussehen: aufrecht strauchförmig bis leicht überhängend
Höhe: 2–3 m; **Breite:** 1–2,5 m
Blütezeit: Mai bis Juni
Blüte: gelb
Früchte: hellgraue Hülsen
Blätter: hell- bis frischgrün
Standort: sonnig
Boden: neutral bis alkalisch; trocken bis frisch; durchlässig, sandig-kiesig
Verwendung: Blüten- und Ziergehölz, Einzelpflanzung, Heckenpflanzung; hitzeverträglich, trockenheitsresistent, schnittverträglich

> pflegeleicht, für Einsteiger

Weißer Hartriegel
Cornus alba

Aussehen: breit aufrecht bis bogig niederliegend
Höhe: 3–4 m; **Breite:** im Alter meist breiter als hoch
Blütezeit: Mai bis Juni
Blüte: weiß
Früchte: weißliche bis hellblaue Beeren
Blätter: dunkelgrün
Standort: sonnig bis halbschattig
Boden: anpassungsfähig; frisch bis feucht; durchlässig; sandig-lehmig
Verwendung: kompakt wachsend, Heckenpflanzung, kleine und große Gärten und Parks, auffallende Herbstfärbung und Früchte, interessante Rinde
Wichtige Sorten: 'Elegantissima' – Blätter mit weißem Rand, 'Kesselringii' – Rinde schwarzbraun 'Sibirica' – Rinde leuchtend rot, 'Spaethii' – Blattrand gelb

> pflegeleicht, für Einsteiger, für kleine Gärten

Blumen-Hartriegel
Cornus florida

Aussehen: breit ausladend; dekorativ verzweigt; **Höhe:** 4–6 m
Breite: genauso breit wie hoch
Blütezeit: Mai bis Juni
Blüte: grünlich, weiß bis zartrosa überlaufen
Früchte: scharlachrote Beeren
Blätter: mattgrün
Standort: sonnig bis halbschattig
Boden: schwach sauer bis neutral; frisch; durchlässig, humos, nahrhaft
Verwendung: Großstrauch, Kleinbaum, Blüten- und Ziergehölz, Einzelpflanzung, große Gärten und Parks, auffallende Blüten und Herbstfärbung
Sorte mit anderer Blütenfarbe: 'Rubra' – mit rosaroten Blüten

> anspruchsvoll, Liebhaberpflanze

Weißer Hartriegel

Blumen-Hartriegel

Andere gute Hartriegel-Arten und -Sorten

Botanischer Name	Deutscher Name	Wuchs	Höhe	Blüte	Blütenfarbe	Früchte
Cornus alternifolia	Wechselblättriger Hartriegel	aufrecht bis ausladend	3–6 m	Mai bis Juni	cremeweiß	bläulich schwarze Beeren
Cornus canadensis	Teppich-Hartriegel	flachkriechend bis teppichartig	0,1–0,2 m	Juni	weiß	leuchtend hellrote Beeren
Cornus controversa (Bild Seite 11)	Pagoden-Hartriegel	waagerechte, etagenförmige Astpartien	5–8 m	Mai bis Juni	cremeweiß	blauschwarze Beeren
Cornus kousa (Bild Seite 11)	Japanischer Blumen-Hartriegel	vasenförmig gestellte Hauptäste, etagenartig	bis 6 m	Mai bis Juni	cremeweiß	rosarote Beeren
Cornus mas	Kornelkirsche	aufrecht, breit ausladend bis rundlich	4–7 m	März bis April	gelblich	rote Steinfrüchte
Cornus nuttallii	Nuttalls Blüten-Hartriegel	breit aufrecht, rundkronig bis kegelförmig	3–6 m	Mai bis Juni	cremeweiß bis hellrot	orange bis rote Beeren
Cornus sanguinea	Roter Hartriegel	aufrecht bis breit ausladend	bis 4 m	Mai bis Juni	cremeweiß	schwarzviolette Steinfrüchte
Cornus stolonifera 'Flaviramea'	Gelbrindiger Hartriegel	straff aufrecht; Außenzweige niederliegend	1,5–3 m	Mai bis Juni	gelblichweiß	weiß

Glockenhasel
Corylopsis pauciflora

Glockenhasel

Aussehen: breit buschig; leicht überhängende Triebspitzen
Höhe: 1–1,5 m; **Breite:** genauso breit wie hoch
Blütezeit: März bis April
Blüte: hellgelb bis buttergelb
Blätter: leuchtend grün
Standort: halbschattig
Boden: sauer bis schwach alkalisch; frisch bis feucht; sandiglehmig; durchlässig, humos
Verwendung: Blüten- und Ziergehölz, Grabbepflanzung, Rhododendronbeete, Vorgärten, auffallende Herbstfärbung, auffallende Blüten

Weitere Art: *Corylopsis sinensis* – Chinesische Scheinhasel, blüht reicher (Bild Seite 10)

> anspruchsvoll, für kleine Gärten

Gewöhnliche Hasel
Corylus avellana

Aussehen: breit aufrecht, strauchförmig; **Höhe:** 5 m
Breite: genauso breit wie hoch

Korkenzieher-Hasel, Corylus avellana *'Contorta'*

Blütezeit: März bis April
Blüte: gelblich
Früchte: braune Haselnüsse
Blätter: mittelgrün
Standort: sonnig bis halbschattig
Boden: schwach sauer bis alkalisch; trocken bis feucht; durchlässig, nährstoffreich; anpassungsfähig
Verwendung: einheimisch, Einzelpflanzung, Heckenpflanzung, schnittverträglich, große Gärten und Parks, auffallende Blüten; sehr frosthart, schattenverträglich
Empfehlenswerte Sorten: 'Contorta' – Korkenzieher-Hasel, gedrehte Zweige; 'Rotblättrige Zellernuss' – Laub im Austrieb rötlich, später vergrünend

> pflegeleicht, auch für kleine Gärten

Baum-Hasel, Türkische Hasel
Corylus colurna

Aussehen: breit kegelförmig
Höhe: 15–18 m; **Breite:** 8–12 m
Blütezeit: März bis April
Blüte: gelbliche Blütenkätzchen
Früchte: braune Haselnüsse
Blätter: mittelgrün
Standort: sonnig bis halbschattig
Boden: schwach sauer bis alkalisch; trocken bis frisch; tiefgründig; anpassungsfähig
Verwendung: mittelhoher Baum, Einzelpflanzung, große Gärten und Parks, auffallende Blüten, Früchte und Rinde, interessanter Wuchs

> Liebhaberpflanze, pflegeleicht

Blut-Hasel
Corylus maxima 'Purpurea'

Aussehen: straff aufrecht, ausladend bis schirmförmig
Höhe: bis 4 m; **Breite:** oft genauso breit wie hoch
Blütezeit: März bis April
Blüte: gelb

Besondere *Cotoneaster*-Arten und -Sorten

Botanischer Name	Deutscher Name	Aussehen	Höhe	Blütenfarbe	Früchte
C. adpressus	Zwergmispel	kriechend bis rundlich	0,2–0,3 m	rosa bis weiß	leuchtend rote Beeren
C. bullatus	Runzelige Felsenmispel	rundlich bis trichterförmig	3–5 m	weiß	glänzend rote Beeren
C. dammeri 'Coral Beauty'	Kriechmispel	flach wachsend bis überhängend	0,5–0,7 m	weiß	orangerote Beeren
C. microphyllus 'Cochleatus'	Immergrüne Zwergmispel	flach bis breit wachsend	0,3–0,5 m	weiß	leuchtend rote Beeren
C. microphyllus 'Streibs Findling'	Kleinblättrige Teppichmispel	kompakt flach wachsend	0,1–0,2 m	weiß	leuchtend rote Beeren
C. praecox	Nanshan-Zwergmispel	flach wachsend bis bogig überhängend	0,4–0,6 m	weiß	leuchtend rote Beeren
C. salicifolius var. floccosus	Weidenblättrige Felsenmispel	locker strauchförmig bis bogig übergeneigend	3–4 m	weiß	hellrote Beeren
C. × wateri 'Cornubia'	Felsenmispel	aufrecht strauchförmig bis überneigend	3–5 m	weiß	leuchtend rote Beeren

Vier weitere *Cytisus*-Arten und Hybriden (siehe Seite 26)

Botanischer Name	Deutscher Name	Aussehen	Höhe	Blüte	Blütenfarbe
C. × beanii	Duftender Kriech-Ginster	flach wachsend bis teppichartig	0,4 m	Mai	intensiv gelb
C. decumbens	Niederliegender Geißklee, Kriech-Ginster	niederliegend	bis 0,2 m	Mai	goldgelb
C. × kewensis	Zwergelfenbein-Ginster	breit flach wachsend, locker überhängend bis niederliegend	0,3–0,5 m	Mai	cremeweiß
C. purpureus	Purpur-Geißklee, Purpur-Ginster	locker aufrecht bis überneigend	0,4–0,75 m	Mai bis Juni	purpur bis rosa

Früchte: purpurbraun
Blätter: schwarzrot
Standort: sonnig bis halb-schattig
Boden: schwach sauer bis alkalisch; trocken bis feucht; nahrhaft
Verwendung: Großstrauch, Einzelpflanzung, schnittverträglich, kleine und große Gärten und Parks, auffallende Blätter

> pflegeleicht, für Einsteiger, für kleine Gärten

Perückenstrauch
Cotinus coggygria

Aussehen: aufrecht bis breit ausladend; **Höhe:** 3–5 m

Perückenstrauch 'Royal Purple'

Breite: genauso breit wie hoch
Blütezeit: Juni bis Juli
Blüte: weißlich
Früchte: watteartige Fruchtstände
Blätter: mittel- bis dunkelgrün
Standort: sonnig
Boden: neutral bis alkalisch; trocken bis frisch; durchlässig, nahrhaft; anpassungsfähig
Verwendung: Großstrauch, Einzelpflanzung, große Gärten und Parks, für Kübel, auffällige Früchte, leuchtend rote Herbstfärbung
Sortenbeispiel: 'Royal Purple' – Roter Perückenstrauch, Laub metallisch dunkelrot

> pflegeleicht, für Einsteiger

Fächer-Zwergmispel
Cotoneaster horizontalis

Aussehen: flach wachsend bis bogig aufstrebend
Höhe: bis 1 m; **Breite:** 2–3 m
Blütezeit: Mai bis Juni

Kriechmispel, Cotoneaster dammeri

Blüte: rosaweiß
Früchte: scharlachrote Beeren
Blätter: glänzend dunkelgrün
Standort: sonnig bis halbschattig
Boden: schwach sauer bis alkalisch; mäßig trocken bis frisch; sandig-lehmig; durchlässig
Verwendung: Bodenbegrünung, Heckenpflanzung, große Gärten

Echter Rotdorn, Crataegus laevigata

und Parks, ungewöhnliches Laub, auffällige Früchte

> pflegeleicht, für kleine Gärten, Einsteigerpflanze

Echter Rotdorn
Crataegus laevigata
'Paul's Scarlet'

Aussehen: breitkegelförmig bis rundlich; **Höhe:** 4–6 m; **Breite:** 3–4 m
Blütezeit: Mai bis Juni
Blüte: rosarot; gefüllt
Standort: sonnig
Boden: schwach sauer bis alkalisch; mäßig trocken bis feucht; durchlässig, sandig-lehmig
Verwendung: Großstrauch, Kleinbaum, Blüten- und Ziergehölz, Heckenpflanzung, große und kleine Gärten und Parks

> pflegeleicht, für Einsteiger, für kleine Gärten

Eingriffliger Weißdorn
Crataegus monogyna

Aussehen: aufrecht strauchförmig oder rundkroniger Kleinbaum; **Höhe:** 2–6 m
Breite: oft breiter als hoch

Blütezeit: Mai bis Juni
Blüte: weiß
Früchte: dunkelrote Steinfrüchte
Blätter: dunkelgrün
Standort: sonnig bis halbschattig
Boden: schwach sauer bis alkalisch; trocken bis frisch; durchlässig, tiefgründig, nahrhaft
Verwendung: einheimisch, Großstrauch, Kleinbaum, Heckenpflanzung, große Gärten und Parks, auffallende Blüten

pflegeleicht, für Einsteiger

Besenginster
Cytisus scoparius 'Firefly'

Aussehen: aufrecht strauchförmig; besenartig; **Höhe:** bis 2 m
Breite: im Alter genauso breit wie hoch
Blütezeit: Mai bis Juni
Blüte: gelb und kardinalrot
Früchte: braunschwarze Hülsen
Blätter: mattgrün

Besen-Ginster

Standort: sonnig
Boden: sauer bis schwach sauer; mäßig trocken bis frisch; sandig-humos; durchlässig
Verwendung: Blüten- und Ziergehölz, Heidegärten, Staudenrabatten, Kübel- und Topfkultur, auffallende Blüten, ganze Pflanze ist giftig, Winterschutz ratsam
Weitere Sorten: 'Palette' – Blüte: Fahne gelb und weiß, Flügel samtrot, 'Roter Favorit' – Blüte: Fahne granatrot bis weinrot, Flügel granatrot, dunkler als die Fahne

pflegeleicht, für Einsteiger

Seidelbast, Kellerhals
Daphne mezereum

Aussehen: aufrecht strauchförmig; **Höhe:** bis 1,2 m
Breite: genauso hoch wie breit
Blütezeit: März bis April
Blüte: rosa; duftend
Früchte: rote Beeren

Seidelbast

Blätter: dunkelgrün, unterseits heller
Standort: halbschattig bis lichtschattig; geschützt
Boden: schwach sauer bis alkalisch; frisch bis feucht; durchlässig, sandig-lehmig, nährstoffreich
Verwendung: Blüten- und Ziergehölz, kleine und große Gärten und Parks, auffallende Blüten, ganze Pflanze sehr giftig
Sortenbeispiele: 'Album' – Weißer Seidelbast, Blüte weiß bis cremeweiß, Früchte gelb, 'Rubrum' – Blüten dunkler und intensiver gefärbt als bei der Art

anspruchsvoll, Liebhaberpflanze

Zierliche Deutzie, Maiblumenstrauch
Deutzia gracilis

Aussehen: straff aufrecht
Höhe: 0,6–0,8 m; **Breite:** im Alter etwas breiter als hoch

Blütezeit: Mai bis Juni
Blüte: reinweiß
Blätter: leuchtend- bis mattgrün
Standort: sonnig bis halbschattig
Boden: anpassungsfähig; mäßig trocken bis frisch; sandig-lehmig; durchlässig, nährstoffreich
Verwendung: kompakt wachsend, Blüten- und Ziergehölz, Einzelpflanzung, Heckenpflanzung; Rückschnitt im Frühjahr fördert Buschigkeit

pflegeleicht, für kleine Gärten

Buntlaubige Ölweide
Elaeagnus pungens 'Maculata'

Aussehen: aufrecht strauchförmig, dicht buschig
Höhe: bis 4 m
Breite: 2–4 m
Blütezeit: Mai bis Juni
Blüte: cremeweiß; duftend
Früchte: braunrote Beeren
Blätter: glänzend gelb-grün panaschiert; immergrün
Standort: sonnig bis halbschattig; windgeschützt
Boden: sauer bis schwach alkalisch; trocken bis feucht; durchlässig; nahrhaft

Buntlaubige Ölweide

Weitere Deutzien-Arten und Sorten

Botanischer Name	Deutscher Name	Aussehen	Höhe	Blüte	Blütenfarbe
Deutzia hybrida 'Mont Rose'	Rosen-Deutzie	locker aufrecht	1,5–2 m	Juni bis Juli	rosa
Deutzia × magnifica	Hohe Deutzie, Hoher Sternchenstrauch	straff aufrecht	3–4 m	Mai bis Juni	reinweiß
Deutzia × rosea	Niedriger Sternchenstrauch	aufrecht, dicht buschig	1–1,5 m	Juni bis Juli	hellrosa bis weiß
Deutzia scabra	Deutzie	straff aufrecht strauchförmig bis überneigend	2,5–3 m	Juni bis Juli	weiß

Verwendung: Großstrauch; sparrig aufrecht wachsend, Einzelpflanzung, Heckenpflanzung, für Kübel; auffallende Blätter, hitzeverträglich, trockenheitsresistent

pflegeleicht, mäßig frosthart

Schneeheide
Erica carnea

Aussehen: dicht teppichartig; kriechende niederliegend-aufstrebende Triebe; Höhe: 0,15–0,35 m; Breite: 0,5 m
Blütezeit: November bis März
Blüte: rosa
Früchte: unscheinbar

Schneeheide

Blätter: dunkelgrün, nadelartig; immergrün
Standort: sonnig bis halbschattig
Boden: sauer bis alkalisch; mäßig trocken bis frisch; durchlässig, sandig-lehmig; nahrhaft
Verwendung: Zwergstrauch, Bodenbegrünung, Blüten- und Ziergehölz, Einfassung, Grabbepflanzung, Heidegarten, Kübel- und Topfkultur, auffallende Blüten; regelmäßiger Schnitt nach der Blüte fördert Buschigkeit und Blütenreichtum

pflegeleicht, für Einsteiger, auch für kleine Gärten

Kork-Spindel, Geflügeltes Pfaffenhütchen
Euonymus alatus (Bild Seite 10)

Aussehen: sparrig und breit ausladend; dicht verzweigt
Höhe: 2–3 m; Breite: im Alter oft breiter als hoch

Blütezeit: Juni bis Juli
Blüte: unscheinbar
Früchte: rotorange Fruchtkaspeln
Blätter: dunkelgrün
Standort: sonnig bis halbschattig
Boden: sauer bis schwach alkalisch; mäßig trocken bis frisch; nahrhaft; sandig-lehmig; durchlässig
Verwendung: Einzelpflanzung, Kübel- und Topfkultur; bizarre Korkrinde, auffallende Herbstfärbung

pflegeleicht

Europäisches Pfaffenhütchen
Euonymus europaeus

Aussehen: aufrechter Strauch oder kleiner Baum
Höhe: 2–6 m; Breite: 1,5–4 m
Blütezeit: Juni bis Juli
Blüte: unscheinbar
Früchte: karminrosa bis rote Fruchtkapseln
Blätter: tief dunkelgrün
Standort: sonnig bis halbschattig
Boden: toleriert alle Böden von neutral bis stark alkalisch; mäßig trocken bis feucht; sandig-lehmig; durchlässig
Verwendung: einheimisch, Kleinbaum, Heckenpflanzung, Vogelschutzgehölz; auffallende Früchte

pflegeleicht

Japanischer Spindelstrauch
Euonymus japonicus

Aussehen: kriechend bis kletternd; Höhe: 2–4 m
Breite: 2–4 m

Blätter: dunkelgrün, immergrün
Standort: sonnig bis halbschattig
Boden: schwach sauer bis schwach alkalisch; frisch bis feucht; anpassungsfähig, sandig-lehmig
Verwendung: Kletterstrauch, Einzelpflanzung, Wintergarten, Kübelbepflanzung, etwas frostempfindlich, schnittverträglich
Sortenbeispiel: 'Robustus' – mit panaschierten Blättern

Liebhaberpflanze

Großfrüchtiges Pfaffenhütchen
Euonymus planipes

Aussehen: locker und breit aufrecht; später auseinanderstrebend und leicht überhängend
Höhe: 3–4 m; Breite: genauso breit wie hoch
Blütezeit: Mai
Blüte: grünlich gelb
Früchte: karminrote Fruchtkapseln
Blätter: dunkelgrün

Großfrüchtiges Pfaffenhütchen

Standort: sonnig bis halbschattig
Boden: schwach sauer bis schwach alkalisch; mäßig trocken bis feucht; sandig-lehmig; nahrhaft
Verwendung: Ziergehölz, Einzelpflanzung, kleine und große Gärten, leuchtend rote Herbstfärbung, auffallende Früchte

Liebhaberpflanze, für kleine Gärten

Prunkspiere, Radspiere
Exochorda racemosa

Prunkspiere

Aussehen: locker aufrecht mit überhängender Bezweigung; im Alter breit rundlich
Höhe: 1–1,5 m
Breite: genauso breit wie hoch
Blütezeit: Mai bis Juni
Blüte: reinweiß
Blätter: hellgrün
Standort: sonnig
Boden: sauer bis neutral; frisch bis feucht; anpassungsfähig,

Schöne *Erica*-Arten und -Sorten

Sorte	Höhe	Blüte	Blütenfarbe
Erica carnea 'Challenger'	0,2 m	Januar bis April	rot
Erica carnea 'Golden Starlet'	0,15–0,2 m	Februar bis März	weiß; Blätter goldgelb
Erica carnea 'Snow Queen'	bis 0,15 m	Januar bis Mai	weiß
Erica cinerea	0,2–0,6 m	Juni bis August	hell- bis purpurviolett
Erica × *darleyensis*	0,25–0,4 m	November bis Mai	rosa bis weiß
Erica gracilis	0,3–0,5 m	November bis Mai	hellrosa, tiefrot oder weiß; nicht winterhart in unseren Breiten

sandig-lehmig; nährstoffreich, tiefgründig
Verwendung: Blüten- und Ziergehölz; Steingärten, Terrassenbeete; auffallende Blüten

pflegeleicht, für kleine Gärten

Rot-Buche
Fagus sylvatica

Aussehen: breit- und rundkronig; **Höhe:** 25–30 m; **Breite:** im Freistand können sie im Alter genauso breit wie hoch werden
Blütezeit: April bis Mai
Blüte: gelbgrün
Früchte: hellbraune Buchecker
Blätter: mittelgrün
Standort: sonnig bis schattig
Boden: schwach sauer bis alkalisch; frisch bis feucht; sandig-lehmig; durchlässig, nahrhaft
Verwendung: einheimisch, Großbaum, Einzelpflanzung, Heckenpflanzung, große Gärten

Rot-Buche

und Parks, auffällige Herbstfärbung, hitzeempfindlich
Empfehlenswerte Sorten: 'Atropunicea' – Veredelte Blut-Buche, Laub im Austrieb dunkelrot, später schwarzrot glänzend, 'Dawyck' – Säulen-Buche, Wuchs säulenförmig, 'Pendula' – Grüne Hänge-Buche, Wuchs weit ausladend, Seitenäste waagerecht oder bizarr bogenförmig, bis zum Boden herabhängend, 'Purpurea Pendula' – Hänge-Blut-Buche, wie vorige, aber Laub im Austrieb tiefrot, später schwarzrot

pflegeleicht, für Einsteiger

Forsythie, Goldglöckchen
Forsythia-Hybride

Forsythie

Aussehen: schlank aufrecht, buschig kompakt oder breit ausladend
Höhe: je nach Sorte 1,5–4 m
Breite: je nach Sorte 1,2–2 m
Blütezeit: März bis April
Blüte: hell- bis goldgelb
Blätter: mittelgrün
Standort: sonnig bis halbschattig
Boden: anpassungsfähig; schwach sauer bis alkalisch; mäßig trocken bis frisch; durchlässig; sandig-lehmig
Verwendung: Blüten- und Ziergehölz, Einzelpflanzung, Heckenpflanzung, Schnitt unmittelbar nach der Blüte
Sortenbeispiele: 'Goldzauber' – Blüten goldgelb, 'Lynwood' – Blüten leuchtend gelb, 'Week-End' – Blüten leuchtend gelb, blüht reich am ein- und mehrjährigen Holz

pflegeleicht, für Einsteiger, auch für kleine Gärten

Kleinblättriger Federbuschstrauch
Fothergilla gardenii

Aussehen: niedrig strauchförmig; **Höhe:** 40 – 60 cm
Breite: 50 – 60 cm
Blütezeit: April bis Mai
Blüte: gelblich weiß
Blätter: elliptisch, dunkelgrün
Standort: sonnig bis halbschattig
Boden: sauer bis neutral; feucht; humos, sandig-lehmig
Pflege: nur alte vergreiste Triebe herausnehmen
Verwendung: ungewöhnliche Blüten und leuchtend gelbrote Herbstfärbung, für Kübel
Weitere Art: *F. major* – Großer Federbuschstrauch, Wuchs und Laub größer

für kleine Gärten. Liebhaberpflanze

Gewöhnliche Esche
Fraxinus excelsior

Aussehen: aufrecht eiförmig bis rundkronig; **Höhe:** 25–40 m
Breite: 20–30 m
Blütezeit: Mai
Blüte: rötlichgrün
Früchte: braune geflügelte Samen
Blätter: dunkelgrün
Standort: sonnig bis halbschattig
Boden: schwach sauer bis alkalisch; frisch bis feucht; tiefgründig, nährstoffreich
Verwendung: einheimisch; Großbaum, Einzelpflanzung, große Gärten und Parks, wärmeliebend, windfest
Garten geeignete Sorten: 'Nana' – Kugel-Esche, kompakter, kugelförmiger Kleinbaum, je nach Veredlungshöhe 1,5–2,5 m hoch und ebenso breit, 'Pendula' – Hänge-Esche, Äste in weitem Bogen kaskadenartig bis zum Boden herunterhängend, Krone im Alter schirmförmig, bis 10 m hoch und ebenso breit

pflegeleicht, Sorten auch für kleine Gärten

Blumen-Esche, Manna-Esche
Fraxinus ornus

Aussehen: rundkronig bis breit pyramidal; **Höhe:** 8–10 m
Breite: 4–8 m
Blütezeit: Mai
Blüte: cremeweiß; duftend
Blätter: glänzend dunkelgrün
Standort: sonnig bis halbschattig
Boden: neutral bis alkalisch; trocken bis frisch; durchlässig; sandig-lehmig
Verwendung: Blütenbaum, Einzelpflanzung, große Gärten und Parks, Bienenweide

pflegeleicht

Genista-Arten und Sorten

Botanischer Name	Deutscher Name	Aussehen	Höhe	Blüte	Blütenfarbe
G. sagittalis	Flügel-Ginster, Pfeil-Ginster	rasenbildend, kriechend; aufrechte Triebe	bis 0,2 m	Mai bis Juni	goldgelb
G. tinctoria	Färber-Ginster	aufrecht buschig bis kompakt breit wachsend	0,4–0,8 m	Juni bis August, im Herbst oft eine Nachblüte	goldgelb
G. tinctoria 'Plena'	Gefüllter Färber-Ginster	kompakt breit wachsend, kurze, aufrechte Triebe	bis 0,5 m	Juni bis Juli, im Herbst oft eine Nachblüte	goldgelb

Goldland-Ginster
Genista lydia

Aussehen: breit flach wachsend, dichtstehend und bogig überhängend; **Höhe:** bis 0,5 m
Breite: 1 m
Blütezeit: Mai bis Juni
Blüte: gelb
Früchte: unscheinbare Hülsen
Blätter: graugrün
Standort: sonnig
Boden: schwach sauer bis schwach alkalisch; mäßig trocken bis frisch; sandig-humos

Goldland-Ginster

Verwendung: kompakt wachsend, Bodenbegrünung, Blüten- und Ziergehölz, Heidegärten, Steingärten, Kübel- und Topfkultur, auffallende Blüten, mäßig frosthart

pflegeleicht, für Einsteiger, auch für kleine Gärten

Dreidorniger Lederhülsenbaum, Gleditschie
Gleditsia triacanthos

Aussehen: unregelmäßig locker schirmkronig; **Höhe:** 10–25 m
Breite: 8–15 m
Blütezeit: Juni bis Juli
Blüte: grünlich weiß; duftend
Früchte: braune Hülsen
Blätter: frischgrün, gefiedert
Standort: sonnig; windgeschützt
Boden: schwach sauer bis alkalisch; frisch bis feucht; sandig-kiesig bis sandig-lehmig; nährstoffreich
Verwendung: Großbaum, Einzelpflanzung, große Gärten und Parks, auffallende Blätter, interessante Rinde und enorme

Dreidorniger Lederhülsenbaum

Dornen, ungewöhnliche Früchte; Bienenweide; trockenresistent
Empfehlenswerte Sorten:
'Inermis' – Dornlose Gleditschie, Zweige und Äste ohne Dornen, 'Sunburst' – Gold-Gleditschie, Laub im Austrieb goldgelb, später grüngelb

pflegeleicht, für Einsteiger

Geweihbaum, Kentucky Coffee-Tree
Gymnocladus dioicus
(Bild Seite 10)

Aussehen: locker eiförmig; im Alter breit knorrig, geweihartig
Höhe: 12–15 m; **Breite:** bis 10 m
Blütezeit: Juni
Blüte: grünlich weiß
Früchte: rotbraune Hülsen
Blätter: stumpfgrün, unterseits bläulich grün
Standort: sonnig
Boden: schwach sauer bis alkalisch; mäßig trocken bis frisch; sandig-lehmig; durchlässig, nahrhaft, tiefgründig

Verwendung: Einzelpflanzung, große Gärten und Parks, auffallendes Laub, trockenheitsverträglich, sehr gesund

Liebhaberpflanze

Großblütige Zaubernuss
Hamamelis × intermedia

Aussehen: locker trichterförmig bis breit ausladend
Höhe: bis 4 m; **Breite:** im Alter oft breiter als hoch
Blütezeit: Februar bis April
Blüte: je nach Sorte gelb, orange, rot
Früchte: bräunliche Kapseln
Blätter: mittelgrün
Standort: sonnig bis halbschattig
Boden: schwach sauer bis neutral; frisch bis feucht; durchlässig, sandig-humos
Verwendung: Großstrauch, Blüten- und Ziergehölz, Einzelpflanzung, kleine und große Gärten, Kübel- und Topfkultur, auffallende Blüten, rote Herbstfärbung, in der Jugend langsamwüchsig und frostempfindlich

Großblütige Zaubernuss

Sortenbeispiele: 'Diane' – Blüten rot, später bronzerot, Februar bis März, 'Feuerzauber' – blüht Januar bis März, Blüte kupfrig bis tieforange, rötlich, 'Westerstede' – hellgelbe Blüte im Februar bis März

pflegeleicht, für Einsteiger, für kleine Gärten

Strauch-Eibisch, Garten-Eibisch
Hibiscus syriacus

Aussehen: straff aufrecht
Höhe: 1,5–2 m **Breite:** 1–1,5 m
Blütezeit: Juni bis August
Blüte: hellblau bis lilablau

Strauch-Eibisch

Blätter: mittelgrün
Standort: sonnig; geschützt
Boden: schwach sauer bis alkalisch; mäßig trocken bis frisch; durchlässig, sandig-lehmig
Verwendung: Blüten- und Ziergehölz, Einzelpflanzung, für kleine und große Gärten, Kübel- und Topfkultur, in der Jugend Winterschutz, wärmeliebend, schnittverträglich
Empfehlenswerte Sorten: 'Blue Bird' – Blüte blauviolett mit magentarotem Mittelfleck, 'Pink Gigant' – Blüte reinrosa mit dunkelrotem Mittelfleck, 'Red Heart' – Blüte weiß mit kleinem dunkel- bis weinroten Mittelfleck, 'William R. Smith' – Blüte reinweiß, 'Woodbridge' – Blüte blaurot bis malvenfarben mit kleinem dunkelroten Mittelfleck

pflegeleicht, für Einsteiger, für kleine Gärten

Weitere Zaubernuss-Arten

Botanischer Name	Deutscher Name	Höhe	Blüte	Blütenfarbe
Hamamelis japonica	Japanische Zaubernuss	3–4 m	Januar bis März	gelb
H. mollis	Chinesische Zaubernuss	3–5 m	Februar bis März	leuchtend gelb
H. virginiana	Virginische Zaubernuss, Herbstblühende Zaubernuss	3–6 m	Oktober bis November	hellgelb

Gemeiner Sanddorn
Hippophae rhamnoides

Aussehen: sparrig und unregelmäßig wachsender Großstrauch oder kleiner Baum mit dornigen Kurztrieben; **Höhe:** 3–6 m
Breite: 2–3 m
Blütezeit: April bis Mai
Blüte: gelbbraun
Früchte: orangene Beeren; sehr hoher Vitamingehalt, verwertbar
Blätter: silbriggrau
Standort: sonnig
Boden: neutral bis alkalisch; trocken bis feucht; durchlässig, sandig-kiesig
Verwendung: einheimisch, Großstrauch, Heckenpflanzung, Vogelschutzgehölz, auffällige Früchte, weibliche und männliche Sorten pflanzen (männlich: 'Pollmix'; weiblich: 'Hergo', 'Leikora', 'Frugano'), frosthart, hitzeresistent, windfest

pflegeleicht

Ball-Hortensie
Hydrangea-Macrophylla-Sorten (Bild Seite 10)

Aussehen: dicht buschig, breit kugelig oder trichterförmig
Höhe: 0,6–1,5 m; **Breite:** 1–2 m
Blütezeit: August bis September
Blüte: in Schirmrispen; je nach Sorte blau, rot, rosa oder weiß
Blätter: glänzend dunkelgrün
Standort: sonnig bis halbschattig; windgeschützt
Boden: sauer bis neutral; frisch bis feucht; durchlässig, humos, nahrhaft

Ball-Hortensie, Hydrangea macrophylla

Verwendung: Blüten- und Ziergehölz, Einzelpflanzung, Heckenpflanzung, Gehölzrand, Kübel- und Topfkultur, vorjährige Blütenstände im zeitigen Frühjahr zurückschneiden, auffallende Blüten; Pflanzung und Düngung mit Rhododendronerde und -dünger ratsam

pflegeleicht, für Einsteiger, für kleine Gärten

Johannisstrauch 'Hidcote'
Hypericum 'Hidcote'

Aussehen: buschig; **Höhe:** 1–1,5 m hoch; **Breite:** 1,5 m
Blätter: wintergrün, mittelgrün
Standort: sonnig
Boden: sauer bis alkalisch; frisch bis feucht; humos
Verwendung: anspruchsloser Bodendecker, leuchtend gelbe Blüten

pflegeleicht, für kleine Gärten

Stechpalme, Gemeine Hülse
Ilex aquifolium

Aussehen: spitz kegelförmig bis breit pyramidal; **Höhe:** 3–6 m
Breite: 3–5 m

Weißbunte Garten-Hülse 'Argentea Marginata'

Blütezeit: Mai
Blüte: weiß; zweihäusig
Früchte: glänzend rote Steinfrüchte
Blätter: glänzend dunkelgrün; immergrün
Standort: lichtschattig bis schattig
Boden: sauer bis neutral; mäßig trocken bis feucht; durchlässig, sandig-lehmig
Verwendung: einheimisch, Großstrauch, Kleinbaum, Einzelpflanzung, Heckenpflanzung, schnittverträglich, Kübel- und Topfkultur, auffallende Blätter, leuchtend rote Früchte

Sortenbeispiele: 'Argentea Marginata' – Weißbunte Garten-Hülse, Blätter weißrandig, 'J.C. van Tol' (Bild Seite 11) – Fruchtende Garten-Hülse, einhäusig, stark fruchtend, frosthärter als die Art

pflegeleicht, für kleine Gärten

Japanische Hülse
Ilex crenata

Aussehen: straff aufrecht, im Alter unregelmäßig
Höhe: 2–3,5 m; **Breite:** 2 m
Blütezeit: April bis Mai
Blüte: weiß
Früchte: glänzend schwarz, unscheinbar
Blätter: dunkelgrün; immergrün
Standort: sonnig bis schattig; windgeschützt
Boden: sauer bis neutral; frisch bis feucht; durchlässig, nahrhaft; sandig-lehmig
Verwendung: Bodendeckung, Einzelpflanzung, Heckenpflanzung, Japan-Gärten, Topf- und Kübelkultur, schnittverträglich
Sortenbeispiele: 'Golden Gem' – niedriger Wuchs, 0,6–0,8 m hoch, Blätter goldgelb, später vergrünend, 'Hetzii' – flach ausgebreitet bis breit aufrecht wachsender Kleinstrauch, 1,5 m hoch, 'Stokes'– Zwergstrauch, bis 0,8 m

Liebhaberpflanze, pflegeleicht, für kleine Gärten

Lorbeerrose, Berglorbeer
Kalmia angustifolia

Aussehen: kompakt strauchförmig bis breit wachsend; ausläuferbildend; **Höhe:** 0,5–0,7 m
Breite: 0,8–1,5 m
Blütezeit: Juni bis Juli
Blüte: tiefrot bis weiß
Früchte: unscheinbar
Blätter: frisch- bis bläulich grün; immergrün
Standort: sonnig bis halbschattig
Boden: sauer bis neutral; frisch bis feucht; durchlässig; sandig-humos
Verwendung: kompakt wachsend, Blüten- und Ziergehölz, Kübel- und Topfkultur, Rhododendronbeet, schöne Blüten, frosthart

Liebhaberpflanze, für kleine Gärten

Großer Berglorbeer, Breitblättrige Lorbeerrose
Kalmia latifolia

Aussehen: aufrecht breit buschig; **Höhe:** 1,5–2 m
Breite: genauso breit wie hoch
Blütezeit: Mai bis Juni
Blüte: weiß bis tiefrosa, purpur punktiert
Früchte: unscheinbar
Blätter: frisch- bis dunkelgrün; glänzend
Standort: sonnig bis halbschattig
Boden: sauer bis neutral; frisch bis feucht; durchlässig; sandig-humos
Verwendung: Blüten- und Ziergehölz, Einzelpflanzung, Kübel- und Topfkultur, Rhododendronbeet, auffallende Blüten; frosthart

Großer Berglorbeer

Sortenbeispiele: 'Nipmuk' – Wuchs regelmäßig und kompakt, Blüten in Knospe rot, geöffnet rosa; 'Pink Surprise' – üppige Belaubung; Blüten in Knospe tiefrosa, geöffnet mittelrosa

Liebhaberpflanze, für kleine Gärten

Kerrie, Ranunkelstrauch
Kerria japonica

Aussehen: buschig aufrecht, wenig verzweigt; Ausläufer treibend; **Höhe:** 1,5–2 m
Breite: genauso breit wie hoch

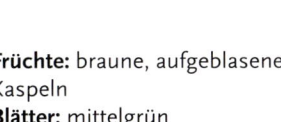

Gefüllter Ranunkelstrauch

Blütezeit: April bis Mai
Blüte: leuchtend gelb bis goldgelb; ungefüllt
Blätter: hellgrün
Standort: sonnig bis schattig
Boden: anpassungsfähig; frisch bis feucht; durchlässig; sandiglehmig
Verwendung: Blüten- und Ziergehölz, Einzelpflanzung, Heckenpflanzung, für Kübel
Sortenbeispiel: 'Pleniflora' – Gefüllter Ranunkelstrauch, Blüten goldgelb, dicht gefüllt

pflegeleicht, für Einsteiger, für kleine Gärten

Blasenbaum, Blasenesche
Koelreuteria paniculata

Aussehen: locker- und breitkronig, oft schiefwüchsiger Kleinbaum oder Großstrauch, in der Jugend rundkronig
Höhe: 6–8 m; **Breite:** 5 m
Blütezeit: August bis September
Blüte: gelb

Früchte: braune, aufgeblasene Kaspeln
Blätter: mittelgrün
Standort: sonnig, geschützt
Boden: schwach sauer bis stark alkalisch; trocken bis frisch; durchlässig, sandig-lehmig
Verwendung: Kleinbaum, Einzelpflanzung, große Gärten und Parks; auffallende Früchte; in der Jugend Frostschutz, trockenheitsverträglich

Liebhaberpflanze

Kolkwitzie
Kolkwitzia amabilis

Aussehen: aufrecht strauchförmig bis bogig überhängend
Höhe: 2–3 m; **Breite:** genauso breit wie hoch
Blütezeit: Mai bis Juni
Blüte: rosa bis hellrosa
Früchte: bräunliche Kaspeln
Blätter: dunkelgrün
Standort: sonnig bis halbschattig
Boden: anpassungsfähig;

Kolkwitzie

schwach sauer bis alkalisch; mäßig trocken bis feucht; sandig-lehmig; durchlässig, nährstoffreich
Verwendung: Blüten- und Ziergehölz, Einzelpflanzung, Heckenpflanzung, kleine und große Gärten und Parks, auffallende Blüten

pflegeleicht, für Einsteiger, für kleine Gärten

Edel-Goldregen
Laburnum × watereri 'Vossii'

Edel-Goldregen

Aussehen: straff aufrechter bis trichterförmiger Strauch oder kleiner Baum; **Höhe:** bis 5 m
Breite: 3–4 m
Blütezeit: Mai bis Juni
Blüte: leuchtend gelb
Früchte: bohnenähnlich
Blätter: mittelgrün
Standort: sonnig bis halbschattig
Boden: schwach sauer bis alkalisch; trocken bis frisch; durchlässig; sandig-lehmig

Verwendung: Kleinbaum, Blüten- und Ziergehölz, Einzelpflanzung, große Gärten und Parks, auffallende Blüten, ganze Pflanze stark giftig

pflegeleicht

Ovalblättriger Liguster
Ligustrum ovalifolium

Aussehen: aufrecht strauchförmig; **Höhe:** bis 3 m
Breite: bis 3 m
Blütezeit: Juli bis August
Blüte: weiß
Früchte: glänzend schwarze Früchte
Blätter: tiefgrün, wintergrün
Standort: sonnig bis halbschattig; geschützt
Boden: schwach sauer bis alkalisch; mäßig trocken bis frisch; durchlässig; sandig-lehmig
Verwendung: Heckenpflanzung, Einzelpflanzung, große Gärten und Parks, Kübel- und Topfkultur, auffallende Blätter, schnittfest
Sorten: 'Argenteum' – Weißgerandeter Liguster, Blätter weiß gerandet, 'Aureum' – Gold-Liguster, Blätter mit breitem goldgelben Rand, kleine Blätter oft ganz goldgelb

pflegeleicht, für kleine Gärten

Gewöhnlicher Liguster, Rainweide, Zaunriegel
Ligustrum vulgare

Aussehen: locker aufrecht, breit buschig; **Höhe:** 2–5 m
Breite: genauso breit wie hoch
Blütezeit: Juni bis Juli
Blüte: weiß; duftend
Früchte: schwarze Beeren
Blätter: dunkelgrün, wintergrün
Standort: sonnig bis schattig
Boden: anpassungsfähig;

Andere schöne Hortensien-Arten

Botanischer Name	Deutscher Name	Aussehen	Höhe	Blüte	Blütenfarbe
Hydrangea arborescens	Strauch-Hortensie	strauchförmig, rundlich	1,5–2,5 m	Juli bis August	weiß
H. aspera	Raue-Hortensie	strauchförmig, aufrecht, wenig verzweigt	1,5–2 m	September bis Oktober	blau bis purpur
H. paniculata	Rispen-Hortensie	straff aufrecht bis trichterförmig	2–7 m	Juli bis September	cremeweiß bis rosaweiß
H. quercifolia	Eichenblatt-Hortensie	breit buschig, aufrecht	1–1,7 m	Juli bis August	cremeweiß bis rosaweiß
H. sargentiana	Samt-Hortensie	straff aufrecht, wenig verzweigt, Ausläufer treibend	bis 2,5 m	Juli bis September	weiß bis hellviolett

schwach sauer bis stark alkalisch, mäßig trocken bis feucht; durchlässig, nährstoffreich
Verwendung: einheimisch, Heckenpflanzung, schnittverträglich, wärmeliebend, hitzeverträglich, ganze Pflanze giftig
Sorten für den Garten: 'Atrovirens' – aufrecht und dicht verzweigt, zuverlässig wintergrün, 'Lodense' – Zwergstrauch, bis 0,7 m hoch und breit

> pflegeleicht, für Einsteiger, für kleine Gärten

Amberbaum
Liquidambar styraciflua

Höhe: 10 bis 12 m hoch
Breite: 6 bis 12 m
Blätter: gelappt, dunkelgrün
Standort: sonnig;
Boden: sauer bis neutral; frisch bis feucht; humos,
Verwendung: große Gärten und Parks, leuchtende Herbstfärbung

> Liebhaberpflanze

Tulpenbaum
Liriodendron tulipifera
(Bild Seite 10)

Aussehen: breit eiförmig bis pyramidal; **Höhe:** 25–35 m
Breite: 15–20 m
Blütezeit: Juni bis Juli
Blüte: grüngelb mit orange
Früchte: aufrechte, zapfenförmige Früchte
Blätter: frischgrün, unterseits blaugrün
Standort: sonnig

Tulpenbaum

Boden: sauer bis neutral; frisch bis feucht; sandig-lehmig; durchlässig, nährstoffreich, tiefgründig
Verwendung: Großbaum, Einzelpflanzung, große Gärten und Parks, auffallende Blätter, auffallende Herbstfärbung, Frühjahrspflanzung

> Liebhaberpflanze

Gewöhnliche Heckenkirsche, Rote Heckenkirsche, Beinholz
Lonicera xylosteum

Aussehen: breit aufrecht, reich verzweigt; **Höhe:** 2–3 m
Breite: genauso breit wie hoch
Blütezeit: Mai bis Juni

Kalifornische Heckenkirsche (Lonicera ledebourii)

Blüte: weiß bis hellgelb
Früchte: dunkelrote Beeren
Blätter: grau- bis bläulich grün
Standort: sonnig bis schattig
Boden: schwach sauer bis stark alkalisch; mäßig trocken bis frisch; durchlässig, tiefgründig
Verwendung: einheimisch, Heckenpflanze, kleine und große Gärten, hitzeverträglich, trockenheitsverträglich, schnittfest, Vogelschutzgehölz

> für kleine Gärten

Magnolie
Magnolia 'Susan'

Aussehen: breit aufrecht
Höhe: 2,5–4 m; **Breite:** genauso breit wie hoch
Blütezeit: April bis Mai/Juni
Blüte: außen tief magenta, zur Spitze heller
Blätter: mittelgrün
Standort: sonnig; windgeschützt
Boden: sauer bis neutral; frisch bis feucht; durchlässig; humos; nahrhaft
Verwendung: Kleinbaum, Blüten- und Ziergehölz, Einzelpflanzung, kleine und große Gärten, auffallende Blüten, blüht bereits als junge Pflanze, gut frosthart; Frühjahrspflanzung; Schnitt vermeiden

> Liebhaberpflanze, für kleine Gärten

Gelbe Magnolie
Magnolia 'Yellow Bird'

Aussehen: breit aufrecht
Höhe: 2,5–4 m; **Breite:** 2,5–4 m
Blütezeit: Mai
Blüte: gelb bis cremegelb
Blätter: mittelgrün
Standort: sonnig; windgeschützt
Boden: sauer bis schwach sauer; frisch; durchlässig; humos; nahrhaft
Verwendung: Kleinbaum, Blüten- und Ziergehölz, Einzelpflanzung, kleine und große Gärten, auffallende Blüten, gut frosthart, Frühjahrspflanzung; Schnitt vermeiden

> Liebhaberpflanze, für kleine Gärten

Kobushi-Magnolie, Baum-Magnolie
Magnolia kobus

Aussehen: kegelförmig bis breit rundlich; **Höhe:** bis 10 m
Breite: 4–8 m
Blütezeit: April
Blüte: weiß, vor dem Laubaustrieb
Früchte: rote Fruchtstände
Blätter: frischgrün
Standort: sonnig bis lichtschattig; windgeschützt
Boden: sauer bis schwach alkalisch; frisch bis feucht; durchlässig; humos; nahrhaft
Verwendung: Kleinbaum, Blüten- und Ziergehölz, Einzelpflanzung, große Gärten und

Kobushi-Magnolie

Parks, auffallende Blüten, frosthart, Frühjahrspflanzung; Schnitt vermeiden

> Liebhaberpflanze

Purpur-Magnolie
Magnolia liliiflora 'Nigra'

Aussehen: breit aufrecht
Höhe: bis 4 m; **Breite:** genauso breit wie hoch

Purpur-Magnolie 'Nigra'

Blütezeit: April bis Mai/Juni
Blüte: dunkelpurpur, innen rosaweiß
Blätter: mittelgrün
Standort: sonnig bis lichtschattig; windgeschützt
Boden: sauer bis neutral; frisch bis feucht; durchlässig; humos; nahrhaft
Verwendung: Kleinbaum, Blüten- und Ziergehölz, Einzelpflanzung, kleine und große Gärten, auffallende Blüten, frosthart, Frühjahrspflanzung; Schnitt vermeiden

> Liebhaberpflanze, für kleine Gärten

Sommer-Magnolie, Siebolds Magnolie
Magnolia sieboldii

Aussehen: breit aufrecht bis trichterförmig; **Höhe:** 2,5–4 m
Breite: genauso breit wie hoch
Blütezeit: Juni bis Juli
Blüte: weiß
Früchte: karminrote Früchte
Blätter: bläulich grün
Standort: sonnig bis lichtschattig; windgeschützt
Boden: sauer bis schwach alkalisch; frisch bis feucht; durchlässig; humos; nahrhaft

Sommer-Magnolie

Verwendung: Kleinbaum, Blüten- und Ziergehölz, Einzelpflanzung, große Gärten und Parks, ungewöhnliche Blüten, Frühjahrspflanzung, Schutz vor Spätfrösten; Schnitt vermeiden

Liebhaberpflanze

Tulpen-Magnolie
Magnolia × soulangiana

Aussehen: trichterförmig bis rundlich; **Höhe:** 4–8 m
Breite: 4–8 m
Blütezeit: April bis Mai, vor dem Laub
Blüte: rosa bis rosaweiß

Tulpen-Magnolie

Blätter: dunkelgrün
Früchte: rot; walzenförmig
Standort: sonnig bis leicht halbschattig; windgeschützt
Boden: sauer bis neutral; frisch bis feucht; humos; durchlässig, nahrhaft
Verwendung: Großstrauch, Kleinbaum, Blüten- und Ziergehölz, Einzelpflanzung, große Gärten und Parks, auffallende Blüten, Frühjahrspflanzung, Schnitt vermeiden

Liebhaberpflanze

Stern-Magnolie
Magnolia stellata

Aussehen: breit buschig, dicht verzweigt; **Höhe:** 2–3 m
Breite: 2–3 m
Blütezeit: April, vor dem Laub
Blüte: reinweiß bis rosa überhaucht
Blätter: mittelgrün
Standort: sonnig; windgeschützt
Boden: sauer bis neutral; frisch bis feucht; durchlässig; humos; nahrhaft
Verwendung: Blüten- und Ziergehölz, Einzelpflanzung; auffal-

lende Blüten, frosthart, sehr gesund, Frühjahrspflanzung, Schnitt vermeiden

Liebhaberpflanze, für kleine Gärten

Gewöhnliche Mahonie
Mahonia aquifolium

Aussehen: aufrechter, breit buschiger und vieltriebiger Kleinstrauch; **Höhe:** bis 1 m
Breite: genauso breit wie hoch

Gewöhnliche Mahonie

Blütezeit: April bis Mai
Blüte: goldgelb
Früchte: schwarze, hellblau bereifte Beeren
Blätter: glänzend dunkelgrün; immergrün
Standort: sonnig bis schattig
Boden: sauer bis neutral; mäßig trocken bis feucht; durchlässig, humos; nahrhaft
Verwendung: Blüten- und Ziergehölz, Heckenpflanzung, auch

für große Gärten und Parks, auffällige Blüten und Früchte, frosthart, schattenverträglich

pflegeleicht, für Einsteiger

Mahonie
Mahonia × media 'Winter Sun'

Aussehen: aufrecht, strauchförmig, wenig verzweigt
Höhe: bis 1,5 m; **Breite:** genauso breit wie hoch
Blütezeit: Januar bis April
Blüte: buttergelb; duftend
Früchte: schwarze, blau bereifte Beeren
Blätter: blaugrün; immergrün
Standort: lichtschattig bis schattig; windgeschützt
Boden: sauer bis leicht alkalisch; frisch bis feucht; durchlässig, humos, nahrhaft

Mahonie 'Winter Sun'

Verwendung: Blüten- und Ziergehölz, Heckenpflanzung, etwas frostempfindlich, kleine und große Gärten und Parks, auffallende Blätter und Blüten

pflegeleicht, für kleine Gärten

Empfehlenswerte *Lonicera*-Arten für den Garten

Botanischer Name	Deutscher Name	Aussehen	Höhe	Blüte	Blütenfarbe	Früchte
L. ledebourii	Kalifornische Heckenkirsche, Großblättrige Heckenkirsche	breit aufrecht, wenig verzweigt	2 m	Mai bis Juni	gelb, sonnenseits rötlich überlaufen	schwarze Beeren
L. maackii	Baum-Heckenkirsche, Schirm-Heckenkirsche	aufrecht, breit ausladend bis schirmförmig	4–5 m	Mai bis Juni	cremeweiß bis gelblich	leuchtend rote Beeren
L. nitida	Immergrüne Heckenkirsche	aufrecht buschig	bis 2 m	Mai bis Juni	cremeweiß	blaupurpurne Beeren
L. pileata	Böschungsmyrte	niedrig und flach ausgebreitet	bis 0,8 m	Mai bis Juni	rahmweiß	purpurviolette Beeren

Holzapfel
Malus sylvestris

Aussehen: ausladend und breit-kronig; **Höhe:** 6–10 m
Breite: 3–6 m
Blütezeit: April bis Mai
Blüte: weiß bis rosa überhaucht
Früchte: gelblich, rötlich ge-streift
Blätter: mattgrün
Standort: sonnig bis halb-schattig
Boden: schwach sauer bis alka-lisch; mäßig trocken bis feucht; sandig-lehmig; nährstoffreich, tiefgründig
Verwendung: einheimisch, Kleinbaum, Einzelpflanzung, Gruppenpflanzung, naturnahe Parks und Streuobstwiesen

pflegeleicht

Echte Mispel
Mespilus germanica

Aussehen: breit aufrecht, mit gedrehten oder knieförmig gebogenen Ästen
Höhe: 3–5 m **Breite:** im Alter oft breiter als hoch
Blütezeit: Mai bis Juni
Blüte: weiß
Früchte: braune, birnenfömige Früchte
Blätter: mattgrün
Standort: sonnig bis halb-schattig
Boden: schwach sauer bis alka-lisch; mäßig trocken; durchläs-sig, nährstoffreich; tiefgründig

Echte Mispel

Verwendung: Großstrauch, Kleinbaum, große Gärten und Parks, geschützter Standort, wärmeliebend, Früchte und Herbstfärbung auffallend

Liebhaberpflanze

Schwarzer Maulbeerbaum
Morus nigra

Aussehen: rundkronig; **Höhe:** 6–15 m
Breite: genauso breit wie hoch
Blütezeit: Mai bis Juni

Schwarzer Maulbeerbaum

Blüte: gelblich grün
Früchte: brombeerartige, dun-kelrote bis schwarze Früchte
Blätter: dunkelgrün, unterseits heller
Standort: sonnig; geschützt
Boden: kalkhaltig; mäßig trocken bis frisch; durchlässig, sandig-humos; nahrhaft
Verwendung: kompakt wach-send, Kleinbaum, Einzelpflan-zung, große Gärten und Parks, auffallender Wuchs, auffallende Blätter, mäßig frosthart
Weitere Art: *Morus alba* – Weißer Maulbeerbaum, Früchte weiß bis rosa

pflegeleicht, Liebhaberpflanze

Scheinbuche, Südbuche
Nothofagus antarctica
(Bild Seite 11)

Scheinbuche

Aussehen: sparrig aufrecht, Hauptäste oft knieförmig gebo-gen oder schräg aufwärts gewunden; **Höhe:** 6–10 m
Breite: 3–4 m
Blätter: klein, dunkelgrün
Standort: sonnig bis halb-schattig
Boden: sauer bis neutral; frisch bis feucht; sandig-lehmig; durchlässig, nahrhaft
Verwendung: Kleinbaum, Einzel-pflanzung, auffallender Wuchs, interessantes Laub, schöne Herbstfärbung

Liebhaberpflanze

Dickmännchen, Schattengrün
Pachysandra terminalis

Dickmännchen

Aussehen: flach wachsend, mattenförmig; Ausläufer treibend; **Höhe:** 0,2–0,3 m
Breite: breiter als hoch
Blütezeit: April bis Mai
Blüte: weiß
Blätter: glänzend dunkelgrün, immergrün
Standort: halbschattig bis schattig
Boden: schwach sauer bis schwach alkalisch; mäßig tro-cken bis frisch; sandig-humos
Verwendung: Bodenbegrünung, Einfassung, Grabbepflanzung, Japangarten, Unterpflanzung von Bäumen

pflegeleicht, für Einsteiger

Strauch-Pfingstrose, Strauchpäonie
Paeonia suffruticosa
(Bild Seite 11)

Aussehen: aufrecht, wenig verzweigt; **Höhe:** 1–1,5 m
Breite: genauso breit wie hoch

Strauchpfingstrose

Blütezeit: Mai bis Juni
Blüte: je nach Sorte rosa, rot, weiß, gelb
Blätter: dunkelgrün, unterseits blaugrün
Standort: sonnig
Boden: sauer bis schwach alka-lisch; frisch bis feucht; fruchtbar, durchlässig, nährstoffreich
Verwendung: Blüten- und Ziergehölz, Einzelpflanzung, Gruppenpflanzung, kleine und große Gärten und Parks, auf-fallende Blüten, interessanter Wuchs; braucht einige Jahre, um sich einzuleben, Umpflanzen vermeiden

Sortenbeispiele: 'Houki' – Blüten halb blühend, karminrot; 'Jeanne d'Arc' – Blüte hellrosa, in der Mitte dunkler, dicht gefüllt, 'Renkaku' – Blüten reinweiß, gefüllt

Liebhaberpflanze, für kleine Gärten

Eisenholzbaum, Parrotie
Parrotia persica (Bild Seite 10)

Aussehen: ausladend, breit trichterförmig; **Höhe:** 6–10 m
Breite: 6–8 m
Blütezeit: März bis April
Blüte: orangerot
Blätter: glänzend grün
Standort: sonnig bis leicht absonnig

Eisenholzbaum im Herbst

Boden: schwach sauer bis schwach alkalisch; frisch bis feucht; sandig-lehmig; durchlässig, tiefgründig
Verwendung: Großstrauch, Einzelpflanzung, große Gärten und Parks, auffallende Herbstfärbung, frosthart, wärmeliebend, sehr gesund

Liebhaberpflanze

Blauglockenbaum, Paulownie
Paulownia tomentosa

Aussehen: breit ausladend, rundkronig; **Höhe:** 12–15 m
Breite: genauso breit wie hoch

Blauglockenbaum

Blütezeit: April
Blüte: lilablau bis lilaviolett
Früchte: bräunliche Kapseln
Blätter: hellgrün
Standort: sonnig, geschützt
Boden: schwach sauer bis stark alkalisch; mäßig trocken bis frisch; durchlässig, nährstoffreich
Verwendung: mittelhoher Baum, Blüten- und Ziergehölz, Einzelpflanzung, große Gärten und Parks, ein kräftiger Frühjahrsschnitt des Sprosses auf 2 oder 3 Knospen über dem Boden bewirkt Langtriebe mit riesigen Blättern

Liebhaberpflanze

Blauraute, Silberstrauch
Perovskia abrotanoides

Aussehen: aufrecht strauchförmig, wenig verzweigt, **Höhe:** 0,5–1 m
Breite: genauso breit wie hoch
Blütezeit: August bis Oktober
Blüte: lichtblau bis violettblau
Blätter: weißfilzig bis graugrün; aromatisch
Standort: sonnig
Boden: neutral bis alkalisch; trocken bis feucht; durchlässig, sandig-lehmig
Verwendung: Blüten- und Ziergehölz, Einzelpflanzung, Rosenbegleiter, Staudenrabatten, kleine und große Gärten und Parks, auffallende Blüten, Rückschnitt im Frühjahr bis kurz über den Boden

pflegeleicht, für Einsteiger, für kleine Gärten

Garten-Jasmin, Pfeifenstrauch
Philadelphus 'Schneesturm'

Garten-Jasmin

Aussehen: straff aufrecht bis leicht überhängend
Höhe: bis 3 m
Breite: 2 m
Blütezeit: Mai bis Juni
Blüte: reinweiß; gefüllt; duftend
Blätter: dunkelgrün
Standort: sonnig bis halbschattig
Boden: anpassungsfähig; schwach sauer bis stark alkalisch; mäßig trocken bis feucht; sandig-lehmig; durchlässig
Verwendung: Großstrauch, Blüten- und Ziergehölz, Einzelpflanzung, Heckenpflanzung, große Gärten und Parks, auffallende Blüten; regelmäßiger Verjüngungsschnitt fördert die Blüte

pflegeleicht, für Einsteiger

Europäischer Pfeifenstrauch
Philadelphus coronarius

Aussehen: straff aufrecht bis leicht überhängend
Höhe: 2–3 m
Breite: 1,5–2 m
Blütezeit: Mai bis Juni
Blüte: rahmweiß; duftend
Blätter: mattgrün
Standort: sonnig bis halbschattig
Boden: anpassungsfähig; schwach sauer bis stark alkalisch; mäßig trocken bis feucht; sandig-lehmig; durchlässig
Verwendung: Blüten- und Ziergehölz, Einzelpflanzung, Heckenpflanzung, große Gärten und Parks, auffallende Blüten, regelmäßiger Verjüngungsschnitt fördert die Blüte

pflegeleicht, für Einsteiger

Empfehlenswerte Zieräpfel und *Malus*-Sorten

Botanischer Name	Aussehen	Höhe	Blüten- und Blätterfarbe	Früchte
Malus floribunda	breitkronig bis überhängend, dicht verzweigt	4–6 m	hellrosa bis weiß; Blätter grün	gelbe bis rote Früchte
'Charlottae'	breit ausladend	5–7 m	rosaweiß; Blätter glänzend grün	glänzend grüne Früchte
'Evereste'	breit kegelförmig	4–6 m	weiß mit rosa; Blätter grün	orangerote Früchte, sonnenseits orangerot bis paprikarot
'Royality'	kompakt aufrecht bis breit ausladend	4–6 m	rubinrot; Blätter schwarzrot	purpurrote Früchte
'Van Eseltine'	schmal säulen- bis schmal kegelförmig	4,5–6 m	rosa mit blaurot, halb blühend; Blätter grün	gelblich bis orangerote Früchte

Blasenspiere
Physocarpus opulifolius

Aussehen: aufrecht bis breit überhängend; **Höhe:** 3 m
Breite: genauso breit wie hoch
Blütezeit: Juni bis Juli
Blüte: weiß bis weißlich rosa

Blasenspiere

Früchte: rotbraune Kapseln
Blätter: mittelgrün
Standort: sonnig bis schattig
Boden: anpassungsfähig; sauer bis alkalisch; mäßig trocken bis frisch; durchlässig, nährstoffreich
Verwendung: Großstrauch, Blüten- und Ziergehölz, Einzelpflanzung, Heckenpflanzung, Kübel- und Topfkultur, große Gärten und Parks
Sorten: 'Dart's Gold' – Gelbe Blasenspiere, Blätter goldgelb, 'Diabolo' – Rote Blasenspiere, Blätter dunkelrot

> pflegeleicht, für Einsteiger

Amerikanische Lavendelheide, Vielblütige Lavendelheide
Pieris floribunda

Aussehen: breit buschig, aufrecht, dicht verzweigt
Höhe: 1,5–2 m; **Breite:** genauso breit wie hoch
Blütezeit: April bis Mai
Blüte: weiß
Blätter: glänzend dunkelgrün; immergrün
Standort: halbschattig bis schattig

Boden: sauer bis neutral; frisch bis feucht; durchlässig, humos
Verwendung: Blüten- und Ziergehölz, kleine und große Gärten und Parks, auffallende Blüten, interessanter Wuchs

> Liebhaberpflanze, für kleine Gärten

Japanische Lavendelheide
Pieris japonica

Aussehen: locker, breit aufrecht bis leicht überhängend
Höhe: 2–3 m; **Breite:** genauso breit wie hoch
Blütezeit: April bis Mai
Blüte: weiß
Früchte: braun
Blätter: glänzend dunkelgrün; immergrün
Standort: halbschattig bis schattig
Boden: sauer bis neutral; frisch bis feucht; durchlässig, humos
Verwendung: Blüten- und Ziergehölz, kleine und große Gärten, auffallende Blüten, auffallender Wuchs
Sortenbeispiele: 'Debutante' – schwach wüchsiger als die Art, 1 m hoch und breit, 'Forest Flame' – Blätter im Austrieb leuchtend rot, 'Purity' – Zwerg-

Japanische Lavendelheide

strauch, bis 1 m, Blütezeit etwa 3–4 Wochen später als die Art, 'Red Mill' – Blätter im Austrieb lackrot bis glänzend granatbraun, wird nur 0,6 m hoch und im Alter doppelt so breit, 'Variegata' – Blätter mit gelblich weißem Rand

> Liebhaberpflanze, für kleine Gärten

Platane
Platanus × hispanica

Platane

Aussehen: breit kegelförmig bis rundkronig; **Höhe:** 20–30 m
Breite: 15–20 m
Blütezeit: April bis Mai
Blüte: gelblichgrün
Früchte: grün, später braune Fruchtstände
Blätter: hellgrün
Standort: sonnig bis halbschattig
Boden: neutral bis alkalisch; trocken bis feucht; durchlässig, sandig-lehmig
Verwendung: Großbaum, Einzelpflanzung, große Gärten und Parks, auffallende Rinde

> pflegeleicht

Großblatt-Pappel
Populus lasiocarpa

Aussehen: kegelförmige, im Alter offenere Krone
Höhe: 15–20 m; **Breite:** 10–15 m
Blütezeit: März bis April
Blüte: etwa 10 cm lange Kätzchen
Früchte: Kapseln
Blätter: hellgrün, sehr groß
Standort: sonnig bis absonnig
Boden: neutral bis alkalisch; trocken bis nass; durchlässig, nährstoffreich, tiefgründig
Verwendung: Einzelpflanzung, große Gärten und Parks, auffällige Blätter

> Liebhaberpflanze

Fünffingerstrauch
Potentilla fruticosa

Aussehen: breit buschig, dicht verzweigt; **Höhe:** bis 1,5 m
Breite: genauso breit wie hoch
Blütezeit: Juni bis Oktober
Blüte: gelb, rot, rosa oder weiß
Blätter: dunkelgrün
Standort: sonnig bis halbschattig
Boden: sauer bis schwach alkalisch; frisch bis mäßig feucht; durchlässig, nährstoffreich
Verwendung: Zwergstrauch, Bodenbegrünung, auffallende Blüten, gemischte Rabatten, Blüten- und Ziergehölz, Einfassung, Grabbepflanzung

Fünffingerstrauch

Sortenbeispiele: 'Red Ace' – Zwergstrauch bis 0,65 m hoch und etwa 1,2 m breit, Blüte orangerot, Juni bis Oktober; 'Goldteppich' – Zwergstrauch bis 0,7 m hoch, Blüte leuchtend gelb, Mai bis Oktober, 'Goldfinger' – Kleinstrauch bis 1,3 m hoch, Blüte dunkelgelb, Juni bis Oktober

> pflegeleicht, für kleine Gärten

Japanische Blüten-Kirsche
Prunus 'Accolade'

Aussehen: locker trichterförmig aufrecht bis schirmförmig ausladend; **Höhe:** 5–7 m; **Breite:** 3–7 m
Blütezeit: März bis April
Blüte: rosa, halb blühend
Blätter: dunkelgrün
Standort: sonnig bis halbschattig

Boden: neutral bis stark alkalisch; frisch bis feucht; durchlässig, sandig-lehmig
Verwendung: Kleinbaum, Blüten- und Ziergehölz, Einzelpflanzung, Alleepflanzung; Blüten und Herbstfärbung auffallend

pflegeleicht, für Einsteiger

Blut-Pflaume
Prunus cerasifera 'Nigra'

Prunus cerasifera

Aussehen: rundlich bis kegelförmig, Bezweigung überhängend
Höhe: 5–7 m; **Breite:** 3–6 m
Blütezeit: März bis April
Blüte: rosa, auffällig
Früchte: dunkelrote Pflaumen
Blätter: dunkelrot
Standort: sonnig bis halbschattig
Boden: neutral bis stark alkalisch; mäßig trocken bis frisch; durchlässig, sandig-lehmig
Verwendung: Kleinbaum, Blüten- und Ziergehölz, Einzelpflanzung, Heckenpflanzung, kleine und große Gärten und Parks, ungewöhnliche Blattfarbe
Art: *P. cerasifera* – Blüte weiß, Blatt grün

pflegeleicht, für Einsteiger, für kleine Gärten

Zwerg-Blut-Pflaume
Prunus × cistena

Aussehen: breit buschig, aufrecht; **Höhe:** 2–2,5 m; **Breite:** 2 m
Blütezeit: Mai

Blüte: hellrosa bis weiß
Früchte: dunkelrote Pflaumen
Blätter: dunkelrot
Standort: sonnig bis halbschattig
Boden: neutral bis stark alkalisch; mäßig trocken bis frisch; durchlässig, sandig-lehmig
Verwendung: Blüten- und Ziergehölz, Einzelpflanzung, Heckenpflanzung, für Kübel

pflegeleicht, für Einsteiger, auch für kleine Gärten

Kirschlorbeer, Immergrüne Lorbeer-Kirsche
Prunus laurocerasus

Aussehen: rundlich strauchförmig; **Höhe:** 2–4 m
Breite: 2–4 m
Blütezeit: Mai bis Juni
Blüte: weiß
Früchte: schwarze Früchte
Blätter: glänzend dunkelgrün; immergrün
Standort: sonnig bis schattig
Boden: schwach sauer bis alkalisch; mäßig trocken bis feucht; durchlässig, nahrhaft

Kirschlorbeer

Verwendung: Großstrauch, Blüten- und Ziergehölz, Einzelpflanzung, Heckenpflanzung; auffallende Blätter, auffallende Blüten; schnittverträglich, große Gärten und Parks, Kübel- und Topfkultur, etwas frostempfindlich
Empfehlenswerte Sorten: 'Herbergii' – breit aufrecht bis kegelförmig, 'Mont Vernon' – flach wachsend, kriechender Wuchs, 'Otto Luyken' – sehr frostharte Form, 'Rotundifolia' – ungewöhnlich großblättrig, 'Schipkaensis Macrophylla' – große Blütenrispen, breit aufrecht wachsend

pflegeleicht

Säulen-Zier-Kirsche
Prunus serrulata 'Amanogawa'

Aussehen: straff säulenförmig **Höhe:** 4–7 m; **Breite:** 1–2 m
Blütezeit: April bis Mai
Blüte: hellrosa; gefüllt
Blätter: dunkelgrün
Standort: sonnig
Boden: neutral bis stark alkalisch; frisch bis feucht; sandig-lehmig; durchlässig, nährstoffreich
Verwendung: Kleinbaum, Blüten- und Ziergehölz, Einzelpflanzung, kleine und große Gärten, auffallende Blüten
Weitere Sorte: 'Kanzan' – Nelken-Kirsche, Wuchs mehr trichterförmig, Blüte rosa, gefüllt, Mai

pflegeleicht, für kleine Gärten

Schlehe, Schwarzdorn
Prunus spinosa

Aussehen: sparrig aufrecht, strauchförmig, dicht buschig verzweigt; **Höhe:** 1–3 m
Breite: durch Wurzelschößlinge viel breiter als hoch
Blütezeit: April bis Mai
Blüte: weiß
Früchte: schwarzblaue Beeren; verwertbar
Blätter: mittel- bis dunkelgrün
Standort: sonnig bis absonnig
Boden: schwach sauer bis alkalisch; trocken bis frisch; sandig-lehmig; durchlässig, nährstoffreich
Verwendung: Einzelpflanzung, Heckenpflanzung, Wildschutzgehölz; trockenheitsverträglich, hitzefest, schnittverträglich

pflegeleicht, für naturnahe Gärten

Rosa Winter-Kirsche
Prunus subhirtella 'Autumnalis Rosea'

Aussehen: breit aufrecht bis überneigend; **Höhe:** bis 5 m
Breite: genauso breit wie hoch
Blütezeit: März bis April, manchmal schon im November/Dezember
Blüte: hellrosa
Blätter: dunkelgrün
Standort: sonnig
Boden: neutral bis stark alkalisch; frisch bis feucht; sandig-lehmig; durchlässig, nährstoffreich

Weitere *Populus*-Arten und Sorten

Botanischer Name	Deutscher Name	Aussehen	Höhe
P. alba	Silber-Pappel, Weiß-Pappel	breit rundkronig	bis 30 m
P. balsamifera	Balsam-Pappel	kegelförmig bis rundlich	10–25 m
P. nigra 'Italica'	Säulen-Pappel, Pyramiden-Pappel	schmal säulenförmig	25–30 m
P. tremula	Espe, Zitter-Pappel	lockere, unregelmäßige Krone	10–20 m

Verwendung: Großstrauch, Blüten- und Ziergehölz, Einzelpflanzung; auffallende Blüten; große Gärten

Liebhaberpflanze

Mandelbäumchen
Prunus triloba

Aussehen: breit aufrecht, dicht verzweigt; **Höhe:** 1,5–2 m
Breite: genauso breit wie hoch
Blütezeit: April bis Mai

Mandelbäumchen

Blüte: rosa bis weißlich rosa; gefüllt
Blätter: dunkelgrün
Standort: sonnig, geschützt
Boden: schwach sauer bis schwach alkalisch; frisch bis mäßig feucht; sandig-lehmig; durchlässig
Verwendung: Blüten- und Ziergehölz, Einzelpflanzung; auffallende Blüten; stadtklimafest, ein starker Rückschnitt unmittelbar nach der Blüte fördert Verzweigung und Blütenreichtum

pflegeleicht, für kleine Gärten

Kaukasische Flügelnuss
Pterocarya fraxinifolia

Aussehen: breit ausladend
Höhe: 15–20 m; **Breite:** bis 15 m
Blütezeit: April bis Mai
Blüte: gelbgrün
Früchte: grüne Flügelfrüchte
Blätter: dunkelgrün
Standort: sonnig bis halbschattig

Boden: schwach sauer bis alkalisch; feucht bis nass; sandiglehmig, lehmig-tonig, nahrhaft, tiefgründig
Verwendung: Großbaum, Einzelpflanzung, große Gärten und Parks, auffallende Blätter und Fruchtstände

Liebhaberpflanze

Feuerdorn
Pyracantha 'Golden Charmer'

Aussehen: schlank aufrecht, strauchförmig; **Höhe:** 2–3 m
Breite: 2–3 m
Blütezeit: Mai bis Juni
Blüte: weiß
Früchte: orangegelbe Früchte
Blätter: glänzend dunkelgrün; immergrün
Standort: sonnig bis halbschattig; windgeschützt
Boden: schwach sauer bis alkalisch; trocken bis frisch; durchlässig, sandig-lehmig
Verwendung: Großstrauch, Heckenpflanzung, kleine und große Gärten, auffällige Früchte, schnittverträglich

Feuerdorn 'Golden Charmer'

Weitere Sorten: 'Red Column' – Früchte leuchtend rot, 'Soleil d'Or' – Beeren leuchtend gelb

pflegeleicht, für kleine Gärten

Weidenblättrige Birne
Pyrus salicifolia

Aussehen: Kleinbaum mit kurzem, häufig drehwüchsigen Stamm; weit überhängend

Weidenblättrige Birne

Höhe: 4–6 m; **Breite:** im Alter genauso breit wie hoch
Blütezeit: April bis Mai
Blüte: weiß
Früchte: grüne Birnen
Blätter: silbrig graugrün
Standort: sonnig
Boden: neutral bis stark alkalisch; trocken bis frisch; sandig-lehmig; durchlässig
Verwendung: Kleinbaum, Einzelpflanzung, auffallende Blätter, frosthart, hitze- und trockenheitsresistent
Sortenbeispiel: 'Pendula' – Zweige bogig überhängend

pflegeleicht

Stiel-Eiche, Sommer-Eiche
Quercus robur (Bild Seite 11)

Aussehen: breit hochgewölbt, weit ausladend; **Höhe:** 25–35 m
Breite: 15–20 m

Stiel-Eiche

Früchte: hellbraune Eicheln
Blätter: mittel- bis dunkelgrün
Standort: sonnig bis absonnig
Boden: anpassungsfähig; schwach sauer bis alkalisch; frisch bis feucht; tiefgründig
Verwendung: einheimisch, Großbaum, Einzelpflanzung, große Gärten und Parks
Sortenbeispiel: 'Fastigiata' – säulenförmiger Wuchs

pflegeleicht

Echte Alpenrose
Rhododendron ferrugineum

Aussehen: breit aufrecht bis niederliegend, kompakt
Höhe: bis 0,7 m; **Breite:** bis 1 m
Blütezeit: Mai bis Juni
Blüte: dunkelpurpurrot
Blätter: glänzend dunkelgrün; immergrün
Standort: halbschattig
Boden: sauer bis neutral; frisch bis feucht; durchlässig; sandighumos
Verwendung: einheimisch, Rhododendronbeete, Steingärten, Kübel- und Topfkultur, auffallende Blüten, sehr winterhart

für kleine Gärten

Rhododendron
Großblumige *Rhododendron*-Hybriden

Aussehen: je nach Sorte breit buschig bis kugelförmig
Höhe: 2–3 m; **Breite:** 2–5 m
Blütezeit: Mai bis Juni
Blüte: sortenabhängig
Blätter: glänzend dunkelgrün; immergrün
Standort: halbschattig; windgeschützt
Boden: sauer bis neutral; frisch bis feucht; durchlässig; sandighumos
Verwendung: Großstrauch, Blüten- und Ziergehölz, Einzelpflanzung, Rhododendronanlage, Heckenpflanzung, große Gärten und Parks, auffallende Blüten
Empfehlenswerte Sorten:
'Catawbiense Grandiflorum' – Blüte hellviolett mit gelbbrauner Zeichnung, 'Cunninghams White' – weiß mit gelbbrauner Zeichnung, große Blüten, 'Hachmanns Feuerschein' – Blüte leuchtend rot, bis 3 m hoch, 'Nova Zembla' – bis 3 m

Großblumiger Rhododendron

hoch und breit, Blüte rubinrosa mit schwarzer Zeichnung, 'Roseum Elegans' – Blüte rosalila mit rotbrauner Zeichnung, Wuchs bis 3 m hoch und bis 4 m breit

pflegeleicht, für Einsteiger, besonders großblütig

Kissen-Rhododendron
Rhododendron impeditum

Aussehen: flach rundlich
Höhe: bis 0,4 m; **Breite:** bis 1 m
Blütezeit: Mai
Blüte: himmelblau bis hellviolett
Blätter: dunkelgrün; immergrün
Standort: sonnig bis halbschattig
Boden: sauer bis neutral; frisch bis feucht; durchlässig, sandighumos
Verwendung: Blüten- und Zier-

Kissen-Rhododendron

gehölz, Steingärten, Rhododendronbeet, auffallende Blüten

pflegeleicht, für kleine Gärten

Pontische Azalee
Rhododendron luteum
(syn.: *Azalea pontica*)

Aussehen: straff aufrecht, später breitbuschig ausladend
Höhe: 1,5–2,5 m; **Breite:** 1–2 m
Blütezeit: Mai bis Juni
Blüte: gelb; duftend
Blätter: mittelgrün, Laub abwerfend
Standort: sonnig bis lichtschattig
Boden: sauer bis neutral; frisch bis feucht; durchlässig, sandighumos
Verwendung: Blüten- und Ziergehölz, Gärten und Parks, auffallende Blüten und Herbstfärbung

Liebhaberpflanze, für kleine Gärten

Azalee
Rhododendron minus

Aussehen: flachkugelig, dicht verzweigt, kompakt
Höhe: bis 1 m; **Breite:** bis 1,5 m
Blütezeit: Mai bis Juni
Blüte: purpurrosa
Blätter: dunkelgrün, immergrün
Standort: sonnig bis halbschattig
Boden: sauer bis schwach sauer; frisch bis feucht; durchlässig; sandig-humos
Verwendung: Zwergstrauch, Blüten- und Ziergehölz, Rhododendronbeet, Steingärten, Gärten und Parks

Liebhaberpflanze, für kleine Gärten

Zwerg-Rhododendron
Rhododendron-Repens-Hybriden

Aussehen: je nach Sorte kompakt, flachrund oder kissen-

Zwerg-Rhododendron 'Rotkäppchen'

förmig **Höhe:** 0,6–1 m
Breite: bis 1,5 m
Blütezeit: April bis Mai
Blüte: leuchtend rote Blüten
Blätter: dunkelgrün; immergrün
Standort: sonnig bis halbschattig
Boden: sauer bis schwach sauer; frisch bis feucht; durchlässig, sandig-humos
Verwendung: kompakt wachsend, Zwergstrauch, Blüten- und Ziergehölz, Einzelpflanzung, Heckenpflanzung, für kleinere Gärten, Kübel- und Topfkultur, Rhododendronbeet; auffallende Blüten

pflegeleicht, für Einsteiger, für kleine Gärten

Gold-Rhododendron
Rhododendron wardii

Aussehen: breit aufrecht, kompakt **Höhe:** bis 2,5 m
Breite: bis 2 m
Blütezeit: Mai
Blüte: leuchtend gelbe Blüten
Blätter: dunkelgrün; immergrün
Standort: licht- bis halbschattig
Boden: schwach sauer bis neutral; frisch bis feucht; durchlässig, sandig-humos
Verwendung: Blüten- und Ziergehölz, Einzelpflanzung, für kleinere Gärten, Kübel- und Topfkultur, Rhododendronbeet; ungewöhnliche Blütenfarbe

Liebhaberpflanze, für kleine Gärten

Glocken-Rhododendron
Rhododendron-Williamsianum-Hybriden

Aussehen: je nach Sorte flachrund bis kugelig; **Höhe:** 1–2,5 m

Andere Eichen-Arten

Botanischer Name	Deutscher Name	Aussehen	Höhe
Quercus cerris	Zerr-Eiche	breit kegelförmig bis breit rundlich	20–30 m
Q. frainetto	Ungarische Eiche	ovalförmig bis rundlich	15–20 m
Q. macranthera	Persische Eiche	breit eiförmig	12–20 m
Q. palustris	Sumpf-Eiche, Spree-Eiche, Boulevard-Eiche	kegelförmig	15–20 m
Q. petraea	Trauben-Eiche, Winter-Eiche	breit und hochgewölbt	20–30 m
Q. rubra	Amerikanische Rot-Eiche	rundkronig	20–25 m
Q. × turneri 'Pseudoturneri'	Wintergrüne Eiche	breit ovalförmig, buschig	6–8 m

Breite: bis 2,5 m
Blütezeit: April bis Juni
Blüte: je nach Sorte rot, rosa, gelb
Früchte: Kapselfrüchte
Blätter: rund-oval, mattgrün; immergrün
Standort: licht- bis halbschattig
Boden: sauer bis neutral; frisch bis feucht; sandig-humos; durchlässig
Verwendung: kompakt wachsend, Blüten- und Ziergehölz, Einzelpflanzung, für kleinere Gärten, auffallende Blätter, leuchtende Blüten

pflegeleicht, für Einsteiger, für kleine Gärten

Ball-Rhododendron
Rhododendron-Yakushimanum-Hybriden

Aussehen: dicht und kompakt, breitrund bis aufrecht
Höhe: 1–1,5 m; **Breite:** bis 2 m
Blütezeit: Mai bis Juni

Ball-Rhododendron

Blüte: je nach Sorte weiß, rosa, rot, gelb
Blätter: mattgrün, oft weißfilzig; immergrün
Standort: sonnig bis halbschattig
Boden: sauer bis neutral; frisch bis feucht; durchlässig, sandig-humos; durchlässig
Verwendung: Blüten- und Ziergehölz, kleine Gärten, Grabbepflanzung; sonnenverträglich, extrem frosthart

pflegeleicht, für Einsteiger

Essigbaum, Hirschkolben-Sumach
Rhus typhina

Aussehen: breit aufrecht, Ausläufer treibend; **Höhe:** 4–6 m
Breite: im Alter oft breiter als hoch
Blütezeit: Juni bis Juli
Blüte: gelblich grün

Essigbaum, Herbstfärbung

Früchte: rote, kolbenartige Fruchtstände
Blätter: dunkelgrün
Standort: sonnig
Boden: schwach sauer bis alkalisch; trocken bis frisch; sandig-kiesig, sandig-lehmig; durchlässig
Verwendung: Großstrauch, Einzelpflanzung, große Gärten und Parks, ungewöhnliche Fruchtsstände, auffallende Herbstfärbung, kann durch Wurzelausläufer lästig werden
Weitere Sorte: 'Dissecta' – Blätter farnartig fein geschlitzt

pflegeleicht, für Einsteiger

Blut-Johannisbeere
Ribes sanguineum
'King Edward VII'

Aussehen: locker strauchförmig
Höhe: 1,5–2 m; **Breite:** 1,5–2 m
Blütezeit: April bis Mai
Blüte: rot
Früchte: schwarze, blau bereifte Beeren

Blut-Johannisbeere

Blätter: mattgrün
Standort: sonnig
Boden: anpassungsfähig; frisch bis feucht; durchlässig; sandiglehmig

Verwendung: Blüten- und Ziergehölz, Einzelpflanzung, Heckenpflanzung, Gärten und Parks, auffallende Blüten

pflegeleicht, für Einsteiger, für kleine Gärten

Robinie, Scheinakazie
Robinia pseudoacacia

Aussehen: rundlich und lockerkronig; **Höhe:** 20–25 m
Breite: 12–18 m
Blütezeit: Mai bis Juni
Blüte: weiß; duftend
Früchte: braune Hülsen
Blätter: frischgrün
Standort: sonnig
Boden: schwach sauer bis alkalisch; mäßig trocken bis frisch; durchlässig, nährstoffreich
Verwendung: Großbaum, Blüten- und Ziergehölz, Einzelpflanzung, große Gärten und Parks, auffallende Blüten; hitzeverträglich, wärmeliebend, in der Jugend windbruchgefährdet, ganze Pflanze giftig
Empfehlenswerte Sorten: 'Frisia' – Gold-Robinie, Blätter im Austrieb orangegelb, später leicht vergrünend, 'Tortuosa' – Korkenzieher-Robinie, 8–12 m hoch, bizarrer Wuchs, korkenzieherartig gedrehte Zweige und Triebe, 'Umbraculifera' – Kugel-Robinie, 5–6 m hoch, dichte, kugelrunde Krone, verträgt radikalen Rückschnitt

pflegeleicht

Rhododendron-Hybriden im Überblick

Sorte	Blütezeit	Blütenfarbe
Rhododendron-Repens-Hybriden		
'Baden-Baden'	April bis Mai	leuchtend scharlachrot
'Rotkäppchen'	April bis Mai	rot
'Scarlet Wonder'	Mai	hell scharlachrot
Rhododendron-Williamsianum-Hybriden		
'Gartendirektor Glocker'	Mai	rosarot
'Jackwill'	Mai	zartrosa bis rosaweiß
'Rothenburg'	April bis Mai	zitronengelb bis cremefarben
Rhododendron-Yakushimanum-Hybriden		
'Fantastica'	Mai bis Juni	rosarot
'Flava' (Bild Seite 10)	Mai bis Juni	gelb, innen cremegelb
'Silberwolke'	Mai bis Juni	hellrosa, später rosaweiß bis silbrig

Robinie

Trauer-Weide
Salix alba 'Tristis'

Aussehen: locker rundlich, Äste malerisch herabhängend
Höhe: 15–20 m; **Breite:** 10–15 m
Blütezeit: April bis Mai
Blüte: gelb
Blätter: grau- bis dunkelgrün
Standort: sonnig bis licht-schattig

Sal-Weide, männliche Blüten

Boden: schwach sauer bis alkalisch; frisch bis feucht; sandig-lehmig; nährstoffreich
Verwendung: heimisch, Groß-baum, Einzelpflanzung, große Gärten und Parks, auffallende Blüten; verträgt längere Über-schwemmungen; verträgt radikalen Rückschnitt

pflegeleicht

Sal-Weide
Salix caprea

Aussehen: breit aufrecht, spar-rig; **Höhe:** 5–8 m; **Breite:** 3–6 m
Blütezeit: März bis April
Blüte: männliche silbriggelb, weibliche grün
Blätter: mattgrün, unterseits graufilzig
Standort: sonnig bis absonnig
Boden: schwach sauer bis alkalisch; mäßig trocken bis nass; sandig-lehmig
Verwendung: einheimisch, Großstrauch, Einzelpflanzung, Heckenpflanzung, große Gärten und Parks, auffallende Blüten

Sorten: 'Mas' – Kätzchen-Weide, besonders große Blütenkätz-chen, 'Pendula' – Hänge-Kätz-chen-Weide, Wuchs überhägend bis schirmförmig

pflegeleicht

Japanische Bunt-Weide
Salix × integra 'Hakuro-Nishiki'

Aussehen: rundkronig, dicht, kompakt; **Höhe:** 1–1,5 m
Breite: genauso breit wie hoch
Blätter: im Austrieb rosa, später grün-weißlich panaschiert
Standort: sonnig bis halb-schattig
Boden: schwach sauer bis neutral; mäßig trocken bis

Japanische Buntweide 'Hakuro-Nishiki'

feucht; durchlässig; sandig-lehmig, nährstoffreich
Verwendung: Ziergehölz, Einzelpflanzung, Kübelkultur, auffallende Blätter, verträgt starken Rückschnitt

pflegeleicht, Liebhaberpflanze, für kleine Gärten

Kriech-Weide
Salix repens (Bild Seite 11)

Aussehen: kompakt breit wach-send, übergeneigt
Höhe: bis 1 m; **Breite:** 0,5–1,5 m
Blütezeit: April bis Mai
Blüte: gelblichgrau
Blätter: grau- bis hellgrün, unter-seits silbrig
Standort: sonnig
Boden: schwach sauer bis

alkalisch; trocken bis feucht; sandig-lehmig
Verwendung: einheimisch, Zwergstrauch, Kübel- und Topf-kultur, sehr schnittverträglich

Liebhaberpflanze, für kleine Gärten

Schwarzer Holunder
Sambucus nigra

Aussehen: Großstrauch oder kleiner Baum
Höhe: 3–7 m; **Breite:** 3 – 5 m
Blütezeit: Juni bis Juli
Blüte: weiß
Blätter: gefiedert, mittelgrün
Standort: sonnig bis halbschattig
Boden: sauer bis alkalisch; feucht; humos, sandig-lehmig
Pflege: regelmäßiger Verjün-gungsschnitt
Verwendung: auffällige Blüten-dolden und schwarzblaue Bee-ren, anspruchslos
Weitere Art: *S. racemosa* – Roter oder Trauben-Holunder, Blüten ins Rispen, Beeren rot

pflegeleicht

Japanische Skimmie
Skimmia japonica

Aussehen: breit buschig, dicht-triebig, strauchförmig
Höhe: 0,6–1,4 m; **Breite:** 1–1,5 m
Blütezeit: Mai bis Juni
Blüte: gelblich weiß bis weißlich rosa
Früchte: glänzend rote Früchte
Blätter: dunkelgrün
Standort: lichtschattig bis schat-tig; geschützt

Japanische Skimmie

Boden: sauer bis schwach alkalisch; frisch bis feucht; durchlässig, humos, nahrhaft
Verwendung: Blüten- und Ziergehölz, kleine und große Gärten und Parks, Grabbepflanzung, Kübel- und Topfkultur; auffällige Früchte
Sortenbeispiel: 'Rubella' – Duft-Skimmie, Wuchs kompakter, Blüte weiß, duftend, keine Früchte, männliche Form

> pflegeleicht, für kleine Gärten

Japanischer Schnurbaum
Sophora japonica

Aussehen: rundkronig bis schirmförmig; **Höhe:** 15–20 m
Breite: 12–18 m
Blütezeit: August bis September
Blüte: cremeweiß

Japanischer Schnurbaum

Früchte: perlschnurartige Hülsen
Blätter: glänzend dunkelgrün
Standort: sonnig
Boden: schwach sauer bis stark alkalisch; trocken bis frisch; durchlässig; sandig-lehmig
Verwendung: mittelhoher Baum, Blüten- und Ziergehölz, Einzelpflanzung, große Gärten und Parks, auffallende Blüten, für Gärten ist 'Pendula' besser geeignet; sehr hitze- und trockenheitsverträglich
Wichtige Sorte: 'Pendula' – malerischer, überhängender Wuchs, blüht nicht oder kaum, wird nur 5–8 m hoch

> Liebhaberpflanze

Eberesche

Eberesche, Vogelbeere
Sorbus aucuparia

Aussehen: rundliche Krone oder mehrstämmig aufrecht
Höhe: 6–12 m; **Breite:** 4–6 m
Blütezeit: Mai bis Juni
Blüte: weiß
Früchte: orangerot bis rote Beeren
Blätter: mittel- bis dunkelgrün
Standort: sonnig bis halbschattig
Boden: schwach sauer bis alkalisch; frisch bis feucht; durchlässig
Verwendung: einheimisch, Großstrauch, Kleinbaum, Einzelpflanzung, Vogelschutzgehölz, auffällige Früchte, gelbe Herbstfärbung
Empfehlenswerte Sorten: 'Edulis' – Mährische Eberesche, Essbare Eberesche, Wuchs aufrecht, pyramidal bis 15 m hoch, Beeren größer, 'Fastigiata' – Säulen-Eberesche, Wuchs streng aufrecht, schmal kegelförmig, Blätter größer, Beeren leuchtend rot

> pflegeleicht, für Einsteiger, für kleine Gärten

Schnee-Spiere, Braut-Spiere
Spiraea × arguta

Aussehen: breit aufrecht, dicht buschig; überneigend
Höhe: 1,5–2 m; **Breite:** genauso breit wie hoch
Blütezeit: April bis Mai
Blüte: weiß
Blätter: hellgrün

Standort: sonnig
Boden: anpassungsfähig; sauer bis schwach alkalisch; frisch; durchlässig; sandig-lehmig
Verwendung: Blüten- und Ziergehölz, Einzelpflanzung, Heckenpflanzung, kleine und große Gärten und Park, auffallende Blüten, schöne Herbstfärbung

> pflegeleicht, für kleine Gärten

Rote Sommer-Spiere
Spiraea × bumalda
'Anthony Waterer'

Aussehen: halbkugelig, dicht verzweigt; **Höhe:** 0,6–0,8 m
Breite: genauso breit wie hoch
Blütezeit: Juni bis September
Blüte: karminrot
Blätter: frischgrün
Standort: sonnig bis halbschattig

Boden: anpassungsfähig; sauer bis alkalisch; frisch bis feucht; durchlässig; sandig-lehmig
Verwendung: Blüten- und Ziergehölz, Heckenpflanzung, kleine und große Gärten und Parks, auffallende Blüten; kann regelmäßig im Frühjahr auf eine Handbreit über dem Boden zurückgeschnitten werden

> pflegeleicht, lange Blütezeit, für kleine Gärten

Silbrige Strauch-Spiere
Spiraea × cinerea 'Grefsheim'

Aussehen: breit aufrecht strauchförmig; **Höhe:** 1,5–2 m
Breite: genauso breit wie hoch
Blütezeit: Mai bis Juni
Blüte: weiß
Blätter: stumpf grün
Standort: sonnig bis halbschattig
Boden: anpassungsfähig; sauer bis schwach alkalisch; frisch bis feucht; durchlässig; sandig-lehmig
Verwendung: Blüten- und Ziergehölz, Einzelpflanzung, Heckenpflanzung, kleine und große Gärten, auffallende Blüten; schnittverträglich

> pflegeleicht, für kleine Gärten

Rosa Zwerg-Spiere
Spiraea japonica
'Little Princess'

Aussehen: dicht buschig kompakt und gedrungen
Höhe: bis 0,6 m

Rosa Sorte der Sommer-Spiere

Breite: im Alter doppelt so breit
Blütezeit: Juni bis Juli
Blüte: hellviolett bis lilarosa
Blätter: hellgrün
Standort: sonnig bis halbschatttig
Boden: anpassungsfähig; sauer bis schwach alkalisch; frisch bis feucht; durchlässig; sandig-lehmig
Verwendung: Zwergstrauch, Blüten- und Ziergehölz, Heckenpflanzung, kleine und große Gärten und Parks, für Kübel- und Topfkultur, auffallende Blüten, Verjüngungsschnitt im Frühjahr auf 10 cm über dem Boden

pflegeleicht, für kleine Gärten

Pracht-Spiere
Spiraea × vanhouttei

Aussehen: aufrecht breit buschig, überhängend
Höhe: bis 2,5 m **Breite:** genauso breit wie hoch
Blütezeit: Mai bis Juni
Blüte: weiß
Blätter: stumpf grün
Standort: sonnig bis halbschatttig
Boden: anpassungsfähig; sauer bis alkalisch; frisch bis feucht; durchlässig; sandig-lehmig, nahrhaft
Verwendung: Blüten- und Ziergehölz, Einzelpflanzung, Heckenpflanzung, kleine und große Gärten, auffallende Blüten, schnittverträglich

pflegeleicht, für kleine Gärten

Schneebeere
Symphoricarpos × doorenbosii 'Amethyst'

Aussehen: aufrecht strauchförmig bis überhängend; Ausläufer treibend
Höhe: 0,8–1,5 m
Breite: 0,7–1,2 m
Blütezeit: Juni bis Juli
Blüte: weißlich bis hellrosa
Früchte: lilarosa Beeren
Blätter: dunkel- bis bläulichgrün
Standort: sonnig bis halbschatttig
Boden: anpassungsfähig; mäßig trocken bis feucht; durchlässig, nährstoffreich
Verwendung: Heckenpflanzung, Flächenbegrünung, kleine und große Gärten und Parks, auffälli-

Schnee-Spiere, Text Seite 42

ge Beeren; sehr schnittverträglich; wertvolle Insektenweide
Weitere Sorte: 'White Hedge' – Blüten weiß, rosa getönt, Beeren weiß

pflegeleicht, für Einsteiger, für kleine Gärten

Königs-Flieder, Chinesischer Flieder
Syringa × chinensis

Aussehen: breit buschig, locker aufrecht; **Höhe:** 3–4 m; **Breite:** oft genauso breit wie hoch
Blütezeit: Mai
Blüte: lilarosa; süßer Duft
Blätter: frischgrün
Standort: sonnig
Boden: schwach sauer bis alkalisch; mäßig trocken bis frisch; sandig-kiesig; durchlässig, nährstoffreich, tiefgründig
Verwendung: Großstrauch, Blüten- und Ziergehölz, Einzelpflanzung, lockere Heckenpflanzung, Gärten und Parks, auffallende Blüten, frosthart, wärmeliebend

pflegeleicht

Kleinblättriger Flieder
Syringa microphylla 'Superba'

Aussehen: locker aufrecht, breit buschig; strauchförmig
Höhe: 1–1,5 m; **Breite:** genauso breit wie hoch
Blütezeit: Mai, Nachblüte im Oktober
Blüte: lilarosa; stark duftend

Blätter: frischgrün
Standort: sonnig bis halbschatttig
Boden: sauer bis schwach alkalisch; mäßig trocken bis feucht; sandig-kiesig; durchlässig, nahrhaft
Verwendung: Blüten- und Ziergehölz, Einzelpflanzung, Kübel- und Töpfe, auffallende Blüten

pflegeleicht, für Einsteiger

Gewöhnlicher Flieder
Syringa vulgaris

Aussehen: aufrecht strauchförmig; Ausläufer treibend
Höhe: 4–6 m; **Breite:** 3,5–5 m
Blütezeit: April bis Mai

Gewöhnlicher Flieder

Blüte: lilarosa; stark duftend
Blätter: frischgrün
Standort: sonnig bis halbschatttig
Boden: schwach sauer bis stark alkalisch; mäßig trocken bis frisch; sandig-kiesig; durchlässig, nährstoffreich
Verwendung: Großstrauch, Blüten- und Ziergehölz, Einzelpflanzung, große Gärten und Parks, auffallende Blüten
Empfehlenswerte Sorten:
'Andenken an Ludwig Späth' – Blütentrauben einfach, dunkel purpurrot, 'Charles Joly' – Blüten gefüllt, purpurrot, 'Katherine Havemeyer' – halb bis dicht gefüllt, Blüten kobaltlila, 'Mme. Lemoine' – gefüllt, weiß, 'Primrose' – Blüten hellgelb

pflegeleicht, für Einsteiger

Sommer-Tamariske
Tamarix ramosissima

Aussehen: strauchförmig; locker aufrecht bis bogig überhängend
Höhe: 2–3 m; **Breite:** genauso breit wie hoch
Blütezeit: Juli bis September
Blüte: hellrosa
Blätter: graugrün
Standort: sonnig
Boden: sauer bis stark alkalisch; trocken bis frisch; durchlässig, sandig-kiesig
Verwendung: Blüten- und Ziergehölz, Einzelpflanzung, große Gärten und Parks, Stein- und Steppengärten, auffallender Wuchs, auffallende Blüten,

Sommer-Tamariske

Rückschnitt im Frühjahr, Umpflanzen vermeiden, frosthart, hitzeresistent

pflegeleicht

Winter-Linde
Tilia cordata

Aussehen: breit kegelförmig bis hochgewölbt rundlich
Höhe: 18–25 m; **Breite:** 10–15 m
Blütezeit: Juni bis Juli
Blüte: blassgelb; duftend
Früchte: unscheinbar, geflügelt
Blätter: dunkelgrün
Standort: sonnig bis halbschattig
Boden: schwach sauer bis alkalisch; mäßig trocken bis frisch; sandig-lehmig; durchlässig, nährstoffreich
Verwendung: einheimisch, Großbaum, Einzelpflanzung, große Gärten und Parks, auffallende Blüten, auffallende Herbstfärbung, Bienenweide; sehr frosthart, schnittverträglich

pflegeleicht

Hänge-Ulme, Lauben-Ulme
Ulmus glabra 'Pendula'
(Bild Seite 10)

Aussehen: dachartig, dicht verzweigte Krone; Äste schirmförmig ausgebreitet; **Höhe:** bis 5 m
Breite: oft doppelt so breit wie hoch
Blütezeit: März bis April
Blüte: rötlichbraun

Früchte: grüne Flügelfrüchte
Blätter: dunkelgrün
Standort: sonnig bis halbschattig
Boden: schwach sauer bis stark alkalisch; frisch bis feucht; sandig-lehmig; durchlässig, tiefgründig, nährstoffreich

Hänge-Ulme

Verwendung: Art ist heimisch, Einzelpflanzung, große Gärten und Parks, auffallender Wuchs; schnittverträglich

pflegeleicht

Polar-Schneeball
Viburnum 'Eskimo'

Aussehen: dicht, kompakt
Höhe: 1–1,5 m; **Breite:** meist ebenso breit
Blütezeit: März bis Mai
Blüte: weiß; duftend
Früchte: dunkelrot bis schwarz
Blätter: glänzend dunkelgrün
Standort: sonnig bis halbschattig
Boden: schwach sauer bis alkalisch; mäßig trocken bis frisch; sandig-lehmig; durchlässig, nährstoffreich
Verwendung: Blüten- und Ziergehölz, Einzelpflanzung, in gemischten Rabatten, Topf- und Kübelkultur, auffallende Blüten

pflegeleicht, für Einsteiger, für kleine Gärten

Winter-Schneeball
Viburnum × bodnantense 'Dawn'

Aussehen: straff aufrecht, dicht buschig; **Höhe:** bis 2,5 m
Breite: genauso breit wie hoch
Blütezeit: ab November; Hauptblüte: März bis April
Blüte: rosa bis rosaweiß; duftend
Blätter: dunkelgrün
Standort: sonnig bis halbschattig; geschützt
Boden: sauer bis schwach alkalisch; mäßig trocken bis frisch; sandig-lehmig; durchlässig, nährstoffreich
Verwendung: Blüten- und Ziergehölz, Einzelpflanzung, Heckenpflanzung, kleine und große Gärten und Parks, auffallende Blüten

pflegeleicht, Liebhaberpflanze, für kleine Gärten

Oster-Schneeball
Viburnum × burkwoodii

Aussehen: aufrecht, breit buschig bis rundlich
Höhe: 2–3,5 m; **Breite:** genauso breit wie hoch
Blütezeit: März bis Mai
Blüte: rosa bis rosaweiß; stark duftend
Blätter: glänzend dunkelgrün; immergrün bis wintergrün
Standort: sonnig bis halbschattig; geschützt

Boden: schwach sauer; mäßig trocken bis frisch; sandig-lehmig; durchlässig, nährstoffreich
Verwendung: Blüten- und Ziergehölz, Einzelpflanzung, kleine und große Gärten und Parks, Topf- und Kübelkultur; auffallende Blüten, schöne Herbstfärbung

Liebhaberpflanze, pflegeleicht, für kleine Gärten

Immergrüner Kissen-Schneeball
Viburnum davidii

Aussehen: kompakt rundlich bis flachkugelig, dicht verzweigt
Höhe: 0,5–0,8 m; **Breite:** oft doppelt so breit wie hoch
Blütezeit: Juni
Blüte: weißlich rosa
Früchte: stahlblaue Beeren
Blätter: dunkelgrün; immergrün
Standort: halbschattig; windgeschützt
Boden: sauer bis schwach alkalisch; frisch bis feucht; humos; durchlässig, nahrhaft
Verwendung: Zwergstrauch, Blüten- und Ziergehölz, Heckenpflanzung, Heidegärten, Rhododendronbeete, kleine und große Gärten und Parks, auffallende Blätter, in rauem Klima im Winter schützen

pflegeleicht, für Einsteiger, für kleine Gärten

Oster-Schneeball

Gewöhnlicher Schneeball, Wasser-Schneeball, Wasserholder
Viburnum opulus

Aussehen: breit ausladend, aufrecht strauchförmig; Ausläufer bildend; **Höhe:** bis 4 m; **Breite:** 3–4 m

Gewöhnlicher Schneeball

Blütezeit: Mai bis Juni
Blüte: cremeweiß bis rosaweiß
Früchte: rote Steinbeeren
Blätter: mittel- bis dunkelgrün
Standort: sonnig bis halbschattig
Boden: schwach sauer bis stark alkalisch; frisch bis nass; tiefgründig, lehmig; nährstoffreich
Verwendung: einheimisch, Blüten- und Ziergehölz, Einzelpflanzung, Heckenpflanzung, große Gärten und Parks, leidet unter sommerlicher Hitze und Trockenheit
Sortenbeispiel: 'Roseum' – Gefüllter Schneeball, Blüten ballförmig, gefüllt

pflegeleicht

Mittelmeer-Schneeball
Viburnum tinus

Aussehen: breit aufrecht, dicht buschig; **Höhe:** 1,5–2,5 m
Breite: genauso breit wie hoch
Blütezeit: März bis April, bei Kübelpflanzen oft schon ab November
Blüte: Knospe rosa; offene Blüte weiß

Früchte: stahlblau bis schwarze Steinbeeren
Blätter: mittel- bis dunkelgrün, immergrün
Standort: sonnig bis halbschattig
Boden: schwach sauer bis alkalisch; frisch bis feucht; sandig-lehmig; durchlässig
Verwendung: Blüten- und Ziergehölz, Einzelpflanzung, geschützter Standort, Kübelpflanze; schnittverträglich; Frühjahrspflanzung

Liebhaberpflanze, für kleine Gärten

Großblättriges Immergrün
Vinca major

Aussehen: kriechend bis mattenbildend; **Höhe:** 0,25–0,35 m
Breite: über 0,8 m **Blütezeit:** April bis Mai, Nachblüte im September
Blüte: hellviolett
Blätter: dunkelgrün, immergrün
Standort: sonnig bis schattig
Boden: schwach sauer bis alkalisch; mäßig trocken bis feucht; durchlässig, humos; nährstoffreich
Verwendung: Bodenbegrünung, kleine und große Gärten und Parks, Kübel- und Topfkultur, schnittverträglich

pflegeleicht, für Einsteiger, für kleine Gärten

Kleinblättriges Immergrün, Singrün
Vinca minor

Aussehen: kriechend bis mattenbildend; **Höhe:** 0,1–0,3 m
Breite: über 0,5 m
Blütezeit: April bis Mai, Nachblüte im September
Blüte: lilablau bis hellviolett
Blätter: glänzend dunkelgrün; immergrün
Standort: sonnig bis schattig
Boden: anpassungsfähig; schwach sauer bis alkalisch; mäßig trocken bis feucht; durchlässig, humos, nährstoffreich
Verwendung: einheimisch, Bodenbegrünung, Einfassung, Grabbepflanzung, kleine und große Gärten und Parks, Kübel- und Topfkultur

Kleinblättriges Immergrün

Weitere Sorte: 'Alba' (Bild Seite 11) mit weißen Blüten

pflegeleicht, für Einsteiger, für kleine Gärten

Weigelie
Weigela 'Red Prince'

Aussehen: dicht buschig, kompakt; **Höhe:** bis 1,5 m; **Breite:** 1,5–2 m
Blütezeit: Mai bis Juni; Nachblüte im September
Blüte: leuchtend rot
Blätter: frischgrün
Standort: sonnig bis halbschattig

Weigelie 'Red Prince'

Boden: sauer bis schwach alkalisch; frisch bis feucht; durchlässig, humos, nährstoffreich
Verwendung: Blüten- und Ziergehölz, Einzelpflanzung, Heckenpflanzung, kleine und große Gärten und Parks, auffallende Blätter, schöne Herbstfärbung

pflegeleicht, für Einsteiger, für kleine Gärten

Weigelie
Weigela florida
'Nana Variegata'

Aussehen: breit buschig, kompakt; **Höhe:** 1,5–1,8 m
Breite: 2,5 m
Blütezeit: Mai bis Juni
Blüte: dunkelrosa, aufgeblüht hellrosa
Blätter: mittelgrün mit weißgelbem Rand
Standort: sonnig bis halbschattig
Boden: sauer bis schwach alkalisch; frisch bis feucht; sandig-lehmig; durchlässig, nährstoffreich
Verwendung: Blüten- und Ziergehölz, Einzelpflanzung, Heckenpflanzung, kleine und große Gärten, auffallende Blätter und Blüten, Verjüngungsschnitt nach der Blüte; frosthart, robust
Weitere Sorte: 'Victoria' – Wuchs etwas stärker, Blätter bronzefarben, Blüten purpurrot

pflegeleicht, für Einsteiger, für kleine Gärten

Zwerg-Balsam-Tanne
Abies balsamea 'Nana'
(Bild Seite 11)

Wuchs: kompakt kissenförmig
Höhe: 0,8–1 m; **Breite:** bis 2 m

Zwerg-Balsam-Tanne 'Nana'

Nadeln: dunkelgrün, unterseits weißlich gestreift
Früchte: junge Zapfen violettblau
Standort: sonnig bis schattig
Boden: sauer bis leicht alkalisch; frisch bis feucht; sandig-lehmig; nahrhaft
Verwendung: kompakt wachsend, Zwergform der Balsamtanne; Kleingehölz für Einzelstand, auf Rabatten, Gräbern, für Kübel und Tröge, Steingärten, auffallender Wuchs, sehr frosthart, sehr schattenverträglich
Weitere Sorte: 'Piccolo' – Wuchs aufrechter, Nadeln dunkelgrün

pflegeleicht, für Einsteiger, auch für kleine Gärten

Korea-Tanne, Koreanische Tanne
Abies koreana

Wuchs: aufrecht kegelförmig
Höhe: 5–10 m; **Breite:** 3–4,5 m
Nadeln: dunkelgrün glänzend, unterseits kalkweiß
Früchte: Zapfen vor der Reife violettpurpur, stahlblau oder grünlich
Standort: sonnig bis halbschattig
Boden: sauer bis schwach alkalisch; trocken bis feucht; durchlässig, humos; sandig-lehmig,
Verwendung: Kleinbaum, Einzelpflanzung, Kübel und Tröge, Steingärten, auffallender Wuchs, auffallende Zapfen, frosthart
Sortenbeispiele: 'Blauer Pfiff' – Nadeln blaugrün; 'Compact Dwarf' – flach wachsend, im Alter aufrechter; 'Horstmanns Silberlocke' – Nadeln stark

Korea-Tanne

gedreht; 'Piccolo' – breit und flachwüchsig, etwa 1,5 m hoch und 30 cm breit 'Taiga' – Zwergform, bis 40 cm hoch

anspruchsvoll, auch für kleine Gärten

Nordmanns-Tanne, Kaukasus-Tanne
Abies nordmanniana

Wuchs: aufrecht, breit kegelförmig; **Höhe:** 25–30 m
Breite: 7–9 m
Nadeln: dunkelgrün glänzend, unterseits weißlich gestreift
Früchte: Zapfen jung grünlich, reif dunkelbraun
Standort: sonnig bis halbschattig
Boden: sauer bis alkalisch; frisch bis feucht; sandig-lehmig
Verwendung: Großbaum, Einzelpflanzung, große Gärten und Parks, auffallende Nadeln, auffallende Zapfen; frosthart
Geeignete Sorte: 'Münsterland' – Zwergform aus Hexenbesen entstanden

pflegeleicht

Araukarie, Chilenische Schmucktanne
Araucaria araucana

Wuchs: kegelförmig; **Höhe:** weibliche Bäume 30–35 m, männliche 15–18 m
Breite: 3–4 m (15 m)
Nadeln: dunkelgrün glänzend; schraubig angeordnete, dreieckige bis eiförmige Blätter
Früchte: braun; kugelig, bis 15 cm dick
Standort: sonnig; geschützt vor Wintersonne
Boden: sauer bis neutral; mäßig

Araukarie

trocken bis frisch; sandig-lehmig; durchlässig
Verwendung: Großbaum, Einzelpflanzung, auffallende Nadeln und riesige Zapfen, bizarrer Wuchs, mäßig frosthart, windfest, stadtklimaverträglich

anspruchsvoll, Liebhaberpflanze

Weitere *Abies*-Arten und -Sorten

Botanischer Name	Deutscher Name	Aussehen	Höhe	Nadeln	Verwendung
A. concolor	Grau-Tanne, Colorado-Tanne	kegelförmig	20–25 m	grau- bis blaugrün	kalkverträglich, duftende Nadeln
A homolepis	Nikko-Tanne, Scheitel-Tanne	kegelförmig	20–30 m	frischgrün, unterseits silbern gestreift	frosthart, Liebhaberpflanze
A. lasiocarpa 'Compacta'	Zwerg-Kork-Tanne	breit kegelförmig	1,5–3 m	blaugrün bis silberblau, oberseits ein weißer Streifen, unterseits zwei	kompakt wachsend, auch für kleine Gärten
A. procera 'Glauca'	Edel-Tanne, Silber-Tanne	locker kegelförmig	15–20 m	leuchtend blauweiß	pflegeleicht, attraktive Benadelung
A. veitchii	Veitchs Tanne	schmal kegelförmig	15–20 m	glänzend dunkelgrün, unterseits kalkweiß gestreift	robuste, absolut frostharte Liebhaberpflanze

Weitere *Cedrus*-Arten und -Sorten

Botanischer Name	Deutscher Name	Aussehen	Höhe	Nadeln
C. atlantica 'Aurea'	Gold-Zeder	kompakt kegelförmig	bis 10 m	goldgelb, gelblich bis gelbgrün
C. atlantica 'Glauca Pendula'	Hängende Blau-Zeder	bogig überhängend	4,5–6 m	silberblau
C. atlantica 'Glauca Pyramidalis'	Säulen-Blau-Zeder	schmal kegelförmig	10–12 m	silberblau
C. deodara	Himalaja-Zeder	breit kegelförmig bis ausladend	15–20 m	blaugrün
C. deodara 'Blue Dwarf'	Zwerg-Himalaja-Blau-Zeder	kompakt		blaugrün

Blaue Atlas-Zeder
Cedrus atlantica 'Glauca'

Wuchs: breit kegelförmig bis ausladend; **Höhe:** 15–25 m
Breite: 10–15 m
Nadeln: graublau
Früchte: tonnenförmige Zapfen
Standort: sonnig; windgeschützt

Kopfeibe

Boden: sauer bis alkalisch; frisch; durchlässig; sandig-humos
Verwendung: Kleinbaum, Einzelpflanzung, pflegeleicht, mäßig frosthart, geschützter Standort empfohlen

Liebhaberpflanze

Scheinzypresse

Scheinzypresse
Chamaecyparis lawsoniana

Wuchs: schmal säulenförmig bis kegelförmig
Höhe: 1–15 m; **Breite:** 0,5–4 m
Nadeln: grün, grau, blau oder gelb
Früchte: kugelig, bis 0,8 cm Durchmesser
Standort: sonnig bis halbschattig
Boden: sauer bis alkalisch; frisch bis feucht; durchlässig; sandig-lehmig; nährstoffreich
Verwendung: kleiner bis mittelhoher Baum, Einzelpflanzung, Heckenpflanzung, auf großen Staudenrabatten

pflegeleicht, für Einsteiger, für kleine Gärten

Hänge-Nootkazypresse, Hänge-Alaskazypresse
Chamaecyparis nootkatensis 'Pendula'

Wuchs: breit ausladend, locker kegelförmig; **Höhe:** 10–15 m
Breite: 3,5–5,5 m

Blau-Zeder

Boden: schwach sauer bis alkalisch; mäßig trocken bis frisch; durchlässig, humos, sandig-lehmig
Verwendung: Großbaum, Einzelpflanzung, große Gärten und Parks, auffallende Nadeln, auffallende Zapfen, stadtklimafest

pflegeleicht

Kopfeibe
Cephalotaxus harringtonia 'Fastigiata'

Wuchs: säulen- bis trichterförmig; **Höhe:** 2–3 m
Breite: 1,2–2,5 m
Blätter: dunkelgrün glänzend; nadelförmig
Standort: sonnig bis halbschattig

Chamaecyparis-Lawsoniana-Sorten, Scheinzypresse (Auswahl)

Sorte	Wuchs	Höhe	Nadeln
'Alumii'	säulenförmig bis schmal kegelförmig	10–15 m	graublau
'Alumigold'	säulenförmig bis schmal kegelförmig	8–10 m	Austrieb goldgelb, später gelblich grün
'Columnaris'	schlank säulenförmig bis schmal kegelförmig	6–10 m	stahlblau bis blaugrün
'Ellwoodii'	kompakt, schmal säulenförmig	2–3,5 m	stahlblau bis graublau
'Glauca Spek'	breit kegelförmig	8–10 m	graublau
'Golden Wonder'	breit kegelförmig	5–7 m	hellgelb bis goldgelb
'Kelleriis Gold'	schmal säulenförmig	6–8 m	grüngelb bis stumpfgrün
'Lane'	säulenförmig	5–8 m	goldgelb bis grüngelb
'Minima Glauca'	kompakt, flachkugelig	1–2 m	blaugrün bis mattblau
'Pixie'	Zwergform, kugelig	0,8–1 m	blaugrün
'Silver Queen'	kegelförmig	6–10 m	silbrig grau
'Tharandtensis Caesia'	kompakt kugelförmig bis breit kegelförmig	1–2 m	blaugrau

Nadeln: dunkelgrün
Früchte: braune Zapfen
Standort: sonnig bis halbschattig
Boden: schwach sauer bis alkalisch; frisch bis feucht; durchlässig; humos; sandig-lehmig
Verwendung: mittelhoher Baum, Einzelpflanzung, Sichtschutz, Hausgärten, vor Wänden und Mauern, auf großen Rabatten, gut frosthart

Hänge-Nootkazypresse

Weitere Sorten: 'Glauca' – Blaue Alaskazypresse; 'Aurea' – Goldgelbe Alaskazypresse. 'Compacta' – Niedrige Alaskazypresse mit kompakt kegelförmigen Wuchs (bis 2 m)

> pflegeleicht, für Einsteiger

Zwerg-Muschelzypresse
Chamaecyparis obtusa
'Nana Gracilis'

Wuchs: kompakt, unregelmäßig kugel- bis kegelförmig, langsam wachsend; **Höhe:** 1,5–2,5 m
Breite: 1–1,5 m
Nadeln: dunkelgrün glänzend
Standort: sonnig bis halbschattig
Boden: sauer bis schwach alkalisch; frisch bis feucht; durchlässig; humos; sandig-lehmig; nährstoffreich
Verwendung: Strauch, auffallende muschelförmige Triebe, Balkonkästen, Kübel und Tröge, in Innenhöfe, auf kleine Beete, Gräber, auffallender Wuchs, geschützter Standort

Zwerg-Muschelzypresse

Weitere Sorten: 'Crippsii' – Wuchs breit kegelförmig aufrecht, Zweigspitzen goldgelb, 'Kosteri' – kegelige Zwergform, für Steingärten, 'Pygmaea' – breit kugelige Zwergform

> pflegeleicht, auch für kleine Gärten

Gelbe Fadenzypresse
Chamaecyparis pisifera
'Filifera Aurea Nana'

Wuchs: kissen- bis kugelförmig **Höhe:** 1,5 m; **Breite:** oft doppelt so breit wie hoch
Nadeln: leuchtend goldgelb
Früchte: Zapfen
Standort: sonnig bis halbschattig
Boden: sauer bis alkalisch; frisch bis feucht; durchlässig; humos; sandig-lehmig; nährhaft; anpassungsfähig

Gelbe Fadenzypresse

Verwendung: Zwergform für Hausgärten, Heidegärten und Steingärten, Pflanztröge, Kübel, Kästen, auf Terrassenbeete, niedrige Strauch-Stauden-Rabatten, Gräber, auffallender Wuchs, schnittverträglich

> pflegeleicht, auch für kleinere Gärten

Grüne Fadenzypresse
Chamaecyparis pisifera
'Filifera Nana'

Wuchs: flachkugelig- bis kugelförmig; **Höhe:** bis 2 m
Breite: bis 2 m
Nadeln: frischgrün
Früchte: Zapfen
Standort: sonnig bis halbschattig
Boden: sauer bis alkalisch; frisch bis feucht; durchlässig; humos; sandig-lehmig; nahrhaft
Verwendung: Zwergform für Hausgärten, Heidegärten und Steingärten, für Kübel, Kästen, auf Terrassenbeete, niedrige Strauch-Stauden-Rabatten, Gräber, auffallender Wuchs, sehr frosthart, schnittverträglich
Weitere Sorten: 'Boulevard' – Wuchs kegelförmig aufrecht, Nadeln silbergrau bis blaugrau, 'Plumosa' – Wuchs breit kegelförmig, Äste bogig abstehend, 'Plumosa Aurea' – wie vorige, aber Triebe goldgelb benadelt, 'Squarrosa' – Wuchs breit kegelförmig, Nadeln moosartig weich und blaugrün, 'Sungold' – flachkugelige Zwergform, die auch im Winter die gelbe Farbe behält

> pflegeleicht, für Einsteiger, für kleine Gärten

Sicheltanne
Cryptomeria japonica

Wuchs: schmal bis breit kegelförmig; **Höhe:** 10–15 m
Breite: 4,5–7 m
Nadeln: dunkelgrün
Standort: sonnig bis halbschattig
Boden: sauer; frisch bis feucht; durchlässig; sandig-lehmig
Verwendung: Einzelpflanzung, mittelgroßer Baum, auffallende Benadlung und Wuchsform, mäßig frosthart
Geeignete Sorten: 'Compacta' – Wuchs dichter und gedrungener als die Art, 'Cristata' – Hahnen-

Sicheltanne 'Hungarian Gold'

kamm-Sicheltanne, gedrungenere, breit kegelförmige Sorte mit frischgrünen Nadeln, 'Globosa Nana' – Zwergform, Wuchs gedrungen kugelig, bis 2 m hoch, 'Hungarian Gold' – Zwergform mit goldgelben Triebspitzen

> Liebhaberpflanze

Bastardzypresse
X Cupressocyparis leylandii

Wuchs: säulen- bis schlank kegelförmig; **Höhe:** 15–25 m
Breite: 3–5,5 m
Nadeln: frischgrün bis dunkelgrün
Standort: sonnig bis halbschattig
Boden: sauer bis alkalisch; frisch; durchlässig; nährstoffreich
Verwendung: Großbaum, Einzelpflanzung, Heckenpflanzung, große Gärten und Parks, auffälliger Wuchs, etwas frostempfindlich
Sortenbeispiel: 'Castlewellan Gold' – nicht ganz so starkwüchsig, Benadelung goldgelb

> pflegeleicht

Mittelmeer-Zypresse
Cupressus sempervirens

Wuchs: schmal säulen- bis kegelförmig; **Höhe:** 20–30 m
Breite: 2–3 m
Nadeln: dunkelgrün
Früchte: braune Zapfen
Standort: sonnig
Boden: mäßig trocken bis feucht; durchlässig; anpassungsfähig

Mittelmeer-Zypresse

Verwendung: mittelhoher Baum, Einzelpflanzung, große Gärten und Parks, auffallender Wuchs, nur für wintermilde Gegenden, sonst Kübelpflanze

> Liebhaberpflanze, stadtklimafest

Ginkgobaum, Fächerblattbaum
Ginkgo biloba (Bild Seite 10)

Wuchs: sehr variable Gestalt, Krone kegelförmig
Höhe: 15–30 m; **Breite:** 10–15 m
Blätter: frischgrün; fächerförmig; im Herbst goldgelb
Früchte: gelbgrüne, pflaumenartige Steinfrüchte; riechen unangenehm nach Buttersäure
Standort: sonnig bis halbschattig
Boden: sauer bis alkalisch; frisch bis feucht; durchlässig; humos; nahrhaft; anpassungsfähig
Verwendung: Großbaum, Einzelpflanzung, große Gärten und

Parks, Innenhöfe, vor Wänden und Mauern; auffallende Blätter, zum Fruchtansatz braucht man weibliche und männliche Bäume, extrem frosthart und gesund
Geeignete Sorten: 'Fastigiata' – Wuchs säulenförmig aufrecht, setzt keine Früchte an (männliche Form), 'Princeton Sentry' – bleibt kleiner, Höhe bis 15 m, keine Früchte (männliche Form)

> pflegeleicht, für Einsteiger

Chinesischer Wacholder
Juniperus chinensis

Wuchs: aufrecht baum- oder strauchförmig; **Höhe:** bis 20 m
Breite: 1–6 m
Nadeln: goldgelb, blaugrün, graublau, mittelgrün oder dunkelgrün
Standort: sonnig bis halbschattig
Boden: sauer bis alkalisch; trocken bis frisch; durchlässig; humos, sandig-lehmig; anpassungsfähig
Verwendung: mittelhoher Baum, Einzelpflanzung, Heidegärten, Japangärten

> pflegeleicht, für Einsteiger

Grüner Pfitzer-Wacholder
Juniperus chinensis 'Pfitzeriana'

Wuchs: breit ausladend und trichterförmig; **Höhe:** 3–4 m
Breite: 4–6 m
Nadeln: blaugrün; teils schup-

pen-, teils nadelförmig
Früchte: keine, männliche Pflanze
Standort: sonnig bis halbschattig
Boden: sauer bis alkalisch; trocken bis frisch; durchlässig; anspruchslos
Verwendung: Einzelpflanzung, Heidegärten, Japangärten, für kleine und große Gärten und Parks, für Kübel, extrem frosthart, schnittfest, stadtklimafest

> pflegeleicht, für kleine Gärten

Europäischer Wacholder
Juniperus communis

Wuchs: aufrecht säulenförmig, baum- oder strauchförmig
Höhe: 5–8 m; **Breite:** sehr unterschiedlich
Nadeln: grün bis bläulich grün
Früchte: schwarzbraune Beerenzapfen
Standort: sonnig bis halbschattig
Boden: sauer bis alkalisch; trocken bis feucht; durchläs-

Europäischer Wacholder

sig; humos und sandig-lehmig
Verwendung: Kleinbaum, Einzelpflanzung, Heidegärten, Japangärten, für kleine und große Gärten, auffallende Früchte, sehr frosthart

> pflegeleicht, auch für kleine Gärten

Teppich-Wacholder
Juniperus horizontalis

Wuchs: flach wachsend
Höhe: 0,2–0,4 m
Breite: 1,5–2,5 m
Nadeln: stahlblau, graublau oder graugrün
Früchte: blaue Beerenzapfen
Standort: sonnig bis halbschattig
Boden: sauer bis alkalisch; trocken bis frisch; durchlässig; humos; sandig-lehmig; anpassungsfähig
Verwendung: kompakt wachsend, Boden deckend, Zwergstrauch, Einfassung, Gehölzrand, Grabbepflanzung, Heidegärten, Japangärten, für kleine und große Gärten, Kübel- und Topfkultur, auffallende Früchte
Sortenbeispiele: 'Andorra Compact' – bildet dichte, flache graugrüne Kissen, 'Prince of Wales' – kompakter, teppichartiger Wuchs, 'Wiltonii' – extrem flach wachsende Sorte mit silberblauen Nadeln

> pflegeleicht, auch für kleine Gärten

Ginkgobaum

Schöne Sorten vom Chinesischen Wacholder

Sorte	Aussehen	Höhe	Nadeln
'Blaauw'	breit säulen- bis trichterförmig	2–2,5 m	blaugrau
'Blue Alps'	strauchförmig, dicht verzweigt	2,5–4 m	frischgün, unterseits silbrig
'Gold Coast'	kompakt und breit, flach wachsend	bis 1 m	goldgelb
'Keteleerii'	schlank säulenförmig	bis 10 m	grün
'Mint Julep'	breit aufrecht	1,5–2 m	mittelgrün
'Old Gold'	kompakt und breit	1–2 m	goldgelb, auch im Winter
'Pfizeriana'	ausladend bis breit trichterförmig	3–4 m	blaugrün
'Pfizeriana Aurea'	ausladend bis breit trichterförmig	2–3 m	goldgelb bis grüngelb
'Pfizeriana Compacta'	gedrungen und flach	0,5 m	graugrün
'Plumosa Aurea'	ausladend bis kompakt trichterförmig	2–3,5 m	goldgelb
'Spartan' (syn. *J. virginianus* 'Helle')	säulenförmig bis pyramidal	bis 6 m	sattgrün

Sadebaum

Felsen-Gebirgs-Wacholder
Juniperus scopulorum

Wuchs: aufrecht wachsend
Höhe: 10–13 m; **Breite:** 1,5–3 m
Nadeln: dunkelgrün
Früchte: dunkelblaue Beeren-zapfen
Standort: sonnig
Boden: schwach sauer bis alkalisch; trocken bis frisch; durchlässig
Verwendung: Einzelpflanzung, Heidegärten, Japangärten, für kleine und große Gärten, extrem frosthart und anspruchsarm
Sorten: 'Blue Heaven' – aufrecht und locker wachsend, kegelför-

Raketen-Wacholder 'Skyrocket'

mig mit blaugrüner Benadelung; 'Skyrocket' – Raketenwacholder, extrem schlank und aufrecht wachsend

> Liebhaberpflanze, für kleine Gärten

Chinesischer Berg-Wacholder
Juniperus squamata

Wuchs: flach wachsend bis gedrungen strauchförmig

Chinesischer Bergwacholder 'Blue Star'

Höhe: 0,3–5 m; **Breite:** 1–3 m
Nadeln: stahlblau, silbrigblau oder blaugrün
Standort: sonnig bis halbschatting
Boden: sauer bis alkalisch; trocken bis frisch; durchlässig; humos; sandig-lehmig
Verwendung: kompakt wach-send, Japangarten, auffallende Benadelung, gut frosthart
Sortenbeispiele: 'Blue Carpet' – flach wachsende Sorte mit in-tensiv bläulichen Blättern, 'Blue Star' – besitzt eine besonders gute silbrigblaue Blattfärbung, 'Meyeri' – ausladende trichter-förmige Sorte (bis 5 m hoch) mit silberblauen Nadeln

> pflegeleicht, für kleine Gärten

Virginischer Wacholder
Juniperus virginiana 'Canaertii'

Wuchs: schlank, locker strauch-förmig; **Höhe:** 6–8 m
Breite: 2–3 m
Nadeln: dunkelgrün
Früchte: blauweiß bereifte Beerenzapfen
Standort: sonnig
Boden: sauer bis alkalisch; trocken bis feucht; durchlässig;

Sadebaum
Juniperus sabina

Wuchs: flach wachsend
Höhe: bis 4 m; **Breite:** 1,5–3 m
Nadeln: dunkelgrün
Früchte: schwarzbraune, beeren-förmige Zapfen
Standort: sonnig
Boden: sauer bis alkalisch; trocken bis frisch; durchlässig; sandig-humos
Verwendung: Einzelpflanzung, Heidegärten, Japangärten, für kleine und große Gärten, auffal-lende Früchte
Sorten: 'Femina' – strauchför-mig wachsende Sorte mit weib-lichen Blüten, 'Mas' – wächst breit strauchförmig und hat bläulich-dunkelgrüne Nadeln, 'Rockery Gem' – teppichartig wachsende Sorte mit blau- bis graugrünen Nadeln, 'Tamarisci-folia' – bleibt durch kompakten Wuchs sehr flach und hat hell-grüne bis bläulich grüne Nadeln

> für kleine Gärten, für Einsteiger

nährstoffreich; anpassungsfähig
Verwendung: Kleinbaum, Einzel-pflanzung, große Heide- und Steingärten, Gärten und Parks, auf großen Staudenrabatten
Weitere Sorten: 'Glauca' – auf-fallend kompakt säulen- oder trichterförmig wachsend, blau-graue Nadeln, 'Grey Owl' – wächst gedrungen, breit strauchförmig, 'Hetzii' – wächst ausladend

> pflegeleicht

Europäische Lärche
Larix decidua

Wuchs: schmal kegelförmig;
Höhe: 25–35 m; **Breite:** 12–15 m
Nadeln: hellgrün, sommergrün; Herbst leuchtend gelb bis gold-gelb
Früchte: braune Zapfen
Standort: sonnig
Boden: frisch bis feucht; durch-lässig; nährstoffreich; anpas-sungsfähig
Verwendung: einheimisch, Groß-baum, Einzelpflanzung, Gärten und Parks, goldgelbe Herbst-färbung, auffallende Zapfen

Europäische Lärche 'Pendula'

Fünf *Juniperus-Communis*-Sorten (siehe Seite 49)

Sorte	Deutscher Name	Wuchs	Höhe	Nadeln
'Hibernica'	Irischer Säulen-Wacholder	kompakt säulenförmig, Triebspitzen aufrecht	3–5 m	grau- bis blaugrün
'Hornibrookii'	Kriechender Heide-Wacholder	flach wachsend bis teppichartig	0,3–0,5 m	hellgrün
'Meyer'	Wacholder	kompakt säulen- bis kegelförmig	3–5 m	silbriggrün bis blaugrün
'Repanda'	Flacher Heide-Wacholder	flach wachsend	0,3–0,5 m	dunkelgrün, silbrig gestreift
'Suecica'	Schwedischer Säulen-Wacholder	kompakt säulenförmig, Triebspitzen überhängend	3–5 m	bläulich grün bis hellgrün

Empfehlenswerte *Picea-Abies*-Sorten

Sorte	Deutscher Name	Aussehen	Höhe	Nadeln
'Acrocona'	Zapfen-Fichte	breit kegelförmig	2–3 m	dunkelgrün
'Echiniformis'	Igel-Fichte	flach kissenförmig bis kugelig	0,3 m	dunkelgrün
'Inversa'	Hänge-Fichte	säulenförmig mit herabhängenden und am Stamm anliegenden Ästen und Zweigen	6–8 m	frischgrün
'Little Gem'	Zwerg-Fichte	kugelig bis breit kegelförmig	bis 1,5 m	frischgrün
'Pumila Glauca'	Blaue Kissen-Fichte	platt kugelig	bis 1 m	bläulich grün
'Pygmaea'	Nest-Fichte	kompakt bis halbkugelförmig, nestartig	0,8–1,2 m	hellgrün
'Virgata'	Schlangen-Fichte	bizarrer Wuchs, wenig verzweigt, schlangenförmig hin- und hergebogen, pendelnde Zöpfe	12–15 m	dunkelgrün

Empfehlenswerte Sorten:
'Repens' – niedrig bleibende Sorte mit flachem oder überhängendem Wuchs (bis 1 m), 'Pendula' – bis 15 m hoch mit malerisch überhängenden Zweigen

> pflegeleicht

Japanische Lärche
Larix kaempferi

Wuchs: breit kegelförmig
Höhe: 25–30 m; **Breite:** 10–15 m
Nadeln: blaugrün, sommergrün; Herbst goldgelb
Früchte: braune Zapfen
Standort: sonnig
Boden: schwach sauer bis schwach alkalisch; frisch bis feucht; durchlässig; nährstoffreich
Verwendung: Großbaum, Einzelpflanzung, große Gärten und Parks, auffallende Nadeln und Herbstfärbung, ungewöhnliche Zapfen
Sorten: 'Blue Dwarf' – kompakt kugelförmig wachsend mit bläulich grünen Blättern, 'Diana' – Korkenzieher-Lärche, bis 10 m, Zweige korkenzieherartig gedreht, 'Pendula' – Japanische Hänge-Lärche, 6–10 m, Zweige schleppenartig herabhängend

> pflegeleicht, für kleine Gärten

Urweltmammutbaum, Chinesisches Rotholz
Metasequoia glyptostroboides

Wuchs: straff kegelförmig
Höhe: 25–35 m; **Breite:** 7–10 m
Nadeln: hellgrün, sommergrün; Herbst gelb bis rotbraun
Früchte: braune Zapfen; eiförmig bis kugelig
Standort: sonnig bis halbschattig

Urweltmammutbaum

Boden: sauer bis alkalisch; frisch bis feucht; durchlässig; sandiglehmig; anpassungsfähig
Verwendung: Großbaum, Einzelpflanzung, große Gärten und Parks, in gemischten Rahmenbepflanzungen, an Wasserläufen und Teichen, auffallende Zapfen, Rinde und Herbstfärbung

> pflegeleicht, nur für große Gärten und Parks

Fichte
Picea abies

Wuchs: kegelförmig
Höhe: 30–50 m; **Breite:** 6–8 m
Nadeln: dunkelgrün

Fichte 'Pygmaea'

Früchte: rotbraune, hängende Zapfen
Standort: sonnig bis halbschattig
Boden: sauer bis schwach alkalisch; frisch bis feucht; durchlässig; sandig-lehmig; nahrhaft
Verwendung: einheimisch, Großbaum, Einzelpflanzung, große Gärten, Parks und Friedhöfe, auffallende Zapfen

> pflegeleicht, für Gärten nur die Sorten geeignet

Mähnen-Fichte, Siskiyou-Fichte
Picea breweriana

Wuchs: kegelförmig
Höhe: bis 10 m; **Breite:** 5–6 m
Nadeln: dunkelgrün glänzend, unterseits weiß gestreift
Früchte: rotbraune Zapfen; zylindrisch
Standort: sonnig; bevorzugt luftfeuchte Lagen
Boden: sauer bis alkalisch; frisch bis feucht; durchlässig; sandig-kiesig
Verwendung: mittelhoher Baum, Einzelpflanzung, große Gärten und Parks, Innenhöfe, Leitbaum in großen Staudenrabatten, zur Betonung vor Brunnen, Toren und Pergolen; auffallende Zapfen, Seitenbezweigung mähnenartig herabhängend

> Lieberhaberpflanze

Schimmel-Fichte, Weiß-Fichte
Picea glauca

Wuchs: kegelförmig; **Höhe:** 10–35 m; **Breite:** 3–8 m
Nadeln: blaugrün bis weißgrau
Früchte: hellbraune Zapfen
Standort: sonnig bis halbschattig

Weitere Sorten von *Picea pungens*

Sorte	Deutscher Name	Aussehen	Höhe	Blätter
'Glauca Globosa'	Colorado-Fichte, Stech-Fichte	kompakt kugel- bis kegelförmig	1–3 m	silberblau
'Hoopsii'	Silber-Blau-Fichte	kegelförmig	10–12 m	bläulich grau bis silberblau
'Koster'	Blau-Fichte	locker kegelförmig	10–15 m	leuchtend silberblau

Schimmel-Fichte 'Laurin'

Boden: sauer bis alkalisch; frisch bis feucht; durchlässig; nahrhaft
Verwendung: mittelhoher bis hoher Baum, Einzelpflanzung, große Gärten und Parks, auffallende Nadeln, auffallende Zapfen
Sorten für den Garten: 'Zucker- hut' – Zuckerhut-Fichte mit straff kegelförmigen Wuchs und frischgrünen Nadeln, 'Echini- formis' – Blaue Igel-Fichte, kissenförmiger Wuchs, bis 0,6 m hoch, 'Laurin' – bekannte Zwergform mit spitzkegeligem Wuchs

pflegeleicht

Serbische Fichte, Omorika-Fichte
Picea omorika

Wuchs: schmal kegel- bis säulenförmig; **Höhe:** 15–25 m
Breite: 2,5–4 m

Serbische Fichte 'Pendula Bruns'

Nadeln: dunkelgrün glänzend, unterseits weiß gestreift
Früchte: glänzend zimtbraune Zapfen; eiförmig
Standort: sonnig; bevorzugt luft- feuchte Lagen
Boden: sauer bis schwach alkalisch; mäßig trocken bis feucht; durchlässig

Verwendung: Großbaum, Ein- zelpflanzung, große Gärten und Parks, windbruchgefährdet, auffallende Zapfen
Sortenbeispiele: 'Nana' – Serbische Kugel-Fichte mit kom- pakt kegelförmigem, zwergigem Wuchs, 'Pendula Bruns' – Hängeform mit aufrechtem Mitteltrieb, bis 10 m hoch

pflegeleicht

Kaukasus-Fichte, Orientalische Fichte
Picea orientalis

Wuchs: schmal kegelförmig
Höhe: 20–30 m; **Breite:** 6–8 m
Nadeln: dunkelgrün glänzend
Früchte: violett, später braune Zapfen
Standort: sonnig bis halbschattig
Boden: sauer bis alkalisch; frisch bis feucht; durchlässig; nähr- stoffreich
Verwendung: Großbaum, Ein- zel- oder Gruppenpflanzung, große Gärten und Parks, auffal- lende Zapfen
Sorte: 'Aurea' – Orientalische Goldfichte besitzt auffällige gold- bis grüngelbe Nadelblät- ter, 'Aurea Compacta' – Zwerg- form mit gelblichen Nadeln

Liebhaberpflanze

Blaue Stech-Fichte
Picea pungens 'Glauca'

Wuchs: kegelförmig; **Höhe:** 15–20 m; **Breite:** 6–8 m
Nadeln: stahlblau

Blaue Stech-Fichte

Früchte: hellbraune, längliche Zapfen
Standort: sonnig
Boden: sauer bis alkalisch; mäßig trocken bis frisch; sandig-kiesig
Verwendung: Großbaum, Ein- zelpflanzung, große Gärten und Parks, zur Kultur als Weih- nachtsbaum, auffallende Zap- fen, sehr frosthart

pflegeleicht

Sitka-Fichte
Picea sitchensis

Wuchs: kegelförmig; **Höhe:** 25–40 m; **Breite:** 7–9 m
Nadeln: grün glänzend, unter- seits silbrigweiß
Früchte: rötliche bis gelblich braune Zapfen
Standort: sonnig bis halbschattig
Boden: sauer bis neutral; frisch bis feucht; durchlässig; sandig- lehmig; anpassungsfähig
Verwendung: Großbaum, Ein- zelpflanzung, große Gärten und Parks, auffallende Zapfen, frost- hart und windfest

pflegeleicht

Latsche, Berg-Kiefer, Leg-Föhre
Pinus mugo (Bild Seite 10)

Wuchs: flach strauchförmig bis breit kegelförmig; **Höhe:** 4,5–6 m

Empfehlenswerte *Pinus-Mugo*-Sorten

Sorte	Deutscher Name	Aussehen	Höhe	Nadelns
'Columnaris'	Säulen-Berg-Kiefer	säulenförmig bis breit kegelförmig	1,5–3 m	dunkelgrün
'Gnom'	Gnomen-Berg-Kiefer	kompakt kugelförmig	2–3 m	dunkelgrün glänzend
'Humpy'	Kissen-Berg-Kiefer	kugelförmig	0,8–1 m	dunkelgrün
'Mini Mops'	Zwerg-Berg-Kiefer	kompakt kissenförmig	bis 0,3 m	dunkelgrün
'Mops'	Kugel-Kiefer	kugel- bis kissenförmig	1,5 bis 2 m	dunkelgrün

Latsche

Breite: 4–5 m
Nadeln: dunkelgrün
Früchte: mittelbraune Zapfen; eiförmig bis kegelförmig
Standort: sonnig bis halbschattig
Boden: sauer bis alkalisch; mäßig trocken bis feucht; durchlässig; sandig-kiesig; anpassungsfähig
Verwendung: einheimisch, Großstrauch, als Sichtschutz, gemischte Hecken, für Kübel, für Tröge und Kästen, Topfkultur, Hangbefestigung, auffallende Zapfen

> pflegeleicht,
> auch für kleine Gärten

Blaue Mädchen-Kiefer
Pinus parviflora 'Glauca'

Wuchs: locker kegelförmig
Höhe: 6–10 m; **Breite:** 5–7 m
Nadeln: blaugrün, unterseits blauweiß
Früchte: rotbraune Zapfen
Standort: sonnig

Boden: mäßig trocken bis frisch; durchlässig; humos; sandig-lehmig; nahrhaft
Verwendung: Kleinbaum, Einzelstellung, Innenhöfe, Vorgärten, Heidegärten, Rosengärten, Japangärten, Leitbaum auf großen Staudenrabatten, Gräber, auf Dachgärten, Kübel und Tröge, auffallende Zapfen, malerischer Wuchs, gut frosthart

> pflegeleicht, gut geeignet
> für kleine Gärten

Japanische Kriech-Kiefer, Stein-Kiefer, Zwerg-Kiefer
Pinus pumila 'Glauca'

Wuchs: kompakt strauchförmig
Höhe: 1–1,5 m; **Breite:** bis 3 m
Nadeln: grau bis blaugrün
Früchte: jung purpurviolett; reif rötlich
Standort: sonnig; bevorzugt luftfeuchte Lagen
Boden: sauer bis schwach alkalisch; mäßig trocken bis frisch; durchlässig; nahrhaft; anpassungsfähig
Verwendung: Einzelpflanzung, Heidegärten, Japangärten, Innenhöfe, Dachgärten, Beete, Kübel und Tröge; auffallende Zapfen, frosthart, stadtklimafest

> pflegeleicht,
> auch für kleine Gärten

Wald-Kiefer, Föhre
Pinus sylvestris

Wuchs: locker kegelförmig bis schirmförmig; **Höhe:** 10–30 m;
Breite: 7–10 m
Nadeln: blau- oder graugrün
Früchte: graubraune Zapfen
Standort: sonnig
Boden: sauer bis alkalisch; mäßig trocken bis feucht; durchlässig; anpassungsfähig
Verwendung: einheimisch, Großbaum, Einzelpflanzung, Heckenpflanzung, große Gärten und Parks, auffallende Zapfen, frosthart, wind- und stadtklimafest
Empfehlenswerte Sorten: 'Fastigiata' – kompakt wachsende, schmal säulenförmige Sorte, 'Glauca' – mittelhoher Baum mit breit kegelförmigem Wuchs und silbrigblauen Nadeln, 'Watereri' – strauchförmig anmutende Sorte mit kompakt halbkugelförmigem Wuchs (bis 5 m)

> pflegeleicht

Chinesische Goldlärche
Pseudolarix amabilis

Wuchs: breit kegelförmig
Höhe: 10–20 m; **Breite:** 8–12 m
Nadeln: frischgrün, sommergrün; Herbstfärbung gelb, gelborange bis gelbbraun

Früchte: gelbgrün, später rotbraune Zapfen
Standort: sonnig
Boden: sauer bis neutral; frisch bis feucht; durchlässig; nährstoffreich
Verwendung: mittelhoher Baum, Großbaum, Einzelpflanzung, große Gärten und Parks, auffallende Herbstfärbung

> Liebhaberpflanze,
> pflegeleicht

Douglasfichte, Douglasie
Pseudotsuga menziesii
var. *caesia*

Wuchs: kegelförmig bis ausladend; **Höhe:** 30–50 m
Breite: 8–10 m

Douglasfichte

Andere *Pinus*-Arten und -Sorten für Gärten

Botanischer Name	Deutscher Name	Aussehen	Höhe	Nadeln	Verwendung
P. cembra	Zirbel-Kiefer, Arve	kegelförmig	15–20 m	blau- bis dunkelgrün	einheimisch, Liebhaberpflanze
P. contorta	Dreh-Kiefer	breit kegelförmig bis rundlich	10–20 m	dunkelgrün bis gelbgrün	auffallender Wuchs, extrem frosthart
P. koraiensis 'Glauca'	Blaue Korea-Kiefer	kegelförmig	8–10 m	graublau	Liebhaberpflanze
P. leucodermis 'Compact Gem'	Schlangenhaut-Kiefer	breit kegelförmig	bis 3,5 m	dunkelgrün	kompakt wachsend, für kleine Gärten
Pinus nigra ssp. nigra	Schwarz-Kiefer	kegelförmig	15–25 m	dunkelgrün	einheimisch; imposant; extrem frosthart
P. peuce	Mazedonische Kiefer	schlank kegelförmig	10–15 m	grün bis graugrün	formschöne Liebhaberpflanze
P. ponderosa	Gelb-Kiefer	breit kegelförmig	15–20 m	dunkelgrün	extrem frosthart und trockenheitsverträglich; Liebhaberpflanze
P. × schwerinii	Schwerin-Kiefer	breit kegelförmig bis rundlich	12–20 m	dunkelgrün mit blauweißen Streifen	auffallender Wuchs; Liebhaberpflanze
P. strobus	Weymouths-Kiefer	locker kegelförmig bis säulenförmig	25–30 m	blaugrün	pflegeleicht, anmutiger Nadelbaum

Nadeln: grau- bis dunkelgrün, aromatischer Geruch
Früchte: hellbraune Zapfen
Standort: sonnig bis halbschattig
Boden: sauer bis schwach alkalisch; frisch bis feucht; durchlässig; sandig-lehmig; tiefgründig
Verwendung: Großbaum, Einzelpflanzung, Sichtschutz, auffallende Zapfen
Empfehlenswerte Sorte: 'Fletcheri' – kompakt, kegelförmige Sorte (bis 3 m)

> für Gärten nur kleinere Sorten geeignet

Japanische Schirmtanne
Sciadopitys verticillata

Wuchs: kegel- bis säulenförmig
Höhe: 10–20 m; **Breite:** 2,5–4 m

Japanische Schirmtanne

Nadeln: grün glänzend
Früchte: graubraune Zapfen
Standort: halbschattig
Boden: sauer bis neutral; kalkfliehend; frisch bis feucht; durchlässig; sandig-humos; nährstoffreich
Verwendung: Kleinbaum, Einzelpflanzung, Gärten und Parks, Heidegärten, Japangärten, große Rabatten; auffallende Nadeln, etwas frostempfindlich

> Liebhaberpflanze, auch für kleine Gärten

Kalifornischer Mammutbaum
Sequoiadendron giganteum

Wuchs: kegel- bis säulenförmig
Höhe: 30–50 m; **Breite:** 8–10 m
Nadeln: blaugrün; schuppenförmig bis lanzettlich
Früchte: rotbraune Zapfen
Standort: sonnig bis halbschattig
Boden: sauer bis alkalisch; frisch

Kalifornischer Mammutbaum

bis feucht; sandig-lehmig; tiefgründig; nährstoffreich
Verwendung: Großbaum, Einzelpflanzung, große Gärten und Parks, auffallende Zapfen, auffallende Rinde, sturmsicher

> Liebhaberpflanze, nur für große Gärten

Sumpfzypresse
Taxodium distichum

Wuchs: kegel- bis säulenförmig
Höhe: 30–40 m; **Breite:** 8–10 m
Nadeln: hellgrün, sommergrün
Früchte: eirunde, braune Zapfen
Standort: sonnig; geschützt
Boden: sauer bis neutral; kalk-

Sumpfzypresse

fliehend; mäßig trocken bis nass; Sand-, Lehm- oder Tonböden; nährstoffreich
Verwendung: Großbaum, Einzelpflanzung, große Gärten und Parks, etwas frostempfindlich, stadtklimafest

> Liebhaberpflanze

Eibe, Europäische Eibe
Taxus baccata

Wuchs: breit kegel- bis kugelförmig; **Höhe:** 10–15 m
Breite: 8–12 m
Nadeln: glänzend dunkel- bis schwarzgrün
Früchte: rote Beerenfrüchte
Standort: sonnig bis schattig
Boden: schwach sauer bis alkalisch; kalkliebend; frisch bis feucht; durchlässig, humos, sandig-lehmig; nährstoffreich
Verwendung: einheimisch,

Eibe

Großstrauch bis mittelhoher Baum, Einzelpflanzung, Heckenpflanzung, schnittverträglich, große Gärten und Parks, Friedhöfe; auffallende Früchte; zweihäusig, also für Beerenschmuck weibliche und männliche Pflanzen nötig; ganze Pflanze giftig, frosthart, stadtklimafest, schattenverträglich

> pflegeleicht, für Einsteiger

Japanische Eibe
Taxus cuspidata 'Nana'

Wuchs: flach wachsend bis kompakt strauchförmig; **Höhe:** 1–2 m; **Breite:** 2–3 m
Nadeln: dunkelgrün
Früchte: rote Beerenfrüchte
Standort: sonnig bis halbschattig
Boden: sauer bis alkalisch; frisch bis feucht; durchlässig; humos; nahrhaft; anpassungsfähig
Verwendung: Strauch, Heckenpflanzung, Einzelpflanze für kleine Räume, Miniaturgärten, Innenhöfe, Gräber, auf Rabatten, in Kübeln, Trögen und Kästen; auffallende Früchte, ganze Pflanze giftig, frosthart, schnittverträglich, wind- und stadtklimafest

> pflegeleicht, auch für kleine Gärten

Becher-Eibe
Taxus × media

Wuchs: breit kugelig, säulen- oder kegelförmig
Höhe: 2,5–5 m; **Breite:** 1–4 m
Nadeln: hell- bis dunkelgrün
Früchte: rote Beerenfrüchte
Standort: sonnig bis halbschattig
Boden: sauer bis stark alkalisch; frisch bis feucht; durchlässig; nahrhaft; anpassungsfähig
Verwendung: Großstrauch,

Besonders schöne *Taxus-Baccata*-Sorten

Sorte	Deutscher Name	Aussehen	Höhe	Blätter
'Aureovariegata'	Gelbbunte Strauch-Eibe	buschig breit wachsend	2–5 m	gelb bis gelbgrün
'Dovastoniana'	Adlerschwingen-Eibe	ausladend bis locker aufrecht	2–8 m	dunkelgrün
'Fastigiata'	Säulen-Eibe	schmal säulenförmig	4–7 m	schwarzgrün
'Semperaurea'	Gold-Eibe	buschig breit wachsend	bis 3 m	goldgelb bis grüngelb
'Summergold'	Gelbe Tafel-Eibe	kompakt flach wachsend	bis 1 m	hellgelb bis gelbgrün
'Washingtonii'	Gelbe Strauch-Eibe	kegelförmig bis breit ausladend	2–3 m	grüngelb bis bronzegelb

Einzelpflanzung, Heckenpflanzung, auffallende Früchte, ganze Pflanze giftig, sehr frosthart und robust; stadtklimafest
Empfehlenswerte Sorten: 'Hicksii' – breit aufrechte Säulenform, 'Hillii' – dichter und kompakter wachsend, 'Strait Hedge' – aufrecht und schmal säulenförmig wachsend

> pflegeleicht, ideale Heckenpflanze

Abendländischer Lebensbaum
Thuja occidentalis

Wuchs: kegelförmig; **Höhe:** 15–20 m; **Breite:** 3–4 m
Nadeln: dunkelgrün; im Winter bronzebraun
Früchte: rötlich braune Zapfen
Standort: sonnig bis halbschattig
Boden: sauer bis alkalisch; kalkliebend; frisch bis nass; durchlässig; humos; sandig-lehmig; nährstoffreich; anspruchslos

Abendländischer Lebensbaum

Verwendung: mittelhoher Baum, Einzelpflanzung, Heckenpflanzung, sehr frosthart und windfest, stadtklimafest

> pflegeleicht, für Einsteiger

Riesen-Lebensbaum
Thuja plicata

Wuchs: schmal kegelförmig
Höhe: bis 15 m; **Breite:** 3–5 m

Riesen-Lebensbaum

Nadeln: grüngelb bis dunkelgrün glänzend
Früchte: braune Zapfen
Standort: sonnig bis halbschattig
Boden: sauer bis alkalisch; frisch bis feucht; durchlässig; nährstoffreich
Verwendung: mittelhoher Baum, Einzelpflanzung, Heckenpflanzung, große Gärten und Parks, schnellwachsend, frosthart, wind- und stadtklimafest
Sorten: 'Atrovirens' – straff kegelförmig wachsend und glänzend dunkelgrünblättrig, 'Aurescens' – Sorte mit kompakt kegelförmigem Wuchs und auffällig cremefarbig gemusterten Nadeln, 'Excelsa' – wächst schmal kegelförmig in die Höhe (bis 15 m)

> pflegeleicht

Hiba-Lebensbaum
Thujopsis dolabrata

Wuchs: straff kegelförmig bis zylindrisch; **Höhe:** bis 10 m
Breite: 4–5 m

Nadeln: glänzend dunkelgrün; unterseits weiß gefleckt
Früchte: Zapfen – jung blaugrün, reif braun
Standort: sonnig bis halbschattig
Boden: sauer bis alkalisch; frisch; sandig-humos

Hiba-Lebensbaum

Verwendung: mittelhoher Strauch bis Kleinbaum, Einzelpflanzung, Asien-Garten, Heckenpflanzung, langsam wachsend, auffallende Nadeln, völlig frosthart

> Liebhaberpflanze, pflegeleicht, für kleine Gärten

Kanadische Hemlocktanne
Tsuga canadensis

Wuchs: breit kegelförmig, pyramidal; **Höhe:** 15–2 m
Breite: 6–8 m
Nadeln: dunkelgrün glänzend, unterseits weiß gestreift
Früchte: braune Zapfen
Standort: sonnig bis halbschattig; windgeschützt
Boden: sauer bis neutral; frisch bis feucht; durchlässig; humos; sandig-lehmig; nährstoffreich

Kanadische Hemlocktanne

Verwendung: mittelhoher Baum, Einzelpflanzung, große Gärten und Parks, an Wasserläufen und Teichen; auffallender Wuchs, auffallende Früchte, frosthart, schnittverträglich
Sortenbeispiele: 'Nana' – kompakt kugelige Wuchsform (bis 2 m), 'Pendula' (Bild Seite 11) – auffällige, ausladend buschige Sorte mit überhängenden Zweigen

> pflegeleicht

Berg-Hemlocktanne
Tsuga mertensiana

Wuchs: schmal kegelförmig
Höhe: 8–10 m; **Breite:** 4–8 m
Nadeln: blaugrün bis grau
Früchte: leuchtend schwarzgraue Zapfen
Standort: sonnig bis halbschattig
Boden: schwach sauer bis neutral; tiefgründig; frisch bis feucht; durchlässig; sandiglehmig
Verwendung: mittelhoher Baum, Einzelpflanzung, Gehölzrand, große Gärten und Parks, auffallende Früchte, auffallende Nadeln
Empfehlenswerte Sorte: 'Glauca' – Blaue Hemlocktanne, Wuchs schmal kegelförmig, bleibt kleiner und besitzt bläulich-silbergrüne Nadeln

> pflegeleicht

Fünf *Thuja-Occidentalis*-Sorten

Sorte	Deutscher Name	Aussehen	Höhe	Benadelung
'Columna'	Säulen-Lebensbaum	schmal säulenförmig	5–8m	dunkelgrün glänzend
'Danica'	Lebensbaum	kompakt kugelförmig	bis 0,6 m	frischgrün bis bläulich grün
'Holmstrup'	Lebensbaum	schmal kegelförmig	3–4m	mittelgrün
'Smaragd'	Edel-Lebensbaum	schmal kegelförmig	4–6 m	leuchtend grün
'Tiny Tim'	Lebensbaum	kompakt kugelförmig	0,5–1 m	dunkelgrün

'Amulett®' (S. 60)

'Aprikola®' (S. 60)

'Bonica® '82' (S. 60)

'Crescendo®' (S. 61)

'La Paloma® 85' (S. 62)

'Leonardo da Vinci®' (S. 62)

'Marie Curie®' (S. 63)

'Mazurka®' (S. 63)

'Montana®' (S. 63)

'Aachener Dom®' (S. 65)

'Albrecht Dürer Rose®' (S. 65)

'Ambiente®' (S. 65)

'Black Magic®' (S. 65)

'Fruité®' (S. 66)

'Nostalgie®' (S. 67)

'Terracotta®' (S. 68)

'Claude Monet®' (S. 73)

'Concerto® '94' (S. 73)

'Dirigent®' (S. 73)

'Grandhotel®' (S. 74)

Rosen

'Frühlingsgold®' (S. 74)

'Kordes Brillant®' (S. 75)

'Maigold' (S. 75)

'Vogelpark Walsrode®' (S. 77)

Rosa hugonis (S. 77)

'Manita®' (S. 78)

'Schneewalzer®' (S. 79)

'Pink Symphonie®' (S. 80)

Die Lieblingsblume Nr. 1

Die Königin unter den Blumen, so wird die Rose genannt. Das zu Recht. Keine Blume hat je so viele Züchter und Liebhaber gezählt, die sich intensiv mit ihr beschäftigt haben. Seit vielen Jahrhunderten werden Rosen in den Gärten gepflegt, und hat man die erste Rose gesetzt, beginnt oft eine lebenslange Leidenschaft, die nicht selten in einem ganzen Rosengarten endet.

Rosengruppen

Rosen werden nach verschiedenen Kriterien in folgende Gruppen eingeteilt:

Beetrosen – die Klassiker fürs Blumenbeet. Die meisten sind recht robust gegenüber Schädlingen, Krankheiten und Winterkälte. Sie bleiben niedrig und wachsen buschig aufrecht. Sie werden auch oft Floribunda-Rosen genannt. Ihre zahlreichen einfachen oder halb- und ganz gefüllten Blüten stehen in Büscheln zusammen und haben eine gute Fernwirkung. Beetrosen sollten zu mehreren gepflanzt werden, das erhöht die Wirkung

Edelrosen werden auch als Tee-Hybriden bezeichnet. Es sind die feinsten unter den Rosen, die oft durch unvergleichlichen Duft und große, schöne und dicht gefüllte Blüten auffallen. Sie sind allerdings nicht so robust wie die Beetrosen und müssen optimale Wachstumsbedingungen bekommen, um gesund und gut zu wachsen.

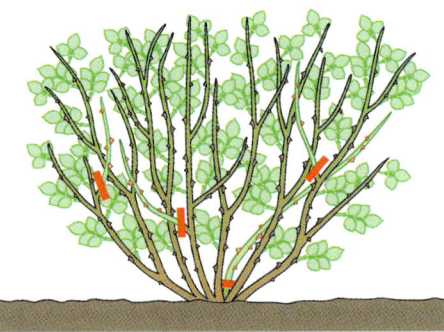

Strauchrosen müssen nicht jedes Jahr geschnitten werden. Besonders die einmal blühenden dürfen überhaupt nur dann ausgelichtet werden, wenn sie zu groß und wuchtig geworden sind. Sie blühen am mehrjährigen Holz und ein jährlicher Rückschnitt hätte zur Folge, dass sie überhaupt nie blühen würden. Kranke und tote Triebe werden jedoch regelmäßig entfernt.

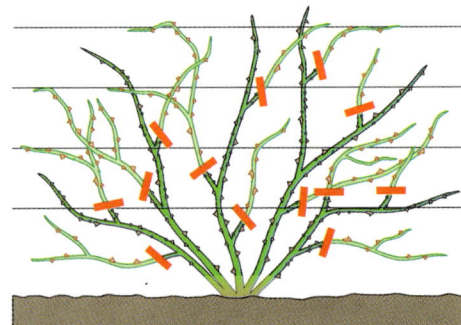

Öfter blühende Kletterrosen können im Frühjahr ausgelichtet und eingekürzt werden. Achtung: Einmal blühende schneidet man nach der Blüte. Wenn Sie Hagebutten haben wollen, dann darf nach der Blüte nicht geschnitten werden.

Strauchrosen haben ihren Namen von ihrer Wuchsform. Sie werden als Einzelgehölz oder als Heckenpflanzen eingesetzt. Es gibt einmal oder öfter blühende (sogenannte remontierende) Sorten mit einfachen oder gefüllten Blüten. Die einmal blühenden Sorten sind meist Wildrosen, die im Spätsommer und Herbst die typischen Hagebutten ausbilden.

Kleinstrauchrosen sind die kleinen Geschwister der Strauchrosen. Sie werden auch Bodendeckerrosen genannt. Diese Rosengruppe begrünt leicht große Flächen, auch Hänge, und wirkt besonders unwiderstehlich, wenn sie großflächig gepflanzt wird. Die meisten Sorten sind robust und pflegeleicht.

Mit Kletterrosen lassen sich leicht romantische Sitzplätze oder bezaubernde Rosenbögen gestalten. Es gibt einmal und öfter blühende Sorten, außerdem gefüllte und einfache Blüten. Als Ramblerrosen bezeichnet man die Sorten, die weiche, biegsame Zweige bilden.

Zwergrosen bleiben sehr klein und eignen sich daher auch für Töpfe, Kästen und Kübel. Nicht nur die Wuchshöhe, auch die Blüten sind klein. Das Laub ist zierlich und die ganze Pflanze strahlt einen feinen filigranen, ja fast zerbrechlichen Charme aus. Leider sind Zwergrosen nicht sehr robust – weder gegenüber Schädlingen und Krankheiten noch gegenüber Winterkälte.

Die ersten Englischen Rosen wurden von David Austin gezüchtet. Die Gruppe vereint Blütenform, Duft und Farbenspiel der Alten Rosen mit den Vorteilen moderner Strauchrosen (Robustheit, öfter blühend).

Hochstammrosen werden auch als Hochstämmchen angeboten. Die charmanten kleinen Bäumchen entstehen durch das Veredeln von Edel-, Beet- und Strauchrosen auf robuste Wildrosen.

ADR Prädikat

Rosen, die heute das ADR Prädikat (ADR = Allgemeine Deutsche Rosenneuheitenprüfung) zuerkannt bekommen, zeichnen sich durch Robustheit, Frosthärte, Reichblütigkeit und vieles mehr aus. Die Prüfung dauert einige Jahre. Nur die besten Sorten erhalten diese Auszeichnung. Bei den nachfolgenden Porträts finden Sie auch die Jahreszahl, in der die Rosensorte das ADR Prädikat bekommen hat.

Standort und Pflanzung

Der richtige Platz für Rosen sollte sonnig und luftig, nicht zu heiß und nicht zugig sein. Gute Voraussetzungen für gesundes Wachstum bieten nährstoffreiche, tiefgründige, humose und durchlässige Böden mit einem hohen Lehmanteil. Gepflanzt werden wurzelnackte Rosen im Herbst und Frühjahr. Containerrosen können das Jahr über gesetzt werden.

Der Rosenschnitt

Es würde zu weit führen, im Rahmen dieses Buches den Schnitt der Rosen genau zu beschreiben. Doch einige Grundregeln sollen an dieser Stelle mit Zeichnungen erklärt werden. Jede Rosenklasse hat unterschiedliche Bedürfnisse. Für alle gilt jedoch: Der Trieb wird immer schräg über einem Auge (Blattknospe) geschnitten.

Edel- und Beetrosen werden durch Anhäufeln von etwa 15 cm Erde und zusätzliche Tannenzweige vor Frost geschützt.

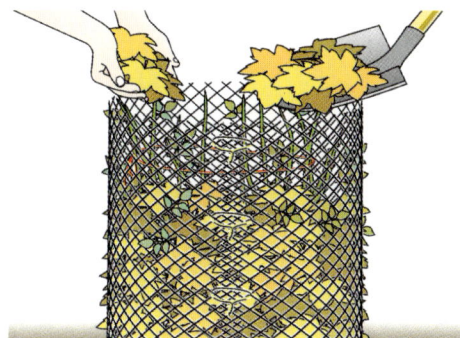

Um die Strauchrosen können Sie Maschendrahtzäune legen, die mit Laub aufgefüllt werden. So ist die Rose vor der Winterkälte gut geschützt.

Kletterrosen kann man zum Beispiel durch Tannenreisig schützen, das um den Rosenbogen gelegt und festgebunden wird.

Überwinterung

Schützen Sie Ihre Rosen gegen die Winterkälte. Edel- und Beetrosen sind durch das Anhäufeln meist genug geschützt. Strauch-, Kletter- und Hochstammrosen bekommen einen Schutz aus Jute, Laub oder Tannenreisig.

Rosenbegleiter

Stauden und Rosen – damit können Sie die schönsten Kombinationen kreieren. Blauer Lavendel und rosa Rosen sind ein klassisches Gespann. Auch andere blau blühende Stauden wie Eisenhut, Gartensalbei und Rittersporn eignen sich hervorragend. *Geranium* empfiehlt sich wegen ihrer zarten Blüten. Unter den gelb blühenden bieten sich Frauenmantel, Goldrute und Mädchenauge an. Zu den weiß blühenden passen besonders gut Schleierkraut, Glockenblumen und Madonnenlilie. Schön sind auch Funkien –

Ein schönes Paar: rote Clematis mit gelben Rosen

ihr dekorativer Blattschmuck kontrastiert ausgezeichnet mit den wunderschönen Rosenblüten.

Auch Sommerblumen wie Schmuckkörbchen, Stockrosen, Mohn und Jungfer im Grünen sind gut verträgliche Rosennachbarn.

Gräser können durch ihre grazilen Blattformen einen besonderen Kontrast bewirken. Probieren Sie es einmal mit Blauschwingel, Blaustrahl-Hafer und Pfeifengras.

Bei den Bäumen und Sträuchern kommen unter anderen Buchs, Bartblume Hainbuche und Fingerstrauch in Frage. Oder versuchen Sie einmal den Ranunkelstrauch.

Mit Kletterpflanzen lassen sich schöne Kombinationen schaffen. Blaue Clematis zum Beispiel mit rosa Rosen oder rote Clematis mit gelben Rosen sind eine wahre Augenfreude.

Die Rosen-Porträts

Auf den nächsten Seiten werden die Rosen alphabetisch in den einzelnen Gruppen beschrieben:

Zwei, die sich mögen: zarte Storchschnäbel mit rosa Rosen

Beetrosen

'Acropolis®'

Kategorie: Beetrose
Aussehen: aufrecht
Höhe: 40–60 cm

'Acropolis®'

Blüten: rosa verwaschen, im Verblühen bräunlich; gefüllt
Blütezeit: Mai bis Oktober; öfter blühend
Pflanzdichte: 7–8 Pflanzen/m²
Verwendung: Blumenbeete, Schnittblume

> pflegeleicht, für kleine Gärten geeignet, Liebhabersorte

'Amulett®'
(Bild Seite 56)

Kategorie: Beetrose
Aussehen: breit buschig
Höhe: 40–60 cm
Blüten: rosarot; gefüllt
Blütezeit: Juni bis September; öfter blühend
Pflanzdichte: 5–6 Pflanzen/m²
Verwendung: Kübelbepflanzung, Gräber, Terrassen, Blumenbeete

> pflegeleicht, für kleine Gärten geeignet

'Aprikola®'
(Bild Seite 56)

Kategorie: Beetrose, ADR 2001
Aussehen: breit buschig, dicht verzweigt; **Höhe:** 70–80 cm
Blüten: aprikosengelb bis leicht rosa im Verblühen; gefüllt
Blütezeit: Juni bis September; öfter blühend

Pflanzdichte: 3–4 Pflanzen/m²
Verwendung: Blumenbeete, für Heckenpflanzungen

> pflegeleicht, für kleine Gärten geeignet

'Aspirin®-Rose'

Kategorie: Beetrose; ADR 1996
Aussehen: breit buschig
Höhe: 60–70 cm
Blüten: weiß bis rosé; gefüllt
Blütezeit: Juni bis September; öfter blühend
Pflanzdichte: 4–5 Pflanzen/m²

'Aspirin®-Rose'

Verwendung: Blumenbeete, gesund

> pflegeleicht, für kleine Gärten geeignet

'Bad Birnbach®'

Kategorie: Beetrose; ADR 2000
Aussehen: lockere Wuchsform
Höhe: 40–50 cm
Blüten: lachsrot; halbgefüllt
Blütezeit: Juni bis September; öfter blühend
Pflanzdichte: 4–5 Pflanzen/m²
Verwendung: Blumenbeete, für Heckenpflanzungen

> pflegeleicht, für kleine Gärten geeignet

'Bernstein-Rose®'

Kategorie: Beetrose
Aussehen: kompakt buschig
Höhe: 40–60 cm
Blüten: bernsteingelb; groß; gefüllt; duftend

'Bernstein-Rose®'

Blütezeit: Juni bis September; öfter blühend
Pflanzdichte: 7–8 Pflanzen/m²
Verwendung: Kübelbepflanzung, Blumenbeete

> pflegeleicht, für kleine Gärten geeignet

'Blühwunder®'

Kategorie: Beetrose; ADR 1994
Aussehen: aufrecht buschig
Höhe: 60–80 cm
Blüten: rosa bis silbrigrosa; gefüllt

Blütezeit: Juni bis September; öfter blühend
Pflanzdichte: 3–4 Pflanzen/m²
Verwendung: Blumenbeete, Schnittblume, für Heckenpflanzungen

> pflegeleicht, für kleine Gärten geeignet

'Bonica® 82'
(Bild Seite 56)

Kategorie: Beetrose; ADR 1982
Aussehen: aufrecht buschig, locker verzweigt; **Höhe:** 50–80 cm

'Blühwunder®'

Blüten: zartrosa; gefüllt
Blütezeit: Juni bis September; öfter blühend
Pflanzdichte: 3–4 Pflanzen/m²
Verwendung: Blumenbeete, Schnittblume, für Heckenpflanzungen

pflegeleicht, für kleine Gärten geeignet

'Carte d'Or®'

Kategorie: Beetrose
Aussehen: aufrecht
Höhe: 50–60 cm
Blüten: leuchtend gelb; reichblühend
Blütezeit: Mai bis Oktober; öfter blühend
Pflanzdichte: 6–7 Pflanzen/m²
Verwendung: Blumenbeete

pflegeleicht, für kleine Gärten geeignet

'Chorus®'

Kategorie: Beetrose; ADR 1977
Aussehen: kompakt buschig bis gedrungen; **Höhe:** 50–70 cm
Blüten: scharlachrot; dicht gefüllt
Blütezeit: Juni bis September; öfter blühend
Pflanzdichte: 3–4 Pflanzen/m²
Verwendung: Blumenbeete,

'Chorus®'

Schnittblume, kompakt wachsend, für Heckenpflanzungen

pflegeleicht, für kleine Gärten geeignet

'Colossal Meidiland®'

Kategorie: Beetrose
Aussehen: aufrecht, starkwüchsig; **Höhe:** 60–80 cm
Blüten: dunkelrot
Blütezeit: Mai bis Oktober; öfter blühend
Pflanzdichte: 3–4 Pflanzen/m²
Verwendung: Flächenbepflanzung

pflegeleicht, für kleine Gärten geeignet

'Crescendo®'
(Bild Seite 56)

Kategorie: Beetrose
Aussehen: breit buschig; starkwüchsig; **Höhe:** 60–70 cm
Blüten: reinrosa; gefüllt
Blütezeit: Juni bis September; öfter blühend
Pflanzdichte: 3–4 Pflanzen/m²
Verwendung: Blumenbeete, Hecken, Kübelbepflanzung

pflegeleicht, für kleine Gärten geeignet

'Crimson Meidiland®'

Kategorie: Beetrose; ADR 1996

'Crimson Meidiland®'

Aussehen: aufrecht, starkwüchsig; **Höhe:** 80–100 cm
Blüten: dunkelrot; großblumig
Blütezeit: Mai bis Oktober; öfter blühend
Pflanzdichte: 4–5 Pflanzen/m²

Verwendung: Blumenbeete, Flächenbepflanzung, schmale Beete

pflegeleicht, für kleine Gärten geeignet

'Diamond Border®'

Kategorie: Beetrose; ADR 2002
Aussehen: aufrecht buschig
Höhe: 1–1,2 m
Blüten: leuchtend weiß; gefüllt
Blütezeit: Juni bis September; öfter blühend
Pflanzdichte: 3–4 Pflanzen/m²
Verwendung: Blumenbeete, für Heckenpflanzung

pflegeleicht

'Dolly®'

Kategorie: Beetrose; ADR 1987
Aussehen: aufrecht buschig
Höhe: 60–80 cm
Blüten: dunkelrosa; halbgefüllt
Blütezeit: Juni bis September; öfter blühend
Pflanzdichte: 3–4 Pflanzen/m²
Verwendung: Blumenbeete, für Heckenpflanzungen

pflegeleicht, für kleine Gärten geeignet

'Duftwolke®'

Kategorie: Beetrose
Aussehen: aufrecht buschig, gut verzweigt; **Höhe:** 50–60 cm
Blüten: korallenrot; dicht gefüllt, großblütig
Blütezeit: Juni bis September; öfter blühend
Pflanzdichte: 3–4 Pflanzen/m²

'Duftwolke®'

Verwendung: Blumenbeete, Schnittblume, stark duftend

pflegeleicht, für kleine Gärten geeignet

'Edelweiß®'

Kategorie: Beetrose; ADR 1970
Aussehen: aufrecht buschig
Höhe: 40–50 cm
Blüten: cremeweiß; dicht gefüllt
Blütezeit: Juni bis September; öfter blühend
Pflanzdichte: 3–4 Pflanzen/m²
Verwendung: Blumenbeete, Schnittblume, kompakt wachsend

pflegeleicht, für kleine Gärten geeignet

'Friesia®'

Kategorie: Beetrose; ADR 1973

'Friesia®'

Aussehen: aufrecht buschig, dicht verzweigt
Höhe: 50–60 cm
Blüten: leuchtend goldgelb; dicht gefüllt
Blütezeit: Juni bis September; öfter blühend
Pflanzdichte: 4–5 Pflanzen/m²
Verwendung: Blumenbeete, für Heckenpflanzungen

pflegeleicht, für kleine Gärten geeignet

'Gebrüder Grimm®'

Kategorie: Beetrose; ADR 2002
Aussehen: aufrecht
Höhe: 60–80 cm

'Gebrüder Grimm®'

Blüten: orangerot bis pfirsichfarben; stark gefüllt
Blütezeit: Juni bis September; öfter blühend
Pflanzdichte: 3–4 Pflanzen/m²
Verwendung: Blumenbeete, Schnittblume, für Heckenpflanzungen

pflegeleicht, für kleine Gärten geeignet

'Golden Border®'

Kategorie: Beetrose
Aussehen: aufrecht
Höhe: 40–60 cm
Blüten: schwefelgelb, stark gefüllt, ballonförmig
Blütezeit: sehr früh; öfter blühend
Pflanzdichte: 4–5 Pflanzen/m²
Verwendung: Blumenbeete, Flächenbepflanzung, Rabatten, Bienenweide

pflegeleicht, für kleine Gärten geeignet

'Goldelse ®'

Kategorie: Beetrose
Aussehen: buschig
Höhe: 40–60 cm

'Goldelse®'

Blüten: kupfergelb bis orange; groß; gefüllt; duftend
Blütezeit: Juni bis September; öfter blühend
Pflanzdichte: 5–6 Pflanzen/m²
Verwendung: Blumenbeete, Hecken

pflegeleicht, für kleine Gärten geeignet

'Goldener Sommer® '83'

Kategorie: Beetrose; ADR 1985
Aussehen: aufrecht buschig
Höhe: 40–60 cm
Blüten: gelb; gefüllt
Blütezeit: Juni bis September; öfter blühend
Pflanzdichte: 3–4 Pflanzen/m²
Verwendung: Blumenbeete, Schnittblume, kompakt wachsend,

pflegeleicht, für kleine Gärten geeignet

'Happy Wanderer®'

Kategorie: Beetrose
Aussehen: aufrecht buschig
Höhe: 30–50 cm
Blüten: dunkelrot; gefüllt
Blütezeit: Juni bis September; öfter blühend
Pflanzdichte: 5–6 Pflanzen/m²
Verwendung: Blumenbeete, Schnittblume

pflegeleicht, für kleine Gärten geeignet

'La Paloma® 85'
(Bild Seite 56)

Kategorie: Beetrose
Aussehen: buschig
Höhe: 40–60 cm
Blüten: reinweiß; gefüllt
Blütezeit: Juni bis September; durchgehend blühend
Pflanzdichte: 7–8 Pflanzen/m²
Verwendung: Blumenbeete; duftend

pflegeleicht, für kleine Gärten geeignet

'La Sevillana®'

Kategorie: Beetrose; ADR 1979

'La Sevillana®'

Aussehen: aufrecht buschig
Höhe: 50–70 cm
Blüten: orangerot bis feurig rot; gefüllt
Blütezeit: Juni bis September; öfter blühend
Pflanzdichte: 3–4 Pflanzen/m²
Verwendung: Blumenbeete, für Heckenpflanzungen

pflegeleicht, für kleine Gärten geeignet

'Leonardo da Vinci®'
(Bild Seite 56)

Kategorie: Beetrose
Aussehen: aufrecht buschig
Höhe: 60–80 cm
Blüten: mittelrosa bis dunkelrosa; dicht gefüllt, rosettenartig
Blütezeit: Juni bis September; öfter blühend
Pflanzdichte: 3–4 Pflanzen/m²
Verwendung: Blumenbeete, Schnittblume

pflegeleicht, für kleine Gärten geeignet

'Lisa®'

Kategorie: Beetrose
Aussehen: breit buschig
Höhe: 60–70 cm
Blüten: gelb bis orange; gefüllt

'Lisa®'

Blütezeit: Juni bis September; öfter blühend
Pflanzdichte: 4–5 Pflanzen/m²
Verwendung: Blumenbeete, Kübelbepflanzung

pflegeleicht, für kleine Gärten geeignet

'Lovely Meidiland®'

Kategorie: Beetrose
Aussehen: Boden deckend
Höhe: 40–50 cm
Blüten: hellrosa; dicht gefüllt; leicht duftend

'Lovely Meidiland®'

Blütezeit: Juni bis September; öfter blühend
Pflanzdichte: 4–5 Pflanzen/m²
Verwendung: Blumenbeete, flächige Bepflanzungen

pflegeleicht, für kleine Gärten geeignet

'Marie Curie®'
(Bild Seite 56)

Kategorie: Beetrose; ADR 1987
Aussehen: aufrecht
Höhe: 40–60 cm
Blüten: kupfergelb bis gold-braun; leicht gefüllt; duftend
Blütezeit: Mai bis Oktober; öfter blühend
Pflanzdichte: 4–5 Pflanzen/m²
Verwendung: Blumenbeete, Schnittblume, Rabatten

pflegeleicht, für kleine Gärten geeignet

'Matilda®'

Kategorie: Beetrose
Aussehen: aufrecht buschig
Höhe: 50–70 cm
Blüten: hellrosa bis cremerosa
Blütezeit: Juni bis September; öfter blühend
Pflanzdichte: 3–4 Pflanzen/m²

Verwendung: Blumenbeete, Schnittblume, kompakt wachsend

pflegeleicht, für kleine Gärten geeignet

'Mazurka®'
(Bild Seite 56)

Kategorie: Beetrose; ADR 1993
Aussehen: kompakt wachsend
Höhe: 50–70 cm
Blüten: hellrosa
Blütezeit: Mai bis Oktober; öfter blühend
Pflanzdichte: 4–5 Pflanzen/m²
Verwendung: Blumenbeete, Flächenbepflanzung

pflegeleicht, für kleine Gärten geeignet

'Montana®'
(Bild Seite 56)

Kategorie: Beetrose; ADR 1974
Aussehen: straff aufrecht
Höhe: 70–90 cm
Blüten: leuchtend rot; gefüllt
Blütezeit: Juni bis September; öfter blühend
Pflanzdichte: 3–4 Pflanzen/m²
Verwendung: Blumenbeete, für Heckenpflanzungen

pflegeleicht

'Neon®'

'Neon®'

Kategorie: Beetrose; ADR 1999
Aussehen: aufrecht; **Höhe:** 60–80 cm
Blüten: karminrosa; halbgefüllt
Blütezeit: Juni bis September, öfter blühend
Pflanzdichte: 2–3 Pflanzen/m²
Verwendung: Blumenbeete, für Heckenpflanzungen

'Paul Cézanne®'

Kategorie: Beetrose
Aussehen: aufrecht buschig
Höhe: 60–80 cm

'Paul Cézanne®'

Blüten: aprikot, gelb und rosa gestreift; gefüllt
Blütezeit: Juni bis September; öfter blühend
Pflanzdichte: 3–4 Pflanzen/m²
Verwendung: stark duftend, Blumenbeete

Liebhaberpflanze

'Play Rose®'

Kategorie: Beetrose; ADR 1989
Aussehen: aufrecht buschig
Höhe: 60–80 cm
Blüten: karminrosa; halb- bis dicht gefüllt
Blütezeit: Juni bis September; öfter blühend
Pflanzdichte: 3–4 Pflanzen/m²
Verwendung: Blumenbeete, Schnittblume, für Heckenpflanzungen, duftend

pflegeleicht, für kleine Gärten geeignet

'Purple Meidiland®'

Kategorie: Beetrose; ADR 1987

'Purple Meidiland®'

Aussehen: aufrecht buschig
Höhe: 40–60 cm
Blüten: magentarot; halbgefüllt; blühwillig
Blütezeit: Mai bis Oktober; öfter blühend
Pflanzdichte: 4–5 Pflanzen/m²
Verwendung: Blumenbeete, für flächige Pflanzungen, starke Leuchtkraft

pflegeleicht, für kleine Gärten geeignet

'Pußta®'

Kategorie: Beetrose; ADR 1972
Aussehen: aufrecht buschig
Höhe: 60–80 cm
Blüten: dunkelrot; gefüllt
Blütezeit: Juni bis September; öfter blühend
Pflanzdichte: 3–4 Pflanzen/m²
Verwendung: Blumenbeete, Schnittblume, für Heckenpflanzungen

> pflegeleicht, für kleine Gärten geeignet

'Red Leonardo da Vinci®'

Kategorie: Beetrose
Aussehen: aufrecht
Höhe: 40–50 cm
Blüten: johannisbeerrot; stark gefüllt, leicht duftend
Blütezeit: Mai bis Oktober; öfter blühend
Pflanzdichte: 4–6 Pflanzen/m²
Verwendung: Blumenbeete, Staudenrabatten

> pflegeleicht, für kleine Gärten geeignet

'Rose de Cisterciens®'

Kategorie: Beetrose
Aussehen: aufrecht buschig
Höhe: 1–1,2 m
Blüten: pastellfarben in Gelb, Altrosa und Orange gemustert; gefüllt
Blütezeit: Juni bis September; öfter blühend
Pflanzdichte: 4–5 Pflanzen/m²
Verwendung: stark duftend, Blumenbeete

> Liebhaberpflanze

'Royal Bonica®'

Kategorie: Beetrose

'Royal Bonica®'

Aussehen: aufrecht
Höhe: 60–80 cm
Blüten: intensiv rosa bis altrosa; gefüllt
Blütezeit: Juni bis September; öfter blühend
Pflanzdichte: 3–4 Pflanzen/m²
Verwendung: Blumenbeete, Schnittblume, für Heckenpflanzungen

> pflegeleicht, für kleine Gärten geeignet

'Sangerhäuser Jubiläumsrose®'

Kategorie: Beetrose
Aussehen: aufrecht buschig
Höhe: 50–70 cm
Blüten: aprikot, leicht rosa überhaucht, dicht gefüllt
Blütezeit: Juni bis September; öfterblühend
Pflanzdichte: 4–5 Pflanzen/m²
Verwendung: Blumenbeete, Gruppenpflanzung, duftend

> für kleine Gärten geeignet

'Schleswig® '87'

Kategorie: Beetrose
Aussehen: aufrecht

'Schleswig® '87'

Höhe: 60–80 cm
Blüten: lachsrosa; halbgefüllt
Blütezeit: Juni bis September; öfter blühend
Pflanzdichte: 3–4 Pflanzen/m²
Verwendung: Blumenbeete, für Heckenpflanzungen

> pflegeleicht, für kleine Gärten geeignet

'Sommerwind®'

Kategorie: Beetrose
Aussehen: aufrecht, buschig
Höhe: 50–60 cm
Blüten: reinrosa; locker gefüllt
Blütezeit: Juni bis September, öfter blühend
Pflanzdichte: 2–3 Pflanzen/m²
Verwendung: Blumenbeete, für Heckenpflanzungen

'Sunlight Romantica®'

Kategorie: Beetrose
Aussehen: aufrecht
Höhe: 40–50 cm
Blüten: goldgelb; stark gefüllt; nostalgisch
Blütezeit: Mai bis Oktober; öfter blühend
Pflanzdichte: 6–7 Pflanzen/m²

Verwendung: Blumenbeete, Flächenbepflanzungen

> pflegeleicht, für kleine Gärten geeignet

'Tequila® 2003'

Kategorie: Beetrose
Aussehen: aufrecht
Höhe: 50–70 cm
Blüten: kupfergelb; halbgefüllt
Blütezeit: Mai bis Oktober; öfter blühend
Pflanzdichte: 3–4 Pflanzen/m²
Verwendung: Blumenbeete

> pflegeleicht, für kleine Gärten geeignet

'Vinesse®'

Kategorie: Beetrose; ADR 2000
Aussehen: aufrecht
Höhe: 50–70 cm
Blüten: orangerosa; halbgefüllt
Blütezeit: Juni bis September; öfter blühend
Pflanzdichte: 4–5 Pflanzen/m²
Verwendung: Blumenbeete, für Heckenpflanzungen

> pflegeleicht, für kleine Gärten geeignet

'Sunlight Romantica®'

Edelrosen

'Aachener Dom®'
(Bild Seite 56)

Kategorie: Edelrose; ADR 1982
Aussehen: aufrecht
Höhe: 60–80 cm
Blüten: lachsrosa; gefüllt
Blütezeit: Juni bis September; öfter blühend
Pflanzdichte: 6–7 Pflanzen/m²
Verwendung: Blumenbeete, Schnittblume, stark duftend

> pflegeleicht, für kleine Gärten geeignet

'Acapella ®'

Kategorie: Edelrose

'Acapella®'

Aussehen: aufrecht
Höhe: 80–100 cm
Blüten: innen kirschrot, außen silber; gefüllt; stark duftend
Blütezeit: Juni bis September; öfter blühend
Pflanzdichte: 5–6 Pflanzen/m²
Verwendung: Blumenbeete, Schnitt

> pflegeleicht, für kleine Gärten geeignet

'Albrecht Dürer Rose®'
(Bild Seite 56)

Kategorie: Edelrose
Aussehen: breit buschig
Höhe: 70–80 cm
Blüten: pfirsichfarben; gefüllt; stark duftend
Blütezeit: Juni bis September; öfter blühend
Pflanzdichte: 4–5 Pflanzen/m²

Verwendung: Blumenbeete

> pflegeleicht, für kleine Gärten geeignet

'Ambiente®'
(Bild Seite 56)

Kategorie: Edelrose
Aussehen: buschig, starkwüchsig; **Höhe:** 70–80 cm
Blüten: cremeweiß, stark gefüllt
Blütezeit: Juni bis September; öfter blühend
Pflanzdichte: 4–5 Pflanzen/m²
Verwendung: Blumenbeete, Topf- und Kübelbepflanzungen

> pflegeleicht, für kleine Gärten geeignet

'André le Notre®'

Kategorie: Edelrose
Aussehen: buschig
Höhe: 60–80 cm
Blüten: zartrosa; gefüllt; nostalgisch; stark duftend
Blütezeit: Mai bis Oktober; öfter blühend
Pflanzdichte: 6–7 Pflanzen/m²

'André le Notre®'

Verwendung: Blumenbeete, Schnitt, hitzetolerant

> pflegeleicht, für kleine Gärten geeignet

'Augusta Luise®'

Kategorie: Edelrose
Aussehen: aufrecht
Höhe: 80–100 cm
Blüten: rosé bis champagnerfarben; gefüllt; stark duftend
Blütezeit: Juni bis September; öfter blühend
Pflanzdichte: 5–6 Pflanzen/m²

'Augusta Luise®'

Verwendung: Blumenbeete, Schnitt

> pflegeleicht, für kleine Gärten geeignet

'Banzai® '83'

Kategorie: Edelrose; ADR 1985
Aussehen: aufrecht
Höhe: 60–80 cm
Blüten: gelb, am Rand orange überlaufend; dicht gefüllt
Blütezeit: Juni bis September; öfter blühend
Pflanzdichte: 5–7 Pflanzen/m²
Verwendung: Blumenbeete, Schnittblume, duftend

> pflegeleicht

'Barkarole®'

Kategorie: Edelrose
Aussehen: aufrecht
Höhe: 0,8–1 m
Blüten: dunkelrot; dicht gefüllt
Blütezeit: Juni bis September; öfter blühend
Pflanzdichte: 6–7 Pflanzen/m²
Verwendung: Blumenbeete, Schnittblume, stark duftend

> pflegeleicht, Liebhaberpflanze

'Black Magic®'
(Bild Seite 56)

Kategorie: Edelrose
Aussehen: aufrecht
Höhe: 80–100 cm

Blüten: samtig dunkelrot; gefüllt; stark duftend
Blütezeit: Juni bis September; öfter blühend
Pflanzdichte: 5–6 Pflanzen/m²
Verwendung: Blumenbeete, Schnitt

> pflegeleicht, für kleine Gärten geeignet

'Candlelight®'

Kategorie: Edelrose
Aussehen: aufrecht
Höhe: 80–100 cm
Blüten: dunkelgelb; gefüllt; stark duftend

'Candlelight®'

Blütezeit: Juni bis September; öfter blühend
Pflanzdichte: 5–6 Pflanzen/m²
Verwendung: Blumenbeete, Schnitt

> pflegeleicht, für kleine Gärten geeignet

'Senator Burda®'

Verwendung: Blumenbeete, Schnittblume

pflegeleicht, für kleine Gärten geeignet

'Tea Time®'

Kategorie: Edelrose
Aussehen: aufrecht
Höhe: 60–80 cm
Blüten: kupfergold, orange; gefüllt;
Blütezeit: Juni bis September; öfter blühend

'Tea Time®'

Pflanzdichte: 5–6 Pflanzen/m²
Verwendung: Blumenbeete, Schnitt

pflegeleicht, für kleine Gärten geeignet

'Terracotta®'
(Bild Seite 56)

Kategorie: Edelrose
Aussehen: aufrecht
Höhe: 60–80 cm
Blüten: terracottarot
Blütezeit: Mai bis Oktober

Pflanzdichte: 6–7 Pflanzen/m²
Verwendung: Blumenbeete, Einzelstellung

pflegeleicht, für kleine Gärten geeignet, Liebhabersorte

'The McCartney Rose®'

Kategorie: Edelrose
Aussehen: aufrecht buschig
Höhe: 60–80 cm
Blüten: violettrosa; dicht gefüllt
Blütezeit: Juni bis September; öfter blühend
Pflanzdichte: 5–7 Pflanzen/m²
Verwendung: Blumenbeete, Schnittblume, stark duftend

pflegeleicht

'Violina®'

Kategorie: Edelrose
Aussehen: aufrecht
Höhe: 80–100 cm
Blüten: rosa; großblumig; gefüllt
Blütezeit: Juni bis September; öfter blühend
Pflanzdichte: 4–5 Pflanzen/m²
Verwendung: Blumenbeete

pflegeleicht, für kleine Gärten geeignet

Kleinstrauchrosen

'Alba Meidiland®'

Kategorie: Kleinstrauchrose
Aussehen: bogig überhängend
Höhe: 60–80 cm
Blüten: reinweiß; dicht gefüllt
Blütezeit: Juni bis September; öfter blühend
Pflanzdichte: 3–4 Pflanzen/m²
Verwendung: für Heckenpflanzungen, Einzelstellung

pflegeleicht

'Apfelblüte®'

Kategorie: Kleinstrauchrose; ADR 1991
Aussehen: buschig bis bogig überhängend; **Höhe:** 70–80 cm
Blüten: weiß bis hellrosa; ungefüllt
Blütezeit: Juni bis September; öfter blühend
Früchte: rote Hagebutten
Pflanzdichte: 2–3 Pflanzen/m²

Verwendung: Bienenweide, für Heckenpflanzungen

pflegeleicht

'Austriana®'

Kategorie: Kleinstrauchrose

'Austriana®'

Aussehen: breit buschig
Höhe: 50–60 cm
Blüten: leuchtend rot, halbgefüllt
Blütezeit: Juni bis September
Pflanzdichte: 3–4 Pflanzen/m²
Verwendung: Blumenbeete, Flächenbepflanzungen

pflegeleicht, für kleine Gärten geeignet

'Ballerina'

Kategorie: Kleinstrauchrose
Aussehen: buschig bis bogig überneigend; **Höhe:** 0,8–1,2 m
Blüten: rosaweiß; ungefüllt
Blütezeit: Juni bis September; öfter blühend
Pflanzdichte: 3–4 Pflanzen/m²
Verwendung: Bienenweide, für Heckenpflanzungen, Einzelstellung

pflegeleicht

'Bingo Meidiland®'

Kategorie: Kleinstrauchrose; ADR 1994
Aussehen: buschig wachsend

Edelrosen

'Aachener Dom®'
(Bild Seite 56)

Kategorie: Edelrose; ADR 1982
Aussehen: aufrecht
Höhe: 60–80 cm
Blüten: lachsrosa; gefüllt
Blütezeit: Juni bis September; öfter blühend
Pflanzdichte: 6–7 Pflanzen/m²
Verwendung: Blumenbeete, Schnittblume, stark duftend

> pflegeleicht, für kleine Gärten geeignet

'Acapella®'

Kategorie: Edelrose

'Acapella®'

Aussehen: aufrecht
Höhe: 80–100 cm
Blüten: innen kirschrot, außen silber; gefüllt; stark duftend
Blütezeit: Juni bis September; öfter blühend
Pflanzdichte: 5–6 Pflanzen/m²
Verwendung: Blumenbeete, Schnitt

> pflegeleicht, für kleine Gärten geeignet

'Albrecht Dürer Rose®'
(Bild Seite 56)

Kategorie: Edelrose
Aussehen: breit buschig
Höhe: 70–80 cm
Blüten: pfirsichfarben; gefüllt; stark duftend
Blütezeit: Juni bis September; öfter blühend
Pflanzdichte: 4–5 Pflanzen/m²

Verwendung: Blumenbeete

> pflegeleicht, für kleine Gärten geeignet

'Ambiente®'
(Bild Seite 56)

Kategorie: Edelrose
Aussehen: buschig, starkwüchsig; **Höhe:** 70–80 cm
Blüten: cremeweiß, stark gefüllt
Blütezeit: Juni bis September; öfter blühend
Pflanzdichte: 4–5 Pflanzen/m²
Verwendung: Blumenbeete, Topf- und Kübelbepflanzungen

> pflegeleicht, für kleine Gärten geeignet

'André le Notre®'

Kategorie: Edelrose
Aussehen: buschig
Höhe: 60–80 cm
Blüten: zartrosa; gefüllt; nostalgisch; stark duftend
Blütezeit: Mai bis Oktober; öfter blühend
Pflanzdichte: 6–7 Pflanzen/m²

'André le Notre®'

Verwendung: Blumenbeete, Schnitt, hitzetolerant

> pflegeleicht, für kleine Gärten geeignet

'Augusta Luise®'

Kategorie: Edelrose
Aussehen: aufrecht
Höhe: 80–100 cm
Blüten: rosé bis champagnerfarben; gefüllt; stark duftend
Blütezeit: Juni bis September; öfter blühend
Pflanzdichte: 5–6 Pflanzen/m²

'Augusta Luise®'

Verwendung: Blumenbeete, Schnitt

> pflegeleicht, für kleine Gärten geeignet

'Banzai® '83'

Kategorie: Edelrose; ADR 1985
Aussehen: aufrecht
Höhe: 60–80 cm
Blüten: gelb, am Rand orange überlaufend; dicht gefüllt
Blütezeit: Juni bis September; öfter blühend
Pflanzdichte: 5–7 Pflanzen/m²
Verwendung: Blumenbeete, Schnittblume, duftend

> pflegeleicht

'Barkarole®'

Kategorie: Edelrose
Aussehen: aufrecht
Höhe: 0,8–1 m
Blüten: dunkelrot; dicht gefüllt
Blütezeit: Juni bis September; öfter blühend
Pflanzdichte: 6–7 Pflanzen/m²
Verwendung: Blumenbeete, Schnittblume, stark duftend

> pflegeleicht, Liebhaberpflanze

'Black Magic®'
(Bild Seite 56)

Kategorie: Edelrose
Aussehen: aufrecht
Höhe: 80–100 cm

Blüten: samtig dunkelrot; gefüllt; stark duftend
Blütezeit: Juni bis September; öfter blühend
Pflanzdichte: 5–6 Pflanzen/m²
Verwendung: Blumenbeete, Schnitt

> pflegeleicht, für kleine Gärten geeignet

'Candlelight®'

Kategorie: Edelrose
Aussehen: aufrecht
Höhe: 80–100 cm
Blüten: dunkelgelb; gefüllt; stark duftend

'Candlelight®'

Blütezeit: Juni bis September; öfter blühend
Pflanzdichte: 5–6 Pflanzen/m²
Verwendung: Blumenbeete, Schnitt

> pflegeleicht, für kleine Gärten geeignet

'Carina®'

Kategorie: Edelrose
Aussehen: aufrecht
Höhe: 60–80 cm
Blüten: rosarot; dicht gefüllt
Blütezeit: Juni bis September; öfter blühend
Pflanzdichte: 6–7 Pflanzen/m²
Verwendung: Blumenbeete, Schnittblume

> pflegeleicht

'Duftfestival®'

Kategorie: Edelrose
Aussehen: buschig

'Duftfestival®'

Höhe: 40–60 cm
Blüten: samtrot; gefüllt; stark duftend
Blütezeit: Mai bis Oktober; öfter blühend
Pflanzdichte: 6–7 Pflanzen/m²
Verwendung: Blumenbeete, Einzelstellung

> pflegeleicht, für kleine Gärten geeignet, romantische Tee-Hybride

'Duftrausch®'

Kategorie: Edelrose
Aussehen: aufrecht
Höhe: 60–80 cm
Blüten: violettrosa; dicht gefüllt
Blütezeit: Juni bis September; öfter blühend
Pflanzdichte: 6–7 Pflanzen/m²
Verwendung: Blumenbeete, Schnittblume, stark duftend

> pflegeleicht

'Erotika®'

Kategorie: Edelrose; ADR 1969
Aussehen: aufrecht
Höhe: 60–90 cm
Blüten: dunkelrot; dicht gefüllt
Blütezeit: Juni bis September; öfter blühend
Pflanzdichte: 6–7 Pflanzen/m²
Verwendung: Blumenbeete, Schnittblume, stark duftend

> pflegeleicht

'FOCUS®'

Kategorie: Edelrose
Aussehen: breit buschig, starkwüchsig; **Höhe:** 70–80 cm
Blüten: lachsrosa; stark gefüllt
Blütezeit: Juni bis September; öfter blühend

'FOCUS®'

Pflanzdichte: 4–5 Pflanzen/m²
Verwendung: Blumenbeete, Kübelbepflanzung, Schnitt

> pflegeleicht, für kleine Gärten geeignet

'Frederic Mistral®'

Kategorie: Edelrose
Aussehen: aufrecht
Höhe: 60–80 cm
Blüten: hellrosa; stark duftend; regenfest
Blütezeit: Mai bis Oktober; öfter blühend
Pflanzdichte: 6–7 Pflanzen/m²
Verwendung: Blumenbeete, Schnittrose

> pflegeleicht

'Fruite®'
(Bild Seite 56)

Kategorie: Edelrose
Aussehen: aufrecht
Höhe: 80–100 cm
Blüten: lachsrot, gelb geflammt
Blütezeit: Mai bis Oktober; öfter blühend
Pflanzdichte: 6–7 Pflanzen/m²
Verwendung: Blumenbeete, interessante Blütenfarbe

> pflegeleicht, für kleine Gärten geeignet

'Gloria Dei'

Kategorie: Edelrose
Aussehen: aufrecht buschig
Höhe: 60–80 cm

'Gloria Dei'

Blüten: gelb mit rötlichem Rand; dicht gefüllt
Blütezeit: Juni bis September; öfter blühend
Pflanzdichte: 5–7 Pflanzen/m²
Verwendung: Blumenbeete, Schnittblume, duftend

> pflegeleicht

'Gräfin Sonja®'

Kategorie: Edelrose
Aussehen: straff aufrecht, gut verzweigt, vieltriebig
Höhe: 70–90 cm
Blüten: kirschrosa, innen heller; voll erblüht
Blütezeit: Juni bis September; öfter blühend
Pflanzdichte: 5–7 Pflanzen/m²
Verwendung: Blumenbeete, Schnittblume, duftend

> pflegeleicht

'Frederic Mistral®'

'Ingrid Bergman®'

Kategorie: Edelrose
Aussehen: aufrecht buschig
Höhe: 60–80 cm
Blüten: dunkelrot; dicht gefüllt
Blütezeit: Juni bis September; öfter blühend
Pflanzdichte: 5–7 Pflanzen/m²
Verwendung: Blumenbeete, Schnittblume, stark duftend

> pflegeleicht

'Karl Heinz Hanisch®'

Kategorie: Edelrose
Aussehen: aufrecht
Höhe: 60–80 cm

'Karl Heinz Hanisch®'

Blüten: cremeweiß; dicht gefüllt
Blütezeit: Juni bis September; öfter blühend
Pflanzdichte: 6–7 Pflanzen/m²
Verwendung: Blumenbeete, Schnittblume

> pflegeleicht

'Mainauduft®'

'Mainauduft®'

Kategorie: Edelrose
Aussehen: aufrecht
Höhe: 60–80 cm
Blüten: rosarot; leicht gefüllt; stark duftend
Blütezeit: Mai bis Oktober; öfter blühend
Pflanzdichte: 6–7 Pflanzen/m²
Verwendung: Blumenbeete, Schnittrose

> pflegeleicht, für kleine Gärten geeignet

'Michelangelo®'

Kategorie: Edelrose
Aussehen: aufrecht
Höhe: 40–60 cm
Blüten: leuchtend gelb
Blütezeit: Mai bis Oktober; öfter blühend
Pflanzdichte: 5–6 Pflanzen/m²
Verwendung: Blumenbeete, Schnittrose

> pflegeleicht, für kleine Gärten geeignet

'Mildred Scheel®'

Kategorie: Edelrose
Aussehen: aufrecht buschig
Höhe: 70–90 cm
Blüten: dunkelrot; dicht gefüllt
Blütezeit: Juni bis September; öfter blühend
Pflanzdichte: 5–7 Pflanzen/m²
Verwendung: Blumenbeete, Schnittblume, duftend

> pflegeleicht

'Nostalgie®'
(Bild Seite 56)

Kategorie: Edelrose
Aussehen: buschig
Höhe: 80–100 cm
Blüten: cremeweiß mit rotem Rand; gefüllt; duftend
Blütezeit: Juni bis September; öfter blühend
Pflanzdichte: 5–6 Pflanzen/m²
Verwendung: Blumenbeete, Schnitt

> pflegeleicht, für kleine Gärten geeignet

'Papa Meilland®'

'Papa Meilland®'

Kategorie: Edelrose
Aussehen: aufrecht
Höhe: 60–80 cm
Blüten: leuchtend rot; gefüllt
Blütezeit: Juni bis September; öfter blühend
Pflanzdichte: 5–7 Pflanzen/m²
Verwendung: Blumenbeete, Schnittblume, stark duftend, für Heckenpflanzungen

> Liebhaberpflanze

'Pariser Charme®'

Kategorie: Edelrose
Aussehen: aufrecht
Höhe: 70–90 cm
Blüten: reinrosa; dicht gefüllt
Blütezeit: Juni bis September; öfter blühend

'Pariser Charme®'

Pflanzdichte: 5–7 Pflanzen/m²
Verwendung: Blumenbeete, Schnittblume, stark duftend

> pflegeleicht

'Paul Ricard®'

Kategorie: Edelrose
Aussehen: aufrecht buschig
Höhe: 60–80 cm
Blüten: hellgelb bis rosagelb; dicht gefüllt
Blütezeit: Juni bis September; öfter blühend
Pflanzdichte: 6–7 Pflanzen/m²
Verwendung: Blumenbeete,

'Paul Ricard®'

Schnittblume, stark duftend

> pflegeleicht

'Senator Burda®'

Kategorie: Edelrose
Aussehen: aufrecht buschig
Höhe: 60–80 cm
Blüten: tiefrot; dicht gefüllt
Blütezeit: Juni bis September; öfter blühend
Pflanzdichte: 6–7 Pflanzen/m²

'Senator Burda®'

Verwendung: Blumenbeete, Schnittblume

pflegeleicht, für kleine Gärten geeignet

'Tea Time®'

Kategorie: Edelrose
Aussehen: aufrecht
Höhe: 60–80 cm
Blüten: kupfergold, orange; gefüllt;
Blütezeit: Juni bis September; öfter blühend

Pflanzdichte: 5–6 Pflanzen/m²
Verwendung: Blumenbeete, Schnitt

pflegeleicht, für kleine Gärten geeignet

'Terracotta®'
(Bild Seite 56)

Kategorie: Edelrose
Aussehen: aufrecht
Höhe: 60–80 cm
Blüten: terracottarot
Blütezeit: Mai bis Oktober

'Tea Time®'

Pflanzdichte: 6–7 Pflanzen/m²
Verwendung: Blumenbeete, Einzelstellung

pflegeleicht, für kleine Gärten geeignet, Liebhabersorte

'The McCartney Rose®'

Kategorie: Edelrose
Aussehen: aufrecht buschig
Höhe: 60–80 cm
Blüten: violettrosa; dicht gefüllt
Blütezeit: Juni bis September; öfter blühend
Pflanzdichte: 5–7 Pflanzen/m²
Verwendung: Blumenbeete, Schnittblume, stark duftend

pflegeleicht

'Violina®'

Kategorie: Edelrose
Aussehen: aufrecht
Höhe: 80–100 cm
Blüten: rosa; großblumig; gefüllt
Blütezeit: Juni bis September; öfter blühend
Pflanzdichte: 4–5 Pflanzen/m²
Verwendung: Blumenbeete

pflegeleicht, für kleine Gärten geeignet

Kleinstrauchrosen

'Alba Meidiland®'

Kategorie: Kleinstrauchrose
Aussehen: bogig überhängend
Höhe: 60–80 cm
Blüten: reinweiß; dicht gefüllt
Blütezeit: Juni bis September; öfter blühend
Pflanzdichte: 3–4 Pflanzen/m²
Verwendung: für Heckenpflanzungen, Einzelstellung

pflegeleicht

'Apfelblüte®'

Kategorie: Kleinstrauchrose; ADR 1991
Aussehen: buschig bis bogig überhängend; **Höhe:** 70–80 cm
Blüten: weiß bis hellrosa; ungefüllt
Blütezeit: Juni bis September; öfter blühend
Früchte: rote Hagebutten
Pflanzdichte: 2–3 Pflanzen/m²

Verwendung: Bienenweide, für Heckenpflanzungen

pflegeleicht

'Austriana®'

Kategorie: Kleinstrauchrose

'Austriana®'

Aussehen: breit buschig
Höhe: 50–60 cm
Blüten: leuchtend rot, halbgefüllt
Blütezeit: Juni bis September
Pflanzdichte: 3–4 Pflanzen/m²
Verwendung: Blumenbeete, Flächenbepflanzungen

pflegeleicht, für kleine Gärten geeignet

'Ballerina'

Kategorie: Kleinstrauchrose
Aussehen: buschig bis bogig überneigend; **Höhe:** 0,8–1,2 m
Blüten: rosaweiß; ungefüllt
Blütezeit: Juni bis September; öfter blühend
Pflanzdichte: 3–4 Pflanzen/m²
Verwendung: Bienenweide, für Heckenpflanzungen, Einzelstellung

pflegeleicht

'Bingo Meidiland®'

Kategorie: Kleinstrauchrose; ADR 1994
Aussehen: buschig wachsend

'Bingo Meidiland®'

Höhe: 50–70 cm
Blüten: rosaweiß bis zartrosa; ungefüllt
Blütezeit: Juni bis September; öfter blühend
Pflanzdichte: 3–4 Pflanzen/m²
Verwendung: für Heckenpflanzungen, Einzelstellung

pflegeleicht, für Einsteiger

'Celina®'

Kategorie: Kleinstrauchrose; ADR 1999
Aussehen: aufrecht buschig bis bogig überhängend; **Höhe:** 60–80 cm
Blüten: hellgelb; leicht gefüllt
Blütezeit: Juni bis September; öfter blühend
Pflanzdichte: 3–4 Pflanzen/m²
Verwendung: Blumenbeete, Bienenweide, für Heckenpflanzungen

pflegeleicht, für kleine Gärten geeignet

'Danica®'

Kategorie: Kleinstrauchrose; ADR 1997
Aussehen: buschig bis bogig übergeneigt; **Höhe:** 70–80 cm
Blüten: weiß; einfach
Blütezeit: Juni bis September, öfter blühend
Pflanzdichte: 3–4 Pflanzen/m²
Verwendung: für Heckenpflanzungen

pflegeleicht

'Diamant®'

Kategorie: Kleinstrauchrose; ADR 2002

'Diamant®'

Aussehen: aufrecht
Höhe: 50–70 cm
Blüten: reinweiß, halbgefüllt
Blütezeit: Juni bis September; öfter blühend
Pflanzdichte: 4–5 Pflanzen/m²
Verwendung: Blumenbeete, für Heckenpflanzungen

pflegeleicht, für kleine Gärten geeignet

'Ferdy®'

'Ferdy®'

Kategorie: Kleinstrauchrose
Aussehen: aufrecht buschig
Höhe: 0,8–1,2 m
Blüten: rosa; gefüllt
Blütezeit: Juni bis Juli; einmal blühend
Pflanzdichte: 2–3 Pflanzen/m²
Verwendung: für Heckenpflanzungen, Gruppenpflanzung

pflegeleicht

'Foxi®'

Kategorie: Kleinstrauchrose; ADR 1993
Aussehen: aufrecht buschig
Höhe: 60–90 cm
Blüten: dunkelrosa; gefüllt
Blütezeit: Juni bis September; öfter blühend
Pflanzdichte: 3–4 Pflanzen/m²
Verwendung: Blumenbeete, duftend, für Heckenpflanzungen

pflegeleicht

'Gärtnerfreude®'

Kategorie: Kleinstrauchrose ADR 2001
Aussehen: breit buschig
Höhe: 50 cm
Blüten: himbeerrot; stark gefüllt
Blütezeit: Juni bis September; öfter blühend
Pflanzdichte: 3–4 Pflanzen/m²
Verwendung: Blumenbeete, für Heckenpflanzungen

pflegeleicht, für kleine Gärten geeignet

'Heidekönigin®'

Kategorie: Kleinstrauchrose
Aussehen: bogenförmig bis niederliegend, Triebe bis 2 m lang; **Höhe:** 60–80 cm
Blüten: reinrosa; gefüllt

'Heidekönigin®'

Blütezeit: Juni bis September; öfter blühend
Pflanzdichte: 2 Pflanzen/m²
Verwendung: für Heckenpflanzungen

pflegeleicht

'Heideröslein Nozomi®'

Kategorie: Kleinstrauchrose
Aussehen: flach wachsend bis bogig übergeneigt; **Höhe:** 40–60 cm

Blüten: hellrosa bis violettrosa; ungefüllt
Blütezeit: Juni bis September; öfter blühend
Pflanzdichte: 3–4 Pflanzen/m²
Verwendung: Bienenweide, für Heckenpflanzungen

> pflegeleicht, für kleine Gärten geeignet

'Heidetraum®'

Kategorie: Kleinstrauchrose; ADR 1990
Aussehen: flach wachsend bis buschig; **Höhe:** 60–80 cm
Blüten: rosarot; halbgefüllt
Blütezeit: Juni bis September; öfter blühend
Pflanzdichte: 2–3 Pflanzen/m²
Verwendung: für Heckenpflanzungen, Einzelstellung

> pflegeleicht, für Einsteiger

'Ice Meidiland®'

Kategorie: Kleinstrauchrose
Aussehen: stark wüchsig
Höhe: 40–60 cm
Blüten: weiß; halbgefüllt
Blütezeit: Mai bis Oktober; ununterbrochen blühend
Pflanzdichte: 3–4 Pflanzen/m²
Verwendung: flächige Bepflanzungen, Blumenbeete

> pflegeleicht, für Einsteiger, gesund

'Lavender Dream®'

'Lavender Dream®'

Kategorie: Kleinstrauchrose; ADR 1987
Aussehen: buschig bis überhängend; **Höhe:** 60–80 cm
Blüten: lavendelfarben; halbgefüllt
Blütezeit: Juni bis September; öfter blühend
Pflanzdichte: 2–3 Pflanzen/m²
Verwendung: für Heckenpflanzungen, leichter Duft

> pflegeleicht, für kleine Gärten geeignet

'Magic Meidiland®'

Kategorie: Kleinstrauchrose; ADR 1995
Aussehen: niederliegend bis bogig überhängend
Höhe: 40–60 cm
Blüten: dunkelrosa; gefüllt
Blütezeit: Juni bis September; öfter blühend
Pflanzdichte: 2–3 Pflanzen/m²
Verwendung: kompakt wachsend, für Heckenpflanzungen

> pflegeleicht, für kleine Gärten geeignet

'Marondo®'

Kategorie: Kleinstrauchrose; ADR 1989
Aussehen: niederliegend bis bogig übergeneigt, Triebe bis 150 cm lang; **Höhe:** 60–80 cm
Blüten: rosa mit goldgelber Mitte; halbgefüllt
Blütezeit: Juni bis September; einmal blühend

'Marondo®'

Pflanzdichte: 2 Pflanzen/m²
Verwendung: Bienenweide, für Heckenpflanzungen

> pflegeleicht, für kleine Gärten geeignet

'Mirato®'

Kategorie: Kleinstrauchrose; ADR 1989
Aussehen: buschig, aufrecht
Höhe: 40–60 cm
Blüten: pinkfarben; halbgefüllt
Blütezeit: Juni bis September; öfter blühend
Pflanzdichte: 3–4 Pflanzen/m²
Verwendung: Bienenweide, für Heckenpflanzungen

> pflegeleicht, für kleine Gärten geeignet

'Palmengarten Frankfurt®'

Kategorie: Kleinstrauchrose; ADR 1992
Aussehen: aufrecht bis bogig überhängend; **Höhe:** 60–90 cm
Blüten: tiefrosa; dicht gefüllt

'Palmengarten Frankfurt®'

Blütezeit: Juni bis September; öfter blühend
Pflanzdichte: 3–4 Pflanzen/m²
Verwendung: für Heckenpflanzungen

> pflegeleicht, für Einsteiger

'Phlox Meidiland®'

Kategorie: Kleinstrauchrose;
ADR 2001
Aussehen: aufrecht
Höhe: 60–80 cm
Blüten: violettrosa mit weißer
Mitte; ungefüllte, phloxähnliche
Blüten
Blütezeit: Juni bis September;
öfter blühend

'Phlox Meidiland®'

Pflanzdichte: 3–4 Pflanzen/m²
Verwendung: Blumenbeete,
für Heckenpflanzungen

pflegeleicht

'Pierette®'

Kategorie: Kleinstrauchrose;
ADR 1992
Aussehen: aufrecht buschig
Höhe: 60–80 cm
Blüten: rosa, gefüllt
Blütezeit: Juni bis September;
öfter blühend
Pflanzdichte: 3–4 Pflanzen/m²
Verwendung: Blumenbeete,
duftend, für Heckenpflanzungen

pflegeleicht

'Pink Meidiland®'

Kategorie: Kleinstrauchrose;
ADR 1987
Aussehen: aufrecht buschig
Höhe: 60–90 cm
Blüten: purpurrosa mit weißer
Mitte; ungefüllt

'Pink Meidiland®'

Blütezeit: Juni bis September;
öfter blühend
Pflanzdichte: 3–4 Pflanzen/m²
Verwendung: Bienenweide,
für Heckenpflanzungen, Einzelstellung

pflegeleicht

'Pink Swany®'

Kategorie: Kleinstrauchrose
Aussehen: aufrecht buschig
Höhe: 30–40 cm
Blüten: pinkfarbene 'Swany®'
mit geviertelter Schale
Blütezeit: Mai bis Oktober; öfter
blühend

'Polareis®'

Pflanzdichte: 6–7 Pflanzen/m²
Verwendung: flächige Bepflanzungen

pflegeleicht

'Polareis®'

Kategorie: Kleinstrauchrose
Aussehen: aufrecht buschig
Höhe: 60–80 cm
Blüten: zartrosa bis weißrosa;
gefüllt
Blütezeit: Juni bis September;
öfter blühend
Pflanzdichte: 3–4 Pflanzen/m²
Verwendung: Gruppenpflan-
zung, stark duftend, für Hecken-
pflanzungen

pflegeleicht

'Polarsonne®'

Kategorie: Kleinstrauchrose
Aussehen: aufrecht buschig
Höhe: 60–80 cm
Blüten: rot, gefüllt
Blütezeit: Juni bis September;
öfter blühend
Pflanzdichte: 3–4 Pflanzen/m²
Verwendung: Gruppenpflan-
zung, duftend, für Hecken-
pflanzungen

pflegeleicht

'Red Yesterday®'

Kategorie: Kleinstrauchrose,
ADR 1980
Aussehen: locker buschig
Höhe: 60–90 cm
Blüten: dunkelrot mit weißer
Mitte; schwach gefüllt
Blütezeit: Juni bis September;
öfter blühend
Pflanzdichte: 3–4 Pflanzen/m²
Verwendung: Bienenweide,
für Heckenpflanzungen

pflegeleicht, für kleine
Gärten geeignet

'Repandia®'

Kategorie: Kleinstrauchrose;
ADR 1986

'Repandia®'

Aussehen: flach wachsend bis
bogig überhängend
Höhe: 30–50 cm
Blüten: weiß bis hellrosa;
ungefüllt
Blütezeit: Juni bis Juli; einmal
blühend
Pflanzdichte: 1–2 Pflanzen/m²
Verwendung: kompakt wachsend, für Einfassungen, Bienenweide, für Heckenpflanzungen

pflegeleicht, für kleine
Gärten geeignet

'Schneeflocke®'

Kategorie: Kleinstrauchrose;
ADR 1991
Aussehen: buschig
Höhe: 40–50 cm
Blüten: weiß; halbgefüllt
Blütezeit: Juni bis September;
öfter blühend
Pflanzdichte: 4–5 Pflanzen/m²

Verwendung: Blumenbeete, kompakt wachsend, für Einfassungen

> pflegeleicht, für kleine Gärten geeignet

'Schöne Dortmunderin®'

Kategorie: Kleinstrauchrose; ADR 1992
Aussehen: buschig, aufrecht
Höhe: 60–70 cm
Blüten: rosa; gefüllt
Blütezeit: Juni bis September; öfter blühend
Pflanzdichte: 4–5 Pflanzen/m²
Verwendung: für Heckenpflanzungen

> pflegeleicht, für kleine Gärten geeignet

'Swany®'

Kategorie: Kleinstrauchrose
Aussehen: buschig bis überhängend; **Höhe:** 40–50 cm
Blüten: weiß; dicht gefüllt

'Swany®'

Blütezeit: Juni bis September; öfter blühend
Pflanzdichte: 3–4 Pflanzen/m²
Verwendung: kompakt wachsend, für Heckenpflanzungen

> pflegeleicht, für kleine Gärten geeignet

'The Fairy'

Kategorie: Kleinstrauchrose
Aussehen: buschig bis überhängend; **Höhe:** 60–80 cm

'The Fairy'

Blüten: lachsrosa; dicht gefüllt
Blütezeit: Juni bis September; öfter blühend
Pflanzdichte: 3–5 Pflanzen/m²
Verwendung: für Heckenpflanzungen

> pflegeleicht, für kleine Gärten geeignet

'White Meidiland®'

Kategorie: Kleinstrauchrose
Aussehen: flach wachsend bis überhängend
Höhe: 40–60 cm
Blüten: weiß bis cremeweiß; dicht gefüllt, rosettenartig
Blütezeit: Juni bis September; öfter blühend
Pflanzdichte: 4–5 Pflanzen/m²
Verwendung: für Heckenpflanzungen

> pflegeleicht, für kleine Gärten geeignet

'Wildfang®'

Kategorie: Kleinstrauchrose; ADR 1991
Aussehen: locker buschig bis überhängend
Höhe: 60–70 cm
Blüten: hellrosa bis mittelrosa; halbgefüllt
Blütezeit: Juni bis September; öfter blühend
Pflanzdichte: 3–4 Pflanzen/m²

Verwendung: Bienenweide, für Heckenpflanzungen

> pflegeleicht, für kleine Gärten geeignet

Rosa rugosa repens 'Alba'

Kategorie: Kleinstrauchrose
Aussehen: ausladend flach wachsend; **Höhe:** 60–80 cm
Blüten: weiß; ungefüllt
Blütezeit: Juni bis Juli; einmal blühend
Früchte: orangerote Hagebutten
Pflanzdichte: 1–2 Pflanzen/m²
Verwendung: stark duftend, Bienenweide, Vogelnährgehölz

> pflegeleicht

Strauchrosen

'Abraham Darby®'

Kategorie: Strauchrose, Englische Rose
Aussehen: aufrecht buschig
Höhe: 1,5–2 m
Blüten: gelborange bis aprikot; dicht gefüllt
Blütezeit: Juni bis September; öfter blühend
Pflanzdichte: 1–3 Pflanzen/m²
Verwendung: stark duftend, Einzelstellung

> pflegeleicht

'Armada®'

Kategorie: Strauchrose; ADR 1993
Aussehen: aufrecht buschig
Höhe: 0,8–1,2 m
Blüten: rosa; dicht gefüllt
Blütezeit: Juni bis September; öfter blühend
Pflanzdichte: 1–2 Pflanzen/m²
Verwendung: duftend, Einzelstellung, für Heckenpflanzung

> pflegeleicht

'Astrid Lindgren®'

Kategorie: Strauchrose
Aussehen: aufrecht buschig
Höhe: 1–1,5 m
Blüten: hellrosa; gefüllt
Blütezeit: Juni bis September; öfter blühend
Pflanzdichte: 1–2 Pflanzen/m²
Verwendung: duftend, Einzelstellung

> pflegeleicht

'Bischofsstadt Paderborn®'

Kategorie: Strauchrose;

'Bischofsstadt Paderborn®'

ADR 1968
Aussehen: aufrecht buschig
Höhe: 1,2–1,5 m
Blüten: zinnoberrot bis leuchtend hellrot; gefüllt
Blütezeit: Juni bis September; öfter blühend
Pflanzdichte: 1–2 Pflanzen/m²
Verwendung: Einzelstellung, für Heckenpflanzung

> pflegeleicht

'Camille Pissarro®'

'Camille Pissarro®'

Kategorie: Strauchrose
Aussehen: aufrecht buschig
Höhe: 0,8–1 m
Blüten: gelb-, rot-, rosa- und weiß gezeichnet; gefüllt
Blütezeit: Juni bis September; öfter blühend
Pflanzdichte: 1–3 Pflanzen/m²
Verwendung: stark duftend, Einzelstellung, Gruppenpflanzung

Liebhaberpflanze

'Centenaire des Lourdes'

Kategorie: Strauchrose
Aussehen: aufrecht buschig
Höhe: 0,9–1,3 m
Blüten: dunkelrosa; gefüllt
Blütezeit: Juni bis September; öfter blühend

Pflanzdichte: 1–2 Pflanzen/m²
Verwendung: stark duftend, Einzelstellung, für Heckenpflanzung

Liebhaberpflanze

'Claude Monet®'
(Bild Seite 57)

Kategorie: Strauchrose
Aussehen: aufrecht buschig
Höhe: 0,8–1 m
Blüten: rotviolett bis gelblich-weiß gezeichnet; gefüllt
Blütezeit: Juni bis September; öfter blühend
Pflanzdichte: 1–3 Pflanzen/m²
Verwendung: stark duftend, Einzelstellung, Gruppenpflanzung

Liebhaberpflanze

'Concerto® '94'
(Bild Seite 57)

Kategorie: Strauchrose
Aussehen: aufrecht; **Höhe:** 60–80 cm
Blüten: gelb-rosa
Blütezeit: Mai bis Oktober; öfter blühend
Pflanzdichte: 3–4 Pflanzen/m²
Verwendung: Gruppenpflanzung, Rabatten

Liebhaberpflanze

'Constance Spry'

Kategorie: Strauchrose
Aussehen: aufrecht buschig
Höhe: 2–3 m
Blüten: rosa; dicht gefüllt
Blütezeit: Juni bis Juli; einmal blühend
Pflanzdichte: 1–2 Pflanzen/m²
Verwendung: stark duftend, auch als Kletterrose für Pergolen und Spaliere

pflegeleicht

'Dirigent®'
(Bild Seite 57)

Kategorie: Strauchrose; ADR 1958
Aussehen: aufrecht buschig
Höhe: 1,2–1,8 m
Blüten: dunkelrot; gefüllt
Blütezeit: Juni bis September; öfter blühend
Pflanzdichte: 1–2 Pflanzen/m²

Verwendung: für Heckenpflanzungen, Einzelstellung

pflegeleicht

'Dortmunder Kaiserhain®'

Kategorie: Strauchrose; ADR 1994
Aussehen: aufrecht buschig
Höhe: 0,8–1 m
Blüten: cremerosa; gefüllt
Blütezeit: Juni bis September; öfter blühend
Pflanzdichte: 2–3 Pflanzen/m²
Verwendung: für Heckenpflanzungen

pflegeleicht

'Eden Rose® '85'

Kategorie: Strauchrose
Aussehen: aufrecht buschig
Höhe: 1,3–2 m

'Eden Rose® '85'

Blüten: rosa bis weißrosa; rosettenartig gefüllt
Blütezeit: Juni bis September; öfter blühend
Pflanzdichte: 1–2 Pflanzen/m²
Verwendung: Einzelstellung, Gruppenpflanzung, Schnittblume

pflegeleicht

'Elmshorn'

Kategorie: Strauchrose
Aussehen: aufrecht buschig bis übergeneigt; **Höhe:** 1–1,5 m
Blüten: rosarot bis karminrot; dicht gefüllt
Blütezeit: Juni bis September; öfter blühend
Pflanzdichte: 1–2 Pflanzen/m²

'Centenaire de Lourdes'

E

'Elmshorn'

Verwendung: Einzelstellung, für Heckenpflanzungen

pflegeleicht

'Escapade®'

Kategorie: Strauchrose; ADR 1973
Aussehen: aufrecht buschig
Höhe: 0,8–1,2 m
Blüten: lilaweiß bis hell rosalila; halbgefüllt
Blütezeit: Juni bis September; öfter blühend
Pflanzdichte: 2–3 Pflanzen/m²
Verwendung: Blumenbeete, für Heckenpflanzungen

pflegeleicht, für kleine Gärten geeignet

'Fontaine®'

Kategorie: Strauchrose; ADR 1971
Aussehen: aufrecht buschig
Höhe: 1–1,5 m
Blüten: dunkelrot; dicht gefüllt
Blütezeit: Juni bis September; öfter blühend
Pflanzdichte: 1–2 Pflanzen/m²
Verwendung: für Heckenpflanzungen, Einzelstellung

pflegeleicht

'Freisinger Morgenröte®'

Kategorie: Strauchrose
Aussehen: aufrecht buschig

'Freisinger Morgenröte®'

Höhe: 1–1,8 m
Blüten: orangegelb bis rosa-orange; gefüllt
Blütezeit: Juni bis September; öfter blühend
Pflanzdichte: 1–2 Pflanzen/m²
Verwendung: stark duftend, Einzelstellung

pflegeleicht

'Frühlingsgold'

Kategorie: Strauchrose
Aussehen: aufrecht buschig bis übergeneigt; **Höhe:** 1,5–2,5 m

'Frühlingsgold'

Blüten: gelb bis cremegelb; schwach gefüllt
Blütezeit: Mai bis Juni; einmal blühend
Pflanzdichte: 1–2 Pflanzen/m²
Verwendung: stark duftend, Bienenweide, für Heckenpflanzung

pflegeleicht

'Graham Thomas®'

Kategorie: Strauchrose
Aussehen: aufrecht
Höhe: 1–1,2 m
Blüten: gelb bis kupfergelb; dicht gefüllt
Blütezeit: Mai bis Juni; öfter blühend
Pflanzdichte: 1–2 Pflanzen/m²
Verwendung: stark duftend, für Heckenpflanzung oder Rabatten

pflegeleicht

'Grandhotel®'
(Bild Seite 57)

Kategorie: Strauchrose; ADR 1977
Aussehen: aufrecht buschig bis übergeneigt; **Höhe:** 1,5–2 m
Blüten: leuchtend rot; dicht gefüllt
Blütezeit: Juni bis September; öfter blühend
Pflanzdichte: 1–2 Pflanzen/m²
Verwendung: Einzelstellung, für Heckenpflanzung

pflegeleicht

'Hagenbecks Tierpark®'

Kategorie: Strauchrose, ADR 1993
Aussehen: aufrecht; **Höhe:** 1,2–1,5 m
Blüten: karmesinrot
Blütezeit: Mai bis Oktober; einmal blühend
Pflanzdichte: 1–2 Pflanzen/m²
Verwendung: Einzelstellung; Parkrose; Heckenpflanzung; Rabatten

pflegeleicht, Liebhaberpflanze

'Henri Matisse®'

Kategorie: Strauchrose
Aussehen: aufrecht buschig

'Henri Matisse®'

Höhe: 0,8–1 m
Blüten: purpurrot bis karminrot mit weißer Zeichnung; gefüllt
Blütezeit: Juni bis September; öfter blühend
Pflanzdichte: 1–3 Pflanzen/m²
Verwendung: stark duftend, Einzelstellung, Gruppenpflanzung

Liebhaberpflanze

'Heritage®'

Kategorie: Strauchrose, Englische Rose
Aussehen: aufrecht buschig
Höhe: 1–1,5 m
Blüten: hellrosa; dicht gefüllt
Blütezeit: Juni bis September; öfter blühend
Pflanzdichte: 1–2 Pflanzen/m²
Verwendung: für Heckenpflanzungen, Einzelstellung

pflegeleicht

'IGA '83 München®'

Kategorie: Strauchrose; ADR 1982

'IGA '83 München®'

Aussehen: aufrecht buschig
Höhe: 0,7–1,2 m
Blüten: dunkelrosa; gefüllt
Blütezeit: Juni bis September; öfter blühend
Pflanzdichte: 3–4 Pflanzen/m²
Verwendung: Einzelstellung, Gruppenpflanzung

pflegeleicht

'Kordes Brillant®'
(Bild Seite 57)

Kategorie: Strauchrose
Aussehen: aufrecht buschig
Höhe: 1–1,5 m
Blüten: orangerot bis leuchtend rot; gefüllt
Blütezeit: Juni bis September; öfter blühend
Pflanzdichte: 1–2 Pflanzen/m²
Verwendung: für Heckenpflanzungen, Einzelstellung

pflegeleicht

'Lichtkönigin Lucia®'

Kategorie: Strauchrose; ADR 1968
Aussehen: aufrecht buschig
Höhe: 1–1,5 m
Blüten: gelb; gefüllt
Blütezeit: Juni bis September; öfter blühend

'Lichtkönigin Lucia®'

Pflanzdichte: 1–2 Pflanzen/m²
Verwendung: stark duftend, Einzelstellung

pflegeleicht

'Maigold'
(Bild Seite 57)

Kategorie: Strauchrose
Aussehen: aufrecht buschig
Höhe: 1,5–2,5 m
Blüten: orangegelb bis gelb; gefüllt
Blütezeit: Mai bis Juni; mit Nachblüte
Pflanzdichte: 1–2 Pflanzen/m²
Verwendung: stark duftend, Einzelstellung

pflegeleicht

'Mein schöner Garten®'

'Mein schöner Garten®'

Kategorie: Strauchrose
Aussehen: kräftig, vieltriebig
Höhe: 1,2 m
Blüten: zartrosa, hellere Nuancen zur Blütenmitte, locker gefüllt
Blütezeit: Juni bis September; öfter blühend
Pflanzdichte: 1–2 Pflanzen/m²
Verwendung: robust, mit reichem Blütenflor, duftend, Einzelstellung

pflegeleicht

'Northern Lights®'

Kategorie: Strauchrose; ADR 1995
Aussehen: aufrecht buschig
Höhe: 0,8–1,2 m
Blüten: cremegelb bis rosagelb; gefüllt
Blütezeit: Juni bis September; öfter blühend
Pflanzdichte: 1–2 Pflanzen/m²
Verwendung: Blumenbeete, Einzelstellung

pflegeleicht

'Polka® '91'

'Polka® '91'

Kategorie: Strauchrose
Aussehen: aufrecht buschig
Höhe: 1–1,5 m
Blüten: Bernsteinfarben bis intensiv orange; gefüllt
Blütezeit: Juni bis September; öfter blühend
Pflanzdichte: 1–2 Pflanzen/m²
Verwendung: stark duftend, für Heckenpflanzungen, Einzelstellung

pflegeleicht

'Red Eden Rose®'

Kategorie: Strauchrose
Aussehen: aufrecht buschig
Höhe: 1–1,5 m
Blüten: dunkelrot, dicht gefüllt
Blütezeit: Juni bis September; öfter blühend
Pflanzdichte: 1–2 Pflanzen/m²
Verwendung: Einzelstellung, Gruppenpflanzung, Schnittblume, stark duftend

'Robusta®'

Kategorie: Strauchrose; ADR 1980

'Robusta®'

Aussehen: aufrecht buschig
Höhe: 1,3–1,8 m
Blüten: rot; ungefüllt
Blütezeit: Juni bis September;
öfter blühend
Pflanzdichte: 1–2 Pflanzen/m²
Verwendung: duftend, Bienen-
weide, Vogelnährgehölz,
für Heckenpflanzungen

pflegeleicht

'Rödinghausen®'

Kategorie: Strauchrose;
ADR 1988
Aussehen: aufrecht buschig
Höhe: 1–1,5 m
Blüten: rot; gefüllt
Blütezeit: Juni bis September;
öfter blühend
Pflanzdichte: 1–2 Pflanzen/m²
Verwendung: für Hecken-
pflanzungen, Einzelstellung

pflegeleicht

'Rokoko®'

Kategorie: Strauchrose; ADR
2002
Aussehen: aufrecht
Höhe: 1,2–1,5 m

'Rokoko®'

Blüten: cremegelb, duftend
Blütezeit: Juni bis September;
öfter blühend
Pflanzdichte: 3 Pflanzen/m²
Verwendung: Blumenbeete,
für Heckenpflanzungen

pflegeleicht, für kleine
Gärten geeignet

'Romanze®'

Kategorie: Strauchrose;
ADR 1986
Aussehen: aufrecht buschig
Höhe: 1–1,5 m
Blüten: hell purpurrosa;
gefüllt
Blütezeit: Juni bis September;
öfter blühend
Pflanzdichte: 1–2 Pflanzen/m²
Verwendung: Einzelstellung,
für Heckenpflanzung

pflegeleicht

'Rose de Resht'

Kategorie: Strauchrose
Aussehen: aufrecht buschig bis
rundlich; **Höhe:** 0,8–1 m
Blüten: leuchtend rot bis
purpurrot; gefüllt

'Rose de Resht'

Blütezeit: Juni bis September;
öfter blühend
Pflanzdichte: 2–3 Pflanzen/m²
Verwendung: Blumenbeete,
stark duftend, für Heckenpflanzungen

pflegeleicht

'Rosenresli®'

Kategorie: Strauchrose;
ADR 1984
Aussehen: aufrecht buschig
Höhe: 1–1,5 m
Blüten: rosaorange; dicht gefüllt
Blütezeit: Juni bis September;
öfter blühend
Pflanzdichte: 1–2 Pflanzen/m²
Verwendung: duftend, Einzel-
stellung, für Heckenpflanzung

pflegeleicht

'Rote Apart®'

Kategorie: Strauchrose;
ADR 1998
Aussehen: aufrecht buschig
Höhe: 1–1,2 m
Blüten: lilarosa bis rot, halb-
gefüllt
Blütezeit: Juni bis September;
einmal blühend
Pflanzdichte: 1 bis 2
Pflanzen/m²
Verwendung: stark duftend,
Einzelstellung

pflegeleicht

'Rote Woge®'

Kategorie: Strauchrose,
ADR 1992
Aussehen: aufrecht; **Höhe:**
60–70 cm
Blüten: dunkelrot
Blütezeit: Mai bis Oktober;
öfter blühend
Pflanzdichte: 3–4 Pflanzen/m²

'Rote Woge®'

Verwendung: Blumenbeete;
Einzelstellung; Rabatten

pflegeleicht, für kleine
Gärten geeignet

'Royal Show®'

Kategorie: Strauchrose
Aussehen: aufrecht
Höhe: 1,5–2 m
Blüten: johannisbeerrot
Blütezeit: Mai bis Oktober;
öfter blühend
Pflanzdichte: 3–4 Pflanzen/m²
Verwendung: Einzelstellung,
Parkrose; Blumenbeete

Liebhaberpflanze

'Rugelda®'

Kategorie: Strauchrose;
ADR 1992
Aussehen: aufrecht buschig
Höhe: 1,5–2 m
Blüten: gelb, rosarot umrandet;
gefüllt

'Rugelda®'

Blütezeit: Juni bis September; öfter blühend
Pflanzdichte: 1–2 Pflanzen/m²
Verwendung: für Heckenpflanzungen, Einzelstellung

pflegeleicht

'Scharlachglut'

Kategorie: Strauchrose
Aussehen: aufrecht buschig bis übergeneigt; **Höhe:** 1,2–2 m
Blüten: leuchtend scharlachrot mit gelber Mitte; ungefüllt
Blütezeit: Juni bis Juli; einmal blühend

'Scharlachglut'

Pflanzdichte: 1–2 Pflanzen/m²
Verwendung: Bienenweide, für Heckenpflanzungen

pflegeleicht

'Schneewittchen®'

Kategorie: Strauchrose; ADR 1960

'Schneewittchen®'

Aussehen: buschig
Höhe: 1–1,5 m
Blüten: reinweiß; gefüllt
Blütezeit: Juni bis September; öfter blühend
Pflanzdichte: 2–3 Pflanzen/m²
Verwendung: Blumenbeete, kompakt wachsend, für Heckenpflanzungen

pflegeleicht, für kleine Gärten geeignet

'Vogelpark Walsrode®'
(Bild Seite 57)

Kategorie: Strauchrose; ADR 1989
Aussehen: aufrecht buschig bis übergeneigt; **Höhe:** 1–1,5 m
Blüten: hellrosa; dicht gefüllt
Blütezeit: Juni bis September; öfter blühend
Pflanzdichte: 1–2 Pflanzen/m²
Verwendung: duftend, Einzelstellung

pflegeleicht, für Einsteiger

'Westerland®'

Kategorie: Strauchrose; ADR 1974
Aussehen: aufrecht buschig bis übergeneigt; **Höhe:** 1,5–2 m
Blüten: orange, innen gelb überlaufen; gefüllt
Blütezeit: Juni bis September; öfter blühend
Pflanzdichte: 1–2 Pflanzen/m²

'Westerland®'

Verwendung: stark duftend, Einzelstellung

pflegeleicht, für Einsteiger

'Wife of Bath'

Kategorie: Strauchrose, Englische Rose
Aussehen: aufrecht buschig
Höhe: 0,8–1 m
Blüten: zartrosa; gefüllt
Blütezeit: Juni bis September; öfter blühend
Pflanzdichte: 2–3 Pflanzen/m²
Verwendung: stark duftend, für Heckenpflanzungen

pflegeleicht

Rosa gallica 'Versicolor'

Kategorie: Strauchrose
Aussehen: ausladend bis überhängend; **Höhe:** 1–1,5 m

Rosa gallica *'Versicolor'*

Blüten: hellrosa, karminrot gestreift; halbgefüllt
Blütezeit: Juni bis Juli; einmal blühend
Pflanzdichte: 1–2 Pflanzen/m²
Verwendung: stark duftend, für Natur- und Wildgärten, Bienenweide

pflegeleicht

Rosa hugonis
(Bild Seite 57)

Kategorie: Strauchrose
Aussehen: aufrecht ausladend bis überhängend; **Höhe:** 1,5–3 m
Blüten: gelb; ungefüllt
Blütezeit: Mai bis Juni; einmal blühend
Pflanzdichte: 1–2 Pflanzen/m²
Verwendung: für Natur- und Wildgärten, Bienenweide, für Heckenpflanzungen

pflegeleicht

Rosa omeiensis pteracantha

Kategorie: Strauchrose
Aussehen: aufrecht buschig
Höhe: 2–3 m
Blüten: weiß; ungefüllt
Blütezeit: Mai bis Juni; einmal blühend
Pflanzdichte: 1–2 Pflanzen/m²
Verwendung: für Natur- und Wildgärten, Bienenweide, für Heckenpflanzungen

pflegeleicht

'Barock®'

Kletterrosen

'Barock®'

Kategorie: Kletterrose
Aussehen: aufrecht klimmend
Höhe: 2–2,5 m
Blüten: gelb bis cremegelb, stark gefüllt; duftend
Blütezeit: Juni bis September; öfter blühend
Pflanzdichte: 1–2 Pflanzen/m²
Verwendung: Blumenbeete, für Heckenpflanzungen; an Mauern und Hauswänden

> pflegeleicht, für kleine Gärten geeignet

'Bobbie James'

Kategorie: Kletterrose
Aussehen: aufrecht klimmend
Höhe: 3–5 m
Blüten: cremeweiß, ungefüllt; duftend
Blütezeit: Juni; einmal blühend
Pflanzdichte: 1–2 Pflanzen/m²
Verwendung: für Heckenpflanzungen; an Mauern und Hauswänden

> pflegeleicht, für kleine Gärten geeignet

'Golden Showers®'

Kategorie: Kletterrose
Aussehen: aufrecht klimmend
Höhe: 2–3 m
Blüten: cremegelb bis gelb; gefüllt
Blütezeit: Juni bis September;
öfter blühend
Pflanzdichte: 1–2 Pflanzen/m²
Verwendung: für Pergolen und Spaliere

> pflegeleicht, für Einsteiger

'Elfe®'

Kategorie: Kletterrose
Aussehen: aufrecht klimmend
Höhe: 2,5–3 m
Blüten: grünlich elfenbeinfarben, stark gefüllt; duftend
Blütezeit: Juni bis September; öfter blühend
Pflanzdichte: 1–2 Pflanzen/m²
Verwendung: Blumenbeete, für Heckenpflanzungen

> pflegeleicht, für kleine Gärten geeignet

'Ilse Krohn Superior®'

'Goldstern®'

Kategorie: Kletterrose
Aussehen: aufrecht klimmend
Höhe: 2–2,5 m
Blüten: goldgelb, gefüllt
Blütezeit: Juni bis September;
öfter blühend
Pflanzdichte: 1–2 Pflanzen/m²
Verwendung: Blumenbeete, für Rosenbögen; an Mauern und Hauswänden

> pflegeleicht, für kleine Gärten geeignet

'Ilse Krohn Superior®'

Kategorie: Kletterrose
Aussehen: aufrecht klimmend bis überhängend; **Höhe:** 2–3 m
Blüten: weiß; dicht gefüllt
Blütezeit: Juni bis September; öfter blühend
Pflanzdichte: 1–2 Pflanzen/m²
Verwendung: stark duftend, für Pergolen und Spaliere

> pflegeleicht

'Kir Royal®'

Kategorie: Kletterrose;
ADR 2002
Aussehen: aufrecht klimmend bis überhängend; **Höhe:** 2–3 m
Blüten: zartrosa mit magentafarbenen Tupfen; gefüllt

'Kir Royal®'

Blütezeit: Juni bis September; mit Nachblüte
Pflanzdichte: 1–2 Pflanzen/m²
Verwendung: für Pergolen und Spaliere, sehr gesund, ausgezeichnete Winterhärte

> pflegeleicht

'Lawinia®'

Kategorie: Kletterrose
Aussehen: aufrecht klimmend
Höhe: 2–3 m

'Lawinia®'

Blüten: reinrosa, gefüllt; stark duftend
Blütezeit: Juni bis September; durchgehend blühend
Pflanzdichte: 1–2 Pflanzen/m²
Verwendung: Blumenbeete, für Rosenbögen; an Mauern und Hauswänden

> pflegeleicht, für kleine Gärten geeignet

'Manita®'
(Bild Seite 57)

Kategorie: Kletterrose; ADR 1997
Aussehen: aufrecht klimmend bis überhängend
Höhe: 2,5–3 m
Blüten: dunkelrosa mit Gelb; leicht gefüllt
Blütezeit: Juni bis September; öfter blühend
Pflanzdichte
Verwendung: für Pergolen und Spaliere

> pflegeleicht

'Morning Jewel®'

Kategorie: Kletterrose; ADR 1975
Aussehen: aufrecht klimmend bis überhängend; **Höhe:** 2–3 m
Blüten: karminrosa; gefüllt
Blütezeit: Juni bis September; öfter blühend
Pflanzdichte: 1–2 Pflanzen/m²
Verwendung: für Pergolen und Spaliere, unempfindlich gegen Wärmestau

pflegeleicht

'New Dawn'

Kategorie: Kletterrose
Aussehen: aufrecht klimmend bis überhängend; **Höhe:** 2,5–5 m
Blüten: zartrosa bis cremerosa; dicht gefüllt

'New Dawn'

Blütezeit: Juni bis September; öfter blühend
Pflanzdichte: 1–2 Pflanzen/m²
Verwendung: stark duftend, für Pergolen und Spaliere

pflegeleicht

'Paul Noël'

Kategorie: Rambler-(Kletter-)rose
Aussehen: aufrecht klimmend bis überhängend; **Höhe:** 2,5–5 m
Blüten: aprikotfarben bis orangerosa; gefüllt
Blütezeit: Juni bis Juli; mit Nachblüte
Pflanzdichte: 1–2 Pflanzen/m²
Verwendung: stark duftend,

für Pergolen und Spaliere, luftiger Standort

pflegeleicht

'Raubritter'

Kategorie: Rambler-(Kletter-)rose
Aussehen: aufrecht buschig bis überneigend; **Höhe:** 2–2,5 m
Blüten: rosa; gefüllt
Blütezeit: Juni bis September; einmal blühend
Pflanzdichte: 1–2 Pflanzen/m²
Verwendung: für Pergolen und Spaliere

pflegeleicht

'Rosarium Uetersen®'

Kategorie: Kletterrose
Aussehen: aufrecht klimmend bis überhängend; **Höhe:** 2–3 m
Blüten: rosa; dicht gefüllt
Blütezeit: Juni bis September; öfter blühend

'Rosarium Uetersen®'

Pflanzdichte: 1–2 Pflanzen/m²
Verwendung: für Pergolen und Spaliere

pflegeleicht

'Rotfassade®'

Kategorie: Kletterrose; ADR 1999
Aussehen: aufrecht klimmend
Höhe: 2–3 m
Blüten: leuchtend rot; ungefüllt
Blütezeit: Juni bis September; öfter blühend
Pflanzdichte: 1–2 Pflanzen/m²
Verwendung: für Pergolen und Spaliere

pflegeleicht

'Santana®'

Kategorie: Kletterrose
Aussehen: breit aufrecht klimmend; **Höhe:** 2,5–3,5 m
Blüten: feurig rot, leicht duftend
Blütezeit: Juni bis September; öfter blühend
Pflanzdichte: 1–2 Pflanzen/m²
Verwendung: Blumenbeete,

'Santana®'

für Rosenbögen; an Mauern und Hauswänden

pflegeleicht, für kleine Gärten geeignet

'Schneewalzer®'
(Bild Seite 57)

Kategorie: Kletterrose
Aussehen: buschig aufrecht klimmend; **Höhe:** 2,5–3 m
Blüten: reinweiß; gefüllt; leicht duftend
Blütezeit: Juni bis September; durchgehend blühend
Pflanzdichte: 1–2 Pflanzen/m²
Verwendung: Blumenbeete, für Rosenbögen; an Mauern und Hauswänden

pflegeleicht, für kleine Gärten geeignet

'Sorbet®'

Kategorie: Kletterrose
Aussehen: aufrecht
Höhe: 2–2,5 m
Blüten: zartrosa mit Gelb; großblumig
Blütezeit: Mai bis Oktober; öfter blühend
Pflanzdichte: 1–2 Pflanzen/m²
Verwendung: Pergola oder Wandbepflanzung, Einzelstellung

pflegeleicht

'Sorbet®'

'Super Dorothy®'

Kategorie: Rambler-(Kletter-)rose
Aussehen: überhängend
Höhe: 2,5–4 m
Blüten: leuchtend rosa; dicht gefüllt

'Super Dorothy®'

Blütezeit: Juni bis September; öfter blühend
Pflanzdichte: 1–2 Pflanzen/m²
Verwendung: stark duftend, für Pergolen und Spaliere

pflegeleicht

'Super Excelsa®'

Kategorie: Rambler-(Kletter-)rose; ADR 1991
Aussehen: aufrecht klimmend
Höhe: 2,5–4 m
Blüten: dunkelkarmin bis karminrosa; gefüllt
Blütezeit: Juni bis September; öfter blühend
Pflanzdichte: 1–2 Pflanzen/m²
Verwendung: für Pergolen und Spaliere

pflegeleicht

'Sympathie'

Kategorie: Kletterrose
Aussehen: aufrecht klimmend bis überhängend; **Höhe:** 2–3 m
Blüten: samtrot; dichtgefüllt
Blütezeit: Juni bis September; öfter blühend

'Sympathie'

Pflanzdichte: 1–2 Pflanzen/m²
Verwendung: stark duftend, für Pergolen und Spaliere

pflegeleicht

Zwergrosen

'Goldjuwel®'

Kategorie: Zwergrose
Aussehen: buschig, gedrungen
Höhe: 40–50 cm
Blüten: goldgelb

'Goldjuwel®'

Blütezeit: Juni bis September; öfter blühend
Pflanzdichte: 5–6 Pflanzen/m²
Verwendung: kompakt wachsend, für Einfassungen; Topf- und Kübelbepflanzung

pflegeleicht, für kleine Gärten geeignet

'Guletta®'

Kategorie: Zwergrose
Aussehen: aufrecht buschig
Höhe: 30–40 cm
Blüten: zitronengelb; gefüllt
Blütezeit: Juni bis September; öfter blühend
Pflanzdichte: 7–8 Pflanzen/m²
Verwendung: kompakt wachsend, für Einfassungen

pflegeleicht, für kleine Gärten geeignet

'Orange Meillandina®'

Kategorie: Zwergrose
Aussehen: aufrecht buschig
Höhe: 30–40 cm
Blüten: orangerot; gefüllt
Blütezeit: Juni bis September; öfter blühend
Pflanzdichte: 7–8 Pflanzen/m²
Verwendung: kompakt wachsend, für Einfassungen

pflegeleicht, für kleine Gärten geeignet

'Peach Meillandina®'

Kategorie: Zwergrose
Aussehen: aufrecht buschig
Höhe: 30–40 cm
Blüten: aprikot; gefüllt
Blütezeit: Juni bis September; öfter blühend

'Peach Meillandina®'

Pflanzdichte: 7–8 Pflanzen/m²
Verwendung: kompakt wachsend, für Einfassungen

pflegeleicht, für kleine Gärten geeignet

'Pink Symphonie®'
(Bild Seite 57)

Kategorie: Zwergrose
Aussehen: aufrecht buschig
Höhe: 30–40 cm
Blüten: zartrosa; gefüllt
Blütezeit: Juni bis September; öfter blühend
Pflanzdichte: 7–8 Pflanzen/m²
Verwendung: kompakt wachsend, für Einfassungen

pflegeleicht, für kleine Gärten geeignet

'Sonnenkind®'

Kategorie: Zwergrose
Aussehen: aufrecht buschig
Höhe: 30–40 cm
Blüten: leuchtend gelb bis buttergelb
Blütezeit: Juni bis September; öfter blühend
Pflanzdichte: 7–8 Pflanzen/m²

'Sonnenkind®'

Verwendung: kompakt wachsend, für Einfassungen

pflegeleicht, für kleine Gärten geeignet

'Sugar Baby®'

Kategorie: Zwergrose
Aussehen: buschig
Höhe: 30–40 cm
Blüten: rosa
Blütezeit: Juni bis September; durchgehend blühend
Pflanzdichte: 5–6 Pflanzen/m²
Verwendung: kompakt wachsend, für Kübel und Kästen

pflegeleicht, für kleine Gärten geeignet

'Zwergkönig® '78'

Kategorie: Zwergrose
Aussehen: aufrecht buschig
Höhe: 40–60 cm
Blüten: leuchtend rot; gefüllt
Blütezeit: Juni bis September; öfter blühend

'Zwergkönig® '78'

Pflanzdichte: 6–7 Pflanzen/m²
Verwendung: kompakt wachsend, für Einfassungen

pflegeleicht, für kleine Gärten geeignet

Wildrosen

Rosa arvensis

Kategorie: Wildrose
Aussehen: aufrecht buschig bis überhängend; **Höhe:** 40–50 cm
Blüten: weiß bis rosaweiß; ungefüllt
Blütezeit: Juni bis Juli; einmal blühend
Früchte: rote Hagebutten
Pflanzdichte: 1–2 Pflanzen/m²
Verwendung: für Natur- und Wildgärten, Bienenweide, Vogel-

Rosa arvensis

nährgehölz, für Heckenpflanzungen

pflegeleicht

Rosa canina

Kategorie: Wildrose
Aussehen: buschig, aufrecht, später überhängend
Höhe: 0,6–1 m
Blüten: rosa, innen heller, weißgelbe Staubgefäße; einfach
Blütezeit: Mai bis Juni; einmal blühend
Früchte: scharlachrote Hagebutten
Pflanzdichte: 1–2 Pflanzen/m²
Verwendung: stark duftend, für Natur- und Wildgärten, Bienenweide, Vogelnährgehölz, für Heckenpflanzungen

Rosa gallica

Kategorie: Wildrose
Aussehen: aufrecht bis überhängend; **Höhe:** 0,8–1 m
Blüten: rosakarmin; ungefüllt
Blütezeit: Juni bis Juli; einmal blühend
Früchte: orangebraune Hagebutten
Pflanzdichte: 1–2 Pflanzen/m²
Verwendung: stark duftend, für Natur- und Wildgärten, Bienenweide, Vogelnährgehölz, für Heckenpflanzungen

Rosa rubiginosa

Kategorie: Wildrose
Aussehen: aufrecht ausladend

Rosa gallica

bis überhängend; **Höhe:** 2–3 m
Blüten: rosa; ungefüllt
Blütezeit: Mai bis Juni; einmal blühend
Früchte: orangerote Hagebutten
Pflanzdichte: 1 Pflanze/m²
Verwendung: für Natur- und Wildgärten, Bienenweide, Vogelnährgehölz, Hecken

pflegeleicht

Rosa spinossissima (syn. R. pimpinellifolia)

Kategorie: Wildrose
Aussehen: buschig bis übergeneigt; **Höhe:** 1–1,5 m
Blüten: cremeweiß; einfach
Blütezeit: Mai bis Juni; einmal blühend
Früchte: purpurschwarze Hagebutten
Pflanzdichte: 1–2 Pflanzen/m²
Verwendung: Schnittblume, für Natur- und Wildgärten, Bienenweide, Vogelnährgehölz, Hecken

pflegeleicht

Weißblühende Glyzine (S. 91) Großbl. Trompetenblume (S. 88) Glyzine (S. 91) Efeu (S. 89)

Clematis 'Sieboldii' (S. 89) Duft-Wicke (S. 86) Ballonrebe (S. 85) Duft-Wicke (S. 86)

Rosenkelch (S. 86) Winter-Jasmin (S. 90) Efeu (S. 89) Chines. Baumwürger (S. 89)

Ballonrebe (S. 85) Staudenwicke (S. 90) Clematis 'Miss Bateman' (S. 89) Clematis, gefüllt blühend (S. 89)

Echtes Geißblatt (S. 90)

Schönranke (S. 85)

Rosenkelch (S. 86)

Duftwicke (S. 86)

Kletter-pflanzen

Chines. Baumwürger (S. 89)

Echtes Geißblatt (S. 90)

Wilder Wein im Herbst (S. 91)

Clematis, rosa blühend (S. 89)

Schwarzäugige Susanne (S.86)

Clematis integrifolia (S. 88)

Clematis integrifolia (S. 88)

Clematis 'Lasurstern' (S. 89)

Einjährige Kletterpflanzen

Eine lebendige Wand

Die Ähnlichkeit von einjährigen Kletterpflanzen und Sommerblumen ist sehr groß. Jedoch besitzen erstere lange, dünne Triebe, die nicht aufrecht stehen können. Sie benötigen eine Möglichkeit, beispielsweise ein Gerüst, Spalier oder eine Wand, um nach oben zu klimmen. Bereits nach kurzer Zeit bedecken sie ganze Wände und sind so vor allem auf Balkon und Terrasse sehr willkommen. Mit ihrem Wuchs bekleiden sie Brüstungen, Gitter und Zäune. Als natürliche, grüne Wand bilden sie einen guten Kontrast zu den blütenreichen Balkon- und Sommerblumen.

Die Verwendung

Auf Grund des raschen Wachstums eignen sich einjährige Kletterpflanzen, um kahle Gitter, Zäune oder Mauern zu begrünen. Im Gegensatz zu mehrjährigen Kletterpflanzen können sie innerhalb eines Jahres mehrere Meter hoch wachsen. Schnell schaffen diese problemlosen Pflanzen einen lebendigen Sichtschutz zum Nachbarn oder teilen den eigenen Garten in einzelne Bereiche. Weitere Möglichkeiten bietet das Begrünen von Gartenhäuschen und Gartenpavillons. Besonders Duftwicken (*Lathyrus*) eignen sich für eine Zaunbegrünung, da sich ihre duftenden Blüten schneiden lassen. Einjährige

Zwei Einjährige, die schnell jeden Zaun verschönen: blaue Winde und Schwarzäugige Susanne

Kletterpflanzen sterben im Herbst ab, so dass sie die Stämme von Bäumen bedecken können, ohne Schaden anzurichten. Ungewöhnlich und doch interessant sind Bepflanzungen von Böschungen und Hängen. Derartig eingesetzt, klettern die Pflanzen nicht, sondern bedecken lediglich den Boden.

Pflanzung und Pflege

Die Aussaat findet im zeitigen Frühjahr ab März oder April an einem hellen, geschützten und frostfreien Platz statt. In der Regel erfolgt die Keimung in relativ kurzer Zeit. Stabile Keimlinge werden in Töpfen oder Vermehrungsschalen vereinzelt. Bereits nach wenigen Wochen sind die Triebe so lang, dass man sie zurückschneiden sollte. Dieser Rückschnitt ist der erste Schritt zu einem dichten Wachstum. Nachdem im Mai mit keinem Frost mehr zu rechnen ist, kommen die Kletterer an ihren endgültigen Platz. Dieser sollte in den meisten Fällen gut sonnig sein.

Bei der Pflege ist einiges zu beachten. Durch das schnelle Wachstum benötigen die Pflanzen mehr Nähr-

stoffe als mehrjährige Kletterer. Karge arme Böden lassen sich durch Kompost- oder Humusgaben verbessern. Ist die Begrünung einer Mauer geplant, empfiehlt es sich, die Pflanzen etwa einen halben Meter davon weg zu pflanzen, damit ihre Wurzeln bei Regen mit Wasser versorgt werden. Gitter, Netze, Spaliere oder Zäune müssen stabil sein, damit sie nicht unter der Last der Pflanzen zusammenbrechen. Gelegentlich sieht man besonders an lädierten Maschendrahtzäunen, dass sie von Kletterpflanzen nach unten gezogen wurden. Nach der Pflanzung werden regelmäßig überlange Triebe gekürzt, was ein dichteres Pflanzenwachstum zur Folge hat.

Die Pflanze erhält zusätzlichen Halt, wenn die Triebe leicht um die Gitter oder Spaliere gefädelt werden. Mit dieser Maßnahme lässt sich auch die Wuchsrichtung beeinflussen.

Wie man es von Balkon- und Sommerblumen gewohnt ist, empfiehlt es sich, abgeblühte Triebe in gleichmäßigen Abständen zurückzuschneiden. Nach dem Absterben kann die Pflanze aus dem Klettergerüst entfernt werden.

Ein Holzzaun lässt sich jedes Jahr schnell und farbenfroh mit einjährigen Kletterpflanzen begrünen, hier Wicken.

Ballonpflanze, Ballonrebe, Herzsame
Cardiospermum halicacabum
(Bild Seite 82)

Aussehen: schlank aufrecht kletternd; **Höhe:** 1,5–4 m
Blütezeit: Juni bis September
Blüte: grünlich weiß
Blätter: leuchtend grün
Standort: sonnig und warm, geschützt
Boden: schwach sauer bis schwach alkalisch; frisch; durchlässig, sandig-humos
Nährstoffbedarf: ausgeglichen bis hoch; **Bewässerung:** regelmäßig
Verwendung: Begrünung von Pergolen und Spalieren, hellgrüne, dekorative Ballonfrüchte

pflegeleicht, für Einsteiger

Glockenrebe
Cobaea scandens

Aussehen: aufrecht kletternd, schnell wachsend; **Höhe:** 2–6 m
Blütezeit: Juli bis Oktober
Blüte: purpur, bläulich violett, weiß
Blätter: tiefgrün
Standort: sonnig bis halbschattig
Boden: neutral, ausgeglichen; frisch; durchlässig, sandig-humos

Glockenrebe

Nährstoffbedarf: ausgeglichen bis hoch; **Bewässerung:** regelmäßig
Verwendung: auffallende Blüten und interessanter Wuchs

pflegeleicht, für Einsteiger

Blaue Mauritius, Kriechende Winde
Convolvulus sabatius

Aussehen: schlank aufrecht klimmend; **Höhe:** 1,2–2,0 m

Blaue Mauritius

Blütezeit: Mai bis Oktober
Blüte: blassblau bis tiefblau
Blätter: mittelgrün
Standort: sonnig

Boden: neutral, ausgeglichen; mäßig trocken bis frisch; durchlässig, sandig-humos
Nährstoffbedarf: gering; **Bewässerung:** wenig bis regelmäßig
Verwendung: Ergänzung von Blumenbeeten, Balkon- und Ampelpflanze, sinnliche Blüten, teils auch mehrjährig, mäßig frosthart – Winterschutz ist empfohlen
Weitere Arten: *C. althaeoides* – kletternde Art, die mit reinrosa Blüten begeistert, *C. cneorum* – kompakt buschig wachsende Art, die nur schwach klettert und weiß blüht, *C. tricolor* – stark kompakt wachsende Art, die einen überhängenden Wuchs besitzt und nur selten klettert, dafür mit leuchtend blauen Blüten besonders Ampeln und Kästen bereichert

pflegeleicht, für Einsteiger

Schönranke
Eccremocarpus scaber
(Bild Seite 83)

Aussehen: schlank aufrecht kletternd, schnell wachsend
Höhe: 2–3 m
Blütezeit: Mai bis Oktober
Blüte: orangerot
Blätter: hellgrün
Standort: sonnig
Boden: schwach sauer bis schwach alkalisch; frisch; durchlässig, sandig-lehmig
Nährstoffbedarf: ausgeglichen bis hoch; **Bewässerung:** regelmäßig
Verwendung: Begrünung von Pergolen und Spalieren, auffallende Blüten, als Sicht- und Windschutz geeignet

Liebhaberpflanze

Japan-Hopfen
Humulus japonicus

Aussehen: kletternd, schnell wachsend; **Höhe:** 1,5–3 m

Japan-Hopfen

Blütezeit: Juli bis September
Blüte: grün
Blätter: dunkelgrün
Standort: sonnig bis halbschattig
Boden: schwach sauer bis schwach alkalisch; frisch bis feucht; durchlässig, sandig-humos
Nährstoffbedarf: ausgeglichen bis hoch; **Bewässerung:** regelmäßig bis häufig
Verwendung: Begrünung von Pergolen und Spalieren, Ergänzung von Blumenbeeten, schöne Blätter und auffallender Wuchs

pflegeleicht, für Einsteiger

Prunkwinde
Ipomoea tricolor

Aussehen: windend, schlingend, schnell wachsend
Höhe: 1,5–3 m
Blütezeit: Juli bis Oktober
Blüte: leuchtend himmelblau bis purpurblau
Blätter: hell- bis mittelgrün
Standort: sonnig, möglichst wind- und regengeschützt
Boden: schwach sauer bis schwach alkalisch; frisch; durchlässig, sandig-humos
Nährstoffbedarf: hoch
Bewässerung: regelmäßig

Schöne Prunkwinden-Arten

Botanischer Name	Höhe	Blütezeit	Blütenfarbe	Tipps
Ipomoea alba	2 bis 5 m	Juni bis September	weiß	pflegeleicht
Ipomoea indica	2 bis 6 m	Juni bis September	purpurblau bis blau	auffallende Blüten, schnell wachsend
Ipomoea nil	2 bis 5 m	Juli bis September	hellblau bis tief- oder purpurblau	Liebhaberpflanze
Ipomoea purpurea	1,5 bis 3 m	Juli bis September	magentarot, purpurblau, rosa, weiß	auffallende Blüten, lange Blütezeit

Prunkwinde

Verwendung: Begrünung von Pergolen und Spalieren, Ergänzung von Blumenbeeten, Sichtschutz, große Blühkraft, lange Blütezeit

pflegeleicht, für Einsteiger

Lablabbohne, Faselbohne, Helmbohne
Lablab purpureus

Aussehen: aufrecht windend
Höhe: 2–3 m
Blütezeit: Juli bis September
Blüte: hellrosa bis purpurrosa
Blätter: dunkelgrün
Standort: sonnig bis halbschattig
Boden: schwach sauer bis schwach alkalisch; mäßig trocken bis frisch; sandig-humos, sandig-lehmig
Nährstoffbedarf: ausgeglichen bis hoch; **Bewässerung:** regelmäßig
Verwendung: Begrünung von Pergolen und Spalieren, Ergänzung von Blumenbeeten, große Blühkraft

pflegeleicht, für Einsteiger

Duftwicke
Lathyrus odoratus (Bild Seite 82)

Aussehen: klimmend; **Höhe:** 1,5–2,5 m
Blütezeit: Juni bis September
Blüte: purpurrosa bis dunkelpurpur, vielfarbig, zweifarbig

Drei Duftwicken-Sorten

Sorten	Höhe	Blütenfarbe	Wichtiges
'Bijou'	20 bis 50 cm	rosa, rot, violett bis weiß	kompakt wachsend
'Knee Hill'	50 bis 60 cm	rosa, rot, violett bis weiß	kompakt wachsend
'Royal'	1,2 bis 2 m	rosarot bis purpurrosa	Spalier notwendig

Blätter: mittel- bis dunkelgrün
Standort: sonnig bis halbschattig, windgeschützt
Boden: schwach sauer bis schwach alkalisch; frisch; durchlässig, sandig-humos
Nährstoffbedarf: ausgeglichen bis hoch; **Bewässerung:** regelmäßig
Verwendung: Begrünung von Pergolen und Spalieren, intensiv duftend, Ergänzung von Blumenbeeten, Schnittblume, auffallende Blüten

pflegeleicht, für Einsteiger

Rosenmantel, Rosenkelch
Rhodochiton atrosanguineum
(Bild Seite 82 + 83)

Aussehen: kletternd
Höhe: 1,5–3 m
Blütezeit: Juni bis September
Blüte: rötlich purpur bis purpurschwarz
Blätter: tiefgrün, herzförmig
Standort: sonnig bis halbschattig
Boden: schwach sauer bis schwach alkalisch; frisch bis feucht; humos, sandig-humos
Nährstoffbedarf: ausgeglichen bis hoch; **Bewässerung:** regelmäßig
Verwendung: Begrünung von Pergolen und Spalieren, Ergänzung von Blumenbeeten, auffallende Blüten

Liebhaberpflanze

Schwarzäugige Susanne
Thunbergia alata

Aussehen: windend oder kletternd; schnell wachsend

Schwarzäugige Susanne

Höhe: 1,2–2 m
Blütezeit: Juli bis Oktober
Blüte: orangegelb, auch weiß, mit dunkelbrauner Mitte
Blätter: dunkelgrün
Standort: sonnig bis halbschattig, warm, windgeschützt
Boden: schwach sauer bis schwach alkalisch; frisch; durchlässig, humos
Nährstoffbedarf: hoch
Bewässerung: regelmäßig
Verwendung: Begrünung von Pergolen und Spalieren, Ergänzung von Blumenbeeten, lockt Bienen und Schmetterlinge an, sehr schöne Blüten

pflegeleicht, für kleine Gärten

Kapuzinerkresse
Tropaeolum majus

Aussehen: kletternd; schnell wachsend; **Höhe:** 1,5–3 m
Blütezeit: Juni bis September
Blüte: hellgelb, orange, rot
Blätter: hell- bis graugrün
Standort: sonnig bis halbschattig

Kapuzinerkresse

Boden: schwach sauer bis neutral; frisch bis feucht; fruchtbar, durchlässig
Nährstoffbedarf: hoch; **Bewässerung:** regelmäßig bis häufig
Verwendung: Begrünung von Pergolen und Spalieren, Ergänzung von Blumenbeeten, dekorative Ampelbepflanzung, Heilpflanze

Liebhaberpflanze

Thunbergia-Arten für den Garten

Botanischer Name	Höhe	Blütezeit	Blütenfarbe	Tipps
T. grandiflora	2 bis 7 m	Juli bis August	lavendelblau bis violettblau	Spalier notwendig
T. gregorii	1,5 bis 4 m	Juli bis August	orangegelb	Liebhaberpflanze, Spalier notwendig
T. mysorensis	2 bis 6 m	Mai bis Juli	gelb mit bräunlich rot	Liebhaberpflanze

Mehrjährige Kletterpflanzen

Blauregen und Kletterrosen vor einer Klinkerwand. Der Blauregen muss immer gut zurückgeschnitten werden, damit er sich nicht zu sehr ausdehnt.

Kletterhilfe oder keine

Jeder Garten bietet unzählige Möglichkeiten für Kletterpflanzen. Sei es, dass eine Mauer dauerhaft begrünt, ein alter Schuppen versteckt oder ein Sichtschutz errichtet werden soll. Kletterpflanzen werden in Selbstkletterer, Ranker, Schlinger oder Winder und Spreizklimmer unterschieden. Die letzten drei genannten benötigen eine Vorrichtung an der sie sich festhalten oder die sie umschlingen können. Selbst kletternde haben sich auf die senkrechte Wuchsrichtung spezialisiert und Haftorgane entwickelt, mit denen sie sich an Mauern festhalten können.

Kletterpflanzen im Garten

Die Kletterpflanzen unterscheiden wir nicht nur an ihrer Kletterweise, sondern auch in Laub abwerfende und immergrüne Pflanzen. Immergrüne zieren mit ihrem Laub das gesamte Jahr und somit auch im Winter. Beispielsweise sorgen die dunkelgrünen Blätter des Efeus für besonders wirkungsvolle Kontraste an hellen Wänden. Eine ähnliche Wirkung erzielen einige Laub abwerfende Kletterpflanzen. Der Wilde Wein beginnt im Frühjahr mit einem hellgrünen Austrieb und endet mit lebhaft roter Färbung im Herbst. Bei anderen hingegen sind es nicht die Blätter, sondern die duftenden und farbenfrohen Blüten. Geißblatt und Waldrebe (*Clematis*) sind die besten Beispiele für die blühenden Mauerstürmer. Besonders wuchsfreudige Kletterer werden verwendet, um einen Sichtschutz zu bilden. Stabile Zäune, Holzstümpfe oder sogar ganze Schuppen verschwinden regelrecht unter ihnen. Efeu und einige andere Kletterpflanzen besitzen auch kriechende Eigenschaften, die sie zu zuverlässigen Bodendecker werden lassen.

Pflanzung und Pflege

Kletterhilfen sollten sich an den Wuchseigenschaften der Pflanzen orientieren. Gitter und Spaliere eignen sich für windende, Drähte und Netze für rankende Pflanzen. Vorausgesetzt wird, dass sie für die wachsende Last ausreichend stabil sind. Bei einer beabsichtigten Mauerbegrünung wird die Pflanze etwa einen halben Meter von der Mauer entfernt gepflanzt. Dadurch vermeidet man, dass sich die Pflanze im Regenschatten der Traufe befindet und bei Regen nicht genügend Wasser an die Wurzeln gelangt. Die Pflanze wird schräg zur Mauer eingesetzt und die Triebe an einem Gerüst oder Stützdraht befestigt. Holzstäbe zwischen Pflanze und Mauer geben den jungen Trieben einen zusätzlichen Halt. Selbstklimmende Pflanzen brauchen keine Befestigung. Bei selbstkletternden Pflanzen muss der Putz einwandfrei sein. Bereits kleine Risse genügen, dass die Pflanze in das Mauerwerk vordringt und an der Wand Schaden verursacht.

Um nach der Pflanzung ein dichtes Wachstum zu fördern, empfiehlt es sich, die Triebe leicht zu entspitzen. Dabei wird ein Neutrieb in den unteren Blattachseln gefördert. Bei immergrünen Kletterpflanzen ist im Winter darauf zu achten, dass der Boden nicht austrocknet. Schnell kann es ansonsten zur Frosttrocknis kommen, die an der Pflanze starke Schäden verursacht.

Wilder Wein braucht keine Kletterhilfe. Besonders schön ist später im Jahr die rote Herbstfärbung.

Und so klettern sie

Pflanzen klettern auf verschiedene Art und Weise, von links nach rechts: rankend, windend, selbstklimmend und spreizklimmend

Rosa Strahlengriffel
Actinidia kolomikta

Wuchs: aufrecht klimmend; langsam wachsend
Höhe: 3–6 m

Rosa Strahlengriffel

Blütezeit: Mai bis Juni
Blüte: weiß, duftend
Frucht: gelbgrüne große Beeren
Blätter: grün, rötlich überlaufend, im Laufe des Sommers färben sich Blattteile weiß bis rosa
Standort: sonnig; geschützt
Boden: frisch bis feucht; durchlässig; sandig-lehmig, nahrhaft
Pflege: lange Ruten im zeitigen Frühjahr auf 10 cm kürzen
Verwendung: kompakt wachsend, mäßig frosthart, Kletterstrauch, Blüten- und Ziergehölz, auffallende Blätter, Bepflanzung von Pergolen, Mauern und Spalieren, auch in Bäume kletternd, im September/Oktober erscheinen die Beeren

pflegeleicht,
auch für kleine Gärten

Fünfblättrige Akebie
Akebia quinata

Wuchs: stark wachsend, schlingend; **Höhe:** 4–6 m
Blütezeit: April bis Mai
Blüte: purpurrosa bis purpurbraun
Frucht: purpurviolette längliche Früchte
Blätter: mattgrün, fingerförmig geteilt
Standort: sonnig bis halbschattig
Boden: anpassungsfähig; mäßig trocken bis frisch; durchlässig, humos

Fünfblättrige Akebie

Pflege: lange Triebe im zeitigen Frühjahr in Form schneiden
Verwendung: Bepflanzung von Pergolen und Spalieren, in der Jugend etwas frostempfindlich

pflegeleicht, für Einsteiger,
auch für kleine Gärten

Großblättrige Pfeifenwinde
Aristolochia macrophylla

Wuchs: stark wachsend, schlingend, dachziegelartiges Laub
Höhe: 8–10 m; **Breite:** 2–3 m
Blütezeit: Juni bis Juli
Blüte: grünlich braun

Großblättrige Pfeifenwinde

Frucht: grüne gurkenähnliche Früchte
Blätter: groß, dunkelgrün, herzförmig
Standort: halbschattig bis schattig
Boden: frisch bis feucht; durchlässig, nahrhaft, hoher Wasserbedarf
Pflege: Triebe nach der Blüte in Form schneiden oder im Frühjahr Seitentriebe auf ungefähr drei Knospen kürzen
Verwendung: auffallende Blätter und Früchte, interessanter Wuchs, Sichtschutz, benötigt Kletterhilfe

Liebhaberpflanze,
pflegeleicht

Amerikanische Trompetenblume
Campsis radicans

Wuchs: leicht windend bis kletternd, Haftwurzeln
Höhe: 6–10 m
Blütezeit: Juli bis September
Blüte: orangerot; trompetenförmig

Frucht: olivgrüne, zigarettenähnliche Frucht
Blätter: dunkelgrün
Standort: vollsonnig bis warm, geschützter Standort
Boden: schwach sauer bis alkalisch; mäßig trocken bis feucht; durchlässig, sandig-lehmig, kühl
Pflege: jährlich im März starker Rückschnitt der Langtriebe des Vorjahres auf Stummel von 10 cm
Verwendung: Bepflanzung von Pergolen und Spalieren, interessante Blüten und Früchte sowie auffälliger Wuchs, gedeiht gut im Stadtklima, verträgt Sommertrockenheit, mäßig frosthart, Kletterhilfe empfehlenswert
Sortenbeispiel: 'Flava' – gelbblühende Trompetenblume

pflegeleicht

Großblütige Klettertrompete, Trompetenblume
Campsis × tagliabuana 'Mme. Galen'

Wuchs: kletternder und windender Strauch, Haftwurzeln
Höhe: 5–10 m
Blütezeit: Juli bis September
Blüte: orangerot; trompetenförmig
Blätter: dunkelgrün
Standort: vollsonnig, warm, geschützt
Boden: schwach sauer bis alkalisch; mäßig trocken bis frisch; durchlässig, sandiglehmig, feuchter Wurzelgrund

Großblüte Klettertrompete

Empfehlenswerte *Clematis*-Arten

Art	Länge	Blüte	Blütenfarbe
C. alpina 'Frances Rives'	1,5 bis 2 m	Mai bis Juni	blau mit weißlichen Staubgefäßen
C. integrifolia	30 bis 100 cm	Juni bis August	blauviolett, viele Sorten
C. macropetala	bis 2 m	Mai bis Juni	blau bis violett
C. montana	3 bis 6 m	Mai bis Juni	weiß
C. tangutica	2 bis 6 m	Juni bis August	gelb
C. viticella	2 bis 4 m	Juni bis September	blauviolett bis purpurrosa

Pflege: jährlich im März starker Rückschnitt der Langtriebe des Vorjahres auf Stummel von 10 cm
Verwendung: Bepflanzung von Pergolen und Spalieren, auffallende Blüten und Früchte, mäßig frosthart, benötigt Kletterhilfe
Weitere Art: *C. grandiflora* – Chinesische Klettertrompete, scharlachrote Blüte im Hochsommer, etwas frostempfindlich

> pflegeleicht

Chinesischer Baumwürger
Celastrus orbiculatus
(Bild Seite 82 + 83)

Wuchs: aufrecht schlingend, stark wuchernd; **Höhe:** 8–10 m
Blütezeit: Juli bis August
Blüte: grün bis unscheinbar, zweihäusig; für Beerenschmuck weibliche und männliche Geschlechtssorten pflanzen ('Diane', 'Herkules' und andere)
Frucht: gelbe, erbsengroße Früchte, giftig
Blätter: mittelgrün
Standort: sonnig bis halbschattig
Boden: schwach sauer bis schwach alkalisch; mäßig trocken bis frisch; durchlässig, tiefgründig, nährstoffreich
Pflege: Korrekturschnitt bei Bedarf
Verwendung: auffallende Früchte, interessanter Wuchs, für Stadtklima geeignet, benötigt Kletterhilfe, nicht für kleine Gärten

> pflegeleicht

Clematis, Waldrebe
Clematis-Hybriden
(Bild Seite 82 + 83)

Wuchs: aufrecht kletternd bis rankend; **Höhe:** 2–5 m
Blütezeit: Juni bis September
Blüte: blau, rosa, rot, violett, weiß; gestreift; einfach oder gefüllt
Frucht: in Büscheln, mit fiedrigen Anhängseln
Blätter: mattgrün
Standort: sonnig bis halbschattig
Boden: schwach sauer bis alkalisch; frisch bis feucht; sandighumos, sandig-lehmig

Clematis 'Nelly Moser'

Pflege: kein Rückschnitt: frühjahrsblühende Wildarten und deren Sorten; leichter Rückschnitt nach der ersten Blüte: die meisten zweimal blühenden Hybriden; kräftiger Rückschnitt im Frühjahr: alle sommerblühenden Arten und Hybriden.
Verwendung: Blüten- und Ziergehölz, Kübel- und Topfkultur, Bepflanzung von Pergolen und Spalieren, wunderschöne Blüten, auffallende Früchte, benötigt Kletterhilfe, geschützter Standort, verträgt keine Trockenheit
Sortenbeispiele: 'Jackmanii' – dunkelblauviolett, 'Nelly Moser' – rosa-weiß, 'Lasurstern' – lavendelblau, 'Mme le Coultre'– weiß, 'Niobe' – magenta, 'Königskind' blau oder rosa, kom-

Clematis alpina 'Frances Rives'

pakt wachsend, auch für Kübel; insgesamt über 1.000 Sorten

> pflegeleicht,
> auch für kleine Gärten

Knöterich
Fallopia aubertii
(syn. *Polygonum aubertii*)

Wuchs: stark kletternd, schlingend; Höhe: 8 bis 15 m
Blütezeit: Juli bis September
Blüte: weiß
Blätter: elliptisch, dunkelgrün
Standort: sonnig bis halbschattig
Boden: sauer bis alkalisch; mäßig trocken bis feucht; humos, sandig-lehmig
Pflege: starker Schnitt im Frühjahr
Verwendung: Fassadenbegrünung, Gehölzrand, wuchert stark

> pflegeleicht

Immergrüne Kriechspindel, Kriechender Spindelstrauch
Euonymus fortunei

Wuchs: flach wachsend bis kletternd, Haftwurzeln
Höhe: 0,3–4 m
Blütezeit: Juni bis Juli
Blüte: weiß
Frucht: gelbe bis orangefarbene Früchte
Blätter: elliptisch, dunkelgrün, immergrün
Standort: sonnig bis schattig; buntlaubige Sorten sonnig bis halbschattig
Boden: sauer bis alkalisch; mäßig trocken bis feucht; humos, sandig-lehmig
Pflege: Schnitt im Frühjahr oder nach der Blüte
Verwendung: Zwergstrauch, Bodenbegrünung, Gehölzrand,

Immergrüne Kriechspindel

Kübel- und Topfkultur, Rabatten, Grabschmuck, Wandbegrünung, auffallende Früchte, frosthart, ganze Pflanze giftig

> pflegeleicht,
> auch für kleine Gärten

Gewöhnlicher Efeu
Hedera helix (Bild Seite 82)

Wuchs: flach wachsend bis kletternd; stark wachsend, Haftwurzeln; **Höhe:** 0,2–20 m
Blütezeit: September
Blüte: grüngelb
Frucht: schwarze Beerenfrüchte, kugelig erbsengroß, giftig
Blätter: glänzend dunkelgrün, immergrün, Form sehr variabel
Standort: lichtschattig bis schattig
Boden: schwach sauer bis alkalisch; frisch bis feucht; durchlässig; nahrhaft; anpassungsfähig
Pflege: Korrekturschnitt bei Bedarf
Verwendung: einheimisch, Bodenbegrünung, Wandbegrünung, unzählige Sorten,

Attraktive *Euonymus-Fortunei*-Sorten

Sorte	Höhe	Blätter
'Coloratus'	0,4 bis 5 m	dunkelgrün, im Winter purpur verfärbend
'Emerald Gaiety'	0,4 bis 3 m	dunkelgrün, weiß umrandet
'Emerald'n Gold'	0,3 bis 4 m	dunkelgrün, auffällig gelb umrandet
'Minimus'	0,2 bis 2 m	klein, tief dunkelgrün mit silbriger Aderung

Empfehlenswerte *Hedera*-Sorten und -Arten (Efeu)

Botanischer Name	Höhe	Blütezeit	Blätter
H. helix 'Arborescens'	1–2 m	August bis September	glänzend dunkelgrün
H. helix 'Goldheart'	0,3–3 m	Juli	dunkelgrün mit grüngelber Mitte
H. helix 'Plattensee'	10–15 m	Juli	stumpfgrün mit silbriger Aderung
H. hibernica	10–20 m	September bis Oktober	dunkelgrün mit weißlicher Aderung

Gewöhnlicher Efeu

Gärten und Parks, Kübel- und Topfkultur, schöne Blätter, auffallende Früchte, interessanter Wuchs, ungeeignet für rissige Mauern, ganze Pflanze giftig

> **pflegeleicht, für Einsteiger**

Gewöhnlicher Hopfen
Humulus lupulus

Wuchs: klimmend oder schlingend, einjährige Klettertriebe sterben im Herbst ab, Pflanze kommt im Frühjahr wieder aus den Wurzeln; **Höhe:** 2–6 m
Blütezeit: Juli bis August
Blüte: weiß; zapfenförmig; zweihäusig; für Fruchtschmuck männliche und weibliche Geschlechtssorten pflanzen
Frucht: bräunlich grüne, zapfenförmige Fruchtstände
Blätter: hellgrün
Standort: sonnig bis halbschattig
Boden: schwach sauer bis schwach alkalisch; frisch bis feucht; durchlässig, humos, sandig-lehmig, nährstoffreich
Pflege: abgestorbene Triebe im Herbst zurückschneiden

Verwendung: Kübel- und Topfkultur, Bepflanzung von Pergolen und Spalieren, auffallende Blätter, Früchte und schöner Wuchs, wichtige Schmetterlingsnahrung, Fruchtstand für die Floristik
Sortenbeispiel: 'Aureum' – Goldhopfen mit gelbgrünem Laub

> **pflegeleicht, für Einsteiger**

Kletter-Hortensie
Hydrangea petiolaris

Wuchs: kletternd, Haftwurzeln
Höhe: 2–10 m
Blütezeit: Juni bis Juli
Blüte: weiße Dolden, sterile Randblüten
Blätter: dunkelgrün
Rinde: zimtbraun; abblätternd; attraktiver Winteraspekt
Standort: sonnig bis schattig
Boden: sauer bis neutral; frisch bis feucht; durchlässig, humos
Pflege: Schnitt nicht erforderlich

Kletter-Hortensie

Verwendung: Blüten- und Ziergehölz, Kübel- und Topfkultur, Bepflanzung von Pergolen und Spalieren, Fassadenbegrünung, gut frosthart, Insektenweide

> **pflegeleicht, auch für kleine Gärten**

Winter-Jasmin
Jasminum nudiflorum
(Bild Seite 82)

Wuchs: Spreizklimmer, breit wachsend; **Höhe:** 2–3 m
Blütezeit: Dezember bis April
Blüte: leuchtend gelb
Blätter: dunkelgrün, schmal lanzettförmig

Winter-Jasmin

Standort: sonnig bis halbschattig
Boden: anpassungsfähig; gleichbleibend feucht; durchlässig, sandig-lehmig, humos
Pflege: abgeblühte Triebe auf kräftige Knospen kürzen
Verwendung: Kletterstrauch, Bepflanzung von Pergolen und Spalieren, benötigt Kletterhilfe, wertvoller Winterblüher, Frühjahrsrückschnitt empfohlen

> **pflegeleicht**

Staudenwicke
Lathyrus latifolius (Bild Seite 82)

Wuchs: breit buschig mit Blattranken kletternd; **Höhe:** 1,5–3 m
Blütezeit: Juni bis August
Blüte: purpurrosa
Früchte: Hülsenfrüchte, unbehaart, 5–11 cm
Blätter: grün, paarig gefiedert
Standort: sonnig bis halbschattig
Boden: mäßig trocken bis frisch, nährstoffreich; durchlässig, sandig-humos
Pflege: frühzeitiges Entspitzen der Haupttriebe
Verwendung: Kübel- und Topfkultur, Bepflanzung von Zäunen und Spalieren, auffallende Blüten und Früchte, lange Blühdauer, Schnittblume

> **pflegeleicht, für Einsteiger**

Echtes Geißblatt
Lonicera caprifolium
(Bild Seite 83)

Wuchs: schlingend; stark wachsend, rechtswindend
Höhe: 3–6 m; **Breite:** 1–3 m
Blütezeit: April bis Mai
Blüte: weiß bis cremegelb
Frucht: orangerote Beeren, giftig
Blätter: dunkelgrün
Standort: sonnig bis halbschattig
Boden: kalkliebend; frisch bis feucht; durchlässig, humos, nährstoffreich
Pflege: lange Triebe im zeitigen Frühjahr in Form schneiden
Verwendung: einheimisch, Blüten- und Ziergehölz, am Abend stark duftend, in Bäume wachsend, frosthart

> **pflegeleicht, für Einsteiger**

Feuer-Geißblatt
Lonicera × heckrottii

Wuchs: schlingend, stark wachsend; **Höhe:** 2–4 m
Breite: 1–3 m
Blütezeit: April bis Mai und September bis Oktober
Blüte: karminrot bis gelblich rosa
Frucht: rote Beeren, giftig
Blätter: blaugrün
Standort: halbschattig
Boden: anpassungsfähig; frisch bis feucht; durchlässig, humos, nährstoffreich

Weitere *Lonicera*-Arten und -Hybriden

Name	Höhe	Blütezeit	Blütenfarbe
L. × brownii	2–4 m	Juni bis September	orange bis orangerot
L. periclymenum	2–4 m	Mai bis Juni (Juli)	rosa-weiß bis rötlich
L. × tellmanniana	4–6 m	Juni bis August	goldgelb

Pflege: lange Triebe im zeitigen Frühjahr in Form schneiden
Verwendung: einheimisch, Blüten- und Ziergehölz, vor allem abends süßlicher Duft
Empfehlenswerte Sorte: 'Goldflame' – wüchsiger, Blüte purpurrot, im Verblühen gelblich

> pflegeleicht

Immergrünes Geißblatt
Lonicera henryi

Wuchs: schlingend, stark wachsend; **Höhe:** 3–7 m
Blütezeit: Juni bis Juli
Blüte: gelb mit purpur
Frucht: schwarz-blaubereifte Beeren, giftig
Blätter: mattgrün, immergrün
Standort: halbschattig bis schattig
Boden: anpassungsfähig; frisch bis feucht; durchlässig, humos, nahrhaft
Pflege: lange Triebe im zeitigen Frühjahr in Form schneiden
Verwendung: als wintergrüner Sichtschutz, Fassadenbegrünung, für Pergolen und Spaliere

> pflegeleicht, für Einsteiger

Jungfernrebe, Wilder Wein
Parthenocissus tricuspidata
'Veitchii' (Bild Seite 83)

Wuchs: schnell wachsend, mit Haftwurzeln kletternd; **Höhe:** 15–18 m
Blütezeit: Juli bis August
Blüte: gelbgrün
Frucht: blauschwarze Beeren, ungenießbar
Blätter: handförmig gelappt
Standort: sonnig bis halbschattig
Boden: anpassungsfähig; frisch; durchlässig, nahrhaft
Verwendung: Bepflanzung von Pergolen und Spalieren, Fassadenbegrünung, auffallende Herbstfärbung

Jungfernrebe 'Veitchii'

Weitere Arten: *P. quinquefolia* 'Engelmannii' – Selbstklimmer, 15–20 m hoch, Blätter fünffingrig gelappt, zur Wandbegrünung, rote Herbstfärbung, *P. henryana* – weniger hochkletternde Art (bis 10 m), etwas frostempfindlich

> pflegeleicht

Scharlach-Wein, Japanische Weinrebe
Vitis coignetiae

Wuchs: kletternd bis rankend, stark wachsend; **Höhe:** 6–8 m
Blütezeit: Mai bis Juni
Blüte: bräunlich, rosa
Frucht: purpurschwarze Früchte
Blätter: mittel- bis dunkelgrün, auffällige rote Herbstfärbung
Standort: sonnig bis halbschattig, geschützt, warm

Scharlach-Wein

Boden: sauer bis schwach alkalisch; mäßig trocken bis feucht; durchlässig
Verwendung: Bepflanzung von Pergolen und Spalieren, Wandbegrünung, dekorative Herbstfärbung, mäßig frosthart, geschützter Standort empfohlen

> Liebhaberpflanze, pflegeleicht

Chinesischer Blauregen, Glyzine
Wisteria sinensis (Bild Seite 82)

Wuchs: schlingend, stark wachsend, linkswindend
Höhe: 8–10 m; **Breite:** 4 – 6 m
Blütezeit: Mai bis Juni
Blüte: blauviolette Blütentrauben, erscheinen vor den Blättern im Mai/Juni
Frucht: grüne, längliche Hülsen
Blätter: mittelgrün
Standort: sonnig bis halbschattig
Boden: sauer bis neutral; frisch bis feucht; durchlässig, sandig-lehmig; hoher Wasser- und Nährstoffbedarf

Pflege: Langtriebe im Spätsommer auf 20 cm zurückschneiden; Nachschnitt im März des Folgejahres

Chinesischer Blauregen

Verwendung: Blüten- und Ziergehölz, große Gärten und Parks, Bepflanzung von kräftigen Pergolen, Spalieren und Gartenmauern, Fassadenbegrünung (Vorsicht: Triebe erdrücken Regenrohre, Dachrinne), duftende, sehr schöne Blüten und auffallende Früchte, alle Pflanzenteile giftig, geschützter Standort empfohlen

> pflegeleicht, für Einsteiger

Wisteria-Arten und Hybriden

Botanischer Name	Höhe	Blütezeit	Blütenfarbe
W. floribunda 'Macrobotrys'	6–8 m	Mai bis Juni	Violettblau
W. floribunda 'Rosea'	6–8 m	Mai bis Juni	Hellrosa
W. floribunda 'Snow Showers'	6–8 m	Mai bis Juni	Weiß

Große Ochsenzunge (S. 112)

Schaumkresse (S. 114)

Aronstab (S. 166)

Goldmargerite (S. 120)

Prärielilie (S. 166)

Wald-Glockenblume (S. 120)

Weißer Meerkohl (S. 124)

Diptam (S. 126)

Steppenkerze (S. 128)

Walzen-Wolfsmilch (S. 131)

Sommer-Enzian (S. 131)

Balkan-Storchschnabel (S. 132)

Mammutblatt (S. 133)

Taglilie (S. 135)

Habichtskraut (S. 136)

Pyrenäen-Drachenmaul (S. 136)

Duftsteinrich (S. 101)

Lupinus polyphyllus (S. 101)

Levkoje (S. 101)

Trichtermelisse (S. 102)

Sommerblumen und Stauden

Indianern. 'Blaustrumpf' (S. 145)

Armen. Traubenhyazinthe (S. 174)

Sumpf-Vergissmeinnicht (S. 145)

Weißbecher (S. 145)

Wirbel-Steinwurz (S. 138)

Lampionblume (S. 148)

Schlüsselblume (S. 151)

Purpur-Salbei (S. 154 + 220)

Sommerblumen — schnelle Lückenfüller

Eine bunte Mischung aus rosa Phlox, gelben Ringelblumen, roter Indianernessel und blauem Borretsch

Schöne Vielblüher

Zu den wichtigsten Blütenpflanzen im Garten zählen die ein- und zweijährigen Sommerblumen. Einjährig bedeutet, dass die Pflanzen im Frühjahr gesät werden und noch im selben Jahr blühen. Zweijährige Pflanzen sät man im Frühsommer, sie blühen im folgenden Jahr.

Viele der Sommerblumen stammen aus den tropischen und subtropischen Gebieten dieser Erde. Sie fallen durch besonders großen Blütenreichtum und schnelles Wachstum auf. Die mannigfaltigen Farben und Formen unterstützen die Wirkung von benachbarten Pflanzen, wie zum Beispiel von Gehölzen und Stauden.

Mit Sommerblumen gestalten

Abhängig von ihrer Wuchsform und Höhe lassen sich Sommerblumen in Ampeln, Balkonkästen, Blumenbeeten oder Staudenrabatten verwenden. Hochwachsende Arten und Sorten können eindrucksvoll mit Stauden in Blumenbeeten kombiniert werden. Durch eine lange Blütezeit überbrücken sie Blühpausen der Stauden und sorgen damit für dauerhafte Farbe im Garten. Hierbei sollte jedoch die Blütenfarbe und -zeit der jeweiligen Pflanzen beachtet werden, um ein harmonisches Bild zu erzeugen. Ähnliche Möglichkeiten bieten Gestaltungen mit Balkonpflanzen. Kompakt wachsende oder überhängende Sommerblumen lassen sich in Ampeln und Kästen pflanzen. Bei den unzähligen Farbtönen ist es ratsam, sich bei der Gestaltung am Farbkreis zu orientieren (siehe Seite 106).

Ein Großteil der Sommerblumen sind ausgezeichnete Schnittblumen. Sie lassen sich in Blumensträußen und Gestecken verarbeiten.

Anzucht und Pflege

Jedermann kann Sommerblumen leicht anziehen. In den meisten Fällen sät man sie im zeitigen Frühjahr aus. Sie können am geschützten Standort (Blumenfenster oder Gewächshaus) vorkultiviert oder auch nach den letzten Frösten direkt ins Blumenbeet gesät werden. Der Unterschied zwischen den beiden Aussaattechniken besteht darin, dass die Pflanzen aus der Vorkultur früher zum Blühen kommen. Haben die Keimlinge nach der Aussaat die ersten Keimblätter voll ausgebildet, empfiehlt es sich, sie zu vereinzeln. Dabei werden sie entweder in Töpfe oder in Schalen mit größerem Abstand umgesetzt.

Um später eine möglichst buschige Pflanze zu erhalten, sind die Haupttriebe der meisten Pflanzen nach wenigen Wochen zu entspitzen. Ausnahme: einzeln hochwachsende Blütenpflanzen, beispielsweise die Sonnenblume. Aus darunter liegenden Blattachseln entwickeln sich neue Triebe und die Pflanze bekommt einen schönen kompakten Wuchs. Gepflanzt werden Sommerblumen, wenn sie sich zu guten Jungpflanzen entwickelt haben und keine Frostgefahr mehr besteht.

Viele Ein- und Zweijährige sind sonnenhungrig, so dass sie an sonnigen Plätzen ausgepflanzt werden sollten. An zu dunklen Standorten werden sie zwar groß, doch es kommt lediglich zu einer geringen Blütenbildung. Während des gesamten Sommers sind verblühte Pflanzenteile regelmäßig zu entfernen. Dieser Rückschnitt bewirkt eine erneute Blütenbildung an der Pflanze, so kann die Blütezeit verlängert werden. Neigt sich das Gartenjahr dem Ende entgegen, werden die Sommerblumen über dem Boden abgeschnitten und das Beet für die nächste Gartensaison vorbereitet.

Aussaat leicht gemacht

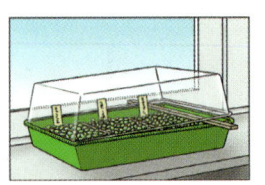

1 Verteilen Sie die Samen auf dem vorbereiteten Substrat und bedecken Sie sie leicht mit Erde (außer bei Lichtkeimern — siehe Samentüte). 2 Gießen, warm aufstellen und ab und zu lüften — bis die Pflanzen anfangen, das zweite Blattpaar zu entwickeln.

3 Wenn sich das zweite Blattpaar zeigt, werden die Pflanzen vorsichtig mit einem Stab herausgenommen...
4 ... und kommen in neue Gefäße, in denen Sie mehr Platz zum Wachsen haben.

Feigenblättrige Stockrose
Alcea ficifolia

Aussehen: straff aufrecht
Höhe: 1,5–2 m; **Breite:** 90 cm
Blütezeit: Juni bis September
Blüte: gelb; einfach oder gefüllt
Blätter: matt- bis mittelgrün
Standort: sonnig und warm
Boden: schwach sauer bis neutral; frisch; durchlässig, sandig-lehmig
Nährstoffbedarf: ausgeglichen bis hoch; **Bewässerung:** regelmäßig
Pflanzabstand: 60–80 cm
Pflegemaßnahmen: frühzeitiges Entspitzen der Triebe fördert einen buschigen Wuchs
Verwendung: bunte Blumenbeete, lockt Bienen und Schmetterlinge an, auffallende Blüten, zweijährig (teils auch mehrjährig)

pflegeleicht

Orient-Stockrose, Chinesische Stockrose
Alcea rosea

Aussehen: straff aufrecht, schnell wachsend; **Höhe:** 2–2,5 m
Breite: 60–80 cm
Blütezeit: Juli bis September
Blüte: Farbvariationen in Gelb, Rosa, Rot, Purpur und Weiß; einfach bis gefüllt
Blätter: matt grün
Standort: sonnig, warm
Boden: schwach sauer bis neutral; mäßig trocken bis frisch; durchlässig, sandig-lehmig

Orient-Stockrose

Nährstoffbedarf: ausgeglichen bis hoch; **Bewässerung:** wenig bis regelmäßig
Pflanzabstand: 60–80 cm; **Pflegemaßnahmen:** regelmäßig verblühte Pflanzenteile entfernen
Verwendung: bunte Blumenbeete, Schnittblume, lockt Bienen und Schmetterlinge an, dekorative, große Blüten, ein- oder zweijährig (teils auch mehrjährig)

pflegeleicht

Großes Löwenmäulchen, Garten-Löwenmaul
Antirrhinum majus

Großes Löwenmäulchen

Aussehen: aufrecht buschig
Höhe: 0,25–1 m
Breite: 15–60 cm
Blütezeit: Juli bis Oktober
Blüte: Farbvariationen in Gelb, Rosa, Rot und Weiß
Blätter: glänzend tiefgrün
Standort: sonnig
Boden: schwach sauer bis schwach alkalisch; mäßig trocken bis frisch; durchlässig, sandig-humos

Nährstoffbedarf: ausgeglichen bis hoch; **Bewässerung:** wenig bis regelmäßig
Pflanzabstand: 15–25 cm
Verwendung: bunte Blumenbeete, Leitpflanze in Misch- und Kastenpflanzungen, Schnittblume, lockt Bienen und Schmetterlinge an, auffallende „Löwenmäulchenblüten", lange Blütezeit, einjährig

pflegeleicht, für Einsteiger

Eis-Begonie, Gottesauge
Begonia-Cultivars
(Semperflorens-Gruppe)

Aussehen: kompakt buschig
Höhe: 20–30 cm
Breite: 10–20 cm
Blütezeit: April bis Oktober
Blüte: Farbvariationen in Rosa, Rot und Weiß
Blätter: hell- bis bronzegrün
Standort: sonnig bis halbschatig
Boden: neutral bis schwach alkalisch; frisch; durchlässig, humos

Eis-Begonie

Nährstoffbedarf: ausgeglichen bis hoch; **Bewässerung:** regelmäßig
Pflanzabstand: 20 cm; **Pflegemaßnahmen:** regelmäßig verblühte Pflanzenteile entfernen, um die Blütezeit zu verlängern
Verwendung: Einfassung, Grabbepflanzung, auffallende Blüten, einjährig

pflegeleicht, für Einsteiger, für kleine Gärten

Gänseblümchen, Maßliebchen, Tausendschön
Bellis perennis

Aussehen: flach wachsend bis teppichartig; **Höhe:** 10–20 cm

Gänseblümchen

Breite: 10–20 cm
Blütezeit: März bis September
Blüte: weiß bis weißrosa; einfach bis gefüllt
Blätter: sattgrün
Standort: sonnig bis halbschatig
Boden: schwach sauer bis schwach alkalisch; frisch; durchlässig
Nährstoffbedarf: ausgeglichen
Bewässerung: regelmäßig
Pflanzabstand: 15–20 cm

Schöne Eis-Begonien-Sorten (*Begonia*-Cultivars)

Sorte	Aussehen	Blütenfarbe	Tipps
'Ascot Bronze Rose'	kompakt buschig	rosa	auffallende, bronze-grüne Blattfärbung
'Ascot Scarlet'	kompakt buschig	scharlachrot	leuchtende Blütenfarbe
'Eureka Bicolor'	kompakt rundlich bis kugelförmig	weiß mit rosa Rand	zweifarbige Blüte
'Eureka White'	kompakt rundlich bis kugelförmig	weiß	pflegeleicht
'Lotto Pink'	kompakt buschig	rosa	robust
'Lotto Scarlet'	kompakt buschig, kräftiger Wuchs	scharlachrot	robust, leuchtende Farbe

C

Verwendung: Grabbepflanzung, schöne Blüten, einjährig (teils auch mehrjährig)

pflegeleicht, für Einsteiger

Ringelblume, Garten-Ringelblume
Calendula officinalis

Aussehen: aufrecht, schnell wachsend; **Höhe:** 30–50 cm **Breite:** 25–40 cm

Ringelblume

Blütezeit: Mai bis September **Blüte:** Farbvariationen in Gelb, Orange, Rosa und Weiß; einfach bis gefüllt **Blätter:** mittelgrün **Standort:** sonnig **Boden:** schwach sauer bis schwach alkalisch; frisch; durchlässig, sandig-lehmig **Nährstoffbedarf:** ausgeglichen **Bewässerung:** regelmäßig **Pflanzabstand:** 20–25 cm; **Pflegemaßnahmen:** regelmäßig verblühte Pflanzenteile entfernen, um die Blütezeit zu verlängern

Verwendung: bunte Blumenbeete, Insektenweide, dekorative, große Blüten, ein- oder zweijährig

pflegeleicht, für Einsteiger, für kleine Gärten

Sommeraster
Callistephus chinensis

Aussehen: aufrecht bis ausladend, schnell wachsend; **Höhe:** 20–70 cm; **Breite:** 20–50 cm **Blütezeit:** Juli bis Oktober **Blüte:** Farbvariationen in Gelb, Karmin, Purpur, Rosa, Violett und Weiß; gefüllt **Blätter:** mittelgrün **Standort:** sonnig **Boden:** neutral bis schwach alkalisch; frisch; durchlässig, sandig-humos **Nährstoffbedarf:** ausgeglichen bis hoch; **Bewässerung:** regelmäßig **Pflanzabstand:** 20–30 cm; **Pflegemaßnahmen:** regelmäßig verblühte Pflanzenteile entfernen, um die Blütezeit zu verlängern **Verwendung:** Schnittblume, de-

Sommeraster

korative, große Blüten, einjährig

pflegeleicht, für Einsteiger

Hahnenkamm
Celosia argentea

Aussehen: aufrecht, dicht verzweigt, schnell wachsend **Höhe:** 40–60 cm; **Breite:** 30–50 cm **Blütezeit:** Juni bis September **Blüte:** Farbvariationen in Cremeweiß, Gelb, Orange, Rosa oder Rot **Blätter:** hellgrün **Standort:** sonnig, warm **Boden:** schwach sauer bis schwach alkalisch; frisch; durchlässig, sandig-humos **Nährstoffbedarf:** ausgeglichen bis hoch; **Bewässerung:** regelmäßig **Pflanzabstand:** 25–35 cm; **Pflegemaßnahmen:** regelmäßig verblühte Pflanzenteile entfernen, um die Blütezeit zu verlängern **Verwendung:** bunte Blumenbeete, interessante Blüten, einjährig

pflegeleicht, für Einsteiger

Kornblume
Centaurea cyanus

Aussehen: aufrecht; **Höhe:** 20–90 cm; **Breite:** 15–20 cm

Kornblume

Blütezeit: Mai bis August **Blüte:** dunkelblau **Blätter:** leuchtend grün **Standort:** sonnig **Boden:** sauer bis alkalisch; mäßig trocken bis frisch; durchlässig **Nährstoffbedarf:** gering; **Bewässerung:** wenig bis regelmäßig **Pflanzabstand:** 20–25 cm **Pflegemaßnahmen:** frühzeitiges Entspitzen der Triebe fördert einen buschigen Wuchs **Verwendung:** bunte Blumenbeete, Schnittblume, lockt Bienen und Schmetterlinge an, filigrane Blüten, einjährig

pflegeleicht, für Einsteiger

Empfehlenswerte Ringelblumen-Sorten

Sorten	Aussehen	Höhe	Blütenfarbe	Tipps
'Aveleon Yellow'	kompakt aufrecht	30–40 cm	gelb	kompakt wachsend
'Fiesta Gitana'	aufrecht	25–35 cm	pastellorange oder gelb	für Topfkultur geeignet
'Little Ball'	kompakt aufrecht	20–30 cm	Farbvariationen in Aprikotfarben, Gelb und Orange	kompakt wachsend
'Midas Copper-Orange'	aufrecht	50–70 cm	kupferfarben bis orangerot	zum Schnitt geeignet
'Pacific Beauty'	aufrecht	40–60 cm	Farbvariationen in Apricotorange, Zitronengelb und Cremefarben	für bunte Blumenbeete
'Princess'-Serie	aufrecht	30–50 cm	goldgelb oder orange	großblumig, für bunte Blumenbeete

Atlasblume
Clarkia amoena

Aussehen: aufrecht; **Höhe:** 60–80 cm; **Breite:** 30 cm
Blütezeit: Juli bis August
Blüte: fliederfarben bis rötlich rosa, lachsfarben; einfach bis gefüllt
Blätter: mittelgrün
Standort: sonnig bis halbschattig
Boden: schwach sauer bis schwach alkalisch; frisch bis feucht; sandig-humos
Nährstoffbedarf: ausgeglichen bis hoch; **Bewässerung:** regelmäßig bis häufig
Pflanzabstand: 30–40 cm
Verwendung: bunte Blumenbeete, Schnittblume, lockt Bienen und Schmetterlinge an, dekorative, große Blüten, einjährig

> pflegeleicht, Liebhaberpflanze, für Einsteiger

Mandelröschen
Clarkia unguiculata

Aussehen: aufrecht; **Höhe:** 30–90 cm; **Breite:** 20–30 cm
Blütezeit: Juli bis September
Blüte: lavendelrosa bis dunkelrot
Blätter: mittelgrün
Standort: sonnig bis halbschattig
Boden: schwach sauer bis schwach alkalisch; frisch bis feucht; sandig-humos
Nährstoffbedarf: ausgeglichen bis hoch; **Bewässerung:** regelmäßig bis häufig
Pflanzabstand: 30–40 cm
Verwendung: bunte Blumenbeete, Schnittblume, dekorative Blüten, einjährig

> pflegeleicht, Liebhaberpflanze, für Einsteiger

Spinnenblume
Cleome hassleriana

Aussehen: aufrecht; **Höhe:** 0,9–1,5 m; **Breite:** 30–50 cm
Blütezeit: Juli bis September
Blüte: weiß bis rosa
Blätter: mittelgrün
Standort: sonnig und warm
Boden: neutral, ausgeglichen; frisch; durchlässig, sandig-humos
Nährstoffbedarf: hoch
Bewässerung: regelmäßig

Spinnenblume, Cleome spinosa, *die bekannteste* Cleome-*Art*

Pflanzabstand: 40–60 cm
Pflegemaßnahmen: regelmäßig verblühte Pflanzenteile entfernen, um die Blütezeit zu verlängern
Verwendung: intensiv duftend, bunte Blumenbeete, filigrane Blüten, einjährig
Weitere Art: *Cleome spinosa* – Dornige Spinnenblume, weit verbreitete Sommerblume, die genauso gepflegt wird wie *C. hassleriana*

> pflegeleicht, für Einsteiger

Rittersporn, Garten-Rittersporn
Consolida ajacis

Aussehen: aufrecht; **Höhe:** 0,3–1,2 m; **Breite:** 20–30 cm
Blütezeit: Juli bis August
Blüte: Farbvariationen in Rosa, Violett, Weiß
Blätter: mittel- bis dunkelgrün
Standort: sonnig
Boden: neutral, ausgeglichen frisch; sandig-humos, sandiglehmig
Nährstoffbedarf: ausgeglichen
Bewässerung: regelmäßig
Pflanzabstand: 25–40 cm
Verwendung: bunte Blumenbeete, Schnittblume, lockt Bienen und Schmetterlinge an, wunderschöne Blüten, einjährig

> pflegeleicht, für Einsteiger

Kosmee, Schmuckkörbchen
Cosmos bipinnatus

Aussehen: aufrecht, stark verzweigt, schnell wachsend
Höhe: 0,8–1,5 m
Breite: 50 cm
Blütezeit: Mai bis August
Blüte: Farbvariationen in Karminrot, Rosa und Weiß
Blätter: mittelgrün
Standort: sonnig
Boden: schwach sauer bis schwach alkalisch; frisch; durchlässig und sandig-humos
Nährstoffbedarf: ausgeglichen bis hoch; **Bewässerung:** regelmäßig
Pflanzabstand: 20–30 cm
Pflegemaßnahmen: regelmäßig verblühte Pflanzenteile entfernen, um die Blütezeit zu verlängern
Verwendung: bunte Blumenbeete, Schnittblume, lockt Bienen und Schmetterlinge an, schöne Blüten, einjährig

> pflegeleicht, für Einsteiger

Kosmee

Zier-Kürbis
Cucurbita pepo

Aussehen: flach wachsend bis kriechend, schnell wachsend
Höhe: 50–90 cm
Breite: 0,5–1,2 m
Blütezeit: Juni bis Juli
Blüte: gelb
Blätter: mittel- bis dunkelgrün
Standort: sonnig, windgeschützt
Boden: schwach sauer bis schwach alkalisch; frisch bis feucht; fruchtbar, humos
Nährstoffbedarf: hoch; **Bewässerung:** regelmäßig bis häufig
Pflanzabstand: 60–80 cm
Verwendung: Trockenfloristik, Früchte zeigen die unterschiedlichsten Formen und attraktive Farben, ungenießbar, einjährig

pflegeleicht, für Einsteiger

Bart-Nelke
Dianthus barbatus

Aussehen: aufrecht buschig
Höhe: 40–60 cm
Breite: 20–30 cm
Blütezeit: Juni bis August
Blüte: purpurviolett, rosa, rot oder weiß
Blätter: mittelgrün
Standort: sonnig
Boden: neutral bis schwach alkalisch; frisch; durchlässig, sandig-lehmig
Nährstoffbedarf: ausgeglichen bis hoch; **Bewässerung:** regelmäßig
Pflanzabstand: 25–30 cm
Pflegemaßnahmen: frühzeitiges Entspitzen der Triebe fördert einen buschigen Wuchs
Verwendung: intensiv duftend, bunte Blumenbeete, Schnittblume, lockt Bienen und Schmetterlinge an, schöne Blüten, zweijährig
Weitere Arten: *D. superbus* und *D. chinensis* – Chinesische Nelke, mit aufrecht buschigen Wuchs und duftenden, rosa, roten oder weißen Blüten

pflegeleicht, für Einsteiger

Mittagsblume
Dorotheanthus bellidiformis

Aussehen: flach wachsend, kompakt; **Höhe:** 10–15 cm
Breite: 30 cm
Blütezeit: Juli bis September
Blüte: karminrot, rosarot, orangegelb oder weiß
Blätter: hellgrün
Standort: sonnig
Boden: neutral, ausgeglichen; mäßig trocken bis frisch; durchlässig, sandig-humos
Nährstoffbedarf: gering; **Bewässerung:** wenig bis regelmäßig
Pflanzabstand: 20 cm; **Pflegemaßnahmen:** regelmäßig verblühte Pflanzenteile entfernen, um die Blütezeit zu verlängern
Verwendung: Einfassung, Grabbepflanzung, dekorative Ampelbepflanzung, auffallende Blüten, lange Blütezeit, einjährig

pflegeleicht, für Einsteiger

Goldlack
Erysimum cheiri

Aussehen: aufrecht buschig;
Höhe: 30–80 cm
Breite: 30–40 cm
Blütezeit: April bis Juni
Blüte: leuchtend gelborange
Blätter: mittel- bis dunkelgrün
Standort: sonnig
Boden: neutral bis alkalisch; mäßig trocken bis frisch; durchlässig, sandig-humos
Nährstoffbedarf: ausgeglichen
Bewässerung: wenig bis regelmäßig
Pflanzabstand: 20–30 cm
Pflegemaßnahmen: Triebe in Form schneiden
Verwendung: intensiv duftend, bunte Blumenbeete, Schnittblume, lockt Bienen und Schmetterlinge an, dekorative, große Blüten, mäßig frosthart – Winterschutz ist empfohlen, zweijährig

pflegeleicht, für Einsteiger

Schlafmützchen, Kappenmohn
Eschscholzia californica

Aussehen: locker rasig bis polsterbildend; **Höhe:** 20–60 cm
Breite: 15–30 cm
Blütezeit: Juni bis September
Blüte: Farbvariationen in Gelb, Orange, Rot und Weiß; mohnartig
Blätter: graugrün
Standort: sonnig
Boden: schwach sauer bis schwach alkalisch; mäßig trocken; durchlässig
Nährstoffbedarf: gering
Bewässerung: wenig
Pflanzabstand: 20 cm
Verwendung: bunte Blumenbeete, Schnittblume, auffallende Blüten, ein- oder zweijährig

pflegeleicht

Schlafmützchen

Geränderte Wolfsmilch, Schnee auf dem Berge
Euphorbia marginata

Aussehen: aufrecht; **Höhe:** 30–70 cm; **Breite:** 20–30 cm
Blütezeit: Juli bis September
Blüte: grünlich weiß
Blätter: hellgrün, weiß gerändert
Standort: sonnig
Boden: schwach sauer bis alkalisch; mäßig trocken; durchlässig, sandig-kiesig
Nährstoffbedarf: sehr gering
Bewässerung: wenig
Pflanzabstand: 30–40 cm
Verwendung: Schnittblume, Milchsaft ist giftig, einjährig (teils auch mehrjährig)

pflegeleicht, Liebhaberpflanze, für kleine Gärten

Blaues Lieschen
Exacum affine

Aussehen: buschig; **Höhe:** 20–30 cm; **Breite:** 20–30 cm
Blütezeit: Juli bis August
Blüte: lavendelblau und weiß
Blätter: glänzend bläulich grün
Standort: sonnig
Boden: schwach sauer bis schwach alkalisch; frisch; durchlässig, sandig-humos
Nährstoffbedarf: ausgeglichen bis hoch; **Bewässerung:** regelmäßig, keine Ballentrockenheit
Pflanzabstand: 20–25 cm; **Pflegemaßnahmen:** regelmäßig verblühte Pflanzenteile entfernen, um die Blütezeit zu verlängern
Verwendung: bunte Blumenbeete, Einfassung, dekorative Ampelbepflanzung, zweijährig

pflegeleicht, für Einsteiger, für kleine Gärten

Dianthus superbus

Goldlack

Sommer-Schleierkraut
Gypsophila elegans

Aussehen: aufrecht, stark verzweigt; **Höhe:** 50–60 cm
Breite: 30 cm
Blütezeit: Juli bis August
Blüte: weiß bis hellrosa
Blätter: graugrün
Standort: sonnig
Boden: neutral, ausgeglichen; frisch; durchlässig, sandig-humos
Nährstoffbedarf: ausgeglichen bis hoch; **Bewässerung:** regelmäßig
Pflanzabstand: 30–40 cm
Verwendung: bunte Blumenbeete, Schnittblume, lockt Bienen und Schmetterlinge an, einjährig

pflegeleicht, für Einsteiger, für kleine Gärten

Sonnenblume
Helianthus annuus

Aussehen: straff aufrecht, schnell wachsend

Sonnenblume, Helianthus argophyllus

Sonnenblume, Helianthus debilis ssp. cucumerifolius

Höhe: 1,3–3 m; **Breite:** 20–50 cm
Blütezeit: Juli bis September
Blüte: gelb, orange, rotbraun; gefüllt und einfach
Blätter: mittel- bis dunkelgrün
Standort: sonnig
Boden: schwach sauer bis schwach alkalisch; frisch bis feucht; durchlässig, sandig-lehmig
Nährstoffbedarf: hoch
Bewässerung: regelmäßig bis häufig
Pflanzabstand: 30–40 cm
Verwendung: bunte Blumenbeete, Schnittblume, lockt Bienen und Schmetterlinge an, wunderschöne, große Blüten, am besten an windgeschützten Lagen, einjährig

pflegeleicht, für Einsteiger

Stundeneibisch, Stunden-Roseneibisch
Hibiscus trionum

Aussehen: aufrecht bis ausladend, schnell wachsend
Höhe: 50–60 cm
Breite: 50–60 cm
Blütezeit: Juli bis September
Blüte: cremegelb mit brauner Mitte
Blätter: dunkelgrün
Standort: sonnig bis halbschattig
Boden: neutral bis schwach alkalisch; frisch; durchlässig, humos
Nährstoffbedarf: ausgeglichen bis hoch; **Bewässerung:** regelmäßig
Pflanzabstand: 30–40 cm
Verwendung: bunte Blumenbeete, lockt Bienen und Schmetterlinge an, auffallende Blüten, einjährig

pflegeleicht, Liebhaberpflanze

Mexikanischer Tulpenmohn
Hunnemannia fumariifolia

Aussehen: aufrecht buschig
Höhe: 50–70 cm
Breite: 20–30 cm

Mexikanischer Tulpenmohn

Blütezeit: Juli bis August
Blüte: leuchtend zitronengelb
Blätter: blaugrün
Standort: sonnig
Boden: schwach sauer bis schwach alkalisch; mäßig trocken bis frisch; durchlässig, sandig-lehmig
Nährstoffbedarf: ausgeglichen
Bewässerung: wenig bis regelmäßig
Pflanzabstand: 20–25 cm
Verwendung: bunte Blumenbeete, dekorative, große Blüten, ein- oder zweijährig

pflegeleicht, für Einsteiger, für kleine Gärten

Schöne *Helianthus*-Arten und Sorten

Botanischer Name	Aussehen	Höhe	Blütezeit	Blütenfarbe
H. annuus 'Fullsun'	straff aufrecht, kaum verzweigt	1,5–2 m	Juli bis August	goldgelb mit schwarzbrauner Mitte
H. annuus 'Goldmarie'	straff aufrecht, kaum verzweigt	40–60 cm	Juli bis August	leuchtend gelb mit schwarzbrauner Mitte
H. annuus 'Midas'	aufrecht, wenig verzweigt	0,9–1,4 m	Juli bis August	tiefgelb mit gelber Mitte
H. annuus 'Prado Red'	straff aufrecht, wenig verzweigt	1–1,5 m	Juni bis August	rotbraun mit brauner Mitte
H. argophyllus	aufrecht	0,7–1,3 m	August bis September	leuchtend gelb mit schwarzer Mitte
H. debilis ssp. cucumerifolius	aufrecht buschig	0,8–1,2 m	August bis September	leuchtend gelb mit dunkler Mitte

Bittere Schleifenblume
Iberis amara

Aussehen: aufrecht bis niederliegend; **Höhe:** 15–40 cm
Breite: 10–20 cm
Blütezeit: März bis August
Blüte: weiß
Blätter: dunkelgrün
Standort: sonnig
Boden: sauer bis schwach alkalisch; trocken bis frisch; durchlässig
Nährstoffbedarf: ausgeglichen
Bewässerung: sehr wenig bis regelmäßig
Pflanzabstand: 10–20 cm
Verwendung: bunte Blumenbeete, Schnittblume, dekorative Blüten, duftend, einjährig

pflegeleicht, für Einsteiger, für kleine Gärten

Doldige Schleifenblume
Iberis umbellata

Aussehen: kompakt buschig bis polsterbildend; **Höhe:** 15–30 cm
Breite: 20–25 cm
Blütezeit: Mai bis August
Blüte: weiß, lavendelblau, karminrosa oder purpurrosa
Blätter: mittel- bis dunkelgrün
Standort: sonnig
Boden: sauer bis schwach alkalisch; mäßig trocken bis frisch; durchlässig, sandig-humos
Nährstoffbedarf: ausgeglichen
Bewässerung: wenig bis regelmäßig
Pflanzabstand: 20 cm
Verwendung: Steingarten, lockt Bienen und Schmetterlinge an, Schnittblume, auffallende Blüten, ein- oder zweijährig

pflegeleicht, für Einsteiger, für kleine Gärten

Dornmelde, Besenkraut, Sommerzypresse
Kochia scoparia

Aussehen: aufrecht buschig, schnell wachsend; **Höhe:** 0,3–1,2 m; **Breite:** 30–50 cm
Blütezeit: August bis Oktober
Blüte: unscheinbar
Blätter: hellgrün
Standort: sonnig
Boden: schwach sauer bis schwach alkalisch; frisch; durchlässig
Nährstoffbedarf: ausgeglichen

bis hoch; **Bewässerung:** regelmäßig
Pflanzabstand: 30–40 cm
Verwendung: bunte Blumenbeete, einjährig, Blatt- und Strukturpflanze im Balkonkasten, schöne Herbstfärbung

pflegeleicht, Liebhaberpflanze

Bechermalve, Strauchpappel, Malve
Lavatera trimestris

Aussehen: aufrecht buschig
Höhe: 0,6–1,2 m
Breite: 40–60 cm
Blütezeit: Juli bis September
Blüte: rosa, dunkelrot bis weiß
Blätter: mittel- bis dunkelgrün
Standort: sonnig
Boden: schwach sauer bis schwach alkalisch; mäßig trocken bis frisch; durchlässig, sandig-lehmig
Nährstoffbedarf: hoch; **Bewässerung:** wenig bis regelmäßig
Pflanzabstand: 1–1,3 m
Pflegemaßnahmen: frühzeitiges Entspitzen der Triebe fördert

Bechermalve

einen guten buschigen Wuchs
Verwendung: bunte Blumenbeete, dekorative, große Blüten, einjährig (teils auch mehrjährig)

pflegeleicht, für Einsteiger

Statice, Strandnelke, Meerlavendel, Strandflieder
Limonium sinuatum

Aussehen: straff aufrecht, wenig verzweigt; **Höhe:** 30–60 cm
Breite: 20–30 cm
Blütezeit: Juli bis September
Blüte: Farbvariationen in Blauviolett, Gelb, Karmin, Rosa, Violett oder Weiß
Blätter: dunkelgrün
Standort: sonnig
Boden: schwach sauer bis schwach alkalisch; mäßig trocken; durchlässig
Nährstoffbedarf: ausgeglichen
Bewässerung: wenig
Pflanzabstand: 30–40 cm
Pflegemaßnahmen: frühzeitiges Entspitzen der Triebe fördert einen buschigen Wuchs
Verwendung: bunte Blumen-

beete, Schnittblume, Trockenfloristik, lockt Bienen und Schmetterlinge an, zweijährig

pflegeleicht, für Einsteiger, für kleine Gärten

Leinkraut
Linaria maroccana

Aussehen: aufrecht; **Höhe:** 25–50 cm; **Breite:** 15–20 cm
Blütezeit: Juli bis September
Blüte: rosa bis weiß
Blätter: hellgrün
Standort: sonnig
Boden: schwach sauer bis schwach alkalisch; mäßig trocken; durchlässig
Nährstoffbedarf: ausgeglichen
Bewässerung: wenig
Pflanzabstand: 30–50 cm
Verwendung: lockt Bienen und Schmetterlinge an, einjährig

pflegeleicht, für Einsteiger, für kleine Gärten

Flachs, Lein
Linum grandiflorum

Aussehen: schmal aufrecht
Höhe: 40–60 cm
Breite: 20–30 cm
Blütezeit: Juni bis September

Flachs

Blüte: leuchtend rosa, rot
Blätter: graugrün
Standort: sonnig
Boden: neutral, ausgeglichen; mäßig trocken; durchlässig

Nährstoffbedarf: sehr gering
Bewässerung: wenig
Pflanzabstand: 30 cm; **Pflegemaßnahmen:** lange Triebe einkürzen
Verwendung: bunte Blumenbeete, Schnittblume, lockt
Bienen und Schmetterlinge an,
zarte Blüten, einjährig (teils
auch mehrjährig)

pflegeleicht, für Einsteiger,
für kleine Gärten

Duftsteinrich
Lobularia maritima
(Bild Seite 93)

Aussehen: kompakt buschig bis
polsterartig; **Höhe:** 10–30 cm
Breite: 20–30 cm
Blütezeit: Mai bis August
Blüte: hellrosa bis purpurrosa
und weiß
Blätter: graugrün
Standort: sonnig
Boden: schwach sauer bis
schwach alkalisch; mäßig
trocken bis frisch; durchlässig,
sandig-humos
Nährstoffbedarf: ausgeglichen
bis hoch; **Bewässerung:** wenig
bis regelmäßig, Ballentrockenheit vermeiden
Pflanzabstand: 20–25 cm
Pflegemaßnahmen: Leittriebe
frühzeitig entspitzen
Verwendung: bunte Blumenbeete, einjährig

pflegeleicht, für Einsteiger

Judassilberling,
Silberling, Silberblatt
Lunaria annua

Aussehen: aufrecht buschig;
Höhe: 60–90 cm
Breite: 30 cm
Blütezeit: Mai bis Juli
Blüte: weiß bis hellpurpur
Blätter: hell- bis mittelgrün
Standort: sonnig bis halbschattig
Boden: schwach sauer bis
schwach alkalisch; frisch bis

Judassilberling

feucht; sandig-humos, sandig-
lehmig
Nährstoffbedarf: ausgeglichen
Bewässerung: regelmäßig bis
häufig
Pflanzabstand: 30 cm
Verwendung: bunte Blumen-
beete, Schnittblume, lockt
Bienen und Schmetterlinge an,
Trockenblume, ungewöhnliche
Blüten, duftend, ein- oder zwei-
jährig

pflegeleicht, für Einsteiger

Lupine
Lupinus hartwegii

Lupine, Lupinus hartwegii

Aussehen: aufrecht
Höhe: 60–80 cm
Breite: 30–40 cm
Blütezeit: Juli bis Oktober
Blüte: Farbvariationen in Blau,
Rosa, Violett, Gelb und Weiß
Blätter: leuchtend grün
Standort: sonnig
Boden: sauer bis schwach sauer;
frisch; tiefgründig, sandig-
lehmig
Nährstoffbedarf: gering
Bewässerung: regelmäßig
Pflanzabstand: 30–40 cm
Verwendung: bunte Blumen-
beete, Schnittblume, lockt
Bienen und Schmetterlinge an,
einjährig (teils auch mehrjährig)

pflegeleicht, für Einsteiger,
für kleine Gärten

Algier-Malve,
Wilde Malve
Malva sylvestris

Aussehen: aufrecht
Höhe: 0,6–1,2 m
Breite: 50–60 cm
Blütezeit: Juni bis September

Algier-Malve

Blüte: purpurrot, lila, rosaweiß,
hellviolett
Blätter: dunkelgrün
Standort: sonnig
Boden: schwach sauer bis alkalisch; mäßig trocken bis frisch;
durchlässig
Nährstoffbedarf: ausgeglichen
bis hoch; **Bewässerung:** wenig
bis regelmäßig
Pflanzabstand: 60 cm
Pflegemaßnahmen: frühzeitiges
Entspitzen der Triebe fördert
einen buschigen Wuchs
Verwendung: bunte Blumenbeete, lockt Bienen und Schmetterlinge an, lange Blütezeit, ein-
oder zweijährig (teils auch
mehrjährig)
Sortenbeispiel: 'Primely Blue' –
Sorte mit hellvioletten bis him-
melblauen Blüten, die intensiv
blau gestreift sind

pflegeleicht, für Einsteiger

Levkoje, Garten-Levkoje
Matthiola incana (Bild Seite 93)

Aussehen: aufrecht, schnell
wachsend; **Höhe:** 40–80 cm
Breite: 20–40 cm
Blütezeit: Mai bis Juli
Blüte: Farbvariationen in Hellrosa, Purpur, Violett, Weiß, Blau
oder Zartgelb; teilweise gefüllt
blühend
Blätter: graugrün
Standort: sonnig
Boden: schwach sauer bis
schwach alkalisch; frisch; durchlässig, sandig-humos
Nährstoffbedarf: ausgeglichen
bis hoch; **Bewässerung:** regelmäßig
Pflanzabstand: 20–30 cm
Pflegemaßnahmen: Entspitzen
langer Triebe
Verwendung: bunte Blumenbeete, Schnittblume, lockt
Bienen und Schmetterlinge an,
dekorative, große Blüten,
duftend, ein- oder zweijährig

pflegeleicht, für Einsteiger

Empfehlenswerte *Lupinus*-Arten

Botanischer Name	Höhe	Blütezeit	Blütenfarbe	Tipps
L. lepidus 'Lion Rock'	15–20 cm	Juli bis September	blau	kompakt wachsend
L. nanus	50–60 cm	Juni bis Juli	Farbvariationen in Blau, Gelb, Rosa, Violett und Weiß	pflegeleicht
L. polyphyllus (Bild Seite 93)	0,8–1 m	Juni bis August	Farbvariationen in Blau, Gelb, Rosa, Rot, Violett, Weiß	pflegeleicht

Wunderblume
Mirabilis jalapa

Aussehen: aufrecht buschig
Höhe: 50–60 cm
Breite: 40–50 cm
Blütezeit: Juli bis September
Blüte: rot, rosa, gelb oder weiß; trompetenförmig, Blüten nachts geöffnet – tagsüber geschlossen

![Wunderblume]
Wunderblume

Blätter: mittelgrün
Standort: sonnig
Boden: schwach sauer bis schwach alkalisch; frisch; durchlässig
Nährstoffbedarf: ausgeglichen
Bewässerung: regelmäßig
Pflanzabstand: 30 cm
Verwendung: intensiv duftend, bunte Blumenbeete, einjährig (teils auch mehrjährig)

| pflegeleicht, für Einsteiger |

Trichtermelisse, Muschelblume
Moluccella laevis (Bild Seite 93)

Aussehen: aufrecht; **Höhe:** 60–90 cm; **Breite:** 20–30 cm
Blütezeit: August bis September
Blüte: weiß bis blassrosa; umgeben von einem großen, grünen Kelch
Blätter: blassgrün
Standort: sonnig
Boden: schwach sauer bis schwach alkalisch; mäßig trocken bis frisch; fruchtbar, durchlässig

Nährstoffbedarf: ausgeglichen bis hoch; **Bewässerung:** wenig bis regelmäßig
Pflanzabstand: 25–35 cm
Verwendung: bunte Blumenbeete, Schnittblume, interessante Blüten, für Trockenstrauß, einjährig

| pflegeleicht, Liebhaberpflanze |

Vergissmeinnicht
Myosotis sylvatica

Aussehen: aufrecht bis kompakt buschig; **Höhe:** 15–30 cm
Breite: 20 cm
Blütezeit: März bis Juni
Blüte: blau bis hellblau
Blätter: matt- bis graugrün
Standort: sonnig bis halbschattig
Boden: schwach sauer bis schwach alkalisch; frisch bis feucht; durchlässig, humos
Nährstoffbedarf: gering; **Bewässerung:** regelmäßig bis häufig
Pflanzabstand: 20 cm
Verwendung: bunte Blumen-

Vergissmeinnicht

beete, Steingarten, Schnittblume, breitet sich stark aus, lange Blütezeit, zweijährig

| pflegeleicht, für Einsteiger |

Braut in Haaren, Jungfer im Grünen, Gretel im Busch
Nigella damascena

Aussehen: aufrecht; **Höhe:** 40–50 cm; **Breite:** 20–25 cm

Jungfer im Grünen

Blütezeit: Juni bis August
Blüte: hellblau bis himmelblau oder dunkelviolett
Blätter: hellgrün
Standort: sonnig
Boden: anpassungsfähig; mäßig trocken bis frisch; durchlässig, nährstoffreich
Nährstoffbedarf: ausgeglichen bis hoch; **Bewässerung:** wenig bis regelmäßig
Pflanzabstand: 20–30 cm
Verwendung: bunte Blumenbeete, Schnittblume, lockt Bienen und Schmetterlinge an, dekorative, große Blüten und Früchte, einjährig

| pflegeleicht, für Einsteiger, für kleine Gärten |

Klatschmohn
Papaver rhoeas

Aussehen: aufrecht; **Höhe:** 30–90 cm; **Breite:** 20–30 cm
Blütezeit: Mai bis Juli
Blüte: scharlachrot
Blätter: mittel- bis dunkelgrün
Standort: sonnig
Boden: schwach alkalisch bis alkalisch; mäßig trocken bis frisch; durchlässig
Nährstoffbedarf: ausgeglichen
Bewässerung: wenig bis regelmäßig
Pflanzabstand: 30 cm
Verwendung: bunte Blumenbeete, Schnittblume, lockt Bienen und Schmetterlinge an, oft stark aussamend, dekorative,

große Blüten, einjährig
Weitere Art: *P. somniferum* – Schlafmohn, aufrecht buschig, Höhe 60–90 cm, Blütezeit von Juni bis August in Rosa, Rosapurpur bis Rot, Weiß; Achtung: beim Anbau Gesetze beachten

| pflegeleicht, für Einsteiger, für kleine Gärten |

Knöterich
Persicaria orientalis

Aussehen: aufrecht, schnell wachsend; **Höhe:** 0,7–1,2 m
Breite: 50–60 cm
Blütezeit: August bis September
Blüte: rosarot bis weiß
Blätter: mittelgrün
Standort: sonnig bis halbschattig
Boden: schwach sauer bis neutral; frisch bis feucht; sandig-humos, sandig-lehmig
Nährstoffbedarf: ausgeglichen
Bewässerung: regelmäßig bis häufig
Pflanzabstand: 40–50 cm
Verwendung: bunte Blumenbeete, Gehölzrand, schöne Blüten, einjährig

| pflegeleicht, für Einsteiger |

Büschelschön, Bienenfreund
Phacelia tanacetifolia

Aussehen: aufrecht buschig
Höhe: 0,6–1,2 m
Breite: 30–50 cm

Blütezeit: Juli bis September
Blüte: blau bis lavendelblau
Blätter: mittelgrün
Standort: sonnig
Boden: schwach sauer bis schwach alkalisch; mäßig trocken bis frisch; durchlässig
Nährstoffbedarf: ausgeglichen
Bewässerung: wenig bis regelmäßig
Pflanzabstand: 20–30 cm

Büschelschön

Verwendung: bunte Blumenbeete, lockt Bienen und Schmetterlinge an, einjährig

pflegeleicht, für Einsteiger, für kleine Gärten

Einjähriger Phlox, Flammenblume
Phlox drummondii

Aussehen: aufrecht bis ausladend; **Höhe:** 0,2–1,2 m
Breite: 20–30 cm

Einjähriger Phlox

Blütezeit: Mai bis September
Blüte: Farbvariationen in Lavendelblau, Purpur, Rosa, Rot oder Weiß
Blätter: mittelgrün
Standort: sonnig
Boden: schwach sauer bis schwach alkalisch; mäßig trocken bis frisch; durchlässig, sandig-humos
Nährstoffbedarf: ausgeglichen bis hoch; **Bewässerung:** wenig bis regelmäßig
Pflanzabstand: 20–30 cm
Verwendung: bunte Blumenbeete, Schnittblume, lockt Bienen und Schmetterlinge an, einjährig

pflegeleicht, für Einsteiger, für kleine Gärten

Portulakröschen
Portulaca grandiflora

Aussehen: flach wachsend bis kriechend; **Höhe:** 10–20 cm
Breite: 15–30 cm
Blütezeit: Juni bis August
Blüte: Farbvariationen in Gelb, Rosarot, Rot oder Weiß
Blätter: hellgrün, fleischig
Standort: sonnig
Boden: schwach sauer bis schwach alkalisch; trocken bis frisch; durchlässig, sandig-kiesig
Nährstoffbedarf: sehr gering
Bewässerung: sehr wenig bis regelmäßig
Pflanzabstand: 20 cm
Pflegemaßnahmen: regelmäßig verblühte Pflanzenteile entfernen, um die Blütezeit zu verlängern

Portulakröschen

Verwendung: bunte Blumenbeete, schöne Blüten, einjährig

pflegeleicht, für Einsteiger, für kleine Gärten

Gartenresede, Wau
Reseda odorata

Aussehen: aufrecht bis leicht ausladend; **Höhe:** 30–60 cm
Breite: 20–30 cm
Blütezeit: Juli bis September
Blüte: gelblich grün bis weißlich-rosa
Blätter: mittelgrün
Standort: sonnig bis halbschattig
Boden: neutral bis alkalisch; frisch; durchlässig, sandig-humos, nährstoffreich
Nährstoffbedarf: ausgeglichen bis hoch; **Bewässerung:** regelmäßig
Pflanzabstand: 25 cm; **Pflegemaßnahmen:** regelmäßig verblühte Pflanzenteile entfernen, um die Blütezeit zu verlängern
Verwendung: bunte Blumenbeete, lockt Bienen und Schmetterlinge an, wohlriechend, ein- oder zweijährig

pflegeleicht, für Einsteiger

Sonnenflügel, Rosen-Immortelle
Rhodanthe manglesii

Aussehen: aufrecht buschig
Höhe: 30–60 cm

Breite: 15–20 cm
Blütezeit: Juli bis September
Blüte: rot, rosa oder weiß
Blätter: graugrün
Standort: sonnig
Boden: schwach sauer bis schwach alkalisch; mäßig trocken bis frisch; durchlässig, sandig-kiesig
Nährstoffbedarf: sehr gering
Bewässerung: wenig bis regelmäßig
Pflanzabstand: 20–25 cm
Verwendung: bunte Blumenbeete, Schnittblume, Trockenfloristik, einjährig

pflegeleicht, für kleine Gärten

Wunderbaum, Palma Christi, Rizinus
Ricinus communis

Aussehen: aufrecht, verzweigt, schnell wachsend
Höhe: 1,5–3 m; **Breite:** 1–2 m
Blütezeit: Juli bis September
Blüte: grünlichgelb
Blätter: rötlich purpur bis bronzerot
Standort: sonnig
Boden: schwach sauer bis schwach alkalisch; frisch bis feucht; fruchtbar, humos, nährstoffreich
Nährstoffbedarf: ausgeglichen bis hoch; **Bewässerung:** regelmäßig bis häufig
Pflanzabstand: 0,8–1,2 m

Wunderbaum

Verwendung: bunte Blumenbeete, Schnittblume, auffallende Blätter, wegen stark wachsenden Wurzeln nicht in Teich- oder Bachnähe pflanzen, Samen sind giftig, einjährig

| pflegeleicht, für Einsteiger |

Sonnenhut
Rudbeckia hirta

Aussehen: aufrecht, verzweigt; **Höhe:** 30–80 cm
Breite: 30–50 cm
Blütezeit: August bis Oktober
Blüte: hellgelb bis goldgelb, rotbraun
Blätter: mittelgrün
Standort: sonnig

Boden: schwach sauer bis schwach alkalisch; frisch bis feucht; sandig-lehmig, lehmig
Nährstoffbedarf: ausgeglichen bis hoch
Bewässerung: regelmäßig bis häufig
Pflanzabstand: 60–80 cm
Pflegemaßnahmen: frühzeitiges Entspitzen der Triebe fördert einen buschigen Wuchs
Verwendung: bunte Blumenbeete, lockt Bienen und Schmetterlinge an, auffallende Blüten, zweijährig

| pflegeleicht, für Einsteiger, für kleine Gärten |

Sonnenhut

Trompetenzunge
Salpiglossis sinuata

Aussehen: schlank aufrecht
Höhe: 0,3–1 m; **Breite:** 20–30 cm
Blütezeit: Juli bis September
Blüte: Farbvariationen in Gelb, Orange, Rosa oder Rot
Blätter: mittel- bis dunkelgrün
Standort: sonnig
Boden: schwach sauer bis schwach alkalisch; frisch; durchlässig, humos
Nährstoffbedarf: ausgeglichen bis hoch; **Bewässerung:** regelmäßig
Pflanzabstand: 20–30 cm
Pflegemaßnahmen: frühzeitiges Entspitzen fördert buschigen Wuchs

Trompetenzunge

Verwendung: bunte Blumenbeete, Schnittblume, lockt Bienen und Schmetterlinge an, auffallende Blüten, einjährig

| pflegeleicht, für Einsteiger, für kleine Gärten |

Spaltblume, Orchidee des armen Mannes
Schizanthus × wisetonensis

Aussehen: aufrecht buschig
Höhe: 30–50 cm
Breite: 20–30 cm
Blütezeit: Mai bis August
Blüte: Farbvariationen in Blau, Rosa, Rotbraun oder Weiß
Blätter: hellgrün
Standort: sonnig bis halbschattig
Boden: neutral, ausgeglichen; frisch; durchlässig, humos, nährstoffreich

Nährstoffbedarf: hoch
Bewässerung: regelmäßig
Pflanzabstand: 20–30 cm
Pflegemaßnahmen: frühzeitiges Entspitzen der Haupttriebe und regelmäßig verblühte Pflanzenteile entfernen, um die Blütezeit zu verlängern
Verwendung: bunte Blumenbeete, lockt Bienen und Schmetterlinge an, dekorative, große Blüten, einjährig

| pflegeleicht, für kleine Gärten |

Mariendistel
Silybum marianum

Aussehen: aufrecht, rosettenbildend, schnell wachsend
Höhe: 1–1,5 m; **Breite:** 60–90 cm
Blütezeit: August bis September
Blüte: purpurrosa
Blätter: dunkelgrün mit silbriger Aderung
Standort: sonnig
Boden: neutral bis schwach alkalisch; trocken bis frisch; durchlässig
Nährstoffbedarf: ausgeglichen
Bewässerung: sehr wenig bis regelmäßig
Pflanzabstand: 40–50 cm
Pflegemaßnahmen: frühzeitiges Entspitzen der Triebe fördert einen buschigen Wuchs
Verwendung: intensiv duftend, bunte Blumenbeete, lockt Bienen und Schmetterlinge an, interessante Blätter, ein- oder zweijährig

| pflegeleicht |

Studentenblume
Tagetes tenuifolia

Aussehen: aufrecht buschig, kompakt wachsend; **Höhe:** 20–60 cm; **Breite:** 20 cm
Blütezeit: April bis September
Blüte: zitronengelb bis orangebraun
Blätter: mittel- bis dunkelgrün
Standort: sonnig
Boden: schwach sauer bis schwach alkalisch; frisch; durchlässig
Nährstoffbedarf: ausgeglichen bis hoch; **Bewässerung:** regelmäßig
Pflanzabstand: 15–20 cm
Pflegemaßnahmen: frühzeitiges Entspitzen der Haupttriebe; regelmäßig verblühte Pflanzen-

Studentenblume, Tagetes patula

Schöne *Tagetes*-Arten und -Sorten

Botanischer Name	Höhe	Blüte
T. erecta	20–80 cm	gelb bis orange, gefüllt
T. erecta 'Discovery Orange'	20–25 cm	orange, gefüllt
T. erecta 'Golden Queen'	20–25 cm	goldgelb, dicht gefüllt
T. patula	15–50 cm	gelb, orange bis rotbraun oder zweifarbig, einfach
T. patula 'Harmony Boy'	15–20 cm	rot mit orangefarbener Mitte, dicht gefüllt
T. patula 'Vanilla'	20–35 cm	cremeweiß, dicht gefüllt

teile entfernen, um die Blütezeit zu verlängern
Verwendung: intensiv duftend, lockt Bienen und Schmetterlinge an, Balkonkastenbepflanzung, ungewöhnliche Blüten, lange Blütezeit, einjährig

> pflegeleicht, für Einsteiger, für kleine Gärten

Mexikanische Sonnenblume
Tithonia rotundifolia

Aussehen: aufrecht buschig, reich verzweigt; **Höhe:** 1,2–2 m
Breite: 30–50 cm
Blütezeit: August bis Oktober
Blüte: orange
Blätter: dunkelgrün

Mexikanische Sonnenblume

Standort: sonnig
Boden: schwach sauer bis schwach alkalisch; frisch; sandig-humos, sandig-lehmig
Nährstoffbedarf: ausgeglichen bis hoch; **Bewässerung:** regelmäßig
Pflanzabstand: 30–40 cm
Pflegemaßnahmen: frühzeitiges Entspitzen
Verwendung: bunte Blumenbeete, Schnittblume, lockt Bienen und Schmetterlinge an, auffallende Blüten, einjährig

> pflegeleicht, für Einsteiger

Bartpipau
Tolpis barbata

Aussehen: aufrecht; **Höhe:** 40–60 cm; **Breite:** 20–30 cm
Blütezeit: Juni bis August

Blüte: hellgelb bis schwefelgelb
Blätter: hellgrün
Standort: sonnig
Boden: schwach sauer bis schwach alkalisch; mäßig trocken bis frisch; durchlässig
Nährstoffbedarf: ausgeglichen
Bewässerung: wenig bis regelmäßig
Pflanzabstand: 20 cm
Verwendung: bunte Blumenbeete, Schnittblume, lockt Bienen und Schmetterlinge an, lange Blütezeit, einjährig

> pflegeleicht, für Einsteiger, für kleine Gärten

Garten-Zinnie
Zinnia elegans

Aussehen: aufrecht buschig, schnell wachsend
Höhe: 0,4–1 m; **Breite:** 20–30 cm
Blütezeit: Juni bis August
Blüte: Farbvariationen in Weiß, Rosa, Lachs, Gelb, Scharlach, Orange
Blätter: mittelgrün
Standort: sonnig
Boden: schwach sauer bis schwach alkalisch; frisch; durchlässig, sandig-humos
Nährstoffbedarf: ausgeglichen

Garten-Zinnie

bis hoch; **Bewässerung:** regelmäßig
Pflanzabstand: 20–30 cm; **Pflegemaßnahmen:** regelmäßig verblühte Pflanzenteile entfernen, um die Blütezeit zu verlängern
Verwendung: bunte Blumenbeete, Schnittblume, lockt Bienen und Schmetterlinge an, auffallende Blüten, einjährig

> pflegeleicht, für Einsteiger, für kleine Gärten

Sechs *Zinnia*-Arten und -Sorten

Botanischer Name	Höhe	Blüte
Z. elegans 'Oklahoma Gold'	50–80 cm	Sortenserie vielfarbig
Z. elegans 'Peter Pan'	20–30 cm	Mischung, Farbvariationen in Gelb, Orange, Karminrosa oder Weiß
Z. elegans 'Orange Gem'	30–40 cm	orange
Z. elegans 'Purple Gem'	30–40 cm	violett
Z. elegans 'Scarlet Gem'	30–40 cm	scharlachrot
Z. haageana	40–60 cm	Farbmischung, leuchtend orange

Vielseitige Stauden

Wissenswertes

Zu den Stauden werden alle ausdauernden Pflanzen gezählt, die nicht verholzen.

Die ausdauernden Gartengewächse lassen sich in Beet- und Rabattenstauden, Steingartenstauden und Schattenstauden untergliedern. Die Untergliederungen geben bereits erste Aufschlüsse über den Standort und den bevorzugten Verwendungszweck. Ihr Zierwert kommt durch die Blütenpracht zu der jeweiligen Blütezeit zustande. Obwohl jede Staude blüht, werden besonders großblühende Pflanzen als Blütenstauden bezeichnet. Sie finden am häufigsten den Weg ins Staudenbeet.

Im Gegensatz zu Sommerblumen haben die krautigen Gartenpflanzen nur eine begrenzte Blütezeit, die zudem von Standort und Wetter ab-

hängig ist. Um so wichtiger ist es, sie so miteinander zu kombinieren, dass längere Blühpausen vermieden werden. Auf einem Beet sollten die Pflanzen möglichst so ausgewählt werden, dass von Frühjahr bis Herbst immer etwas blüht. Unterstützend können Sommerblumen und Zwiebelpflanzen gesetzt werden.

Durch die mühevolle und fleißige Arbeit vieler Züchter sind aus den Naturarten verbesserte Sorten entstanden, deren Farben stärker ausgeprägt, die gegen Krankheiten oder Standortmängel robuster sind und die längere Blütezeiten besitzen.

Mit Stauden gestalten

Im späten Mittelalter entstanden aus den Klostergärten zunehmend Bauerngärten. Sie beherbergten alte Heil- und Zierpflanzen, wovon ein großer Teil Stauden waren. Die typischen Staudenrabatten sind seit dem 19.Jh. bekannt. Ursprünglich als Rechteck angelegt und von einer niedrigen Hecke umsäumt, gibt es heute keine konkreten Richtlinien bei der Gartenanlage.

Alles ist möglich – Hauptsache es gefällt. Wichtig erscheint jedoch die Struktur im Beet, die der Pflanzung Tiefe verleiht. Verschiedene Wuchshöhen, Blattformen und -oberflächen tragen dazu bei, dass eine Staudenpflanzung nicht langweilig aussehen muss. Werden beispielsweise die unterschiedlichen Wuchshöhen miteinander kombiniert, entsteht der so genannte Stufeneffekt. Dabei werden die Wuchshöhen von hinten nach vorn kleiner.

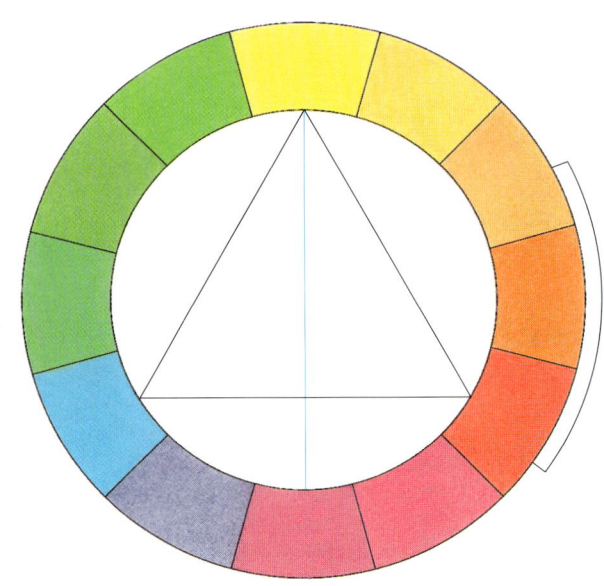

Der Farbkreis. Verwendet man gegenüberliegende Farben, erhält man den größten Kontrast. Harmonisch ergänzen sich die Farben, die an den Eckpunkten eines gleichseitigen Dreieckes liegen. Nebeneinander liegende Farben wirken dezent und sehr harmonisch.

Den Hintergrund bilden Großstauden oder hochwachsende Gräser. Sie müssen nicht unbedingt durch Blütenfülle auffallen, sondern sollen eine Art natürliche Wand darstellen. Von ihr heben sich mittelhohe Blütenstauden ab, die den mittleren Bereich besiedeln. Ihre Blütezeit beginnt meistens im Frühsommer. Die Frühjahrsblüher zeigen sich im vorderen Teil. Sie werden in der

Regel nicht so hoch, bilden aber häufig kleinere Polster. Vielfach werden auch Bodendecker oder Steingartenstauden verwendet.

Blattschmuckpflanzen lockern die Staudenpflanzung auf. Sie zeichnen sich durch farbkräftiges oder besonders großes Laub aus. Typische Blattschmuckstauden sind Funkien (*Hosta*). Sie bilden große Blattrosetten und besitzen teils, je nach Art und

Stauden pflanzen

1 Pflanze vorsichtig austopfen und so tief einsetzen, wie sie vorher im Topf gepflanzt war. 2 Andrücken, damit der Wurzelballen gut in der Erde sitzt, und angießen nicht vergessen.

Blattschmuckstauden, hier eine Funkie, wirken besonders durch große oder ungewöhnliche Blätter. Sie geben jedem Blumenbeet einen ausgesprochen dekorativen Touch.

Ob Wasser, Steine oder Erde: Es gibt für jeden Lebensbereich wunderschöne Stauden. Hier einige der dankbaren Dauerblüher zwischen Mauersteinen.

Sorte bläuliche, weiß- oder gelbgrüne Blätter. Im vorderen oder mittleren Bereich der Staudenrabatte bilden sie einen zentralen Blickpunkt, der über das gesamte Jahr erhalten bleibt. Gartenarchitekten legen beispielsweise sehr viel Wert auf Blattformen und -oberflächen.

Die Blütenfarben sind ein weiteres Gestaltungselement des Blumenbeetes. Zwar kann man die verschiedenen Farben wild nebeneinander pflanzen, doch damit lässt sich noch keine Harmonie erreichen. Sinnvoller ist es, sich am Farbkreis zu orientieren. Er beinhaltet die drei Komplementärfarben Blau, Gelb und Rot. Sie sind in gleichen Abständen mit 120 Grad angeordnet. Die jeweiligen Mischfarben füllen die Zwischenräume. Lebendige und kontrastreiche Pflanzungen erreicht man, wenn die gegenüberliegenden Farbtöne miteinander zusammengefügt werden (zum Beispiel Gelb-Purpurviolett). Mit drei Farben lässt man einen harmonischen Farbdreiklang entstehen. Hierbei werden die Farben ausgewählt, die sich an den Spitzen eines gleichschenkligen oder gleichwinkligen Dreiecks im Farbkreis befinden (zum Beispiel Gelb-Rot-Blau). Dezente Pflanzgestaltungen werden erreicht, indem nebeneinander liegende Farben mitei-

nander kombiniert werden (Rot-Orange oder Gelb-Orange). Berücksichtigt man diese Gestaltungsmerkmale, wird jede Staudenrabatte zum optischen Erlebnis.

Viele Lebensbereiche

Die Mannigfaltigkeit der Stauden lässt viele Möglichkeiten offen. Ein großer Teil der ausdauernden Gartenpflanzen sind in Steingärten oder auf Trockenmauern anzutreffen. Hier wird durch die Gestaltung mit Steinen versucht, einen gebirgsähnlichen Lebensraum für die zumeist matten- oder polsterbildenden Stauden zu schaffen. Bedingt durch ihre alpine oder bergige Herkunft stellen Steingartenpflanzen höhere Ansprüche an den Standort. In der Regel werden sonnige, etwas trockene Plätze mit gut durchlässiger Erde von den kompakten Pflanzen vorausgesetzt. Im Gegensatz zu den normalen Staudengärten ist man mit Gestaltungen etwas begrenzt, da sich der Hauptblütezeitraum von Frühjahr bis Sommer erstreckt.

Das ganze Gegenteil findet man bei den schatten- und feuchtigkeitsliebenden Stauden, häufig auch als Schattenstauden bezeichnet. Sie bevorzugen beschattete Lagen mit gut feuchten Böden. Viele von ihnen mögen

auch den Stand am Wasser, sei es der Bach- oder Teichrand. Sie glänzen weniger mit Blütenfülle als mit großen Blättern und stattlichem Wuchs. Eine ganze Reihe von Großstauden lassen sich den Schattenpflanzen zuordnen.

Pflege im Staudenbeet

Sind die ausdauernden Gartenpflanzen erst einmal angewachsen, handelt es sich um relativ pflegeleichte Gewächse. Grundsätzlich sollten den Stauden ein möglichst passender Standort, der Licht- und Bodenansprüche berücksichtigt, geboten werden. Während des Wachstums ist auf ausreichende Wasser- und Nährstoffversorgung zu achten. Wie bei Sommerblumen bekannt, empfiehlt sich das regelmäßige Entfernen verblühter Pflanzenteile. Ein Rückschnitt des Sprosses erfolgt entweder im Herbst oder zeitigen Frühjahr.

Vermehren lassen sich Stauden durch Samen, Stecklinge, Teilung oder Ableger und Absenker. Hierbei sollte man jedoch wissen, dass sich

Sorten, Kreuzungen und Züchtungen von Arten kaum generativ durch Samen vermehren lassen. Sie zu vervielfältigen gelingt nur durch vegetative Methoden, wie zum Beipiel Stecklinge, Teilung oder Ableger. Die einfachste Stecklingsvermehrung gelingt durch Triebstecklinge, die im späten Frühjahr oder Frühsommer geschnitten und gesteckt werden. Im gleichen Zeitraum lassen sich Triebe von bestimmten Stauden zum Bewurzeln auf dem Boden ablegen. Zeitiges Frühjahr und Herbst eignen sich für die Pflanzenteilung.

Schädlinge und Krankheiten lassen sich leider nicht vermeiden. Von Krankheiten befallene Blätter (Blattflecken, gräulicher Belag) werden entfernt und über den Hausmüll entsorgt. Bitte nicht auf den Kompost werfen. Blattläuse lassen sich nicht verhindern, oft sind sie aber nicht so zahlreich, dass die Pflanzen darunter leiden. Gegen Schnecken helfen Schneckenzäune, besonders solange die Pflanzen noch jung sind.

Astilben, hier Astilbe japonica, *wirken besonders auffallend aus der Ferne.*

Blaugrünes Stachelnüsschen
Acaena buchananii

Aussehen: flach polsterbildend, kompakt und schnell wachsend
Höhe: 10–12 cm
Breite: 60–100 cm
Blütezeit: Juli bis August
Blüte: grünlich weiß
Blätter: blaugrün
Standort: sonnig

Braunblättriges Stachelnüsschen, Fruchtstand

Blaugrünes Stachelnüsschen

Boden: schwach sauer bis schwach alkalisch; mäßig trocken bis mittel; durchlässig, sandig-lehmig
Nährstoffbedarf: ausgeglichen
Bewässerung: wenig bis regelmäßig
Pflanzabstand: 30 cm
Vermehrung: Aussaat, Teilung
Verwendung: Kübel- und Topfkultur, Einfassung, Grabbepflanzung, Steingarten, Mauerfugen und Trockenmauern, flächendeckende Bodenbegrünung, auffallende Blätter, Reisigschutz bei strengem Frost
Weitere Art: *Acaena caesiiglauca* – Blaugraues Stachelnüsschen, ähnlich *A. buchananii*, weiße Blüte im Juni/Juli, Blätter rötlich, unterseits dicht silberhaarig

> pflegeleicht, für Einsteiger, für kleine Gärten

Braunblättriges Stachelnüsschen
Acaena microphylla

Aussehen: polsterbildend, schnell wachsend
Höhe: 7–10 cm; **Breite:** 60–90 cm
Blütezeit: Juni bis Juli
Blüte: cremeweiß
Blätter: bräunlich grün, olivgrün bis bronzerosa
Standort: sonnig
Boden: schwach sauer bis schwach alkalisch; mäßig trocken bis mittel; durchlässig, sandig-lehmig
Nährstoffbedarf: ausgeglichen
Bewässerung: wenig bis regelmäßig
Pflanzabstand: 30 cm
Vermehrung: Aussaat, Teilung
Verwendung: Kübel- und Topfkultur, Einfassung, Grabbepflanzung, Steingarten, Mauerfugen und Trockenmauern, flächendeckende Bodenbegrünung
Sortenbeispiele: 'Pulchella' – blaugrünes Laub, rote Köpfchen, 'Kupferteppich' – Laub bronze- bis rotbraun

> pflegeleicht, für Einsteiger, für kleine Gärten

Balkan-Bärenklaue, Ungarischer Akanthus
Acanthus hungaricus

Aussehen: aufrecht buschig
Höhe: 80–100 cm; **Breite:** 60–90 cm
Blütezeit: Juni bis August
Blüte: rosaweiß; zylindrische Ähren
Blätter: mittelgrün
Standort: sonnig

Balkan-Bärenklaue

Boden: schwach sauer bis alkalisch; mäßig trocken bis frisch; durchlässig, sandig-lehmig
Nährstoffbedarf: ausgeglichen bis hoch; **Bewässerung:** wenig bis regelmäßig
Pflanzabstand: 80–100 cm
Vermehrung: Aussaat, Teilung
Verwendung: für bunte Beet- und Staudenpflanzungen, kräftige Stauden, Schnittblume, dekorative, große Blüten, Frostschutz
Weitere Arten: *A. mollis*, *A. spinosus*

> pflegeleicht, für Einsteiger

Hohe Garbe, Gold-Garbe
Achillea filipendulina

Aussehen: aufrecht buschig;
Höhe: 100–120 cm; **Breite:** 50 cm
Blütezeit: Juni bis September
Blüte: goldgelb
Blätter: graugrün
Standort: sonnig
Boden: schwach sauer bis alkalisch; mäßig trocken bis frisch; durchlässig, sandig-lehmig
Nährstoffbedarf: ausgeglichen bis hoch; **Bewässerung:** wenig bis regelmäßig
Pflanzabstand: 40–50 cm
Vermehrung: Aussaat, Teilung
Schnittmaßnahmen: den Spross im späten Herbst oder zeitigen Frühjahr zurückschneiden
Verwendung: für bunte Beet- und Staudenpflanzungen, Schnittblume, Trockenfloristik, lockt Bienen und Schmetterlinge

Hohe Garbe

an, Duft, dekorative Blüten
Sortenbeispiele: 'Coronation Gold' – leuchtend gelb, 'Parker' – goldgelb, 'Parker Variety' – gelb, unverwüstlich

> pflegeleicht, für Einsteiger, alte Gartenstaude

Sumpf-Schafgarbe, Bertrams-Garbe

Achillea ptarmica

Aussehen: aufrecht buschig, kriechend; **Höhe:** 30–100 cm
Breite: 60–70 cm
Blütezeit: Juli bis August
Blüte: weiß
Blätter: dunkelgrün
Standort: sonnig
Boden: sauer bis neutral; frisch bis feucht; durchlässig, sandig-lehmig
Nährstoffbedarf: ausgeglichen
Bewässerung: regelmäßig bis häufig
Pflanzabstand: 30–40 cm
Vermehrung: Aussaat

Schnittmaßnahmen: den Spross im späten Herbst oder zeitigen Frühjahr zurückschneiden
Verwendung: für bunte Beet- und Staudenpflanzungen, Teich- und Uferrand, Schnittblume, lockt Bienen und Schmetterlinge an, auffallende Blüten

pflegeleicht, für Einsteiger

Weißblauer Eisenhut

Aconitum × cammarum 'Bicolor'

Aussehen: straff aufrecht; **Höhe:** 100–130 cm; **Breite:** 30–50 cm
Blütezeit: Juni bis August
Blüte: violettblau mit weiß
Blätter: mittel- bis dunkelgrün

Standort: sonnig bis halbschattig
Boden: schwach sauer bis alkalisch; frisch; sandig-lehmig, lehmig
Nährstoffbedarf: ausgeglichen bis hoch; **Bewässerung:** regelmäßig
Pflanzabstand: 40 cm
Vermehrung: Teilung
Schnittmaßnahmen: den Spross im späten Herbst oder zeitigen Frühjahr zurückschneiden
Achtung: ganze Pflanze ist stark giftig
Verwendung: für bunte Beet- und Staudenpflanzungen, Einzelpflanzung, Schnittblume, lockt Bienen und Schmetterlinge an, schöne, große Blüten

pflegeleicht

Blaßgelber Eisenhut, Fuchs-Eisenhut, Wolf-Eisenhut, Gelber Eisenhut

Aconitum lycoctonum

Aussehen: straff aufrecht
Höhe: 100–150 cm
Breite: 30–40 cm
Blütezeit: Juni bis August
Blüte: hellgelb bis schwefelgelb
Blätter: dunkelgrün
Standort: sonnig bis halbschattig
Boden: sauer bis neutral; frisch; sandig-lehmig, lehmig
Nährstoffbedarf: ausgeglichen

Blaßgelber Eisenhut

bis hoch; **Bewässerung:** regelmäßig
Pflanzabstand: 40 cm; **Vermehrung:** Aussaat, Teilung; **Schnittmaßnahmen:** den Spross im späten Herbst oder zeitigen Frühjahr zurückschneiden
Achtung: ganze Pflanze ist stark giftig
Verwendung: bunte Beet- und Staudenpflanzung, Schnittblume, lockt Bienen und Schmetterlinge an, dekorative, große Blüten

pflegeleicht, Liebhaberpflanze

Sumpf-Schafgarbe

Schöne *Achillea*-Arten

Botanischer Name	Deutscher Name	Aussehen, Höhe	Blütezeit, Farbe	Tipps
A. ageratifolia	Silber-Garbe, Dalmatiner Silber-Garbe, Ageratumblättrige Schafgarbe	polsterbildend, 10–15 cm	Juni bis August, weiß	kompakt wachsend, für Kübel und Töpfe geeignet, für kleine Gärten, Liebhaberpflanze
A. clypeolata	Goldquirl-Garbe	aufrecht buschig, 45–60 cm	Juni bis August, goldgelb	pflegeleicht, für Einsteiger
A.-Filipendulina-Hybride 'Feuerland'	Deutsche Garten-Schafgarbe	aufrecht, 100–140 cm	Juni bis August, leuchtend rot	pflegeleicht, für Einsteiger
A.-Filipendulina-Hybride 'Neugold'	Garten-Schafgarbe	aufrecht, 80–100 cm	Juni bis September, goldgelb	pflegeleicht, für Einsteiger, für kleine Gärten
A. macrophylla	Großblättrige Garbe	aufrecht, 40–100 cm	Juli bis September, weiß	pflegeleicht, für Einsteiger, große Blüten
A. nobilis	Edel-Garbe, Edel-Schafgarbe, Edle Schafgarbe	aufrecht buschig, 20–80 cm	Juni bis August, weiß	pflegeleicht, für Einsteiger, für kleine Gärten, große Blüten, lange Blütezeit
A. tomentosa	Goldgelbe Teppich-Garbe, Gelbe Schafgarbe	bodendeckend, bis 30 cm	Mai bis Juli, gelb	für Steingärten, leider oft wenig dauerhaft
A. umbellata	Griechische Silber-Garbe	aufrecht, breit wachsend 10–20 cm	Juni bis Juli, weiß	pflegeleicht, für Einsteiger, für kleine Gärten, ist unter dem Namen A. argentea verbreitet

Heimischer Eisenhut, Blauer Eisenhut
Aconitum napellus

Aussehen: straff aufrecht; **Höhe:** 100–120 cm; **Breite:** 30–40 cm
Blütezeit: Juli bis August
Blüte: blauviolett
Blätter: dunkelgrün
Standort: sonnig bis halbschattig

Heimischer Eisenhut

Boden: schwach sauer bis schwach alkalisch; frisch; sandig-humos, sandig-lehmig
Nährstoffbedarf: hoch
Bewässerung: regelmäßig
Pflanzabstand: 40 cm
Vermehrung: Aussaat, Teilung
Schnittmaßnahmen: den Spross im späten Herbst oder zeitigen Frühjahr zurückschneiden
Achtung: ganze Pflanze ist stark giftig
Verwendung: bunte Beet- und Staudenpflanzung, Einzelpflanzung, Gehölzrand, Schnittblume, lockt Bienen und Schmetterlinge an, auffallende Blüten
Sortenbeispiele und weitere Art: 'Bergfürst' – violettblau, 'Gletschereis' – weiß, *A. carmichaelii* – Herbst-Eisenhut, lilablau

> pflegeleicht, für Einsteiger

Amur-Adonisröschen
Adonis amurensis

Aussehen: buschig
Höhe:15–25cm;**Breite:**20–30cm
Blütezeit: März bis April
Blüte: goldgelb
Blätter: matt- bis mittelgrün

Amur-Adonisröschen

Standort: sonnig
Boden: sauer, mäßig trocken bis frisch; durchlässig; sandig-lehmig, mit Torfzuschlag, frühjahrsfeucht
Nährstoffbedarf: gering; **Bewässerung:** wenig bis regelmäßig
Pflanzabstand: 25–35 cm
Vermehrung: Aussaat, Teilung
Achtung: ganze Pflanze ist giftig
Verwendung: Steingarten, wunderschöne Blüten, durch Schneckenfraß gefährdet

> pflegeleicht, für kleine Gärten

Frühlings-Adonisröschen
Adonis vernalis

Aussehen: buschig
Höhe: 20–30 cm; **Breite:** 20 cm
Blütezeit: April bis Mai

Frühlings-Adonisröschen

Blüte: goldgelb
Blätter: dunkelgrün
Standort: sonnig
Boden: schwach alkalisch bis alkalisch; sommertrocken, durchlässig; sandig-kiesig
Nährstoffbedarf: ausgeglichen
Bewässerung: sehr wenig bis wenig

Pflanzabstand: 30 cm
Vermehrung: Aussaat, Teilung
Achtung: ganze Pflanze ist giftig
Verwendung: Steingarten, lockt Bienen und Schmetterlinge an, Heilpflanze, schöne Blüten, Pflanzen sind durch Schneckenfraß gefährdet

> anspruchsvoll, Liebhaberpflanze, für kleine Gärten

Duftnessel, Anis-Ysop
Agastache foeniculum

Aussehen: straff aufrecht; **Höhe:** 50–80 cm; **Breite:** 20–30 cm
Blütezeit: Juli bis August
Blüte: violettblau
Blätter: mittelgrün, eiförmig, kurz zugespitzt
Standort: vollsonnig
Boden: schwach sauer bis schwach alkalisch; frisch; durchlässig, sandig-lehmig

Duftnessel

Nährstoffbedarf: ausgeglichen
Bewässerung: regelmäßig
Pflanzabstand: 30–40 cm; **Vermehrung:** Aussaat, Stecklinge
Verwendung: intensiv duftend, Kübel- und Topfkultur, für bunte Beet- und Staudenpflanzungen, Schnittblume, lockt Bienen und Schmetterlinge an, dekorative Blüten, lange Blütezeit, mäßig frosthart – Winterschutz

> pflegeleicht, für Einsteiger

Pyramiden-Günsel
Ajuga pyramidalis

Aussehen: rosettenbildend
Höhe: 10–20 cm
Breite: 40–60 cm
Blütezeit: Mai bis Juni
Blüte: hellblau bis blassviolett
Blätter: matt- bis mittelgrün
Standort: sonnig bis halbschattig
Boden: sauer bis schwach sauer; frisch bis feucht; sandig-humos, sandig-lehmig
Nährstoffbedarf: ausgeglichen bis hoch; **Bewässerung:** regelmäßig bis häufig
Pflanzabstand: 20–30 cm
Vermehrung: Aussaat, Teilung
Verwendung: kompakt wachsend, bunte Beet- und Staudenpflanzung, Steingarten, flächendeckende Bodenbegrünung, lockt Bienen und Schmetterlinge an, auffallende Blüten, kann wuchern

> pflegeleicht, für Einsteiger, für kleine Gärten

Kriech-Günsel, Günsel, Kriechender Günsel
Ajuga reptans

Aussehen: polsterbildend, schnell wachsend
Höhe: 15–20 cm
Breite: 60–90 cm
Blütezeit: Mai bis Juni
Blüte: blauviolett
Blätter: dunkel- bis olivgrün
Standort: sonnig bis halbschattig
Boden: schwach sauer bis neutral; frisch bis feucht; sandig-humos, sandig-lehmig
Nährstoffbedarf: ausgeglichen bis hoch; **Bewässerung:** regelmäßig bis häufig
Pflanzabstand: 20–30 cm
Vermehrung: Aussaat, Teilung
Verwendung: kompakt wachsend, Kübel- und Topfkultur,

Kriech-Günsel

für bunte Beet- und Stauden-pflanzungen, Einfassung, Grab-bepflanzung, Steingarten, lockt Bienen und Schmetterlinge an, auffallende Blüten, kann wuchern
Weitere Art: *Ajuga genevensis*

pflegeleicht, für Einsteiger, für kleine Gärten

Zwergiger Frauenmantel
Alchemilla erythropoda

Aussehen: flach polsterförmig
Höhe: 10–15 cm; **Breite:** 20 cm
Blütezeit: Juni bis Juli
Blüte: grünlich gelb
Blätter: bläulich- bis graugrün
Standort: sonnig bis halbschattig
Boden: schwach sauer bis alkalisch; frisch; sandig-lehmig
Nährstoffbedarf: gering
Bewässerung: regelmäßig
Pflanzabstand: 20–30 cm
Vermehrung: Teilung
Verwendung: kompakt wachsend, für bunte Beet- und Stau-denpflanzungen, Einfassung,

Gehölzrand, Grabbepflanzung, Steingarten, auffallender Wuchs

pflegeleicht, für Einsteiger, für kleine Gärten

Berg-Silbermantel, Hoppes Frauenmantel
Alchemilla hoppeana

Aussehen: kompakt polsterför-mig; **Höhe:** 5–15 cm; **Breite:** 20 cm
Blütezeit: Juni bis September
Blüte: grünlich gelb
Blätter: dunkelgrün, gelblich grün umrandet
Standort: sonnig
Boden: schwach sauer bis schwach alkalisch; frisch; durch-lässig, sandig-lehmig
Nährstoffbedarf: gering
Bewässerung: regelmäßig
Pflanzabstand: 20–30 cm
Vermehrung: Teilung
Verwendung: Einfassung, Grab-bepflanzung, Steingarten, auffal-lender Wuchs
Weitere Arten: *A. speciosa* – wu-chert, *A. nifida* – für Steingärten

pflegeleicht, anspruchsvoll, Liebhaberpflanze

Großblättriger Frauenmantel, Weicher Frauenmantel
Alchemilla mollis

Aussehen: halbkugelig oder rundlich, schnell wachsend
Höhe: 40–50 cm
Breite: 60–80 cm
Blütezeit: Juni bis Juli
Blüte: grünlich gelb
Blätter: blass- bis gelblich grün
Standort: sonnig bis halbschattig
Boden: sauer bis neutral; frisch bis feucht; sandig-humos, sandig-lehmig
Nährstoffbedarf: ausgeglichen
Bewässerung: regelmäßig bis häufig

Großblättriger Frauenmantel

Pflanzabstand: 30–50 cm
Vermehrung: Aussaat, Teilung
Verwendung: bunte Beet- und Staudenpflanzung, Einfassung, Gehölzrand, Grabbepflanzung, flächendeckende Bodenbegrü-nung, Schnittblume, Floristik, sehr schöne Blätter, dichte Bestände, vergilbte Blätter und Blüten sofort abschneiden, wuchert
Weitere Art: *A. vulgaris* – gelb

pflegeleicht, für Einsteiger, für kleine Gärten

Berg-Steinkraut, Gewöhnliches Berg-Steinkraut
Alyssum montanum

Aussehen: niederliegend bis buschig aufrecht; **Höhe:** 5–20 cm
Breite: 50 cm
Blütezeit: April bis Juni
Blüte: hellgelb
Blätter: graugrün
Standort: sonnig
Boden: neutral bis alkalisch;

Berg-Steinkraut

trocken bis mittel; durchlässige Drainage, sandig-kiesig
Nährstoffbedarf: gering
Bewässerung: sehr wenig bis regelmäßig
Pflanzabstand: 30–40 cm
Vermehrung: Aussaat, Stecklinge
Verwendung: kompakt wach-send, Kübel- und Topfkultur, Einfassung, Steingarten, Mauer-fugen und Trockenmauern, lockt Bienen und Schmetterlinge an, dekorative Blüten
Sortenbeispiel: 'Berggold' – goldgelb

pflegeleicht, für Einsteiger, für kleine Gärten

Ausgewählte *Ajuga*-Sorten (Blütezeit April bis Mai)

Sorte	Aussehen, Laubfarbe	Höhe	Blütefarbe
'Alba'	polsterbildend, grün	15–20 cm	weiß
'Atropurpurea'	polsterbildend, violettbraun	15–20 cm	violettblau
'Braunherz'	polsterbildend, braunrot	bis 15 cm	violettblau
'Catlin's Giant'	stark wachsend	bis 25 cm	groß, blau
'Jungle Beauty'	polsterbildend, groß, dunkelgrünrot	30–40 cm	blau
'Multicolor'	polsterbildend, mehrfarbig	15–20 cm	violettblau

Kleinblättriges Felsenkraut
Alyssum serpyllifolium

Aussehen: niederliegend bis buschig aufrecht
Höhe: 5–30 cm
Breite: 30–50 cm
Blütezeit: April bis Mai
Blüte: hellgelb
Blätter: graugrün
Standort: sonnig
Boden: neutral bis alkalisch; trocken bis mittel; durchlässig, sandig-kiesig, gute Drainage
Nährstoffbedarf: gering
Bewässerung: sehr wenig bis regelmäßig
Pflanzabstand: 30 cm
Vermehrung: Aussaat, Stecklinge
Verwendung: kompakt wachsend, Kübel- und Topfkultur, Einfassung, Steingarten, Mauerfugen und Trockenmauern, lockt Bienen und Schmetterlinge an, dekorative Blüten
Weitere Arten: A. caespitosum – goldgelb, A. murale – gelb

> pflegeleicht, für kleine Gärten

Silberimmortelle, Perlkörbchen
Anaphalis margaritacea

Aussehen: aufrecht buschig
Höhe: 40–60 cm
Breite: 50–60 cm
Blütezeit: Juli bis September
Blüte: gelblich weiß
Blätter: silbrig grün, weißwollig
Standort: vollsonnig
Boden: schwach sauer bis alkalisch; mäßig trocken bis frisch; durchlässig, sandig-steinig
Nährstoffbedarf: ausgeglichen
Bewässerung: wenig bis regelmäßig
Pflanzabstand: 25–30 cm
Vermehrung: Aussaat, Teilung
Verwendung: bunte Beet- und Staudenpflanzung, Laub mit kontrastreicher Wirkung,

Schnittblume, auffallende Blätter

> pflegeleicht, für Einsteiger, für kleine Gärten

Perlkörbchen, Perlpfötchen
Anaphalis triplinervis

Aussehen: aufrecht buschig
Höhe: 25–50 cm
Breite: 30–50 cm
Blütezeit: Juli bis August
Blüte: weiß
Blätter: graugrün, weißwollig

Perlkörbchen

Standort: sonnig
Boden: neutral bis alkalisch mäßig trocken bis frisch; durchlässig
Nährstoffbedarf: ausgeglichen
Bewässerung: wenig bis regelmäßig
Pflanzabstand: 30 cm; **Vermehrung:** Aussaat, Teilung
Verwendung: für bunte Beet- und Staudenpflanzungen, Steingarten, Schnittblume, auffallende Blätter und Blüten
Weitere Art: A. nepalensis var. monocephala – gut drainierter Steingarten

> pflegeleicht, für Einsteiger, für kleine Gärten

Große Ochsenzunge, Italienische Ochsenzunge
Anchusa azurea (Bild Seite 92)

Aussehen: aufrecht, horstbildend; **Höhe:** 90–150 cm
Breite: 60 cm
Blütezeit: Mai bis September
Blüte: blau
Blätter: dunkelgrün
Standort: sonnig
Boden: schwach sauer bis schwach alkalisch; trocken bis frisch; durchlässig, sandig-lehmig
Nährstoffbedarf: ausgeglichen bis hoch; **Bewässerung:** sehr wenig bis regelmäßig
Pflanzabstand: 50–60 cm
Vermehrung: Aussaat, Teilung
Schnittmaßnahmen: den Spross im späten Herbst oder zeitigen Frühjahr zurückschneiden
Verwendung: für bunte Beet- und Staudenpflanzungen, lockt Bienen und Schmetterlinge an, Winterschutz
Sortenbeispiele: 'Dropmoore' – blauviolett, 'Royal Blue' – enzianblau, 'Little John' – tiefblau, 'Loddon Royalist' – leuchtend blau

> pflegeleicht, alte Gartenstaude

Himalaja-Mannsschild
Androsace sarmentosa

Aussehen: rosettig, kompakt wachsend; **Höhe:** 2–5 cm
Breite: 10–20 cm
Blütezeit: Juni bis Juli
Blüte: rosa bis karminrot mit grüngelben Auge
Blätter: grün
Standort: sonnig bis leicht beschattet
Boden: schwach sauer bis schwach alkalisch; durchlässig; sandig-kiesig, sandig-humos
Nährstoffbedarf: wenig bis mittel; **Bewässerung:** wenig
Pflanzabstand: 20–30 cm

Vermehrung: Aussaat, Teilung
Verwendung: Alpinum, Steingarten, Einfassungen

> pflegeleicht, Liebhaberpflanze

Japanische Herbst-Anemone
Anemone hupehensis

Aussehen: aufrecht buschig
Höhe: 40–80 cm
Breite: 40–50 cm
Blütezeit: August bis September
Blüte: rosa

Japanische Herbst-Anemone, Anemone hupehensis

Japanische Herbst-Anemone, Anemone hupehensis var. japonica

Empfehlenswerte *Anemone*-Arten

Botanischer Name	Deutscher Name	Höhe	Blütezeit	Blütenfarbe	Tipps
A. hupehensis var. japonica 'Mont Rose'	Japanische Herbst-Anemone	60–80 cm	August bis September	rosa bis violettrosa	pflegeleicht
A. sylvestris	Großes Waldwindröschen	30–50 cm	Mai bis Juni	weiß	pflegeleicht, für kleine Gärten
A. tomentosa	Filzblättrige Herbst-Anemone	60–100 cm	Juli bis Oktober	weiß, rosa	Liebhaberpflanze

Andere schöne *Aquilegia*-Arten (Blütezeit Mai bis Juni)

Botanischer Name	Deutscher Name	Aussehen, Höhe	Blütenfarbe	Tipps
A. alpina	Alpen-Akelei	aufrecht, 30–50 cm	hellblau bis blau	für kleine Gärten, Liebhaberpflanze
A.-Caerulea Hybride 'Mc Kana'	Akelei	aufrecht, 60–80 cm	zweifarbig in Blau, Gelb, Rot und Weiß	pflegeleicht
A. flabellata var. pumila	Zwerg-Akelei	kompakt aufrecht, 15–25 cm	blauweiß	pflegeleicht, für kleine Gärten
A. formosa	Akelei	locker aufrecht, 60–90 cm	rötlich gelb	Liebhaberpflanze
A. vulgaris	Gemeine Akelei, Wald-Akelei	aufrecht, 60–70 cm	blauviolett	pflegeleicht, viele Sorten

Blätter: dunkelgrün
Standort: sonnig bis halbschattig
Boden: schwach sauer bis neutral; frisch; durchlässig, sandig-lehmig
Nährstoffbedarf: ausgeglichen
Bewässerung: regelmäßig
Pflanzabstand: 30–40 cm
Vermehrung: Aussaat, Teilung
Verwendung: bunte Beet- und Staudenpflanzung, Gehölzrand, lockt Bienen und Schmetterlinge an, wunderschöne Blüten

pflegeleicht, für Einsteiger

Gemeines Katzenpfötchen
Antennaria dioica

Aussehen: polsterbildend
Höhe: 5–15 cm; **Breite:** 30 cm
Blütezeit: Mai bis Juni
Blüte: rosa
Blätter: grau- bis silbergrün
Standort: sonnig
Boden: sauer bis schwach sauer; trocken bis mäßig trocken; durchlässig, sandig-kiesig
Nährstoffbedarf: sehr gering

Bewässerung: sehr wenig bis wenig
Pflanzabstand: 20–25 cm
Vermehrung: Aussaat, Teilung
Verwendung: kompakt wachsend, Kübel- und Topfkultur, Einfassung, Grabbepflanzung, Steingarten, Mauerfugen und Trockenmauern, flächendeckende Bodenbegrünung, Laub mit kontrastreicher Wirkung, lockt Bienen und Schmetterlinge an, auffallende Blätter, kann wuchern
Sortenbeispiele: 'Alba' – weiß, 'Rubra' – rot, 'Rotes Wunder' – rot, 'Weiße Immertelle' – weiß

pflegeleicht, für Einsteiger, für kleine Gärten

Färber-Kamille, Färber-Hundskamille
Anthemis tinctoria

Aussehen: aufrecht buschig
Höhe: 40–80 cm
Breite: 30–60 cm
Blütezeit: Juli bis September
Blüte: goldgelb

Blätter: graugrün
Standort: sonnig
Boden: schwach sauer bis schwach alkalisch; mäßig trocken; durchlässig, sandig-lehmig
Nährstoffbedarf: gering;
Bewässerung: wenig, verträgt keine Staunässe
Pflanzabstand: 40–50 cm
Vermehrung: Aussaat, Teilung
Verwendung: bunte Beet- und Staudenpflanzung, Schnittblume, lockt Bienen und Schmetterlinge an

pflegeleicht, für Einsteiger, alte Gartenstaude

Akelei, Rocky Mountains-Akelei
Aquilegia caerulea

Aussehen: aufrecht
Höhe: 30–60 cm; **Breite:** 30 cm
Blütezeit: Mai bis Juni
Blüte: blau
Blätter: mittel- bis bläulich grün
Standort: sonnig bis halbschattig
Boden: sauer bis neutral; frisch;

Akelei, Aquilegia-Caerulea-Hybride 'Mc Kana'

durchlässig, sandig-humos
Nährstoffbedarf: ausgeglichen
Bewässerung: regelmäßig
Pflanzabstand: 25–30 cm
Vermehrung: Aussaat
Verwendung: bunte Beet- und Staudenpflanzung, Gehölzrand, auffallende Blüten

pflegeleicht, für kleine Gärten

Arends-Gänsekresse
Arabis × arendsii

Aussehen: polsterbildend
Höhe: 10–20 cm
Breite: 20–30 cm
Blütezeit: April bis Mai
Blüte: rosa, rot
Blätter: graugrün
Standort: sonnig bis halbschattig
Boden: schwach sauer bis alkalisch; frisch; durchlässig, sandig-lehmig
Nährstoffbedarf: ausgeglichen bis hoch; **Bewässerung:** regelmäßig
Pflanzabstand: 20–30 cm
Vermehrung: Teilung
Verwendung: kompakt wachsend, Kübel- und Topfkultur, Grabbepflanzung, Steingarten, lockt Bienen und Schmetterlinge an

Gemeines Katzenpfötchen

Färber-Kamille

Alpen-Akelei

Sortenbeispiele: 'Coccinea' – rosa, 'Rosenquarz' – hellrosa, 'Rubin' – dunkelrosa

pflegeleicht, für Einsteiger, für kleine Gärten

Gänsekresse, Kaukasus-Gänsekresse, Kaukasische Gänsekresse
Arabis caucasica

Aussehen: polsterbildend
Höhe: 10–20 cm
Breite: 40–50 cm

Gänsekresse

Blütezeit: März bis Mai
Blüte: weiß
Standort: sonnig bis halbschattig
Boden: schwach sauer bis alkalisch; frisch; durchlässig
Nährstoffbedarf: ausgeglichen bis hoch; **Bewässerung:** regelmäßig
Pflanzabstand: 20–30 cm
Vermehrung: Aussaat, Teilung
Verwendung: kompakt wachsend, Kübel- und Topfkultur, Einfassung, Grabbepflanzung, Steingarten, flächendeckende Bodenbegrünung, Unterpflanzung von Baum- und Strauchgruppen, lockt Bienen und Schmetterlinge an
Sortenbeispiele und weitere Art:

'Schneeball' – weiß, 'Variegata' – weiß, Blätter mit weißem Rand, *A. fernandii-coburgiii* 'Old Gold' – gelbgrüne Blätter

pflegeleicht, für Einsteiger, für kleine Gärten

Schaumkresse, Ungarische Gänsekresse
Arabis procurrens (Bild Seite 92)

Aussehen: polsterbildend
Höhe: 10–15 cm
Breite: 30–40 cm
Blütezeit: April bis Mai
Blüte: weiß
Standort: sonnig bis halbschattig
Boden: schwach sauer bis alkalisch; frisch; durchlässig
Nährstoffbedarf: ausgeglichen bis hoch; **Bewässerung:** regelmäßig
Pflanzabstand: 20–30 cm
Vermehrung: Aussaat, Teilung
Verwendung: kompakt wachsend, Grabbepflanzung, Steingarten, flächendeckende Bodenbegrünung, lockt Bienen und Schmetterlinge an
Sortenbeispiele: 'Glacier' – Bodendecker, 'Neuschnee' – dunkellaubig, Bodendecker

pflegeleicht, für Einsteiger, für kleine Gärten

Sündermann-Schaumkresse
Arabis × suendermannii

Aussehen: polsterbildend
Höhe: 5–15 cm
Breite: 20–30 cm
Blütezeit: April bis Mai, September bis Oktober
Blüte: weiß
Standort: sonnig bis halbschattig
Boden: schwach sauer bis alkalisch; frisch; durchlässig
Nährstoffbedarf: ausgeglichen
Bewässerung: regelmäßig
Pflanzabstand: 20–25 cm
Vermehrung: Teilung
Verwendung: kompakt wachsend, Einfassung, Grabbepflan-

zung, Steingarten, lockt Bienen und Schmetterlinge an

Liebhaberpflanze

Grasnelke, Gewöhnliche Grasnelke
Armeria maritima

Aussehen: kompakt buschig bis polsterbildend, horstbildend
Höhe: 20–30 cm
Breite: 20–25 cm
Blütezeit: Mai bis Juni
Blüte: rosa
Standort: sonnig
Boden: schwach sauer bis schwach alkalisch; trocken bis frisch; durchlässig
Nährstoffbedarf: ausgeglichen
Bewässerung: sehr wenig bis regelmäßig
Pflanzabstand: 20–25 cm
Vermehrung: Aussaat, Teilung
Verwendung: Kübel- und Topf-

Grasnelke

Breitblättrige Grasnelke

kultur, bunte Beet- und Staudenpflanzung, Einfassung, Steingarten, Mauerfugen und Trockenmauern, lockt Bienen und Schmetterlinge an
Sortenbeispiele: 'Alba' – weiß, 'Düsseldorfer Stolz' – karminrot, 'Schöne von Fellbach' – lilarosa

pflegeleicht, für Einsteiger, für kleine Gärten

Zwerg-Geißbart, Kleiner Geißbart
Aruncus aethusifolius

Aussehen: kompakt buschig, horstbildend; **Höhe:** 30–40 cm
Breite: 30–40 cm
Blütezeit: Mai bis Juni
Blüte: weiß bis cremeweiß, zweihäusig
Standort: sonnig bis halbschattig

Zwerg-Grasnelke

Zwei weitere Grasnelken-Arten

Botanischer Name	Deutscher Name	Aussehen, Höhe	Blütezeit, Farbe	Tipps
Armeria juniperifolia	Zwerg-Grasnelke	kompakt polsterbildend, 5–8 cm	April bis Mai, rosa bis hellviolettrosa	für Kübel und Töpfe geeignet, für kleine Gärten, Liebhaberpflanze
Armeria pseudarmeria	Breitblättrige Grasnelke	buschig, horstbildend, 30–40 cm	Juni bis August, violettrosa	pflegeleicht, für Einsteiger, für Kübel und Töpfe geeignet, für kleine Gärten

Boden: sauer bis schwach sauer; frisch; durchlässig
Nährstoffbedarf: ausgeglichen bis hoch; **Bewässerung:** regelmäßig
Pflanzabstand: 30 cm
Vermehrung: Aussaat, Teilung
Verwendung: Kübel- und Topfkultur, bunte Beet- und Staudenpflanzung, Gehölzrand, Grabbepflanzung, Steingarten
Sortenbeispiele: 'Horatio', 'Johannifest', 'Woldemar Meier'

> pflegeleicht, für kleine Gärten

Wald-Geißbart
Aruncus dioicus

Aussehen: aufrecht buschig
Höhe: 150–200 cm
Breite: 90–150 cm
Blütezeit: Juni bis Juli
Blüte: weiß, zweihäusig
Standort: halbschattig bis schattig

Wald-Geißbart

Boden: schwach sauer bis schwach alkalisch; frisch; durchlässig
Nährstoffbedarf: ausgeglichen bis hoch; **Bewässerung:** regelmäßig
Pflanzabstand: 100 cm
Vermehrung: Aussaat, Teilung
Schnittmaßnahmen: den Spross im späten Herbst oder zeitigen Frühjahr zurückschneiden
Verwendung: für bunte Beet- und Staudenpflanzungen, Gehölzrand, auffallende Blüten, Teichanschlusszone, gut als Hintergrundpflanzen geeignet, dekorative, große Blüten

> pflegeleicht

Knollige Seidenblume

Knollige Seidenblume, Knollige Seidenpflanze
Asclepias tuberosa

Aussehen: aufrecht buschig
Höhe: 60–90 cm
Breite: 30–40 cm
Blütezeit: Juni bis August
Blüte: orange bis orangegelb, später besonderer Fruchtschmuck
Standort: sonnig
Boden: schwach sauer bis schwach alkalisch; frisch; durchlässig
Nährstoffbedarf: ausgeglichen
Bewässerung: regelmäßig
Pflanzabstand: 40–50 cm
Vermehrung: Aussaat, Teilung
Achtung: Pflanzensaft kann Hautreizungen verursachen
Verwendung: für bunte Beet- und Staudenpflanzungen, lockt Bienen und Schmetterlinge an, dekorative Blüten, für Trockengebinde, mäßig frosthart – Winterschutz
Sortenbeispiele: 'Gay Butterfly' – bunte Samensorte, 'Orange flame' – orange

> Liebhaberpflanze, alte Gartenstaude

Junkerlilie
Asphodeline lutea

Aussehen: straff aufrecht
Höhe: 70–120 cm; **Breite:** 30 cm
Blütezeit: Mai bis Juni
Blüte: gelb
Standort: vollsonnig
Boden: schwach sauer bis schwach alkalisch; mäßig trocken; durchlässig
Nährstoffbedarf: hoch
Bewässerung: wenig
Pflanzabstand: 30–40 cm

Junkerlilie

Vermehrung: Aussaat, Teilung
Verwendung: für bunte Beet- und Staudenpflanzungen, lockt Bienen und Schmetterlinge an, Steppenbeet, Ausläufer bildend, dekorative, große Blüten

> Liebhaberpflanze

Alpen-Aster
Aster alpinus

Aussehen: kompakt polsterbildend; **Höhe:** 20–30 cm
Breite: 30 cm
Blütezeit: Mai bis Juni
Blüte: hellviolett
Standort: sonniger Magerrasen
Boden: schwach sauer bis schwach alkalisch; trocken bis frisch; gut durchlässig
Nährstoffbedarf: sehr gering
Bewässerung: sehr wenig bis regelmäßig
Pflanzabstand: 20–25 cm
Vermehrung: Aussaat, Teilung
Verwendung: kompakt wachsend, Kübel- und Topfkultur, bunte Beet- und Staudenpflanzung, Einfassung, Steingarten, lockt Bienen und Schmetterlinge an, schöne Blüten
Arten: man unterscheidet nach der Blütezeit Frühlings-, Sommer- und Herbstaster

> pflegeleicht, für Einsteiger, für kleine Gärten

Berg-Aster, Kalk-Aster
Aster amellus

Aussehen: aufrecht buschig
Höhe: 30–60 cm

Schöne *Astern*

Botanischer Name	Aussehen, Höhe	Blütezeit, Farbe
A. alpinus 'Albus'	kompakt polsterbildend, 15–20 cm	Mai bis Juni, weiß
A. alpinus 'Dunkle Schöne'	kompakt polsterbildend, 15–20 cm	Mai bis Juni, dunkelviolett
A. amellus 'Sternkugel'	aufrecht buschig, 40–50 cm	Juli bis September, hellviolett
A. amellus 'Veilchenkönigin'	aufrecht buschig, 40–50 cm	Juli bis September, dunkelviolett
A.-Dumosus-Hybride 'Kassel'	kompakt buschig bis rundlich, 30–40 cm	September bis Oktober, karminrot, halbgefüllt
A.-Dumosus-Hybride 'Prof. Anton Kippenberg'	kompakt buschig bis rundlich, 30–40 cm	September bis Oktober, blauviolett, halbgefüllt
A.-Dumosus-Hybride 'Silberteppich'	kompakt buschig bis rundlich, 30–40 cm	September bis Oktober, silberblau, halbgefüllt

Einige schöne *Astern*-Sorten (Blütezeit Sept.–Okt.)

Botanischer Name	Höhe	Blütefarbe
A. novae-angliae 'Andenken an Alma Pötschke'	90–120 cm	lachsrot bis tief rosarot, halbgefüllt
A. novae-angliae 'Andenken an Paul Gerber'	130–150 cm	violettrot bis rosaviolett, halbgefüllt
A. novae-angliae 'Barrs Blue'	140–160 cm	blauviolett, halbgefüllt
A. novae-angliae 'Rosa Sieger'	120–140 cm	leuchtend lachsrosa, halbgefüllt
A. novae-angliae 'Rubinrot'	120–130 cm	karminrot
A. novae-angliae 'Rubinschatz'	120–130 cm	purpurrot, halbgefüllt
A. novi-belgii 'Bonningdale White'	bis 100 cm	weiß, halbgefüllt
A. novi-belgii 'Crimson Brocade'	80–100 cm	purpurrot, halbgefüllt
A. novi-belgii 'Dauerblau'	120–140 cm	blauviolett, halbgefüllt
A. novi-belgii 'Karminkuppel'	bis 80 cm	karminrot
A. novi-belgii 'Schneekuppe'	110–130 cm	weiß
A. novi-belgii 'Winston Churchill'	90–100 cm	purpurrot
A. novi-belgii 'Zauberspiel'	90–110 cm	weiß

Raublatt-Aster

Raublatt-Aster 'Andenken an Paul Gerber', Aster novae-angliae

Berg-Aster 'Veilchenkönigin', Aster amellus

Breite: 30–40 cm
Blütezeit: Juli bis September
Blüte: blauviolett
Blätter: mittelgrün
Standort: sonnig
Boden: schwach alkalisch bis alkalisch; trocken bis frisch; durchlässig
Nährstoffbedarf: ausgeglichen bis hoch; **Bewässerung:** sehr wenig bis regelmäßig
Pflanzabstand: 40 cm
Vermehrung: Aussaat, Stecklinge, Teilung
Schnittmaßnahmen: den Spross im späten Herbst oder zeitigen Frühjahr zurückschneiden
Verwendung: bunte Beet- und Staudenpflanzung, Schnittblume, lockt Bienen und

Schmetterlinge an, schöne Blüten, lange Blütezeit

> pflegeleicht, für Einsteiger, für kleine Gärten

Herbst-Aster, Kissen-Aster, Buschige Aster
Aster dumosus

Aussehen: kompakt buschig bis rundlich; **Höhe:** 20–40 cm
Breite: 20–30 cm
Blütezeit: September bis Oktober
Blüte: hellviolett
Blätter: mittel- bis dunkelgrün
Standort: sonnig
Boden: sauer bis alkalisch; mäßig trocken bis frisch; durchlässig

Herbst-Aster 'Prof. Anton Kippenberg', Aster-Dumosus-Hybride

Nährstoffbedarf: hoch, gut düngen; **Bewässerung:** wenig bis regelmäßig
Pflanzabstand: 30 cm
Vermehrung: Aussaat, Stecklinge, Teilung
Schnittmaßnahmen: den Spross im späten Herbst oder zeitigen Frühjahr zurückschneiden
Verwendung: Kübel- und Topfkultur, bunte Beet- und Staudenpflanzung, Steingarten, Schnittblume, lockt Bienen und Schmetterlinge an, lange Blütezeit, an Kanten von Steinmauern oder Beeten pflanzen

> pflegeleicht, für Einsteiger, für kleine Gärten

Raublatt-Aster
Aster novae-angliae

Aussehen: aufrecht, horstbildend; **Höhe:** 100–150 cm
Breite: 60 cm
Blütezeit: September bis Oktober
Blüte: rosa, rot, rotviolett

Raublatt-Aster 'Rubinschatz', Aster novae-angliae

Blätter: mittelgrün
Standort: sonnig
Boden: sauer bis alkalisch; frisch; durchlässig
Nährstoffbedarf: hoch
Bewässerung: regelmäßig
Pflanzabstand: 70–90 cm
Vermehrung: Aussaat, Stecklinge, Teilung
Schnittmaßnahmen: den Spross im späten Herbst oder zeitigen Frühjahr zurückschneiden
Verwendung: für bunte Beet-

Raublatt-Aster 'Rosa Sieger', Aster novae-angliae

und Staudenpflanzungen, Schnittblume, lockt Bienen und Schmetterlinge an

> pflegeleicht, für Einsteiger

Glattblatt-Aster
Aster novi-belgii

Aussehen: aufrecht buschig, horstbildend; **Höhe:** 100–150 cm
Breite: 70–90 cm
Blütezeit: August bis Oktober
Blüte: blau, rosa, rot, violett oder weiß
Blätter: mittelgrün

Glattblatt-Aster

Schleier-Aster

Goldhaar-Aster

Vorsommer-Aster

Standort: sonnig
Boden: sauer bis alkalisch; frisch; durchlässig
Nährstoffbedarf: hoch
Bewässerung: regelmäßig
Pflanzabstand: 70–90 cm; **Vermehrung:** Aussaat, Stecklinge
Teilung: alte Pflanze im Frühjahr teilen und Teilstücke in unverbrauchten Boden an anderer Stelle wieder auspflanzen
Schnittmaßnahmen: den Spross im späten Herbst oder zeitigen Frühjahr zurückschneiden
Verwendung: für bunte Beet- und Staudenpflanzungen, Schnittblume, lockt Bienen und Schmetterlinge an

> pflegeleicht

Arends-Prachtspiere, Garten-Astilbe
Astilbe × arendsii

Aussehen: aufrecht buschig, horstbildend; **Höhe:** 80–100 cm

Arends-Prachtspiere

Breite: 60–70 cm
Blütezeit: Juli bis September
Blüte: violettrosa
Blätter: mittel- bis dunkelgrün
Standort: sonnig bis halbschattig
Boden: sauer bis schwach sauer; frisch; durchlässig
Nährstoffbedarf: ausgeglichen bis hoch; **Bewässerung:** regelmäßig
Pflanzabstand: 40–50 cm
Vermehrung: Teilung
Verwendung: für bunte Beet- und Staudenpflanzungen, Schnittblume, auffallende Blüten, dekorative, große Blüten
Viele Sorten: man unterteilt in frühe, mittlere und späte Blüher

> pflegeleicht

Prachtspiere, China-Astilbe
Astilbe chinensis

Aussehen: aufrecht buschig, horstbildend
Höhe: 45–60 cm
Breite: 40–50 cm
Blütezeit: August bis September
Blüte: violettrosa
Blätter: dunkelrosa
Standort: sonnig bis halbschattig
Boden: sauer bis schwach sauer; frisch; durchlässig
Nährstoffbedarf: ausgeglichen bis hoch; **Bewässerung:** regelmäßig
Pflanzabstand: 30–40 cm
Vermehrung: Aussaat, Teilung
Schnittmaßnahmen: den Spross im späten Herbst oder zeitigen Frühjahr zurückschneiden

Weitere *Astern*-Arten

Botanischer Name	Deutscher Name	Aussehen, Höhe	Blütezeit, Farbe	Tipps
A. cordifolius	Schleier-Aster	aufrecht, horstbildend, 60–130 cm	September bis Oktober, hellblau	Liebhaberpflanze
A. ericoides	Erika-Aster, Myrten-Aster, Septemberkraut	aufrecht buschig, 50 bis 100 cm	September bis November, weiß	pflegeleicht, kompakt wachsend
A. × frikartii	Berg-Aster	aufrecht, 70 bis 80 cm	August bis September, weiß mit orangefarbener Mitte	pflegeleicht, für Einsteiger, Liebhaberpflanze
A. laevis	Wilde Glattblatt-Aster Glattblatt-Aster	aufrecht buschig, 100–150 cm	September bis Oktober, hellblauviolett	pflegeleicht
A. lateriflorus	Kattun-Aster	60–70 cm	September bis Oktober, rosalila	lange Blütezeit
A. linosyris	Goldhaar-Aster	straff aufrecht, 40–60 cm	Juli bis September, gelb	pflegeleicht, für Einsteiger
A. tongolensis	Vorsommer-Aster Szetschuan-Aster	kissenbildend, 30–40 cm	Mai bis Juni, violett	pflegeleicht, für Einsteiger, für kleine Gärten, große Blüten

Drei *Astilbe*-Arten (alle aufrecht buschig, horstbildend)

Botanischer Name	Deutscher Name	Höhe	Blütezeit	Tipps
A. koreana	Koreanische Zwergspiere	30–60 cm	Juni bis August, weiß	Liebhaberpflanze
A. rivularis	Himalaja-Bachspiere	120–150 cm	August bis September, weiß	Liebhaberpflanze, dekoratives Laub
A. thunbergii	Thunberg-Prachtspiere	70–100 cm	Juli bis August, weiß, lilarosa	pflegeleicht

Verwendung: für bunte Beet- und Staudenpflanzungen, Japangarten, auffallende Blüten
Weitere Arten: A. chinensis var. davidii – purpurrot, A. chinensis var. pumila (Zwergspiere) – guter Bodendecker

pflegeleicht

Prachtspiere, Japanische Astilbe
Astilbe japonica

Aussehen: aufrecht buschig, horstbildend; **Höhe:** 30–40 cm
Breite: 40 cm
Blütezeit: Juni bis Juli
Blüte: weiß
Standort: halbschattig
Boden: sauer bis schwach sauer; frisch feucht; durchlässig
Nährstoffbedarf: ausgeglichen bis hoch; **Bewässerung:** regelmäßig
Pflanzabstand: 30–40 cm
Schnittmaßnahmen: verblühte Pflanzenteile entfernen und im Spätherbst abgestorbenen Spross zurückschneiden
Verwendung: für bunte Beet- und Staudenpflanzungen, Gehölzrand, Japangarten, Schnittblume, auffallende Blüten
Sortenbeispiele: 'Montgomery' – dunkelrot, 'Peach Blossom' – hellrosa bis orangerot, 'Red Sentinel' – leuchtend rubinrot

pflegeleicht, für kleine Gärten

Große Sterndolde
Astrantia major

Aussehen: buschig; **Höhe:** 45–60 cm; **Breite:** 30–40 cm
Blütezeit: Juni bis August
Blüte: hellrosa bis weißlich rosa

Große Sterndolde

Große Sterndolde 'Rosenkuppel'

Standort: halbschattig
Boden: sauer bis alkalisch; frisch; durchlässig, sandig-lehmig
Nährstoffbedarf: ausgeglichen

bis hoch; **Bewässerung:** regelmäßig
Pflanzabstand: 30–40 cm
Vermehrung: Aussaat, Teilung
Schnittmaßnahmen: den Spross im späten Herbst oder zeitigen Frühjahr zurückschneiden
Verwendung: für bunte Beet- und Staudenpflanzungen, Gehölzrand, lockt Bienen und Schmetterlinge an, auffallende Blüten

Kaukasische Sterndolde
Astrantia maxima

Aussehen: buschig; **Höhe:** 40–60 cm; **Breite:** 40 cm
Blütezeit: Juni bis August
Blüte: hellrosa bis weißlich rosa
Standort: halbschattig
Boden: sauer bis alkalisch; frisch; durchlässig, sandig-lehmig
Nährstoffbedarf: ausgeglichen bis hoch; **Bewässerung:** regelmäßig
Pflanzabstand: 30–40 cm
Vermehrung: Aussaat, Teilung
Schnittmaßnahmen: den Spross im späten Herbst oder zeitigen Frühjahr zurückschneiden
Verwendung: für bunte Beet- und Staudenpflanzungen, Gehölzrand, Schnittblume, lockt Bienen und Schmetterlinge an, auffallende Blüten

Blaukissen
Aubrieta × cultorum

Aussehen: flach polsterbildend
Höhe: 8–12 cm
Breite: 50–150 cm
Blütezeit: April bis Mai
Blüte: Farbvariationen in Blau, Karmin, Purpur, Rosa, Violett und Weiß
Standort: sonnig
Boden: schwach sauer bis alkalisch; mäßig trocken bis frisch; durchlässig
Nährstoffbedarf: ausgeglichen bis hoch; **Bewässerung:** wenig bis regelmäßig
Pflanzabstand: 30 cm
Vermehrung: Stecklinge, Teilung, reine Arten durch Aussaat
Schnittmaßnahmen: nach der Blüte den Sproß zurückschneiden – fördert den Wuchs und die Blühfreudigkeit
Verwendung: Kübel- und Topfkultur, Einfassung, Grabbepflanzung, Steingarten, Mauerfugen und Trockenmauern, lockt Bienen und Schmetterlinge an, lange Blütezeit
Weitere Arten: A. columnae, A. deltoidea, A. intermedia – findet man kaum im Handel

pflegeleicht, für Einsteiger, für kleine Gärten

Schöne Blaukissen-Sorten

Sorte	Höhe	Blütenfarbe
'Blaumeise'	10–12 cm	dunkelblauviolett
'Blue Emperor'	10–12 cm	blauviolett
'Neuling'	bis 10 cm, sehr wüchsig	lavendelblau
'Red Carpet'	bis 10 cm	tief dunkelrot
'Rotkäppchen'	8–10 cm	leuchtend karminrot
'Royal Red'	8–10 cm	karminrot
'Schloß Eckberg'	10–12 cm	blauviolett
'Tauricola'	5–10 cm	violett

Blaukissen 'Royal Red'

Felsen-Steinkraut, Felsen-Steinkresse
Aurinia saxatilis

Aussehen: kissenartig, schnell wachsend; **Höhe:** 20–40 cm
Breite: 30–40 cm
Blütezeit: April bis März
Blüte: goldgelb
Standort: sonnig
Boden: schwach sauer bis alkalisch; trocken bis mittel; durchlässig, sandig-kiesig
Nährstoffbedarf: ausgeglichen
Bewässerung: sehr wenig bis regelmäßig
Pflanzabstand: 30–40 cm; **Vermehrung:** Aussaat, Stecklinge
Verwendung: Kübel- und Topfkultur, Einfassung, Steingarten, Mauerfugen und Trockenmauern, auffallende Blüten
Sortenbeispiele: 'Citrinum', 'Compactum', 'Goldkissen', 'Plenum' – alle in Gelbtönen

pflegeleicht, für Einsteiger, für kleine Gärten

Andenpolster
Azorella trifurcata

Aussehen: flach teppichbildend, kompakt wachsend, rosettenbildend; **Höhe:** 5–8 cm; **Breite:** starke Ausdehnung bis 2 m²
Blütezeit: Mai bis Juni
Blüte: gelblich
Standort: sonnig, halbschattig
Boden: schwach sauer bis alkalisch; feucht, mäßig trocken bis frisch; durchlässig
Nährstoffbedarf: ausgeglichen
Bewässerung: wenig bis regelmäßig, Staunässe vermeiden

Andenpolster

Pflanzabstand: 60–100 cm
Vermehrung: Aussaat, Teilung
Verwendung: Kübel- und Topfkultur, Einfassung, Grabbepflanzung, Steingarten, Alpinum, flächendeckende Bodenbegrünung, lockt Bienen und Schmetterlinge an, auffallende Blätter

pflegeleicht

Altai-Herzblatt-Bergenie
Bergenia cordifolia

Aussehen: breit wachsend bis kriechend, schnell wachsend

Altai-Herzblatt-Bergenie

Höhe: 40–50 cm
Breite: 50–60 cm
Blütezeit: April bis Mai
Blüte: rosa
Blätter: mittel- bis dunkelgrün, teils rötlich grün, wintergrün
Standort: sonnig bis halbschattig
Boden: schwach sauer bis alkalisch; frisch; durchlässig
Nährstoffbedarf: hoch

Bewässerung: regelmäßig
Pflanzabstand: 30–40 cm
Vermehrung: Aussaat, Teilung
Verwendung: für bunte Beet- und Staudenpflanzungen, Einfassung, Grabbepflanzung, Steppengarten, genügsam, unverwüstlich – kann aber wuchern, flächendeckende Bodenbegrünung, auffallende Blätter

pflegeleicht, für Einsteiger, für kleine Gärten

Scheckenknöterich, Teppich-Wiesenknöterich
Bistorta affinis
(syn. *Persicaria affinis*)

Aussehen: breit teppichbildend
Höhe: 20–35 cm
Breite: 30–60 cm
Blütezeit: Juli bis September
Blüte: rosaweiß
Blätter: mittelgrün, stängelumfassend
Standort: sonnig bis halbschattig
Boden: schwach sauer bis schwach alkalisch; frisch bis kühl feucht; sandig-humos, sandig-lehmig
Nährstoffbedarf: ausgeglichen
Bewässerung: regelmäßig bis häufig
Pflanzabstand: 30–40 cm
Vermehrung: Teilung
Verwendung: für bunte Beet- und Staudenpflanzungen, Einfassung, Gehölzrand, Grabbepflanzung, Steingarten, flächendeckende Bodenbegrünung, Teich- und Uferrand, Winterschutz

pflegeleicht, für Einsteiger, für kleine Gärten

Kerzen-Knöterich, Kerzen-Wiesenknöterich
Bistorta amplexicaulis
(syn. *Persicaria amplexicaulis*)

Aussehen: aufrecht buschig
Höhe: 90–110 cm
Breite: 60–70 cm
Blütezeit: Juli bis Oktober
Blüte: rot bis purpurrot
Blätter: mittelgrün
Standort: sonnig bis halbschattig
Boden: schwach sauer bis schwach alkalisch; frisch; sandig-humos, sandig-lehmig
Nährstoffbedarf: ausgeglichen bis hoch; **Bewässerung:** regelmäßig
Pflanzabstand: 70–90 cm
Vermehrung: Aussaat, Teilung
Schnittmaßnahmen: den Spross im späten Herbst oder zeitigen Frühjahr zurückschneiden
Verwendung: für bunte Beet- und Staudenpflanzungen, Gehölzrand, Japangarten, Teich- und Uferrand, lockt Bienen und Schmetterlinge an, für große Anlagen geeignet, Frostschutz wird angeraten
Sortenbeispiele: 'Album' – weiß, 'Atropurpureum' – dunkelrot, 'Speciosum' – hell scharlachrot

pflegeleicht, für Einsteiger

Kaukasus-Vergissmein-nicht, Großblättriges Kaukasus-Vergissmein-nicht
Brunnera macrophylla

Aussehen: buschig, horstbildend; **Höhe:** 35–50 cm
Breite: 30–40 cm
Blütezeit: (März) April bis Juli

Schöne *Bergenia*-Sorten und Arten (alle breit wachsend bis kriechend)

Botanischer Name	Höhe	Blütezeit, Farbe	Tipps
B.-Hybride 'Abendglocken'	40–50 cm	April bis Mai, purpurrot	pflegeleicht, für Einsteiger, für kleine Gärten, viele andere Hybriden
B.-Hybride 'Silberlicht'	30–40 cm	April bis Mai, weiß	pflegeleicht, für Einsteiger, kompakt wachsend, für kleine Gärten
B. crassifolia	30–40 cm	April bis Mai, rosapurpur	pflegeleicht, für Einsteiger, für kleine Gärten
B. purpurascens	30–40 cm	April bis Mai, rosa purpurrot	pflegeleicht, für Einsteiger
B. stracheyi	20–35 cm	März bis April, weiß bis hellrosa	pflegeleicht, kompakt wachsend, schöne Sorten
B. × schmidtii	30–40 cm	März bis April, rosa	kompakt wachsend, für kleine Gärten, Liebhaberpflanze

Blüte: blau
Standort: sonnig bis schattig, in der Sonne, wenn der Boden dauerfeucht ist
Boden: schwach sauer bis schwach alkalisch; frisch bis feucht; lehmig, durchlässig
Nährstoffbedarf: ausgeglichen bis hoch; **Bewässerung:** regelmäßig bis häufig
Pflanzabstand: 30–40 cm
Vermehrung: Aussaat, Teilung
Verwendung: für bunte Beet- und Staudenpflanzungen, Gehölzrand, Teich- und Uferrand, Unterpflanzung von Baum- und Strauchgruppen, auffallende Blätter
Sortenbeispiele: 'Blaukuppel' – blau, 'Langtrees' – himmelblau, 'Variegata' – blau, Blatt mit cremegelbem Rand

> pflegeleicht, für Einsteiger, für kleine Gärten

Goldmargerite, Ochsenauge, Rindsauge, Weidenblättriges Ochsenauge
Buphthalmum salicifolium
(Bild Seite 92)

Aussehen: aufrecht buschig
Höhe: 40–50 cm

Breite: 30–40 cm
Blütezeit: Juni bis September
Blüte: goldgelb
Standort: sonnig
Boden: schwach alkalisch bis alkalisch; trocken bis frisch; durchlässig
Nährstoffbedarf: gering
Bewässerung: sehr wenig bis regelmäßig
Pflanzabstand: 30–40 cm
Vermehrung: Aussaat, Teilung
Verwendung: bunte Beet- und Staudenpflanzung, Schnittblume, lockt Bienen und Schmetterlinge an

> pflegeleicht, für Einsteiger, für kleine Gärten

Karpaten-Glockenblume
Campanula carpatica

Aussehen: flach und kompakt wachsend, polsterbildend
Höhe: 15–30 cm
Breite: 30–50 cm
Blütezeit: Juni bis Juli
Blüte: violettblau
Standort: sonnig bis halbschattig
Boden: alkalisch; frisch; durchlässig, sandig-humos
Nährstoffbedarf: gering
Bewässerung: regelmäßig

Karpaten-Glockenblume

Knäuel-Glockenblume

Weitere empfehlenswerte Glockenblumen-Arten

Botanischer Name	Deutscher Name	Aussehen, Höhe	Blütezeit, Farbe	Tipps
Campanula alpestris	Glockenblume	kompakt polsterbildend, 5–8 cm	Juni bis Juli, violettblau	für kleine Gärten, Liebhaberpflanze, kalkfliehend
Campanula cochleariifolia	Zwerg-Glockenblume	flach teppichbildend, 5–15 cm	Juni bis Juli, hellviolett bis violettblau	pflegeleicht, für Einsteiger, kompakt wachsend, für Kübel und Töpfe geeignet, für kleine Gärten
Campanula garganica	Stern-Polster-Glockenblume	flach polsterbildend, 5–15 cm	Juni bis August, blauviolett	pflegeleicht, für Einsteiger, kompakt wachsend, für Kübel und Töpfe geeignet, für kleine Gärten
Campanula glomerata	Knäuel-Glockenblume	aufrecht, horstbildend, 20–50 cm	Juni bis August, blauviolett	pflegeleicht, für Einsteiger, für kleine Gärten, große Blüten
Campanula latifolia	Wald-Glockenblume	aufrecht, horstbildend, 80–120 cm	Juni bis Juli, dunkelviolett (Bild S. 92)	pflegeleicht, für Einsteiger, große Blüten
Campanula poscharskyana	Hängepolster-Glockenblume	aufrecht, bis 70 cm	Juni bis August, blau, violettblau	Liebhaberpflanze
Campanula punctata	Japanische Glockenblume	aufrecht buschig, 30–40 cm	Juni bis Juli, weiß bis hellrosa	pflegeleicht, für Einsteiger, für kleine Gärten
Campanula trachelium	Nesselblättrige Glockenblume	aufrecht, horstbildend, 60–90 cm	Juli bis August, blauviolett	pflegeleicht, für Einsteiger, mehrere Sorten
Campanula versicolor	Glockenblume	straff aufrecht, 25–50 cm	Juli bis September, violettblau	pflegeleicht, für kleine Gärten, Liebhaberpflanze, Felspflanze
Campanula waldsteiniana	Waldstein-Glockenblume	flach wachsend, bis niederliegend, 10–15 cm	Juni bis Juli, blauviolett	für kleine Gärten, Liebhaberpflanze, ein echter Zwerg

Schöne Flockenblumen

Botanischer Name	Deutscher Name	Aussehen, Höhe	Blütezeit	Tipps
Centaurea dealbata	Kaukasus-Flockenblume	aufrecht, 70–90 cm	Juni bis Juli, rosa	pflegeleicht, für Einsteiger
Centaurea macrocephala	Gelbe Riesen-Flockenblume, Gelbe Flockenblume	aufrecht, horstbildend, 100–150 cm	Juli bis August, gelb	pflegeleicht, für Einsteiger
Centaurea pulcherrima	Silber-Flockenblume	aufrecht, 25–40 cm	Juni bis Juli, rosa bis rosaweiß	pflegeleicht, für Einsteiger, kompakt wachsend, für kleine Gärten
Centaurea scabiosa	Skabiosen-Flockenblume	aufrecht, horstbildend, 30–90 cm	Juli bis August, purpur	pflegeleicht, für Einsteiger
Centaurea simplicicaulis	Teppich-Flockenblume	kompakt buschig bis rundlich, 20–25 cm	Juni bis Juli, hellrosa	pflegeleicht, kompakt wachsend, für kleine Gärten, Liebhaberpflanze

Pflanzabstand: 20–30 cm
Vermehrung: Aussaat, Teilung
Verwendung: Kübel- und Topfkultur, Einfassung, Steingarten, lockt Bienen und Schmetterlinge an, auffallende „Glocken"-Blüten, vor Schnecken schützen, vielseitig verwendbar, alle Glockenblumen sind gegen zuviel Nässe empfindlich
Sortenbeispiele: ‘Blaue Clips' – blau, ‘Blaumeise' – blau, ‘Weiße Clips' – weiß, ‘Zwergmöwe' – silberweiß

pflegeleicht, für Einsteiger, für kleine Gärten

Pfirsichblättrige Glockenblume
Campanula persicifolia

Aussehen: aufrecht, horstbildend; **Höhe:** 60–80 cm
Breite: 30–40 cm
Blütezeit: Juni bis Juli
Blüte: violettblau
Standort: sonnig
Boden: schwach sauer bis schwach alkalisch; mäßig trocken bis frisch; durchlässig, sandig-lehmig
Nährstoffbedarf: ausgeglichen;
Bewässerung: wenig bis regelmäßig
Pflanzabstand: 25–35 cm
Vermehrung: Aussaat, Teilung
Schnittmaßnahmen: den Spross im späten Herbst oder zeitigen Frühjahr zurückschneiden
Verwendung: für bunte Beet- und Staudenpflanzungen, Schnittblume, lockt Bienen und Schmetterlinge an
Zwergform: *C. persicifolia* fo. *nitida* (Zwergform) – in verschiedenen Blautönen und Weiß

pflegeleicht, für Einsteiger

Dalmatiner-Polsterglockenblume, Dalmatiner Glockenblume
Campanula portenschlagiana

Aussehen: locker polsterbildend, kompakt und schnell wachsend
Höhe: 10–20 cm
Breite: 40–50 cm
Blütezeit: Juni bis Juli, Nachblüte im September (selten)
Blüte: violett
Standort: sonnig bis halbschattig
Boden: schwach sauer bis schwach alkalisch; frisch bis feucht; durchlässig
Nährstoffbedarf: gering
Bewässerung: regelmäßig bis häufig
Pflanzabstand: 20–30 cm
Vermehrung: Aussaat, Teilung
Verwendung:, Kübel- und Topfkultur, Einfassung, Grabbepflanzung, Steingarten, dekorative „Glocken"-Blüten, lockt Bienen und Schmetterlinge an, breitet sich durch unterirdische Ausläufer stark aus
Sorten: in verschiedenen Blau- und Violetttönen

pflegeleicht bis anspruchslos, für Einsteiger, für kleine Gärten

Wiesen-Schaumkraut
Cardamine pratensis ‘Multiplex'

Aussehen: aufrecht, rosettenbildend; **Höhe:** 30–50 cm
Breite: 20–30 cm
Blütezeit: April bis Mai
Blüte: weiß bis hellviolett, gefüllt
Standort: sonnig
Boden: sauer bis alkalisch; frisch bis feucht
Nährstoffbedarf: ausgeglichen

Bewässerung: regelmäßig bis häufig
Pflanzabstand: 25–30 cm
Vermehrung: Aussaat, Teilung
Verwendung: Teich- und Uferrand, lockt Bienen und Schmetterlinge an, dankbare Frühlingsstaude

pflegeleicht, für Einsteiger, für kleine Gärten

Stängellose Silberdistel, Eberwurz
Carlina acaulis

Aussehen: kompakt, rosettenbildend; **Höhe:** 10–15 cm
Breite: 20–40 cm
Blütezeit: Juli bis August
Blüte: silbrig
Standort: sonnig
Boden: neutral bis schwach alkalisch; mäßig trocken bis frisch; durchlässig, sandig-kiesig
Nährstoffbedarf: sehr gering
Bewässerung: wenig bis regelmäßig
Pflanzabstand: 40 cm
Vermehrung: Aussaat

Stängellose Silberdistel

Verwendung: bunte Beet- und Staudenpflanzung, Steingarten, lockt Bienen und Schmetterlinge an, auffallende Blätter, Heidegarten, Steppenbeet
Sortenbeispiel: ‘Bronze' – bronzefarbene Blattrosetten

pflegeleicht, für kleine Gärten

Berg-Flockenblume
Centaurea montana

Aussehen: aufrecht buschig, horstbildend; **Höhe:** 30–50 cm

Kaukasus-Flockenblume

Breite: 40–60 cm
Blütezeit: Mai bis Juli
Blüte: blau
Standort: sonnig bis halbschattig
Boden: schwach sauer bis alkalisch; mäßig trocken bis frisch; durchlässig, sandig-lehmig
Nährstoffbedarf: ausgeglichen bis hoch; **Bewässerung:** wenig bis regelmäßig
Pflanzabstand: 30 cm
Vermehrung: Aussaat, Teilung
Schnittmaßnahmen: den Spross im späten Herbst oder zeitigen Frühjahr zurückschneiden

*Gelbe Riesen-Flockenblume
(S. 121)*

Verwendung: für bunte Beet- und Staudenpflanzungen, Gehölzrand, Schnittblume, lockt Bienen und Schmetterlinge an
Sortenbeispiele: 'Alba' – weiß, 'Grandiflora' – leuchtend blau, groß, 'Rosea' – rosa

> pflegeleicht, für Einsteiger, für kleine Gärten

Spornblume, Rote Spornblume
Centranthus ruber

Aussehen: aufrecht buschig, horstbildend; **Höhe:** 50–80 cm
Breite: 50–70 cm
Blütezeit: Juni bis August
Blüte: rot
Blätter: bläulich- bis dunkelgrün
Standort: sonnig
Boden: neutral bis alkalisch; mäßig trocken; durchlässig
Nährstoffbedarf: gering; **Bewässerung:** wenig bis regelmäßig
Pflanzabstand: 30–40 cm

Spornblume 'Coccineus'

Vermehrung: Aussaat, Teilung
Schnittmaßnahmen: den Spross im späten Herbst oder zeitigen Frühjahr zurückschneiden
Verwendung: für bunte Beet- und Staudenpflanzungen, Schnittblume, lockt Bienen und Schmetterlinge an, unkontrollierte Ausbreitung verhindern – Pflanzung im eingesenkten Topf
Sortenbeispiele: 'Albus' – weiß, 'Coccineus' – rot

> pflegeleicht, für Einsteiger, alte Gartenstaude

Hochgebirgs-Hornkraut
Cerastium alpinum ssp. *lanatum*

Aussehen: flach teppichbildend
Höhe: 5–10 cm; **Breite:** 30 cm und mehr
Blütezeit: Juni bis August
Blüte: weiß
Blätter: silbrig grau, lang und dicht behaart
Standort: sonnig
Boden: schwach sauer bis neutral; trocken bis frisch; durchlässig, sandig-kiesig
Nährstoffbedarf: sehr gering
Bewässerung: sehr wenig bis regelmäßig
Pflanzabstand: 25 cm
Vermehrung: Aussaat, Teilung
Verwendung: Einfassung, Grabbepflanzung, Steingarten, Alpinum, Mauerfugen und Trockenmauern, flächendeckende Bodenbegrünung, lockt Bienen und Schmetterlinge an, auffallende Blätter

> Liebhaberpflanze, anspruchsvoll

Silber-Hornkraut
Cerastium biebersteinii

Aussehen: teppichbildend, kompakt und schnell wachsend
Höhe: 15–25 cm; **Breite:** 30 cm und mehr
Blütezeit: Mai bis Juni
Blüte: weiß
Blätter: silbriggrün
Standort: sonnig
Boden: sauer bis alkalisch; trocken bis mäßig trocken; durchlässig
Nährstoffbedarf: sehr gering
Bewässerung: sehr wenig bis wenig
Pflanzabstand: 30–40 cm
Vermehrung: Aussaat, Teilung
Verwendung: Einfassung, Grabbepflanzung, Steingarten, Mauerfugen und Trockenmauern, flächendeckende Bodenbegrünung, lockt Bienen und Schmetterlinge an, auffallende Blätter, kann sich stark aussamen

> pflegeleicht, für Einsteiger

Filziges Hornkraut
Cerastium tomentosum

Aussehen: teppichbildend, schnell und kompakt wachsend

Filziges Hornkraut

Höhe: 15–20 cm; **Breite:** 30 cm und mehr
Blütezeit: Mai bis Juni
Blüte: weiß
Standort: sonnig
Boden: sauer bis alkalisch; trocken bis mäßig trocken; durchlässig
Nährstoffbedarf: sehr gering
Bewässerung: sehr wenig bis wenig
Pflanzabstand: 20–30 cm
Vermehrung: Aussaat, Teilung

Verwendung: Einfassung, Grabbepflanzung, Steingarten, Mauerfugen und Trockenmauern, flächendeckende Bodenbegrünung, lockt Bienen und Schmetterlinge an, auffallende Blätter und Blüten
Sortenbeispiel: 'Silberteppich' – silberweiße Polster

> pflegeleicht, für Einsteiger

Chinesisches Bleiwurz, Kriechende Hornnarbe
Ceratostigma plumbaginoides

Aussehen: buschig bis breit wachsend; **Höhe:** 20–35 cm
Breite: 30–40 cm
Blütezeit: August bis Oktober
Blüte: blau
Standort: sonnig
Boden: neutral, ausgeglichen; mäßig trocken; durchlässig, sandig-humos
Nährstoffbedarf: gering; **Bewässerung:** wenig bis regelmäßig
Pflanzabstand: 25 cm
Vermehrung: Aussaat, Teilung
Verwendung: bunte Beet- und Staudenpflanzung, Steingarten, bei starkem Frost Winterschutz

> pflegeleicht, für Einsteiger

Rote Schildblume, Schlangenkopf, Miesmäulchen
Chelone obliqua

Aussehen: aufrecht buschig, horstbildend; **Höhe:** 60–80 cm
Breite: 30–40 cm
Blütezeit: August bis Oktober
Blüte: purpurrosa
Standort: sonnig bis halbschatting
Boden: sauer bis alkalisch; frisch bis feucht; sandig-lehmig
Nährstoffbedarf: hoch; **Bewässerung:** regelmäßig bis häufig

Rote Schildblume

Pflanzabstand: 40–50 cm
Vermehrung: Aussaat, Stecklinge, Teilung
Schnittmaßnahmen: den Spross im späten Herbst oder zeitigen Frühjahr zurückschneiden
Verwendung: bunte Beet- und Staudenpflanzung, Gehölzrand, Schnittblume
Sortenbeispiel und weitere Art: 'Alba' – weiß, C. glabra – kann sich stark durch Ausläufer ausbreiten

> pflegeleicht, für Einsteiger, für kleine Gärten

Goldkörbchen
Chrysogonum virginianum

Aussehen: flach und kompakt wachsend; **Höhe:** 15–25 cm
Breite: 40–60 cm
Blütezeit: Mai bis August
Blüte: goldgelb
Standort: sonnig
Boden: sauer bis alkalisch; frisch bis feucht; durchlässig, humos
Nährstoffbedarf: ausgeglichen bis hoch; **Bewässerung:** regelmäßig bis häufig, Staunässe vermeiden
Pflanzabstand: 30–35 cm; **Vermehrung:** Aussaat, Stecklinge
Verwendung: Steingarten, flächendeckende Bodenbegrünung, Teich- und Uferrand, lockt Bienen und Schmetterlinge an
Sortenbeispiele: 'Andre Viette', 'Maryland'

> pflegeleicht, für Einsteiger, für kleine Gärten

Lanzen-Silberkerze
Cimicifuga racemosa var. cordifolia

Aussehen: straff aufrecht, horstbildend; **Höhe:** 150–180 cm
Breite: 80 cm

Lanzen-Silberkerze

Blütezeit: August bis September
Blüte: weiß
Standort: halbschattig
Boden: sauer bis neutral; frisch; durchlässig, humos, kühl feucht
Nährstoffbedarf: ausgeglichen bis hoch; **Bewässerung:** regelmäßig
Pflanzabstand: 80–100 cm
Vermehrung: Teilung
Verwendung: für bunte Beet- und Staudenpflanzungen, Einzelpflanzung, Gehölzrand, Japangarten, lockt Bienen und Schmetterlinge an

> Liebhaberpflanze

Oktober-Silberkerze
Cimicifuga simplex

Aussehen: straff aufrecht, horstbildend; **Höhe:** 110–140 cm
Breite: 60–70 cm
Blütezeit: September bis Oktober
Blüte: weiß
Standort: halbschattig
Boden: sauer bis neutral; frisch; durchlässig, humos
Nährstoffbedarf: ausgeglichen bis hoch; **Bewässerung:** regelmäßig
Pflanzabstand: 80–100 cm
Vermehrung: Aussaat, Teilung
Verwendung: für bunte Beet- und Staudenpflanzungen, Einzelpflanzung, Gehölzrand, Japangarten, lockt Bienen und Schmetterlinge an
Sortenbeispiele: 'Armleuchter' – weiß, 'Elstead' – violett getönte Blütenknospen, 'White Pearl' – weiß

> pflegeleicht

Maiglöckchen
Convallaria majalis

Aussehen: aufrecht, horstbildend, neigt zum Wuchern; **Höhe:** 20–30 cm; **Breite:** 30 cm
Blütezeit: Mai
Blüte: weiß
Standort: halbschattig
Boden: schwach sauer bis alkalisch; frisch; durchlässig, humos
Nährstoffbedarf: ausgeglichen
Bewässerung: regelmäßig
Pflanztiefe: 5 cm;
Pflanzabstand: 25 cm
Achtung: Samen sind stark giftig
Verwendung: intensiv duftend, Gehölzrand, Steingarten,

Maiglöckchen

Schnittblume, lockt Bienen und Schmetterlinge an, ungewöhnliche „Glöckchen"-Blüten, neigt zum Wuchern
Sortenbeispiele: 'Albolineata' – wächst langsam, 'Grandiflora' – am meisten verbreitet, 'Pleniflora' – weiß, gefüllt, 'Rosea' – rosa

Großblumiges Mädchenauge
Coreopsis grandiflora

Aussehen: aufrecht buschig, horstbildend; **Höhe:** 50–80 cm
Breite: 50 cm
Blütezeit: Juni bis August
Blüte: gelb
Standort: sonnig
Boden: schwach sauer bis schwach alkalisch; frisch; durchlässig, sandig-lehmig

Großblumiges Mädchenauge 'Early Sunrise'

Nährstoffbedarf: ausgeglichen
Bewässerung: regelmäßig
Pflanzabstand: 35 cm
Vermehrung: Aussaat, Teilung
Schnittmaßnahmen: den Spross im späten Herbst oder zeitigen Frühjahr zurückschneiden
Verwendung: Kübel- und Topfkultur, bunte Beet- und Staudenpflanzung, Schnittblume, dekorative, große Blüten
Sortenbeispiele: 'Badengold' – goldgelb, 'Early Sunrise' – goldgelb, halbgefüllt, 'Schnittgold' – groß, goldgelb, 'Sonnenkind' – goldgelb

> pflegeleicht

Mädchenauge, Lanzettblättriges Mädchenauge
Coreopsis lanceolata

Aussehen: aufrecht buschig bis rundlich; **Höhe:** 50–70 cm
Breite: 50 cm
Blütezeit: Juni bis August
Blüte: gelb
Standort: sonnig

Mädchenauge

Boden: schwach sauer bis schwach alkalisch; frisch; durchlässig, sandig-lehmig
Nährstoffbedarf: ausgeglichen
Bewässerung: regelmäßig
Pflanzabstand: 35 cm
Vermehrung: Teilung
Schnittmaßnahmen: den Spross im späten Herbst oder zeitigen Frühjahr zurückschneiden
Verwendung: für bunte Beet- und Staudenpflanzungen, Schnittblume, lockt Bienen und Schmetterlinge an
Sortenbeispiele: 'Goldfink' – goldgelb, Zwerg, 'Rotkehlchen' – gelb, braunes Auge, 'Sterntaler' – gelb mit rötlich braunem Ring

> pflegeleicht, für Einsteiger

Netzblatt-Schönauge, Netzblattstern, Quirlblättriges Mädchenauge
Coreopsis verticillata

Aussehen: aufrecht buschig, horstbildend; **Höhe:** 40–60 cm
Breite: 40–50 cm
Blütezeit: Juni bis September
Blüte: gelb
Standort: sonnig
Boden: sauer bis schwach sauer; frisch; durchlässig, sandiglehmig
Nährstoffbedarf: ausgeglichen
Bewässerung: regelmäßig
Pflanzabstand: 30–40 cm
Vermehrung: Aussaat, Teilung
Schnittmaßnahmen: den Spross im späten Herbst oder zeitigen Frühjahr zurückschneiden
Verwendung: für bunte Beet- und Staudenpflanzungen, Schnittblume, lockt Bienen und Schmetterlinge an
Sortenbeispiel und Hybride: 'Zagreb' – gelb, Zwergform, *Coreopsis*-Hybride 'Moonbeam' – zitronengelb

pflegeleicht, für Einsteiger

Lerchensporn
Corydalis solida

Aussehen: kompakt buschig
Höhe: 20–30 cm
Breite: 20–40 cm
Blütezeit: März bis April
Blüte: rosa, rötlich lila, weiß, bläulich
Standort: halbschattig
Boden: schwach sauer bis alkalisch; frisch bis feucht, mild; durchlässig, Humusböden
Nährstoffbedarf: ausgeglichen
Bewässerung: regelmäßig bis häufig
Pflanzabstand: 25–30 cm
Vermehrung: Aussaat, Teilung

Verwendung: Einfassung, Steingarten, flächendeckende Bodenbegrünung, versamt sich stark
Weitere Art: *Corydalis flexuosa* – China-Lerchensporn, blau mit langem Sporn, Liebhaberpflanze

pflegeleicht, für Einsteiger, für kleine Gärten

Kaukasischer Blütenkohl, Meerkohl
Crambe cordifolia

Aussehen: aufrecht buschig, dicht verzweigt, horstbildend
Höhe: 130–170 cm
Breite: 100–150 cm
Blütezeit: Juni bis Juli
Blüte: weiß
Standort: vollsonnig
Boden: neutral, ausgeglichen; mäßig trocken bis frisch; gut durchlässig, sandig-lehmig
Nährstoffbedarf: hoch; **Bewässerung:** wenig bis regelmäßig
Pflanzabstand: 100–130 cm
Vermehrung: Aussaat, Teilung
Verwendung: für bunte Beet- und Staudenpflanzungen, Einzelpflanzung, auffallender Wuchs, duftet nach Honig

pflegeleicht, Liebhaberpflanze

Weißer Meerkohl, Echter Meerkohl, Küsten-Meerkohl
Crambe maritima (Bild S. 92)

Aussehen: aufrecht buschig, kompakt, horstbildend; **Höhe:** 30–75 cm; **Breite:** 50–60 cm
Blütezeit: Mai bis Juli
Blüte: weiß
Blätter: blaugrün, violetter Austrieb, gekräuselt
Standort: sonnig
Boden: schwach sauer bis

schwach alkalisch; mäßig trocken bis frisch; durchlässig, sandig-lehmig
Nährstoffbedarf: ausgeglichen bis hoch; **Bewässerung:** wenig bis regelmäßig
Pflanzabstand: 40–60 cm
Vermehrung: Aussaat, Teilung
Verwendung: für bunte Beet- und Staudenpflanzungen, Einzelpflanzung, riecht nach Kohl

pflegeleicht, für kleine Gärten

Rittersporn
Delphinium × cultorum, Belladonna-Gruppe

Aussehen: aufrecht, horstbildend; **Höhe:** 90–120 cm
Breite: 60 cm
Blütezeit: Juni bis Oktober
Blüte: Farbvariationen in Blau, Violett und Weiß
Standort: sonnig
Boden: schwach sauer bis schwach alkalisch; frisch;

Rittersporn, Belladonna-*Gruppe*

durchlässig, sandig-lehmig
Nährstoffbedarf: hoch
Bewässerung: regelmäßig
Pflanzabstand: 50 cm; **Vermehrung:** Teilung; **Schnittmaßnahmen:** Rückschnitt nach der ersten Blüte, nach Abwelken im Herbst kräftig zurückschneiden
Achtung: ganze Pflanze ist giftig
Verwendung: für bunte Beet- und Staudenpflanzungen, alte Gartenpflanze, Schnittblume
Sortenbeispiele: 'Kleine Nachtmusik' – violettblau, 'Moerheimii' – reinweiß, 'Piccolo' – blau mit weißer Mitte

pflegeleicht, für kleine Gärten

Hoher Garten-Rittersporn
Delphinium × cultorum, Elatum-Hybriden

Aussehen: straff aufrecht, horstbildend; **Höhe:** 150–180 cm
Breite: 60–80 cm
Blütezeit: Juli bis August
Blüte: Farbvariationen in Blau, Violett und Weiß; einfach oder gefüllt
Standort: sonnig
Boden: schwach sauer bis schwach alkalisch; frisch; durchlässig, sandig-lehmig
Nährstoffbedarf: ausgeglichen bis hoch; **Bewässerung:** regelmäßig
Pflanzabstand: 80 cm; **Vermehrung:** Stecklinge, Teilung
Schnittmaßnahmen: Rückschnitt nach der ersten Blüte, nach Abwelken im Herbst kräftig zurückschneiden
Achtung: ganze Pflanze ist giftig
Verwendung: für bunte Beet- und Staudenpflanzungen, Schnittblume, wunderschöne Blüten, lange Blütezeit
Sortenbeispiele: 'Finsteraar-

Empfehlenswerte Rittersporne

Botanischer Name	Deutscher Name	Aussehen, Höhe	Blütezeit, Farbe	Tipps
Delphinium grandiflorum	Zwerg-Rittersporn	aufrecht buschig, horstbildend, 30–50 cm	Juni bis September, violettblau	pflegeleicht, kompakt wachsend, für Kübel und Töpfe geeignet, für kleine Gärten, Wildform
Delphinium nudicaule	Zwerg-Rittersporn	aufrecht, horstbildend, 40–50 cm	Juni bis Juli, scharlachrot	anspruchsvoll, für Kübel und Töpfe geeignet, Liebhaberpflanze, Wildform
Delphinium semibarbatum	Bärtiger Rittersporn	aufrecht, horstbildend, 90–120 cm	Juni bis Juli, hellgelb	anspruchsvoll, Liebhaberpflanze, zieht im Hochsommer ein, Wildform
Delphinium x ruysii 'Pink Sensation'	Ruys-Garten-Rittersporn	straff aufrecht, 80–120 cm	Juli bis September, rosa	Liebhaberpflanze

Hoher Garten-Rittersporn, Elatum-Hybride

Zwerg-Rittersporn

horn' – dunkelviolett mit brauner Mitte, 'Jubelruf' – leuchtend blau mit weißer Mitte, 'Ouvertüre' – mittelblau mit brauner Mitte, 'Sommernachtstraum' – dunkelviolettblau mit dunkler Mitte

pflegeleicht

Hoher Garten-Rittersporn
Delphinium × cultorum,
Pacific-Gruppe

Aussehen: straff aufrecht, horstbildend; **Höhe:** bis 180 cm
Breite: 60–90 cm
Blütezeit: Juni bis September
Blüte: Farbvariationen in Rosa, Lila, Blau und Weiß
Standort: sonnig
Boden: schwach sauer bis schwach alkalisch; frisch; durchlässig, sandig-lehmig
Nährstoffbedarf: hoch
Bewässerung: regelmäßig

Pflanzabstand: 80 cm
Vermehrung: Stecklinge, Teilung
Schnittmaßnahmen: Rückschnitt nach der ersten Blüte, nach Abwelken im Herbst kräftig zurückschneiden
Achtung: ganze Pflanze ist giftig
Verwendung: für bunte Beet- und Staudenpflanzungen, Schnittblume, schöne Blüten
Sortenbeispiele: 'Galahad' – weiß, 'King Arthur' – dunkelviolett, halbgefüllt, 'Percival' – weiß, halbgefüllt

pflegeleicht, für Einsteiger

Alpen-Nelke
Dianthus alpinus

Aussehen: polsterbildend
Höhe: 8–10 cm; **Breite:** 10 cm
Blütezeit: Juni bis August
Blüte: rot
Standort: sonnig
Boden: alkalisch; Kalksteinschotter; mäßig trocken bis

frisch; durchlässig, sandig-kiesig, beste Drainage
Nährstoffbedarf: ausgeglichen
Bewässerung: wenig bis regelmäßig
Pflanzabstand: 10–20 cm
Vermehrung: Aussaat, Teilung
Verwendung: Einfassung, Steingarten, Alpinum
Sortenbeispiel: 'Albus' – weiß

Liebhaberpflanze, für kleine Gärten, anspruchsvoll

Heide-Nelke
Dianthus deltoides

Aussehen: kompakt wachsend, locker polsterbildend
Höhe: 15–20 cm
Breite: 30 cm
Blütezeit: Juni bis August
Blüte: dunkelrosa
Standort: sonnig
Boden: sauer bis neutral; mäßig trocken bis frisch; durchlässig, sandig-kiesig

Nährstoffbedarf: sehr gering
Bewässerung: wenig bis regelmäßig
Pflanzabstand: 20–30 cm
Vermehrung: Aussaat, Teilung
Verwendung: Kübel- und Topfkultur, Einfassung, Grabbepflanzung, Steingarten, Mauerfugen und Trockenmauern, Heidegärten
Sortenbeispiele: 'Albus' – weiß, 'Arctic Fire' – weiß mit rotem Auge, 'Brillant' – dunkelrot, 'Splendens' – karminrot, 'Vampir' – karminrot

pflegeleicht, für Einsteiger, für kleine Gärten

Pfingst-Nelke
Dianthus gratianopolitanus

Aussehen: kompakt wachsend, polsterbildend
Höhe: 8–12 cm
Breite: 20–25 cm
Blütezeit: Mai bis Juni
Blüte: rosa
Standort: sonnig
Boden: schwach sauer bis alkalisch; trocken bis frisch; durchlässig
Nährstoffbedarf: ausgeglichen
Bewässerung: sehr wenig bis regelmäßig
Pflanzabstand: 30 cm
Vermehrung: Aussaat, Teilung
Verwendung: Kübel- und Topfkultur, Einfassung, Grabbepflanzung, Steingarten, Tröge
Sortenbeispiele: 'Agathe' – weiß, 'Badenia' – scharlachrot, 'Emmen' – karminpurpur

pflegeleicht, für Einsteiger, für kleine Gärten

Ruys-Garten-Rittersporn 'Pink Sensation'

Heide-Nelke

Feder-Nelke
Dianthus plumarius

Aussehen: breit aufrecht bis niederliegend; **Höhe:** 20–30 cm **Breite:** 30–40 cm

Feder-Nelke

Blütezeit: Juni bis Juli
Blüte: weiß, rosa
Standort: sonnig
Boden: schwach alkalisch bis alkalisch; frisch; durchlässig, sandig-lehmig
Nährstoffbedarf: ausgeglichen bis hoch
Bewässerung: regelmäßig
Pflanzabstand: 35 cm
Vermehrung: Aussaat, Stecklinge, Teilung
Verwendung: intensiv duftend, für bunte Beet- und Staudenpflanzungen, Schnittblume

> pflegeleicht, für kleine Gärten

Pracht-Nelke
Dianthus superbus

Aussehen: locker buschig
Höhe: 30–60 cm; **Breite:** 20 cm
Blütezeit: Juli bis August
Blüte: weiß; gefranste Kronblätter
Standort: sonnig bis halbschatting
Boden: schwach alkalisch bis alkalisch; frisch bis feucht;

durchlässig, sandig-humos
Nährstoffbedarf: sehr gering
Bewässerung: regelmäßig bis häufig
Pflanzabstand: 20–25 cm
Vermehrung: Aussaat, Teilung
Verwendung: Kübel- und Topfkultur, Einfassung, Grabbepflanzung, Steingarten

> pflegeleicht, für Einsteiger, für kleine Gärten

Zwerg-Herzblume
Dicentra eximia

Aussehen: kompakt buschig, horstbildend; **Höhe:** 25–35 cm
Breite: 30–40 cm
Blütezeit: Juni bis August
Blüte: violettrosa
Standort: sonnig bis halbschatting
Boden: sauer bis schwach sauer; frisch; durchlässig, humos, lehmig
Nährstoffbedarf: ausgeglichen bis hoch; **Bewässerung:** regelmäßig
Pflanzabstand: 20–30 cm

Zwerg-Herzblume

Diptam, Brennender Busch
Dictamnus albus (Bild Seite 92)

Aussehen: aufrecht buschig, horstbildend; **Höhe:** 80–100 cm
Breite: 60–70 cm
Blütezeit: Juni bis Juli
Blüte: rosa

Vermehrung: Aussaat, Teilung
Verwendung: für bunte Beet- und Staudenpflanzungen, Gehölzrand, Steingarten
Sortenbeispiele: 'Alba' – weiß, 'Adrian Bloom' – rosa

> pflegeleicht, für kleine Gärten

Tränendes Herz, Herzblume
Dicentra spectabilis

Aussehen: buschig überhängend; **Höhe:** 70–100 cm
Breite: 60–80 cm
Blütezeit: Mai bis Juni
Blüte: rosa mit Weiß und Reinweiß
Standort: sonnig bis halbschatting
Boden: schwach sauer bis schwach alkalisch; frisch; durchlässig, humos
Nährstoffbedarf: ausgeglichen bis hoch; **Bewässerung:** regelmäßig
Pflanzabstand: 50–60 cm
Vermehrung: Aussaat, Teilung
Verwendung: für bunte Beet- und Staudenpflanzungen, Gehölzrand, Schnittblume, auffallende Blüten, schön als Solitär, riecht metallisch
Sortenbeispiel: 'Alba' – weiß

> pflegeleicht, für Einsteiger, alte Gartenstaude, für kleine Gärten

Standort: sonnig
Boden: schwach alkalisch bis alkalisch; trocken bis frisch; durchlässig, sandig-kiesig
Nährstoffbedarf: ausgeglichen
Bewässerung: sehr wenig bis regelmäßig
Pflanzabstand: 50–60 cm
Vermehrung: Aussaat, Teilung
Schnittmaßnahmen: den Spross im späten Herbst oder zeitigen Frühjahr zurückschneiden
Verwendung: für bunte Beet- und Staudenpflanzungen, Einzelpflanzung, Schnittblume, auffallende Blüten. Vorsicht! Pflanze ist heliotoxisch – das heißt, auf ungeschützter Haut können bei Berührung Verbrennungen mit Narbenbildung auftreten!
Sortenbeispiel: 'Albiflorus' – weiß

> pflegeleicht, alte Gartenstaude

Großblütiger Fingerhut
Digitalis grandiflora

Aussehen: straff aufrecht, horstbildend; **Höhe:** 50–90 cm
Breite: 40–50 cm
Blütezeit: Juli bis August
Blüte: hellgelb bis schwefelgelb
Standort: sonnig bis halbschatting
Boden: schwach sauer bis schwach alkalisch; mäßig trocken bis frisch; durchlässig, humos
Nährstoffbedarf: ausgeglichen
Bewässerung: wenig bis regelmäßig; keine Staunässe
Pflanzabstand: 30–40 cm
Vermehrung: Aussaat
Schnittmaßnahmen: den Spross im späten Herbst oder zeitigen Frühjahr zurückschneiden

Pracht-Nelke

Tränendes Herz

Achtung: ganze Pflanze ist giftig
Verwendung: für bunte Beet- und Staudenpflanzungen, Einzelpflanzung, lockt Bienen und Schmetterlinge an, dekorative Wildstaude, auffallende Blüten, von Falllaub freihalten!
Sortenbeispiel: 'Carillon' – wird nur 40 cm hoch

pflegeleicht, für kleine Gärten

Heimischer Roter Fingerhut
Digitalis purpurea

Aussehen: straff aufrecht, horstbildend; **Höhe:** 80–150 cm
Breite: 60–70 cm
Blütezeit: Juni bis August

Heimischer Roter Fingerhut

Blüte: purpurrot
Standort: sonnig bis halbschattig
Boden: schwach sauer bis neutral; frisch; durchlässig, humos
Nährstoffbedarf: ausgeglichen
Bewässerung: regelmäßig
Pflanzabstand: 30–50 cm
Vermehrung: Aussaat
Schnittmaßnahmen: den Spross im späten Herbst oder zeitigen Frühjahr zurückschneiden
Achtung: ganze Pflanze ist giftig
Verwendung: für bunte Beet- und Staudenpflanzungen, Gehölzrand, lockt Bienen und Schmetterlinge an, auffallende Blüten, lässt sich gut verwildern
Sortenbeispiele: 'Alba' – weiß, 'Excelsior' – rot, 'Gloxiniaeflora' – rot, rosa, weiß

pflegeleicht, für Einsteiger

Gämswurz, Kaukasus-Gämswurz
Doronicum orientale

Aussehen: breit buschig, horstbildend; **Höhe:** 30–40 cm
Breite: 60–90 cm
Blütezeit: April bis Mai

Gämswurz

Blüte: gelb
Standort: sonnig bis halbschattig
Boden: schwach sauer bis schwach alkalisch; frisch; sandig-lehmig
Nährstoffbedarf: ausgeglichen
Bewässerung: regelmäßig
Pflanzabstand: 30 cm
Vermehrung: Aussaat, Teilung
Verwendung: bunte Beet- und Staudenpflanzung, Schnittblume, lockt Bienen und Schmetterlinge an
Sortenbeispiele und weitere Arten: 'Finesse' – goldgelb, 'Frühlingspracht' – goldgelb, gefüllt, 'Magnificum' – goldgelb; *D. columnae, D. plantagineum*

pflegeleicht, für Einsteiger, für kleine Gärten

Alpen-Silberwurz
Dryas octopetala

Aussehen: flach polsterbildend

Alpen-Silberwurz

Höhe: 10–15 cm
Breite: 60–90 cm
Blütezeit: Juni bis Juli
Blüte: weiß, fiedrige Samenstände
Standort: sonnig
Boden: schwach sauer bis alkalisch; mäßig trocken bis frisch; durchlässig, sandig-kiesig
Nährstoffbedarf: gering; **Bewässerung:** wenig bis regelmäßig
Pflanzabstand: 20–30 cm; **Vermehrung:** Aussaat, Stecklinge
Verwendung: Einfassung, Grabbepflanzung, Steingarten, Mauerfugen und Trockenmauern
Weitere Art: *D. drummondii*

anspruchsvoll, Liebhaberpflanze, für kleine Gärten

Sündermann-Silberwurz, Sündermanns Silberwurz
Dryas × suendermannii

Aussehen: flach polsterbildend
Höhe: 10–15 cm
Breite: 60–90 cm
Blütezeit: Mai bis Juni
Blüte: weiß
Blätter: mittel- bis dunkelgrün
Standort: sonnig
Boden: schwach sauer bis alkalisch; mäßig trocken bis frisch; durchlässig, sandig-kiesig
Nährstoffbedarf: gering; **Bewässerung:** wenig bis regelmäßig
Pflanzabstand: 20–30 cm
Vermehrung: Stecklinge
Verwendung: Einfassung, Grabbepflanzung, Steingarten, Alpinum, auffallende Blätter

anspruchsvoll, Liebhaberpflanze

Roter Sonnenhut, Roter Scheinsonnenhut
Echinacea purpurea

Aussehen: straff aufrecht, horstbildend; **Höhe:** 80–100 cm
Breite: 60 cm
Blütezeit: Juli bis September
Blüte: weinrot mit dunkler Mitte
Standort: sonnig
Boden: schwach sauer bis schwach alkalisch; frisch; sandig-lehmig, lehmig
Nährstoffbedarf: ausgeglichen
Bewässerung: regelmäßig
Pflanzabstand: 30–40 cm
Vermehrung: Aussaat, Teilung
Schnittmaßnahmen: den Spross

im späten Herbst oder zeitigen Frühjahr zurückschneiden
Verwendung: bunte Beet- und Staudenpflanzung, Schnittblume, lockt Bienen und Schmetterlinge an, weithin auffallende Blüten
Sortenbeispiele: 'Alba' – weiß, 'Magnus' – rot, 'Leuchtstern' – purpurrot

pflegeleicht, für Einsteiger, alte Gartenstaude

Balkan-Kugeldistel, Banater Kugeldistel
Echinops bannaticus

Aussehen: aufrecht buschig, horstbildend; **Höhe:** 80–160 cm
Breite: 60 cm
Blütezeit: Juli bis September
Blüte: blau
Standort: sonnig
Boden: neutral, ausgeglichen; frisch; durchlässig, sandig-lehmig

Balkan-Kugeldistel

Nährstoffbedarf: ausgeglichen bis hoch; **Bewässerung:** regelmäßig
Pflanzabstand: 60–70 cm
Vermehrung: Aussaat, Teilung
Schnittmaßnahmen: den Spross im späten Herbst oder zeitigen Frühjahr zurückschneiden
Verwendung: bunte Beet- und Staudenpflanzung, Schnittblume, Trockenfloristik, lockt Bienen und Schmetterlinge an

pflegeleicht

Griechische Kugeldistel
Echinops ritro

Aussehen: aufrecht buschig, horstbildend; **Höhe:** 80–100 cm
Breite: 50–60 cm

Griechische Kugeldistel

Blütezeit: Juli bis September
Blüte: violettblau
Blätter: graugrün
Standort: sonnig
Boden: neutral, ausgeglichen; trocken bis mäßig trocken; durchlässig
Nährstoffbedarf: ausgeglichen bis hoch; **Bewässerung:** sehr wenig bis wenig
Pflanzabstand: 60–70 cm
Vermehrung: Aussaat, Teilung
Schnittmaßnahmen: den Spross im späten Herbst oder zeitigen Frühjahr zurückschneiden
Verwendung: bunte Beet- und Staudenpflanzung, Schnittblume, Trockenfloristik, lockt Bienen und Schmetterlinge an, auffallende Blüten, verwildert durch Selbstaussaat
Sortenbeispiel: 'Veitchs Blue' – leuchtend stahlblau

pflegeleicht

Weiße Kugeldistel, Drüsige Kugeldistel
Echinops sphaerocephalus

Aussehen: aufrecht; **Höhe:** 90–200 cm; **Breite:** 90 cm
Blütezeit: Juli bis August
Blüte: hellblau bis hellviolett
Blätter: graugrün
Standort: sonnig
Boden: neutral, ausgeglichen trocken bis mäßig trocken; durchlässig
Nährstoffbedarf: ausgeglichen
Bewässerung: sehr wenig bis wenig
Pflanzabstand: 60–80 cm
Vermehrung: Aussaat, Teilung
Schnittmaßnahmen: den Spross im späten Herbst oder zeitigen Frühjahr zurückschneiden
Verwendung: bunte Beet- und Staudenpflanzung, Schnittblume, Trockenfloristik, lockt Bienen und Schmetterlinge an, auffallende Blüten, auffallender Wuchs

Grasblättrige Büschelglocke, Grasartige Büschelglocke
Edraianthus graminifolius

Aussehen: locker polsterbildend; **Höhe:** 5–10 cm
Breite: 20 cm
Blütezeit: Mai bis Juni
Blüte: tiefviolett
Blätter: mattgrün

Grasblättrige Büschelglocke

Standort: sonnig
Boden: alkalisch, mäßig trocken; durchlässig, sandig-kiesig, Splitt
Nährstoffbedarf: sehr gering
Bewässerung: wenig
Pflanzabstand: 20–30 cm
Vermehrung: Aussaat, Teilung
Verwendung: Einfassung, Steingarten, Alpinum, auffallende Blüten

anspruchsvoll, Liebhaberpflanze, für kleine Gärten

Großblumige Elfenblume, Großblütige Sockenblume
Epimedium grandiflorum

Aussehen: kompakt buschig, verholzende Rhizome, horstbildend; **Höhe:** 20–25 cm
Breite: 20 cm
Blütezeit: April bis Mai
Blüte: weiß

Zierliche Elfenblume 'Niveum'

Blätter: bräunlich grün
Standort: halbschattig
Boden: schwach sauer bis neutral; frisch bis feucht; durchlässig, humos
Nährstoffbedarf: ausgeglichen
Bewässerung: regelmäßig bis häufig
Pflanzabstand: 30 cm
Vermehrung: Aussaat, Teilung
Verwendung: bunte Beet- und Staudenpflanzung, Einfassung, Gehölzrand, Steingarten, kreuzen sich leicht

pflegeleicht

Steppenkerze, Isabellen-Steppenkerze
Eremurus × isabellinus
(Bild Seite 92)

Aussehen: straff aufrecht, horstbildend; **Höhe:** 80–200 cm
Breite: 70–90 cm
Blütezeit: Juni bis Juli
Blüte: weiß, gelb, orange, rosa, bronze – je nach Sorte
Blätter: bläulich- bis mittelgrün
Standort: sonnig
Boden: schwach sauer bis neutral; mäßig trocken; durchlässig, sandig-lehmig
Nährstoffbedarf: ausgeglichen bis hoch; **Bewässerung:** wenig
Pflanzabstand: 50 cm
Vermehrung: Teilung
Verwendung: bunte Beet- und Staudenpflanzung, Einzelpflanzung, Schnittblume, lockt Bienen und Schmetterlinge an, auffallende „Kerzen"-Blüten
Sortenbeispiele: Werden auch nach ihren Züchtern, *Eremurus*-Shelford-Hybriden und *Eremurus*-Ruiter-Hybriden genannt; E.-Ruiter-Hybriden: 'Alpha' – bronzegelb, 'Dawn' – hellgelb, Knospen rosa, 'Harmony' – rosa, innen zitronengelb, 'Romance' – lachsfarben, 'White Beauty' – weiß

pflegeleicht

Riesen-Steppenkerze, Turkestan-Steppenkerze
Eremurus robustus

Aussehen: straff aufrecht, horstbildend; **Höhe:** 220–270 cm
Breite: 70–120 cm
Blütezeit: Juni bis Juli

Einige *Epimedium*-Arten (Blütezeit April bis Mai)

Botanischer Name	Deutscher Name	Höhe	Blütenfarbe	Tipps
E. alpinum	Alpen-Elfenblume	25–30 cm	hellpurpur	pflegeleicht, für kleine Gärten
E. × perralchicum 'Frohnleiten'	Frohnleiten-Elfenblume	30–35 cm	gelb	für kleine Gärten, Liebhaberpflanze
E. pinnatum ssp. colchicum	Elfenblume	30–40 cm	gelb	pflegeleicht, für kleine Gärten
E. × versicolor	Elfenblume	30–50 cm	weißlich	für kleine Gärten
E. × warleyense	Elfenblume	bis 20 cm	kupferfarben	wintergrün
E. × youngianum 'Niveum'	Zierliche Elfenblume	15–20 cm	weiß	pflegeleicht, für kleine Gärten

Drei *Erigeron*-Arten

Botanischer Name	Deutscher Name	Aussehen, Höhe	Blütezeit, Farbe	Tipps
E. aurantiacus	Turkestan-Berufkraut	kompakt, rosettenbildend, 20–30 cm	Juli bis August, gelborange	für kleine Gärten, Liebhaberpflanze
E. glaucus	Blaugrünes Berufkraut	kompakt buschig bis flach wachsend, 15–25 cm	Juni bis September, violettblau	pflegeleicht, für Einsteiger, für kleine Gärten
E. karvinskianus	Zwerg-Feinstrahl	breit buschig, horstbildend, 20–30 cm	Juni bis Frost, weiß	pflegeleicht, Liebhaberpflanze

Riesen-Steppenkerze

Blüte: hellrosa
Blätter: blaugrün
Standort: vollsonnig
Boden: schwach sauer bis neutral; mäßig trocken; gut durchlässig, unbedingt Drainage, sandig-lehmig, tiefgründig
Nährstoffbedarf: ausgeglichen bis hoch; **Bewässerung:** wenig
Pflanzabstand: 60–120 cm
Vermehrung: Teilung
Verwendung: bunte Beet- und Staudenpflanzung, Schnittblume, lockt Bienen und Schmetterlinge an, auffallende „Kerzen"-Blüten

pflegeleicht

Schmalblättrige Steppenkerze
Eremurus stenophyllus

Aussehen: straff aufrecht, horstbildend; **Höhe:** 90–120 cm
Breite: 50–60 cm
Blütezeit: Juni bis Juli
Blüte: gelb
Blätter: graugrün
Standort: sonnig
Boden: schwach sauer bis neutral; mäßig trocken; durchlässig, sandig-lehmig
Nährstoffbedarf: ausgeglichen bis hoch; **Bewässerung:** wenig
Pflanzabstand: 50 cm
Vermehrung: Teilung

Schmalblättrige Steppenkerze

Verwendung: intensiv duftend, bunte Beet- und Staudenpflanzung, Einzelpflanzung, Schnittblume, lockt Bienen und Schmetterlinge an, schöne „Kerzen"-Blüten

pflegeleicht

Feinstrahlaster, Berufkraut
Erigeron speciosus

Aussehen: aufrecht buschig, horstbildend; **Höhe:** 60–70 cm

Feinstrahlaster

Blaugrünes Berufkraut

Breite: 40–50 cm
Blütezeit: Juni bis August, 2. Blüte im Herbst
Blüte: blau, rosa, violett und weiß; einfach und gefüllt
Blätter: dunkelgrün
Standort: sonnig
Boden: sauer bis neutral; frisch; durchlässig, sandig-lehmig, leichter Gartenboden
Nährstoffbedarf: ausgeglichen bis hoch; **Bewässerung:** regelmäßig
Pflanzabstand: 30–40 cm
Vermehrung: Stecklinge
Schnittmaßnahmen: den Spross im späten Herbst oder zeitigen Frühjahr zurückschneiden
Verwendung: bunte Beet- und Staudenpflanzung, Schnittblume, lockt Bienen und Schmetterlinge an, dekorative, große Blüten, lange Blütezeit
Sortenbeispiele: 'Adria' – blauviolett, halbgefüllt, 'Foersters Liebling' – rosa, halbgefüllt, 'Rotes Meer' – tiefdunkelrot, 'Sommerneuschnee' – weiß

pflegeleicht, für Einsteiger

Alpen-Leberbalsam
Erinus alpinus

Aussehen: kompakt polsterbildend; **Höhe:** 8–12 cm
Breite: 15 cm
Blütezeit: Mai bis Juli
Blüte: purpurrosa

Alpen-Leberbalsam

Blätter: mittel- bis dunkelgrün
Standort: sonnig bis halbschattig
Boden: neutral bis alkalisch; mäßig trocken bis frisch; durchlässig, Kies-Schotter
Nährstoffbedarf: ausgeglichen
Bewässerung: wenig bis regelmäßig
Pflanzabstand: 10–20 cm
Vermehrung: Aussaat, Teilung
Verwendung: Kübel- und Topfkultur, Einfassung, Grabbepflanzung, vor Dauerfeuchtigkeit im Winter schützen, lange Blütezeit

pflegeleicht, für Einsteiger, für kleine Gärten

Wollblatt, Wüsten-Goldaster
Eriophyllum lanatum

Aussehen: kompakt buschig
Höhe: 20–30 cm
Breite: 20–30 cm
Blütezeit: Juni bis Juli
Blüte: goldgelb
Blätter: silbrig grün
Standort: sonnig
Boden: schwach sauer bis

schwach alkalisch; mäßig trocken; durchlässig, sandig-lehmig, steinig
Nährstoffbedarf: ausgeglichen
Bewässerung: wenig
Pflanzabstand: 30–40 cm
Vermehrung: Aussaat, Teilung
Schnittmaßnahmen: den Spross im späten Herbst oder zeitigen Frühjahr zurückschneiden
Verwendung: bunte Beet- und Staudenpflanzung, Mauerfugen und Trockenmauern, Steingarten, lockt Bienen und Schmetterlinge an, auffallende Blätter

> pflegeleicht, für Einsteiger, für kleine Gärten

Edeldistel, Alpen-Mannstreu
Eryngium alpinum

Aussehen: aufrecht, horstbildend; **Höhe:** 60–80 cm
Breite: 40–50 cm
Blütezeit: Juli bis August
Blüte: blauviolett
Standort: sonnig
Boden: schwach alkalisch bis alkalisch; frisch; durchlässig, sandig-lehmig
Nährstoffbedarf: hoch
Bewässerung: regelmäßig
Pflanzabstand: 50 cm
Vermehrung: Aussaat; **Schnittmaßnahmen:** den Spross im späten Herbst oder zeitigen

Elfenbeindistel

Frühjahr zurückschneiden
Verwendung: bunte Beet- und Staudenpflanzung, Schnittblume, ungewöhnliche Blüten, floristisch wertvoll, Trockenfloristik, lockt Bienen und Schmetterlinge an

> pflegeleicht

Hohe Edeldistel, Flachblättriger Mannstreu
Eryngium planum

Aussehen: aufrecht, horstbildend; **Höhe:** 80–100 cm
Breite: 40–50 cm
Blütezeit: Juli bis September
Blüte: blau
Standort: sonnig
Boden: schwach sauer bis schwach alkalisch; mäßig trocken bis frisch; durchlässig
Nährstoffbedarf: gering; **Bewässerung:** wenig bis regelmäßig
Pflanzabstand: 60 cm
Vermehrung: Aussaat
Schnittmaßnahmen: den Spross im späten Herbst oder zeitigen Frühjahr zurückschneiden
Verwendung: Schnittblume, auffallende Blüten, floristisch wertvoll, Trockenfloristik, lockt Bienen und Schmetterlinge an

> pflegeleicht

Gemeiner Wasserdost, Kunigundenkraut, Gewöhnlicher Wasserdost, Wasserhanf
Eupatorium cannabinum

Aussehen: aufrecht buschig, horstbildend; **Höhe:** 120–200 cm; **Breite:** 70–90 cm
Blütezeit: Juli bis September
Blüte: rosa
Standort: sonnig bis halbschattig
Boden: schwach sauer bis schwach alkalisch; frisch bis feucht; sandig-lehmig, lehmig
Nährstoffbedarf: ausgeglichen
Bewässerung: regelmäßig bis häufig

Pflanzabstand: 70–80 cm
Vermehrung: Aussaat, Teilung
Schnittmaßnahmen: den Spross im späten Herbst oder zeitigen Frühjahr zurückschneiden
Verwendung: bunte Beet- und Staudenpflanzung, Einzelpflanzung, Gehölzrand, lockt Bienen und Schmetterlinge an, auffallende Blüten, Teichrand
Sortenbeispiele: 'Album' – weiß, 'Plenum' – purpurrosa, gefüllt

> pflegeleicht

Purpur-Wasserdost
Eupatorium purpureum

Aussehen: aufrecht buschig, horstbildend; **Höhe:** 150–220 cm; **Breite:** 70–100 cm
Blütezeit: Juli bis September
Blüte: purpur
Standort: sonnig bis halbschattig
Boden: schwach sauer bis schwach alkalisch; frisch bis feucht; sandig-lehmig, lehmig
Nährstoffbedarf: hoch; **Bewässerung:** regelmäßig bis häufig
Pflanzabstand: 100 cm
Vermehrung: Aussaat, Teilung
Schnittmaßnahmen: den Spross im späten Herbst oder zeitigen Frühjahr zurückschneiden
Verwendung: bunte Beet- und Staudenpflanzung, Einzelpflanzung, Gehölzrand, Schnittblume, lockt Bienen und Schmetterlinge an

Purpur-Wasserdost

Weitere Arten: *E. fistulosum, E. perfoliatum* (für Feuchtbiotope)

> pflegeleicht

Gold-Wolfsmilch, Bunte Wolfsmilch, Vielfarbige Wolfsmilch
Euphorbia polychroma

Aussehen: rundlich buschig bis halbkugelig, horstbildend
Höhe: 30–40 cm
Breite: 40–50 cm
Blütezeit: Mai bis Juni
Blüte: grünlichgelb
Blätter: mittel- bis dunkelgrün
Standort: sonnig
Boden: schwach sauer bis alkalisch; mäßig trocken bis frisch; sandig-kiesig, sandig-humos
Nährstoffbedarf: gering; **Bewässerung:** wenig bis regelmäßig
Pflanzabstand: 40–50 cm
Vermehrung: Aussaat, Teilung
Verwendung: bunte Beet- und Staudenpflanzung, Steingarten, ungewöhnliche Blüten, Samen werden fortgeschleudert, Vorsicht giftiger Milchsaft

> pflegeleicht, für Einsteiger

Mädesüß, Kleines Mädesüß
Filipendula vulgaris

Aussehen: locker aufrecht, horstbildend; **Höhe:** 40–60 cm
Breite: 40–50 cm
Blütezeit: Juni bis Juli
Blüte: weiß
Standort: sonnig, halbschattig
Boden: schwach sauer bis alkalisch; mäßig trocken bis frisch; durchlässig
Nährstoffbedarf: gering
Bewässerung: wenig bis regelmäßig, beim Austrieb viel
Pflanzabstand: 30–40 cm
Vermehrung: Aussaat, Teilung
Schnittmaßnahmen: den Spross im späten Herbst oder zeitigen Frühjahr zurückschneiden
Verwendung: bunte Beet- und

Schöne *Eryngium*-Arten (alle aufrecht, horstbildend)

Botanischer Name	Deutscher Name	Höhe	Blütezeit, Farbe	Tipps
E. giganteum	Elfenbeindistel	70–90 cm	Juli bis August, silbergrau	pflegeleicht, für Einsteiger
E. maritimum	Strand-Mannstreu, Stranddistel	30–60 cm	Juni bis Oktober, silbergrau	Liebhaberpflanze
E. tricuspidatum	Dreispitz-Edeldistel	60–80 cm	August bis September, grünlich	Liebhaberpflanze
E. × zabelii	Zabel's-Edeldistel	60–70 cm	Juni bis Juli, blau	pflegeleicht, Liebhaberpflanze

Weitere *Euphorbia*-Arten

Botanischer Name	Deutscher Name	Aussehen, Höhe	Blütezeit, Farbe	Tipps
E. amygdaloides	Mandel-Wolfsmilch	aufrecht buschig, horstbildend, 40–60 cm	April bis Mai, grünlichgelb	Liebhaberpflanze, Selbstaussaat
E. cyparissias	Zypressen-Wolfsmilch	breit aufrecht, 20–50 cm	Juni bis Juli, gelb	Liebhaberpflanze
E. griffithii	Himalaja-Wolfsmilch	aufrecht, horstbildend, 50 bis 80 cm	Mai bis Juni, orangerot	anspruchsvoll, Liebhaberpflanze
E. myrsinites (Bild Seite 92)	Walzen-Wolfsmilch	niederliegend, horstbildend, 15–25 cm	Mai bis Juli, gelb bis grüngelb	pflegeleicht, für Einsteiger, kompakt wachsend, für Steingarten

Mädesüß, Filipendula vulgaris

Staudenpflanzung, Teich- und Uferrand, Schnittblume, lockt Bienen und Schmetterlinge an

pflegeleicht, alte Gartenstaude

Kokardenblume
Gaillardia-Hybriden

Aussehen: aufrecht buschig, horstbildend
Höhe: 30–70 cm
Breite: 40–50 cm
Blütezeit: Juli bis September
Blüte: gelb, orange, rot – je nach Sorte
Standort: sonnig
Boden: schwach sauer bis schwach alkalisch; frisch; durchlässig, sandig-lehmig
Nährstoffbedarf: ausgeglichen bis hoch; **Bewässerung:** regelmäßig

Kokardenblume 'Kobold'

Pflanzabstand: 30–40 cm
Vermehrung: Teilung
Schnittmaßnahmen: den Spross im späten Herbst oder zeitigen Frühjahr zurückschneiden
Verwendung: bunte Beet- und Staudenpflanzung, Schnittblume, lockt Bienen und Schmetterlinge an, dekorative, große Blüten
Sortenbeispiele: 'Bremen' – dunkel scharlach, gelbe Spitzen, 'Burgunder' – weinrot, 'Fackelschein' – dunkelrot, gelbe Spitzen, 'Kobold' – rot, gelb gerandet, Zwergform

pflegeleicht, für Einsteiger

Großblumiger Frühlings-Enzian, Keulen-Enzian
Gentiana acaulis

Aussehen: kompakt kissenförmig; **Höhe:** 8–15 cm
Breite: 20–30 cm
Blütezeit: Mai bis Juni
Blüte: enzianblau bis violettblau (auch weiß)
Standort: sonnig bis halbschatting
Boden: neutral bis alkalisch; frisch; durchlässig, sandig-lehmig
Nährstoffbedarf: ausgeglichen
Bewässerung: regelmäßig
Pflanzabstand: 10–20 cm
Vermehrung: Aussaat, Teilung
Verwendung: Kübel- und Topfkultur, Einfassung, Gehölzrand,

Großblumiger Frühlings-Enzian

Steingarten, Schnittblume, tolle Blüten
Weitere Arten: G. angustifolia – langstielig, G. clusii – kalkhold

für kleine Gärten

Sommer-Enzian
Gentiana septemfida var. *lagodechiana* (Bild Seite 92)

Aussehen: niederliegend, horstbildend; **Höhe:** 10–15 cm
Breite: 20–30 cm
Blütezeit: Juli bis August

Blüte: violettblau
Standort: sonnig
Boden: schwach sauer bis alkalisch; frisch; durchlässig, sandig-lehmig
Nährstoffbedarf: ausgeglichen bis hoch
Bewässerung: regelmäßig
Pflanzabstand: 30 cm
Vermehrung: Aussaat, Teilung
Verwendung: Einfassung, Steingarten

pflegeleicht, für Einsteiger, für kleine Gärten

Chinesischer Herbst-Enzian
Gentiana sino-ornata

Aussehen: kompakt wachsend, niederliegend, horstbildend
Höhe: 10–15 cm
Breite: 15–30 cm
Blütezeit: September bis Oktober
Blüte: leuchtend blau
Blätter: mittel- bis dunkelgrün
Standort: sonnig bis halbschattig
Boden: sauer, kalkfliehend; frisch bis feucht; durchlässig, humos
Nährstoffbedarf: ausgeglichen bis hoch; **Bewässerung:** regelmäßig bis häufig
Pflanzabstand: 20–30 cm
Vermehrung: Teilung, Stecklinge
Verwendung: Kübel- und Topfkultur, Einfassung, Japangarten,

Vier weitere *Filipendula*-Arten (alle aufrecht wachsend)

Botanischer Name	Deutscher Name	Höhe	Blütezeit	Blütenfarbe	Tipps
F. kamtschatica	Mädesüß	150–200 cm	Juli bis August	weiß	Liebhaberpflanze
F. palmata	Mädesüß	90–120 cm	Juni bis Juli	rosa	pflegeleicht
F. purpurea	Japanisches Mädesüß	80–100 cm	Juli bis August	rosa	pflegeleicht
F. rubra	Spierstaude	bis 150 cm	Juni bis Juli	dunkelrosa bis rot	dekorative Staude

Chinesischer Herbst-Enzian

Moorbeet, Steingarten, auffallende Blüten
Sortenbeispiele: 'Blauer Zwerg' – leuchtend blau, 'Praecox' – mittel- bis dunkelblau, 'Weißer Findling' – weiß

> anspruchsvoll,
> für kleine Gärten

Balkan-Storchschnabel, Felsen-Storchschnabel
Geranium macrorrhizum
(Bild Seite 92)

Aussehen: breit aufrecht; **Höhe:** 25–30 cm; **Breite:** 50–60 cm
Blütezeit: Mai bis Juli
Blüte: purpurrot
Blätter: hell- bis mittelgrün
Standort: sonnig bis halbschattig
Boden: schwach sauer bis alkalisch; mäßig trocken bis

frisch; durchlässig, humos
Nährstoffbedarf: sehr gering;
Bewässerung: wenig bis regelmäßig
Pflanzabstand: 30 cm; **Vermehrung:** Aussaat, Teilung
Verwendung: intensiv duftend, bunte Beet- und Staudenpflanzung, Gehölzrand, Steingarten, flächendeckende Bodenbegrünung, lockt Bienen und Schmetterlinge an, stark aromatisch
Sortenbeispiele: 'Czakor' – karminpurpur ,'Ingwersen' – rosa, 'Spessart' – weiß mit rosa Staubfäden

> pflegeleicht, für Einsteiger,
> für kleine Gärten

Pracht-Storchschnabel
Geranium × magnificum

Aussehen: aufrecht buschig, horstbildend; **Höhe:** 40–60 cm
Breite: 60 cm
Blütezeit: Juni bis Juli
Blüte: blauviolett
Blätter: mittelgrün
Standort: sonnig bis halbschattig
Boden: schwach sauer bis alkalisch; frisch; durchlässig, humos
Nährstoffbedarf: ausgeglichen bis hoch
Bewässerung: regelmäßig
Pflanzabstand: 30–50 cm
Vermehrung: Teilung
Verwendung: bunte Beet- und Staudenpflanzung, Gehölzrand,

Pracht-Storchschnabel

lockt Bienen und Schmetterlinge an, auffallende Blüten

> pflegeleicht

Blut-Storchschnabel
Geranium sanguineum

Aussehen: flach; **Höhe:** 25–30 cm; **Breite:** 30–40 cm
Blütezeit: Mai bis September
Blüte: karminrot, rosa oder weiß
Blätter: dunkelgrün
Standort: sonnig bis halbschattig
Boden: schwach sauer bis alkalisch; mäßig trocken; durchlässig, sandig-humos
Nährstoffbedarf: gering

Blut-Storchschnabel

Schöne weitere *Storchschnabel*-Arten

Botanischer Name	Deutscher Name	Aussehen, Höhe	Blütezeit, Farbe	Tipps
Geranium × cantabrigiense	Cambridge-Storchschnabel	breit buschig, horstbildend, 20–25 cm	Juni bis Juli, rosaweiß	pflegeleicht, für Einsteiger, für kleine Gärten
Geranium cinereum	Grauer Storchschnabel	niederliegend bis flach wachsend, 10–15 cm	Juni bis Juli, hellrosa	pflegeleicht, für Einsteiger, für kleine Gärten und Kübel
Geranium dalmaticum	Kleiner Storchschnabel	polsterbildend, bis 15 cm	Juni bis Juli, weißrosa	für Steingärten und Mauerfugen
Geranium endressii	Pyrenäen-Storchschnabel	aufrecht buschig, schnell wachsend, 40–50 cm	Juni bis August, hellrosa	pflegeleicht, für Anfänger, für kleine Gärten
Geranium himalayense	Himalaja-Storchschnabel	aufrecht buschig, horstbildend, 30–45 cm	Juli bis September, blau	pflegeleicht, für kleine Gärten
Geranium × oxonianum	Garten-Storchschnabel	aufrecht buschig, horstbildend, 60–80 cm	Juni bis August, weißlich rosa	pflegeleicht, kompakt wachsend, für kleine Gärten
Geranium palustre	Sumpf-Storchschnabel	aufrecht buschig, horstbildend, 20–50 cm	Juni bis August, violett bis rosarot	Liebhaberpflanzen, Teich- und Uferrand
Geranium pratense	Wiesen-Storchschnabel	breit buschig, horstbildend, 30–60 cm	Juni bis Juli, violett	pflegeleicht, für Einsteiger, für kleine Gärten
Geranium sylvaticum	Wald-Storchschnabel	aufrecht buschig, horstbildend, 60–70 cm	Juni bis Juli, rotviolett	für kleine Gärten, Liebhaberpflanze

Bewässerung: wenig
Pflanzabstand: 30 cm
Vermehrung: Aussaat, Teilung
Verwendung: bunte Beet- und Staudenpflanzung, Einfassung, Gehölzrand, Grabbepflanzung, Steingarten, Steppenbeet, dekorative Blüten
Sortenbeispiele: 'Album' – weiß, 'Elsbeth' – purpurkarmin, 'Max Frei' – leuchtend karminrot

pflegeleicht, für Einsteiger

Garten-Nelkenwurz
Geum coccineum

Aussehen: aufrecht, horstbildend; **Höhe:** 30–50 cm
Breite: 30 cm
Blütezeit: Mai bis Juli
Blüte: ziegelrot
Blätter: mittel- bis dunkelgrün
Standort: sonnig bis halbschattig
Boden: schwach sauer bis schwach alkalisch; mäßig frisch; anpassungsfähig, durchlässig, nicht zu nass
Nährstoffbedarf: ausgeglichen

Garten-Nelkenwurz

Bewässerung: regelmäßig
Pflanzabstand: 20–30 cm
Vermehrung: Aussaat, Teilung
Verwendung: bunte Beet- und Staudenpflanzung, Gehölzrand, Steingarten, lockt Bienen und Schmetterlinge an
Weitere Art: *Geum × cultorum*, davon viele Sorten und Hybriden

pflegeleicht, für Einsteiger, für kleine Gärten

Gebirgs-Nelkenwurz, Berg-Nelkenwurz
Geum montanum

Aussehen: kompakt, rosettenbildend; **Höhe:** 10–20 cm
Breite: 15–25 cm

Blütezeit: Mai bis Juli
Blüte: gelb
Blätter: dunkelgrün
Standort: sonnig
Boden: sauer bis schwach sauer; frisch; durchlässig
Nährstoffbedarf: wenig bis mittel ; **Bewässerung:** regelmäßig
Pflanzabstand: 20 cm;
Vermehrung: Aussaat, Teilung
Verwendung: Kübel- und Topfkultur, Steingarten

anspruchsvoll, Liebhaberpflanze, für kleine Gärten

Bach-Nelkenwurz
Geum rivale

Aussehen: aufrecht, horstbildend; **Höhe:** 40–60 cm
Breite: 30–50 cm
Blütezeit: Mai bis Juni
Blüte: hellgelb, glockig wirkend
Blätter: mittel- bis dunkelgrün
Standort: sonnig bis halbschattig
Boden: schwach sauer bis alkalisch; frisch bis feucht; humos, sandig-lehmig
Nährstoffbedarf: ausgeglichen
Bewässerung: regelmäßig bis häufig
Pflanzabstand: 30 cm
Vermehrung: Aussaat, Teilung
Verwendung: bunte Beet- und Staudenpflanzung, Gehölzrand, Teich- und Uferrand, lockt Bienen und Schmetterlinge an
Sortenbeispiele: 'Album' – weiß, 'Bachelfe' – grünlich weiß

pflegeleicht, für Einsteiger, für kleine Gärten

Mammutblatt
Gunnera tinctoria (Bild Seite 92)

Aussehen: aufrecht, horstbildend, Rhizomstaude; **Höhe:** 150–200 cm; **Breite:** 150–200 cm
Blütezeit: Juli bis August
Blüte: rotbraun bis unscheinbar
Blätter: mittel- bis dunkelgrün
Standort: sonnig
Boden: sauer bis alkalisch; frisch bis sumpfig; sandig-lehmig, lehmig
Nährstoffbedarf: ausgeglichen bis hoch
Bewässerung: regelmäßig bis überdurchschnittlich viel
Pflanzabstand: 200–300 cm
Vermehrung: Teilung
Verwendung: Kübel- und Topfkultur, bunte Beet- und Stauden-

pflanzung, Einzelpflanzung, Teich- und Uferrand, auffallende „Mammut"-Blätter, sehr groß, mäßig frosthart – Winterschutz
Weitere Art: *Gypsophila manicata* – sehr große Blätter, Solitärstaude

Liebhaberpflanze

Rispen-Schleierkraut, Rispiges Gipskraut, Schleierkraut
Gypsophila paniculata

Aussehen: aufrecht buschig, dicht verzweigt; **Höhe:** 80–120 cm; **Breite:** 70–100 cm
Blütezeit: Juli bis August

Rispen-Schleierkraut 'Bristol Fairy'

Blüte: weiß
Blätter: graugrün
Standort: sonnig
Boden: neutral, ausgeglichen; frisch; durchlässig, sandiglehmig, Bodennässe vermeiden
Nährstoffbedarf: ausgeglichen bis hoch; **Bewässerung:** regelmäßig
Pflanzabstand: 60–80 cm
Vermehrung: Aussaat, Stecklinge, Teilung
Schnittmaßnahmen: den Spross im späten Herbst oder zeitigen Frühjahr zurückschneiden
Verwendung: bunte Beet- und Staudenpflanzung, Schnittblume, dekorative Blüten
Sortenbeispiele: 'Bristol Fairy' – weiß, gefüllt, 'Compacta Plena' – weiß, 'Flamingo' – rosa, halbgefüllt, 'Schneeflocke' – weiß

pflegeleicht, für Einsteiger

Teppich-Schleierkraut, Kriechendes Gipskraut
Gypsophila repens

Aussehen: kompakt bis niederliegend; **Höhe:** 15–25 cm
Breite: 30–50 cm
Blütezeit: Mai bis Juli
Blüte: weiß
Blätter: mittel- bis bläulich grün
Standort: sonnig
Boden: neutral, ausgeglichen; mäßig trocken bis frisch; durchlässig, sandig-kiesig, eher kühl
Nährstoffbedarf: sehr gering
Bewässerung: wenig bis regelmäßig
Pflanzabstand: 20–30 cm
Vermehrung: Aussaat, Stecklinge, Teilung
Verwendung: Kübel- und Topfkultur, Einfassung, Steingarten
Sortenbeispiele: 'Alba' – weiß, 'Letchworth' – rosa, 'Rosa Schönheit' – dunkelrosa, 'Rosea' – hellrosa, 'Rosenschleier' – rosa, gefüllt

pflegeleicht, für kleine Gärten

Sonnenbraut
Helenium-Sorten

Sonnenbraut 'Blütentisch'

Sonnenbraut 'Kupferzwerg'

Aussehen: aufrecht, horstbildend; **Höhe:** 70–120 cm
Breite: 50–60 cm
Blütezeit: Juni bis September
Blüte: gelb, kupferrot, orange oder rot
Standort: sonnig
Boden: schwach sauer bis schwach alkalisch; mäßig trocken bis frisch; sandig-lehmig
Nährstoffbedarf: hoch; **Bewässerung:** wenig bis regelmäßig
Pflanzabstand: 60–80 cm
Vermehrung: Stecklinge
Schnittmaßnahmen: den Spross im späten Herbst oder zeitigen Frühjahr zurückschneiden
Achtung: ganze Pflanze ist giftig
Verwendung: bunte Beet- und Staudenpflanzung, Schnittblume, lockt Bienen und Schmetterlinge an
Sortenbeispiele: früh: 'Moerheim Beauty' – kupferrot mit brauner Mitte, 'Waltraut' – goldbraun; mittelfrüh: 'Blütentisch' – goldgelb, 'Kanaria' – leuchtend gelb; spät: 'Baudirektor Linne' – rot mit brauner Scheibe, 'Kupferzwerg' – rotbraun

pflegeleicht, für Einsteiger

Apennin-Sonnenröschen
Helianthemum apenninum

Aussehen: kompakt aufrecht bis flach wachsend; **Höhe:** 20–40 cm; **Breite:** 40–60 cm
Blütezeit: Mai bis August
Blüte: weiß
Standort: sonnig
Boden: schwach alkalisch bis alkalisch; mäßig trocken bis frisch; durchlässig, sandig-kiesig
Nährstoffbedarf: sehr gering
Bewässerung: wenig bis regelmäßig
Pflanzabstand: 20–30 cm; **Vermehrung:** Aussaat, Stecklinge;
Schnittmaßnahmen: schiefe oder quer wachsende Äste im Spätwinter herausschneiden
Verwendung: Kübel- und Topf-

Apennin-Sonnenröschen

kultur, Steingarten, lockt Bienen und Schmetterlinge an

anspruchsvoll, Liebhaberpflanze, für kleine Gärten

Sonnenröschen
Helianthemum-Hybriden

Aussehen: kompakt buschig, horstbildend; **Höhe:** 15–25 cm (sortenabhängig auch höher)
Breite: 30–40 cm
Blütezeit: Mai bis Juli
Blüte: Farbvariationen in Gelb, Rosa, Rot und Weiß
Standort: sonnig
Boden: schwach sauer bis alkalisch; mäßig trocken bis frisch; durchlässig, sandig-kiesig
Nährstoffbedarf: ausgeglichen
Bewässerung: wenig bis regelmäßig
Pflanzabstand: 20–30 cm
Vermehrung: Stecklinge
Schnittmaßnahmen: schiefe oder quer wachsende Äste im Spätwinter herausschneiden
Verwendung: Kübel- und Topfkultur, Steingarten, Mauerfugen und Trockenmauern, lockt Bienen und Schmetterlinge an, dekorative, große Blüten
Sortenbeispiele: 'Gelbe Perle' – zitronengelb, 'Lawrensons Pink' – rosa, 'Rubin' – rot, 'Sterntaler' – goldgelb

pflegeleicht, für kleine Gärten

Sonnenröschen 'Rubin'

Stauden-Sonnenblume
Helianthus decapetalus

Aussehen: aufrecht buschig, horstbildend; **Höhe:** 120–160 cm; **Breite:** 70–110 cm
Blütezeit: August bis Oktober
Blüte: gelb
Standort: sonnig
Boden: neutral, ausgeglichen; mäßig trocken bis frisch; durchlässig, sandig-lehmig

Nährstoffbedarf: hoch; **Bewässerung:** wenig bis regelmäßig
Pflanzabstand: 60–90 cm
Vermehrung: Aussaat, Teilung
Schnittmaßnahmen: den Spross im späten Herbst oder zeitigen Frühjahr zurückschneiden
Verwendung: bunte Beet- und Staudenpflanzung, Schnittblume, lockt Bienen und Schmetterlinge an, schöne Blüten
Sortenbeispiele und Hybride: 'Capenoch Star' – zitronengelb, groß, 'Soleil d'Or' – goldgelb, gefüllt, *H. × mutiflorus* mit vielen Sorten

pflegeleicht, für Einsteiger

Sonnenauge
Heliopsis helianthoides var. *scabra*

Aussehen: aufrecht buschig, horstbildend; **Höhe:** 60–150 cm
Breite: 50–60 cm
Blütezeit: Juli bis September
Blüte: Gelb- und Orangetöne;

Stauden-Sonnenblume 'Soleil d' Or'

Weitere *Sonnenbraut*-Arten (alle aufrecht, horstbildend)

Botanischer Name	Deutscher Name	Höhe	Blütezeit, Farbe	Tipps
Helenium autumnale	Herbst-Sonnenbraut	80–120 cm	August bis Oktober, goldgelb	pflegeleicht, für Einsteiger, große Blüten
Helenium bigelovii	Sommer-Sonnenbraut	60–70 cm	Juni bis Juli, gelb mit Braungelb	pflegeleicht, für Einsteiger
Helenium hoopesii	Frühsommer-Sonnenbraut	60–90 cm	Mai bis Juni, goldgelb mit Orange	pflegeleicht, für Einsteiger

Einige *Hemerocallis*-Arten (alle breit buschig bis überhängend, horstbildend)

Botanischer Name	Deutscher Name	Höhe	Blütezeit, Farbe	Tipps
H. citrina	Zitronengelbe Taglilie	80–120 cm	Juni bis August, zitronengelb	Liebhaberpflanze
H. fulva	Braunrote Taglilie	80–120 cm	Juli bis August, braunrot	Liebhaberpflanze, große Blüten
H. lilioasphodelus	Wiesen-Taglilie	70–80 cm	Mai bis Juni, hellgelb	Liebhaberpflanze, große Blüten
H. minor	Zwerg-Taglilie	30–50 cm	Mai bis Juni, zitronengelb	für Einsteiger, für Kübel

gefüllt, ungefüllt – je nach Sorte
Standort: sonnig
Boden: neutral, ausgeglichen; frisch; sandig-lehmig, sandig-humos
Nährstoffbedarf: hoch
Bewässerung: regelmäßig
Pflanzabstand: 60–70 cm
Vermehrung: Teilung
Schnittmaßnahmen: den Spross im späten Herbst oder zeitigen Frühjahr zurückschneiden
Verwendung: bunte Beet- und Staudenpflanzung, Schnittblume, lockt Bienen und Schmet-

Sonnenauge

terlinge an, auffallende Blüten
Sortenbeispiele: 'Karat' – leuchtend gelb, 'Goldgefieder' – goldgelb, gefüllt 'Goldgrünherz' – gelb mit grünem Herz, gefüllt , 'Spitzentänzerin' – gelb, halbgefüllt, 'Venus' – goldorange, gute Schnittsorte

pflegeleicht, für Einsteiger

Schwarze Christrose, Schneerose
Helleborus niger

Aussehen: kompakt buschig, horstbildend; **Höhe:** 25–30 cm
Breite: 40–50 cm
Blütezeit: März bis April
Blüte: weiß bis rosa überlaufen
Standort: halbschattig
Boden: schwach alkalisch bis alkalisch; frisch; durchlässig, sandig-humos
Nährstoffbedarf: hoch
Bewässerung: regelmäßig

Schwarze Christrose

Pflanzabstand: 30–40 cm
Vermehrung: Aussaat, Teilung
Achtung: ganze Pflanze ist giftig
Verwendung: Kübel- und Topfkultur, bunte Beet- und Staudenpflanzung, Gehölzrand, Japangarten, Steingarten, Schnittblume, lockt Bienen und Schmetterlinge an, dekorative Blüten, alle Arten und Sorten sind in allen Teilen giftig!

anspruchsvoll, alte Gartenstaude, für kleine Gärten

Frühlings-Nieswurz
Helleborus orientalis

Aussehen: kompakt buschig, horstbildend; **Höhe:** 30–40 cm
Breite: 40–50 cm
Blütezeit: Februar bis April
Blüte: gelblich weiß bis grünlich cremefarben
Standort: sonnig bis halbschattig
Boden: schwach sauer bis alkalisch; frisch; durchlässig, sandig-humos
Nährstoffbedarf: hoch
Bewässerung: regelmäßig
Pflanzabstand: 40–60 cm
Vermehrung: Aussaat, Teilung
Achtung: ganze Pflanze ist giftig
Verwendung: bunte Beet- und Staudenpflanzung, Gehölzrand, Steingarten, Schnittblume, lockt Bienen und Schmetterlinge an, dekorative, große Blüten, alle Teile der Pflanze sind giftig
Sorten: viele *Helleborus*-Sorten im Handel

pflegeleicht, für kleine Gärten

Taglilien
Hemerocallis-Hybriden
(Bild Seite 92)

Aussehen: breit buschig bis überhängend, horstbildend
Höhe: 50–60 cm; **Breite:** 50 cm
Blütezeit: Juni bis September
Blüte: Farbvariationen in Gelb, Orange, Rosa und Rot
Standort: sonnig
Boden: schwach sauer bis schwach alkalisch; frisch; sandig-humos, sandig-lehmig

Zwerg-Taglilie

Nährstoffbedarf: hoch
Bewässerung: regelmäßig
Pflanzabstand: 50–70 cm
Vermehrung: Teilung
Verwendung: bunte Beet- und Staudenpflanzung, schöne Blüten
Sorten: viele verschiedene im Handel, ständig verbesserte Sorten (Trendsorten)

pflegeleicht, für Einsteiger, für kleine Gärten

Leberblümchen, Edles Leberblümchen
Hepatica nobilis

Aussehen: kompakt, horstbildend; **Höhe:** 10–15 cm
Breite: 15–20 cm
Blütezeit: März bis April
Blüte: hellblau
Standort: halbschattig
Boden: neutral bis alkalisch; frisch; durchlässig, humoser Boden
Nährstoffbedarf: hoch
Bewässerung: regelmäßig

Pflanzabstand: 20 cm
Vermehrung: Aussaat, Teilung
Verwendung: Einfassung, Gehölzrand, Japangarten, Steingarten, lockt Bienen und Schmetterlinge an
Sortenbeispiele und weitere Art: 'Alba' – weiß, 'Rubra' – rosarot, *H. transsilvanica* (Siebenbürgen-Leberblümchen) – hellblaue bis violette Blüte, Liebhaberpflanze mit einigen Sorten wie 'Karpatenkrone' (dunkelviolett) und 'Rosea' (rosa)

Liebhaberpflanze, alte Gartenstaude, für kleine Gärten

Bärenklau, Herkulesstaude, Riesen-Bärenklau
Heracleum mantegazzianum

Aussehen: aufrecht, horstbildend; **Höhe:** 150–250 cm
Breite: 100–150 cm
Blütezeit: Juni bis Juli
Blüte: weiß
Standort: sonnig
Boden: neutral, ausgeglichen; frisch bis feucht; sandig-humos, sandig-lehmig
Nährstoffbedarf: hoch; **Bewässerung:** regelmäßig bis häufig
Pflanzabstand: 200–300 cm
Vermehrung: Aussaat
Achtung: ganze Pflanze ist giftig; der Pflanzensaft kann bei Kontakt zu Verbrennungen der Haut führen
Verwendung: Einzelpflanzung, Teich- und Uferrand, auffallender Wuchs, Vorsicht, wuchert stark, daher für den Garten eher nicht geeignet.

Liebhaberpflanze

Purpurglöckchen
Heuchera-Gartensorten

Aussehen: kompakt buschig, horstbildend
Höhe: 50–80 cm
Breite: 20–30 cm

Blütezeit: Juni bis Juli
Blüte: weiß, rosa, rot – je nach Sorte
Blätter: hell- bis mittelgrün
Standort: halbschattig
Boden: schwach sauer bis schwach alkalisch; frisch; sandig-humos, sandig-lehmig
Nährstoffbedarf: ausgeglichen bis hoch
Bewässerung: regelmäßig
Pflanzabstand: 30–40 cm
Vermehrung: Teilung
Verwendung: bunte Beet- und Staudenpflanzung, Gehölzrand, Schnittblume, lockt Bienen und Schmetterlinge an

> pflegeleicht, für Einsteiger, für kleine Gärten

Rotblättriges Silberglöckchen

Heuchera micrantha 'Palace Purple'

Aussehen: kompakt buschig, horstbildend; **Höhe:** 50–60 cm
Breite: 50 cm
Blütezeit: Juli bis August
Blüte: rosaweiß
Blätter: rotbraun, wintergrün

Rotblättriges Silberglöckchen 'Palace Purple'

Standort: halbschattig
Boden: schwach sauer bis schwach alkalisch; frisch; sandig-humos, sandig-lehmig
Nährstoffbedarf: ausgeglichen bis hoch; **Bewässerung:** regelmäßig
Pflanzabstand: 30–40 cm
Vermehrung: Aussaat, Teilung
Verwendung: Kübel- und Topfkultur, bunte Beet- und Staudenpflanzung, Gehölzrand, Laub mit kontrastreicher Wirkung, Schnittblume, lockt Bienen und Schmetterlinge an, auffallende riesige Blätter und Blüten
Weitere Art: *H. sanguinea* (Purpurglöckchen) – ähnlich *H. micrantha*

> pflegeleicht, für Einsteiger, für kleine Gärten

Habichtskraut, Orangerotes Habichtskraut

Hieracium aurantiacum
(Bild Seite 92)

Aussehen: flach wachsend bis kriechend, schnell wachsend
Höhe: 15–40 cm; **Breite:** 30 cm und mehr

Blütezeit: Juni bis August
Blüte: orangerot
Standort: sonnig bis halbschattig
Boden: sauer bis neutral; mäßig trocken bis frisch; anspruchslos, torfiger Boden
Nährstoffbedarf: sehr gering
Bewässerung: wenig bis regelmäßig
Pflanzabstand: 20–30 cm
Vermehrung: Aussaat, Teilung
Verwendung: bunte Beet- und Staudenpflanzung, Einfassung, Grabbepflanzung, Steingarten, Bodendecker, lockt Bienen und Schmetterlinge an, wuchert!
Weitere Arten: *H. bombycinum* – gelb, *H. × rubrum* – orange bis purpur

> pflegeleicht, für Einsteiger

Pyrenäen-Drachenmaul, Drachenmaul

Horminum pyrenaicum
(Bild Seite 92)

Aussehen: kompakt aufrecht, rosettenbildend
Höhe: 10–25 cm; **Breite:** 20 cm
Blütezeit: Mai bis Juli
Blüte: violett
Standort: sonnig bis halbschattig
Boden: schwach sauer bis schwach alkalisch; frisch; durchlässig, sandig-lehmig
Nährstoffbedarf: sehr gering
Bewässerung: regelmäßig
Pflanzabstand: 20–30 cm
Vermehrung: Aussaat
Verwendung: Steingarten, lockt Bienen und Schmetterlinge an

> Liebhaberpflanze, für kleine Gärten

Funkien

Hosta-Sorten

Aussehen: rundlich buschig bis überhängend, horstbildend

Höhe: 50–80 cm
Breite: 60–100 cm
Blütezeit: Juli bis August
Blüte: violett
Blätter: blass- bis dunkelgrün, gelb oder weiß gemustert, viele Variationen
Standort: halbschattig
Boden: sauer bis schwach alkalisch; frisch bis feucht; sandig-humos, humos
Nährstoffbedarf: ausgeglichen bis hoch; **Bewässerung:** regelmäßig bis häufig
Pflanzabstand: 50–70 cm
Vermehrung: Teilung
Verwendung: Kübel- und Topfkultur, bunte Beet- und Staudenpflanzung, Einzelpflanzung, Japangarten, Mauerfugen und Trockenmauern, Unterpflanzung von Baum- und Strauchgruppen, lockt Bienen und Schmetterlinge an, Blattschmuck, treiben erst spät aus, alle vor Schnecken schützen
Züchtungen: riesiges Angebot

> pflegeleicht

Lanzen-Funkie

Hosta lancifolia

Aussehen: rundlich buschig bis überhängend, horstbildend
Höhe: 30–60 cm
Breite: 60–70 cm
Blütezeit: August bis September
Blüte: dunkelviolett
Blätter: glänzend dunkelgrün mit welligem Rand
Standort: halbschattig
Boden: sauer bis schwach alkalisch; frisch bis feucht; sandig-humos, humos
Nährstoffbedarf: ausgeglichen bis hoch; **Bewässerung:** regelmäßig bis häufig
Pflanzabstand: 30–40 cm
Vermehrung: Teilung

Eine kleine Auswahl an *Hosta*-Arten

Botanischer Name	Deutscher Name	Aussehen	Höhe	Tipps
H. 'Fortunei Albomarginata'	Große Weißrand-Funkie	rundlich buschig bis überhängend, horstbildend	70–90 cm	pflegeleicht
H. tardiflora	Herbst-Funkie	rundlich buschig bis überhängend, horstbildend	20–30 cm	für Kübel und Töpfe, für kleine Gärten, Liebhaberpflanze
H. 'Tokudama'	Löffelblatt-Funkie	rundlich buschig bis überhängend, horstbildend	30–35 cm	für kleine Gärten, Liebhaberpflanze
H. ventricosa	Blaue Glocken-Funkie	halbkugelig	60–90 cm	Liebhaberpflanze
H. venusta	Zwerg-Funkie	kompakt, rosettenbildend	10–20 cm	für kleine Gärten, Liebhaberpflanze

Große Weißrand-Funkie
'Fortunei Albamarginata'

Verwendung: Kübel- und Topf-
kultur, bunte Beet- und Stauden-
pflanzung, Einzelpflanzung,
Gehölzrand, Teich- und Ufer-
rand, Blattschmuckpflanze
Weitere Art: *Hosta sieboldii* –
Kleine Weißrand-Funkie, für
Teich- und Uferrand

pflegeleicht

Blaublatt-Funkie
Hosta sieboldiana

Aussehen: rundlich buschig bis
überhängend, horstbildend
Höhe: 40–50 cm
Breite: 90–120 cm
Blütezeit: Juni bis Juli
Blüte: hellviolett bis flieder-
farben
Blätter: blaugrau, Oberseite
schwach bereift
Standort: halbschattig
Boden: sauer bis schwach
alkalisch; frisch bis feucht;
sandig-humos, humos
Nährstoffbedarf: ausgeglichen
bis hoch; **Bewässerung:** regel-
mäßig bis häufig

Pflanzabstand: 80–90 cm
Vermehrung: Teilung
Verwendung: Kübel- und Topf-
kultur, bunte Beet- und Stauden-
pflanzung, Einzelpflanzung,
Gehölzrand, Japangarten, Teich-
und Uferrand, Schnittblume,
Blattschmuckpflanze
Sortenbeispiele: 'Elegans' –
Große Blaublatt-Funkie, 'Fran-
ces Williams' – Blaue Gelbrand-
Funkie, *'Semperaurea'* – Dauer-
gold-Funkie

pflegeleicht

Schneefeder-Funkie
Hosta × 'Undulata Univittata'

Aussehen: rundlich buschig bis
überhängend, horstbildend
Höhe: 40–50 cm
Breite: 40–50 cm
Blütezeit: Juni bis Juli
Blüte: hellviolett

Schneefeder-Funkie
'Undalata Univittata'

Blätter: grünweiß gemustert
Standort: halbschattig
Boden: sauer bis schwach
alkalisch; frisch bis feucht;
sandig-humos, humos
Nährstoffbedarf: ausgeglichen
Bewässerung: regelmäßig bis
häufig
Pflanzabstand: 40–50 cm
Vermehrung: Teilung
Verwendung: Kübel- und Topf-
kultur, bunte Beet- und Stauden-
pflanzung, Einzelpflanzung,
Gehölzrand, Unterpflanzung
von Baum- und Strauchgrup-
pen, Blattschmuckpflanze

pflegeleicht

Felsen-Schleifenblume, Zwerg-Schleifenblume
Iberis saxatilis

Aussehen: kompakt buschig bis
flach wachsend; **Höhe:** 5–10 cm
Breite: 20–30 cm
Blütezeit: März bis April
Blüte: weiß
Blätter: dunkelgrün
Standort: sonnig
Boden: neutral bis schwach
alkalisch; trocken bis frisch;
durchlässig
Nährstoffbedarf: ausgeglichen;
Bewässerung: sehr wenig bis
regelmäßig
Pflanzabstand: 20–30 cm; **Ver-
mehrung:** Aussaat, Stecklinge;
Schnittmaßnahmen: nach der
Blüte schwach zurückschneiden
Verwendung: Kübel- und Topf-
kultur, Einfassung, Grabbepflan-
zung, Steingarten, Mauerfugen
und Trockenmauern, lockt
Bienen und Schmetterlinge an

Sortenbeispiele: 'Frühlingsgruß'
– weiß, 'Pygmaea' – Zwerg-
Schleifenblume, Zwergform

pflegeleicht, für Einsteiger,
für kleine Gärten

Immergrüne Schleifenblume
Iberis sempervirens

Aussehen: kompakt polster-
förmig; **Höhe:** 20–30 cm
Breite: 50–60 cm
Blütezeit: April bis Juni
Blüte: weiß
Blätter: dunkelgrün

Immergrüne Schleifenblume

Standort: sonnig
Boden: sauer bis schwach
alkalisch; trocken bis frisch;
durchlässig
Nährstoffbedarf: ausgeglichen
Bewässerung: sehr wenig bis
regelmäßig
Pflanzabstand: 20–30 cm; **Vermehrung:** Aussaat, Stecklinge
Verwendung: Einfassung, Steingarten, Mauerfugen und
Trockenmauern, lockt Bienen
und Schmetterlinge an
Sortenbeispiele: 'Findel', 'Gracilis Nana' – weiß, 'Zwergschnee-
flocke' – weiß, bester Blüher

pflegeleicht, für Einsteiger,
für kleine Gärten

Freiland-Gloxinie
Incarvillea delavayi

Aussehen: aufrecht, horstbil-
dend; **Höhe:** 50–60 cm
Breite: 30 cm
Blütezeit: Mai bis Juli
Blüte: rosa
Blätter: dunkelgrün
Standort: sonnig bis halbschattig

Blaublatt-Funkie

Felsen-Schleifenblume

Freiland-Gloxinie, Incarvillea mairei *var.* grandiflora

Boden: neutral bis alkalisch mäßig trocken bis frisch; durchlässig, sandig-lehmig
Nährstoffbedarf: ausgeglichen
Bewässerung: wenig bis regelmäßig
Pflanzabstand: 30–40 cm
Vermehrung: Aussaat, Teilung
Verwendung: bunte Beet- und Staudenpflanzung, lockt Bienen und Schmetterlinge an, dekorative, große Blüten, Winterschutz empfohlen
Sortenbeispiel: 'Alba' – weiß

> pflegeleicht, für kleine Gärten

Freiland-Gloxinie
Incarvillea mairei var. grandiflora

Aussehen: aufrecht, horst-bildend; **Höhe:** 15–30 cm
Breite: 15–20 cm
Blütezeit: Mai bis Juli
Blüte: dunkelrosa
Standort: sonnig
Boden: sauer bis schwach sauer; mäßig trocken bis frisch; durchlässig, sandig-lehmig
Nährstoffbedarf: ausgeglichen;
Bewässerung: wenig bis regelmäßig
Pflanzabstand: 30–40 cm
Vermehrung: Aussaat, Teilung
Verwendung: Einfassung, Stein-garten, auffallende Blüten, Winterschutz

> anspruchsvoll, Liebhaberpflanze

Zwerg-Alant, Schwertblättriger Alant
Inula ensifolia

Aussehen: kompakt buschig
Höhe: 30–40 cm
Breite: 30–40 cm
Blütezeit: Juli bis August
Blüte: goldgelb
Standort: sonnig
Boden: neutral bis alkalisch; trocken bis frisch; durchlässig, tiefgründig
Nährstoffbedarf: ausgeglichen

Traubiger Alant

Bewässerung: sehr wenig bis regelmäßig
Pflanzabstand: 30 cm; **Vermehrung:** Aussaat, Stecklinge, Teilung
Verwendung: bunte Beet- und Staudenpflanzung, Steingarten, Mauerfugen und Trocken-mauern, lockt Bienen und Schmetterlinge an
Sortenbeispiele und weitere Art: 'Compacta' – besonders kompakt wachsend, 'Goldhammer' – niedrige Sorte; Inula racemosa – Traubiger Alant, gelbe Blüte, für Beet- und Staudenpflanzungen

> pflegeleicht, für Einsteiger, für kleine Gärten

Hohe Bart-Iris, Deutsche Schwertlilie
Iris germanica

Aussehen: aufrecht, rhizom-bildend; **Höhe:** 70–80 cm
Breite: 20–30 cm
Blütezeit: Mai bis Juni
Blüte: violett, braune Schlund-aderung und gelblicher Bart
Standort: sonnig
Boden: neutral, ausgeglichen; trocken bis frisch; durchlässig, sandig-lehmig
Nährstoffbedarf: hoch; **Bewässerung:** wenig bis regelmäßig

Hohe Bartiris

Pflanztiefe: 1–2 cm
Pflanzabstand: 30–40 cm
Achtung: ganze Pflanze ist giftig
Verwendung: bunte Beet- und Staudenpflanzung
Arten und Sorten: Staudengärt-nereien unterteilen in: Barbata-Elatior-Gruppe (Hohe Bart-Iris), Barbata-Media-Gruppe (Mittel-hohe Bart-Iris), Barbata-Nana-Gruppe (Zwerg-Iris), jeweils mit vielen Sorten, I. pumila – Zwerg-Iris, I. suaveolens – Zwerg-Iris, I. variegata – Wild-Iris

> pflegeleicht, für Einsteiger, alte Gartenstaude

Iris, Schwertlilie, Gefranste Schwertlilie
Iris japonica

Aussehen: aufrecht, rhizom-bildend; **Höhe:** 20–40 cm
Breite: 15–20 cm
Blütezeit: März bis Mai
Blüte: weiß bis lavendelblau
Standort: sonnig
Boden: schwach sauer bis neutral, frisch, feucht, durchläs-sig, sandig-lehmig
Nährstoffbedarf: ausgeglichen;
Bewässerung: regelmäßig
Pflanztiefe: 1–2 cm
Pflanzabstand: 25–35 cm
Achtung: ganze Pflanze ist giftig
Verwendung: kompakt wach-send, bunte Beet- und Stauden-pflanzung, Teichrand

> pflegeleicht

Wirbel-Steinwurz, Steinrose, Balkan-Fransenhauswurz
Jovibarba heuffelii (Bild S. 93)

Aussehen: kompakt wachsend, rosettig; **Höhe:** 10–15 cm
Breite: 20–30 cm
Blütezeit: Juni bis August
Blüte: gelb

Einige *Iris*-Arten

Botanischer Name	Deutscher Name	Höhe	Blütezeit	Blütenfarbe	Tipps
Iris ensata	Japan-Schwertlilie	70–90 cm	Juni bis Juli	Variationen in Rosa, Rot, Violett, Weiß	pflegeleicht, Liebhaberpflanze, feucht, kalkarm
Iris orientalis	Orientalische Schwertlilie	60–80 cm	Juni bis Juli	weiß	dankbar, schön
Iris sibirica	Sibirische Schwertlilie	50–100 cm	Mai bis Juni	blauviolett	pflegeleicht, auch für Teichrand, viele Sorten
Iris versicolor	Amerikanischer Sumpfschwertlilie	60–80 cm	Juni bis Juli	dunkelviolett	pflegeleicht, auch für Teichrand

Standort: sonnig
Boden: schwach sauer bis schwach alkalisch; trocken bis frisch; durchlässig, sandig-kiesig
Nährstoffbedarf: sehr gering
Bewässerung: sehr wenig bis regelmäßig
Pflanzabstand: 10–20 cm
Vermehrung: Aussaat, Teilung
Verwendung: Kübel- und Topfkultur, Steingarten, Alpinum, Mauerfugen, Trockenmauern

Liebhaberpflanze, für kleine Gärten

Mazedonische Witwenblume
Knautia macedonica

Aussehen: aufrecht, horstbildend; **Höhe:** 60–100 cm

Mazedonische Witwenblume

Breite: 40–50 cm
Blütezeit: Juni bis August
Blüte: leuchtend purpurrot
Standort: sonnig
Boden: schwach sauer bis alkalisch; mäßig trocken bis frisch; durchlässig, sandig-lehmig
Nährstoffbedarf: ausgeglichen
Bewässerung: wenig bis regelmäßig
Pflanzabstand: 50–70 cm
Vermehrung: Aussaat, Teilung
Schnittmaßnahmen: den Spross im späten Herbst oder zeitigen Frühjahr zurückschneiden
Verwendung: bunte Beet- und Staudenpflanzung, Schnittblume, lockt Bienen und Schmetterlinge an

Liebhaberpflanze, für kleine Gärten

Fackellilie
Kniphofia-Gartensorten

Aussehen: straff aufrecht, horstbildend; **Höhe:** bis 100 cm
Breite: 50–60 cm

Fackellilie 'Royal Standard'

Blütezeit: Juli bis September
Blüte: creme, gelb, orange, rot – je nach Sorte
Standort: sonnig
Boden: schwach sauer bis alkalisch; mäßig trocken bis frisch; durchlässig, gute Drainage
Nährstoffbedarf: ausgeglichen
Bewässerung: wenig bis regelmäßig
Pflanzabstand: 40–50 cm
Vermehrung: Teilung
Verwendung: bunte Beet- und Staudenpflanzung, Schnittblume, lockt Bienen und Schmetterlinge an, dekorative, große Blüten
Sortenbeispiele: 'Alcazar' – feuerrot, 'Express' – orangerot, 'Royal Standard' – gelborange, 'Safranvogel' – lachsrosa mit Cremegelb

pflegeleicht

Goldnessel, Taubnessel, Echte Goldnessel, Gewöhnliche Goldnessel
Lamium galeobdolon

Aussehen: breit flach wachsend, schnell wachsend
Höhe: 20–30 cm; **Breite:** 50 cm und mehr
Blütezeit: Mai bis Juni
Blüte: gelb
Blätter: mittelgrün, silbrig gefleckt

Standort: halbschattig bis schattig
Boden: sauer bis neutral; frisch; anspruchslos
Nährstoffbedarf: ausgeglichen
Bewässerung: regelmäßig
Pflanzabstand: 30–40 cm; **Vermehrung:** Aussaat, Stecklinge
Verwendung: Kübel- und Topfkultur, Einfassung, Gehölzrand, Grabbepflanzung, flächendeckende Bodenbegrünung, lockt Bienen und Schmetterlinge an, auffallende Blätter, kann etwa 25 cm hoch klettern

pflegeleicht, für Einsteiger

Gefleckte Taubnessel
Lamium maculatum

Aussehen: niederliegend, kriechend, schnell wachsend; **Höhe:** 20–30 cm; **Breite:** 60–90 cm
Blütezeit: Mai bis Juli
Blüte: rosa

Weißblühende gefleckte Taubnessel

Blätter: mittelgrün, silbrig gefleckt
Standort: halbschattig bis schattig
Boden: sauer bis schwach sauer; frisch; anspruchslos
Nährstoffbedarf: ausgeglichen; **Bewässerung:** regelmäßig
Pflanzabstand: 30 cm
Vermehrung: Aussaat, Teilung
Verwendung: Kübel- und Topfkultur, Einfassung, Gehölzrand, Grabbepflanzung, flächendeckende Bodenbegrünung, Unterpflanzung von Baum- und Strauchgruppen, lockt Bienen und Schmetterlinge an
Sorten: viele mit verschiedenen Blatt- und Blütenfarben

pflegeleicht, für Einsteiger, für kleine Gärten

Provence-Lavendel, Englischer Lavendel
Lavandula × intermedia

Aussehen: aufrecht buschig
Höhe: 30–70 cm
Breite: 30–50 cm
Blütezeit: Juli bis August
Blüte: hellviolett
Blätter: silbrig grau
Standort: sonnig
Boden: neutral, ausgeglichen; mäßig trocken; durchlässig
Nährstoffbedarf: ausgeglichen
Bewässerung: wenig
Pflanzabstand: 30–40 cm
Vermehrung: Stecklinge
Schnittmaßnahmen: vor dem Einwintern oder im zeitigen Frühjahr bis zum alten Holz zurückschneiden
Verwendung: intensiv duftend, Kübel- und Topfkultur, bunte Beet- und Staudenpflanzung, Schnittblume, lockt Bienen und Schmetterlinge an, auffallende Blätter und Blüten, mäßig frosthart – Winterschutz
Sortenbeispiele: 'Alba', 'Edelweiß' – weiß, 'Dutch' – lilablau

Schopf-Lavendel
Lavandula stoechas

Aussehen: aufrecht buschig
Höhe: bis 60 cm
Breite: 20–30 cm
Blütezeit: Juli bis Oktober
Blüte: dunkel purpurrot
Standort: sonnig
Boden: neutral bis alkalisch; mäßig trocken; durchlässig
Nährstoffbedarf: ausgeglichen
Bewässerung: wenig
Pflanzabstand: 30 cm
Vermehrung: Stecklinge

Schopf-Lavendel 'Red Kew'

Verwendung: intensiv duftend, Kübel- und Topfkultur, bunte Beet- und Staudenpflanzung, lockt Bienen und Schmetterlinge an, auffallende Blüten, duftet, Steppenbeet, mäßig frosthart – Winterschutz
Sortenbeispiel: 'Red Kew' – purpurrot

> pflegeleicht, für kleine Gärten

Alpen-Edelweiß
Leontopodium alpinum

Aussehen: flach wachsend bis polsterförmig; **Höhe:** 10–15 cm
Breite: 10–15 cm
Blütezeit: Juni bis Juli
Blüte: silbrig weiß
Standort: sonnig
Boden: neutral bis alkalisch; mäßig trocken bis frisch; durchlässig, sandig-kiesig
Nährstoffbedarf: sehr gering
Bewässerung: wenig bis regelmäßig
Pflanzabstand: 20–25 cm
Vermehrung: Aussaat, Teilung
Verwendung: Kübel- und Topfkultur, Einfassung, Grabbepflanzung, Steingarten, Alpinum, Schnittblume, auffallende Blüten, Nachzuchten werden im Gartenfachhandel angeboten

> pflegeleicht, für Einsteiger, für kleine Gärten

Zwergiges China-Edelweiß
Leontopodium souliei

Aussehen: flach wachsend bis polsterförmig; **Höhe:** 15–20 cm
Breite: 20–25 cm
Blütezeit: Juni bis August

Zwergiges China-Edelweiß

Blüte: silbrig weiß
Standort: voll sonnig
Boden: schwach sauer bis neutral; mäßig trocken bis frisch; durchlässig, sandig-kiesig, im Sommer feucht halten
Nährstoffbedarf: gering
Bewässerung: wenig bis regelmäßig, darf nie austrocknen
Pflanzabstand: 20–30 cm
Vermehrung: Aussaat, Teilung
Verwendung: Kübel- und Topfkultur, Einfassung, Grabbepflanzung, Steingarten, tolle und ungewöhnliche Blüten

> pflegeleicht, für Einsteiger, für kleine Gärten

Garten-Margerite, Sommer-Margerite, Pyrenäen-Margerite
Leucanthemum maximum

Aussehen: aufrecht buschig, horstbildend; **Höhe:** 60–100 cm

Garten-Margerite, gefüllt

Breite: 50–60 cm
Blütezeit: Juli bis August
Blüte: weiß; einfach oder gefüllt
Standort: sonnig
Boden: neutral, ausgeglichen; frisch; fruchtbar, sandig-lehmig
Nährstoffbedarf: ausgeglichen bis hoch; **Bewässerung:** regelmäßig
Pflanzabstand: 30–40 cm
Vermehrung: Aussaat, Teilung
Schnittmaßnahmen: den Spross im späten Herbst oder zeitigen Frühjahr zurückschneiden
Verwendung: bunte Beet- und Staudenpflanzung, Einzelpflanzung, Schnittblume, dekorative, große Blüten
Sortenbeispiele: 'Beethoven' – weiß, einfach, 'Christine Hagemann' – reinweiß gefüllt, 'Dwarf Snow Lady' – weiß, 'Harry Pötschke' – gute Schnittsorte

> pflegeleicht, alte Gartenstaude

Wiesen-Margerite, Magerwiesen-Margerite
Leucanthemum vulgare

Aussehen: aufrecht; **Höhe:** 50–60 cm; **Breite:** 30–40 cm
Blütezeit: Mai bis Juni
Blüte: weiß
Standort: sonnig
Boden: neutral, ausgeglichen; mäßig trocken bis frisch; sandig-humos, sandig-lehmig
Nährstoffbedarf: ausgeglichen
Bewässerung: wenig bis regelmäßig
Pflanzabstand: 30–40 cm
Vermehrung: Aussaat, Teilung
Schnittmaßnahmen: regelmäßig verblühte Pflanzenteile entfernen
Verwendung: bunte Beet- und Staudenpflanzung, Schnittblume, alte Gartenstaude

> pflegeleicht, für Einsteiger, für kleine Gärten

Bitterwurz
Lewisia cotyledon

Aussehen: rosettenbildend
Höhe: 15–25 cm; **Breite:** 10–25 cm
Blütezeit: Mai bis Juni, Nachblüte
Blüte: Farbvariationen in Gelb, Orange, Rosa, Rot und Weiß
Standort: sonnig bis halbschattig
Boden: sauer bis schwach sauer; mäßig trocken bis frisch; durch-

Bitterwurz

lässig, sandig-kiesig, gute Drainage
Nährstoffbedarf: sehr gering, gerne Magnesium; **Bewässerung:** wenig bis regelmäßig, vertragen keine Staunässe
Pflanzabstand: 20 cm
Vermehrung: Aussaat
Verwendung: Kübel- und Topfkultur, Einfassung, Steingarten, Alpinum

> anspruchsvoll, Liebhaberpflanze, für kleine Gärten

Zwerg-Bitterwurz
Lewisia pygmaea

Aussehen: rosettenbildend
Höhe: 5–8 cm; **Breite:** 10 cm
Blütezeit: Mai bis Juni
Blüte: weiß
Standort: sonnig
Boden: sauer; trocken bis mäßig trocken; durchlässig, sandig-kiesig
Nährstoffbedarf: sehr gering
Bewässerung: sehr wenig, nach der Blüte trockener pflegen
Pflanzabstand: 10–20 cm
Vermehrung: Selbstaussaat
Verwendung: Steingarten, Alpinum, Mauerfugen und Trockenmauern, in Gruppen pflanzen, für Tröge und Schalen

> anspruchsvoll, Liebhaberpflanze, für kleine Gärten

Trockenhäutige Prachtscharte, Kansas-Prachtscharte
Liatris scariosa

Aussehen: straff aufrecht, horstbildend; **Höhe:** 30–120 cm
Breite: 30–40 cm

Blütezeit: Juli bis August
Blüte: violettrot
Standort: sonnig
Boden: neutral, ausgeglichen; mäßig trocken bis frisch; durchlässig, sandig-lehmig
Nährstoffbedarf: ausgeglichen bis hoch; **Bewässerung:** wenig bis regelmäßig
Pflanzabstand: 25 cm
Vermehrung: Aussaat, Teilung
Schnittmaßnahmen: den Spross im späten Herbst oder zeitigen Frühjahr zurückschneiden
Verwendung: bunte Beet- und Staudenpflanzung, Schnittblume, lockt Bienen und Schmetterlinge an

Liebhaberpflanze

Ährige Prachtscharte, Prachtscharte
Liatris spicata

Aussehen: straff aufrecht, horstbildend; **Höhe:** 60–120 cm
Breite: 40–60 cm
Blütezeit: Juli bis September

Ährige Prachtscharte

Blüte: purpurviolett
Standort: sonnig
Boden: schwach sauer bis alkalisch; mäßig trocken; durchlässig, sandig-lehmig
Nährstoffbedarf: ausgeglichen bis hoch; **Bewässerung:** wenig
Pflanzabstand: 25 cm
Vermehrung: Aussaat, Teilung
Schnittmaßnahmen: den Spross im späten Herbst oder zeitigen Frühjahr zurückschneiden
Verwendung: bunte Beet- und Staudenpflanzung, dekorative, große Blüten, Schnittblume, lockt Bienen und Schmetterlinge an

Sortenbeispiele: 'Floristan Violett' – violett, 'Floristan Weiß' – weiß, 'Kobold' – vegetativ vermehren

pflegeleicht, für Einsteiger, alte Gartenstaude

Kreuzkraut, Japanischer Goldkolben
Ligularia dentata

Aussehen: aufrecht buschig, horstbildend; **Höhe:** 100–150 cm
Breite: 60–90 cm
Blütezeit: August bis September
Blüte: goldgelb
Standort: halbschattig
Boden: schwach sauer bis alkalisch; frisch bis feucht; sandig-humos, sandig-lehmig
Nährstoffbedarf: ausgeglichen bis hoch; **Bewässerung:** regelmäßig bis häufig
Pflanzabstand: 70 cm
Vermehrung: Aussaat, Teilung
Schnittmaßnahmen: den Spross im späten Herbst oder zeitigen Frühjahr zurückschneiden
Verwendung: bunte Beet- und Staudenpflanzung, Gehölzrand, Teich- und Uferrand, lockt Bienen und Schmetterlinge an, vor Schneckenfraß schützen
Sortenbeispiele: 'Dark Beauty' – gelb, 'Desdemona' – orangegelb, dunkelpurpurnes Laub, 'Orange Queen' – orangegelb, 'Sommergold' – leuchtend gelb

pflegeleicht

Przewalski-Kerzengoldkolben, Kreuzkraut
Ligularia przewalskii

Aussehen: straff aufrecht, horstbildend; **Höhe:** 80–150 cm
Breite: 60–90 cm
Blütezeit: Juli bis August
Blüte: gelb
Standort: halbschattig
Boden: schwach sauer bis alkalisch; frisch bis feucht; sandig-humos, sandig-lehmig
Nährstoffbedarf: ausgeglichen bis hoch; **Bewässerung:** regelmäßig bis häufig
Pflanzabstand: 70 cm
Vermehrung: Aussaat, Teilung
Schnittmaßnahmen: den Spross im späten Herbst oder zeitigen Frühjahr zurückschneiden
Verwendung: bunte Beet- und Staudenpflanzung, Einzelpflan-

Przewalski-Kerzengoldkolben

zung, Gehölzrand, Teich- und Uferrand, lockt Bienen und Schmetterlinge an, dekorative, große Blüten
Weitere Art: *L. × hessei* (Hesse-Goldkolben) – goldgelbe Blüten von August bis September

pflegeleicht, Liebhaberpflanze

Breitblättriger Meerlavendel, Strandflieder, Breitblättriger Steppenschleier
Limonium latifolium

Aussehen: rundlich buschig, horstbildend; **Höhe:** 60–80 cm
Breite: 40–50 cm

Breitblättriger Meerlavendel

Blütezeit: Juni bis Juli
Blüte: violettblau
Standort: sonnig
Boden: schwach sauer bis schwach alkalisch; mäßig trocken; durchlässig
Nährstoffbedarf: ausgeglichen
Bewässerung: wenig
Pflanzabstand: 40 cm
Vermehrung: Aussaat, Teilung
Schnittmaßnahmen: den Spross im späten Herbst oder zeitigen Frühjahr zurückschneiden
Verwendung: bunte Beet- und Staudenpflanzung, Schnittblume, lockt Bienen und Schmetterlinge an

pflegeleicht, für Einsteiger

Gold-Flachs, Gelber Lein
Linum flavum

Aussehen: aufrecht buschig; **Höhe:** 30–50 cm; **Breite:** 20 cm
Blütezeit: Juni bis August
Blüte: gelb
Standort: sonnig
Boden: neutral, ausgeglichen; mäßig trocken; durchlässig
Nährstoffbedarf: sehr gering
Bewässerung: wenig
Pflanzabstand: 30 cm
Vermehrung: Aussaat, Stecklinge nicht blühender Triebe
Verwendung: bunte Beet- und Staudenpflanzung, lockt Bienen und Schmetterlinge an, dekorative Blüten, lange Blütezeit
Sortenbeispiel: 'Compactum' – Zwerg-Gold-Flachs

pflegeleicht, für Einsteiger

Stauden-Lein, Ausdauernder Lein
Linum perenne

Aussehen: aufrecht, horstbildend; **Höhe:** 30–60 cm
Breite: 10–30 cm
Blütezeit: Juni bis August
Blüte: hellblau

Stauden-Lein

Blätter: bläulich grün
Standort: sonnig
Boden: neutral, ausgeglichen; mäßig trocken; durchlässig
Nährstoffbedarf: sehr gering
Bewässerung: wenig
Pflanzabstand: 30 cm; **Vermehrung:** Aussaat, Stecklinge
Verwendung: bunte Beet- und Staudenpflanzung, Steingarten, lockt Bienen und Schmetterlinge an
Weitere Art: *L. narbonense* – Narbonne-Lein, hellblaue Blüten von Mai bis August, Winterschutz nötig

pflegeleicht, für Einsteiger, für kleine Gärten

Stauden-Lobelie, Blaue Kardinals-Lobelie
Lobelia siphilitica

Aussehen: aufrecht, horstbildend; **Höhe:** 60–80 cm
Breite: 30 cm
Blütezeit: August bis Oktober
Blüte: hellblau
Blätter: hellgrün
Standort: sonnig
Boden: schwach sauer bis neutral; frisch bis feucht; sandig-humos, sandig-lehmig

Nährstoffbedarf: hoch; **Bewässerung:** regelmäßig bis häufig
Pflanzabstand: 35 cm
Vermehrung: Aussaat, Teilung
Schnittmaßnahmen: den Spross im späten Herbst oder zeitigen Frühjahr zurückschneiden
Verwendung: bunte Beet- und Staudenpflanzung, Schnittblume, Teichrand, Teichanschlusszone
Weitere Arten: *L. cardinalis* – Kardinals-Lobelie, *L. splendens* – Stauden-Lobelie, rote Blüte von Juli bis Oktober, Winterschutz nötig

pflegeleicht, Liebhaberpflanze

Garten-Lupine, Vielblättrige Lupine
Lupinus-Polyphyllus-Gruppe

Aussehen: straff aufrecht, horstbildend; **Höhe:** 70–100 cm
Breite: 60 cm
Blütezeit: Juni bis August
Blüte: Farbvariationen in Blau, Gelb, Rosa, Rot, Violett, Weiß
Blätter: mittelgrün
Standort: sonnig
Boden: sauer bis schwach sauer; frisch; tiefgründig, sandig-lehmig, gut drainierte Böden
Nährstoffbedarf: gering
Bewässerung: regelmäßig
Pflanzabstand: 50–60 cm; **Vermehrung:** Aussaat, Stecklinge
Verwendung: intensiv duftend, bunte Beet- und Staudenpflanzung, lockt Bienen und Schmetterlinge an, auffallende Blüten

pflegeleicht, für Einsteiger

Brennende Liebe
Lychnis chalcedonica
(syn. *Silene chalcedonia*)

Aussehen: straff aufrecht, horstbildend; **Höhe:** 60–100 cm
Breite: 40–60 cm
Blütezeit: Juni bis Juli
Blüte: leuchtend rot
Blätter: mittelgrün
Standort: sonnig
Boden: schwach sauer bis neutral; frisch; durchlässig, sandig-lehmig
Nährstoffbedarf: ausgeglichen
Bewässerung: regelmäßig
Pflanzabstand: 30–40 cm
Vermehrung: Aussaat, Stecklinge, Teilung; **Schnittmaßnah-**

Brennende Liebe

Lychnis-Arkwrightii-Hybride 'Vesuvius'

men: den Spross im späten Herbst oder zeitigen Frühjahr zurückschneiden
Verwendung: bunte Beet- und Staudenpflanzung, Schnittblume, lockt Bienen und Schmetterlinge an
Sortenbeispiele und Hybride: 'Plena' – rot, 'Alba' – weiß, 'Rosea' – rosa, *Lychnis-Arkwrightii*-Hybride 'Vesuvius' – Lichtnelke, sehr große, orange-scharlachroten Blüten, Liebhaberpflanze

pflegeleicht, für Einsteiger, alte Gartenstaude

Pechnelke, Gewöhnliche Pechnelke
Lychnis viscaria
(syn. *Silene viscaria*)

Aussehen: locker aufrecht, horstbildend; **Höhe:** 40–50 cm
Breite: 30–40 cm
Blütezeit: Mai bis Juli
Blüte: karminrosa
Blätter: dunkelgrün
Standort: sonnig
Boden: sauer bis neutral; mäßig trocken bis frisch; durchlässig, sandig-lehmig
Nährstoffbedarf: gering

Pechnelke

Bewässerung: wenig bis regelmäßig
Pflanzabstand: 30 cm
Vermehrung: Aussaat, Stecklinge, Teilung
Schnittmaßnahmen: den Spross im späten Herbst oder zeitigen Frühjahr zurückschneiden
Verwendung: bunte Beet- und Staudenpflanzung, Schnittblume, lockt Bienen und Schmetterlinge an
Sortenbeispiele und weitere Art: 'Albiflora' – weiß, 'Plena' – rot, 'Splendens' – hellrot; L. floscuculi – Kuckucks-Lichtnelke, feuchte Wiesen, Teichrand

pflegeleicht, für Einsteiger, für kleine Gärten

Pfennigkraut, Hellerkraut, Münzkraut Pfennig-Gilbweiderich
Lysimachia nummularia

Aussehen: flach teppichbildend, schnell wachsend
Höhe: 5–10 cm; **Breite:** 50 cm und mehr
Blütezeit: Mai bis Juli
Blüte: gelb
Blätter: hellgrün
Standort: sonnig bis halbschattig
Boden: schwach sauer bis schwach alkalisch; frisch bis feucht; humos, sandig-lehmig
Nährstoffbedarf: ausgeglichen bis hoch; **Bewässerung:** regelmäßig bis häufig
Pflanzabstand: 20–30 cm
Vermehrung: Aussaat
Verwendung: Kübel- und Topf-

Pfennigkraut

kultur, Einfassung, Gehölzrand, Grabbepflanzung, Steingarten, flächendeckende Bodenbegrünung, Teich- und Uferrand, kann stark wuchern
Sortenbeispiel: 'Aurea' – goldgelbes Laub

pflegeleicht, für Einsteiger, für kleine Gärten

Gold-Felberich, Punktierter Gilbweiderich
Lysimachia punctata

Aussehen: aufrecht buschig, horstbildend; **Höhe:** 60–80 cm
Breite: 40–60 cm
Blütezeit: Juni bis August
Blüte: leuchtend gelb bis goldgelb
Blätter: mittel- bis dunkelgrün
Standort: sonnig bis halbschattig

Gold-Felberich

Boden: schwach sauer bis schwach alkalisch; frisch bis feucht; anpassungsfähig
Nährstoffbedarf: ausgeglichen bis hoch; **Bewässerung:** regelmäßig bis häufig
Pflanzabstand: 30–40 cm
Vermehrung: Aussaat, Stecklinge, Teilung
Schnittmaßnahmen: den Spross im späten Herbst oder zeitigen Frühjahr zurückschneiden
Verwendung: bunte Beet- und Staudenpflanzung, Gehölzrand, Schnittblume, dekorative, große Blüten, lockt Bienen und Schmetterlinge an, wuchert!

pflegeleicht, für Einsteiger

Blut-Weiderich, Weiderich
Lythrum salicaria

Aussehen: straff aufrecht, horstbildend; **Höhe:** 100–120 cm
Breite: 40–60 cm

Blut-Weiderich

Blütezeit: Juli bis August
Blüte: violettrosa
Blätter: dunkelgrün
Standort: sonnig
Boden: sauer bis schwach alkalisch; frisch bis feucht; humos, sandig-lehmig
Nährstoffbedarf: ausgeglichen; **Bewässerung:** regelmäßig bis häufig
Pflanzabstand: 40–60 cm
Vermehrung: Aussaat, Teilung
Schnittmaßnahmen: den Spross im späten Herbst oder zeitigen Frühjahr zurückschneiden

Verwendung: bunte Beet- und Staudenpflanzung, Schnittblume, lockt Bienen und Schmetterlinge an
Sorten: viele verschiedene in Rosa- und Violetttönen

pflegeleicht, für Einsteiger

Federmohn
Macleaya cordata

Aussehen: locker aufrecht bis überneigend, horstbildend, schnell wachsend; **Höhe:** 200–300 cm; **Breite:** 100–150 cm

Federmohn, Macleaya cordata

Blütezeit: Juli bis August
Blüte: gelblich weiß
Blätter: blau- bis olivgrün, Unterseite filzig
Standort: sonnig bis halbschattig
Boden: schwach sauer bis schwach alkalisch; mäßig trocken bis frisch; durchlässig, sandig-lehmig
Nährstoffbedarf: ausgeglichen bis hoch; **Bewässerung:** wenig bis regelmäßig
Pflanzabstand: 50–100 cm
Vermehrung: Aussaat, Teilung
Schnittmaßnahmen: den Spross im späten Herbst oder zeitigen Frühjahr zurückschneiden
Verwendung: bunte Beet- und Staudenpflanzung, Einzelpflanzung, lockt Bienen und Schmetterlinge an, auffallender Wuchs
Sortenbeispiele: 'Alba' – weiß, 'Flamingo' – rosa

pflegeleicht

Federmohn, Ockerfarbiger Federmohn
Macleaya microcarpa

Aussehen: locker aufrecht bis überneigend, horstbildend, schnell wachsend; **Höhe:** 200–300 cm; **Breite:** 100–150 cm

Blütezeit: Juli bis August
Blüte: bräunlich bis unscheinbar
Blätter: graugrün
Standort: sonnig bis halbschattig
Boden: schwach sauer bis
schwach alkalisch; mäßig
trocken bis frisch; durchlässig,
sandig-lehmig
Nährstoffbedarf: ausgeglichen
bis hoch; **Bewässerung:** wenig
bis regelmäßig
Pflanzabstand: 50–100 cm
Vermehrung: Aussaat, Teilung
Schnittmaßnahmen: den Spross
im späten Herbst oder zeitigen
Frühjahr zurückschneiden
Verwendung: bunte Beet- und
Staudenpflanzung, Einzelpflan-
zung, Japangarten, lockt Bienen
und Schmetterlinge an, auffallender Wuchs

pflegeleicht

Schattenblümchen, Zweiblatt, Zweiblättriges Schattenblümchen
Maianthemum bifolium

Aussehen: flach wachsend bis
kriechend; **Höhe:** 10–25 cm
Breite: 30 cm und mehr

Schattenblümchen

Blütezeit: Mai bis Juni
Blüte: weiß
Blätter: tiefgrün
Standort: sonnig bis halbschattig
Boden: sauer bis schwach sauer;
frisch; durchlässig, humos
Nährstoffbedarf: gering
Bewässerung: regelmäßig
Pflanzabstand: 20–25 cm
Vermehrung: Aussaat, Teilung

Verwendung: bunte Beet- und
Staudenpflanzung, Einfassung,
Grabbepflanzung, Steingarten,
kleine Flächen deckend

pflegeleicht, für kleine Gärten

Rosenpappel, Sigmars-kraut, Rosen-Malve
Malva alcea

Aussehen: aufrecht buschig
Höhe: 50–100 cm
Breite: 50–60 cm
Blütezeit: Juni bis September
Blüte: rosa
Blätter: mittelgrün
Standort: sonnig
Boden: schwach sauer bis
schwach alkalisch; mäßig
trocken bis frisch; durchlässig
Nährstoffbedarf: ausgeglichen
bis hoch; **Bewässerung:** wenig
bis regelmäßig
Pflanzabstand: 50–60 cm
Vermehrung: Aussaat
Schnittmaßnahmen: den Spross
im späten Herbst oder zeitigen
Frühjahr zurückschneiden
Verwendung: bunte Beet- und
Staudenpflanzung, lockt Bienen
und Schmetterlinge an
Sortenbeispiel: 'Fastigiata' – rosa

pflegeleicht, für Einsteiger,
alte Gartenstaude

Moschus-Malve
Malva moschata

Aussehen: aufrecht buschig
Höhe: 60–80 cm
Breite: 50–60 cm
Blütezeit: Juni bis September
Blüte: rosa
Blätter: mittelgrün

Moschus-Malve

Standort: sonnig
Boden: schwach sauer bis
neutral; mäßig trocken bis
frisch; durchlässig
Nährstoffbedarf: ausgeglichen
bis hoch; **Bewässerung:** wenig
bis regelmäßig
Pflanzabstand: 40–60 cm
Vermehrung: Aussaat
Verwendung: intensiv duftend,
bunte Beet- und Stauden-
pflanzung, lockt Bienen und
Schmetterlinge an

pflegeleicht

Wald-Scheinmohn
Meconopsis cambrica

Aussehen: aufrecht, horstbildend; **Höhe:** 25–50 cm
Breite: 20–30 cm

Wald-Scheinmohn

Blütezeit: Juni bis September
Blüte: leuchtend gelb
Blätter: blass- bis hellgrün
Standort: sonnig bis halbschattig
Boden: schwach sauer bis
schwach alkalisch; frisch; durch-
lässig, humos, schottrig
Nährstoffbedarf: ausgeglichen

Bewässerung: regelmäßig
Pflanzabstand: 25–35 cm
Vermehrung: Aussaat, Teilung
Verwendung: bunte Beet- und
Staudenpflanzung, Steingarten,
lockt Bienen und Schmetterlinge
an, dekorative, große Blüten
Weitere Art: *M. betonicifolia* –
Blauer Scheinmohn, wunder-
schöne blaue Blüten

pflegeleicht, Liebhaberpflanze,
für kleine Gärten

Gelbe Gauklerblume
Mimulus luteus

Aussehen: niederliegend bis
flach wachsend
Höhe: 30–50 cm
Breite: 30–50 cm
Blütezeit: Mai bis Juli
Blüte: gelb
Blätter: frischgrün
Standort: sonnig bis halbschattig
Boden: schwach sauer bis neu-
tral; frisch bis sumpfig; humos,
sandig-lehmig
Nährstoffbedarf: ausgeglichen
Bewässerung: regelmäßig bis
überdurchschnittlich viel
Pflanzabstand: 30–40 cm
Vermehrung: Aussaat, Teilung
Schnittmaßnahmen: den Spross
im späten Herbst oder zeitigen
Frühjahr zurückschneiden

Gauklerblume, rote Sorte

Verwendung: bunte Beet- und
Staudenpflanzung, Gehölzrand,
Teich- und Uferrand, sehr schö-
ne Blüten, samt sich stark aus
Sorten: viele Sorten, die nur be-
dingt winterhart sind

Liebhaberpflanze

Indianernessel
Monarda-Hybriden

Aussehen: aufrecht buschig,
horstbildend; **Höhe:** 70–90 cm
Breite: 40–50 cm
Blütezeit: Juli bis September

Blüte: weiß, rosa, rot
Blätter: matt- bis mittelgrün
Standort: sonnig
Boden: schwach sauer bis schwach alkalisch; frisch; durchlässig, sandig-lehmig
Nährstoffbedarf: ausgeglichen bis hoch; **Bewässerung:** regelmäßig
Pflanzabstand: 40–50 cm
Vermehrung: Stecklinge, Teilung
Schnittmaßnahmen: den Spross im späten Herbst oder zeitigen Frühjahr zurückschneiden
Verwendung: bunte Beet- und Staudenpflanzung, Schnittblume, dekorative, große Blüten, lockt Bienen und Schmetterlinge an
Sortenbeispiele: 'Adam' – rot, 'Blaustrumpf' – dunkellila (Bild Seite 93), 'Cambridge Scarlet' – rot, 'Schneewittchen' – weiß, und viele andere

> pflegeleicht

Gewöhnliches Sumpf-Vergissmeinnicht
Myosotis scorpioides (syn. *M. palustris*) (Bild Seite 93)

Aussehen: kompakt kissenförmig; **Höhe:** 30–40 cm
Breite: 20–30 cm
Blütezeit: Mai bis September
Blüte: violettblau
Blätter: frisch- bis mittelgrün
Standort: sonnig bis halbschattig
Boden: sauer bis alkalisch; feucht bis sumpfig; humos
Nährstoffbedarf: ausgeglichen bis hoch; **Bewässerung:** häufig bis überdurchschnittlich viel
Pflanzabstand: 30 cm
Vermehrung: Aussaat, Teilung
Verwendung: bunte Beet- und Staudenpflanzung, Gehölzrand, Teich- und Uferrand, lockt Bienen und Schmetterlinge an
Sortenbeispiele und weitere Art: 'Alba' – weiß, 'Perle von Ronneberg' – dunkelblau, 'Thüringen' – dunkelblau; *M. alpestris* – Alpen-Vergissmeinnicht

> für kleine Gärten, alte Gartenstaude

Katzenminze, Blauminze, Blaue Katzenminze
Nepeta × faassenii

Aussehen: kompakt buschig, horstbildend; **Höhe:** 25–35 cm
Breite: 20–30 cm

Katzenminze

Blütezeit: Juni bis September, lange Blütezeit
Blüte: violettblau
Blätter: silbrig- bis graugrün
Standort: sonnig
Boden: schwach sauer bis neutral; mäßig trocken bis frisch; durchlässig
Nährstoffbedarf: gering; **Bewässerung:** wenig bis regelmäßig
Pflanzabstand: 30 cm
Vermehrung: Aussaat, Stecklinge, Teilung
Schnittmaßnahmen: den Spross im späten Herbst oder zeitigen Frühjahr zurückschneiden
Verwendung: intensiv duftend, Kübel- und Topfkultur, bunte Beet- und Staudenpflanzung, Steingarten, lockt Bienen und Schmetterlinge an
Sortenbeispiel und weitere Arten: 'Alba' – weiß; *N. grandflora*, *N. racemosa*

> pflegeleicht, für Einsteiger, alte Gartenstaude

Weißbecher, Weiße Becherblüte
Nierembergia repens (Bild Seite 93)

Aussehen: flach wachsend bis teppichförmig; **Höhe:** 5–10 cm
Breite: 40–60 cm
Blütezeit: Juni bis September
Blüte: weiß
Blätter: hellgrün
Standort: sonnig bis halbschattig

Boden: schwach sauer bis neutral; frisch bis feucht; durchlässig, sandig-humos
Nährstoffbedarf: ausgeglichen
Bewässerung: regelmäßig bis häufig
Pflanzabstand: 5–20 cm
Vermehrung: Aussaat, Teilung
Verwendung: bunte Beet- und Staudenpflanzung, Einfassung, Grabbepflanzung, Steingarten, auffallende Blüten, mäßig frosthart – Winterschutz
Weitere Art: *N. scoparia*

> Liebhaberpflanze, für kleine Gärten

Nachtkerze
Oenothera fruticosa

Aussehen: aufrecht, horstbildend; **Höhe:** 30–80 cm
Breite: 30–40 cm
Blütezeit: Mai bis Juni
Blüte: gelb
Blätter: mittel- bis dunkelgrün
Standort: sonnig
Boden: schwach sauer bis schwach alkalisch; mäßig trocken bis frisch; durchlässig
Nährstoffbedarf: ausgeglichen
Bewässerung: wenig bis regelmäßig
Pflanzabstand: 30–40 cm; **Vermehrung:** Aussaat, Stecklinge
Verwendung: bunte Beet- und Staudenpflanzung, ungewöhnliche Blüten

> pflegeleicht, für Einsteiger, für kleine Gärten

Nachtkerze, Missouri-Nachtkerze
Oenothera macrocarpa

Aussehen: locker buschig bis niederliegend, horstbildend
Höhe: 20–25 cm
Breite: 30–50 cm
Blütezeit: Juni bis September
Blüte: hellgelb
Blätter: hell- bis mittelgrün
Standort: sonnig
Boden: schwach sauer bis schwach alkalisch; mäßig trocken; durchlässig
Nährstoffbedarf: ausgeglichen
Bewässerung: wenig

Nachtkerze, Oenothera fructicosa

Pflanzabstand: 40–60 cm; **Vermehrung:** Stecklinge, Teilung
Verwendung: bunte Beet- und Staudenpflanzung, Steingarten, lockt Bienen und Schmetterlinge an, ungewöhnliche Blüten

> pflegeleicht, für Einsteiger

Kaukasus-Gedenkemein
Omphalodes cappadocica

Aussehen: flach kissenförmig
Höhe: 15–25 cm
Breite: 30–40 cm
Blütezeit: April bis Mai
Blüte: blau
Blätter: matt- bis mittelgrün
Standort: sonnig bis halbschattig
Boden: sauer bis schwach sauer; frisch; sandig-humos, sandig-lehmig
Nährstoffbedarf: ausgeglichen
Bewässerung: regelmäßig
Pflanzabstand: 20 cm
Vermehrung: Aussaat, Teilung
Verwendung: bunte Beet- und Staudenpflanzung, Einfassung, Gehölzrand, Steingarten, Teich- und Uferrand
Sortenbeispiel: 'Starry Eyes' – weißblau

> pflegeleicht, für kleine Gärten

Gedenkemein, Frühlings-Nabelnüsschen
Omphalodes verna

Aussehen: kompakt buschig bis flach wachsend; **Höhe:** 15–20 cm
Breite: 20–30 cm

Gedenkemein

Blütezeit: (März) April bis Mai
Blüte: blau
Blätter: mittelgrün
Standort: sonnig bis halbschattig
Boden: sauer bis schwach sauer; frisch; sandig-humos, sandig-lehmig
Nährstoffbedarf: ausgeglichen
Bewässerung: regelmäßig
Pflanzabstand: 25 cm
Vermehrung: Aussaat, Teilung
Verwendung: bunte Beet- und Staudenpflanzung, Einfassung, Gehölzrand, Grabbepflanzung, Steingarten, Teich- und Uferrand, lockt Bienen und Schmetterlinge an
Sortenbeispiele: 'Alba' – weiß, 'Elfenauge' – türkis blau

> pflegeleicht, für Einsteiger, für kleine Gärten

Drüsiger Klee, Sauerklee, Anden Sauerklee
Oxalis adenophylla

Aussehen: flach polsterförmig
Höhe: 8–12 cm
Breite: 10–15 cm
Blütezeit: April bis Mai
Blüte: rosaweiß
Blätter: graugrün
Standort: sonnig
Boden: sauer bis schwach sauer; mäßig trocken bis frisch; durchlässig, sandig-kiesig
Nährstoffbedarf: ausgeglichen
Bewässerung: wenig bis regelmäßig
Pflanzabstand: 10–20 cm
Vermehrung: Teilung
Verwendung: Kübel- und Topfkultur, Einfassung, Steingarten, Alpinum, auffallende Blätter und Blüten, mäßig frosthart – Winterschutz

> pflegeleicht

Sauerklee
Oxalis depressa

Aussehen: kompakt wachsend, flach polsterförmig
Höhe: 8–12 cm
Breite: 10–15 cm
Blütezeit: Juni bis September
Blüte: rosa
Blätter: mattgrün
Standort: sonnig bis halbschattig
Boden: sauer bis schwach sauer; mäßig trocken bis frisch; durchlässig, sandig-kiesig
Nährstoffbedarf: ausgeglichen

Sauerklee

Bewässerung: wenig bis regelmäßig
Pflanzabstand: 10–20 cm
Vermehrung: Teilung
Verwendung: Kübel- und Topfkultur, Einfassung, Steingarten, Alpinum, schöne Blätter, mäßig frosthart – Winterschutz

> pflegeleicht

Edel-Päonie, Chinesische Pfingstrose
Paeonia-Lactiflora-Sorten

Aussehen: aufrecht buschig, horstbildend; **Höhe:** 50–100 cm
Breite: 50–70 cm
Blütezeit: Mai bis Juni
Blüte: rosa, weiß, gelb, rosa, rot, gefüllt, einfach
Blätter: dunkelgrün
Standort: sonnig
Boden: sauer bis schwach alkalisch; mäßig trocken bis frisch; durchlässig, fruchtbar
Nährstoffbedarf: hoch; **Bewässerung:** wenig bis regelmäßig
Pflanzabstand: 80–100 cm
Vermehrung: Aussaat, Teilung
Achtung: ganze Pflanze ist giftig

Edel-Päonie

Verwendung: intensiv duftend, bunte Beet- und Staudenpflanzung, Schnittblume, lockt Bienen und Schmetterlinge an, wunderschöne Blüten
Sortenbeispiele: 'Felix Crousse' – rot, gefüllt, 'Inspecteur Lavergne' – rot, gefüllt, 'La Perle' – rosa, gefüllt, 'Mme de Verneville' – weiß, gefüllt

> pflegeleicht, alte Gartenstaude

Europäische Wild-Pfingstrose
Paeonia officinalis

Aussehen: aufrecht buschig, horstbildend; **Höhe:** 40–60 cm
Breite: 40–50 cm
Blütezeit: Mai bis Juni
Blüte: purpurrot
Blätter: dunkelgrün

Europäische Wild-Pfingstrose

Standort: sonnig
Boden: schwach sauer bis schwach alkalisch; frisch; fruchtbar, durchlässig
Nährstoffbedarf: hoch
Bewässerung: regelmäßig
Pflanzabstand: 70–80 cm
Vermehrung: Aussaat, Teilung
Achtung: ganze Pflanze ist giftig
Verwendung: bunte Beet- und Staudenpflanzung, Schnittblume, lockt Bienen und Schmetterlinge an, wunderschöne Blüten
Sortenbeispiele: 'Alba Plena' – weiß, gefüllt, 'Rosea Plena' – rosa, gefüllt, 'Rubra Plena' – rot, gefüllt

> pflegeleicht

Island-Mohn
Papaver nudicaule

Aussehen: kompakt polster-
förmig; **Höhe:** 20–40 cm
Breite: 15–20 cm
Blütezeit: Mai bis August
Blüte: Farbvariationen in hellen
Pastellfarben
Blätter: blaugrün
Standort: sonnig
Boden: sauer bis schwach sauer
mäßig trocken bis frisch; durch-
lässig, sandig-kiesig
Nährstoffbedarf: ausgeglichen
Bewässerung: wenig bis regel-
mäßig

Island-Mohn

Pflanzabstand: 30 cm
Vermehrung: Aussaat, Teilung
Verwendung: Kübel- und Topfkultur, bunte Beet- und Staudenpflanzung, Einfassung, Steingarten, lockt Bienen und Schmetterlinge an, schöne Blüten
Sorten: viele Sorten sind kurz-
lebig, oft nur zweijährig

pflegeleicht, für Einsteiger,
für kleine Gärten

Orientalischer Mohn,
Türkischer Mohn
Papaver orientale

Aussehen: aufrecht buschig
Höhe: 60–80 cm
Breite: 60–90 cm
Blütezeit: Mai bis Juni
Blüte: leuchtend rot
Blätter: mittel- bis dunkelgrün
Standort: sonnig
Boden: schwach sauer bis
schwach alkalisch; trocken bis
frisch; durchlässig
Nährstoffbedarf: ausgeglichen
Bewässerung: sehr wenig bis
regelmäßig
Pflanzabstand: 60–80 cm
Vermehrung: Aussaat, Teilung

Orientalischer Mohn

Verwendung: bunte Beet- und
Staudenpflanzung, Schnittblume, lockt Bienen und Schmetterlinge an, auffallende Blüten
Sortenbeispiele: 'Catharina' –
lachsrosa, 'Rosenpokal' –
karminrosa, 'Sindbad' – leuchtend orangerot, 'Sturmfackel' –
feuerrot, alte Sorte

pflegeleicht

Bartfaden
Penstemon barbatus

Aussehen: straff aufrecht, horst-
bildend; **Höhe:** 80–100 cm
Breite: 30–50 cm
Blütezeit: Juni bis September
Blüte: scharlachrot

Großblumiger Bartfaden 'White Better'

Blätter: mittelgrün
Standort: sonnig
Boden: schwach sauer bis neu-
tral; frisch; fruchtbar, durchläs-
sig, humos, gute Drainage
Nährstoffbedarf: hoch
Bewässerung: regelmäßig
Pflanzabstand: 30–40 cm; **Ver-
mehrung:** Aussaat, Stecklinge
Schnittmaßnahmen: den Spross
im späten Herbst oder zeitigen
Frühjahr zurückschneiden
Verwendung: bunte Beet- und
Staudenpflanzung, Schnittblu-
me, lockt Bienen und Schmet-
terlinge an, auffallende Blüten,
Steingarten mit Urgestein,
mäßig frosthart – Winterschutz

pflegeleicht, für Einsteiger

Großblumiger Bartfaden
Penstemon-Hybriden

Aussehen: aufrecht, horst-
bildend
Höhe: 70–80 cm
Breite: 30–50 cm
Blütezeit: Juli bis September
Blüte: sortenabhängig
Blätter: mittelgrün
Standort: sonnig
Boden: schwach sauer bis
neutral; frisch; fruchtbar, durch-
lässig
Nährstoffbedarf: hoch
Bewässerung: regelmäßig
Pflanzabstand: 25–40 cm
Vermehrung: Stecklinge
Verwendung: bunte Beet-
und Staudenpflanzung,
Schnittblume, lockt Bienen
und Schmetterlinge an,
auffallende Blüten,
mäßig frosthart – Winter-
schutz

pflegeleicht, für Einsteiger

Brandkraut
Phlomis samia

Aussehen: aufrecht; **Höhe:**
60–90 cm
Breite: 50–70 cm
Blütezeit: Juni bis Juli
Blüte: purpurviolett bis flieder-
farben
Blätter: mittelgrün
Standort: sonnig
Boden: schwach sauer bis
schwach alkalisch; mäßig
trocken bis frisch; durchlässig,
sandig-lehmig
Nährstoffbedarf: ausgeglichen
Bewässerung: wenig bis regel-
mäßig
Pflanzabstand: 40 cm
Vermehrung: Aussaat, Steck-
linge, Teilung
Schnittmaßnahmen:
den Spross im späten Herbst
oder zeitigen Frühjahr zurück-
schneiden
Verwendung: bunte Beet- und
Staudenpflanzung, lockt Bienen
und Schmetterlinge an, Winterschutz ist angeraten
Weitere Arten: Es gibt staudige,
zum Beispiel *P. russeliana*,
und strauchige Arten wie
P. chrysophylla

pflegeleicht,
Liebhaberpflanze

Teppich-Phlox, Polster-Phlox
Phlox douglasii

Aussehen: polsterbildend, schnell wachsend
Höhe: 5–10 cm
Breite: 20–40 cm
Blütezeit: Mai bis Juni
Blüte: hellviolett, purpur, rosa, rot, weiß
Blätter: mittel- bis dunkelrot
Standort: sonnig
Boden: sauer bis neutral; trocken bis frisch; durchlässig
Nährstoffbedarf: ausgeglichen; am Winterende organisch-mineralischen Dünger geben
Bewässerung: regelmäßig
Pflanzabstand: 25–30 cm
Vermehrung: Stecklinge
Schnittmaßnahmen: Polster jährlich in Form schneiden
Verwendung: Kübel- und Topfkultur, Steingarten, Mauerfugen und Trockenmauern, lockt Bienen und Schmetterlinge an, farbiger Blütenschmuck
Sortenbeispiele: 'Red Admiral' – karminrot, 'Rose Queen' – hell-lilarosa, 'White Admiral' – weiß

pflegeleicht, für Einsteiger, für kleine Gärten

Wiesen-Flammenblume, Wiesen-Phlox
Phlox maculata

Aussehen: straff aufrecht, horstbildend; **Höhe:** 80–100 cm
Breite: 40–50 cm
Blütezeit: Juni bis Juli
Blüte: purpur
Blätter: mittelgrün
Standort: sonnig
Boden: sauer bis neutral; frisch; durchlässig, gute Drainage
Nährstoffbedarf: ausgeglichen
Bewässerung: regelmäßig
Pflanzabstand: 50–60 cm
Vermehrung: Stecklinge
Schnittmaßnahmen: den Spross im späten Herbst oder zeitigen Frühjahr zurückschneiden
Verwendung: bunte Beet- und Staudenpflanzung, Schnittblume, lockt Bienen und Schmetterlinge an
Sortenbeispiele: 'Mrs. Lingard' – weiß, 'Omega' – weiß mit rotem Auge, 'Rosalinde' – karminrosa

pflegeleicht, für Einsteiger

Hohe Flammenblume, Stauden-Phlox
Phlox paniculata

Aussehen: aufrecht, horstbildend; **Höhe:** 80–120 cm
Breite: 60–100 cm

Hohe Flammenblume 'Flamingo'

Blütezeit: Juli bis Oktober
Blüte: orangerosa, purpur, rosa, rot, violett, weiß
Blätter: mittel- bis dunkelgrün
Standort: sonnig bis halbschatting
Boden: sauer bis neutral; frisch; sandig-humos, sandig-lehmig, mineralstoffreich
Nährstoffbedarf: hoch
Bewässerung: regelmäßig
Pflanzabstand: 60–80 cm; **Vermehrung:** Stecklinge, Teilung
Schnittmaßnahmen: den Spross im späten Herbst oder zeitigen Frühjahr zurückschneiden
Verwendung: bunte Beet- und Staudenpflanzung, Schnittblume, lockt Bienen und Schmetterlinge an
Sortenbeispiele: 'Dorffreude' – rosalila mit rotem Auge, 'Flamingo' – leuchtend rosa, 'Pax' – weiß, 'Redivious' – lachskarmin

pflegeleicht, für Einsteiger

Kissen-Phlox, Polster-Phlox, Moos-Phlox
Phlox subulata

Aussehen: flach polsterbildend, schnell wachsend
Höhe: 5–15 cm
Breite: 30 cm und mehr
Blütezeit: April bis Mai
Blüte: rosa
Blätter: hellgrün
Standort: sonnig

Kissen-Phlox 'Candy Stripe'

Boden: sauer bis neutral; trocken bis frisch; durchlässig, sandig-kiesig
Nährstoffbedarf: ausgeglichen
Bewässerung: sehr wenig bis regelmäßig
Pflanzabstand: 20–30 cm
Vermehrung: Aussaat, Stecklinge; **Schnittmaßnahmen:** Polster jährlich in Form schneiden
Verwendung: Kübel- und Topfkultur, Einfassung, Grabbepflanzung, Steingarten, Mauerfugen und Trockenmauern, lockt Bienen und Schmetterlinge an, schöne Blüten

pflegeleicht, für Einsteiger, für kleine Gärten

Lampionblume
Physalis alkekengi (Bild Seite 93)

Aussehen: aufrecht buschig
Höhe: 60–80 cm
Breite: 60–90 cm
Blütezeit: Juli bis August
Blüte: cremegelb bis cremeweiß
Blätter: mittelgrün

Standort: sonnig bis halbschattig
Boden: schwach alkalisch; frisch; durchlässig, nährstoffreich
Nährstoffbedarf: ausgeglichen
Bewässerung: regelmäßig
Pflanzabstand: 30–40 cm
Vermehrung: Aussaat, Stecklinge, Teilung; **Schnittmaßnahmen:** den Spross im späten Herbst oder zeitigen Frühjahr zurückschneiden
Achtung: Blätterkontakt kann zu Hautreizungen führen
Verwendung: bunte Beet- und Staudenpflanzung, Gehölzrand, Schnittblume, Trockenfloristik, sehr invasive Art: am besten in abgesenkten Behälter pflanzen!

pflegeleicht, für Einsteiger, alte Gartenstaude

Teufelskralle, Schopfteufelskralle
Physoplexis comosa

Aussehen: kompakt buschig, horstbildend; **Höhe:** 10–15 cm

Teufelskralle

Breite: 15–20 cm
Blütezeit: Mai bis Juni
Blüte: hellviolett mit dunklen Spitzen, auch reinweiß
Blätter: dunkelgrün
Standort: sonnig bis halbschattig
Boden: neutral bis alkalisch; mäßig trocken bis frisch; durchlässig, sandig-kiesig
Nährstoffbedarf: sehr gering
Bewässerung: wenig bis regelmäßig
Pflanzabstand: 20–25 cm
Vermehrung: Aussaat
Verwendung: Steingarten, Tuffstein, in Spalten setzen, vor Schnecken schützen, dekorative, große Blüten

anspruchsvoll, Liebhaberpflanze, für kleine Gärten

Gelenkblume
Physostegia virginiana

Aussehen: aufrecht buschig, horstbildend; **Höhe:** 90–120 cm
Breite: 50–70 cm
Blütezeit: Juli bis September
Blüte: fliederrosa bis dunkelpurpur
Blätter: mittelgrün
Standort: sonnig bis halbschattig
Boden: schwach sauer bis schwach alkalisch; frisch bis feucht; durchlässig; kühl

Gelenkblume

Nährstoffbedarf: ausgeglichen
Bewässerung: regelmäßig bis häufig
Pflanzabstand: 30–40 cm
Vermehrung: Aussaat, Stecklinge, Teilung; **Schnittmaßnahmen:** den Spross im späten Herbst oder zeitigen Frühjahr zurückschneiden
Verwendung: bunte Beet- und Staudenpflanzung, Schnittblume, lockt Bienen und Schmetterlinge an
Sortenbeispiele: 'Summer Snow' – weiß, 'Summer Spire' – dunkelrosa

pflegeleicht, für Einsteiger

Ballonblume, Großblütige Ballonblume
Platycodon grandiflorus

Aussehen: aufrecht, horstbildend; **Höhe:** 40–60 cm
Breite: 30 cm
Blütezeit: Juli bis August
Blüte: dunkelblau
Blätter: bläulich grün
Standort: sonnig bis halbschattig
Boden: schwach sauer bis schwach alkalisch; frisch; durchlässig, sandig-lehmig
Nährstoffbedarf: ausgeglichen
Bewässerung: regelmäßig
Pflanzabstand: 30–40 cm
Vermehrung: Aussaat im Frühjahr, **Schnittmaßnahmen:** Rückschnitt, wenn die Pflanze vergilbt
Verwendung: bunte Beet- und Staudenpflanzung, Japangarten, lockt Bienen und Schmetterlinge an, dekorative Blüten
Sortenbeispiele: 'Album' – weiß,

Ballonblume

'Mariesii' – blauviolett, 'Perlmuttschale' – hellrosa

pflegeleicht, für Einsteiger, für kleine Gärten

Himmelsleiter, Jakobsleiter, Sperrkraut
Polemonium caeruleum

Aussehen: aufrecht buschig, horstbildend; **Höhe:** 50–90 cm
Breite: 30–40 cm
Blütezeit: Juni bis Juli
Blüte: hellblau, auch weiße Sorte
Blätter: mittelgrün
Standort: sonnig, halbschattig
Boden: schwach sauer bis alkalisch; frisch bis feucht; durchlässig, sandig-lehmig
Nährstoffbedarf: ausgeglichen;
Bewässerung: regelmäßig bis häufig
Pflanzabstand: 40–50 cm
Vermehrung: Aussaat, Teilung
Schnittmaßnahmen: den Spross im späten Herbst oder zeitigen Frühjahr zurückschneiden
Verwendung: bunte Beet- und Staudenpflanzung, Schnittblume, lockt Bienen und Schmetterlinge an

pflegeleicht, für Einsteiger, für kleine Gärten

Kriechende Jakobsleiter, Horstbildende Himmelsleiter
Polemonium reptans

Aussehen: aufrecht buschig, horstbildend; kriechend; **Höhe:** 20–40 cm; **Breite:** 30–50 cm
Blütezeit: Mai bis Juni

Blüte: hellblau
Blätter: mittelgrün
Standort: halbschattig bis schattig
Boden: schwach sauer bis alkalisch; frisch bis feucht; durchlässig, sandig-lehmig
Nährstoffbedarf: ausgeglichen
Bewässerung: regelmäßig bis häufig
Pflanzabstand: 30 cm
Vermehrung: Aussaat, Teilung
Verwendung: für bunte Beet- und Staudenpflanzungen, Steingarten, lockt Bienen und Schmetterlinge an, vor Schneckenfraß schützen

pflegeleicht, für Einsteiger, für kleine Gärten

Vielblütiger Salomonssiegel, Vielblütiger Weißwurz
Polygonatum multiflorum

Aussehen: kompakt aufrecht, horstbildend; **Höhe:** 50–60 cm
Breite: 30–40 cm
Blütezeit: Mai bis Juni
Blüte: weiß
Blätter: blass- bis mittelgrün
Standort: halbschattig bis schattig
Boden: schwach sauer bis schwach alkalisch; frisch; durchlässig, humos
Nährstoffbedarf: ausgeglichen
Bewässerung: regelmäßig
Pflanzabstand: 30 cm; **Vermehrung:** Teilung
Achtung: ganze Pflanze ist giftig
Verwendung: für bunte Beet- und Staudenpflanzungen, Einzelpflanzung, Gehölzrand, Steingarten, bildet große Horste
Weitere Arten: *Polygonatum × hybridum* 'Weihenstephan'- frühblühend, Auslese aus den Staudensichtungsgarten Weihenstephan, *P. odoratum* – Duftender Salomonssiegel, sonnig bis halbschattig, weiße Blüte von Mai bis Juni; *P. biflorum* – Großer Salomonssiegel, weiße Blüte, wirken am besten zu mehreren gepflanzt

pflegeleicht, für kleine Gärten

Gold-Fingerkraut
Potentilla aurea

Aussehen: kompakt, flach wachsend bis niederliegend

Erdbeerblättriges Fingerkraut, Potentilla megalantha

Fingerkraut, Potentilla thuberi

Höhe: 10–15 cm
Breite: 15–25 cm
Blütezeit: Mai bis Juli
Blüte: goldgelb
Blätter: dunkelgrün
Standort: sonnig
Boden: sauer bis schwach sauer; frisch; durchlässig
Nährstoffbedarf: sehr gering
Bewässerung: regelmäßig
Pflanzabstand: 20–25 cm
Vermehrung: Aussaat, Teilung
Arten und Sorten: viele Unterarten, Varietäten und Formen der *Potentilla*-Arten
Verwendung: Kübel- und Topfkultur, Einfassung, Grabbepflanzung, Steingarten, lockt Bienen und Schmetterlinge an

pflegeleicht, für Einsteiger, für kleine Gärten

Etagen-Primel
Primula bulleyana

Aussehen: aufrecht, horstbildend; **Höhe:** 40–60 cm
Breite: 40–60 cm
Blütezeit: Juni bis August
Blüte: orangegelb
Blätter: mittelgrün
Standort: halbschattig
Boden: schwach sauer bis neutral; frisch bis feucht; sandig-lehmig, humos
Nährstoffbedarf: gering; **Bewässerung:** regelmäßig bis häufig
Pflanzabstand: 30 cm
Vermehrung: Teilung
Verwendung: für bunte Beet- und Staudenpflanzungen, Gehölzrand, Schnittblume

pflegeleicht

Hohe Wiesen-Schlüsselblume, Himmelsschlüssel
Primula elatior

Aussehen: aufrecht, horstbildend; **Höhe:** 20–30 cm
Breite: 20–25 cm
Blütezeit: März bis April
Blüte: hellgelb
Blätter: mittelgrün
Standort: sonnig bis halbschattig
Boden: schwach sauer bis neutral; frisch bis feucht; sandig-lehmig, lehmig, humos
Nährstoffbedarf: ausgeglichen
Bewässerung: regelmäßig bis häufig
Pflanzabstand: 20–30 cm
Vermehrung: Aussaat, Teilung

Schlüsselblume

Verwendung: bunte Beet- und Staudenpflanzung, Steingarten, Schnittblume

pflegeleicht, für Einsteiger, alte Gartenstaude

Teppich-Primel
Primula-Juliae-Hybriden

Aussehen: kompakt flach wachsend, horstbildend
Höhe: 5–8 cm; **Breite:** 20–30 cm
Blütezeit: (März)April bis Mai
Blüte: Farbvariationen in Gelb, Rosa, Rot, Violett und Weiß
Blätter: glänzend dunkelgrün
Standort: halbschattig
Boden: schwach sauer bis neutral; frisch bis feucht; sandig-humos, sandig-lehmig, humos
Nährstoffbedarf: ausgeglichen
Bewässerung: regelmäßig bis häufig
Pflanzabstand: 20 cm
Vermehrung: Teilung

Schöne *Fingerkraut*-Arten

Botanischer Name	Deutscher Name	Aussehen, Höhe	Blütezeit, Farbe	Tipps
Potentilla atrosanguinea	Blutrotes Fingerkraut horstbildend, 40–60 cm	aufrecht buschig, bis leuchtend rot	Juni bis Juli, dunkelrot vielseitige Verwendung	pflegeleicht, für Einsteiger,
Potentilla crantzii	Zottiges Berg-Fingerkraut	bis 25 cm	Juni bis Juli, goldgelb	Farbe mit guter Fernwirkung
Potentilla megalantha	Erdbeerblättriges Fingerkraut	breit buschig bis kissenförmig, horstbildend, 20–30 cm	Mai bis Juli, goldgelb	pflegeleicht, für Einsteiger, für kleine Gärten
Potentilla nepalensis	Fingerkraut	bis 40 cm	Juni bis September, Rosatöne	lange blühend
Potentilla neumanniana	Frühlings-Fingerkraut	flach wachsend bis polsterbildend, 5–10 cm	April bis Mai, gelb	pflegeleicht, für Einsteiger, vielseitige Verwendung
Potentilla thurberi	Fingerkraut	aufrecht breitbuschig, 40–50 cm	Juni bis Juli, tief dunkelrot	pflegeleicht, für kleine Gärten
Potentilla × tonguei	Fingerkraut	aufrecht, buschig, bis 20 cm	Juli bis August, apricot mit rotem Auge	Hybride

Primula-Arten – eine Auswahl

Botanischer Name	Deutscher Name	Höhe	Blütezeit, Farbe	Tipps
P. denticulata	Kugel-Primel	20–40 cm	März bis Mai, violettrosa	pflegeleicht, für kleine Gärten
P. florindae	Tibetische Glocken-Primel	40–70 cm	Juli bis August, hellrosa	große Blüten
P. sikkimensis	Sikkim-Glocken-Primel	40–80 cm	Juni bis Juli, gelb	für kleine Gärten, Liebhaberpflanze
P. veris	Echte Schlüsselblume	15–20 cm	April bis Mai, goldgelb	pflegeleicht, für Einsteiger, für kleine Gärten
P. vialii	Orchideen-Primel	40–60 cm	Juni bis Juli, violett	Liebhaberpflanze, nur im Moorbeet kultivierbar

Kugelprimel

Große Braunelle

Verwendung: Kübel- und Topfkultur, Steingarten
Sorten: zahlreich

pflegeleicht, für Einsteiger,
für kleine Gärten

Rosen-Primel
Primula rosea

Aussehen: kompakt, rosetten-
bildend; **Höhe:** 15–20 cm
Breite: 20 cm
Blütezeit: März bis April
Blüte: rosarot
Blätter: mittel- bis bronzegrün
Standort: sonnig bis halbschattig
Boden: sauer; frisch feucht bis
sumpfig; humos, lehmig, gern
Torfzusatz
Nährstoffbedarf: ausgeglichen
Bewässerung: regelmäßig bis
überdurchschnittlich viel
Pflanzabstand: 15–20 cm
Vermehrung: Aussaat, Teilung
Verwendung: bunte Beet- und
Staudenpflanzung, Einfassung,
Steingarten, Teich- und Ufer-
rand, Blüten oft Spätfrost ge-
fährdet

pflegeleicht, für Einsteiger,
für kleine Gärten

Kissen-Primel, Kissen-Schlüsselblume
*Primula-Vulgaris-*Hybriden

Aussehen: horstartig buschig
Höhe: 8–12 cm
Blütezeit: März bis April
Blüte: Farbvariationen in Gelb,
Rosa, Rot, Violett und Weiß
Blätter: mittelgrün
Standort: halbschattig
Boden: schwach sauer bis
schwach alkalisch; frisch;
sandig-humos, sandig-lehmig
Nährstoffbedarf: ausgeglichen
Bewässerung: regelmäßig
Pflanzabstand: 20–25 cm
Vermehrung: Aussaat, Teilung
Verwendung: Kübel- und Topf-
kultur, bunte Beet- und Stauden-
pflanzung, Einfassung, Gehölz-
rand, Grabbepflanzung, Stein-
garten, bunte Blütenpracht
Sorten: zahlreich, auch gefüllte
und duftende

pflegeleicht, für Einsteiger,
für kleine Gärten

Große Braunelle
Prunella grandiflora

Aussehen: flach und kompakt
wachsend, polsterbildend,
anspruchsloser Bodendecker
Höhe: 20–25 cm
Breite: 30–70 cm
Blütezeit: Juli bis August
Blüte: purpurviolett
Blätter: dunkelgrün
Standort: sonnig, halbschattig
Boden: kalkhaltig; mäßig
trocken bis frisch; sandig-
humos, sandig-lehmig
Nährstoffbedarf: mäßig bis
hoch; **Bewässerung:** wenig bis
regelmäßig
Pflanzabstand: 25–30 cm
Vermehrung: Aussaat, Teilung
Verwendung: bunte Beet- und
Staudenpflanzung, Einfassung,
Gehölzrand, Grabbepflanzung,
Steingarten, lockt Bienen und
Schmetterlinge an
Sortenbeispiele und weitere Art:
'Alba' – weiß, 'Rosea' – rosa,
'Rotkäppchen' – karminrot, P. ×
webbiana – Großblumige Bru-
nelle, tiefviolette Blüte von Juli
bis August

pflegeleicht, für kleine Gärten

Gelber Lerchensporn
Pseudofumaria lutea

Aussehen: kompakt buschig,
horstbildend; **Höhe:** 20–40 cm

Breite: 30 cm
Blütezeit: Mai bis Oktober
Blüte: gelb
Blätter: blassgrün
Standort: halbschattig
Boden: schwach sauer bis
alkalisch; frisch bis feucht;
durchlässig, humos
Nährstoffbedarf: ausgeglichen
Bewässerung: regelmäßig bis
häufig
Pflanzabstand: 25–35 cm
Vermehrung: Aussaat, Teilung
Verwendung: für bunte Beet-
und Staudenpflanzungen,
Einfassung, Gehölzrand, Stein-
garten, lange Blütezeit, versamt
sich stark, Samen werden von
Ameisen vertragen

pflegeleicht, für Einsteiger,
für kleine Gärten

Gewöhnliche Küchen-schelle, Kuhschelle
Pulsatilla vulgaris

Aussehen: buschig, horst-
bildend; **Höhe:** 20–25 cm
Breite: 20 cm
Blütezeit: März bis April
Blüte: violett
Blätter: mittelgrün
Standort: sonnig

Gewöhnliche Küchenschelle

Boden: neutral bis alkalisch; mäßig trocken bis frisch; durchlässig, sandig-lehmig
Nährstoffbedarf: sehr gering
Bewässerung: wenig bis regelmäßig
Pflanzabstand: 30 cm
Vermehrung: Aussaat, Teilung
Verwendung: bunte Beet- und Staudenpflanzung, Steingarten, lockt Bienen und Schmetterlinge an, auffallende Blüten
Weitere Art: *P. pratensis* – Wiesenkuhschelle, dunkelviolette Blüte von April bis Mai, versamt sich stark

pflegeleicht, alte Gartenstaude, für kleine Gärten

Butterblume, Scharfer Hahnenfuß
Ranunculus acris

Aussehen: aufrecht; **Höhe:** 20–70 cm; **Breite:** 20–30 cm
Blütezeit: Mai bis September
Blüte: gelb
Blätter: mittelgrün
Standort: sonnig
Boden: schwach sauer bis neutral; frisch bis feucht; sandig-humos, sandig-lehmig
Nährstoffbedarf: hoch; **Bewässerung:** regelmäßig bis häufig
Pflanzabstand: 40–50 cm
Vermehrung: Aussaat
Achtung: Pflanzensaft kann Hautreizungen hervorrufen
Verwendung: bunte Beet- und Staudenpflanzung, Teich- und Uferrand, lockt Bienen und Schmetterlinge an
Weitere Arten: *R. alpestris* – Alpen-Hahnenfuß, weiße Blüte von April bis Mai, Liebhaber-

pflanze für Steingärten, *R. aquatilis* – für Gartenteiche, *R. auricomus* – Gold-Hahnenfuß, für bunte Beet- und Staudenpflanzungen, *R. bilobus* – für Steingärten, *R. lingua* – für Gartenteiche

pflegeleicht, für Einsteiger, alte Gartenstaude

Chinesischer Fingerhut, Hoher Chinafingerhut
Rehmannia elata

Aussehen: aufrecht, horstbildend; **Höhe:** 70–120 cm
Breite: 30–50 cm
Blütezeit: April bis Juni
Blüte: rosapurpur
Blätter: mittel- bis rötlich grün
Standort: sonnig, freistehend
Boden: schwach sauer bis neutral; frisch; durchlässig, sandig-lehmig, kräftige, tiefgrundige Böden
Nährstoffbedarf: ausgeglichen bis hoch; **Bewässerung:** regelmäßig
Pflanzabstand: 25–35 cm

Chinesischer Fingerhut

Vermehrung: Aussaat, Teilung
Schnittmaßnahmen: den Spross im späten Herbst oder zeitigen Frühjahr zurückschneiden
Überwinterung: in Kübel oder Topf frostfrei überwintern
Verwendung: Kübel- und Topfkultur, für bunte Beet- und Staudenpflanzungen, Japangarten, lockt Bienen und Schmetterlinge an, dekorative, große Blüten
Weitere Art: *R. glutinosa* – gelborange, dunkel geaderter Schlund

pflegeleicht

Chinesischer Zier-Rhabarber, Medizin-Rhabarber
Rheum palmatum

Aussehen: aufrecht, horstbildend; **Höhe:** 150–230 cm
Breite: 100–150 cm
Blütezeit: Mai bis Juni
Blüte: weißlich
Blätter: rötlich grün
Standort: sonnig
Boden: schwach sauer bis schwach alkalisch; frisch bis feucht; sandig-lehmig, lehmig
Nährstoffbedarf: hoch; **Bewässerung:** regelmäßig bis häufig
Pflanzabstand: 100–150 cm
Vermehrung: Aussaat, Teilung
Achtung: verzehrte Blätter können schwere Übelkeit auslösen
Verwendung: bunte Beet- und Staudenpflanzung, Einzelpflanzung, auffallende „Riesen"-Blätter, dekorative Staude

alte Gartenstaude

Rosenwurz
Rhodiola linerarifolia

Aussehen: aufrecht buschig, horstbildend; **Höhe:** 20–35 cm
Breite: 20–30 cm
Blütezeit: Mai bis Juni
Blüte: rötlich braun
Blätter: glänzend mittelgrün
Standort: sonnig
Boden: neutral bis schwach sauer; frisch bis feucht; durchlässig, sandig-kiesig
Nährstoffbedarf: ausgeglichen
Bewässerung: regelmäßig bis häufig
Pflanzabstand: 30 cm
Vermehrung: Aussaat
Verwendung: kompakt wachsend, bunte Beet- und Stauden-

Rosenwurz

pflanzung, Steingarten, lockt Bienen und Schmetterlinge an

Liebhaberpflanze, für kleine Gärten

Grasstern
Rhodohypoxis baurii

Aussehen: kompakt kissenförmig; **Höhe:** 8–10 cm
Breite: 10–15 cm
Blütezeit: Juni bis August
Blüte: hellrot bis hellrosa
Blätter: gräulich grün
Standort: sonnig
Boden: sauer; unbedingt kalkfrei, mäßig trocken bis frisch; durchlässig, sandig-humos
Nährstoffbedarf: ausgeglichen
Bewässerung: wollen zur Wachstumszeit gut feucht stehen, sonst weniger Wasser

Grasstern, weiße Sorte

Pflanzabstand: 15–20 cm
Vermehrung: Aussaat, Teilung
Überwinterung: Kübel oder Töpfe kühl und frostfrei überwintern, mäßig feucht halten
Verwendung: Kübel- und Topfkultur, Einfassung, Steingarten, Alpinum, bedingt frosthart – in milden Regionen auch im Freiland zu halten
Sortenbeispiel: 'Alba' – weiß

> anspruchsvoll, Liebhaberpflanze, für kleine Gärten

Fiederblättriges Schaublatt
Rodgersia pinnata

Aussehen: aufrecht, horstbildend; **Höhe:** 90–120 cm
Breite: 60–80 cm
Blütezeit: Juni bis Juli
Blüte: weiß
Blätter: glänzend dunkelgrün
Standort: halbschattig
Boden: schwach sauer bis neutral; frisch bis feucht; sandig-humos, sandig-lehmig, gute Drainage
Nährstoffbedarf: hoch
Bewässerung: regelmäßig bis häufig, vor Staunässe schützen
Pflanzabstand: 70–90 cm
Vermehrung: Aussaat, Teilung
Verwendung: für bunte Beet- und Staudenpflanzungen, Einzelpflanzung, Gehölzrand, Teich- und Uferrand, auffallende Blätter
Hybriden: viele Hybriden, wie 'Badenweiler' – rosig braun

> Liebhaberpflanze

Gestieltblättriges Schaublatt
Rodgersia podophylla

Aussehen: aufrecht, horstbildend; **Höhe:** 130–150 cm
Breite: 120–150 cm
Blütezeit: Juni bis Juli
Blüte: grünlich weiß
Blätter: mittelgrün
Standort: halbschattig
Boden: schwach sauer bis neutral; frisch bis feucht; sandig-humos, sandig-lehmig
Nährstoffbedarf: hoch; **Bewässerung:** regelmäßig bis häufig
Pflanzabstand: 100 cm
Vermehrung: Aussaat, Teilung
Verwendung: für bunte Beet- und Staudenpflanzungen,

Gestieltblättriges Schaublatt

Einzelpflanzung, Gehölzrand, Teich- und Uferrand, auffallende Blätter
Sortenbeispiel: 'Rotlaub' – rötlich im Austrieb

> pflegeleicht

Sonnenhut
Rudbeckia fulgida

Aussehen: aufrecht buschig, horstbildend; **Höhe:** 80–100 cm
Breite: 40–50 cm
Blütezeit: Juli/August bis Oktober
Blüte: goldgelb
Blätter: dunkelgrün
Standort: sonnig
Boden: schwach sauer bis schwach alkalisch; frisch bis feucht; sandig-lehmig, lehmig
Nährstoffbedarf: ausgeglichen bis hoch; **Bewässerung:** regelmäßig bis häufig
Pflanzabstand: 60–80 cm
Vermehrung: Aussaat, Teilung
Schnittmaßnahmen: den Spross im späten Herbst oder zeitigen Frühjahr zurückschneiden
Verwendung: für bunte Beet- und Staudenpflanzungen, Einzelpflanzung, lockt Bienen und Schmetterlinge an, dekorative große „Sonnenhut"-Blüten
Sortenbeispiel: 'Little Suzie' – Zwergform

> pflegeleicht, für Einsteiger, alte Gartenstaude, für kleine Gärten

Prächtiger Sonnenhut
Rudbeckia fulgida var. *sullivantii* 'Goldsturm'

Aussehen: aufrecht buschig, horstbildend; **Höhe:** 50–60 cm
Breite: 40 cm
Blütezeit: August bis Oktober
Blüte: goldgelb
Blätter: dunkelgrün
Standort: sonnig
Boden: schwach sauer bis schwach alkalisch; frisch bis feucht; sandig-lehmig, lehmig
Nährstoffbedarf: ausgeglichen bis hoch; **Bewässerung:** regelmäßig bis häufig
Pflanzabstand: 60–80 cm

Vermehrung: Teilung;
Schnittmaßnahmen: den Spross im späten Herbst oder zeitigen Frühjahr zurückschneiden
Verwendung: für bunte Beet- und Staudenpflanzungen, lockt Bienen und Schmetterlinge an, auffallende Blüten, wirken am besten als große Gruppe (Tuff)

> pflegeleicht, für Einsteiger, alte Gartenstaude, für kleine Gärten

Sonnenhut, Langer Heinrich
Rudbeckia laciniata

Aussehen: aufrecht, horstbildend; **Höhe:** 140–180 cm
Breite: 70–90 cm
Blütezeit: Juli bis September
Blüte: hellgelb
Blätter: frisch- bis mittelgrün
Standort: sonnig
Boden: schwach sauer bis schwach alkalisch; frisch; sandig-lehmig, lehmig
Nährstoffbedarf: ausgeglichen bis hoch; **Bewässerung:** regelmäßig
Pflanzabstand: 70–90 cm
Vermehrung: Aussaat, Teilung
Schnittmaßnahmen: den Spross im späten Herbst oder zeitigen Frühjahr zurückschneiden
Verwendung: für bunte Beet- und Staudenpflanzungen, Einzelpflanzung, Schnittblume, dekorative, große Blüten, lockt Bienen und Schmetterlinge an, auffallender Wuchs, vermehrt sich

Prächtiger Sonnenhut 'Goldsturm', Rudbeckia fulgida var. *sullivantii*

Sonnenhut, Rudbeckia laciniata

Sternmoos

auch durch wuchernde Rhizome
Sortenbeispiele: 'Goldball' –
hellgelb, gefüllt, 'Goldkugel' –
goldgelb, gefüllt, 'Goldquelle' –
zitronengelb, gefüllt

pflegeleicht

Sonnenhut, Fallschirm-Sonnenhut, Glänzender Sonnenhut
Rudbeckia nitida 'Herbstsonne'

Aussehen: aufrecht, horst-
bildend; **Höhe:** 150–200 cm
Breite: 70–90 cm
Blütezeit: August bis Oktober
Blüte: goldgelb
Blätter: glänzend hell- bis mittel-
grün
Standort: sonnig
Boden: schwach sauer bis
schwach alkalisch; frisch bis
feucht; sandig-lehmig, lehmig
Nährstoffbedarf: ausgeglichen
bis hoch; **Bewässerung:** regel-
mäßig bis häufig
Pflanzabstand: 60–80 cm
Vermehrung: Teilung
Schnittmaßnahmen: den Spross
im späten Herbst oder zeitigen
Frühjahr zurückschneiden

Verwendung: für bunte Beet-
und Staudenpflanzungen, Einzelpflanzung, Teich- und Uferrand, lockt Bienen und Schmetterlinge an, auffallender Wuchs,
Gehölzrand, wirkt gut als Gruppe, dekorative, große Blüten
Sortenbeispiele: 'Juligold' –
goldgelb, 'Autumn Glory' – goldgelb

pflegeleicht, für Einsteiger

Sternmoos
Sagina subulata

Aussehen: kompakt wachsend,
polsterbildend
Höhe: 2–3 cm
Breite: 30–40 cm
Blütezeit: Mai bis Juni
Blüte: weiß
Blätter: dunkelgrün
Standort: sonnig
Boden: schwach sauer bis
schwach alkalisch; mäßig
trocken bis frisch; durchlässig,
darf nie ganz austrocknen,
Heideboden
Nährstoffbedarf: gering
Bewässerung: wenig bis regel-
mäßig

Pflanzabstand: 20–25 cm
Vermehrung: Aussaat, Teilung
Verwendung: Einfassung,
Grabbepflanzung, Steingarten,
gut zur Begrünung zwischen
Pflastersteinen, Wegplatten und
Plätzen geeignet
Sortenbeispiel: 'Aurea' – Laub
schön, hellgrün-gelblich gefärbt

pflegeleicht, für Einsteiger,
alte Gartenstaude,
für kleine Gärten

Salbei
Salvia amplexicaulis

Aussehen: aufrecht buschig
Höhe: 60–80 cm
Breite: 30–50 cm
Blütezeit: Juni bis August
Blüte: violett
Blätter: blass- bis dunkelgrün
Standort: sonnig
Boden: schwach sauer bis
schwach alkalisch; frisch; durch-
lässig
Nährstoffbedarf: ausgeglichen
bis hoch
Bewässerung: regelmäßig
Pflanzabstand: 30 cm
Vermehrung: Aussaat, Teilung

Verwendung: bunte Beet- und
Staudenpflanzung, lockt Bienen
und Schmetterlinge an
Weitere Art: *S. officinalis* – Gar-
tensalbei, siehe Seite 220, Sorte
'Purpurascens', Purpur-Salbei,
schön im Staudenbeet, Bild
Seite 93

pflegeleicht, Liebhaberflanze,
für kleine Gärten

Garten-Salbei, Steppen-Salbei
Salvia nemorosa

Aussehen: aufrecht buschig
Höhe: 50–70 cm
Breite: 30–50 cm
Blütezeit: Juni bis August
Blüte: violett bis violettblau
Blätter: blass- bis dunkelgrün
Standort: sonnig
Boden: schwach sauer bis
schwach alkalisch; frisch; durch-
lässig
Nährstoffbedarf: ausgeglichen
bis hoch
Bewässerung: regelmäßig
Pflanzabstand: 30 cm
Vermehrung: Aussaat, Teilung
Verwendung: bunte Beet- und

Weitere *Salbei*-Arten (alle aufrecht buschig)

Botanischer Name	Deutscher Name	Höhe	Blütezeit, Farbe	Tipps
Salvia lavandulifolia	Lavendelblättriger Salbei, Spanischer Salbei	40–50 cm	Juli bis August, blauviolett	für Kübel und Töpfe, duftend, für kleine Gärten, Liebhaberpflanze
Salvia splendens	Salbei, Pracht-Salbei	30–40 cm	Juli bis September, leuchtend rot	pflegeleicht, wird meist einjährig gezogen, kurzlebig

Garten-Salbei

Staudenpflanzung, Steingarten, lockt Bienen und Schmetterlinge an, typischer Ziersalbei

pflegeleicht, für Einsteiger, für kleine Gärten

Sommer-Salbei
Salvia pratensis ssp. *haematodes*

Aussehen: aufrecht, horstbildend; **Höhe:** 50–80 cm
Breite: 30–50 cm
Blütezeit: Juni bis August
Blüte: hellblau bis violettblau
Blätter: blass- bis dunkelgrün
Standort: sonnig
Boden: schwach sauer bis schwach alkalisch; frisch; durchlässig
Nährstoffbedarf: ausgeglichen bis hoch
Bewässerung: regelmäßig
Pflanzabstand: 30 cm
Vermehrung: Aussaat, Teilung
Verwendung: bunte Beet- und Staudenpflanzung, Kräutergärten, lockt Bienen und Schmetterlinge an

pflegeleicht, für Einsteiger, für kleine Gärten

Seifenkraut, Kleines Seifenkraut, Rotes Seifenkraut
Saponaria ocymoides

Aussehen: niederliegend bis kissenförmig, horstbildend; **Höhe:** 10–20 cm; **Breite:** 30–40 cm
Blütezeit: Mai bis September

Blüte: karminrosa
Blätter: hellgrün
Standort: sonnig
Boden: schwach sauer bis alkalisch; mäßig trocken bis frisch; durchlässig, sandig-kiesig
Nährstoffbedarf: sehr gering
Bewässerung: wenig bis regelmäßig
Pflanzabstand: 20–30 cm
Vermehrung: Aussaat, Stecklinge, Teilung
Verwendung: Kübel- und Topfkultur, Einfassung, Steingarten, lockt Bienen und Schmetterlinge an, schöne Blütenpracht

für kleine Gärten

Kleines Seifenkraut, Saponaria ocymoides

Seifenkraut, Echtes Seifenkraut
Saponaria officinalis

Aussehen: locker aufrecht
Höhe: 40–50 cm
Breite: 30–50 cm
Blütezeit: Juni bis September
Blüte: hellrosa
Blätter: mittelgrün
Standort: sonnig
Boden: schwach sauer bis schwach alkalisch; frisch; durchlässig, sandig-humos
Nährstoffbedarf: ausgeglichen bis hoch; **Bewässerung:** regelmäßig

Echtes Seifenkraut, Saponaria officinalis

Pflanzabstand: 30 cm; **Vermehrung:** Aussaat, Stecklinge, Teilung; **Schnittmaßnahmen:** abgestorbene Pflanzenteile herausschneiden
Verwendung: für bunte Beet- und Staudenpflanzungen, Steingarten, lockt Bienen und Schmetterlinge an, kann durch Ausläufer stark wurzeln
Sortenbeispiele: 'Albiflora' – weiß, 'Rosea Plena' – zartrosa, gefüllt, duftend

pflegeleicht, alte Gartenstaude, für kleine Gärten

Pracht-Steinbrech, Strauß-Steinbrech
Saxifraga cotyledon

Aussehen: polsterförmig, rosettenbildend; **Höhe:** 30–60 cm
Breite: 15–20 cm

Trauben-Steinbrech (S. 156)

Blütezeit: Juni bis Juli
Blüte: weiß
Blätter: blassgrün mit kalkigweißen Rändern
Standort: sonnig bis halbschattig
Boden: sauer bis neutral; frisch; durchlässig, sandig-kiesig, mässig feuchte Felsspalten
Nährstoffbedarf: ausgeglichen
Bewässerung: regelmäßig
Pflanzabstand: 25–30 cm
Vermehrung: Aussaat, Teilung
Verwendung: Steingarten, lockt

155

Eine Auswahl an *Steinbrechen*

Botanischer Name	Deutscher Name	Aussehen, Höhe	Blütezeit, Farbe	Tipps
Saxifraga aizoides	Fetthennen-Steinbrech	flach polsterbildend, 10–15 cm	August bis September, dunkelorange	kompakt wachsend, für Kübel und Töpfe, für kleine Gärten, Liebhaberpflanze
Saxifraga × apiculata	Steinbrech	locker aufrecht, 40–50 cm	Juni bis September, hellrosa	anspruchsvoll, Liebhaberpflanze, für kleine Gärten
Saxifraga × arendsii	Moos-Steinbrech	flach polsterbildend, 5–15 cm	April bis Mai, rosa bis rosaweiß	pflegeleicht, für Einsteiger, für kleine Gärten, ausführliche Beschreibung s. Seite 269
Saxifraga crustata	Krusten-Steinbrech	flach polsterbildend, rosettenbildend, 5–20 cm	Mai bis Juni, weiß	kompakt wachsend, für Kübel und Töpfe, für kleine Gärten, Liebhaberpflanze, Spaltenpflanze
Saxifraga fortunei	Herbst-Steinbrech	kompakt aufrecht, horstbildend, 10–30 cm	September bis Oktober, weiß	für kleine Gärten, Japan-Sorten mit roten Blättern
Saxifraga hypnoides	Teppich-Steinbrech	flach polsterbildend, 5–10 cm	Mai bis Juni, weiß	pflegeleicht, für Einsteiger, Steingärten, Tröge und Schalen
Saxifraga paniculata	Trauben-Steinbrech	polsterbildend, rosettenbildend, 5–20 cm	Juni bis Juli, weiß	pflegeleicht, für Einsteiger, kompakt wachsend, für Kübel und Töpfe, Steingärten, mit vielen Hybriden
Saxifraga sancta	Krusten-Steinbrech	flach polsterbildend, rosettenbildend	April bis Juni, zitronengelb	kompakt wachsend, für Kübel und Töpfe, für kleine Gärten, Liebhaberpflanze
Saxifraga trifurcata	Steinbrech	willig wachsend	Mai bis Juni, weiß	gute Einfassungspflanze, wertvoll

Bienen und Schmetterlinge an, auffallende Blätter und Blüten, eine der prächtigsten Arten
Sortenbeispiel: 'Southside Seedling' – weiß mit rotem Punkten am Schlund

> Liebhaberpflanze, für kleine Gärten

Porzellanblümchen
Saxifraga umbrosa

Aussehen: kompakt polsterförmig, rosettenbildend; **Höhe:** 10–30 cm; **Breite:** 20–30 cm

Porzellanblümchen

Blütezeit: Juni bis August
Blüte: weiß bis weißlich rosa
Blätter: mittelgrün
Standort: halbschattig
Boden: sauer bis schwach alkalisch; frisch; durchlässig, humos
Nährstoffbedarf: ausgeglichen
Bewässerung: regelmäßig
Pflanzabstand: 25–30 cm
Vermehrung: Aussaat, Teilung
Verwendung: für bunte Beet- und Staudenpflanzungen, Gehölzrand, Steingarten, lockt Bienen und Schmetterlinge an

> für kleine Gärten

Skabiose, Krätzkraut
Scabiosa caucasica

Aussehen: aufrecht, horstbildend; **Höhe:** 40–60 cm
Breite: 40–60 cm
Blütezeit: Juli bis September
Blüte: violettblau bis lavendelblau
Blätter: blass- bis graugrün
Standort: sonnig, warm
Boden: neutral bis schwach alkalisch; frisch; durchlässig, sandig-lehmig, trocken
Nährstoffbedarf: ausgeglichen
Bewässerung: mittel
Pflanzabstand: 30–40 cm
Vermehrung: Aussaat, Teilung
Schnittmaßnahmen: den Spross

Skabiose

im späten Herbst oder zeitigen Frühjahr zurückschneiden
Verwendung: für bunte Beet- und Staudenpflanzungen, lockt Bienen und Schmetterlinge an, dekorative, große Blüten
Sortenbeispiele und weitere Arten: 'Kompliment' – blau, 'Perfecta Alba' – weiß, *S. graminifolia* – helllila, *S. japonica* var. *albina* – für Steingärten, blau

> pflegeleicht, alte Gartenstaude

Scharfer Mauerpfeffer, Scharfe Fetthenne
Sedum acre

Aussehen: polsterbildend, kriechend, schnell wachsend
Höhe: 3–10 cm
Breite: 40–60 cm
Blütezeit: Juni bis Juli
Blüte: leuchtend gelb
Blätter: blassgrün
Standort: vollsonnig
Boden: schwach sauer bis neutral; trocken bis mäßig trocken; durchlässig, sandig-kiesig
Nährstoffbedarf: sehr gering

Scharfer Mauerpfeffer

Bewässerung: sehr wenig bis wenig

Pflanzabstand: 20 cm

Vermehrung: Aussaat, Teilung

Achtung: alle Teile bewirken bei Verzehr Übelkeit, Pflanzensaft kann Hautreizungen hervorrufen

Verwendung: Kübel- und Topfkultur, Einfassung, Grabbepflanzung, Steingarten, Mauerfugen und Trockenmauern, flächendeckende Bodenbegrünung, für Tröge und Schalen, Dachbegrünung

Arten: *Sedum* ist eine sehr umfangreiche Gattung mit vielen geeigneten Arten

pflegeleicht, für Einsteiger

Fetthenne, Reichblühendes Fettblatt
Sedum floriferum

Aussehen: niederliegend bis aufrecht, horstbildend; **Höhe:** 10–20 cm; **Breite:** 30–40 cm

Blütezeit: Juni bis Juli

Blüte: leuchtend gelb

Blätter: mittel- bis dunkelgrün

Standort: sonnig

Boden: schwach sauer bis schwach alkalisch; trocken bis frisch; sandig-kiesig, sandiglehmig

Nährstoffbedarf: sehr gering

Bewässerung: sehr wenig bis regelmäßig

Pflanzabstand: 20 cm

Vermehrung: Aussaat, Teilung

Achtung: alle Teile bewirken bei Verzehr Übelkeit, Pflanzensaft kann Hautreizungen hervorrufen

Verwendung: Kübel- und Topfkultur, für bunte Beet- und Staudenpflanzungen, Einfassung, Steingarten, Mauerfugen und Trockenmauern, flächendeckende Bodenbegrünung, lockt Bienen und Schmetterlinge an, auffallende Blüten, idealer Bodendecker

Sortenbeispiele: ‘Diffusum’ – gelb, ‘Weihenstephaner Gold’ – leuchtend gelb

pflegeleicht, für Einsteiger, für kleine Gärten

Fetthenne, Pracht-Fettblatt, Schöne Fetthenne
Sedum spectabile

Aussehen: aufrecht buschig, horstbildend; **Höhe:** 30–50 cm

Breite: 30–50 cm

Blütezeit: August bis September

Blüte: leuchtend rosa

Blätter: graugrün

Standort: sonnig

Boden: sauer bis schwach alkalisch; trocken bis mäßig trocken; durchlässig, sandig-lehmig

Nährstoffbedarf: ausgeglichen

Bewässerung: sehr wenig bis wenig

Pflanzabstand: 30–40 cm

Vermehrung: Aussaat, Teilung

Schnittmaßnahmen: den Spross im späten Herbst oder zeitigen Frühjahr zurückschneiden

Achtung: alle Teile bewirken bei Verzehr Übelkeit, Pflanzensaft kann Hautreizungen hervorrufen

Verwendung: Kübel- und Topfkultur, bunte Beet- und Staudenpflanzung, Steingarten, flächendeckende Bodenbegrünung, lockt Bienen und Schmetterlinge

Fetthenne, Sedum kamtschaticum

Fetthenne, Sedum telephium

Fetthennen – eine Auswahl; (alle kompakt wachsend und für kleine Gärten)

Botanische Name	Deutscher Name	Aussehen, Höhe	Blütezeit, Farbe	Tipps
Sedum aizoon	Fetthenne, Gold-Fettblatt	aufrecht buschig, horstbildend, 40–60 cm	Juli bis August, leuchtend gelb	pflegeleicht, für Kübel und Töpfe, große Blüten
Sedum album	Weißer Mauerpfeffer	polsterbildend, kriechend, 5–10 cm	Juni bis August weiß	pflegeleicht, für Einsteiger, für Kübel und Töpfe
Sedum cauticola	Fetthenne, Felsen-Fettblatt	polsterbildend, kriechend, 5–12 cm	August bis September, karminrot bis purpurrosa	pflegeleicht, für Einsteiger
Sedum kamtschaticum	Fetthenne, Kamtschatka-Fettblatt	polsterbildend, kriechend, 5–10 cm	Juli bis August, leuchtend gelb	pflegeleicht, für Einsteiger, für Kübel und Töpfe
Sedum-Maximum-Hybride ‘Matrona’	Fetthenne	aufrecht buschig, horstbildend, 40–50 cm	August bis September, rosa bis bräunlichrosa	pflegeleicht, für Kübel und Töpfe
Sedum telephium	Fetthenne	aufrecht buschig, horstbildend, 40–60 cm	August bis September, purpurrosa	pflegeleicht, für Kübel und Töpfe

an, auffallende schöne Blüten
Sortenbeispiele: 'Carmen' – dunkelrosa, 'Septemberglut' – dunkelrot, 'Stardust' – weiß

pflegeleicht, für Einsteiger, für kleine Gärten

Fetthenne, Kaukasus-Fetthenne
Sedum spurium

Aussehen: polsterbildend, kriechend, schnell wachsend
Höhe: 5–25 cm
Breite: 40–60 cm
Blütezeit: Juli bis August
Blüte: rosa
Blätter: mittelgrün
Standort: sonnig bis halbschattig
Boden: schwach sauer bis schwach alkalisch; mäßig trocken bis frisch; durchlässig, sandig-kiesig
Nährstoffbedarf: ausgeglichen
Bewässerung: wenig bis regelmäßig
Pflanzabstand: 20–30 cm
Vermehrung: Aussaat, Teilung
Achtung: alle Teile bewirken bei Verzehr Übelkeit, Pflanzensaft kann Hautreizungen hervorrufen
Verwendung: Kübel- und Topfkultur, Einfassung, Grabbepflanzung, Steingarten, flächendeckende Bodenbegrünung, lockt Bienen und Schmetterlinge an

Sortenbeispiele: 'Album Superbum' – weiß, 'Tricolor' – rosagrün-weiß

pflegeleicht, für Einsteiger, für kleine Gärten

Spinnweben-Hauswurz
Sempervivum arachnoideum

Aussehen: kompakt wachsend, kissenförmig, rosettenbildend
Höhe: 5–10 cm
Breite: 20–30 cm
Blütezeit: Juni bis August
Blüte: rosarot
Blätter: mittelgrün bis rotbraun
Standort: sonnig
Boden: sauer bis neutral; trocken bis mäßig trocken; durchlässig, sandig-kiesig
Nährstoffbedarf: sehr gering
Bewässerung: sehr wenig bis wenig
Pflanzabstand: 10–15 cm
Vermehrung: Aussaat, Teilung
Verwendung: Kübel- und Topfkultur, Einfassung, Grabbepflanzung, Steingarten, Mauerfugen und Trockenmauern, Blätter und Wuchs auffallend (Name)
Arten und Sorten: viele Arten, Naturhybriden und Formen, Unterschiede in Färbung, Aussehen und Ansprüchen

Liebhaberpflanze, für kleine Gärten

Kugel-Steinrose
Sempervivum ciliosum

Aussehen: kompakt wachsend, kissenförmig, rosettenbildend
Höhe: 5–10 cm
Breite: 20–30 cm
Blütezeit: Juni bis Juli
Blüte: grünlich gelb bis leuchtend gelb
Blätter: graugrün
Standort: sonnig
Boden: schwach sauer bis schwach alkalisch; trocken bis mäßig trocken; durchlässig, sandig-kiesig
Nährstoffbedarf: gering; **Bewässerung:** sehr wenig bis wenig
Pflanzabstand: 10–15 cm
Vermehrung: Aussaat, Teilung
Verwendung: Kübel- und Topfkultur, Einfassung, Grabbepflanzung, Steingarten, Mauerfugen und Trockenmauern, auffallende Blätter, wie die meisten Arten Durst- und Hungerkünstler

Liebhaberpflanze, für kleine Gärten

Hauswurz
Sempervivum tectorum

Aussehen: kompakt wachsend, kissenförmig, rosettenbildend
Höhe: 10–15 cm
Breite: 30–50 cm
Blütezeit: Juni bis August

Blüte: purpurrot
Blätter: bläulich bis rötlich grün
Standort: sonnig
Boden: sauer bis neutral; trocken bis mäßig trocken; durchlässig, sandig-kiesig
Nährstoffbedarf: sehr gering
Bewässerung: sehr wenig bis wenig
Pflanzabstand: 20–25 cm
Vermehrung: Aussaat, Teilung
Verwendung: Kübel- und Topfkultur, Einfassung, Grabbepflanzung, Steingarten, Mauerfugen und Trockenmauern, auffallende Blätter, Dachbegrünung
Weitere Art: S. × funkii – Garten-Hauswurz, rötliche Blüte von Juni bis Juli

Liebhaberpflanze, für kleine Gärten

Leimkraut, Stein-Leimkraut
Silene schafta

Aussehen: locker aufrecht, horstbildend; **Höhe:** 10–25 cm
Breite: 20–30 cm
Blütezeit: August bis September
Blüte: rosa bis magentarosa, lange Blüte im Herbst
Blätter: hellgrün
Standort: sonnig
Boden: schwach sauer bis neutral; trocken bis frisch; durchlässig
Nährstoffbedarf: ausgeglichen
Bewässerung: sehr wenig bis regelmäßig
Pflanzabstand: 20–30 cm
Vermehrung: Aussaat, Teilung
Verwendung: Kübel- und Topfkultur, Steingarten, tolle Pflanze für Tröge und Schalen, kann sich ausbreiten
Sortenbeispiele und weitere Art: 'Splendens' – rosa, S. acaulis – rosa, S. alpestris – weiß, S. uniflora – weiße Blüte von Juni bis August

pflegeleicht, für kleine Gärten

Becherpflanze, Kompasspflanze
Silphium integrifolium

Aussehen: aufrecht, horstbildend; **Höhe:** 120–150 cm
Breite: 50–70 cm
Blütezeit: August bis September
Blüte: leuchtend gelb
Blätter: dunkelgrün

Fetthenne, Sedum spurium

Hauswurz

Becherpflanze

Standort: sonnig
Boden: schwach sauer bis schwach alkalisch; frisch; durchlässig, sandig-lehmig
Nährstoffbedarf: hoch
Bewässerung: regelmäßig
Pflanzabstand: 40–50 cm
Vermehrung: Aussaat, Teilung
Verwendung: für bunte Beet- und Staudenpflanzungen, lockt Bienen und Schmetterlinge an

> pflegeleicht, Liebhaberpflanze

Goldrute
Solidago-Cultivars

Aussehen: aufrecht buschig, horstbildend; **Höhe:** 70–80 cm
Breite: 50–60 cm
Blütezeit: Juli bis September
Blüte: leuchtend gelb bis leicht orangegelb
Blätter: mittelgrün
Standort: sonnig
Boden: schwach sauer bis schwach alkalisch; mäßig trocken bis frisch; durchlässig
Nährstoffbedarf: mäßig bis hoch; **Bewässerung:** wenig bis regelmäßig
Pflanzabstand: 30–40 cm
Vermehrung: Stecklinge, Teilung
Schnittmaßnahmen: den Spross im späten Herbst oder zeitigen Frühjahr zurückschneiden
Verwendung: bunte Beet- und Staudenpflanzung, Schnittblume, lockt Bienen und Schmetterlinge an, dekorative,

große Blüten, Vorsicht – breitet sich stark aus
Sortenbeispiele: 'Golden Shower' – leuchtend gelb bis leicht orangegelb, 'Goldwedel' – leuchtend gelb bis dunkelgelb, 'Strahlenkrone' – goldgelb

> pflegeleicht, für Einsteiger, für kleine Gärten

Woll-Ziest
Stachys byzantina

Woll-Ziest

Aussehen: niederliegend bis kriechend
Höhe: 30–40 cm
Breite: 40–60 cm
Blütezeit: Juli bis August
Blüte: rosa bis rosapurpur
Blätter: silbergrau
Standort: sonnig
Boden: schwach sauer bis schwach alkalisch; mäßig trocken; durchlässig
Nährstoffbedarf: ausgeglichen
Bewässerung: wenig
Pflanzabstand: 30 cm
Vermehrung: Aussaat, Teilung
Schnittmaßnahmen: den Spross im späten Herbst oder zeitigen Frühjahr zurückschneiden
Verwendung: für bunte Beet- und Staudenpflanzungen, Einfassung, Steingarten, lockt Bienen und Schmetterlinge an, auffallende Blätter, guter Bodendecker
Sortenbeispiel: 'Silvercarpet' – dichter grauer Bodendecker

> pflegeleicht, für Einsteiger, für kleine Gärten

Schöllkrautmohn
Stylophorum diphyllum

Aussehen: aufrecht, horstbildend
Höhe: 20–30 cm
Breite: 20–30 cm
Blütezeit: Juni bis September
Blüte: goldgelb
Blätter: bläulich grün
Standort: halbschattig
Boden: sauer bis schwach sauer; frisch bis feucht; durchlässig, humos, nährstoffreich
Nährstoffbedarf: ausgeglichen bis hoch

Schöllkrautmohn

Bewässerung: regelmäßig bis häufig
Pflanzabstand: 20–30 cm
Vermehrung: Aussaat
Verwendung: für bunte Beet- und Staudenpflanzungen, lockt Bienen und auch Schmetterlinge an

> Liebhaberpflanze, für kleine Gärten

Bunte Margerite
Tanacetum coccineum

Aussehen: aufrecht buschig, horstbildend
Höhe: 40–60 cm
Breite: 20–30 cm

Bunte Margerite

Blütezeit: Juni bis September
Blüte: rosa bis dunkelrot
Blätter: mittelgrün
Standort: sonnig
Boden: neutral, ausgeglichen; frisch; durchlässig, sandig-lehmig
Nährstoffbedarf: ausgeglichen bis hoch
Bewässerung: regelmäßig
Pflanzabstand: 25–40 cm
Vermehrung: Teilung
Schnittmaßnahmen: regelmäßig verblühte Pflanzenteile entfernen
Verwendung: bunte Beet- und Staudenpflanzung, lockt Bienen und Schmetterlinge an

> pflegeleicht, für Einsteiger, alte Gartenstaude

Gamander, Echter Gamander, Edel-Gamander
Teucrium chamaedrys

Aussehen: aufrecht buschig
Höhe: 20–30 cm
Breite: 30–50 cm

Gamander

Blütezeit: Juli bis August
Blüte: rosa
Blätter: matt- bis rötlich grün
Standort: sonnig
Boden: alkalisch; trocken bis frisch; durchlässig
Nährstoffbedarf: ausgeglichen
Bewässerung: sehr wenig bis regelmäßig
Pflanzabstand: 25–30 cm
Vermehrung: Aussaat, Teilung
Schnittmaßnahmen: Rückschnitt im Herbst
Verwendung: für bunte Beet- und Staudenpflanzungen, Einfassung, Heckenpflanzung, Grabbepflanzung, Steingarten, lockt Bienen und Schmetterlinge an, Trocken-/Halbtrockenrasen

> pflegeleicht, für Einsteiger, alte Gartenstaude, für kleine Gärten

Wiesenraute, Akeleiblättrige Amselraute, Akeleiblättrige Wiesenraute
Thalictrum aquilegifolium

Aussehen: aufrecht buschig, horstbildend; **Höhe:** 80–120 cm
Breite: 40–60 cm
Blütezeit: Mai bis Juli
Blüte: rosa bis violettrosa
Blätter: blass- bis bläulich grün
Standort: sonnig bis halbschattig
Boden: schwach sauer bis alka-

Wiesenraute

lisch; frisch; durchlässig, humos
Nährstoffbedarf: ausgeglichen
Bewässerung: regelmäßig
Pflanzabstand: 40–50 cm
Vermehrung: Aussaat, Teilung
Schnittmaßnahmen: den Spross im späten Herbst oder zeitigen Frühjahr zurückschneiden
Verwendung: für bunte Beet- und Staudenpflanzungen, Schnittblume, lockt Bienen und Schmetterlinge an, auffallende Blüten
Sortenbeispiel: 'Album' – weiß

> pflegeleicht, alte Gartenstaude

Chinesische Wiesenraute
Thalictrum delavayi

Aussehen: aufrecht buschig, horstbildend; **Höhe:** 120–160 cm
Breite: 60–90 cm
Blütezeit: Juli bis August
Blüte: fliederfarben bis hellviolett
Blätter: hell- bis mittelgrün
Standort: halbschattig
Boden: sauer bis schwach sauer; frisch; durchlässig, humos, feucht
Nährstoffbedarf: ausgeglichen
Bewässerung: regelmäßig
Pflanzabstand: 50–70 cm
Vermehrung: Aussaat, Teilung
Schnittmaßnahmen: den Spross im späten Herbst oder zeitigen Frühjahr zurückschneiden
Verwendung: für bunte Beet- und Staudenpflanzungen, Schnittblume, lockt Bienen und Schmetterlinge an, auffallende Blüten, guten Stand mit Ringen oder Ähnlichem sichern, zu mehreren pflanzen
Weitere Art: *T. flavum* ssp. *flavum* (Gelbe Wiesenraute) – schwefelgelbe Blüte von Juni bis Juli

> pflegeleicht, alte Gartenstaude

Schaumblüte, Herzblättrige Schaumblüte, Waldschaumblüte
Tiarella cordifolia

Aussehen: kompakt buschig, schnell wachsend; **Höhe:** 10–25 cm; **Breite:** 20–30 cm
Blütezeit: April bis Mai
Blüte: weiß
Blätter: blassgrün, immergrün, auffallend
Standort: halbschattig bis schattig
Boden: sauer bis schwach sauer; frisch bis feucht; durchlässig, humos
Nährstoffbedarf: ausgeglichen
Bewässerung: regelmäßig bis häufig
Pflanzabstand: 20–30 cm
Vermehrung: Aussaat, Teilung
Verwendung: für bunte Beet- und Staudenpflanzungen, Einfassung, Gehölzrand, Grabbepflanzung, Steingarten, lockt Bienen und Schmetterlinge an, rasch wachsender Bodendecker
Sortenbeispiele: 'Moorgrün' –

schnell wachsend, 'Purpurea' – Laub violett

> pflegeleicht, für kleine Gärten

Schaumblüte, Amerikanische Schaumblüte
Tiarella wherryi

Aussehen: aufrecht buschig, horstbildend; **Höhe:** 15–25 cm
Breite: 10–20 cm
Blütezeit: Mai bis Juni
Blüte: weiß
Blätter: blass- bis bräunlich grün, rötlich überlaufend
Standort: halbschattig bis schattig
Boden: sauer bis schwach sauer; frisch bis feucht; durchlässig, humos
Nährstoffbedarf: ausgeglichen
Bewässerung: regelmäßig bis häufig
Pflanzabstand: 20–25 cm
Vermehrung: Aussaat, Teilung
Verwendung: für bunte Beet- und Staudenpflanzungen, Gehölzrand, Steingarten, lockt Bienen und Schmetterlinge an

> pflegeleicht, für kleine Gärten

Halskraut, Blaues Halskraut
Trachelium caeruleum

Aussehen: aufrecht buschig, horstbildend; **Höhe:** 90–120 cm
Breite: 30–40 cm
Blütezeit: August bis September
Blüte: violett
Blätter: dunkelgrün
Standort: sonnig bis halbschattig
Boden: schwach sauer bis schwach alkalisch; frisch; durchlässig
Nährstoffbedarf: ausgeglichen
Bewässerung: regelmäßig

Halskraut

Pflanzabstand: 30–40 cm
Vermehrung: Aussaat
Verwendung: für bunte Beet-
und Staudenpflanzungen,
Schnittblume, lockt Bienen und
Schmetterlinge an, wertvoller
Spätblüher, dekorative, große
Blüten

pflegeleicht,
Liebhaberpflanze

Dreimasterblume, Garten-Tradeskantie
Tradescantia × andersoniana
'Alba Major'

Aussehen: aufrecht buschig,
horstbildend; **Höhe:** 40–60 cm
Breite: 50 cm
Blütezeit: Juni bis September
Blüte: weiß
Standort: sonnig

Dreimasterblume 'Alba Major'

Boden: schwach sauer bis
schwach alkalisch; frisch bis
feucht; durchlässig, sandig-
lehmig
Nährstoffbedarf: hoch; **Bewäs-
serung:** regelmäßig bis häufig
Pflanzabstand: 30–40 cm
Vermehrung: Teilung
Achtung: Blätterkontakt kann zu
Hautreizungen führen
Verwendung: für bunte Beet-
und Staudenpflanzungen, Teich-
und Uferrand, lockt Bienen und
Schmetterlinge an
Sortenbeispiele: 'Gisela' – weiß,
'Karminglut' – karminrot, 'Leo-
nora' – dunkelviolett

pflegeleicht, für kleine Gärten

Dreiblatt, Waldlilie
Trillium grandiflorum

Aussehen: aufrecht;
Höhe: 30 cm; **Breite:** 15–20 cm
Blütezeit: Mai bis Juni
Blüte: weiß leuchtend, zum
Rande hin rosa färbend

Dreiblatt

Blätter: dreiblättrig, ungefleckt
Standort: schattig, kühl
Boden: humusreich (Lauberde)
durchlässig, Pflanzen sind kalk-
meidend (pH-Wert: sauer)
Nährstoffbedarf: ausgeglichen;
Bewässerung: feucht halten, vor
Trockenheit schützen
Pflanztiefe: 10 cm
Pflanzabstand: 20 cm
Pflegemaßnahmen: abgestor-
bene Blätter abschneiden,
ältere Pflanzen können geteilt
werden (das kurze, knollig-dicke
Rhizom)
Verwendung: unter Laub abwer-
fenden Gehölzen und Büschen

Gartenschatz für Liebhaber

Chinesische Trollblume
Trollius chinensis

Aussehen: aufrecht buschig,
horstbildend; **Höhe:** 60–80 cm
Breite: 40–50 cm

Chinesische Trollblume

Blütezeit: Juni bis August
Blüte: orange
Standort: sonnig bis halbschattig
Boden: sauer bis schwach sauer;
frisch bis feucht; durchlässig
Nährstoffbedarf: hoch; **Bewäs-
serung:** regelmäßig bis häufig
Pflanzabstand: 30–40 cm
Vermehrung: Aussaat, Teilung
Verwendung: bunte Beet- und
Staudenpflanzung, Gehölzrand,
Japangarten, Teich- und Ufer-
rand, lockt Bienen und Schmet-
terlinge an, schöne Blüten

pflegeleicht, für Einsteiger

Trollblume, Europäische Trollblume
Trollius europaeus

Aussehen: aufrecht buschig,
horstbildend; **Höhe:** 50–70 cm
Breite: 30–40 cm
Blütezeit: Mai bis Juni
Blüte: leuchtend gelb
Standort: sonnig bis halbschattig
Boden: sauer bis schwach sauer;

Trollblume

frisch bis feucht; durchlässig
Nährstoffbedarf: hoch; **Bewässerung:** regelmäßig bis häufig
Pflanzabstand: 30–40 cm
Vermehrung: Aussaat, Teilung
Verwendung: für bunte Beet-
und Staudenpflanzungen,
Gehölzrand, Japangarten, Teich-
und Uferrand, immer mehrere
Pflanzen als Gruppe setzen,
wunderschöne Blüten
Sortenbeispiele: 'Earliest of All'
– goldgelb, 'Frühlingsbote' –
orangegelb, 'Lemon Queen' –
zitronengelb, 'Maigold' – leuchtend gelb

pflegeleicht, für Einsteiger

Königskerze
Verbascum-Hybriden

Aussehen: aufrecht, horst-
bildend; **Höhe:** bis 180 cm
Breite: 30–40 cm
Blütezeit: Juni bis August
Blüte: weiß, gelb, pastellfarben
Standort: sonnig
Boden: schwach sauer bis
schwach alkalisch; mäßig
trocken bis frisch; durchlässig,
sandig-lehmig, steinig, beste
Drainage
Nährstoffbedarf: ausgeglichen
Bewässerung: wenig bis regel-
mäßig
Pflanzabstand: 50–60 cm

Königskerze

Vermehrung: Teilung
Schnittmaßnahmen: Rückschnitt des Sprosses im Herbst
Verwendung: für bunte Beet- und Staudenpflanzungen, Schnittblume, lockt Bienen und Schmetterlinge an, wirkt am besten in einer kleinen Gruppe, steht gerne im Schutz einer Wand
Sortenbeispiele: 'Cotswold Queen' – gelb mit auffälligen purpuren Staubblättern, 'Letitia' – zitronengelb mit purpuren Staubblättern, 'Pink Domino' – rosa bis rosarot

pflegeleicht

Ehrenpreis
Veronica cinerea

Aussehen: aufrecht buschig bis niederliegend; **Höhe:** 10–70 cm
Breite: 20–30 cm
Blütezeit: Juni bis Juli
Blüte: hellblau bis hellviolett
Blätter: mittelgrün
Standort: sonnig
Boden: schwach sauer bis neutral; trocken bis frisch; durchlässig
Nährstoffbedarf: ausgeglichen
Bewässerung: sehr wenig bis regelmäßig
Pflanzabstand: 20 cm
Vermehrung: Stecklinge, Teilung
Verwendung: Steingarten, Mauerfugen und Trockenmauern, lockt Bienen und Schmetterlinge an

pflegeleicht, für kleine Gärten

Wald-Ehrenpreis, Gewöhnlicher Ehrenpreis, Echter Ehrenpreis
Veronica officinalis

Aussehen: niederliegend bis kriechend
Höhe: 10–30 cm
Breite: 30–40 cm
Blütezeit: Juni bis September

Ehrenpreis, Veronica prostrata

Blüte: hellviolett
Blätter: mittel- bis dunkelgrün
Standort: sonnig bis halbschattig
Boden: schwach sauer bis schwach alkalisch; frisch; sandig-humos, sandig-lehmig
Nährstoffbedarf: ausgeglichen
Bewässerung: regelmäßig
Pflanzabstand: 20–30 cm
Vermehrung: Stecklinge, Teilung
Verwendung: Steingarten, lockt Bienen und Schmetterlinge an, hübsch zum Verwildern
Sortenbeispiele und weitere Arten: 'Alba' – weiß, 'Mrs Holt' – rosa, 'Spode Blue' – blau, *V. spicata* in Sorten – verschiedene Farben, *V. teucrium* – blau

Liebhaberpflanze, für kleine Gärten

Ehrenpreis, Liegender Ehrenpreis
Veronica prostrata

Aussehen: niederliegend bis kriechend; **Höhe:** 10–15 cm
Breite: 30–40 cm
Blütezeit: Mai bis Juni
Blüte: hellviolett bis blauviolett

Blätter: hell- bis mittelgrün
Standort: sonnig
Boden: neutral bis alkalisch; trocken bis frisch; durchlässig, sandig-kiesig
Nährstoffbedarf: ausgeglichen
Bewässerung: sehr wenig bis regelmäßig
Pflanzabstand: 20–30 cm
Vermehrung: Stecklinge, Teilung

Verwendung: Kübel- und Topfkultur, Einfassung, Grabbepflanzung, Steingarten, Mauerfugen und Trockenmauern, lockt Bienen und Schmetterlinge an, Heide- und Steppengärten

pflegeleicht, für kleine Gärten

Horn-Veilchen, Gehörntes Veilchen
Viola cornuta

Aussehen: kriechend bis horstbildend; **Höhe:** 10–15 cm
Breite: 30–40 cm
Blütezeit: Mai bis Juli
Blüte: violett, sortenabhängig auch blau, gelb, rot und weiß
Blätter: mittel- bis dunkelgrün
Standort: sonnig bis halbschattig
Boden: sauer bis neutral; frisch; durchlässig
Nährstoffbedarf: ausgeglichen
Bewässerung: regelmäßig
Pflanzabstand: 20–25 cm
Vermehrung: Aussaat, Teilung
Verwendung: Kübel- und Topfkultur, für bunte Beet- und Staudenpflanzungen, Steingarten
Sortenbeispiele: 'Blaulicht' –

Horn-Veilchen

Einige *Verbascum*-Arten (alle aufrecht, rosettenbildend, siehe auch Text S. 161)

Botanischer Name	Deutscher Name	Höhe	Blütezeit	Blütenfarbe	Tipps
V. bombyciferum	Seidige Königskerze	150–180 cm	Juli bis August	schwefelgelb	pflegeleicht
V. densiflorum	Großblütige Königskerze	120–150 cm	Juli bis September	gelb bis gelblich weiß	Liebhaberpflanze
V. olympicum	Kandelaber-Königskerze	150–200 cm	Juni bis August	leuchtend gelb	pflegeleicht
V. phoeniceum	Bunte Königskerze	60–90 cm	Mai bis Juli	violettrot bis purpurrot	pflegeleicht, für kleine und naturnahe Gärten

Duft-Veilchen, weiß blühende Form

blau, 'Hansa' – dunkelviolett, und andere

pflegeleicht, für Einsteiger, für kleine Gärten

Duft-Veilchen, März-Veilchen
Viola odorata

Aussehen: flach und kompakt wachsend; **Höhe:** 10–20 cm
Breite: 20–30 cm
Blütezeit: März bis April
Blüte: purpurviolett bis dunkelviolett
Blätter: hellgrün
Standort: sonnig bis halbschattig
Boden: sauer bis neutral; mäßig trocken bis frisch; durchlässig, humos
Nährstoffbedarf: ausgeglichen bis hoch; **Bewässerung:** wenig bis regelmäßig
Pflanzabstand: 20–25 cm
Vermehrung: Aussaat, Teilung
Verwendung: wunderbarer Duft, Kübel- und Topfkultur, für bunte Beet- und Staudenpflanzungen, Einfassung, Steingarten

pflegeleicht, für Einsteiger, für kleine Gärten

Waldsteinie, Golderdbeere, Ungarwurz
Waldsteinia geoides

Aussehen: flach wachsend bis kissenförmig, horstbildend, schnell wachsend; **Höhe:** 20–30 cm; **Breite:** 50–60 cm

Blütezeit: April bis Juni
Blüte: leuchtend gelb
Blätter: mittel- bis dunkelgrün
Standort: halbschattig bis schattig
Boden: sauer bis neutral; mäßig trocken bis frisch feucht; durchlässig, humos
Nährstoffbedarf: ausgeglichen
Bewässerung: wenig bis regelmäßig
Pflanzabstand: 25–30 cm
Vermehrung: Aussaat, Teilung
Verwendung: bunte Beet- und Staudenpflanzung, Einfassung, Gehölzrand, Grabbepflanzung, Steingarten, flächendeckende Bodenbegrünung, lockt Bienen und Schmetterlinge an

pflegeleicht, für Einsteiger, alte Gartenstaude, für kleine Gärten

Dreiblättrige Golderdbeere, Dreiblättrige Waldsteinie
Waldsteinia ternata

Aussehen: flach wachsend bis kriechend, schnell wachsend
Höhe: 10–15 cm
Breite: 50–60 cm
Blütezeit: April bis Mai
Blüte: leuchtend gelb
Blätter: mittel- bis dunkelgrün
Standort: halbschattig bis schattig
Boden: sauer bis neutral; mäßig trocken bis frisch; durchlässig, humos
Nährstoffbedarf: ausgeglichen

Dreiblättrige Golderdbeere

Bewässerung: wenig bis regelmäßig
Pflanzabstand: 25–30 cm
Vermehrung: Aussaat, Teilung
Verwendung: bunte Beet- und Staudenpflanzung, Einfassung, Gehölzrand, Grabbepflanzung, Steingarten, flächendeckende Bodenbegrünung, lockt Bienen und Schmetterlinge an

pflegeleicht, für Einsteiger, alte Gartenstaude, für kleine Gärten

Wulfenie, Kärntner Kuhtritt
Wulfenia carinthiaca

Aussehen: aufrecht, horstbildend; **Höhe:** 20–25 cm
Breite: 20 cm
Blütezeit: Mai bis Juni
Blüte: blauviolett
Blätter: glänzend dunkelgrün
Standort: halbschattig
Boden: sauer bis schwach sauer; frisch; durchlässig, sandig-humos
Nährstoffbedarf: ausgeglichen bis hoch
Bewässerung: regelmäßig
Pflanzabstand: 30 cm
Vermehrung: Aussaat, Teilung
Verwendung: Kübel- und Topf-

Wulfenie

kultur, Gehölzrand, Steingarten, Alpinum, vom Frühling bis Spätsommer gut feucht

anspruchsvoll, Liebhaberpflanze, für kleine Gärten

Palmlilie, Yucca, Fädige Palmlilie
Yucca filamentosa

Aussehen: aufrecht, horstbildend durch kurze kriechende Rhizome; **Höhe:** 60–120 cm
Breite: 75–150 cm
Blütezeit: Juli bis September
Blüte: weiß bis cremeweiß
Blätter: gräulich- bis dunkelgrün
Standort: sonnig
Boden: schwach sauer bis alkalisch; trocken bis frisch; durchlässig, sandig-kiesig
Nährstoffbedarf: ausgeglichen bis hoch
Bewässerung: sehr wenig bis regelmäßig, Staunässe schadet

Palmlilie

Pflanzabstand: 60–90 cm
Vermehrung: Aussaat, Teilung
Schnittmaßnahmen: abgestorbene oder abgewelkte Pflanzenteile sind regelmäßig zu entfernen
Verwendung: bunte Beet- und Staudenpflanzung, Einzelpflanzung, lockt Bienen und Schmetterlinge an, auffallender Wuchs, für Großanlage als Solitär, geschützt vor Wand oder Ähnlichem pflanzen, ungewöhnliche Blüten

pflegeleicht, alte Gartenstaude

Zwiebel- und Knollenpflanzen

Willkommene Frühlingsboten

Was wäre ein Frühjahr ohne die ersten natürlichen Farbtupfer. Ein großer Teil der Frühjahrsblüher gehört zu den Knollen- und Zwiebelpflanzen. Diese Pflanzengruppe kennzeichnen unterirdische Speicherorgane in Form von Knollen oder Zwiebeln. Aus ihnen schöpfen die Pflanzen ihre Kraft, um im Folgejahr nach einer Ruhephase wieder austreiben zu können. Zwiebelpflanzen besitzen einen hohen Zierwert, der sie sowohl für den Garten als auch die Topfkultur interessant macht.

Gestalten mit Zwiebeln und Knollen

Zwiebeln sind wegen ihrer Blühkraft für den Garten unentbehrlich. Sie sind vielseitig verwendbar – vom anspruchsvollen Alpinum bis zum pflegeleichten Blumenbeet. Im Großen und Ganzen haben Zwiebelpflanzen ähnliche Ansprüche wie Stauden. Gestaltungsmöglichkeiten bieten sich vor allem mit Blüten- oder Bodendeckerstauden an. Die Kombination aus flach wachsenden Stauden (zum Beispiel Fetthenne) und großen Zwiebelgewächsen (Steppenkerze, Lilien) hat den Vorteil, dass während der Ruhephase keine kahlen Flecken entstehen. Durch ihre Blühwilligkeit bilden sie Akzente im Blumenbeet und werden schnell zum Blickfang. Die meisten Blüten eignen sich zum Schnitt und bereichern Blumensträuße.

Zwiebeln lassen sich jedoch nicht nur im Garten kultivieren. Immer häufiger sieht man die attraktiven Zierpflanzen als Frühjahrsbepflanzung in Balkonkästen. Krokusse, Hyazinthen oder Narzissen bilden die ersten Farbtupfer auf Balkon und Terrasse. Vorteilhaft ist, dass sie sich nach der Blüte dort pflanzen lassen und im Folgejahr in den Garten zu den Frühjahrsblühern gehören.

Pflanzung und Pflege

Obwohl Zwiebelpflanzen sehr viele Ähnlichkeiten zu den Stauden besitzen, unterscheiden sie sich doch in den Pflegearbeiten.

Allem voran die Pflanzung. Hierbei wird nicht die Pflanze an sich gepflanzt, sondern eine Knolle oder Zwiebel in den Boden gebracht. Grundlage für ein gesundes Wachstum ist eine hohe Wasserdurchlässigkeit des Bodens, die möglicherweise durch eine Drainage gefördert wird. Zu schnell kann es sonst an den unterirdischen Speicherorganen zu

Lilien kommen auf ein Drainagebeet aus kleinen Steinen und werden zum Schutz vor Wühlmäusen in ein Körbchen gesetzt.

Fäulnis kommen. So ist es empfehlenswert, wenn der Boden im Pflanzloch oder der Topfgrund mit grobem Sand oder anderen Drainagematerialien bedeckt wird. In diese Schicht steckt man die Zwiebel. Im Gegensatz zu vielen anderen Pflanzen ist die richtige Pflanzzeit zu beachten. Bei den Winterharten ist das im Oktober/November, bei den nicht frosthartenim April. Sie ist ein ausschlaggebender Punkt für die Blütenbildung. Bei zu spät gelegten Zwiebeln kann es passieren, dass die Pflanzen keine Blüten bilden. Ebenfalls wichtig ist die richtige Pflanztiefe. Eine Regel besagt, dass die Zwiebeln zwei bis drei Mal so tief gelegt

werden, wie sie hoch sind. In besonders kalten Regionen kann es sogar vier bis fünf Mal so tief sein.

Wenn das Laub einige Zeit nach der Blüte abstirbt und die Pflanzen eine Ruhephase beginnen, darf nur noch eingeschränkt gegossen und nicht mehr gedüngt werden. Nässeüberschuss kann den Fäulnistod zur Folge haben. Frostempfindliche Pflanzen, beispielsweise Dahlien oder Gladiolen, sind im Herbst nach Absterben des Laubes auszugraben und an einem frostfreien Ort kühl und trocken zu überwintern.

Bunte Krokuswiese, die den baldigen Frühling ankündigt

Gold-Lauch
Allium moly

Aussehen: aufrecht, kompakt
wachsend, horstbildend
Höhe: 15–25 cm; **Breite:** 10 cm

Gekielter Lauch

Gold-Lauch

Riesen-Lauch

Blütezeit: Mai bis Juni
Blüte: goldgelb, sternförmig
Standort: sonnig bis halbschattig
Boden: schwach sauer bis
schwach alkalisch; nicht zu tro-
cken; durchlässig
Nährstoffbedarf: gering
Bewässerung: sehr wenig, aber
regelmäßig
Pflanztiefe: 5–10 cm
Pflanzabstand: 20–30 cm
Verwendung: Kübel- und Topf-
kultur, lichter Gehölzrand,
Steingarten, lockt Bienen und
Schmetterlinge an, schöne
Blüten

pflegeleicht, für kleine Gärten

Schönes Windröschen

Bewässerung: regelmäßig bis
häufig
Pflanztiefe: 5 cm
Pflanzabstand: 10–15 cm
Verwendung: Kübel- und Topfkultur, Einfassung, Steingarten,
flächendeckende Boden-
begrünung, dekorative Blüten

pflegeleicht, für Einsteiger,
für kleine Gärten

Schönes Windröschen, Strahlen-Anemone
Anemone blanda

Aussehen: flächig wachsend,
horstbildend, schnell wachsend
Höhe: 10–25 cm
Breite: 30–100 cm
Blütezeit: März bis April
Blüte: Farbvariationen in Weiß,
Blau, Hellviolett, Dunkelviolett
Standort: sonnig bis halb-
schattig, vor und unter Gehöl-
zen
Boden: schwach sauer bis
neutral; frisch bis feucht; durch-
lässig, humos
Nährstoffbedarf: ausgeglichen

Kronen-Anemone, Garten-Anemone
Anemone coronaria

Aussehen: aufrecht, horst-
bildend; **Höhe:** 30–50 cm
Breite: 15 cm
Blütezeit: April bis Mai
Blüte: Farbvariationen in Blau,
Rot und Weiß, Rosa, Purpur-
farben
Standort: sonnig bis halbschattig
Boden: schwach sauer bis
schwach alkalisch; frisch bis
feucht; durchlässig, humos

Andere *Allium*-Arten (alle aufrecht, horstbildend)

Botanischer Name	Deutscher Name	Höhe	Blütezeit, Farbe	Tipps
A. aflatunense	Zier-Lauch, Iran-Lauch	70–100 cm	Mai bis Juni, hellviolett	pflegeleicht, Liebhaberpflanze
A. carinatum	Gekielter Lauch	40–60 cm	Juni bis August, purpurviolett	pflegeleicht, Liebhaberpflanze, große Blüten
A. giganteum	Riesen-Lauch	150–200 cm	Juli bis August, purpurviolett bis fliederrosa	pflegeleicht
A. insubricum	Insubrischer-Lauch	bis 30 cm	Mai bis Juli, purpurfarben	für Stein- und Steppengärten sowie Alpinen-Haus
A. karataviense	Blauzungen-Lauch	20–25 cm	April bis Mai, violettrosa bis blassrosa	pflegeleicht, für kleine Gärten, kompakt wachsend, große Blüten
A. oreophilum	Rosen-Zwerg-Lauch	bis 20 cm	Mai bis Juni, purpurrosa	für Stein- und Steppengarten

Nährstoffbedarf: ausgeglichen
Bewässerung: regelmäßig bis häufig
Pflanztiefe: 5 cm
Pflanzabstand: 15–20 cm
Verwendung: Kübel- und Topfkultur, für bunte Beet- und Staudenpflanzung, Gehölzrand, schöne Blüten, mäßig frosthart – geschützter Standort ist empfehlenswert

> pflegeleicht, für Einsteiger, für kleine Gärten

Aronstab
Arum maculatum (Bild Seite 92)

Aussehen: aufrecht wachsend
Höhe: bis 60 cm
Breite: 10–20 cm
Blütezeit: April bis Mai
Blüte: 15 cm lange Spatha, gelbgrün, Kolben gelb
Früchte: giftige, leuchtend rote Beeren
Blätter: gestielt, schmalpfeilförmig, grün, oft dunkel gefleckt
Standort: halbschattig
Boden: frisch; humos bis lehmig; sandiges Substrat
Nährstoffbedarf: hoch; **Bewässerung:** Substrat leicht feucht halten, verträgt auch kurzfristige Trockenheit
Verwendung: am besten an Plätzen, an denen sich die Pflanzen ausdehnen können; unter lichten Bäumen, besticht durch schönes Laub und attraktive Fruchtstände (Achtung giftig!), die den Samen enthalten

Prärielilie
Camassia cusickii (Bild Seite 92)

Aussehen: aufrecht, horstbildend; **Höhe:** 60–80 cm
Breite: 10–20 cm
Blütezeit: Mai bis Juni
Blüte: blassblau bis tiefblau
Standort: sonnig bis halbschattig
Boden: schwach sauer bis schwach alkalisch; frisch; durchlässig, sandig-humos
Nährstoffbedarf: ausgeglichen
Bewässerung: regelmäßig
Pflanztiefe: 10 cm
Pflanzabstand: 20–30 cm
Verwendung: bunte Beet- und Staudenpflanzung, auffallende Blüten, bedingt frosthart – in milden Regionen auch im Freiland zu halten – dicker Winterschutz ratsam, neigt zum Wuchern

Weitere Arten: *C. leichtlinii* mit Sorten – cremeweiß, blau, violett, *C. quamash* – blassblau bis violettblau

> pflegeleicht

Blumenrohr
Canna indica

Aussehen: aufrecht, horstbildend, schnell wachsend; **Höhe:** 120–220 cm; **Breite:** 50–70 cm
Blütezeit: August bis Oktober
Blüte: leuchtend rot bis zartorange, gelb bis dunkelrot
Blätter: dunkelgrüne und rotlaubige Sorten
Standort: sonnig
Boden: schwach sauer bis neutral; frisch bis feucht; durchlässig
Nährstoffbedarf: ausgeglichen bis hoch; **Bewässerung:** regelmäßig bis häufig
Pflanztiefe: 5–10 cm
Pflanzabstand: 40–50 cm
Pflegemaßnahmen: verblühte Blüten entfernen, um die Blühdauer zu verlängern; vor dem ersten Frost Pflanzen 15 cm über dem Boden abschneiden;
Überwinterung: ausgegrabene Rhizome bei 15 °C mit anhaftender Erde überwintern

Blumenrohr

Verwendung: für Balkon und Terrasse, bunte Beet- und Staudenpflanzung, Einzelpflanzung, auffallende Blätter und Blüten, nicht winterhart

> pflegeleicht

Schneeglanz
Chionodoxa luciliae

Aussehen: überhängend, kompakt wachsend, horstbildend
Höhe: 10–15 cm; **Breite:** 5 cm
Blütezeit: März bis April
Blüte: blau
Standort: sonnig, Gehölzrand
Boden: sauer bis schwach sauer; frisch; durchlässig; sandig
Nährstoffbedarf: ausgeglichen
Bewässerung: regelmäßig
Pflanztiefe: 5–10 cm
Pflanzabstand: 15–20 cm
Verwendung: Kübel- und Topfkultur, Steingarten, lockt Bienen und Schmetterlinge an, die kugeligen Samen werden von Ameisen vertragen
Weitere Arten: *C. forbesii* – blau oder rosa mit weißer Mitte, *C. nana* – blau mit weißer Mitte, Steingarten, *C. sardensis* – blau

> pflegeleicht, für Einsteiger, für kleine Gärten

Herbst-Zeitlose
Colchicum autumnale

Aussehen: aufrecht, horstbildend; **Höhe:** 20–25 cm
Breite: 15 cm
Blütezeit: August bis Oktober

Hybride 'Waterlily'

Blüte: violettrosa bis lavendelrosa
Standort: sonnig
Boden: schwach sauer bis alkalisch; frisch bis feucht; sandig-humos, sandig-lehmig
Nährstoffbedarf: ausgeglichen bis hoch; **Bewässerung:** regelmäßig bis häufig
Pflanztiefe: 10–15 cm
Pflanzabstand: 20–30 cm
Achtung: ganze Pflanze ist giftig ist stark giftig
Verwendung: Steingarten
Sortenbeispiele und weitere Art: 'Album' – weiß, 'Albiplenum' – weiß, gefüllt; 'Pleniflorum' – amethystlila, gefüllt; Hybride 'Waterlily' – große Blüten, gefüllt, lilarosa, dicht; *C. speciosum* – groß, lila

> pflegeleicht, für kleine Gärten, alte Gartenstaude

Hakenlilie
Crinum × powellii

Aussehen: aufrecht, horstbildend; **Höhe:** 90–120 cm
Breite: 30 cm
Blütezeit: Juli bis September
Blüte: rosa, weiß
Standort: sonnig

Boden: schwach sauer bis schwach alkalisch; frisch; durchlässig, sandig-lehmig
Nährstoffbedarf: hoch
Bewässerung: regelmäßig
Pflanztiefe: 20–50 cm
Pflanzabstand: 40–50 cm
Verwendung: bunte Beet- und Staudenpflanzung, Japangarten, lockt Bienen und Schmetterlinge an, mäßig frosthart – geschützter Standort ist empfehlenswert

Liebhaberpflanze

Garten-Montbretie
Crocosmia masoniorum

Aussehen: überhängend, horstbildend; **Höhe:** 70–90 cm
Breite: 10 cm
Blütezeit: Juli bis August

Garten-Montbretie, rote Sorte

Blüte: orangegelb
Standort: sonnig
Boden: sauer bis schwach sauer; mäßig trocken bis frisch; durchlässig
Nährstoffbedarf: ausgeglichen bis hoch; **Bewässerung:** wenig bis regelmäßig
Pflanztiefe: 5–10 cm; **Pflanzabstand:** 20–30 cm; **Pflegemaßnahmen:** Rückschnitt nach Absterben des Sprosses im Herbst
Verwendung: bunte Beet- und Staudenpflanzung, Schnittblume, dekorative, große Blüten, mäßig frosthart – geschützter Standort ist empfehlenswert
Sortenbeispiel und weitere Arten: 'Lucifer' – scharlachrot, früheste Sorte, C. × crocosmiiflora – braunrot, orange bis gelb, C. paniculata – orangerot

pflegeleicht, für Einsteiger

Frühlings-Krokus
Crocus biflorus

Aussehen: locker horstbildend
Höhe: 8 cm; **Breite:** 5 cm
Blütezeit: Februar bis März
Blüte: weiß bis lilablaue Grundfarbe mit violetten Längsstreifen
Standort: sonnig, im Sommer bodentrocken
Boden: kalkhaltig, gute Drainage, durchlässig
Verwendung: Steppenbeet, Steingarten, Wiesen (durchlässig, sandig), Bienenweide, eignet sich zum Verwildern
Weitere Frühlingsarten: *C. dalmaticus, C. etruscus, C. sieberi*

Herbst-Krokus
Crocus speciosus

Aussehen: locker horstbildend;
Höhe: 10–15 cm; **Breite:** 5 cm
Blütezeit: September bis Oktober
Blüte: blau
Standort: sonnig
Boden: sauer bis schwach sauer; mäßig trocken bis frisch; durchlässig
Nährstoffbedarf: gering; **Bewässerung:** wenig bis regelmäßig
Pflanztiefe: 7–15 cm
Pflanzabstand: 10–15 cm, Herbstkrokusse müssen vor Ende August in den Boden!

Herbst-Krokus

Verwendung: Kübel- und Topfkultur, bunte Beet- und Staudenpflanzung, Steingarten, lockt Bienen und Schmetterlinge an, auffallende Blüten
Weitere Arten: *C. cancellatus, C. medius, C. sativus* (echter Safrankrokus)

pflegeleicht, für Einsteiger

Frühlings-Krokus
Crocus vernus

Aussehen: locker horstbildend;
Höhe: 10–15 cm; **Breite:** 5 cm
Blütezeit: März bis April
Blüte: weiß bis violett, häufig gestreift
Standort: sonnig
Boden: schwach sauer bis neutral; mäßig trocken bis frisch; durchlässig
Nährstoffbedarf: gering; **Bewässerung:** wenig bis regelmäßig
Pflanztiefe: 7–15 cm
Pflanzabstand: 10–15 cm
Verwendung: Kübel- und Topfkultur, bunte Beet- und Staudenpflanzung, Steingarten, lockt Bienen und Schmetterlinge an, schöner Frühlingsblüher, aus *Crocus vernus* ssp. *vernus* sind die großblumigen Gartenkrokusse entstanden

pflegeleicht, für Einsteiger

Vorfrühlings-Alpenveilchen
Cyclamen coum

Aussehen: kompakt, horstbildend; **Höhe:** 10–15 cm
Breite: 15 cm

Vorfrühlings-Alpenveilchen

Blütezeit: Februar bis März
Blüte: reinweiß bis rosa
Boden: neutral, eher kalkiger Humusboden
Nährstoffbedarf: ausgeglichen; **Bewässerung:** Staunässe vermeiden
Pflanztiefe: 7–8 cm
Pflanzabstand: 15–20 cm
Verwendung: ideal zum Verwildern unter Laub abwerfenden Bäumen, Sträuchern oder lichten Nadelgehölzen
Sortenbeispiele: 'Album' – weiß, 'Roseum' – rosa, 'Rubrum' – karminrot

Herbst-Alpenveilchen, Saubrot
Cyclamen hederifolium

Aussehen: kompakt, horstbildend; **Höhe:** 10–15 cm
Breite: 15 cm
Blütezeit: September bis Oktober
Blüte: rosa

Drei *Crocus*-Arten

Botanischer Name	Aussehen, Höhe	Blütezeit, Farbe	Tipps
C. angustifolius	locker horstbildend, 5–7 cm	Februar bis März, orangegelb	pflegeleicht, für Kästen und Töpfe geeignet, kompakt wachsend
C. chrysanthus	locker horstbildend, 5–8 cm	Februar bis März, cremeweiß bis tiefgoldgelb	pflegeleicht, für Kästen und Töpfe geeignet, kompakt wachsend
C. tommasinianus	locker horstbildend, 7–10 cm	Februar bis März, violett	pflegeleicht

Standort: halbschattig
Boden: neutral, ausgeglichen; eher trocken bis frisch; durchlässig, humos
Nährstoffbedarf: ausgeglichen
Bewässerung: wenig bis regelmäßig
Pflanztiefe: 7–8 cm
Pflanzabstand: 15–20 cm
Verwendung: Gehölzrand, Steingarten, ungewöhnlich Blüten
Weitere Art: *C. purpurascens* – rosa bis karminrot

pflegeleicht, für Einsteiger, für kleine Gärten

Garten-Dahlien
Dahlia-Hybriden

Aussehen: aufrecht buschig, horstbildend, schnell wachsend
Höhe: 60–130 cm
Breite: 50–60 cm
Blütezeit: Juli bis September
Blüte: Farbvariationen in Gelb, Orange, Rosa, Rot, Violett und Weiß, gefüllt und ungefüllt
Standort: sonnig
Boden: schwach sauer bis schwach alkalisch; frisch bis feucht; durchlässig, sandig-lehmig
Nährstoffbedarf: hoch
Bewässerung: regelmäßig bis häufig
Pflanztiefe: 10–15 cm
Pflanzabstand: 30–60 cm
Pflegemaßnahmen: Triebspitzen im Frühjahr auskneifen; vor dem ersten Frost den gesamten Spross 10 cm über dem Boden abschneiden und Wurzelstöcke ausgraben

Schmuck-Dahlie

Halskrausen-Dahlie

Kaktus-Dahlie

Ungefüllte Dahlie

Überwinterung: Rhizome in einem Sand-Torf-Gemisch frostfrei und trocken überwintern
Verwendung: Kübel- und Topfkultur, bunte Beet- und Staudenpflanzung, Einzelpflanzung, Schnittblume, viele verschiedene Blütenformen, nicht frosthart

pflegeleicht, für Einsteiger

Dahlia-Gruppen (Höhe 90 bis 130 cm)

Gruppe	Blütenfarbe, Blütezeit Juli bis September
Semikaktus-Dahlie	gelb, orange, rosa, rot, violett, weiß, locker gefüllt
Halskrausen-Dahlie	gelb, orange, rosa, rot, violett, weiß, halskrausenförmig gefüllt
Ungefüllte Dahlie	gelb, orange, rosa, rot, violett, weiß, ungefüllt
Vermischte Dahlien	gelb, orange, rosa, rot, violett, weiß, orchideen- oder pfingstrosenförmig gefüllt
Seerosenblütige Dahlie	gelb, orange, rosa, rot, violett, weiß, seerosenförmig gefüllt
Schmuck-Dahlie	gelb, orange, rosa, rot, violett, weiß, auffällig gefüllt
Ball-Dahlie	gelb, orange, rosa, rot, violett, weiß, ballförmig gefüllt
Kaktus-Dahlie	gelb, orange, rosa, rot, violett, weiß, dicht gefüllt
Anemonenblütige Dahlie	gelb, orange, rosa, rot, violett und weiß, gefüllt, anemonenförmig
Pompon-Dahlie	gelb, orange, rosa, rot, violett, weiß, rund pomponförmig

Winterling
Eranthis cilicica

Aussehen: kompakt, horstbildend; **Höhe:** 10–12 cm
Breite: 5 cm
Blütezeit: Februar bis März
Blüte: gelb
Standort: sonnig
Boden: neutral, ausgeglichen mäßig trocken bis frisch; durchlässig
Nährstoffbedarf: sehr gering
Bewässerung: wenig bis regelmäßig
Pflanztiefe: 3–5 cm
Pflanzabstand: 10 cm
Achtung: ganze Pflanze ist giftig
Verwendung: Kübel- und Topfkultur, Steingarten, lockt Bienen

Winterling

Schachbrettblume

Kaiserkrone

E   **ZWIEBEL- UND KNOLLENPFLANZEN**

und Schmetterlinge an, schöner Winterblüher, gerne unter lichten Gehölzen, zum Verwildern geeignet

> pflegeleicht, für Einsteiger, für kleine Gärten

Winterling
Eranthis hyemalis

Aussehen: kompakt, horstbildend; **Höhe:** 10–15 cm; **Breite:** 5 cm
Blütezeit: Februar bis März
Blüte: gelb
Standort: sonnig
Boden: schwach sauer bis neutral; mäßig trocken bis frisch; durchlässig
Nährstoffbedarf: sehr gering; **Bewässerung:** wenig bis regelmäßig
Pflanztiefe: 3–5 cm
Pflanzabstand: 10 cm
Achtung: ganze Pflanze ist giftig
Verwendung: Kübel- und Topfkultur, Steingarten, lockt Bienen und Schmetterlinge an, schöner Winterblüher, gerne unter lichten Gehölzen, zum Verwildern geeignet
Sortenbeispiele und weitere Art: 'Aurantiaca' – orangegelb, 'Schwefelglanz' – gelb, 'E. × tubergenii – gelb

> pflegeleicht, für Einsteiger, für kleine Gärten

Freesie
Freesia-Hybriden

Aussehen: aufrecht bis bogig überneigend, horstbildend
Höhe: 40–50 cm
Breite: 10–15 cm
Blütezeit: Juni bis August
Blüte: Farbvariationen in Gelb, Rosa, Rot, Violett und Weiß
Standort: sonnig
Boden: schwach sauer bis schwach alkalisch; frisch; durchlässig, humos
Nährstoffbedarf: ausgeglichen bis hoch; **Bewässerung:** regelmäßig
Pflanztiefe: 5 cm; **Pflanzabstand:** 20–25 cm; **Überwinterung:** eingetopfte Pflanzen frostfrei überwintern
Verwendung: intensiv duftend, Kübel- und Topfkultur, bunte Beet- und Staudenpflanzung, Schnittblume, lockt Bienen und Schmetterlinge an, ungewöhnliche Blütenformen, nicht frosthart

> pflegeleicht

Kaiserkrone
Fritillaria imperialis

Aussehen: aufrecht, horstbildend; **Höhe:** 70–120 cm
Breite: 25–30 cm
Blütezeit: April bis Mai
Blüte: gelb, gelbbraun oder

orangerot bis braunorange
Standort: sonnig
Boden: schwach sauer bis neutral; mäßig trocken bis frisch; durchlässig, sandig-lehmig
Nährstoffbedarf: ausgeglichen bis hoch; **Bewässerung:** wenig bis regelmäßig
Pflanztiefe: 10–20 cm; **Pflanzabstand:** 30–40 cm; **Pflegemaßnahmen:** Zwiebeln beim Pflanzen etwas schief einlegen, damit kein Wasser in die hohle Spitze läuft und Fäulnis verursacht
Verwendung: für bunte Beet-

und Staudenpflanzung, soll Wühlmäuse fernhalten
Arten und Sorten: es gibt mehr als 120 *Fritillaria*-Arten und viele Sorten

> pflegeleicht, alte Gartenstaude

Schachbrettblume, Kiebitzei
Fritillaria meleagris

Aussehen: aufrecht, horstbildend; **Höhe:** 25–35 cm

169

Breite: 5–10 cm
Blütezeit: April bis Mai
Blüte: purpur mit auffälliger Schachbrettmusterung
Standort: sonnig bis halbschattig, lichter Baumbestand
Boden: schwach sauer bis neutral; mäßig trocken bis frisch; durchlässig, sandig-kiesig
Nährstoffbedarf: ausgeglichen
Bewässerung: wenig bis regelmäßig
Pflanztiefe: 5–10 cm
Pflanzabstand: 20–25 cm
Verwendung: bunte Beet- und Staudenpflanzung, Steingarten, vermehrt sich am zusagenden Standplatz leicht durch Selbstaussaat, dekorative, große Blüten
Sortenbeispiele und weitere Arten: 'Aphrodite' – weiß mit Würfelmuster, 'Jupiter' – dunkelrot mit schwachem Würfelmuster, 'Poseidon' – purpurrosa, *F. pallidiflora* – hellgrüngelb bis weißlich, *F. persica* – in gelblichen, bräunlichen Farben, auch dunkel violettblau

pflegeleicht, für kleine Gärten

Schneeglöckchen
Galanthus nivalis

Aussehen: überhängend, kompakt wachsend, horstbildend
Höhe: 10–15 cm; **Breite:** 10 cm

Blütezeit: Januar bis März
Blüte: weiß
Standort: halbschattig
Boden: schwach sauer bis schwach alkalisch; frisch; sandig-humos, sandig-lehmig
Nährstoffbedarf: ausgeglichen bis hoch; **Bewässerung:** regelmäßig
Pflanztiefe: 5–10 cm
Pflanzabstand: 20 cm
Achtung: alle Pflanzenteile sind giftig
Verwendung: Kübel- und Topfkultur, Gehölzrand, Steingarten, unkompliziert, schöner Winterblüher
Weitere Arten: *G. caucasicus* – gute Gartenpflanze, *G. elwesii* – großblütig, *G. gracilis* – gute Drainage; viele einfach und gefüllt blühende *Galanthus*-Hybriden

pflegeleicht, für Einsteiger, alte Gartenstaude, für kleine Gärten

Riesenhyazinthe, Sommerhyazinthe
Galtonia candicans

Aussehen: straff aufrecht, horstbildend; **Höhe:** 35–65 cm
Breite: 10–15 cm
Blütezeit: Juli bis August
Blüte: weiß
Standort: sonnig

Riesenhyazinthe

Boden: schwach sauer bis schwach alkalisch; frisch; durchlässig, sandig-humos
Nährstoffbedarf: ausgeglichen bis hoch; **Bewässerung:** regelmäßig
Pflanztiefe: 10 cm; **Pflanzabstand:** 30 cm; **Überwinterung:** frostfreie und trockene Überwinterung der Zwiebeln
Verwendung: Kübel- und Topfkultur, bunte Beet- und Staudenpflanzung, Schnittblume, bedingt frosthart – dicker Winterschutz ratsam, am besten im Keller überwintern

Liebhaberpflanze

Gladiole, Siegwurz
Gladiolus-Hybriden

Aussehen: schmal aufrecht
Höhe: 50–150 cm
Breite: 20–25 cm
Blütezeit: Juli bis September

Schneeglöckchen

Gladiole

Blüte: Farbvariationen in Gelb, Orange, Purpur, Rosa, Rot und Weiß
Standort: sonnig
Boden: schwach sauer bis neutral; frisch; durchlässig, sandig-humos
Nährstoffbedarf: ausgeglichen bis hoch; **Bewässerung:** regelmäßig
Pflanztiefe: 10–15 cm
Pflanzabstand: 20 cm; **Pflegemaßnahmen:** Rückschnitt des Sprosses im Herbst; **Überwinterung:** Rhizome im Winter frostfrei und trocken überwintern
Verwendung: bunte Beet- und Staudenpflanzung, Schnittblume, lockt Bienen und Schmetterlinge an, große, auffällige Blüten, nicht frosthart
Arten und Sorten: etwa 180 Wildarten und 600 Sorten, viele kommen aus Großbritannien

pflegeleicht, für Einsteiger

Ruhmeskrone, Prachtlilie
Gloriosa superba

Prachtlilie

Hyacinthus-Sorten (alle 20 bis 30 cm hoch)		
Sorte	**Blütezeit**	**Blütenfarbe**
'City of Haarlem'	April bis Mai	hellgelb bis primelgelb
'Gipsy Queen'	April bis Mai	lachsrosa bis aprikotfarben
'King Codro'	April bis Mai	dunkelblau
'Lady Darby'	März bis April	rosa

Aussehen: kletternd; **Höhe:** 100–200 cm; **Breite:** 30–40 cm
Blütezeit: Juli bis September
Blüte: rotgelb
Standort: sonnig bis halbschattig
Boden: schwach sauer bis schwach alkalisch; frisch bis feucht; durchlässig, humos
Nährstoffbedarf: ausgeglichen bis hoch
Bewässerung: regelmäßig bis häufig
Pflanztiefe: 3–6 cm
Pflegemaßnahmen und Überwinterung: Knollen ausgraben und frostfrei sowie trocken überwintern
Achtung: ganze Pflanze ist giftig
Verwendung: auch Kübel- und Topfkultur, schöne Blüten, nicht frosthart

Liebhaberpflanze

Spanischer Glocken-Blaustern
Hyacinthoides hispanica

Aussehen: aufrecht, horstbildend; **Höhe:** 25–40 cm
Breite: 20–30 cm
Blütezeit: (April) Mai
Blüte: blau bis violettblau, weiß, rosa
Standort: sonnig
Boden: sauer bis neutral; frisch; durchlässig, humos
Nährstoffbedarf: hoch
Bewässerung: regelmäßig
Pflanztiefe: 7–10 cm
Pflanzabstand: 10 cm
Achtung: ganze Pflanze ist giftig
Verwendung: bunte Beet- und

Staudenpflanzung, Steingarten, auffallende Blüten
Sortenbeispiele: 'Alba' – weiß, 'Arnold Prinsen' – rosa, 'Blue Queen' – blau, 'Excelsior' – blau, 'Rose Queen' – rosa, 'Sky Blue' – blau

Liebhaberpflanze, für kleine Gärten

Hyazinthe
Hyacinthus orientalis

Aussehen: schmal aufrecht
Höhe: 20–30 cm; **Breite:** 10 cm
Blütezeit: April bis Mai
Blüte: Farbvariationen in Blau, Gelb, Rosa, Rot und Weiß; röhrenförmig
Standort: sonnig bis halbschattig
Boden: schwach sauer bis schwach alkalisch; mäßig trocken bis frisch; durchlässig, sandig-lehmig
Nährstoffbedarf: gering; **Bewässerung:** wenig bis regelmäßig
Pflanztiefe: 10 cm
Pflanzabstand: 10–15 cm
Achtung: ganze Pflanze ist giftig
Verwendung: intensiv duftend, Kübel- und Topfkultur, Steingarten, Schnittblume, lockt

Hyazinthe

Einige *Gladiolus*-Sorten und -Arten (schmal aufrecht, horstbildend)				
Botanischer Name, Sorte	**Höhe**	**Blütezeit**	**Blütenfarbe**	**Tipps**
'Green Woodpecker'	100–150 cm	Juli bis September	grüngelb mit rotem Mittelfleck	pflegeleicht
'Zephyr'	120–170 cm	Juli bis August	hellrosa	pflegeleicht
G. cardinalis	60–90 cm	Juli bis September	rot	pflegeleicht
G. communis ssp. byzantinus	60–90 cm	April bis Juli	magentarot bis purpurrot	pflegeleicht

Bienen und Schmetterlinge an, auffällige Blüten, mäßig frost-hart – geschützter Standort ist empfehlenswert

> pflegeleicht, für Einsteiger, für kleine Gärten

Schönhäutchen
Hymenocallis × festalis

Aussehen: aufrecht, horst-bildend; **Höhe:** 50–80 cm
Breite: 20–30 cm

Schönhäutchen

Blütezeit: Juni bis August
Blüte: weiß
Standort: sonnig
Boden: schwach sauer bis schwach alkalisch; mäßig trocken bis frisch; durchlässig, sandig-lehmig
Nährstoffbedarf: ausgeglichen; **Bewässerung:** wenig bis regel-mäßig
Pflanztiefe: 10 cm
Pflanzabstand: 15–20 cm
Überwinterung: Zwiebeln aus dem Boden nehmen, abtrocken lassen und anschließend frost-frei überwintern
Verwendung: intensiv duftend, Kübel- und Topfkultur, bunte Beet- und Staudenpflanzung, auffallende Blüten, nicht frost-hart

> anspruchsvoll, Liebhaberpflanze

Frühlingsstern
Ipheion uniflorum

Aussehen: aufrecht wachsend; **Höhe:** 10–30 cm; **Breite:** 5–7 cm
Blütezeit: Februar bis Mai
Blüte: weiß, hellblau bis purpur-violett
Standort: vollsonnig, möglichst geschützt
Boden: sandig durchlässiger Boden, im Frühling feucht, im Sommer gut durchfeuchten (in regenlosen Zeiten); im Sommer, wenn die Blätter vergilben, nicht mehr gießen
Pflanztiefe: 3–6 cm
Pflanzabstand: 6–8 cm
Verwendung: Steingarten, Früh-lingsblumenbeet, guter Winter-schutz, lassen sich durch Teilung der Zwiebelhorste im Herbst gut vermehren
Sortenbeispiele: 'Froyle Mill' – violett, 'Wisley Blue' – dunkles Himmelblau

Frühlingsstern

Taurus-Zwiebel-Schwertlilie
Iris danfordiae

Aussehen: aufrecht, kompakt wachsend, horstbildend
Höhe: bis 10 cm
Breite: 5–8 cm
Blütezeit: März bis April
Blüte: hellgelb
Standort: sonnig
Boden: neutral, ausgeglichen; Sommer trocken; durchlässig, sandig-lehmig
Nährstoffbedarf: ausgeglichen bis hoch; im Frühjahr stark düngen
Bewässerung: wenig
Pflanztiefe: 5–10 cm; **Pflanzab-stand:** 10 cm
Achtung: ganze Pflanze ist giftig
Verwendung: Steingarten, Alpinum, auffallende Blüten

> anspruchsvoll, Liebhaberpflanze

Frühlings-Knotenblume, Märzbecher
Leucojum vernum

Aussehen: überhängend, horst-bildend; **Höhe:** 15–30 cm
Breite: 10 cm
Blütezeit: Februar bis April

Frühlings-Knotenblume

Blüte: weiß
Standort: sonnig bis halbschattig
Boden: schwach sauer bis schwach alkalisch; frisch bis feucht; gut fruchtbar, sandig-lehmig
Nährstoffbedarf: ausgeglichen bis hoch; **Bewässerung:** regel-mäßig bis häufig
Pflanztiefe: 5–10 cm
Pflanzabstand: 15–20 cm
Verwendung: für bunte Beet- und Staudenpflanzung, Gehölz-rand, Steingarten, lockt Bienen und Schmetterlinge an, Zwie-beln sofort einsetzen – trocknen sonst aus, Samen werden von Ameisen verschleppt
Weitere Arten: *L. aestivum* (Som-merknotenblume), *L. autumnale* – herbstblühend

> pflegeleicht, für Einsteiger, alte Gartenstaude, für kleine Gärten

Feuer-Lilie
Lilium bulbiferum

Aussehen: aufrecht; **Höhe:** 50–120 cm; **Breite:** 20–30 cm

Zwei *Iris*-Arten

Botanischer Name	Deutscher Name	Höhe	Blütezeit	Blütenfarbe	Tipps
I. reticulata	Kaukasus-Zwiebel-Schwertlilie	10–25 cm	Februar bis März	violettblau	pflegeleicht, für Kästen und Töpfe geeignet, für kleine Gärten, kompakt wachsend
I. × hollandica	Zwiebel-Iris	60–80 cm	Mai bis Juni	Farbvariationen in Gelb, Purpur, Violett, Weiß	pflegeleicht, für Kästen und Töpfe geeignet, für Schnitt geeignet, viele Sorten, Winterschutz

Andere *Lilium*-Arten und Sorten (alle aufrecht)

Botanischer Name	Deutscher Name	Blütezeit	Blütenfarbe	Tipps
Lilium martagon	Türkenbund-Lilie	Juni bis Juli	rosa, rosaviolett, karminrot, weiß	duftend, bis 200 cm hoch
Lilium pyrenaicum	Pyrenäen-Lilie	Mai bis Juni	gelb	vor Schnecken schützen, bis 100 cm hoch
Lilium regale	Königs-Lilie	Juni bis Juli	weiß mit gelben Schlund und rosa-purpur Blütenblattrippen	vielseitig einsetzbar, bis 150 cm hoch
Lilium speciosum	Pracht-Lilie	August bis September	weiß	große Blüten, stark duftend, 80–120 cm

Feuer-Lilie

Königs-Lilie

Blütezeit: Juni bis Juli
Blüte: leuchtend orange
Standort: sonnig
Boden: schwach sauer bis alkalisch; frisch; durchlässig, sandig-lehmig
Nährstoffbedarf: hoch
Bewässerung: regelmäßig
Pflanztiefe: 10 cm
Pflanzabstand: 40–60 cm
Verwendung: für bunte Beet- und Staudenpflanzung,

Alpinum, wunderschöne Blüten, lockt Bienen und Schmetterlinge an

> pflegeleicht,
> alte Gartenstaude

Madonnen-Lilie

Madonnen-Lilie
Lilium candidum

Aussehen: aufrecht; **Höhe:** 90–150 cm; **Breite:** 20–40 cm
Blütezeit: Juni bis Juli
Blüte: weiß
Standort: sonnig
Boden: schwach sauer bis alkalisch; frisch; durchlässig, sandig-lehmig
Nährstoffbedarf: hoch
Bewässerung: regelmäßig
Pflanztiefe: 10 cm
Pflanzabstand: 50–70 cm
Verwendung: für bunte Beet- und Staudenpflanzung, Schnittblume, lockt Bienen und Schmetterlinge an, wunderschöne Blüten, mäßig frosthart – geschützter Standort ist empfehlenswert

> anspruchsvoll,
> Liebhaberpflanze

Garten-Lilien
Lilium-Hybriden

Aussehen: aufrecht; **Höhe:** verschieden; **Breite:** verschieden
Blütezeit: Juli bis September
Blüte: alle Farben
Standort: sonnig
Boden: schwach sauer bis alkalisch; frisch; durchlässig, sandig-lehmig
Nährstoffbedarf: hoch
Bewässerung: regelmäßig
Verwendung: bunte Beet- und Staudenpflanzung, wunderschöne Blüten, Schnittblume, lockt Bienen und Schmetterlinge an
Arten und Sorten: Hunderte. Es wird in verschiedene Gruppen unterteilt:
- Asiatische Hybriden
- Martagon-Hybriden
- Candidum-Hybriden
- Hybriden von amerikanischen Wildlilien
- Longiflorum-Hybriden
- Trichterlilien (Trompetenlilien)
- Orient-Hybriden (Orientalische Hybriden)
- Verschiedene Hybriden

> pflegeleicht, für kleine Gärten

Hohe Tiger-Lilie
Lilium lancifolium

Aussehen: aufrecht
Höhe: 100–200 cm
Breite: 20–30 cm
Blütezeit: August bis September
Blüte: orangerot
Standort: sonnig
Boden: schwach sauer bis alkalisch; frisch; durchlässig, sandig-lehmig
Nährstoffbedarf: hoch
Bewässerung: regelmäßig
Pflanztiefe: 10–15 cm
Pflanzabstand: 50–70 cm
Verwendung: bunte Beet- und Staudenpflanzung, Schnittblume, lockt Bienen und Schmetterlinge an, sehr schöne Blüten

Armenische Traubenhyazinthe
Muscari armeniacum
(Bild Seite 93)

Aussehen: aufrecht, horstbildend
Höhe: 20–25 cm; **Breite:** 5 cm
Blütezeit: März bis April
Blüte: blau
Standort: sonnig
Boden: schwach sauer bis alkalisch; mäßig trocken bis frisch; durchlässig
Nährstoffbedarf: ausgeglichen;
Bewässerung: wenig bis regelmäßig
Pflanztiefe: 5–10 cm
Pflanzabstand: 5–20 cm
Verwendung: Kübel- und Topfkultur, bunte Beet- und Staudenpflanzung, Einfassung, Steingarten
Sorten: viele, in Blau- und Violetttönen sowie in Weiß

> pflegeleicht, für Einsteiger, für kleine Gärten

Traubenhyazinthe
Muscari botryoides

Aussehen: aufrecht, horstbildend
Höhe: 15–30 cm
Breite: 5–10 cm
Blütezeit: (März) April bis Mai
Blüte: blau
Standort: sonnig
Boden: schwach sauer bis alkalisch; mäßig trocken bis frisch; durchlässig
Nährstoffbedarf: ausgeglichen

Bewässerung: wenig bis regelmäßig
Pflanztiefe: 5–10 cm
Pflanzabstand: 5–20 cm
Verwendung: Kübel- und Topfkultur, bunte Beet- und Staudenpflanzung, Steingarten
Sortenbeispiel: 'Album' – weiß

> pflegeleicht, für Einsteiger, für kleine Gärten

Narzissen
Narcissus-Hybriden

Aussehen: aufrecht; **Höhe und Breite:** Sorten abhängig
Blütezeit: März bis Mai
Blüte: Sorten abhängig
Standort: sonnig
Boden: sauer bis schwach alkalisch; mäßig trocken bis frisch; durchlässig
Nährstoffbedarf: ausgeglichen
Bewässerung: wenig bis regelmäßig
Pflanztiefe: 5–10 cm
Pflanzabstand: 10–20 cm
Achtung: Pflanzensaft ist giftig
Verwendung: Kübel- und Topfkultur, für bunte Beet- und Staudenpflanzung, Steingarten, Schnittblume, tolle Blüten in verschiedenen Formen
Arten und Sorten: Zur besseren Übersicht wird in Gruppen

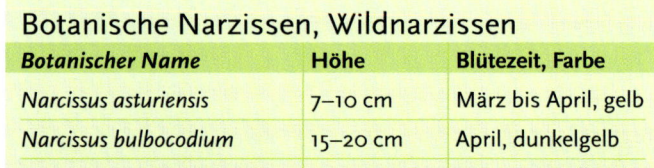

Botanische Narzissen, Wildnarzissen

Botanischer Name	Höhe	Blütezeit, Farbe
Narcissus asturiensis	7–10 cm	März bis April, gelb
Narcissus bulbocodium	15–20 cm	April, dunkelgelb
Narcissus pseudonarcissus	15–20 cm	März, reingelb

Kurzkronige Narzisse

Verschiedene Narzissen

unterteilt; von allen gibt es Hybriden und Sorten:

- Trompetennarzissen (Osterglocken)
- Großkronige Narzissen
- Kurzkronige Narzissen
- Gefüllt blühende Narzissen
- Triandrus Narzissen
- Cyclamineus- oder Alpenveilchen-Narzissen
- Jonquillen-Narzissen
- Tazetten-Narzissen (Strauß-Narzissen)
- Poeticus-Narzissen (Dichter-Narzissen)
- Wildnarzissen – meist großkronig und kleine Blütenblätter

Es wird empfohlen, sich bei der Kultur zu vergewissern, welche Ansprüche sie stellen (Winterschutz)

- Verschiedene Narzissen, die nicht unter einer der genannten Gruppen eingeordnet werden können

> pflegeleicht, für Einsteiger, alte Gartenstaude

Wildnarzisse, Narcissus bulbocodium

Pflanztiefe: 5–10 cm
Pflanzabstand: 10–15 cm
Verwendung: Kübel- und Topf-kultur, bunte Beet- und Stauden-pflanzung, Gehölzrand, am besten als Gruppe pflanzen, eventuell leichter Frostschutz, Brutzwiebel nur wenige cm tief einsetzen

pflegeleicht, für Einsteiger, für kleine Gärten

Blutblume
Scadoxus puniceus

Aussehen: aufrecht, horst-bildend; **Höhe:** 40–50 cm
Breite: 15 cm
Blütezeit: Mai bis Juli
Blüte: gelbgrün bis rosa oder scharlachrot
Standort: sonnig bis halbschattig
Boden: schwach sauer bis schwach alkalisch; frisch bis feucht; durchlässig, humos
Nährstoffbedarf: ausgeglichen bis hoch;
Bewässerung: regelmäßig bis häufig
Pflanztiefe: 1–2 cm
Pflanzabstand: 20–25 cm
Pflegemaßnahmen: Pflanzen im Topf halten, der im Winter frost-frei überwintert wird
Verwendung: Kübel- und Topf-kultur, auffallende Blüten
Weitere Arten: *S. lindenii*, *S. multiflorus*

Liebhaberpflanze

Milchstern, Stern von Bethlehem
Ornithogalum umbellatum

Aussehen: aufrecht, horst-bildend; **Höhe:** 10–25 cm
Breite: 10–15 cm
Blütezeit: April bis Mai (Juni)
Blüte: weiß
Standort: sonnig
Boden: schwach sauer bis schwach alkalisch; mäßig trocken; durchlässig, sandig-lehmig

Nährstoffbedarf: ausgeglichen
Bewässerung: wenig
Pflanztiefe: 7–10 cm
Pflanzabstand: 10–20 cm
Achtung: ganze Pflanze ist giftig
Verwendung: Kübel- und Topf-kultur, für bunte Beet- und Staudenpflanzung, Steingarten, lockt Bienen und Schmetter-linge an
Weitere Art: *O. arabicum* (Kugel-milchstern) – nicht winterhart

pflegeleicht, für kleine Gärten

Puschkinie
Puschkinia scilloides

Aussehen: aufrecht
Höhe: 15–20 cm; **Breite:** 5 cm
Blütezeit: (März) April bis Mai
Blüte: bläulich weiß
Standort: sonnig bis halbschattig
Boden: schwach sauer bis schwach alkalisch; mäßig trocken bis frisch; eher kühler Grund, durchlässig
Nährstoffbedarf: gering; **Bewässerung:** wenig bis regelmäßig

Blaustern
Scilla siberica

Aussehen: aufrecht, kompakt wachsend, bodendeckend
Höhe: 10–20 cm
Breite: 5–10 cm
Blütezeit: März bis April
Blüte: leuchtend blau bis violett, auch weiß
Standort: sonnig, halbschattig
Boden: schwach sauer bis schwach alkalisch; mäßig trocken bis frisch; durchlässig, sandig-lehmig
Nährstoffbedarf: ausgeglichen;
Bewässerung: wenig bis regel-mäßig
Pflanztiefe: 8–10 cm
Pflanzabstand: 10–15 cm
Verwendung: Kübel- und Topf-kultur, bunte Beet- und Stauden-pflanzung, größere Gärten und

Milchstern

175

Blaustern

Parks, Steingarten, verwildert zu wunderschönen Blütenteppichen

pflegeleicht, für Einsteiger, für kleine Gärten

Jakobslilie
Sprekelia formosissima

Aussehen: aufrecht; **Höhe:** 20–40 cm; **Breite:** 10–20 cm
Blütezeit: Mai bis Juni
Blüte: leuchtend rot bis dunkelkarminrot
Standort: sonnig
Boden: schwach sauer bis schwach alkalisch; mäßig trocken bis frisch; durchlässig, sandig-lehmig
Nährstoffbedarf: ausgeglichen bis hoch
Bewässerung: wenig bis regelmäßig
Pflanztiefe: 1–2 cm
Pflanzabstand: 20–30 cm
Überwinterung: im Topf halten, der frostfrei überwintert wird
Verwendung: Kübel- und Topfkultur, bunte Beet- und Staudenpflanzung, auffallende Blüten, nicht frosthart

anspruchsvoll, Liebhaberpflanze

Jakobslilie

Sternbergie

Sternbergie, Goldkrokus
Sternbergia lutea

Aussehen: aufrecht, kompakt wachsend, horstbildend
Höhe: 15–30 cm; **Breite:** 5–10 cm
Blütezeit: September bis Oktober
Blüte: goldgelb
Standort: sonnig
Boden: schwach sauer bis schwach alkalisch; mäßig trocken bis frisch; durchlässig, sandig-lehmig
Nährstoffbedarf: ausgeglichen;
Bewässerung: wenig bis regelmäßig, trocken halten, wenn die Blätter welken
Pflanztiefe: 10–15 cm
Pflanzabstand: 20 cm
Verwendung: Steingarten, Alpinum, mäßig frosthart – geschützter Standort ist empfehlenswert, Zwiebeln besser im Oktober überwintern (wie Gladiolen)

anspruchsvoll, Liebhaberpflanze, für kleine Gärten

Pfauenblume, Tigerblume
Tigridia pavonia

Aussehen: aufrecht
Höhe: 60 cm; **Breite:** 10–20 cm
Blütezeit: Juli bis August
Blüte: Farbvariationen in Gelb, Orange, Rosa, Rot und Weiß
Standort: sonnig
Boden: schwach sauer bis schwach alkalisch; mäßig

Pfauenblume

trocken bis frisch; durchlässig
Nährstoffbedarf: ausgeglichen
Bewässerung: wenig bis regelmäßig
Pflanztiefe: 10 cm
Pflanzabstand: 20–30 cm
Überwinterung: Rückschnitt vor dem Herausnehmen im Herbst, frostfrei überwintern
Verwendung: Kübel- und Topfkultur, bunte Beet- und Staudenpflanzung, lockt Bienen und Schmetterlinge an, auffallende Blüten, nicht frosthart
Sortenbeispiele: 'Alba', 'Aurea', 'Red Giant', 'Rosalind'

anspruchsvoll, Liebhaberpflanze

Tulpen
Tulipa-Hybriden

Aussehen: schmal aufrecht
Höhe: 30–60 cm
Breite: 10–20 cm
Blütezeit: Mai bis Juni
Blüte: Farbvariationen in Gelb, Rosa, Rot, Violett; becherförmig gefüllt oder ungefüllt
Standort: sonnig, manche Arten vertragen auch Halbschatten
Boden: saurer Boden ist ungünstig, schwach alkalisch; mäßig trocken bis frisch; sandig-humos, sandig-lehmig
Nährstoffbedarf: Langzeitdünger einbringen, ausgeglichen

Bewässerung: wenig bis regelmäßig, unbedingt Staunässe vermeiden
Pflanztiefe: 10–15 cm
Pflanzabstand: 10–15 cm
Pflegemaßnahmen: nach der Blüte welke Blüten auskneifen
Verwendung: Kübel- und Topfkultur, bunte Beet- und Staudenpflanzung, Schnittblume, lockt Bienen und Schmetterlinge an, dekorative, große Blüten, nach der Blüte auskneifen, in Gruppen pflanzen
Arten und Sorten: Es werden viele Arten und Sorten gepflegt. Zur besseren Übersicht werden die Tulipa-Hybriden und Züchtungen in Klassen eingeteilt:

Klassische rote und gelbe Tulpen

1. Einfache Frühe Tulpen – Blüten einfach, klein, in allen Farben
2. Gefüllte Frühe Tulpen – Blüten gefüllt, früh
3. Triumph-Tulpen – Blüten einfach, nicht groß, in allen Farben
4. Darwin-Hybrid-Tulpen – Blüte einfach, groß, in allen Farben
5. Einfache Späte Tulpen – Blüte einfach, mittelgroß, in allen Farben
6. Lilienblütige Tulpen – Blüte einfach, in allen Farben, Spitzen der Blütenblätter nach außen gebogen
7. Gefranste Tulpen – Blüte einfach, in allen Farben, mit kristallähnlichen Fransen
8. Viridiflora Tulpen – Blüte einfach, in vielen Farben, spät
9. Rembrandt-Tulpen – nur noch selten im Handel
10. Papageien-Tulpen – Blüte einfach, groß, in vielen Farben
11. Gefüllte späte Tulpen – Blüte gefüllt, in allen Farben, spät
12. *Tulipa-Kaufmanniana*-Hybriden – Blüte öffnet sich sternförmig
13. *Tulipa-Fosteriana*-Hybriden – Blüte sehr groß, früh
14. *Tulipa-Greigii*-Hybriden – Blüten meist mehrfarbig, spät
15. Wildtulpen

> pflegeleicht, alte Gartenpflanze für kleine Gärten

Tulpen mit Stiefmütterchen (vorn), Vergissmeinnicht (blau Mitte) und Gänseblümchen (rechts vorn, rosa)

Mauerraute (S. 191)

Braunstieliger Streifenfarn (S. 191)

Rippenfarn (S. 192)

Langes Zypergras (S. 183)

Rasen-Schmiele (S. 183)

Heimischer Wurmfarn (S. 192)

Miscanthus sinensis (S. 185)

Scheidiges Moor-Wollgras (S. 183)

Bärenfell-Schwingel (S. 184)

Riesen-Süßgras (S. 184)

Blaues Schillergras (S. 184)

Wald-Marbel (S. 185)

Kleines Pfeifengras (S. 186)

Federborstengras (S. 186)

Rohr-Glanzgras, Sorte (S. 187)

Schwarzhalm-Bambus (S. 187)

Riesenschilf (Seite 181)

Heim. Straußfarn (S. 192)

Palmblatt-Bambus (S. 188)

Ränkegras (S. 189)

Gräser, Bambus und Farne

Flaschenbürstengras (S. 184)

Haarschotengras (S. 181)

Alpen-Rispengras (S. 188)

Feuerlandfarn (S. 192)

Schwarzer Streifenfarn (S. 191)

Blau-Schwingel (S. 184)

Morgenstern-Segge (S. 182)

Wimper-Perlgras (S. 185)

Gräser und Bambus im Garten

Es gibt Zwerge und Riesen unter den Gräser. Beachten Sie, dass viele dieser Pflanzen gerne etwas wuchern und entsprechend eingedämmt werden müssen.

Großer Lebensraum

Gräser gehören zu der großen Gruppe der ausdauernden Pflanzen, den Stauden. In der Natur findet man sie fast überall. Selbst an Standorten, wo sich kaum noch Leben regt, trifft man auf die zumeist anspruchslosen Gewächse. Salzhaltige Küsten, karge Steppen oder die kalte Tundra sind Beispiele für solche Extremstandorte. Gräser fallen nicht durch üppige Blütenfülle auf, sondern vielmehr durch farbliche Schlichtheit.

Verwendung im Garten

Die vielseitigen Verwendungsmöglichkeiten machen Gräser für Gartenliebhaber interessant. Je nach Wuchsform und -größe lassen sich Gräser im Blumen-beet, am Gehölzrand und im Schatten- oder Steingarten verwenden. Nicht selten werden hochwachsende Exemplare als Hintergrundpflanzen verwendet, wodurch farbkräftige Blütenstauden im Vordergrund besser zur Geltung kommen. Hierbei wird der buschige Wuchs genutzt, um eine Art natürliche Wand zu bilden. Diese Hintergrundpflanzung bleibt über das gesamte Gartenjahr erhalten. Eine ähnlich unterstützende Wirkung haben Gräser in kombinierten Staudenpflanzungen. Durch eine geschickte Gestaltung entsteht ein abwechslungsreiches Bild, das über das gesamte Jahr erhalten bleibt und nicht an Reiz verliert. Besonders attraktiv wirken Gräser im Herbst und Winter. Die zumeist gelbe Laubfärbung macht der goldenen Jahreszeit alle Ehre. Wenn sich dann im Winter der Schnee über die Pflanzen legt, entsteht ein bizarres Landschaftsbild.

Gräser lockern nicht nur Blumenbeete auf, sondern bieten durch ihren Wuchs Lebensräume für Kleintiere und Insekten. Größere Grasarten schützen benachbarte Pflanzen vor übermäßiger Sonneneinstrahlung und Blattverbrennungen.

Floristisch sind die robusten Pflanzen oft sehr wertvoll. Ihre meist grazilen Blütenstände eignen sich geschnitten hervorragend für Trockenfloristik und dauerhafte Vasenfüllungen.

Pflegeanleitung

Ihre Anspruchslosigkeit macht die Pflanzen relativ pflegeleicht. Selbst wenn der Standort den Anforderungen nicht ganz entspricht, nehmen Gräser meist mit ihm vorlieb. Gräser lassen sich aussäen oder teilen. Die Vermehrung durch Stecklinge ist nicht möglich. Wie gut die Samenvermehrung funktioniert, sieht man an einigen Arten, die durch Selbstaussaat zum Verwildern neigen. Bei diesen Pflanzen ist zu beachten, dass sie nicht andere Gartenpflanzen durch ihre Wuchskraft verdrängen. So sind unerwünschte Sämlinge rechtzeitig zu entfernen.

Die Teilung ist die beste Methode Gräser zu vermehren. Sie wird im Frühjahr oder Herbst durchgeführt. Hierbei werden die zurückgeschnittenen Pflanzen ausgestochen und mit Messer oder Spaten in mehrere Stücke geteilt. An den Teilstücken sollten sich noch ausreichend Wurzeln befinden, so dass ein Anwachsen überhaupt möglich ist. Die zerkleinerten Pflanzenteile werden an den neuen vorbereiteten Pflanzplatz umgesetzt. Das Anwachsen setzt eine ausreichende Bewässerung voraus.

Obwohl Gräser sehr anspruchslos sind, unterstützen im Frühjahr leichte Düngungen oder das Einarbeiten von nahrhaftem Kompost das Pflanzenwachstum. Im Winter sind einige wenige Arten vom Erfrieren bedroht. Bekanntestes Beispiel ist das Pampasgras (*Cortaderia*), dessen Halme mit einer Folienabdeckung vor Nässe geschützt werden sollten.

Polstergräser teilen

1 *Pflanze herausnehmen.*
2 *Mit einem Spaten teilen.*
3 und 4 *Wurzel etwas lockern und an neuer Stelle einpflanzen.*

Riesenschilf, Pfahlrohr
Arundo donax

Aussehen: aufrecht, horst-bildend; **Höhe:** 2–5 m
Breite: bis 80 cm
Blütezeit: Juli bis August
Blüte: weißlich

Riesenschilf

Blätter: grau- bis mittelgrün
Standort: sonnig
Boden: schwach sauer bis schwach alkalisch; frisch bis feucht; humos
Nährstoffbedarf: hoch; **Bewäs-serung:** regelmäßig bis häufig
Pflanzabstand: 100–150 cm
Schnitt: Rückschnitt im Frühjahr
Verwendung: Japangarten, Teich- und Uferrand, sumpfige Stellen, auffallender Wuchs, Winterschutz wird empfohlen
Sortenbeispiel: 'Variegata' – schöne, weiß gestreifte Blätter

> Liebhaberpflanze

Kurzhängendes Moskitogras, Hohes Haarschotengras
Bouteloua curtipendula

Aussehen: aufrecht, horst-bildend durch Ausläufer; **Höhe:** 70–80 cm; **Breite:** 30–40 cm
Blütezeit: Juli bis Oktober
Blüte: bräunlich
Blätter: mattgrün
Standort: sonnig
Boden: schwach sauer bis schwach alkalisch; trocken bis frisch; durchlässig
Nährstoffbedarf: sehr gering
Bewässerung: sehr wenig bis regelmäßig
Pflanzabstand: 50–70 cm

Schnitt: abgeblühte Blütenstän-de im späten Herbst oder zeiti-gen Frühjahr wegschneiden
Verwendung: bunte Beet- und Staudenpflanzung, Einzelpflan-zung, auch fürs Steppenbeet

> pflegeleicht, für Einsteiger, Liebhaberpflanze

Haarschotengras, Moskitogras
Bouteloua gracilis
(Bild Seite 179)

Aussehen: kompakt aufrecht, horstbildend; **Höhe:** 25–40 cm
Breite: 20–30 cm
Blütezeit: Juli bis August
Blüte: braun
Blätter: bräunlich grün
Standort: sonnig
Boden: schwach alkalisch bis alkalisch; trocken bis frisch; durchlässig
Nährstoffbedarf: ausgeglichen
Bewässerung: sehr wenig bis regelmäßig
Pflanzabstand: 30–40 cm
Verwendung: kompakt wach-send, bunte Beet- und Stauden-pflanzung, auffallende Blätter, auch fürs Steppenbeet

> pflegeleicht, für Einsteiger, für kleine Gärten,
> kostbare Liebhaberpflanze

Zittergras, Gemeines Zittergras, Mittleres Zittergras
Briza media

Aussehen: aufrecht buschig, horstbildend; **Höhe:** 40–50 cm
Breite: 25–35 cm

Zittergras

Blütezeit: Mai bis August
Blüte: grünlichbraun
Blätter: blaugrün
Standort: sonnig
Boden: schwach sauer bis neutral; trocken bis frisch; durchlässig
Nährstoffbedarf: ausgeglichen
Bewässerung: sehr wenig bis regelmäßig
Pflanzabstand: 30–40 cm
Verwendung: bunte Beet- und Staudenpflanzung, Schnitt geeignet, auffallende Blätter, für Magerrasen
Sortenbeispiel: 'Zitterzebra' – weißgelb gestreifte Blätter

> pflegeleicht, für Einsteiger, für kleine Gärten

Sandrohr, Spitzblütiges Reitgras, Moor-Reitgras
Calamagrostis × acutiflora

Aussehen: straff aufrecht, horst-bildend; **Höhe:** 60–150 cm
Breite: 50–90 cm
Blütezeit: Juni bis Juli
Blüte: gelbbraun
Blätter: mittelgrün
Standort: sonnig
Boden: schwach sauer bis schwach alkalisch; trocken bis frisch; durchlässig
Nährstoffbedarf: ausgeglichen;
Bewässerung: sehr wenig bis regelmäßig
Pflanzabstand: 80–100 cm
Schnitt: abgeblühte Blüten-stände im späten Herbst oder zeitigen Frühjahr wegschneiden
Verwendung: bunte Beet- und Staudenpflanzung, Einzel-pflanzung, Schnitt geeignet, wirkt gut als Teichhintergrund

Sandrohr

Sortenbeispiele: 'Karl Foerster' – breite, grüne Blätter, 'Overdam' – Blätter weiß gestreift

> pflegeleicht, für Einsteiger

Berg-Segge
Carex montana

Aussehen: aufrecht bis überhän-gend, horstbildend; **Höhe:** 15–25 cm; **Breite:** 20–25 cm
Blütezeit: März bis Mai
Blüte: goldgelb
Blätter: mittelgrün
Standort: sonnig bis halbschat-tig
Boden: schwach sauer bis schwach alkalisch; mäßig tro-cken bis frisch; durchlässig,
Nährstoffbedarf: sehr gering
Bewässerung: wenig bis regel-mäßig
Pflanzabstand: etwa 30 cm
Verwendung: kompakt wach-send, Gehölzrand, Steingarten

> pflegeleicht, für Einsteiger, für kleine Gärten

Empfehlenswerte *Carex*-Arten

Botanischer Name	Deutscher Name	Aussehen	Höhe	Blattfarbe	Tipps
C. buchananii	Fuchsrote Segge	aufrecht überhängend, horstbildend	30–60 cm	orangebraun	mäßig frosthart, geschützter Standort
C. humilis	Niedrige Segge, Erd-Segge	aufrecht bis flach wachsend, horstbildend	15–20 cm	mittelgrün	kompakt wachsend, für kleine Gärten
C. montana	Berg-Segge	aufrecht bis überhängend, horstbildend	15–25 cm	mittelgrün	kompakt wachsend, pflegeleicht, für Steingärten
C. morrowii 'Variegata'	Weißgestreifte Japan-Segge	überhängend, horstbildend	30–40 cm	grünweiß gestreift	für Ampelpflanzungen geeignet
C. muskingumensis	Palmwedel-Segge	aufrecht, horstbildend	60–80 cm	leuchtend grün	für Gartenteiche
C. pendula	Riesen-Waldsegge Hänge-Segge	überhängend,	100–120 cm	bläulich- bis mittelgrün	pflegeleicht, auffallender Wuchs
C. umbrosa	Schatten-Segge	überhängend, horstbildend	15–20 cm	mittelgrün	für Gehölzränder und Schattengärten

Morgenstern-Segge
Carex grayi

Aussehen: aufrecht buschig, horstbildend; **Höhe:** 50–75 cm
Breite: 50–60 cm
Blütezeit: Juli bis August
Blüte: grün
Blätter: sattgrün
Standort: sonnig bis halbschattig
Boden: sauer bis schwach alkalisch; frisch bis feucht; durchlässig

Morgenstern-Segge

Fuchsrote Segge

Weißgestreifte Japan-Segge 'Variegata'

Nährstoffbedarf: ausgeglichen
Bewässerung: regelmäßig bis häufig
Pflanzabstand: 25–30 cm
Verwendung: bunte Beet- und Staudenpflanzung, Einzelpflanzung, Gehölzrand, Teich- und Uferrand, Name kommt vom Fruchtstand

pflegeleicht

Plattährengras
Chasmanthium latifolium

Aussehen: aufrecht buschig, horstbildend
Höhe: 80–120 cm
Breite: 40–70 cm
Blütezeit: August bis Oktober
Blüte: hellbraun bis grünlich
Blätter: mittelgrün
Standort: sonnig bis halbschattig
Boden: schwach sauer bis schwach alkalisch; mäßig trocken bis frisch; durchlässig, humos
Nährstoffbedarf: ausgeglichen bis hoch; **Bewässerung:** wenig bis regelmäßig
Pflanzabstand: 50–60 cm
Verwendung: bunte Beet- und Staudenpflanzung, Schnitt geeignet, auffallende Blüten-rispen, tolle Herbstfärbung bis weit in den Winter hinein

pflegeleicht

Goldbartgras, Goldbart
Chrysopogon gryllus

Aussehen: locker, horstbildend
Höhe: 80–120 cm
Breite: 60–90 cm
Blütezeit: Juli bis August
Blüte: bräunlich
Blätter: mattgrün
Standort: vollsonnig
Boden: neutral, ausgeglichen; trocken bis mäßig trocken; durchlässig
Nährstoffbedarf: sehr gering
Bewässerung: sehr wenig bis wenig
Pflanzabstand: 40–60 cm
Verwendung: bunte Beet- und Staudenpflanzung, Trocken-/ Magerrasen

pflegeleicht

Hohes Pampasgras, Pampasgras
Cortaderia selloana

Aussehen: straff aufrecht, horstbildend; **Höhe:** 200–250 cm
Breite: 10–20 cm

Pampasgras

Blütezeit: September bis Oktober
Blüte: silbrig weiß
Blätter: bläulich- bis mittelgrün
Standort: sonnig
Boden: schwach sauer bis schwach alkalisch; frisch; durchlässig, sandig-lehmig
Nährstoffbedarf: hoch
Bewässerung: regelmäßig
Pflege: Winterschutz – Halme oben zu Zelt zusammenbinden und mit Noppenfolie ummanteln oder Gittermantel, der mit viel Laub gefüllt wird
Pflanzabstand: 100–120 cm
Verwendung: Einzelpflanzung, Halme für Schnitt geeignet
Sortenbeispiele: 'Argentea' – mit großen riesigen silberweißen Wedeln, 'Pumila' – kompakte Form für kleinere Gärten, 'Rosea' – bräunlich rosa Wedel, 'Sunningale Silver' – stattlichste Sorte, dekorative, große Blüten

pflegeleicht

Langes Zypergras
Cyperus longus (Bild Seite 178)

Aussehen: locker buschig, horstbildend
Höhe: 80–130 cm
Breite: 80–100 cm
Blütezeit: Juli bis Oktober
Blüte: rotbraun
Blätter: glänzend grün
Standort: sonnig
Boden: schwach sauer bis schwach alkalisch; sumpfig
Nährstoffbedarf: ausgeglichen bis hoch
Bewässerung: sehr häufig
Pflanzabstand: 60–70 cm
Verwendung: Teich- und Uferrand, sumpfige Stellen, sommergrünes Sumpfgras, leicht wuchernd, bei Überwinterung im flachen Wasser relativ frostverträglich

pflegeleicht

Rasen-Schmiele
Deschampsia cespitosa (Bild Seite 178)

Aussehen: überhängend, horstbildend, rasenartig; **Höhe:** 90–120 cm; **Breite:** 60–90 cm
Blütezeit: Juni bis August
Blüte: grünlich
Blätter: mittelgrün, wintergrün
Standort: sonnig bis halbschattig
Boden: sauer bis schwach sauer; frisch bis feucht; durchlässig
Nährstoffbedarf: ausgeglichen
Bewässerung: regelmäßig bis häufig
Pflanzabstand: 40–70 cm
Verwendung: Schnitt geeignet,

für Feuchtwiesen und Teich-/Bachrand, kann durch Selbstaussaat lästig werden (wuchern)

pflegeleicht, für Einsteiger

Schmalblättriges Wollgras
Eriophorum angustifolium

Aussehen: aufrecht, bildet lange Ausläufer
Höhe: 30–50 cm
Breite: 50 cm und mehr
Blütezeit: Mai bis Juni
Blüte: weiß, Wollschopf
Blätter: grün
Standort: sonnig
Boden: schwach sauer bis neutral; nass bis sumpfig; humos, lehmig, moorig
Nährstoffbedarf: sehr gering
Bewässerung: sehr häufig bis sehr häufig
Pflanzabstand: 30–40 cm
Verwendung: Teich- und Uferrand, sumpfige Stellen, auffallende "Wollschöpfe", stark wuchernd, für großes Moorbeet

pflegeleicht

Scheidiges Moor-Wollgras, Scheiden-Wollgras
Eriophorum vaginatum (Bild Seite 178)

Aussehen: aufrecht, horstbildend, polsterbildend, schnell wachsend; **Höhe:** 40–50 cm
Breite: 50 cm und mehr
Blütezeit: Mai bis Juni
Blüte: weiß bis cremeweiß
Blätter: mittelgrün
Standort: sonnig
Boden: sauer; nass bis sumpfig humos, lehmig, moorig
Nährstoffbedarf: sehr gering
Bewässerung: sehr häufig bis sehr häufig, nur Regenwasser
Pflanzabstand: 30–40 cm
Verwendung: Teich- und Uferrand, sumpfige Stellen, auffallende "Wollschöpfe", Hoch-

Schirm-Bambus

und Heidemoor-Beet, da horstbildend für moorige Anlagen geeignet

pflegeleicht

Schirm-Bambus, Muriels Schirm-Bambus
Fargesia murieliae

Aussehen: aufrecht, horstbildend; **Höhe:** 250–400 cm
Breite: 100–500 cm
Blätter: weiß- oder gelbgrün gemustert, immergrün
Blüte: ährige Rispen (selten blühend), nach Blüte stirbt die Pflanze ab
Standort: sonnig bis halbschattig, windgeschützt
Boden: schwach sauer bis schwach alkalisch; frisch bis feucht; lehmig-humos, lehmig
Nährstoffbedarf: hoch
Bewässerung: regelmäßig bis häufig, keine Staunässe
Pflanzabstand: 100–130 cm
Schnitt: Triebe, die blühen, rechtzeitig über dem Boden abschneiden
Verwendung: Kübel- und Topfkultur, bunte Beet- und Staudenpflanzung, Einzelpflanzung, vielseitig bei der Gartengestaltung zu verwenden

pflegeleicht

Einige schöne *Festuca*-Arten

Botanischer Name	Deutscher Name	Aussehen	Höhe	Blattfarbe
F. alpina	Alpen-Schwingel	kompakt kissenförmig, horstbildend	20–25 cm	mittelgrün
F. amethystina	Amethyst-Schwingel	buschig bis überhängend, immergrün	30–80 cm	bläulich- bis graugrün
F. punctoria	Griechischer Stachel-Schwingel	kompakt kissenförmig, horstbildend	15–25 cm	bläulich- bis graugrün
F. valesiaca	Walliser Schwingel	kompakt kissenförmig, horstbildend	20–40 cm	blaugrau

Blau-Schwingel
Festuca cinerea

Aussehen: kompakt kissen-förmig, horstbildend
Höhe: 30–40 cm; **Breite:** 30 cm
Blütezeit: Juni bis Juli
Blüte: gelblich braun

Blau-Schwingel

Blätter: blaugrau, wintergrün
Standort: sonnig
Boden: schwach sauer bis alkalisch; mäßig trocken; durch-lässig, sandig-kiesig
Nährstoffbedarf: sehr gering
Bewässerung: wenig
Pflanzabstand: 30–40 cm
Verwendung: bunte Beet- und Staudenpflanzung, Einfassung, Grabbepflanzung, Steingarten, auffallende Blätter, mindestens 10 Pflanzen setzen, um beim Heidegarten eine kleine Wiese zu schaffen
Weitere Art: *Festuca eskia* – wird selten angeboten

pflegeleicht, für kleine Gärten

Bärenfell-Schwingel, Bärenfellgras
Festuca gautieri (Bild Seite 178)

Aussehen: kompakt kissen-förmig, horstbildend; **Höhe:** 25–30 cm; **Breite:** 20–25 cm
Blütezeit: Juni bis August
Blüte: gelbgrün

Blätter: dunkelgrün
Standort: sonnig
Boden: schwach sauer bis alkalisch; mäßig trocken bis frisch; durchlässig, sandig-kiesig, liebt Magerrasen
Nährstoffbedarf: sehr gering
Bewässerung: wenig bis regel-mäßig
Pflanzabstand: 30–40 cm
Verwendung: kompakt wach-send, Kübel- und Topfkultur, bunte Beet- und Stauden-pflanzung, Grabbepflanzung, Steingarten, Heidegarten, bildet Matten, mindestens 10 Pflanzen setzen

pflegeleicht, für Einsteiger, für kleine Gärten

Riesen-Süßgras, Wasser-Schwaden
Glyceria maxima (Bild Seite 178)

Aussehen: aufrecht, horst-bildend; **Höhe:** 80–110 cm
Breite: 50 cm und mehr
Blütezeit: Juli bis August
Blüte: bräunlich
Blätter: tiefgrün
Standort: sonnig
Boden: schwach alkalisch bis alkalisch; feucht bis sumpfig; humos, lehmig
Nährstoffbedarf: ausgeglichen bis hoch; **Bewässerung:** häufig bis sehr häufig
Pflanzabstand: 50–70 cm
Verwendung: Einzelpflanzung, Teich- und Uferrand, sumpfige Stellen, im Wassergarten

pflegeleicht

Blaustrahlhafer, Blau-strahl-Wiesenhafer
Helictotrichon sempervirens

Aussehen: dicht buschig, horst-bildend; **Höhe:** 100–120 cm
Breite: 60 cm
Blütezeit: Juni bis Juli
Blüte: gelblich
Blätter: graublau
Standort: vollsonnig
Boden: alkalisch; trocken bis frisch; durchlässig, steinig
Nährstoffbedarf: ausgeglichen
Bewässerung: wenig
Pflanzabstand: 50–60 cm
Schnitt: abgeblühte Blüten-stände im späten Herbst oder zeitigen Frühjahr wegschneiden
Verwendung: bunte Beet- und

Blaustrahlhafer

Staudenpflanzung, Felssteppen, Einzelpflanzung, Schnitt geeignet
Sortenbeispiele: 'Pendula' (Hänge-Blaustrahlhafer) – über-hängender Wuchs; 'Saphir-sprudel' – graublaue Blätter, bogig überneigender Wuchs

pflegeleicht, für Einsteiger

Flaschenbürstengras
Hystrix patula (Bild Seite 179)

Aussehen: aufrecht, horst-bildend, lange steif abstehende Grannen; **Höhe:** 70–90 cm
Breite: 30–40 cm
Blütezeit: Juni bis August
Blüte: grünlich gelb
Blätter: mittelgrün
Standort: sonnig bis halbschatten
Boden: schwach sauer bis schwach alkalisch; feucht bis frisch; sandig-humos, sandig-lehmig
Nährstoffbedarf: ausgeglichen
Bewässerung: regelmäßig
Pflanzabstand: 40–50 cm
Schnitt: abgeblühte Blütenstän-de im späten Herbst oder zeiti-gen Frühjahr wegschneiden
Verwendung: bunte Beet- und Staudenpflanzung, Schnitt ge-eignet, als Trockengras kurz vor der Reife schneiden

pflegeleicht, für Einsteiger

Blaues Schillergras, Blauschopfgras, Kammschmiele, Blaugrünes Schillergras
Koeleria glauca (Bild Seite 178)

Aussehen: kissenförmig, horst-bildend; **Höhe:** 20–50 cm
Breite: 30 cm
Blütezeit: Juni bis Juli
Blüte: grünlich
Blätter: blau- bis graugrün
Standort: sonnig
Boden: schwach sauer bis alkalisch; trocken bis frisch; durchlässig, sandig-lehmig
Nährstoffbedarf: sehr gering
Bewässerung: sehr wenig bis regelmäßig
Pflanzabstand: 20–30 cm
Verwendung: bunte Beet- und Staudenpflanzung, Steingarten, Schnitt geeignet

pflegeleicht, für Einsteiger, für kleine Gärten

Schnee-Marbel, Schneeweiße Hainsimse
Luzula nivea

Aussehen: locker buschig, horstbildend; **Höhe:** 40–60 cm
Breite: 40–50 cm
Blütezeit: Juni bis August
Blüte: weiß
Blätter: dunkelgrün
Standort: halbschattig bis schattig
Boden: schwach sauer bis schwach alkalisch; frisch; durch-lässig, sandig-lehmig, humos
Nährstoffbedarf: ausgeglichen
Bewässerung: regelmäßig

Schnee-Marbel

Pflanzabstand: 25–30 cm
Verwendung: Kübel- und Topf-kultur, bunte Beet- und Stauden-pflanzung, Heidegarten, Steppengarten, Gehölzrand
Weitere Arten: *L. luzuloides* – Weiße Hainsimse, *L. pilosa* – Haar-Marbel

> pflegeleicht, für Einsteiger, für kleine Gärten

Wald-Marbel, Wald-Simse, Wald-Hainsimse
Luzula sylvatica (Bild Seite 178)

Aussehen: buschig bis über-hängend, horstbildend; **Höhe:** 60–80 cm; **Breite:** 40–50 cm
Blütezeit: April bis Juni
Blüte: bräunlich
Blätter: glänzend dunkelgrün, wintergrün
Standort: halbschattig bis schattig
Boden: sauer bis schwach sauer; frisch; durchlässig, sandig-lehmig
Nährstoffbedarf: ausgeglichen
Bewässerung: regelmäßig
Pflanzabstand: 30 cm
Verwendung: bunte Beet- und Staudenpflanzung, Gehölzrand

> pflegeleicht, für Einsteiger, alte Gartenstaude

Wimper-Perlgras
Melica ciliata

Aussehen: buschig, horst-bildend; **Höhe:** 30–60 cm
Breite: 20–40 cm
Blütezeit: Mai bis Juni
Blüte: gelblich weiß
Blätter: graugrün
Standort: sonnig
Boden: schwach alkalisch bis alkalisch; mäßig trocken bis frisch; durchlässig
Nährstoffbedarf: gering; **Bewäs-serung:** wenig bis regelmäßig
Pflanzabstand: 30 cm
Verwendung: bunte Beet- und Staudenpflanzung, Einzelpflan-

Wimper-Perlgras

zung, Schnitt geeignet, starke Verbreitung – Platz lassen

> pflegeleicht, für Einsteiger

China-Schilf, Amurschilf
Miscanthus sacchariflorus

Aussehen: aufrecht, horst-bildend; **Höhe:** 130–180 cm
Breite: 80–140 cm
Blütezeit: August bis September
Blüte: silbrig weiß, auffällig
Blätter: mittelgrün
Standort: sonnig
Boden: schwach sauer bis schwach alkalisch; frisch; durchlässig, sandig-lehmig
Nährstoffbedarf: hoch
Bewässerung: regelmäßig

Amurschilf

Pflanzabstand: 150 cm
Verwendung: bunte Beet- und Staudenpflanzung, Einzel-pflanzung, Japangarten, Wasser-garten, Schnitt geeignet, *Miscanthus* nie zu nahe am Teich oder Bachufer pflanzen, der Wurzeldruck könnte die Wandungen durchbrechen
Sortenbeispiel: 'Zebrinus' – grün/weiß quergestreifte Blätter

> pflegeleicht

China-Schilf
Miscanthus sinensis

Aussehen: ausladend bis über-hängend, horstbildend
Höhe: 150–250 cm
Breite: 90–120 cm
Blütezeit: September bis Oktober

Blüte: silbrig bis silbrig weiß, auffällig
Blätter: bläulich- bis mittelgrün
Standort: sonnig
Boden: schwach sauer bis schwach alkalisch; frisch; durchlässig, sandig-lehmig
Nährstoffbedarf: hoch
Bewässerung: regelmäßig
Pflanzabstand: 100–150 cm
Verwendung: bunte Beet- und Staudenpflanzung, Einzel-pflanzung, Schnitt geeignet
Sortenbeispiele: 'Graziella' – schöne Herbst- und Winter-färbung; 'Kleine Silberspinne' – silbrigweiße Wedel, früh; 'Rotsilber' – rosaroter Blüten-stand; 'Strictus' – Blätter quer-gestreift

> pflegeleicht

China-Schilf 'Kleine Silberspinne'

Zwei *Melica*-Arten

Botanischer Name	Deutscher Name	Aussehen	Höhe	Blattfarbe	Tipps
M. nutans	Nickendes Perlgras	locker buschig bis überhängend, horstbildend	30–50 cm	frischgrün	pflegeleicht, für Stein- und Wildgärten, Trockenfloristik
M. transsilvanica	Siebenbürgen-Perlgras	locker buschig bis überhängend, horstbildend	30–70 cm	frischgrün	pflegeleicht, Staudenpflan-zungen, Trockenfloristik

Purpurnes China-Schilf
Miscanthus sinensis var. purpurascens

Aussehen: ausladend bis überhängend, horstbildend; **Höhe:** 70–100 cm; **Breite:** 50–80 cm
Blütezeit: September bis Oktober
Blüte: silbrig bis silbrigweiß, auffällig
Blätter: bläulich- bis mittelgrün
Standort: sonnig
Boden: schwach sauer bis schwach alkalisch; frisch; durchlässig, sandig-lehmig
Nährstoffbedarf: hoch
Bewässerung: regelmäßig
Pflanzabstand: 60–70 cm

Purpurnes China-Schilf

Verwendung: bunte Beet- und Staudenpflanzung, Einzelpflanzung, Schnitt geeignet, *Miscanthus* nie zu nahe am Teich oder Bachufer pflanzen, der Wurzeldruck könnte die Wandungen durchbrechen

pflegeleicht

Riesen-Pfeifengras, Rohr-Pfeifengras
Molinia arundinacea

Aussehen: buschig, horstbildend; **Höhe:** 120–250 cm
Breite: 40–60 cm
Blütezeit: August bis September
Blüte: gelbgrün
Blätter: mittelgrün
Standort: sonnig bis halbschattig
Boden: alkalisch; wechselfeucht, frisch bis feucht; durchlässig
Nährstoffbedarf: sehr gering

Riesen-Pfeifengras

Bewässerung: regelmäßig bis häufig
Pflanzabstand: 100–120 cm
Schnitt: abgeblühte Blütenstände im späten Herbst oder zeitigen Frühjahr wegschneiden
Verwendung: bunte Beet- und Staudenpflanzung, Einzelpflanzung, Schnitt geeignet, besonders schön im Herbst an weit vom Sitzplatz entfernten Plätzen

pflegeleicht

Kleines Pfeifengras, Moor-Pfeifengras, Benthalm, Blaues Pfeifengras
Molinia caerulea (Bild S. 178)

Aussehen: buschig, horstbildend; **Höhe:** 60–90 cm
Breite: 40–50 cm
Blütezeit: Juli bis Oktober
Blüte: dunkelpurpur bis schwarzbraun
Blätter: mittelgrün
Standort: sonnig bis halbschattig
Boden: sauer bis schwach sauer; frisch bis feucht; durchlässig, moorig
Nährstoffbedarf: sehr gering
Bewässerung: regelmäßig bis häufig
Pflanzabstand: 30–40 cm
Schnitt: abgeblühte Blütenstände im späten Herbst oder zeitigen Frühjahr wegschneiden
Verwendung: bunte Beet- und Staudenpflanzung, Schnitt geeignet, schöne Herbstfarben, sehr gut im Wassergarten in Bereichen mit Moorcharakter

Sortenbeispiele: 'Moorhexe' – braungelbe Herbstfarbe, 'Strahlenquelle' – lockere Halme, die bis zum Winter stehen bleiben, 'Variegata' – gelblich, weißbunte Blätter

pflegeleicht

Ruten-Hirse
Panicum virgatum

Aussehen: aufrecht, horstbildend; **Höhe:** 140–160 cm
Breite: 60–90 cm
Blütezeit: Juli bis September
Blüte: grünlich
Blätter: mittelgrün
Standort: sonnig
Boden: schwach sauer bis schwach alkalisch; frisch; durchlässig, feucht, nährstoffreich, sandig-lehmig
Nährstoffbedarf: hoch
Bewässerung: regelmäßig
Pflanzabstand: 50–70 cm

Ruten-Hirse

Verwendung: bunte Beet- und Staudenpflanzung, Schnitt geeignet, sonnige Freiflächen
Sorten: viele, auch rotblättrige

pflegeleicht, alte Gartenstaude

Federborstengras, Lampenputzergras, Japanisches Federborstengras
Pennisetum alopecuroides

Aussehen: breit überhängend
Höhe: 60–120 cm
Breite: 60–120 cm
Blütezeit: Juli bis September

Federborstengras

Blüte: gelbbräunlich
Blätter: mittel- bis dunkelgrün
Standort: sonnig
Boden: schwach sauer bis schwach alkalisch; frisch; durchlässig, sandig-lehmig
Nährstoffbedarf: hoch
Bewässerung: regelmäßig
Pflanzabstand: 60–80 cm
Verwendung: bunte Beet- und Staudenpflanzung, Einzelpflanzung, auffallende Blüten
Sortenbeispiele: 'Hameln' – kompakt wachsend, 'Little Bunny' – Zwergform

pflegeleicht, für Einsteiger

Federborstengras, Orientalisches Lampenputzergras
Pennisetum orientale (Bild Seite 178)

Aussehen: breit buschig, horstbildend
Höhe: 40–60 cm
Breite: 60–80 cm
Blütezeit: Juli bis Oktober
Blüte: hellviolett
Blätter: mittel- bis dunkelgrün
Standort: sonnig
Boden: schwach sauer bis schwach alkalisch; mäßig trocken; durchlässig, gute Drainage
Nährstoffbedarf: hoch
Bewässerung: wenig
Pflanzabstand: 50 cm

Verwendung: kompakt wachsend, bunte Beet- und Staudenpflanzung, Einzelpflanzung, Schnitt geeignet, auffallende Blüten, mäßig frosthart – geschützter Standort ist empfehlenswert, blüht lange – bis in den Oktober hinein

> pflegeleicht, für Einsteiger, für kleine Gärten

Rohr-Glanzgras
Phalaris arundinacea
(Bild Seite 178)

Aussehen: aufrecht, breit wachsend, ausläuferbildend; **Höhe:** 60–150 cm
Breite: 50 cm und mehr
Blütezeit: Juni bis Juli
Blüte: gelblich grün
Blätter: mittelgrün
Standort: sonnig bis halbschattig
Boden: neutral, ausgeglichen; feucht bis sumpfig; humos, lehmig
Nährstoffbedarf: ausgeglichen; **Bewässerung:** häufig bis sehr häufig
Pflanzabstand: 60 cm
Verwendung: bunte Beet- und Staudenpflanzung, Gehölzrand, feuchte Teichnähe, Vorsicht: nicht zu nahe an Dichtmaterialien, das Gras entwickelt großen Druck

> pflegeleicht

Knoten-Bambus, Goldrohr-Bambus
Phyllostachys aurea

Aussehen: aufrecht, breit wachsend, trichterförmig
Höhe: 250–400 cm
Breite: 300–400 cm
Blätter: gelblich- bis hellgrün
Standort: sonnig bis halbschattig, vor Wintersonne und Zugluft schützen
Boden: sauer bis alkalisch;

Knoten-Bambus

mäßig trocken bis frisch; durchlässig, sandig-lehmig, nährstoffreich
Nährstoffbedarf: ausgeglichen bis hoch; **Bewässerung:** wenig bis regelmäßig
Pflanzabstand: 70–120 cm
Verwendung: Kübel- und Topfkultur, Einzelpflanzung, Gehölzrand, auffallender Wuchs, Einzelstellung oder Kleingruppen, Japan-Garten

> pflegeleicht

Bambus
Phyllostachys flexuosa

Aussehen: aufrecht, breit wachsend, ausläuferbildend
Höhe: 200–600 cm
Breite: unbegrenzt
Blätter: frischgrün
Standort: sonnig bis halbschattig
Boden: sauer bis alkalisch; mäßig trocken bis frisch; durchlässig, sandig-lehmig
Nährstoffbedarf: ausgeglichen bis hoch; **Bewässerung:** wenig bis regelmäßig
Pflanzabstand: 70–120 cm
Verwendung: Kübel- und Topfkultur, Einzelpflanzung, Gehölzrand, auffallender Wuchs, bedeckt schnell größere Flächen, im Winter im 1. Jahr Windschutzwand aufstellen

> pflegeleicht

Schwarzhalm-Bambus, Schwarzrohr-Bambus
Phyllostachys nigra
(Bild Seite 178)

Aussehen: aufrecht breit wachsend bis überhängend; **Höhe:** 200–500 cm; **Breite:** 200–300 cm
Blätter: dunkelgrün
Standort: sonnig bis halbschattig
Boden: sauer bis alkalisch; mäßig trocken bis frisch; durchlässig, sandig-lehmig, tiefgrundig, nährstoffreich
Nährstoffbedarf: ausgeglichen bis hoch; **Bewässerung:** wenig bis regelmäßig
Pflanzabstand: 70–120 cm
Verwendung: Kübel- und Topfkultur, Einzelpflanzung, auffallender Wuchs, Pflanzplatz sollte geschützt sein, treibt spät aus, Windschutzwand

> pflegeleicht

Zwerg-Bambus
Pleioblastus pumilus

Aussehen: buschig breit wachsend
Höhe: 25–35 cm
Breite: 60–90 cm
Blätter: mittelgrün
Standort: halbschattig, absonnig
Boden: neutral, ausgeglichen; frisch; durchlässig, humos
Nährstoffbedarf: ausgeglichen
Bewässerung: regelmäßig
Pflanzabstand: 40–50 cm
Verwendung: bunte Beet- und Staudenpflanzung, flächendeckende Bodenbegrünung, unter Gehölzen, bodendeckende Zweige, stark wuchernd, ausläufertreibend, am besten in großes abgesenktes Gefäß setzen, Unterpflanzung von Baum- und Strauchgruppen

> pflegeleicht, für Einsteiger, für kleine Gärten

Zwerg-Bambus, Pleioblastus pygmaeus

Schöne *Pleioblastus*-Arten

Botanischer Name	Deutscher Name	Aussehen	Höhe	Blatterfarbe	Tipps
P. pygmaeus var. distichus	Zwerg-Bambus	buschig breit wachsend	30–40 cm	mittelgrün	kompakt wachsend, für kleine Gärten
P. variegatus	Bunter Bambus	buschig breit wachsend	30–50 cm	dunkelgrün, cremeweiß gestreift	auffallende Blätter
P. viridistriatus	Bambus	breit buschig	100–180 cm	hellgelb, grünlich gestreift	schnell wachsend bis wuchernd

Zwerg-Bambus, Pleioblastus pumilus, Seite 187

Alpen-Rispengras
Poa alpina (Bild Seite 179)

Aussehen: kompakt buschig bis polsterförmig; **Höhe:** 20–30 cm
Breite: 20 cm
Blütezeit: Juli bis August
Blüte: grün
Blätter: mittelgrün
Standort: sonnig bis halbschattig
Boden: schwach sauer bis neutral; frisch; durchlässig, sandiglehmig
Nährstoffbedarf: sehr gering
Bewässerung: regelmäßig
Pflanzabstand: 20–25 cm
Verwendung: bunte Beet- und Staudenpflanzung, Steingarten, Vorsicht – entwickelt sich wie ein Unkraut; Jungpflanzen können sich an der Mutterpflanze entwickeln (Bild S. 179)

pflegeleicht

Bambus, Makete-Bambus
Pseudosasa japonica

Aussehen: straff aufrecht dichtbuschig, schnell wachsend
Höhe: 200–300 cm
Breite: unbegrenzt
Blätter: dunkelgrün, unterseits silbrig grau; auffallend breit
Standort: sonnig bis halbschattig
Boden: schwach sauer bis schwach alkalisch; frisch bis feucht; durchlässig, humos
Nährstoffbedarf: ausgeglichen bis hoch; **Bewässerung:** regelmäßig bis häufig
Pflanzabstand: 70–150 cm
Schnitt: blühende Pflanzen

Makete-Bambus

bis über den Boden zurückschneiden
Verwendung: Einzelpflanzung, Gehölzrand, Japangarten, auffallender Wuchs, vor austrocknenden Ostwinden und Wintersonne schützen, kann kleine Dickichte bilden

pflegeleicht, für Einsteiger

Palmblatt-Bambus, Breitblättriger Zwerg-Bambus
Sasa palmata (Bild Seite 179)

Aussehen: buschig breit wachsend, schnell wachsend
Höhe: 150–250 cm
Breite: 100–200 cm
Blätter: dunkelgrün, schwach glänzend
Standort: sonnig bis halbschattig
Boden: anpassungsfähig; frisch

bis feucht; fruchtbar, humos
Nährstoffbedarf: hoch; **Bewässerung:** regelmäßig bis häufig
Pflanzabstand: 80–120 cm
Verwendung: Kübel- und Topfkultur, bunte Beet- und Staudenpflanzung, Einzelpflanzung, Gehölzrand, Heckenpflanzung, Japangarten, Teich- und Uferrand, auffallender Wuchs

pflegeleicht

Wiesen-Bambus
Sasa veitchii

Aussehen: buschig breit wachsend, schnell wachsend
Höhe: 100–150 cm
Breite: 100 cm und mehr
Blätter: dunkelgrün
Standort: sonnig bis halbschattig
Boden: anpassungsfähig; frisch bis feucht; fruchtbar, humos
Nährstoffbedarf: hoch; **Bewässerung:** regelmäßig bis häufig
Pflanzabstand: 80–100 cm
Verwendung: Kübel- und Topfkultur, bunte Beet- und Staudenpflanzung, Einzelpflanzung, Japangarten, Teich- und Uferrand, auffallender Wuchs, am besten in großen, eingesenkten Kübel pflanzen

pflegeleicht

Zwerg-Bambus
Sasaella ramosa

Aussehen: breit und schnell wachsend; **Höhe:** 40–60 cm

Breite: unbegrenzt
Blätter: mittel- bis dunkelgrün
Standort: sonnig
Boden: schwach sauer bis schwach alkalisch; frisch; anspruchslos
Nährstoffbedarf: ausgeglichen bis hoch
Bewässerung: regelmäßig
Pflanzabstand: 30–50 cm
Verwendung: Einfassung, Japangarten, flächendeckende Bodenbegrünung, Teich- und Uferrand, Unterpflanzung von Baum- und Strauchgruppen, Vorsicht – kann schnell große Flächen bedecken und alles überwuchern, deshalb in eingesenkten Kübel pflanzen

pflegeleicht

Kopfgras, Herbst-Kopfgras, Herbst-Blaugras
Sesleria autumnalis

Aussehen: polster- oder horstbildend; **Höhe:** 25–50 cm
Breite: 20–30 cm
Blütezeit: September bis Oktober
Blüte: silbrig weiß
Blätter: blaugrün
Standort: sonnig bis halbschattig
Boden: schwach alkalisch bis alkalisch; trocken bis frisch; durchlässig, sandig-lehmig
Nährstoffbedarf: ausgeglichen
Bewässerung: sehr wenig bis regelmäßig
Pflanzabstand: 25–35 cm

Wiesen-Bambus, gestreifte Sorte

Herbst-Kopfgras

Verwendung: bunte Beet- und Staudenpflanzung, Steingarten

pflegeleicht, für Einsteiger, für kleine Gärten

Moor-Blaugras, Blaugras
Sesleria caerulea

Aussehen: polster- oder horstbildend; **Höhe:** 20–35 cm
Breite: 20–30 cm
Blütezeit: Juni bis Juli
Blüte: schwarzbraun bis schwarzblau
Blätter: blaugrün
Standort: sonnig bis halbschattig
Boden: schwach alkalisch bis alkalisch; frisch bis feucht; durchlässig, sandig-lehmig, kalkhaltiger Moorboden oder Trockenrasen
Nährstoffbedarf: ausgeglichen
Bewässerung: regelmäßig bis häufig
Pflanzabstand: 30–40 cm
Verwendung: bunte Beet- und Staudenpflanzung, Steingarten, auffallende Blätter, mindestens 10 Pflanzen als Gruppe setzen

pflegeleicht, alte Gartenstaude, für kleine Gärten

Kopfgras, Nest-Kopfgras
Sesleria nitida

Aussehen: polster- oder horstbildend; **Höhe:** 30–70 cm
Breite: 30–40 cm
Blütezeit: April bis Mai

Blüte: hellgrün bis grünlich
Blätter: graublau
Standort: sonnig
Boden: schwach alkalisch bis alkalisch; mäßig trocken bis frisch; durchlässig, sandig-lehmig, kalkhaltiger Moorboden
Nährstoffbedarf: ausgeglichen
Bewässerung: wenig bis regelmäßig
Pflanzabstand: 30–50 cm

Nest-Kopfgras

Verwendung: bunte Beet- und Staudenpflanzung, auffallende Blätter, auf Moorwiesen

pflegeleicht, für Einsteiger, für kleine Gärten

Goldbartgras, Indianergras, Gelbes Indianergras
Sorghastrum nutans

Aussehen: aufrecht buschig, horstbildend; **Höhe:** 90–150 cm
Breite: 50–60 cm
Blütezeit: August bis Oktober
Blüte: braunrot
Blätter: blaugrün
Standort: sonnig
Boden: schwach sauer bis schwach alkalisch; trocken bis frisch; durchlässig
Nährstoffbedarf: ausgeglichen
Bewässerung: sehr wenig bis regelmäßig, zur Blütenbildung hoch
Pflanzabstand: 60–70 cm
Schnitt: Rückschnitt im Frühjahr

Goldbartgras

Verwendung: bunte Beet- und Staudenpflanzung, zur Blütenbildung wird viel Feuchtigkeit verlangt

pflegeleicht, für Einsteiger

Reiher-Federgras
Stipa barbata

Aussehen: aufrecht überhängend, horstbildend; **Höhe:** 70–100 cm; **Breite:** 40–60 cm
Blütezeit: Juli bis August
Blüte: silbrig
Blätter: bläulich- bis mittelgrün
Standort: sonnig
Boden: neutral bis alkalisch; trocken bis frisch; durchlässig
Nährstoffbedarf: sehr gering
Bewässerung: sehr wenig bis regelmäßig
Pflanzabstand: 30–40 cm
Verwendung: bunte Beet- und Staudenpflanzung, Einzelpflanzung, Schnitt geeignet

pflegeleicht, für Einsteiger, für kleine Gärten

Ränkegras, Silberährengras, Alpen-Raugras
Stipa calamagrostis
(Bild Seite 179)

Aussehen: überhängend, horstbildend; **Höhe:** 80–100 cm
Breite: 50–70 cm
Blütezeit: Juni bis September
Blüte: gelbbraun
Blätter: blaugrün
Standort: sonnig
Boden: schwach alkalisch bis alkalisch; trocken bis frisch;

durchlässig, sandig-lehmig
Nährstoffbedarf: ausgeglichen
Bewässerung: sehr wenig bis regelmäßig
Pflanzabstand: 60–80 cm
Schnitt: abgeblühte Blütenstände im späten Herbst oder zeitigen Frühjahr wegschneiden
Verwendung: bunte Beet- und Staudenpflanzung, Schnitt geeignet, auffallende Blätter
Sorten: 'Brillantsplitter' – kleinwüchsig, 'Lemperg' – haltbare Blütenstände

pflegeleicht

Reiher-Federgras, Haar-Federgras, Haar-Pfriemengras
Stipa capillata

Aussehen: aufrecht, horstbildend; **Höhe:** 60–90 cm
Breite: 30–50 cm
Blütezeit: Juli bis August
Blüte: silbrig gelb
Blätter: bläulich grün
Standort: sonnig
Boden: neutral bis alkalisch; trocken bis frisch; durchlässig
Nährstoffbedarf: sehr gering
Bewässerung: sehr wenig bis regelmäßig
Pflanzabstand: 30–40 cm
Verwendung: bunte Beet- und Staudenpflanzung, Einzelpflanzung, Schnitt geeignet, Trockensträuße, rechtzeitig vor der Reife schneiden

pflegeleicht, für Einsteiger, für kleine Gärten

Farne

Uralte Pflanzen

Die urzeitlichen Pflanzen sind typische Bewohner des Waldes. Sie haben bis heute überlebt und sind mit der Zeit zu beliebten Zierpflanzen geworden. Sie wachsen in der Regel dort, wo gewöhnliche Blütenpflanzen nur geringe Überlebenschancen hätten. Man kennt sie als Zimmer- und frostharte Gartenfarne. Im Freien wachsen sie zu stattlichen Exemplaren heran.

Mit Farnen gestalten

Farne lassen sich auf vielfältige Art und Weise in den Garten einbinden. Fast jeder Garten besitzt schattige Bereiche, beispielsweise Gehölzränder oder die schattenwerfende Hauswand. Blütenstauden oder auch einjährige Sommerblumen kümmern an diesen Standorten lediglich vor sich hin. Farne hingegen sind an diese dunklen Bereiche angepasst und finden gute Möglichkeiten, um sich zu entwickeln. Uferränder an Bachläufen oder Gartenteichen sind ebenfalls beliebte Standorte. Hier finden die Farnpflanzen ausreichend Feuchte, um auch an sonnigen Lagen verhältnismäßig gut zu gedeihen. Klein wachsende Arten eignen sich für beschattete Steingärten, wo sie in Mauerfugen wachsen. Die Gesteinszwischenräume erweisen sich im Sommer als vorteilhaft, da sie durch Kondenswasser für die notwendige Luftfeuchte sorgen. Unabhängig in welcher Gartenform die Farne verwendet werden, sie lassen sich gut mit Stauden und Gehölzen kombinieren. Die einzigartige Struktur der Blätter hebt sich von benachbarten Pflanzen ab und bildet attraktive Blickpunkte. Sehr stark kommt die Wirkung bei einer Kombination mit bodendeckenden Pflanzen zur Geltung. Die großen Rosetten mit den langen Wedeln erheben sich förmlich aus dem niedrigen Polster.

Pflanzung und Pflege

Wenn der Standort passend ausgewählt wurde, sind Farne recht anspruchslose und pflegeleichte Pflanzen. Bereits nach einiger Zeit haben sie sich etabliert und wachsen auf Endgröße heran. Die meisten Arten brauchen einen halbschattigen oder schattigen Standort. Unter Umständen vertragen einige auch leicht sonnige Lagen, vorausgesetzt, die Bodenfeuchte ist hoch genug. Im Gegensatz zu kleinwüchsigen Arten (*Asplenium*) verlangen großblättrige Farne eine gute Wasserversorgung. An trockenen Standorten ist aufgrund des Wassermangels das Pflanzenwachstum eingeschränkt und die Pflanzen kümmern vor sich hin. Obwohl ihre Ansprüche an den Boden relativ gering sind, wachsen Farne auf humosen, laubwaldähnlichen Böden am besten. Es empfiehlt sich, humosen Kompost oder mit Laub angereicherte Gartenerde im Frühjahr einzuarbeiten.

Sommergrün und immergrün sind ein Unterscheidungsmerkmal der Farne. Während sommergrüne Farne ihr Laub verlieren, behalten die immergrünen ihr Blattkleid. Sind die Pflanzen während des Winters belaubt, so darf der Boden nicht austrocknen. Besonders häufig kommt es unter Nadelbäumen während Frostperioden zu starker Trockenheit, worunter die Pflanzen sehr leiden. Ratsam ist es, den Boden vor dem Frost ausreichend zu wässern.

Einige Farne fühlen sich in Teichrandnähe besonders wohl.

Hufeisenfarn, Pfauenradfarn, Streifenfarn
Adiantum pedatum

Aussehen: breit buschig bis überhängend; **Höhe:** 30–50 cm
Breite: 30–40 cm

Hufeisenfarn

Blätter: breit lanzettliche bis eiförmige, gefiederte Wedel, mittelgrün
Standort: halbschattig bis schattig
Boden: sauer bis schwach sauer; frisch bis feucht; humos, sandig-humos
Nährstoffbedarf: ausgeglichen
Bewässerung: regelmäßig bis häufig
Pflanzabstand: 40–50 cm
Verwendung: Gehölzrand und Schattengarten, Steingarten, Kübel- und Topfkultur, nordseitige Natursteinmauer, Schnittgrün
Weitere Art: *A. venustum* – Himalaya-Fraunhaarfarn – mittelgrün, im Herbst bronzegrün

pflegeleicht, für kleine Gärten

Hufeisenfarn, Pfauenradfarn, Streifenfarn, Silberdollar-Frauenhaarfarn
Adiantum peruvianum

Aussehen: breit buschig bis überhängend; **Höhe:** 60–90 cm
Breite: 100–150 cm
Blätter: dreieckige gefiederte Wedel (bis zu 1 m), glänzend grün
Standort: halbschattig bis schattig
Boden: sauer bis schwach sauer; frisch bis feucht; humos, sandig-humos
Nährstoffbedarf: ausgeglichen
Bewässerung: regelmäßig bis häufig
Pflanzabstand: 60–70 cm
Verwendung: Gehölzrand und Schattengarten, Steingarten,

Unterpflanzung von Baum- und Strauchgruppen, Kübel- und Topfkultur, auf nordseitigen Mauern, zwischen Steinen

pflegeleicht, für kleine Gärten

Schwarzer Streifenfarn
Asplenium adiantum-nigrum
(Bild Seite 179)

Aussehen: aufrecht, horstbildend, kriechender Wurzelstock;
Höhe: 15–30 cm; **Breite:** 20 cm
Blätter: schmal dreieckige Wedel (bis 20 cm lang), glänzend grün
Standort: halbschattig
Boden: schwach sauer bis neutral; frisch; durchlässig, humos
Nährstoffbedarf: ausgeglichen;
Bewässerung: regelmäßig
Pflanzabstand: 20 cm
Verwendung: kompakt wachsend, Gehölzrand und Schattengarten, Steingarten, für Tröge, auf Geröllflächen, wärmeliebend, Winterschutz anzuraten

anspruchsvoll, Liebhaberpflanze, für kleine Gärten

Mauerraute, Mauer-Streifenfarn
Asplenium ruta-muraria
(Bild Seite 178)

Aussehen: kompakt buschig
Höhe: 5–15 cm; **Breite:** 10 cm
Blätter: kleine, schmal dreieckige Wedel (5–10 cm lang), dunkelgrün
Standort: halbschattig
Boden: schwach sauer bis alkalisch; frisch; durchlässig, humos
Nährstoffbedarf: ausgeglichen
Bewässerung: regelmäßig
Pflanzabstand: 20 cm
Verwendung: Gehölzrand und Schattengarten, Steingarten, in Trögen und Schalen, wächst auf engstem Raum in Steinfugen, braucht nur wenig Platz

anspruchsvoll, Liebhaberpflanze

Hirschzungenfarn
Asplenium scolopendrium

Aussehen: aufrecht, horstbildend; **Höhe:** 40–60 cm; **Breite:** 40–60 cm
Blätter: lanzettliche bis riemenförmige Wedel (bis 40 cm lang), glänzend grün

Standort: halbschattig
Boden: alkalisch; frisch; durchlässig, humos, hohe Luftfeuchtigkeit
Nährstoffbedarf: ausgeglichen
Bewässerung: regelmäßig
Pflanzabstand: 20 cm
Verwendung: Gehölzrand und Schattengarten, Unterpflanzung von Baum- und Strauchgruppen, Winterschutz wird empfohlen

pflegeleicht, für Einsteiger, für kleine Gärten

Braunstieliger Streifenfarn, Steinfeder, Silikatliebender Brauner Streifenfarn
Asplenium trichomanes
(Bild Seite 178)

Aussehen: kompakt buschig bis überhängend; **Höhe:** 10–20 cm
Breite: 20 cm
Blätter: gefiederte lanzettliche Wedel (bis 15 cm lang), mattgrün
Standort: halbschattig
Boden: schwach sauer bis alkalisch; frisch; durchlässig, humos, zwischen Steine pflanzen
Nährstoffbedarf: ausgeglichen
Bewässerung: regelmäßig
Pflanzabstand: 20 cm
Verwendung: Gehölzrand und Schattengarten, Steingarten, Einfassung, Unterpflanzung von Baum- und Strauchgruppen,

Braunstieliger Streifenfarn

Heimischer Frauenfarn

in absonnigen Lagen gerne in feuchten Senken
Sortenbeispiele: 'Incisum' – Gesägte Steinfeder, Fiedern gesägt, 'Ramo-Cristatum' – Verzweigte Kammfeder, schwach wüchsig

pflegeleicht, für kleine Gärten

Heimischer Frauenfarn, Wald-Frauenfarn
Athyrium filix-femina

Aussehen: breit buschig bis überhängend; **Höhe:** 50–90 cm
Breite: 40–80 cm
Blätter: lanzettliche, 2- bis 3-fach gefiederte Wedel (bis 1 m lang), hellgrün

Standort: absonnig
Boden: sauer bis neutral; frisch bis feucht (bis dauerfeucht); durchlässig, humos
Nährstoffbedarf: ausgeglichen
Bewässerung: regelmäßig bis häufig
Pflanzabstand: 60–70 cm
Verwendung: Gehölzrand und Schattengarten, Unterpflanzung von Baum- und Strauchgruppen, zu Rhododendron pflanzen, vor Austrocknung schützen, viele Sorten
Sortenbeispiele: viele mit abweichenden Wedelformen und Farben, etwa 'Cristatum' – Hahnenkamm-Frauenfarn, 'Cruciatum' – Kreuzfieder-Frauenfarn, 'Minor' – klein bleibende Form

pflegeleicht

Japanischer Regenbogenfarn
Athyrium niponicum

Aussehen: aufrecht buschig bis überhängend; **Höhe:** 40–70 cm
Breite: 50 cm und mehr
Blätter: lanzettliche, 2- bis 3-fach gefiederte Wedel (bis 40 cm lang), silbrig- bis mittelgrün
Standort: halbschattig bis schattig
Boden: sauer bis neutral; frisch bis feucht; durchlässig, humos
Nährstoffbedarf: ausgeglichen
Bewässerung: regelmäßig bis häufig
Pflanzabstand: 40–70 cm
Verwendung: Gehölzrand und Schattengarten, flächendeckende Bodenbegrünung, Unterpflanzung von Baum- und

Strauchgruppen, neben Wurzelstubben pflanzen, treibt spät
aus, vor Ostwinden schützen

pflegeleicht

Feuerlandfarn, Seefeder
Blechnum penna-marina
(Bild Seite 179)

Aussehen: flach wachsend
Höhe: 10–20 cm; **Breite:** 30 cm
und mehr
Blätter: lineale gefiederte Wedel
(bis zu 20 cm lang), dunkelgrün
Standort: halbschattig bis
schattig
Boden: sauer bis schwach sauer;
frisch bis feucht; durchlässig,
humos
Nährstoffbedarf: ausgeglichen
Bewässerung: regelmäßig bis
häufig
Pflanzabstand: 10–20 cm
Verwendung: kompakt wachsend, Gehölzrand und Schattengarten, Steingarten, Einfassung,
flächendeckender Kleinfarn,
Unterpflanzung von Baum- und
Strauchgruppen, vor Wintersonne schützen (Fichtenzweige
darüber legen)

pflegeleicht, für Einsteiger

Rippenfarn, Gewöhn-
licher Rippenfarn
Blechnum spicant (Bild S. 178)

Aussehen: flach wachsend; **Höhe:**
25–40 cm; **Breite:** 50–60 cm
Blätter: lanzettliche gefiederte
Wedel (bis zu 50 cm lang),
dunkelgrün
Standort: halbschattig bis
schattig, sonnenabgewandte

Gartenteichflächen
Boden: sauer bis schwach sauer;
frisch bis gut feucht; durch-
lässig, humos
Nährstoffbedarf: sehr gering
Bewässerung: regelmäßig bis
häufig
Pflanzabstand: 30–40 cm
Verwendung: Gehölzrand und
Schattengarten, flächendecken-
de Bodenbegrünung, Unter-
pflanzung von Baum- und
Strauchgruppen, ans Teichufer,
gut im Rhododendronbeet

pflegeleicht

Heimischer Gold-
schuppenfarn, Spreu-
schuppiger Wurmfarn
Dryopteris affinis

Aussehen: aufrecht buschig
Höhe: 50–100 cm

Heimischer Goldschuppenfarn

Breite: 60–90 cm
Blätter: lanzettliche, 2-fach
gefiederte Wedel (bis zu 80 cm
lang), dunkelgrün
Standort: halbschattig
Boden: schwach sauer bis neutral; frisch bis feucht; durchlässig, humos, nährstoffreich
(lehmig)
Nährstoffbedarf: ausgeglichen
bis hoch; **Bewässerung:** regelmäßig bis häufig
Pflanzabstand: 70–100 cm
Verwendung: Einzelpflanzung,
Gehölzrand und Schatten-
garten, Ergänzung von Blumenbeeten und Staudenpflanzungen, Unterpflanzung von Baum-
und Strauchgruppen, Kübel-
und Topfkultur, in Teichnähe,
gute Solitärpflanze

pflegeleicht, für Einsteiger

Heimischer Wurmfarn,
Gemeiner Wurmfarn,
Gewöhnlicher Wurmfarn
Dryopteris filix-mas
(Bild Seite 178)

Aussehen: aufrecht; **Höhe:**
70–100 cm; **Breite:** 70–100 cm
Blätter: lanzettliche, 2-fach ge-
fiederte Wedel (bis 1,2 m lang),
mittelgrün
Standort: sonnig bis schattig
Boden: sauer bis alkalisch; frisch
bis feucht; durchlässig, humos
Nährstoffbedarf: ausgeglichen
bis hoch; **Bewässerung:** regel-
mäßig bis häufig
Pflanzabstand: 60–80 cm
Verwendung: Einzelpflanzung,
Gehölzrand und Schattengar-
ten, Unterpflanzung von Baum-
und Strauchgruppen, Heilpflanze
Sortenbeispiele: 'Crispa' –
Krauser Wurmfarn, 'Crandiceps'
– Großkopf-Wurmfarn,
'Linearis' – Leiter-Wurmfarn

pflegeleicht, für Einsteiger

Heimischer Straußfarn,
Trichterfarn, Euro-
päischer Straußenfarn
Matteuccia struthiopteris

Aussehen: straff aufrecht, stark
Ausläufer bildend; **Höhe:**
100–150 cm; **Breite:** 80–120 cm
Blätter: lanzettliche, 2-fach gefiederte Wedel (bis 120 cm lang),
olivgrün
Standort: halbschattig bis
schattig
Boden: sauer bis schwach sauer;
frisch bis feucht; humos,
sandig-humos
Nährstoffbedarf: gering; **Bewässerung:** regelmäßig bis häufig
Pflanzabstand: 80–100 cm
Verwendung: Einzelpflanzung,
Gehölzrand und Schattengarten, Ergänzung von Blumenbee-

Heimischer Straußfarn

Vier *Dryopteris*-Arten

Botanischer Name	Höhe, Blattfarbe	Aussehen	Tipps
D. chartusiana (Gewöhlicher Dornfarn)	40–50 cm, 2- bis 3-fach gefiederte Wedel hellgrün	(bis 60 cm lang)	saurer bis schwach saurer Boden
D. cristata	50–70 cm, grün	gefiederte Wedel (bis 60 cm lang)	saurer Boden
D. dilatata (Weißer Dornfarn)	70–90 cm, dunkelgrün	2- bis 3-fach gefiederte Wedel (bis 1 m lang)	saurer bis schwach saurer Boden
D. goldiana	80–120 cm, mittelgrün	ovale, 2-fach gefiederte Wedel (bis 1,2 m lang)	Windschutz
D. villarii	40–50 cm, grün	2-fach gefiederte Wedel mit gedrehtenFiedern	braucht kalkhaltigen Boden
D. wallichiana	50–90 cm, dunkelgrün	2-fach gefiederte Wedel (bis 1 m lang)	Lehmboden, vor Spätfrost schützen

ten und Staudenpflanzungen, Unterpflanzung von Baum- und Strauchgruppen, in Teichnähe fühlt er sich besonders wohl, für große Gärten, Vorsicht, kann sich stark ausbreiten, daher in eingesenkten Kübel pflanzen **Weitere Arten:** *M. orientalis* – aufrechter Trichterfarn, der bis 1 m groß wird und große dunkelgrüne Wedel besitzt; *M. pensylvanica* – imposante Art, die bis 1,5 m groß wird und sich besonders für den Einzelstand eignet, braucht weniger Feuchtigkeit

Liebhaberpflanze

Königsfarn, Gewöhnlicher Rispenfarn
Osmunda regalis

Aussehen: breit aufrecht, armdicke Wurzelstöcke; **Höhe:** 80–120 cm; **Breite:** 100–150 cm

Königsfarn

Blätter: dreieckige, 2-fach gefiederte Wedel (bis 1 m lang), gelblich- bis hellgrün
Standort: halbschattig bis schattig
Boden: sauer bis neutral; frisch bis feucht; durchlässig, humos, torfig
Nährstoffbedarf: ausgeglichen bis hoch; **Bewässerung:** regelmäßig bis häufig
Pflanzabstand: 80–100 cm
Verwendung: Einzelpflanzung, Gehölzrand und Schattengarten, Unterpflanzung von Baum- und Strauchgruppen, am besten im Moorbeet oder Rhododendronanlage, in Teichnähe mit Torf, Heilpflanze
Sortenbeispiele und weitere Art: 'Gracilis' – eine Sorte, die etwas kompakter als die Art wächst;

'Purpurascens' – ähnlich wie die Art, jedoch sind die austreibenden Blätter im Frühjahr rötlich gefärbt; *O. cinnamomea* – Zimtfarn mit gefiederten bläulichgrünen Wedeln; für alle Arten gilt: je feuchter, desto mehr Sonne wird vertragen

pflegeleicht, für Einsteiger

Gemeiner Tüpfelfarn, Engelsüß, Gewöhnlicher Tüpfelfarn
Polypodium vulgare

Aussehen: breit aufrecht bis überhängend; **Höhe:** 20–40 cm
Breite: 30 cm und mehr
Blätter: lanzettliche gefiederte Blätter (bis 40 cm lang), dunkelgrün, wintergrün
Standort: halbschattig bis schattig
Boden: sauer bis alkalisch; mäßig trocken bis frisch, hohe Luftfeuchtigkeit; humos, sandighumos
Nährstoffbedarf: sehr gering
Bewässerung: wenig bis regelmäßig
Pflanzabstand: 30–40 cm
Verwendung: Einzelpflanzung, Gehölzrand und Schattengarten, Steingarten, Unterpflanzung von Baum- und Strauchgruppen

Gemeiner Tüpfelfarn

Weitere Art: *P. interjectum* – breit wachsende Art mit überhängenden dunkelgrünen Wedeln auch für sonnigen Standort

pflegeleicht, für kleine Gärten

Heimischer Glanzschildfarn, Dorniger Schildfarn
Polystichum aculeatum
(Bild Seite 179)

Aussehen: aufrecht buschig bis überhängend; **Höhe:** 50–80 cm
Breite: 60–90 cm
Blätter: lanzettliche, 2-fach gefiederte Wedel (bis 60 cm lang), glänzend grün, wintergrün
Standort: halbschattig bis schattig
Boden: sauer bis alkalisch; frisch bis feucht; humos, sandig-humos
Nährstoffbedarf: hoch; **Bewässerung:** regelmäßig bis häufig
Pflanzabstand: 40–60 cm
Verwendung: Einzelpflanzung, Gehölzrand und Schattengarten, Steingarten, Ergänzung von Blumenbeeten und Staudenpflanzungen, Unterpflanzung von Baum- und Strauchgruppen, zwischen Wurzelstubben oder Steine setzen

pflegeleicht

Filigranfarn, Weicher Schildfarn
Polystichum setiferum

Aussehen: aufrecht buschig bis überhängend; **Höhe:** 30–90 cm
Breite: 60–90 cm
Blätter: lanzettliche, 2-fach gefiederte Wedel (bis 1,2 m lang), mattgrün
Standort: halbschattig
Boden: sauer bis alkalisch; frisch; humos, sandig-humos

Weicher Schildfarn

Nährstoffbedarf: ausgeglichen
Bewässerung: regelmäßig
Pflanzabstand: 50–80 cm
Verwendung: Gehölzrand und Schattengarten, Ergänzung von Blumenbeeten und Staudenpflanzungen

pflegeleicht

Großer Wimpernfarn, Stumpfblättriger Wimperfarn
Woodsia obtusa

Aussehen: aufrecht bis überhängend, rhizombildend; **Höhe:** 20–30 cm; **Breite:** 25–40 cm
Blätter: 2-fach gefiederte Wedel, mittelgrün
Standort: halbschattig
Boden: sauer bis schwach sauer; frisch bis feucht; durchlässig, humos
Nährstoffbedarf: ausgeglichen; **Bewässerung:** regelmäßig bis häufig
Pflanzabstand: 30 cm
Verwendung: kompakt wachsend, Gehölzrand und Schattengarten, Steingarten, Ergänzung von Blumenbeeten und Staudenpflanzungen, Unterpflanzung von Baum- und Strauchgruppen, gut neben Baumstubben

pflegeleicht

Gute *Polystichum*-Arten

Botanischer Name	Deutscher Name	Höhe, Blattfarbe	Aussehen
P. andersonii	Heimischer Glanzschildfarn, Andersons Schildfarn	40–50 cm, mattgrün	lanzettliche, 2-fach gefiederte Wedel
P. lonchitis	Heimischer Glanzschildfarn, Lanzen-Schildfarn	40–50 cm, glänzend grün	lanzettliche, 2-fach gefiederte Wedel (bis 60 cm lang)
P. polyblepharum	Heimischer Glanzschildfarn, Japanischer Schildfarn	60–90 cm, glänzend grün, wichtig: vor Märzsonne schützen	lanzettliche, 2-fach gefiederte Wedel (bis 80 cm lang)
P. ringens	Heimischer Glanzschildfarn	30 bis 40 cm, dunkelgrün	lanzettliche, 2-fach gefiederte Wedel

Gewöhnlicher Froschlöffel (S. 200) Schwimmfarn (S. 202) Sumpfdotterblume (S. 198) Hornkraut (S. 205)

Sumpf-Wolfsmilch (S. 198) Froschbiss (S. 202) Fieberklee (S. 199) Mimulus cupreus (S. 199)

Nymphaea candida (S. 204) 'Formosa' (S. 204) Gem. Wasserhahnenfuß (S. 203) 'Gloriosa' (S. 204)

Krebsschere (S. 202) 'James Brydon' (S. 204) 'Marliacea Rosea' (S. 204) 'Masaniello' (S. 204)

'Maurice Laydecker' (S. 204)

'Pygmaea Rubra' (S. 204)

'Richardsonii' (S. 204)

'Texas Dawn' (S. 204)

Wasser-pflanzen

Nymphaea tetragona (S. 204)

Gemeines Schilfrohr (S. 199)

Hechtkraut (S. 199)

Schwimm. Laichkraut (S. 203)

'Froebeli' (S. 204)

Gewöhnliches Pfeilkraut (S. 201)

'Helen Fowler' (S. 194)

Sumpffarn (S. 200)

Pflanzen für Gartenteiche

Die Teichzonen

Was wäre ein Gartenteich ohne schmückende und lebenswichtige Wasserpflanzen? Erst Pflanzen hauchen dem Teich Leben ein. Sie schmücken und vermitteln dem Beschauer den Eindruck der Natürlichkeit, weil sich mit Pflanzen jede Zone des Teiches besiedeln lässt. Neben dem optischen Genuss bietet lebendiges Grün auch reichen Lebensgemeinschaften Hort, Nahrung, Nistplätze sowie Räume zur Arterhaltung.

Die Lebensbereiche beginnen, wie in der Natur auch, mit der **Tiefenzone** und setzen sich ohne sichtbaren Übergang in der **Schwimmblattzone** fort, um über die **Flachwasserzone** in die **Sumpfzone** mit ihrem des Öfteren wechselnden Wasserstand überzugehen. Die mehr oder weniger feuchte **Uferzone** beherbergt höher werdende Prachtstauden, die es gerne bodenfeucht haben. Nicht zu vergessen die für allerlei Leben wichtige **Teichanschlusszone**, die das Bild einer wohlgelungenen Teichanlage erst abrundet.

Wasserpflanzen halten den Teich gesund

Neben der Optik dient das Grün im Teich vor allem auch dem biologischen Gleichgewicht. Als Nährstoffzehrer und Sauerstoffspender ist es der beste Gegenpart zu trübem Wasser und hässlichem Algenwuchs. Pflanzen reinigen das Wasser und manche Arten haben eine entgiftende und sogar antibiotische Wirkung. Mit einem Satz: Sie halten den Teich gesund.

Voraussetzungen für guten Wuchs

Schaffen Sie optimale Bedingungen. Dies beginnt mit dem richtigen Pflanzsubstrat, das auch als Halt gegen den Auftrieb dient. **Unterwasserpflanzen** beziehen ihre Nährstoffe hauptsächlich aus dem Wasser. Alle anderen, also die über Wasser wachsen, ernähren sich je nach Art über ihre Wurzeln, Knollen oder Rhizome (z. B. Seerosen) aus dem Substrat. Ungeeignete Substrate lassen die Pflanzen kümmern, faulen und letzt-

endlich absterben. Aushubmaterial, Kuhdung, Blutmehl, Bausand oder reiner Lehm sind völlig ungeeignet. Bedingt geeignet sind so genannte Teicherden. Sie sollte mit 50 % Quarzsand aufgelockert werden, um ein Verdichten zu verhindern.

Gutes Pflanzsubstrat ist möglichst nährstoffarm. Eine bewährte Mischung besteht aus Mainkies (3–7 mm Körnung) mit nach Gebrauchsanweisung dosiertem Spezial-Langzeitdünger aus dem Fachhandel. Das reicht für das erste und zweite Jahr. Dann sind durch Abbauprozesse genügend Nährstoffe im Wasser, um die Pflanzen zu ernähren. Außer man pflegt starke Nährstoffzehrer, wie z. B. Seerosen oder Schwertlilien. Pflanzen in Körben setzt man nach etwa einem Jahr Depotkugeln zu. Wird nachgedüngt, muss der Dünger kalibetont sein (kein Nitrat (NO_3) und Posphat (PO_4)).

Außerdem sollte der Teich ohne „Bodengrundsubstrat" bleiben. Die Flachwasser- und Uferbereiche werden als Kiesgrubenteich gestaltet. Die Pflanzen in Körbe (fein gelocht oder noch besser aus Kokosfaser) zu setzen, hat einige Vorteile: Man kann sie jederzeit umgruppieren und starker Wuchs ist leicht einzudämmen. Einer schnellen Verlandung ist so ein Riegel vorgeschoben.

Tipps für erfolgreiche Pflanzenpflege

Unbedingt einen Pflanzplan erstellen! Nach Standortansprüchen, Blütezeit und Farbe, Blühdauer und Platzbedarf auswählen.

Augen auf beim Pflanzenkauf!
▸ Nur dort kaufen, wo die Pflanzen grün und unbeschädigt sind und das Substrat im Topf nicht nach faulen Eiern riecht.

Wichtig: Die Triebe müssen gut entwickelt sein.
▸ Die Empfehlungen auf den Etiketten beachten.
▸ Auf richtige Verpackung achten (Pflanzen dürfen weder austrocknen noch beschädigt werden).
▸ Geknicktes oder Unansehnliches beziehungsweise Veraltetes wird sofort entfernt.
▸ Knollen oder Rhizome müssen hart und ohne Faulstellen oder Schimmel sein.
▸ Pflanzen zu Hause sofort säubern (etwas abspritzen, um Anhaftendes restlos zu entfernen), wässern und einsetzen. Das Substrat vorher gut anfeuchten.
▸ Zone für Zone von innen nach außen nach Plan bepflanzen.

Am Gartenteich tummeln sich allerlei ungewöhnliche Tiere. Hier zwei Becher-Azurjungfern im Paarungsrad.

Besonders Seerosen bedürfen akkurater Vorsorge: Das Substrat aus dem Container unter fließendem Wasser abspülen. An der Schnittstelle alles Übelriechende entfernen und etwas pulverisierte Holzkohle aufstreuen. Austrieb unter Wasser halten (fixieren) und die bestäubte Schnitt- oder Bruchstelle etwas antrocknen lassen.

Mit einer Schnur wird das Rhizom dann am Boden des Korbes festgebunden und in das vorbereitete Substrat gelegt, so dass der Austrieb 2–3 cm über den Korbrand ragt. Restliches mit Substrat

---

Die verschiedenen Teichzonen

Tiefenzone (1), Schwimmblattzone (2), Flachwasserzone (3), Sumpfzone (4), Uferzone (5) und Teichanschlusszone (6)

Erdkröten kehren zum Laichen an ihre Geburtsgewässer zurück. Nachts streichen sie herum, immer auf der Suche nach Fressbarem.

bedecken und 2–3 cm mit Riesel (3–5 cm) abdecken. Damit die Seerosen schnell anwurzeln und je nach Pflanzzeit noch blühen, stellt man den Korb zuerst seicht auf (so tief, dass zwischen Austrieb und Wasseroberfläche noch 10–20 cm Wasser steht). Haben die Blätter dann die Oberfläche erreicht, stellt man den Korb wieder um 20–30 cm tiefer. Das wird so lange wiederholt, bis die Endtiefe erreicht ist.

Etwas Pflege fällt auch an

- Nach der Erstfüllung lässt man den Teich etwas ruhen und fischt nach zwei bis drei Tagen alles Aufschwimmende ab.
- Haben sich die Pflanzen aufgerichtet, lässt sich ermessen, ob noch etwas nachgepflanzt oder versetzt werden muss.
- Nach zwei bis drei Monaten hat sich das Wasser stabilisiert. (Auftreibende Algen sofort abfischen.)
- Im Herbst vergilbte Seerosenblätter und auf der Wasseroberfläche schwimmende Stängel beziehungsweise Blätter abschneiden und entfernen.

- Stängel und Röhricht bleiben als Überwinterungshilfe für allerlei Getier stehen. Bei Raureif sehen sie besonders schön aus. Außerdem bleibt etwas Wasser um die Stängel eisfrei. Vögel können trinken und der wichtige Gasaustausch zwischen Wasser und Luft kann stattfinden.
- Ein Laubschutznetz verhindert, dass Laub und Ähnliches im Herbst in den Teich geweht wird und den Winter über modert und das Wasser belastet.
- Empfindliche Seerosen im Winter tiefer stellen.
- Gefrorenes Wasser im Winter nie aufschlagen oder auf dem Eis lärmen (schlittern).
- Im Frühjahr, nachdem die Frösche abgelaicht haben, die dürren Halme entfernen.
- Unbedingt die Ufer nach Überlaufstellen absuchen (Kapillarwirkung von Pflanzen, Substrat und Dekomaterial bedenken).
- Sind einige Pflanzen nach dem Austrieb etwas chlorotisch (gelblich), kann man vorsichtig Flüssigdünger (immer etwas unter den Empfehlungen der Gebrauchsanweisung) zugeben.

- Im Frühsommer, wenn nötig, auslichten. Verlandung unbedingt verhindern. (Die Korbbepflanzung erleichtert dies sehr.)
- Sind störende Lücken innerhalb der Pflanzung vorhanden, jetzt schließen.
- Verdunstetes Wasser immer sofort zulaufen lassen. Dies verhindert zu starke Schwankungen der Wasserwerte (Wasserparameter).

Zu den Pflanzenporträts

Die Beschreibungen der Wasserpflanzen sind in folgende Gruppen aufgeteilt:
1. Sumpfpflanzen ab Seite 198
2. Flachwasserpflanzen ab Seite 200
3. Schwimmpflanzen ab Seite 202
4. Schwimmblattpflanzen ab Seite 202
5. Unterwasserpflanzen ab Seite 205

Ein Gartenteich mit abwechslungsreicher Randbepflanzung wirkt besonders schön.

Sumpfpflanzen

Kalmus
Acorus calamus

Aussehen: aufrecht, rhizombildend; **Höhe:** 0,8–1,2 m
Breite: 60 cm
Blütezeit: Mai bis Juli
Blüte: gelbgrüner Kolben
Blätter: mittelgrün
Standort: sonnig
PH-Wert: schwach sauer bis alkalisch
Wassertiefe: 10–40 cm
Pflanzabstand: 50 cm

Kalmus

Verwendung: Teich- und Uferrand, sumpfige Stellen, intensiv duftend, bekannte Heilpflanze, kann wuchern – in Korb pflanzen
Sortenbeispiel: 'Variegatus'

Schlangenwurz, Sumpf-Calla
Calla palustris

Aussehen: kompakt wachsend, rhizombildend, kriechend; **Höhe:** 15–25 cm; **Breite:** 40–60 cm
Blütezeit: Juni bis Juli

Schlangenwurz

Blüte: weiß
Blätter: glänzend grün
Standort: halb- bis vollschattig
PH-Wert: sauer bis schwach sauer
Wassertiefe: bis 20 cm
Pflanzabstand: 20–30 cm
Verwendung: Teich- und Uferrand, sumpfige Stellen, dekorative, große Blüten und Kolben mit roten Beeren, alle Pflanzenteile sind giftig

für kleine Gärten

Sumpfdotterblume
Caltha palustris
(Bild Seite 194)

Aussehen: niederliegend bis flach wachsend; **Höhe:** 30–40 cm; **Breite:** 30–40 cm
Blütezeit: April bis Juni
Blüte: goldgelb
Blätter: glänzend dunkelgrün
Standort: sonnig bis halbschattig
PH-Wert: sauer bis schwach sauer
Wassertiefe: bis 10 cm
Pflanzabstand: 25–35 cm
Verwendung: Teich- und Uferrand, sumpfige Stellen, Gehölzrand, auffallende Blätter, lockt Bienen und Schmetterlinge an, als Tuff in Vordergrund pflanzen pflegeleicht
Sortenbeispiele: 'Flore plena', 'Alba'

Gewöhnliche Sumpfsimse
Eleocharis palustris

Aussehen: aufrecht, ausläuferbildend; **Höhe:** 5–10 cm
Breite: 50 cm und mehr

Blütezeit: Mai bis August
Blüte: bräunlich
Blätter: bläulich- bis mittelgrün
Standort: sonnig
PH-Wert: schwach sauer bis alkalisch
Wassertiefe: 5–30 cm
Pflanzabstand: 30–40 cm
Verwendung: Teich- und Uferrand, Flachwasser, auffallende Blätter, wirkt im Vordergrund am besten

pflegeleicht

Nadel-Sumpfsimse
Eleocharis acicularis

Aussehen: teppichförmig, ausläuferbildend; **Höhe:** 5–10 cm
Breite: 50 cm bis unbegrenzt
Blütezeit: Mai bis August
Blüte: bräunlich
Blätter: mittel- bis dunkelgrün
Standort: sonnig
PH-Wert: schwach sauer bis alkalisch
Wassertiefe: 10–80 cm
Pflanzabstand: 30–40 cm
Verwendung: Teich- und Uferrand, sumpfige Stellen, Flachwasser, auffallende Blätter

pflegeleicht

Breitblättriges Wollgras
Eriophorum latifolium

Aussehen: aufrecht
Höhe: 40–60 cm
Breite: 50 cm bis unbegrenzt
Blütezeit: April bis Mai
Blüte: weiß
Blätter: grün
Standort: sonnig
PH-Wert: sauer bis alkalisch
Wassertiefe: 5–10 cm
Pflanzabstand: 30–40 cm
Verwendung: Teich- und Uferrand, sumpfige Stellen, Flachwasser, auffallende Blüten, gut für Moorbeete geeignet
Weitere Art: *Eriophorum russeolum*

pflegeleicht

Scheidiges Wollgras
Eriophorum vaginatum

Aussehen: aufrecht, horstbildend; **Höhe:** 30–50 cm
Breite: 50 cm bis unbegrenzt
Blütezeit: Mai bis Juni
Blüte: weiß
Blätter: grün

Standort: sonnig
PH-Wert: sauer
Wassertiefe: 5–10 cm
Pflanzabstand: 30–40 cm
Verwendung: Teich- und Uferrand, sumpfige Stellen, Flachwasser, auffallende Blüten
Weitere Art: *Eriophorum angustifolium* – stark wuchernd, ausläufertreibend

pflegeleicht

Sumpf-Wolfsmilch
Euphorbia palustris
(Bild Seite 194)

Aussehen: aufrecht ; **Höhe:** 0,8–1,2 m; **Breite:** 60–90 cm
Blütezeit: Mai bis Juni
Blüte: gelbgrüne Blütendolden
Blätter: leuchtend grün
Standort: sonnig bis halbschattig
PH-Wert: schwach sauer bis alkalisch
Wassertiefe: 10–15 cm
Pflanzabstand: 50–60 cm
Verwendung: Teich- und Uferrand, sumpfige Stellen, Flachwasser, Gehölzrand, auffallende Blüten, schöne Herbstfärbung, wuchernd – in Pflanzkörbe setzen

Gelbe Schwertlilie
Iris pseudacorus

Aussehen: aufrecht, horstbildend; **Höhe:** 0,9–1 m
Breite: 20–30 cm
Blütezeit: Juni bis August
Blüte: reingelb bis intensiv goldgelb
Blätter: grau- bis mittelgrün; schwertähnlich

Gelbe Schwertlilie

Standort: sonnig
PH-Wert: sauer bis schwach sauer
Wassertiefe: 5–20 cm
Pflanzabstand: 50–70 cm
Verwendung: Teich- und Uferrand, sumpfige Stellen, Flachwasser, bunte Beet- und Staudenpflanzung, gut aussamend, in Korb pflanzen
Sortenbeispiel: 'Variegata'

pflegeleicht

Flatter-Binse
Juncus effusus

Aussehen: aufrecht, horstbildend; **Höhe:** 20–50 cm
Breite: 20–30 cm
Blütezeit: Juli bis August
Blüte: braun
Blätter: mittel- bis dunkelgrün
Standort: sonnig
PH-Wert: sauer
Wassertiefe: bis 5 cm
Pflanzabstand: 10–20 cm
Verwendung: Teich- und Uferrand, sumpfige Stellen, Flachwasser, kaum wuchernd
Weitere Arten: *Juncus inflexus, Juncus filiformis, Juncus alpinus, Juncus articulatus, Juncus acutiflorus, Juncus bulbosus*

pflegeleicht

Gelbe Scheinkalla
Lysichiton americanus

Aussehen: aufrecht, rhizombildend; **Höhe:** 0,7–1 m
Breite: 0,9–1,2 m
Blütezeit: April bis Mai
Blüte: gelbe Blütenscheide, 30 cm lange Blütenkolben

Gelbe Scheinkalla

Blätter: glänzend mittelgrün
Standort: sonnig bis halbschattig
PH-Wert: sauer bis neutral
Wassertiefe: bis 5 cm
Pflanzabstand: 80 cm
Verwendung: Teich- und Uferrand, für große Sumpfufer, Gehölzrand, dekorative, große Blüten, anspruchsvoll
Weitere Art: *Lysichiton camtschatcensis* – weiße Blütenscheide

Liebhaberpflanze

Fieberklee
Menyanthes trifoliata
(Bild Seite 194)

Aussehen: niederliegend bis flach wachsend
Höhe: 15–25 cm
Breite: 50 cm bis unbegrenzt
Blütezeit: Mai bis Juni
Blüte: weiß bis weißlich rosa
Blätter: dunkelgrün
Standort: sonnig bis halbschattig
PH-Wert: sauer
Wassertiefe: bis 30 cm
Pflanzabstand: 30–40 cm
Verwendung: Teich- und Uferrand, sumpfige Stellen, Insektenweide, alte Heilpflanze, kann wuchern – in Körbe pflanzen

Liebhaberpflanze

Blaue Gauklerblume
Mimulus ringens

Aussehen: aufrecht, horstbildend; **Höhe:** 60–90 cm
Breite: 30–40 cm
Blütezeit: Juni bis August
Blüte: blauviolett bis hellviolett
Blätter: mittelgrün

Standort: sonnig bis halbschattig
PH-Wert: schwach sauer bis neutral
Wassertiefe: bis 10 cm
Pflanzabstand: 40 cm
Verwendung: Teich- und Uferrand, sumpfige Stellen, Gehölzrand, bunte Beet- und Staudenpflanzung, dekorative, große Blüten, samt stark aus, mäßig frosthart – geschützter Standort ist empfehlenswert
Weitere Arten und Sortenbeispiele: *Mimulus tigrinus* 'Grandiflora', *Mimulus cupreus* 'Roter Kaiser' (Bild Seite 194), *Mimulus luteus, Mimulus guttatus, Mimulus moschatus*

Gemeines Schilfrohr, Schilfrohr
Phragmites australis
(Bild Seite 195)

Aussehen: aufrecht, ausläuferbildend, schnell wachsend
Höhe: 1,5–2,5 m
Breite: unbegrenzt
Blütezeit: August bis September
Blüte: rötlich braun
Blätter: blau- bis graugrün
Standort: sonnig
PH-Wert: schwach sauer bis alkalisch
Wassertiefe: bis 80 cm
Pflanzabstand: 60–70 cm
Verwendung: Teich- und Uferrand, sumpfige Stellen, Flachwasser, als Teichhintergrund geeignet, stark wuchernd – in Kübel pflanzen

pflegeleicht

Hechtkraut
Pontederia cordata

Aussehen: aufrecht
Höhe: 50–60 cm
Breite: 60–80 cm
Blütezeit: Juni bis September
Blüte: blauviolett
Blätter: glänzend grün; herzblättrig
Standort: sonnig
PH-Wert: schwach sauer bis neutral
Wassertiefe: 10–30 cm
Pflanzabstand: 40–50 cm
Verwendung: Teich- und Uferrand, sumpfige Stellen, Flachwasser, dekorative, große Blüten, mäßig frosthart – geschützter Standort ist emp-

Hechtkraut

fehlenswert oder Pflanzkörbe frostfrei überwintern

Liebhaberpflanze

Sumpf-Blutauge, Sumpf-Fingerkraut
Potentilla palustris

Aussehen: aufrecht, horstbildend; **Höhe:** 20–50 cm
Breite: 50–80 cm

Sumpf-Blutauge

Blütezeit: Juni bis August
Blüte: rotbraun; trugdoldig
Blätter: graugrün
Standort: sonnig bis halbschattig
PH-Wert: schwach sauer bis neutral
Wassertiefe: bis 10 cm
Pflanzabstand: 40–50 cm
Verwendung: Teich- und Uferrand, sumpfige Stellen, lockt Bienen und Schmetterlinge an, für offene Standorte
Weitere Art: *Potentilla erecta*

Japanische Etagenprimel
Primula japonica

Aussehen: aufrecht, horstbildend; **Höhe:** 40–60 cm
Breite: 20–40 cm
Blütezeit: Mai bis Juli
Blüte: karminpurpur
Blätter: hell- bis mittelgrün
Standort: halbschattig
PH-Wert: schwach sauer bis neutral
Pflanzabstand: 30–35 cm
Verwendung: sumpfige Stellen, mag wechselfeuchte Standorte, bunte Beet- und Staudenpflanzung, Gehölzrand, Japangarten, lockt Bienen und Schmetterlinge an

pflegeleicht, für kleine Gärten

Seebinse
Schoenoplectus lacustris

Aussehen: aufrecht wachsend
Höhe: 0,6–1,5 m
Breite: 60–80 cm
Blütezeit: Juni bis August
Blüte: bräunlich bis hellbraun
Blätter: sattgrün
Standort: sonnig bis halbschattig
PH-Wert: schwach sauer bis alkalisch
Wassertiefe: bis 70 cm
Pflanzabstand: 50–70 cm
Verwendung: Teich- und Uferrand, sumpfige Stellen, Flachwasser, Gehölzrand, für große Teiche, in Korb pflanzen

pflegeleicht

Grünweiße Teichbinse
Schoenoplectus lacustris var. *tabernaemontani*

Aussehen: aufrecht, rhizombildend
Höhe: 0,7–1 m
Breite: 50 cm und mehr
Blätter: grünweiß panaschiert
Standort: sonnig bis halbschattig
PH-Wert: schwach sauer bis alkalisch
Wassertiefe: bis 50 cm
Pflanzabstand: 50–70 cm
Verwendung: Teich- und Uferrand, sumpfige Stellen, Flachwasser, Schnittblume, auffallende Blätter, für große Teiche

pflegeleicht, Liebhaberpflanze

Ästiger Igelkolben
Sparganium erectum

Aussehen: aufrecht buschig, schnell wachsend; **Höhe:** 1–1,5 m; **Breite:** unbegrenzt

Ästiger Igelkolben

Blütezeit: Juli bis August
Blüte: weißlich bis grünlich braun
Blätter: mittelgrün
Standort: sonnig bis halbschattig
PH-Wert: schwach sauer bis schwach alkalisch
Wassertiefe: 5–30 cm
Pflanzabstand: 40–50 cm
Verwendung: Teich- und Uferrand, sumpfige Stellen, Flachwasser, besticht durch schönen Samenstand

pflegeleicht

Sumpffarn, Sumpf-Lappenfarn
Thelypteris palustris
(Bild Seite 195)

Aussehen: aufrecht bis leicht bogig, rhizombildend, schnell wachsend; **Höhe:** 40–60 cm
Breite: 60–90 cm
Blätter: hell- bis dunkelgrün
Standort: sonnig bis halbschattig
PH-Wert: sauer bis schwach sauer
Wassertiefe: bis 20 cm
Pflanzabstand: 30–40 cm
Verwendung: Teich- und Uferrand, sumpfige Stellen, Flachwasser, Gehölzrand, auffallende Blätter, kann wuchern

pflegeleicht

Bach-Ehrenpreis, Bachbunge
Veronica beccabunga

Aussehen: niederliegend bis flach wachsend; **Höhe:** 10–50 cm
Breite: 30 cm bis unbegrenzt
Blütezeit: Mai bis August
Blüte: blauviolett
Blätter: sattgrün, gesägt, bilden auch Unterwasserform
Standort: sonnig
PH-Wert: sauer bis neutral
Wassertiefe: bis 10 cm
Pflanzabstand: 30–40 cm
Verwendung: Teich- und Uferrand, sumpfige Stellen, Flachwasser, lockt Bienen und Schmetterlinge an

Bach-Ehrenpreis

Weitere Art: *Veronica anagallis-aquatica*

pflegeleicht

Flachwasserpflanzen

Gewöhnlicher Froschlöffel
Alisma plantago-aquatica
(Bild Seite 194)

Aussehen: aufrecht, horstbildend; **Höhe:** 20–90 cm
Breite: 50 cm
Blütezeit: Juli bis August
Blüte: hellrosa bis weiß
Blätter: matt bis graugrün, löffelartig
Standort: sonnig bis halbschattig
PH-Wert: schwach sauer bis alkalisch
Wassertiefe: 5–30 cm
Pflanzabstand: 40–50 cm
Verwendung: Flachwasser, Teich- und Uferrand, sumpfige Stellen, starke Samenbildung, Schnittblume

Weitere Arten: *Alisma gramineum, Alisma lauceolatum*

pflegeleicht, für Einsteiger

Schwanenblume
Butomus umbellatus

Aussehen: aufrecht, horstbildend; **Höhe:** 0,6–1,5 m
Breite: 40–60 cm

Schwanenblume

Blütezeit: Juni bis August
Blüte: rosaweiße Dolde
Blätter: glänzend mittel- bis dunkelgrün
Standort: sonnig
PH-Wert: schwach sauer bis alkalisch
Wassertiefe: 10–40 cm
Pflanzabstand: 40–50 cm
Verwendung: Flachwasser, Teich- und Uferrand, sumpfige Stellen, Insektenweide, dekorative, große Blüten, windgefährdet – zwischen hohe Stauden pflanzen

pflegeleicht

Buntblättriges Süßgras, Wasser-Schwaden
Glyceria maxima 'Variegata'

Aussehen: aufrecht, ausläuferbildend; **Höhe:** 0,8–1 m
Breite: 50 cm und mehr
Blütezeit: Juli bis August
Blüte: bräunlich
Blätter: grünweiß gestreift
Standort: sonnig
PH-Wert: schwach alkalisch bis alkalisch
Wassertiefe: 5–50 cm
Pflanzabstand: 40–50 cm
Verwendung: Flachwasser, Teich- und Uferrand, sumpfige

Stellen, auffallende Blätter, neigt
zu starker Ausbreitung

Liebhaberpflanze

Gemeiner Tannenwedel
Hippuris vulgaris

Aussehen: aufrecht ausläufer-
bildend; **Höhe:** 20–60 cm
Breite: 50 cm und mehr
Blütezeit: Juni bis August
Blüte: grünlich
Blätter: dunkelgrün
Standort: sonnig
PH-Wert: neutral, nicht emp-
findlich
Wassertiefe: 0,05–1,5 m
Pflanzabstand: 60–70 cm

Gemeiner Tannenwedel

Verwendung: sumpfige Stellen,
stark nährstoffzehrend, algenhemmend, guter Sauerstoffspender, kann wuchern, unterschiedliche Blattformen über
und unter Wasser

pflegeleicht

Wasserfeder,
Wasserprimel
Hottonia palustris

Aussehen: unter und über
Wasser wachsend
Breite: 30 cm und mehr
Blütezeit: Mai bis Juli
Blüte: rosa
Blätter: hell bis mittelgrün,
sternförmig
Standort: sonnig bis schattig
PH-Wert: sauer bis neutral
Wassertiefe: 5–40 cm
Pflanzabstand: 30–40 cm
Verwendung: Flachwasser,
Unterwasserpflanze, hohe
Ansprüche, dekorative Blüten
über dem Wasser

Liebhaberpflanze

Goldkeule
Orontium aquaticum

Aussehen: aufrecht, rhizom-
bildend; **Höhe:** 20–30 cm
Breite: 50–70 cm
Blütezeit: Mai bis Juni
Blüte: leuchtend gelbe Kolben
Blätter: grau bis mittelgrün
Standort: sonnig bis halb-
schattig
PH-Wert: schwach sauer bis
schwach alkalisch
Wassertiefe: 10–40 cm

Goldkeule

Pflanzabstand: 40–50 cm
Verwendung: Flachwasser,
sumpfige Stellen, im Tuff
pflanzen, hoher Nährstoffbedarf, in strengen Wintern
Pflanze schützen

pflegeleicht,
Liebhaberpflanze

Gewöhnliches Pfeilkraut
Sagittaria sagittifolia
(Bild Seite 195)

Aussehen: aufrecht wachsend,
horstbildend
Höhe: 60–80 cm
Breite: 30 cm und mehr
Blütezeit: Mai bis Juli
Blüte: weiß mit Dunkelgrün
Blätter: mittelgrün, unter Was-
ser bundförmig, Schwimmblät-
ter oval
Standort: sonnig bis halb-
schattig
PH-Wert: schwach sauer bis
schwach alkalisch
Wassertiefe: 10–40 cm
Pflanzabstand: 30–50 cm
Verwendung: Flachwasser,
Teich- und Uferrand, sumpfige
Stellen, auffallende Blätter,
veränderliche Blattformen

pflegeleicht,

Pfeilkraut
Sagittaria latifolia

Aussehen: aufrecht horst-
bildend; **Höhe:** 50–90 cm
Breite: 50–90 cm
Blütezeit: Juni bis August
Blüte: weiß, gelbe Staubgefäße
Blätter: mittelgrün, unter Was-
ser bundförmig, Schwimmblät-
ter oval
Standort: sonnig bis halbschattig
PH-Wert: schwach sauer bis
schwach alkalisch
Wassertiefe: 10–40 cm
Pflanzabstand: 30–50 cm
Verwendung: Flachwasser,
Teich- und Uferrand, sumpfige
Stellen, auffallende Blätter,
veränderliche Blattformen

pflegeleicht

Schmalblättriger
Rohrkolben
Typha angustifolia

Aussehen: aufrecht, ausläuferbildend, schnell wachsend

Schmalblättriger Rohrkolben

Andere Rohrkolben-Arten

Botanischer Name	Wuchsform	Höhe	Wassertiefe	Tipps
Typha latifolia	aufrecht, horstbildend bis wuchernd	2–3 m	bis 50 cm	Schnitt, für hohe Vasen
Typha laxmannii	aufrecht, horstbildend bis wuchernd	0,8–1 m	20–40 cm	Ausläufer bildend
Typha minima	aufrecht, horstbildend bis wuchernd	40–50 cm	10–20 cm	für Miniteiche
Typha shuttleworthii	aufrecht	0,6–1,5 m	bis 40 cm	begehrte Liebhaberpflanze

Höhe: 1,5–1,8 m
Breite: unbegrenzt
Blütezeit: Juni bis August
Blüte: schwarzbraun, braune Rohrkolben
Blätter: blass bis graugrün
Standort: sonnig
PH-Wert: schwach sauer bis schwach alkalisch
Wassertiefe: bis 1 m
Pflanzabstand: 0,8–1 m
Verwendung: Flachwasser, Einzelpflanzung, Teich- und Uferrand, sumpfige Stellen, Schnittblume, Trockenfloristik, dekorative, große Blüten

pflegeleicht

Schwimmpflanzen

Schwimmfarn
Azolla filiculoides (Bild S. 194)

Aussehen: freischwimmend schwimmblättrig, schnell wachsend
Höhe: 1–2 cm
Breite: 50 cm und mehr
Blüte: weiß
Blätter: bräunlich grün
Standort: sonnig bis halbschattig
PH-Wert: schwach sauer bis neutral
Wassertiefe: auf der Oberfläche schwimmend
Verwendung: Schwimmpflanze, auffallende Blätter, frosthart – in milden Regionen auch im Freiland zu halten oder vor dem Frost einige Pflanzen herausnehmen und in einem Gefäß mit feuchter Erde hell überwintern

Wasserhyazinthe
Eichhornia crassipes

Aussehen: freischwimmend, rosettenbildend
Höhe: 10–20 cm
Breite: 30–50 cm
Blütezeit: Juli bis Oktober
Blüte: hellviolett
Blätter: dunkelgrün
Standort: sonnig
PH-Wert: schwach sauer bis schwach alkalisch
Wassertiefe: 30–50 cm
Pflanzabstand: 20–30 cm
Verwendung: Schwimmpflanze, dekorative, große Blüten, nicht winterhart – frostfreie Überwinterung notwendig, dafür die

Pflanzen im Herbst herausnehmen und in einem Wasserbehälter frostfrei und hell überwintern

Froschbiss
Hydrocharis morsus-ranae

Aussehen: schwimmblättrig, freischwimmend; **Höhe:** 3–5 cm
Breite: 50 cm und mehr
Blütezeit: Mai bis August

Froschbiss

Blüte: weiß
Blätter: leuchtend grün
Standort: sonnig bis halbschattig
PH-Wert: sauer bis schwach sauer
Wassertiefe: 20–50 cm
Pflanzabstand: 20–40 cm
Verwendung: Schwimmpflanze, Flachwasser, auffallende Blätter

pflegeleicht

Dreigefurchte Wasserlinse
Lemna triscula

Aussehen: schwimmblättrig, freischwimmend; schnell wachsend; **Breite:** unbegrenzt ausdehnend
Blätter: mittelgrün
Standort: sonnig bis halbschattig
PH-Wert: schwach sauer
Wassertiefe: bis 30 cm
Verwendung: Schwimmpflanze, auffallende Blätter, muss in Grenzen gehalten werden

pflegeleicht, für Einsteiger

Krebsschere, Wasseraloe
Stratiotes aloides (Bild Seite 194)

Aussehen: rosettenartig
Höhe: 10–20 cm
Breite: unbegrenzt
Blütezeit: Mai bis Juli
Blüte: weiß
Blätter: dunkel olivgrün
Standort: sonnig bis halbschattig

PH-Wert: sauer bis schwach alkalisch
Wassertiefe: bis 30 cm
Pflanzabstand: 30–50 cm
Verwendung: Schwimmpflanze, Flachwasser, sumpfige Stellen, auffallende Blätter (halb untergetaucht), starker Nährstoffzehrer (algenwuchshemmend), bilden Winterknospen

pflegeleicht, für Einsteiger

Wasserschlauch
Utricularia vulgaris

Aussehen: flutend wachsend
Höhe: zur Blütezeit 3–5 cm
Breite: bis 60 cm
Blütezeit: Juni bis August
Blüte: goldgelb

Wasserschlauch

Blätter: Wasserschlauch mit grünen Wassersprossen
Standort: sonnig
PH-Wert: leicht sauer
Wassertiefe: 60 cm
Pflanzabstand: 5–7 cm
Verwendung: Schwimmpflanze, wasserklärende Wirkung, fängt Kleinlebewesen, bildet Winterknospen, vor Überwucherung durch andere Wasserpflanzen schützen

Schwimmblattpflanzen

Afrikanische Wasserähre
Aponogeton distachyos

Aussehen: schwimmblättrig
Höhe: 20–50 cm
Breite: 0,90–1,2 m
Blütezeit: Juni bis Oktober
Blüte: weiß
Blätter: leuchtend grün
Standort: sonnig
PH-Wert: schwach sauer bis schwach alkalisch
Wassertiefe: 20–90 cm
Pflanzabstand: 20–50 cm
Pflegemaßnahmen: abgestorbene Blätter im Herbst entfernen
Verwendung: Schwimmblattpflanze, intensiv duftend,

Afrikanische Wasserähre

bedingt frosthart – in milden Regionen Überwinterung auch im Freiland möglich

pflegeleicht

Wassermohn
Hydrocleys nymphoides

Aussehen: schwimmblättrig, freischwimmend; **Höhe:** 3–5 cm
Breite: 50 cm und mehr
Blütezeit: Juli bis August
Blüte: weiß mit purpurner Mitte
Blätter: dunkelgrün bis rötlich grün
Standort: sonnig
PH-Wert: sauer bis schwach sauer
Wassertiefe: 10–20 cm
Pflanzabstand: 20–30 cm
Verwendung: Schwimmblattpflanze, Flachwasser, anspruchsvoll, lange Blütezeit, nicht winterhart – frostfreie Überwinterung notwendig, dabei Pflanzkörbe im Winter frostfrei und hell überwintern

Liebhaberpflanze

Gelbe Teichrose, Heimische Mummel
Nuphar lutea

Aussehen: schwimmblättrig, rhizombildend
Blütenhöhe: 5–20 cm
Ausdehnung: 1 m und mehr
Blütezeit: Juni bis August
Blüte: gelb
Blätter: glänzend grün
Standort: sonnig
PH-Wert: sauer bis schwach sauer
Wassertiefe: 0,5–2 m
Pflanzabstand: 1–1,5 m

Gelbe Teichrose

Verwendung: Schwimmblattpflanze, im Winter hellgrüne Unterwasserblätter, wertvoller Sauerstoffspender
Weitere Art: *N. pumila* – Kleine Teichmummel mit leuchtend gelben Blüten

pflegeleicht, für Einsteiger

Weiße Seerose
Nymphaea alba

Aussehen: schwimmblättrig, rhizombildend

Weiße Seerose

Blütenhöhe: 5–15 cm
Ausdehnung: 1–1,5 m
Blütezeit: Juni bis August
Blüte: weiß
Blätter: dunkelgrün, unterseits rötlich grün
Standort: sonnig
PH-Wert: neutral bis schwach sauer
Wassertiefe: 0,6–2 m
Pflanzabstand: 2–4 m
Verwendung: Schwimmblattpflanze, Schnittblume, auffallende Blüten, verlangt nach guten Bodengrunddüngern, im

Nymphaea-Hybride 'Sioux'

Handel meist als Hybride erhältlich.

pflegeleicht

Seekanne
Nymphoides peltata

Aussehen: schwimmblättrig
Höhe: 5 cm
Breite: 50 cm und mehr
Blütezeit: Juli bis September
Blüte: leuchtend gelb
Blätter: dunkelgrün
Standort: sonnig bis halbschattig
PH-Wert: sauer bis schwach sauer
Wassertiefe: 10–70 cm
Pflanzabstand: 0,5–1 m
Verwendung: Schwimmblattpflanze, Flachwasser, kann wuchern, im Herbst gegebenenfalls Ausläufer abtrennen

pflegeleicht, für Einsteiger

Wasser-Knöterich
Polygonum amphibium

Aussehen: schwimmblättrig, schnellwachsend
Höhe: 5–15 cm
Breite: 50 cm und mehr
Blütezeit: Mai bis August
Blüte: rosa
Blätter: matt- bis mittelgrün
Standort: sonnig bis halbschattig
PH-Wert: sauer bis schwach sauer
Wassertiefe: 0,2–1 m
Pflanzabstand: 60–90 cm
Verwendung: Schwimmblattpflanze, Flachwasser, sehr wuchsfreudig, in Körbe pflanzen

Schwimmendes Laichkraut
Potamogeton natans
(Bild Seite 195)

Aussehen: schwimmblättrig, rhizombildend
Höhe: 5–10 cm
Breite: 50 cm und mehr
Blütezeit: Juni bis August
Blüte: grünlich
Blätter: dunkelgrün, kupferfarbig
Standort: sonnig bis halbschattig
PH-Wert: sauer bis schwach sauer
Wassertiefe: 0,3–1,2 m
Pflanzabstand: 40–50 cm
Verwendung: Schwimmblattpflanze, Flachwasser, dient als Nahrung, Schutz und Ablaichpflanze für diverse Fischarten

pflegeleicht

Gemeiner Wasserhahnenfuß
Ranunculus aquatilis
(Bild Seite 194)

Aussehen: schwimmblättrig
Höhe: 3–5 cm
Breite: unbegrenzt
Blütezeit: Mai bis August
Blüte: weiß
Blätter: dunkelgrün
Standort: sonnig bis halbschattig
PH-Wert: sauer bis schwach sauer
Wassertiefe: 0,2–1 m
Pflanzabstand: 20–40 cm
Verwendung: Schwimmblattpflanze, Flachwasser, sumpfige Stellen

pflegeleicht, für Einsteiger

Nymphaea-Hybride 'Attraction'

Wasser-Knöterich

Eine Auswahl an *Nymphaea*-Arten und -Sorten

Arten und Sorten	Blütenfarbe	Wassertiefe	Größe
N. candida (Bild Seite 194)	weiß, halbgefüllt	30 bis 50 cm	mittelgroß
N. tetragona (Bild Seite 195)	weiß	20 bis 40 cm	klein
N. tuberosa	weiß, halbgefüllt	50 bis 80 cm	groß
N.-Hybride 'Amabilis'	lachsrosa, halbgefüllt	80 bis 150 cm	groß
N.-Hybride 'Anna Epple'	rosa, halbgefüllt	40 bis 60 cm	mittelgroß
N.-Hybride 'Aretusa'	rosa, halbgefüllt	40 bis 60 cm	mittelgroß
N.-Hybride 'Attraction'	dunkelkarminrot, halbgefüllt	70 bis 90 cm	groß
N.-Hybride 'Aurora'	orangegelb, halbgefüllt	20 bis 40 cm	klein
N.-Hybride 'Bateau'	rot, halbgefüllt	20 bis 40 cm	klein
N.-Hybride 'Candidissima'	weiß, halbgefüllt	80 bis 150 cm	groß
N.-Hybride 'Candissima Rosea'	hellrosa, halbgefüllt	40 bis 60 cm	klein
N.-Hybride 'Chrysantha'	leuchtend gelb, halbgefüllt	20 bis 40 cm	klein
N.-Hybride 'Colossea'	hellrosa, halbgefüllt	80 bis 150 cm	groß
N.-Hybride 'Comanche'	orangerot, halbgefüllt	40 bis 60 cm	klein
N.-Hybride 'Ellisiana'	dunkelrot, halbgefüllt	20 bis 40 cm	klein
N.-Hybride 'Escarboucle'	rubinrot, halbgefüllt	70 bis 90 cm	groß
N.-Hybride 'Formosa' (Bild Seite 194)	dunkelrosa, halbgefüllt	30 bis 50 cm	klein
N.-Hybride 'Froebeli' (Bild Seite 195)	karminrot, halbgefüllt	40 bis 60 cm	mittelgroß
N.-Hybride 'Galatee'	weiß, halbgefüllt	20 bis 40 cm	klein
N.-Hybride 'Gladstoniana'	rot, halbgefüllt	80 bis 150 cm	groß
N.-Hybride 'Gloriosa' (Bild Seite 194)	rosarot, halbgefüllt bis dunkelrot	40 bis 60 cm	mittelgroß
N.-Hybride 'Helen Fowler' (Bild Seite 195)	rosaorange mit weißlichen Rändern, halbgefüllt	40 bis 60 cm	mittelgroß
N.-Hybride 'Hermine'	weiß, halbgefüllt	70 bis 90 cm	groß
N.-Hybride 'Indiana'	gelb, halbgefüllt	20 bis 40 cm	klein
N.-Hybride 'James Brydon' (Bild Seite 194)	dunkelrot, halbgefüllt	50 bis 80 cm	groß
N.-Hybride 'Marliacea Chromatella'	hellgelb, halbgefüllt	70 bis 90 cm	groß
N.-Hybride 'Marliacea Rosea' (Bild Seite 194)	weißlich rosa, halbgefüllt	70 bis 90 cm	groß
N.-Hybride 'Masaniello' (Bild Seite 194)	karmin rosa, halbgefüllt	70 bis 90 cm	groß
N.-Hybride 'Maurice Laydeker' (Bild S. 195)	purpurrot, halbgefüllt	40 bis 60 cm	mittelgroß
N.-Hybride 'Maxima'	rosarot, halbgefüllt	70 bis 90 cm	groß
N.-Hybride 'Norma Gedy'	lachsrosa, halbgefüllt	80 bis 150 cm	groß
N.-Hybride 'Odalisque'	zartrosa, halbgefüllt	30 bis 50 cm	klein
N.-Hybride 'Pygmaea Rubra' (Bild Seite 195)	rot, halbgefüllt	20 bis 40 cm	klein
N.-Hybride 'Pygmaea Helvola'	schwefelgelb, halbgefüllt	20 bis 30 cm	klein
N.-Hybride 'Richardsonii' (Bild Seite 195)	weiß, halbgefüllt	40 bis 60 cm	mittelgroß
N.-Hybride 'Rose Arey'	rosarot, halbgefüllt	40 bis 60 cm	mittelgroß
N.-Hybride 'Rosea'	rosa, halbgefüllt	70 bis 90 cm	groß
N.-Hybride 'Rosennymphe'	hellrosa, halbgefüllt	40 bis 60 cm	groß
N.-Hybride 'Rubra'	rot, halbgefüllt	20 bis 40 cm	klein
N.-Hybride 'Sioux'	rötlich gelb, halbgefüllt bis orangegelb	40 bis 60 cm	mittelgroß
N.-Hybride 'Sulphurea'	gelb, halbgefüllt	70 bis 90 cm	groß
N.-Hybride 'Texas Dawn' (Bild Seite 195)	leuchtend gelb, halbgefüllt	70 bis 90 cm	groß
N.-Hybride 'Virginalis'	weiß, halbgefüllt	80 bis 150 cm	groß
N.-Hybride 'Walter Pagels'	weiß, halbgefüllt	20 bis 40 cm	klein

Gemeine Wassernuss
Trapa natans

Aussehen: schwimmblättrig
Höhe: 1–2 cm
Breite: 50 cm und mehr

Gemeine Wassernuss

Blütezeit: Juni bis August
Blüte: weiß bis unscheinbar
Blätter: sattgrün bis leicht kupferfarbig
Standort: sonnig bis halbschattig
PH-Wert: sauer
Wassertiefe: 0,8–1,5 m
Pflanzabstand: 30–50 cm
Verwendung: Schwimmblatt-pflanze, Flachwasser, auffallende Blätter, anspruchsvoll, bedingt frosthart – in milden Regionen Überwinterung auch im Freiland möglich, bildet Unterwassernüsse

| pflegeleicht, für Einsteiger |

Unterwasserpflanzen

Sumpf-Wasserstern
Callitriche palustris

Aussehen: sternförmige Unter-wasserranken; **Breite:** 50 cm und mehr
Blütezeit: April bis September
Blüte: weiß
Blätter: glänzend hell- bis mittel-grün
Standort: sonnig bis halbschattig

Sumpf-Wasserstern

PH-Wert: sauer bis schwach sauer
Wassertiefe: 40–60 cm
Pflanzabstand: 30–50 cm
Verwendung: Unterwasser-pflanze – bildet im Flachwasser hübsche Unterwasserhorste, rosettenartige Schwimmblätter nach dem Erreichen der Ober-fläche

| pflegeleicht |

Hornkraut
Ceratophyllum demersum
(Bild Seite 194)

Aussehen: flach wachsend
Breite: unbegrenzt
Blütezeit: Juni bis September
Blüte: grünlich
Blätter: dunkelgrün
Standort: sonnig bis halbschattig
PH-Wert: schwach sauer bis alkalisch
Wassertiefe: 60–90 cm
Verwendung: Unterwasser-pflanze, auffallende Blätter, stark nährstoffzehrend, algen-wuchshemmend, im Herbst entstehen Endknospen, die am Teichgrund überwintern

| pflegeleicht |

Wasserpest
Elodea canadensis

Aussehen: breit flach und schnell wachsend; **Höhe:** 30–70 cm; **Breite:** unbegrenzt
Blütezeit: Mai bis August
Blüte: grünlich und weiß
Blätter: grün
Standort: sonnig bis halbschattig
PH-Wert: schwach sauer bis alkalisch
Wassertiefe: 0,3–2 m
Pflanzabstand: 50–80 cm

Wasserpest

Verwendung: Unterwasser-pflanze, algenhemmend, sehr stark wachsend – deshalb in Körbe pflanzen

Fieber-Quellmoos
Fontinalis antipyreticia

Aussehen: Moospolster, flutend wachsend; **Höhe:** 5–10 cm
Breite: überzieht Wurzeln und Steine unbegrenzt, starkwüchsig
Sporen: Mai bis Oktober
Blätter: hell- bis dunkelgrün
Standort: sonnig bis halbschattig
PH-Wert: neutral bis alkalisch

Fieber-Quellmoos

Wassertiefe: 30–70 cm
Verwendung: Unterwasser-pflanze, wächst am besten in kühlem, strömendem Wasser, wertvoller Sauerstoffspender, wirkt wasserreinigend

Papageienfeder
Myriophyllum aquaticum

Aussehen: flach wachsend
Breite: 30 cm bis unbegrenzt
Blütezeit: Juni bis August
Blüte: grünlich
Blätter: gelbgrün
Standort: sonnig bis halbschattig
PH-Wert: schwach sauer bis neutral
Wassertiefe: 0,4–1 m
Pflanzabstand: 30–50 cm

Verwendung: Unterwasser-pflanze, Flachwasser

| Liebhaberpflanze |

Ähriges Tausendblatt
Myriophyllum spicatum

Aussehen: flach wachsend;
Breite: 50 cm bis unbegrenzt
Blütezeit: Juni bis August
Blüte: rosa
Blätter: mittelgrün
Standort: sonnig bis halbschattig
PH-Wert: schwach sauer bis neutral
Wassertiefe: bis 1 m
Pflanzabstand: 30–50 cm
Verwendung: Unterwasser-pflanze, Flachwasser, auffallen-de Blätter, dient Fischen und vielen Kleinlebewesen als Nah-rung, Versteck und Laichplatz

| Liebhaberpflanze |

Quirlblättriges Tausendblatt
Myriophyllum verticillatum

Aussehen: flach wachsend;
Breite: 50 cm bis unbegrenzt
Blütezeit: Juni bis August
Blüte: rosa
Blätter: hellgrün
Standort: sonnig bis halbschattig
PH-Wert: sauer bis schwach sauer
Wassertiefe: bis 1 m
Pflanzabstand: 30–50 cm
Verwendung: Unterwasser-pflanze, Flachwasser, dient Fischen und vielen Kleinlebe-wesen als Nahrung, Versteck und Laichplatz

Krauses Laichkraut
Potamogeton crispus

Aussehen: aufrecht wachsend
Breite: unbegrenzt starkwüchsig
Blütezeit: Juni bis August
Blüte: grünlich
Blätter: mittel- bis dunkelgrün
Standort: sonnig bis halbschattig
PH-Wert: sauer bis schwach sauer
Wassertiefe: 0,3–2 m
Pflanzabstand: 40–60 cm
Verwendung: attraktive Unter-wasser- und Schwimmblatt-pflanze, Flachwasser, Sauer-stoffspender

| pflegeleicht |

Aloe Vera (S. 210)

Zitronenverbene (S. 211)

Engelwurz (S. 211)

Garten-Kresse (S. 215)

Wermut (S. 212)

Löffelkraut (S. 213)

Koriander (S. 213)

Johanniskraut (S. 214)

Echte Brunnenkresse (S. 217)

Gemeiner Andorn (S. 215)

Grüne Minze (S. 216)

Bärwurz (S. 216)

Knoblauch (S. 210)

Gewöhnlicher Dost (S. 218)

Kümmel (S. 212)

Spitzwegerich (S. 218)

Muskateller-Salbei (S. 220)

Gemeiner Beinwell (S. 221)

Rainfarn (S. 222)

Kleinblütige Königskerze (S. 223)

Kräuter

Eisenkraut (S. 223)

Estragon (S. 212)

Gewöhnl. Frauenmantel (S. 210)

Garten-Sauerampfer (S. 219)

Barbarakresse (S. 212)

Indianernessel (S. 216)

Sanikel (S. 220)

Zitronengras (S. 213)

Heil- und Gewürzpflanzen

Jahrhundertealte Liebe

Schon im Altertum betrieb man um die sagenumwobenen Pflanzen einen wahren Kult, dem im Mittelalter neues Leben eingehaucht wurde. Heute ist die Mystik der Kräuter kaum noch spürbar. Eines haben sich die Kräuter jedoch behalten – sie würzen und heilen noch genauso wie vor Tausenden von Jahren. Der kleine Unterschied zu damals besteht darin, dass die Wissenschaft die Kräuter untersucht hat und heute fundierte Kenntnisse über die Kräuterkunde existieren. Die würzenden und heilenden Pflanzen lassen sich in jedem Garten anbauen, so dass die positiven Eigenschaften für jedermann nutzbar sind.

Kräuter im Garten

Es kann zu einer Leidenschaft werden, Kräuter im Garten zu pflegen. Die vielen Düfte, die einem in die Nase steigen, die farbenfrohen Blüten, die von Bienen und Schmetterlingen besucht werden, und die verschiedene Blattformen und -ober-flächen reizen die menschlichen Sinne. Bei den Gartenformen verbindet man Kräuter häufig mit der gleichnamigen Spirale. Kräuterspiralen lassen sich auf kleinem Raum anlegen und bieten für jedes Kraut einen geeigneten Lebensraum. Den oberen trockenen Bereich besiedeln vorrangig mediterrane Kräuter, wie zum Beispiel Lavendel, Salbei oder Thymian. Am Fuße befindet sich in der Regel ein kleiner Teich oder einer Wasserstelle, die für eine höhere Boden- und Luftfeuchte sorgen. Alant, Baldrian oder Liebstöckel fühlen sich unter diesen Bedingungen sehr wohl. Kräuterspiralen lassen sich auf kleiner Fläche anlegen oder bis hin zu begehbaren Bauwerken gestalten.

Hoch- oder Hügelbeete

für Kräuter, Gemüse und Blumen sind vergleichsweise platzsparend. Hochbeete werden durch Holzbretter oder Steineinfassungen eingegrenzt. Sie haben den Vorteil, dass sich der Wasserabzug verbessert und der Boden sich im Frühjahr schneller erwärmt. Hügelbeete

Kräuter faszinieren – in Essig oder Öl, als Likör oder Schnaps, in Salz, als Tee oder ganz einfach frisch.

unterscheiden sich lediglich in der fehlenden Abgrenzung.

Themenbeete sind aus Apothekergärten bekannt. Jedes einzelne Beet beinhaltet die passenden Kräuter für eine Krankheit oder ein Leiden. Dabei kommen die Kräuter auf mehreren Beeten vor, da sie Linderung bei verschiedenen Beschwerden versprechen.

Die Geschichte der Kreuzgärten reicht bis in die Zeit des Alten Roms zurück. Ein rechteckiges oder quadratisches Beet wird durch zwei Wege in vier gleiche Teile geteilt, die von niedrigen Kräuterhecken umgeben werden. Der Schnittpunkt der Wege bildet das Zentrum des Gartens. Früher wurden an diesen Stellen Brunnen errichtet, heutzutage können es auch Kräuterrondells oder Bepflanzungen aus hochwachsenden Kräutern sein.

Der Senkgarten ähnelt häufig dem Kreuzgarten. Jedoch unterscheidet ihn, dass er sich nicht auf ebener Erde befindet, sondern bis zu einem Meter abgesenkt ist. Durch die niedrige Lage kommen hier die Aromen und Düfte gut zu Geltung.

Die Verwendungsmöglichkeiten lassen sich jedoch nicht nur auf den Kräutergarten beschränken. Zwischen Gemüse gepflanzt helfen die aromatischen Pflanzen, in der Mischkultur Schädlinge fernzuhalten. Im Ziergarten helfen Kräuter ebenfalls durch ihren Duft, Schädlinge abzuwehren. Als Nebenwirkung wird vielfach der Blütenduft verstärkt.

Kräutertöpfe und Kübel

Die meisten Kräuter lassen sich auch im Topf halten. Diese transportable Möglichkeit macht sie für Fensterbänke, Balkone und Terrassen interessant. Durch ihr Aroma beleben sie die ganze Umgebung, besonders wenn sie in den Abendstunden mit Wasser besprüht werden. Am beliebtesten

Kräuterstecklinge

Stecklinge lassen sich unter einer Plastiktüte gut bewurzeln.

sind mediterrane Kräuter, beispielsweise Lavendel, Rosmarin, Thymian oder auch das Bohnenkraut. Kräutertöpfe am Küchenfenster machen jedem Koch das Leben leicht. Mit einem Griff hat er das frische Kraut zur Hand. Stark duftende Küchenkräuter erfrischen dabei nicht nur den Raum, sondern halten auch aufdringliche Insekten fern.

Anzucht und Pflege von Kräutern

Die Aussaat gelingt bei den meisten Kräutern. Man kann sich für die geschützte Vorkultur am Fenster oder im Gewächshaus oder für die Direktsaat im Freiland entscheiden. Die Vorkultur bringt jedoch frühere Ernten ein. Gesät wird ab März. Auflaufende Keimlinge können vereinzelt und in Töpfe oder Vermehrungsschalen umgesetzt werden. Sobald kein

Frost mehr droht, pflanzt man sie ins Freiland. Die Direktsaat kann bereits im April stattfinden.

Im Gegensatz zu fast allen anderen Pflanzen sind nur geringe Nährstoffgaben während der Wachstumszeit empfehlenswert, um einen möglichst hohen Wirkstoffgehalt zu erreichen. Vermehrt werden Kräuter durch Samen, Stecklinge, Teilung und Ableger beziehungsweise Absenker. Nahezu alle wichtigen und einjährigen Kräuter lassen sich durch Samen vermehren. Stecklinge werden im Frühsommer von Bohnenkraut, Lavendel, Minze, Salbei und Thymian geschnitten. Dabei werden junge, ausgereifte Triebe mit einer Länge von fünf Blattpaaren zurechtgeschnitten. Sie werden anschließend in Stecklingssubstrat gesteckt und unter gestauter Luft (unter einer Plastikfolie) bewurzelt.

Kräuter kann man sehr leicht in Töpfen und Kästen pflegen – und das rund ums Jahr.

Wurzelkräuter wie Alant und Baldrian werden im Frühjahr oder Herbst geteilt.

Kräuter ernten und trocknen

Frisch oder getrocknet – Kräuter lassen sich vielseitig verwenden. Frischkräuter, wie sie in der Küche verlangt werden, lassen sich das gesamte Gartenjahr ernten. Sollen sie jedoch durch Trocknen haltbar gemacht werden, muss der richtige Erntezeitpunkt beachtet werden. Die meisten Kräutern werden kurz vor der Blüte oder zu Beginn der Blüte geerntet. Zu diesen Zeiten haben die Pflanzen ihren höchsten Wirkstoffgehalt. Bei der Ernte des Sprosses wird die Pflanze fünf bis zehn Zentimeter über dem Erdboden abgeschnitten. Blätter werden in der Regel ohne Stiel geerntet. Die Samenernte erfolgt erst, wenn der Samen völlig ausgereift ist. Das lässt sich feststellen, indem man mit der Hand locker versucht, die Samen aus den Fruchtstän-

den zu lösen. Gelingt das ohne Probleme, werden die gesamten Fruchtstände geerntet. Bei der Ernte von Wurzeln muss man sich bis zur Ruhezeit im Herbst gedulden. Erst dann werden sie ausgegraben und vor dem Trocknen von allem Schmutz befreit. Starke Wurzeln lassen sich besser trocknen, indem man sie längs in mehrere Scheiben schneidet.

Als Trocknungsplatz eignen sich luftige, schattige Plätze, wie zum Beispiel Schuppen oder Dachböden. Geerntete Sprosse werden zu kleinen Bündeln geschnürt und kopfüber aufgehängt. Im besten Fall sind sie nach ungefähr fünf Tagen getrocknet. Ebenfalls kopfüber werden die Fruchtstände aufgehängt. Um die reifen Samen aufzufangen, stellt man ein Tablett darunter. Blätter und Blüten werden in luftige Kisten nebeneinander gelegt und getrocknet. Hierzu eignen sich auch Siebe. Ist das Erntegut trocken, kann es in dunkle Gefäße gefüllt und ungefähr ein halbes bis ein Jahr aufbewahrt werden.

Zum Trocknen braucht man einen trockenen, sonnengeschützten Platz.

Heimische Schafgarbe
Achillea millefolium

Aussehen: flach wachsend mit unter der Erde kriechendem Wurzelstock, schnell wachsend
Höhe: 30–50 cm
Breite: 8–10 cm
Blütezeit: Juni bis Oktober
Blüte: weiß, rosa oder rot
Standort: sonnig
Boden: schwach sauer bis neutral; mäßig trocken bis frisch; durchlässig, sandig-lehmig
Nährstoffbedarf: ausgeglichen bis hoch; **Bewässerung:** wenig bis regelmäßig
Pflanzabstand: 30–40 cm
Schnittmaßnahmen: Rückschnitt des Sprosses im Herbst
Ernte: frische Blätter ab Mai, blühendes Kraut zwischen Juni und Oktober
Verwendung: Heilkraut, Küchenkraut (junge Blätter), intensiv duftend, für bunte Beet- und Staudenpflanzung, Schnittblume, Trockenfloristik, lockt Bienen und Schmetterlinge an, arttypischer Geruch

pflegeleicht, für Einsteiger, für kleine Gärten

Gewöhnlicher Frauenmantel
Alchemilla xanthochlora
(Bild Seite 207)

Aussehen: rundlich, horstbildend, schnell wachsend
Höhe: 10–50 cm
Breite: 60 cm
Blütezeit: Mai bis August
Blüte: grünlich gelb
Standort: sonnig bis halbschattig
Boden: sauer bis neutral frisch bis feucht; sandig-humos, sandig-lehmig
Nährstoffbedarf: ausgeglichen
Bewässerung: regelmäßig bis häufig
Pflanzabstand: 30–50 cm
Ernte: Blätter oder blühendes Kraut von Mai bis August
Verwendung: Heilkraut, für bunte Beet- und Staudenpflanzung, Gehölzrand, flächendeckende Bodenbegrünung, auffallende Blätter und Wuchs

pflegeleicht, für Einsteiger

Knoblauch-Kraut, Lauchkraut, Knoblauchsrauke
Alliaria petiolata

Aussehen: aufrecht buschig
Höhe: 0,4 bis 1,2 m
Breite: 50 cm

Knoblauch-Kraut

Blütezeit: April bis Juni
Blüte: weiß
Standort: halbschattig
Boden: schwach sauer bis schwach alkalisch; frisch bis feucht; durchlässig, sandig-lehmig
Nährstoffbedarf: ausgeglichen bis hoch; **Bewässerung:** regelmäßig bis häufig
Pflanzabstand: 20–30 cm
Ernte: frische Blätter von Mai bis Juli
Verwendung: Küchenkraut, intensiv duftend, lockt Bienen und Schmetterlinge an, kann wuchern, zweijährig

pflegeleicht

Knoblauch
Allium sativum (Bild Seite 206)

Aussehen: aufrecht, horstbildend, Zwiebelpflanze
Höhe: 0,7–1 m; **Breite:** 20–30 cm
Blütezeit: Juli bis August
Blüte: rötlich weiß
Standort: sonnig

Boden: schwach sauer bis alkalisch; frisch bis feucht; durchlässig, sandig, humusreich
Nährstoffbedarf: ausgeglichen
Bewässerung: regelmäßig bis häufig
Pflanzabstand: 20 cm
Ernte: nach Abwelken der Blätter die Zwiebeln ausgraben
Verwendung: Küchengewürz, intensiver Geruch, lockt Bienen und Schmetterlinge an

pflegeleicht

Schnittlauch
Allium schoenoprasum

Aussehen: aufrecht, horstbildend; **Höhe:** 20–30 cm
Breite: 5 cm
Blütezeit: Juni bis August
Blüte: violett
Standort: sonnig

Schnittlauch

Boden: schwach sauer bis alkalisch; frisch bis feucht; durchlässig, sandig-lehmig
Nährstoffbedarf: ausgeglichen bis hoch; **Bewässerung:** regelmäßig bis häufig
Pflanzabstand: 20 cm
Ernte: frische Blätter ab April, Blüten zur Blütezeit
Verwendung: Küchenkraut, intensiv duftend, lockt Bienen und Schmetterlinge an, auffallende Blüten

pflegeleicht, für Einsteiger, für kleine Gärten

Bärlauch, Heimischer Bärenlauch
Allium ursinum

Aussehen: aufrecht, horstbildend; **Höhe:** 20–30 cm
Breite: 10 cm

Bärlauch

Blütezeit: Mai
Blüte: weiß
Standort: halbschattig
Boden: schwach sauer bis alkalisch; frisch bis feucht; durchlässig, humos
Nährstoffbedarf: ausgeglichen
Bewässerung: regelmäßig bis häufig
Pflanzabstand: 20 cm
Ernte: Blätter von März bis Mai
Verwendung: Küchenkraut, lockt Bienen und Schmetterlinge an, auffallende Blätter, intensiv nach Knoblauch riechend, kann sich stark ausbreiten

pflegeleicht, für Einsteiger

Aloe Vera
Aloe vera (Bild Seite 206)

Aussehen: rosettenbildend
Höhe: 50–70 cm; **Breite:** 60 cm
Blütezeit: Juli bis August
Blüte: gelb
Standort: sonnig
Boden: schwach sauer bis schwach alkalisch; mäßig trocken bis frisch; durchlässig, sandig-lehmig
Nährstoffbedarf: ausgeglichen
Bewässerung: wenig bis regelmäßig
Überwinterung: vor dem ersten Frost ins helle Winterquartier schaffen (5 bis 10 °C)
Ernte: ganzjährig untere Blätter

Verwendung: Heil- und Kübelpflanze für Balkon und Terrasse, auch als Zimmerpflanze am Südfenster zu kultivieren, auffallende Blätter, nicht winterhart – frostfrei überwintern

pflegeleicht, für Einsteiger

Zitronenverbene, Zitronenstrauch
Aloysia triphylla (Bild Seite 206)

Aussehen: aufrecht buschig, schnell wachsend; **Höhe:** 1–3 m
Breite: 0,6–2,5 m
Blütezeit: August bis September
Blüte: blass fliederfarben bis weiß
Standort: sonnig
Boden: schwach sauer bis alkalisch; mäßig trocken bis frisch; durchlässig, sandig-lehmig
Nährstoffbedarf: ausgeglichen;
Bewässerung: wenig bis regelmäßig, im Winter kaum
Schnittmaßnahmen: alle Triebe im Herbst oder zeitigen Frühjahr auf bis zu 30 cm zurückschneiden; **Überwinterung:** vor dem ersten Frost ins Winterquartier holen (3–5 °C)
Ernte: frische Blätter von Mai bis August, im Spätsommer abschneiden zum Trocknen
Verwendung: Küchenkraut, Teekraut, intensiv duftend, Kübelpflanze für Balkon und Terrasse

pflegeleicht, für Einsteiger

Echter Eibisch, Samtpappel
Althaea officinalis

Aussehen: straff aufrecht, horstbildend, vieltriebig
Höhe: 1,5 bis 2 m; **Breite:** 1–1,5 m

Blütezeit: Juli bis September
Blüte: zartrosa
Standort: sonnig
Boden: schwach sauer bis schwach alkalisch; frisch; durchlässig, sandig-lehmig
Nährstoffbedarf: ausgeglichen
Bewässerung: regelmäßig
Pflanzabstand: 60–80 cm
Schnittmaßnahmen: Rückschnitt des Sprosses im Herbst
Ernte: Blätter von Mai bis Juli, Blüten im Sommer, Wurzeln von Oktober bis April
Verwendung: Heilkraut, für bunte Beet- und Staudenpflanzung, lockt Bienen und Schmetterlinge an

pflegeleicht, für Einsteiger

Dill
Anethum graveolens

Aussehen: aufrecht
Höhe: 0,6–1 m; **Breite:** 30 cm
Blütezeit: Juli bis August
Blüte: tiefgelb
Standort: sonnig

Dill

Boden: schwach sauer bis schwach alkalisch; mäßig trocken bis frisch; durchlässig, sandig-humos
Nährstoffbedarf: ausgeglichen bis hoch; **Bewässerung:** wenig bis regelmäßig
Pflanzabstand: 20–25 cm
Ernte: Blätter und junge Triebe bereits nach sechs Wochen nach Aussaat, Dolden vor und nach der Blüte
Verwendung: Küchenkraut, intensiv duftend, auffallende Blätter und Blüten, einjährig

für Einsteiger

Engelwurz, Brustwurz
Angelica archangelica
(Bild Seite 206)

Aussehen: aufrecht buschig, horstbildend, schnell wachsend
Höhe: 1,5 bis 2,5 m
Breite: 0,9–1,2 m
Blütezeit: Juni bis August
Blüte: grünlich
Standort: sonnig
Boden: schwach sauer bis schwach alkalisch; frisch bis feucht; sandig-humos, sandig-lehmig
Nährstoffbedarf: ausgeglichen bis hoch; **Bewässerung:** regelmäßig bis häufig
Pflanzabstand: 50–60 cm
Ernte: frische Triebe und Blätter ab Juni, Wurzelstöcke im Herbst des zweiten Jahres (getrocknet aufbewahren)
Verwendung: Küchenkraut, lockt Bienen und Schmetterlinge an, auffallender Wuchs, riecht kräftig

pflegeleicht, für Einsteiger

Kerbel
Anthriscus cerefolium

Aussehen: aufrecht; **Höhe:** 40–60 cm; **Breite:** 20–30 cm
Blütezeit: Juni bis August
Blüte: weiß
Standort: sonnig bis halbschattig
Boden: schwach sauer bis schwach alkalisch; mäßig trocken bis frisch; durchlässig
Nährstoffbedarf: ausgeglichen;
Bewässerung: wenig bis regelmäßig
Pflanzabstand: 15 bis 20 cm
Ernte: im Mai junge Triebe und Blätter

Kerbel

Verwendung: Küchenkraut, intensiv duftend, lockt Bienen und Schmetterlinge an, auch für Balkon und Terrasse, einjährig

pflegeleicht

Berg-Arnika, Berg-Wohlverleih
Arnica montana

Aussehen: horstbildend
Höhe: 30–50 cm; **Breite:** 30 cm

Berg-Arnika

Echter Eibisch

Blütezeit: Mai bis Juli
Blüte: goldgelb bis orangegelb
Standort: sonnig
Boden: sauer bis schwach sauer; frisch; durchlässig, sandig-humos
Nährstoffbedarf: sehr gering
Bewässerung: regelmäßig
Pflanzabstand: 25 bis 30 cm
Ernte: Blüten ab Juni, Wurzelstöcke im Herbst
Verwendung: Heilpflanze, für bunte Beet- und Staudenpflanzung, lockt Bienen und Schmetterlinge an, auffallende Blüten

Liebhaberpflanze, anspruchsvoll

Estragon
Artemisia dracunculus
(Bild Seite 207)

Aussehen: aufrecht buschig
Höhe: 0,6–1,2 m
Breite: 60–80 cm
Blütezeit: Juli bis August
Blüte: weißlich
Standort: sonnig

Beifuß

Boden: schwach sauer bis schwach alkalisch; mäßig trocken bis frisch; durchlässig
Nährstoffbedarf: ausgeglichen bis hoch; **Bewässerung:** wenig bis regelmäßig
Pflanzabstand: 40 cm
Schnittmaßnahmen: Rückschnitt des Sprosses im Herbst
Ernte: frische Triebspitzen ab Mai oder Juni bis Spätherbst, zum Trocknen vor Blüte ernten
Verwendung: Küchenkraut, für bunte Beet- und Staudenpflanzung, intensiver Geruch

pflegeleicht, für Einsteiger

Barbarakresse, Barbenkraut, Winterkresse
Barbarea vulgaris (Bild Seite 207)

Aussehen: aufrecht, horstbildend; **Höhe:** 20–60 cm
Breite: 20 cm
Blütezeit: April bis Juni
Blüte: gelb
Standort: sonnig, halbschattig
Boden: schwach sauer bis schwach alkalisch; frisch; durchlässig, sandig-lehmig
Nährstoffbedarf: ausgeglichen
Bewässerung: regelmäßig
Pflanzabstand: 20–25 cm
Ernte: ganzjährig junge Blätter und Triebe
Verwendung: Küchenkraut, Geschmack kresseartig, zweijährig

pflegeleicht, für Einsteiger, für kleine Gärten

Echter Ziest, Heil-Ziest
Betonica officinalis

Aussehen: aufrecht, horstbildend; **Höhe:** 40–60 cm
Breite: 20–30 cm
Blütezeit: Juni bis August
Blüte: leuchtend purpurrot
Standort: sonnig
Boden: schwach sauer bis schwach alkalisch; mäßig trocken bis frisch; durchlässig

Nährstoffbedarf: ausgeglichen
Bewässerung: wenig bis regelmäßig
Pflanzabstand: 20–30 cm
Ernte: junge Blätter ab Mai, blühende Stängel während der Blütezeit
Verwendung: Heilkraut, lockt Bienen und Schmetterlinge an, auffallende Blätter

pflegeleicht, für Einsteiger, für kleine Gärten

Borretsch
Borago officinalis

Aussehen: aufrecht, schnell wachsend
Höhe: 40–60 cm
Breite: 35 bis 50 cm
Blütezeit: Juni bis September
Blüte: leuchtend blau
Standort: sonnig, halbschattig
Boden: anpassungsfähig; mäßig trocken bis frisch; durchlässig, kalkhaltig
Nährstoffbedarf: ausgeglichen bis hoch; **Bewässerung:** wenig bis regelmäßig
Pflanzabstand: 25 cm
Ernte: junge Blätter und Blüten

Borretsch

ab Mai bis Oktober
Verwendung: Küchenkraut, auffallende Blätter und Blüten, einjährig

pflegeleicht, für Einsteiger

Kümmel
Carum carvi (Bild Seite 206)

Aussehen: aufrecht
Höhe: 0,3–1 m
Breite: 20–40 cm
Blütezeit: Mai bis Juni
Blüte: weiß
Standort: sonnig
Boden: sauer bis alkalisch; mäßig trocken; durchlässig
Nährstoffbedarf: ausgeglichen bis hoch
Bewässerung: wenig
Pflanzabstand: 25 bis 35 cm
Ernte: Samen zur Samenreife
Verwendung: Küchengewürz, Heilpflanze, intensiv duftend, für bunte Beet- und Staudenpflanzung, lockt Bienen und Schmetterlinge an, auffallende Blüten, Sträuße zum Trocknen aufhängen

pflegeleicht, für Einsteiger

Vier *Artemisia*-Arten

Botanischer Name	Deutscher Name	Aussehen	Höhe	Tipps
A. abrotanum	Eberraute	aufrecht buschig	0,7–1 m	markanter Geruch, vertreibt Motten und Ungeziefer
A. absinthium (Bild Seite 206)	Wermut, Absinth	aufrecht buschig, horstbildend	0,5–1 m	wirkt bei Appetitlosigkeit und Verdauungsstörungen
A. pontica	Römischer Wermut	kompakt buschig	50–70 cm	bestes Wermutaroma
A. vulgaris	Beifuß	aufrecht	0,8–1,2 m	verdauungsfördernd bei fetten Fleischgerichten

Balsamstrauch
Cedronella canariensis

Aussehen: aufrecht, strauchförmig; **Höhe:** 0,7–1,2 m
Breite: 50–70 cm

Balsamstrauch

Blütezeit: Juli bis August
Blüte: weiß bis fliederfarben
Standort: sonnig
Boden: schwach sauer bis
schwach alkalisch; frisch; durch-
lässig, sandig-humos
Nährstoffbedarf: ausgeglichen
bis hoch; **Bewässerung:** regel-
mäßig
Überwinterung: im hellen
Winterquartier (5 bis 7 °C)
Ernte: frische Blätter ab Mai vor
der Blüte
Verwendung: Teekraut, intensiv
duftend, Kübelpflanze für
Balkon und Terrasse, auffallende
Blätter, nicht frosthart

> pflegeleicht

Echtes Tausend-
güldenkraut
Centaurium erythraea

Aussehen: aufrecht wachsend;
Höhe: 50 cm; **Breite:** bis 20 cm
Blütezeit: Juli bis September
Blüte: rosa
Standort: sonnig bis halbschattig
Boden: neutral; humos; locker
Nährstoffbedarf: ausgeglichen
Bewässerung: bei anhaltender
Trockenheit wässern
Ernte: blühendes Kraut

Echtes Tausendgüldenkraut

Pflanzabstand: 50 cm
Verwendung: Tee, Zusatz für
Liköre und Kräuterweine,
Kräuterspirale, Beet, in der
Natur streng geschützt

> pflegeleicht, für Einsteiger

Löffelkraut, Löffelkresse
Cochlearia officinalis
(Bild Seite 206)

Aussehen: horstbildend,
kompakt wachsend
Höhe: 20–30 cm; **Breite:** 20 cm
Blütezeit: April bis Juni
Blüte: weiß
Standort: sonnig bis halbschattig
Boden: neutral, ausgeglichen;
frisch bis feucht; sandig-lehmig,
humos
Nährstoffbedarf: ausgeglichen
Bewässerung: regelmäßig bis
häufig
Pflanzabstand: 20 cm
Ernte: ganzjährig Blätter,
schmecken salzig, leicht bitter,
nur frisch verwenden
Verwendung: Küchenkraut,
Heil- und Würzkraut, auffallende
Blätter, lockt Bienen und Hum-
meln an

> pflegeleicht, für Einsteiger

Koriander, Wanzenkraut
Coriandrum sativum
(Bild Seite 206)

Aussehen: aufrecht
Höhe: 40–50 cm; **Breite:** 20 cm
Blütezeit: Juni bis Juli
Blüte: weiß

Koriander

Standort: sonnig
Boden: neutral, ausgeglichen;
mäßig trocken bis frisch; durchlässig, humos
Nährstoffbedarf: ausgeglichen
Bewässerung: wenig bis regelmäßig, Jungpflanzen brauchen
sehr viel Wasser
Ernte: reife Samen ab August
Verwendung: Küchengewürz,
intensiv duftend, lockt Bienen
und Schmetterlinge an,
auffallende Blüten, einjährig

> pflegeleicht, für Einsteiger

Zitronengras
Cymbopogon citratus
(Bild Seite 207)

Aussehen: aufrecht bis überhängend, horstbildend; **Höhe:**
0,9–1,5 m; **Breite:** 70–90 cm
Standort: sonnig
Boden: neutral, ausgeglichen;
frisch bis feucht; durchlässig
Nährstoffbedarf: ausgeglichen
bis hoch; **Bewässerung:** regelmäßig bis häufig
Überwinterung: hell überwintern
(10 bis 13 °C)
Ernte: junge Sprossspitzen ab
Juni aus der Pflanze herausknei-
fen
Pflanzabstand: 3–4 Pflanzen im
großen Topf
Verwendung: Küchenkraut –
toll für Fischsuppen, Teekraut,
auffallende Blätter und Wuchs,
nicht frosthart

> Liebhaberpflanze

Fenchel
Foeniculum vulgare

Aussehen: aufrecht, schnell
wachsend; **Höhe:** 0,8–2 m
Breite: 50 cm
Blütezeit: Juli bis August
Blüte: gelb
Standort: sonnig
Boden: neutral, ausgeglichen;
frisch; durchlässig, sandig-
lehmig

Fenchel

Nährstoffbedarf: ausgeglichen
Bewässerung: regelmäßig
Pflanzabstand: 40 cm;
Schnittmaßnahmen: Rückschnitt des Sprosses im Herbst
Ernte: frische Blätter ab Juni, Samen ab der Samenreife im Spätsommer
Verwendung: Küchen-, Tee- und Heilkraut, intensiv duftend, für bunte Beet- und Staudenpflanzung, lockt Bienen und Schmetterlinge an, vor Schnecken schützen, empfindlich gegen Kahlfrost – Frostschutz geben

pflegeleicht, für Einsteiger

Heimischer Waldmeister
Galium odoratum

Aussehen: breit- und kompakt wachsend; **Höhe:** 15–60 cm
Breite: 30 cm und mehr
Blütezeit: April bis Mai
Blüte: weiß
Standort: halbschattig bis schattig
Boden: alkalisch; frisch; durchlässig, humos
Nährstoffbedarf: ausgeglichen
Bewässerung: regelmäßig
Pflanzabstand: 20–25 cm
Ernte: das ganze Kraut kurz vor der Blüte im Mai
Verwendung: Küchen- und Heilkraut, intensiv duftend, Gehölzrand, lockt Bienen und Schmetterlinge an, bodende-

ckend, Vorsicht: nur in kleinen Mengen genießen

pflegeleicht, für Einsteiger

Johanniskraut
Hypericum perforatum
(Bild Seite 206)

Aussehen: aufrecht; **Höhe:** 30–90 cm; **Breite:** 30–50 cm
Blütezeit: Juni bis August
Blüte: leuchtend gelb
Standort: sonnig
Boden: schwach sauer bis neutral; trocken bis frisch; anpassungsfähig, durchlässig
Nährstoffbedarf: gering, im Sommer etwas abgelagerten Kompost geben; **Bewässerung:** sehr wenig bis regelmäßig
Schnittmaßnahmen: Rückschnitt des Sprosses im Herbst
Ernte: blühende Sprossspitzen ab Juni
Verwendung: Teekraut, für Kräuteröl, Heilkraut, bunte Beet- und Staudenpflanzung, lockt Bienen und Schmetterlinge an, auffallende Blüten, **Vorsicht:** nur in kleinen Mengen verwenden

pflegeleicht, für Einsteiger

Ysop, Apotheker-Ysop
Hyssopus officinalis

Aussehen: aufrecht buschig, kompakt wachsend
Höhe: 30–60 cm

Apotheker-Ysop

Breite: 20–40 cm
Blütezeit: Juli bis August
Blüte: blauviolett bis violett
Standort: sonnig
Boden: kalkhaltig; mäßig trocken bis frisch; anpassungsfähig, durchlässig, humos
Nährstoffbedarf: ausgeglichen
Bewässerung: wenig bis regelmäßig
Pflanzabstand: 30 cm
Schnittmaßnahmen: Rückschnitt im Herbst
Ernte: frisches Kraut bis zur Blüte
Verwendung: Küchen- und Heilkraut, intensiv duftend, für bunte Beet- und Staudenpflanzung, lockt Bienen und Schmetterlinge an

pflegeleicht, für kleine Gärten

Echter Alant
Inula helenium

Aussehen: aufrecht buschig, horstbildend, schnell wachsend
Höhe: 0,8–2 m; **Breite:** 0,8–1,2 m
Blütezeit: Juli bis September
Blüte: leuchtend gelb
Standort: sonnig
Boden: neutral, ausgeglichen; trocken bis frisch; sandig-lehmig, tiefgründig, nährstoffreich
Nährstoffbedarf: hoch, im Sommer abgelagerten Kompost geben
Bewässerung: sehr wenig bis regelmäßig

Echter Alant

Pflanzabstand: 50 cm
Ernte: Wurzeln im Herbst des zweiten Jahres ausgraben
Verwendung: Naturkosmetik, Küchen- und Heilkraut, für bunte Beet- und Staudenpflanzung, Schnittblume, lockt Bienen und Schmetterlinge an, auffallender Wuchs

pflegeleicht, für Einsteiger

Echter Lavendel
Lavandula angustifolia

Aussehen: aufrecht buschig
Höhe: 40–60 cm
Breite: 30–40 cm
Blütezeit: Juli bis August
Blüte: violett

Heimischer Waldmeister

Echter Lavendel

Standort: vollsonnig
Boden: neutral bis alkalisch; mäßig trocken; durchlässig
Nährstoffbedarf: ausgeglichen
Bewässerung: wenig, vor Staunässe schützen
Pflanzabstand: 30 cm; **Schnittmaßnahmen:** vor dem Einwintern oder im zeitigen Frühjahr bis zum alten Holz zurückschneiden
Ernte: ab Mai junge Triebe und frische Blätter, nach Öffnen der Blüte bündeln und zum Trocknen aufhängen
Verwendung: Küchenkraut, intensiv duftend, für bunte Beet- und Staudenpflanzung, Steingarten, für Trockenbereiche in der Kräuterspirale, lockt Bienen und Schmetterlinge an, zu „Duftsäckchen" verarbeiten und zwischen die Wäsche legen – hält Motten ab

pflegeleicht, für Einsteiger, für kleine Gärten

Breitblättriger Lavendel, Speik-Lavendel
Lavandula latifolia

Aussehen: aufrecht buschig
Höhe: 50–70 cm
Breite: 30–50 cm
Blütezeit: Juli bis August
Blüte: violett
Standort: sonnig
Boden: neutral bis alkalisch; mäßig trocken; durchlässig
Nährstoffbedarf: ausgeglichen
Bewässerung: wenig
Pflanzabstand: 30 cm
Schnittmaßnahmen: vor dem Einwintern oder im zeitigen Frühjahr bis zum alten Holz zurückschneiden
Ernte: blühende Blütenköpfe
Verwendung: für bunte Beet- und Staudenpflanzung, Trockensträuße, mäßig frosthart – geschützter Standort ist empfehlenswert

pflegeleicht, für Einsteiger

Garten-Kresse
Lepidium sativum
(Bild Seite 206)

Aussehen: aufrecht
Höhe: 20–30 cm
Breite: 15–30 cm
Blütezeit: Mai bis August
Blüte: weiß
Standort: sonnig, halbschattig
Boden: schwach sauer bis schwach alkalisch; frisch; fruchtbar, sandig-lehmig
Nährstoffbedarf: ausgeglichen
Bewässerung: regelmäßig
Pflanzabstand: 15 cm
Ernte: frische Blätter
Verwendung: Küchenkraut, bunte Beet- und Staudenpflanzung, Zimmerkultur, gut als Rohkost, einjährig

pflegeleicht, für Einsteiger, für kleine Gärten

Liebstöckel, Maggikraut
Levisticum officinale

Aussehen: aufrecht buschig, horstbildend, schnell wachsend, stark verzweigende Wurzelstöcke; **Höhe:** 1–2 m
Breite: 0,7–1 m

Liebstöckel

Blütezeit: Juli bis August
Blüte: gelbgrüne Dolden
Standort: sonnig, halbschattig
Boden: schwach sauer bis schwach alkalisch; frisch; gut fruchtbar, sandig-lehmig
Nährstoffbedarf: ausgeglichen bis hoch; **Bewässerung:** regelmäßig
Pflanzabstand: 30–40 cm
Schnittmaßnahmen: Rückschnitt des Sprosses im Herbst
Ernte: frische Blätter ab Mai, Wurzeln im Herbst des zweiten Jahres
Verwendung: Küchenkraut Heilpflanze (Wurzeln), intensiv duftend, bunte Beet- und Staudenpflanzung, lockt Bienen und Schmetterlinge an, braucht viel Platz, ältere Pflanzen stützen

pflegeleicht, für Einsteiger

Gemeiner Andorn, Mäuseohr
Marrubium vulgare
(Bild Seite 206)

Aussehen: kompakt buschig, Blätter dekorativ behaart; **Höhe:** 30–50 cm; **Breite:** 30–60 cm
Blütezeit: Juni bis August

Blüte: weiß
Standort: vollsonnig, heiß
Boden: schwach sauer bis schwach alkalisch; trocken; durchlässig
Nährstoffbedarf: gering; **Bewässerung:** wenig, Dauernässe wird nicht vertragen
Pflanzabstand: 20–30 cm
Ernte: Spross während der Blütezeit
Verwendung: Heilkraut, für bunte Beet- und Staudenpflanzung, Steingarten, für Trockenbereiche in der Kräuterspirale, auffallende Blätter, vor Bodenfrösten schützen

pflegeleicht, für Einsteiger, für kleine Gärten

Echte Kamille
Matricaria recutita

Aussehen: aufrecht wachsend
Höhe: 40–50 cm; **Breite:** 10–15 cm
Blütezeit: Juni bis August
Blüte: weiß mit gelber Mitte
Standort: vollsonnig
Boden: schwach sauer bis schwach alkalisch; mäßig trocken bis frisch; lehmig humos, durchlässig
Nährstoffbedarf: ausgeglichen
Bewässerung: regelmäßig
Pflanzabstand: 20–25 cm
Ernte: zur Blütezeit die Blütenköpfchen

Echte Kamille

Verwendung: Heilkraut, Naturkosmetik, Staudenpflanzung, Insektenweide, intensiv duftend, einjährig

pflegeleicht, für Einsteiger, für kleine Gärten

Zitronenmelisse
Melissa officinalis

Aussehen: aufrecht buschig
Höhe: 50–80 cm; **Breite:** 30–60 cm
Blütezeit: Juni bis August
Blüte: weiß
Standort: sonnig, warm, geschützt
Boden: neutral bis alkalisch; mäßig trocken bis frisch; anpassungsfähig, durchlässig
Nährstoffbedarf: ausgeglichen;
Bewässerung: wenig bis regelmäßig
Pflanzabstand: 40 cm; **Schnittmaßnahmen:** Rückschnitt des Sprosses im Herbst
Ernte: ab dem Frühjahr frische Blätter

Verwendung: Küchen-, Tee- und Heilkraut, intensiv duftend, für bunte Beet- und Staudenpflanzung, lockt Bienen und Schmetterlinge an, kann wuchern, in rauen Lagen Winterschutz

pflegeleicht, für Einsteiger

Grüne Minze, Spearmint
Mentha spicata (Bild Seite 206)

Aussehen: aufrecht, schnell wachsend; **Höhe:** 30–80 cm
Breite: 50 cm und mehr
Blütezeit: Juli bis September
Blüte: hellviolett
Standort: sonnig, halbschattig
Boden: schwach sauer bis neutral; frisch bis feucht; sandig-humos, sandig-lehmig
Nährstoffbedarf: ausgeglichen bis hoch; **Bewässerung:** regelmäßig bis häufig
Pflanzabstand: 30 cm
Ernte: ab dem Frühjahr junge Blätter und Triebe
Verwendung: Küchen-, Tee- und

Pfefferminze

Heilkraut, intensiv duftend, für bunte Beet- und Staudenpflanzung, lockt Bienen und Schmetterlinge an, alle Minzenarten haben einen starken Ausbreitungsdrang

pflegeleicht, für Einsteiger

Bärwurz
Meum athamanticum (Bild Seite 206)

Aussehen: aufrecht, horstbildend; **Höhe:** 20–50 cm
Breite: 15–30 cm
Blütezeit: Juni bis August
Blüte: weiße bis cremeweiße Doldenblüten
Standort: sonnig, halbschattig
Boden: sauer bis neutral; frisch; durchlässig, sandig-lehmig, feucht
Nährstoffbedarf: sehr gering

Bewässerung: regelmäßig
Pflanzabstand: 30 cm
Ernte: frische Blätter ab Mai, Wurzeln im Spätherbst ausgraben
Verwendung: Heil-, Küchen- und Teekraut, intensiv duftend, für bunte Beet- und Staudenpflanzung, anspruchsvoll, lockt Bienen und Schmetterlinge an, Samen und Wurzeln für Spirituosen

für kleine Gärten

Indianernessel, Goldmelisse, Bergamotte
Monarda didyma (Bild Seite 207)

Aussehen: aufrecht buschig, horstbildend; **Höhe:** 70–90 cm
Breite: 50–60 cm
Blütezeit: Juni bis Oktober
Blüte: rot

Zitronenmelisse

Verschiedene *Mentha*-Arten

Botanischer Name	Deutscher Name	Wuchsform	Höhe	Aroma
M. × aquatica	Bachminze, Wasserminze	aufrecht bis überneigend	40–60 cm	gutes Pfefferminzaroma
M. longifolia	Rossminze, Silberminze	aufrecht	40–60 cm	mildes Minzaroma
M. × piperita	Pfefferminze	aufrecht	30–50 cm	starkes Pfefferminzaroma
M. suaveolens	Rundblättrige Minze	aufrecht bis breitbuschig	50–80 cm	minzig-fruchtiges Aroma

Standort: sonnig bis halbschattig
Boden: schwach sauer bis
schwach alkalisch; frisch; durch-
lässig
Nährstoffbedarf: ausgeglichen
Bewässerung: regelmäßig in
Trockenzeiten
Pflanzabstand: 30 cm
Pflegemaßnahmen: Rückschnitt
des Sprosses im Herbst; alle
drei bis vier Jahre verpflanzen,
gegebenenfalls auch teilen
Ernte: ab Juni frische Blätter,
Blüten während der Blütezeit
Verwendung: Heil- und Tee-
kraut, intensiv duftend, für bun-
te Beet- und Staudenpflanzung,
lockt Bienen und Schmetterlinge
an, auffallende Blüten
Weitere Art: *M. citriodora* –
Zitronenmonarde ist eine tolle
Duftpflanze im Garten

pflegeleicht

Echte Brunnenkresse
Nasturtium officinale
(Bild Seite 206)

Aussehen: niederliegend, flach
wachsend bis kriechend, schnell
wachsend; **Höhe:** 20–50 cm
Breite: 30 cm und mehr
Blütezeit: Mai bis September
Blüte: weiß
Standort: sonnig bis halbschattig
Boden: schwach sauer bis
schwach alkalisch; nass bis
sumpfig; humos, lehmig
Nährstoffbedarf: ausgeglichen
bis hoch; **Bewässerung:** sehr
häufig
Pflanzabstand: 20–30 cm
Ernte: frische Triebe vom Herbst
bis zum Frühjahr
Verwendung: Heil- und Küchen-
kraut, Naturkosmetik, Gehölz-,
Teich- und Uferrand, für Bach-
lauf

pflegeleicht, für Einsteiger

Echte Katzenminze
Nepeta cataria

Aussehen: aufrecht buschig
Höhe: 50–70 cm
Breite: 40–50 cm
Blütezeit: Juli bis September
Blüte: weiß
Standort: sonnig
Boden: schwach sauer bis
neutral; mäßig trocken bis
frisch; durchlässig
Nährstoffbedarf: ausgeglichen

Echte Katzenminze

Bewässerung: wenig erforderlich
Pflanzabstand: 30 cm
Schnittmaßnahmen: Rückschnitt des Sprosses im Herbst
Ernte: junge Blätter als Würzkraut, Kraut im Knospen-
stadium für medizinische Verwendung
Verwendung: Heil- und Küchenkraut, intensiv duftend, für
bunte Beet- und Staudenpflanzung, lockt Bienen und Schmetterlinge an, als Duftkranz –
getrocknet in Säckchen als
Katzenspielzeug; **Vorsicht:** zieht
Katzen aus der ganzen Nachbar-
schaft an

pflegeleicht, für Einsteiger

Basilikum, Basilienkraut
Ocimum basilicum

Aussehen: aufrecht; **Höhe:**
30–60 cm; **Breite:** 20–60 cm
Blütezeit: Juli bis September
Blüte: rosapurpur bis weiß
Standort: sonnig
Boden: schwach sauer bis
schwach alkalisch; frisch; frucht-
bar, durchlässig, warmer Boden,
geschützt
Nährstoffbedarf: ausgeglichen
bis hoch; **Bewässerung:** regel-
mäßig
Pflanzabstand: 20–25 cm
Ernte: ab dem Frühjahr frische
Blätter

Basilikum

Verwendung: Küchenkraut,
intensiv duftend, für bunte Beet-
und Staudenpflanzung, lockt
Bienen und Schmetterlinge an,
ab Frost im Zimmer pflegen,
einjährig
Sortenbeispiel: 'Rubin' – rotblättrige Sorte

pflegeleicht, für Einsteiger

Gewöhnliche Nachtkerze
Oenothera biennis

Aussehen: aufrecht
Höhe: 0,5–1 m; **Breite:** 40–60 cm
Blütezeit: Juni bis September
Blüte: blassgelb bis dunkelgelb

Gewöhnliche Nachtkerze

Standort: sonnig
Boden: schwach sauer bis
schwach alkalisch; mäßig
trocken bis frisch; durchlässig
Nährstoffbedarf: ausgeglichen
Bewässerung: wenig bis regelmäßig
Pflanzabstand: 25–30 cm
Verwendung: für bunte Beet-
und Staudenpflanzung, lockt
Bienen und Schmetterlinge an,
kann durch Selbstaussaat
wuchern, zweijährig

pflegeleicht, für Einsteiger

Majoran
Origanum majorana

Aussehen: aufrecht buschig
Höhe: 30–60 cm
Breite: 30–50 cm
Blütezeit: Juli bis September
Blüte: weiß bis rosa
Standort: sonnig
Boden: schwach sauer bis
schwach alkalisch; mäßig
trocken bis frisch; durchlässig,
sandig-humos

Majoran

Nährstoffbedarf: ausgeglichen
Bewässerung: wenig bis regel-
mäßig
Pflanzabstand: 10–15 cm
Ernte: vom Frühjahr bis zur
Blüte frisches Kraut
Verwendung: Küchenkraut,
intensiv duftend, Naturkosme-
tik, für bunte Beet- und Stauden-
pflanzung, lockt Bienen und
Schmetterlinge an

pflegeleicht, für Einsteiger

Gewöhnlicher Dost
Origanum vulgare
(Bild Seite 206)

Aussehen: buschig, horstbil-
dend; **Höhe:** 30–60 cm
Breite: 30–60 cm
Blütezeit: Juli bis September
Blüte: hellviolett
Standort: sonnig
Boden: schwach sauer bis
schwach alkalisch; mäßig
trocken bis frisch; durchlässig,
sandig-lehmig, warme Böden
Nährstoffbedarf: ausgeglichen
Bewässerung: wenig bis regel-
mäßig
Pflanzabstand: 20–25 cm
Ernte: ab dem Frühjahr junge
Triebe, Spross während der
Blütezeit
Verwendung: Heil- und
Küchenkraut, Naturkosmetik,
für bunte Beet- und Stauden-
pflanzung, auch im sonnigen
Balkonkasten, intensiv duftend,
Schnittblume, lockt Bienen und
Schmetterlinge an

pflegeleicht, für Einsteiger,
für kleine Gärten

Petersilie
Petroselinum crispum

Aussehen: rundlich, rosettenbil-
dend; **Höhe:** 15–25 cm; **Breite:**
20–40 cm
Blütezeit: Juli bis August
Blüte: gelbgrün
Standort: sonnig, halbschattig
Boden: schwach sauer bis
schwach alkalisch; frisch bis
feucht; fruchtbar, durchlässig,
nährstoffreich
Nährstoffbedarf: ausgeglichen
bis hoch; **Bewässerung:** regel-
mäßig bis häufig
Pflanzabstand: 15–20 cm
Ernte: ab Frühjahr frisches
Kraut, für Konservierung im
Spätsommer

Petersilie

Verwendung: Heilpflanze, Küchenkraut, Naturkosmetik, intensiv duftend, für bunte Beet-
und Staudenpflanzung, auffallende Blätter, zweijährig, rasche
Bodenmüdigkeit – Aussaat in
Folgejahren an anderer Stelle

pflegeleicht, für Einsteiger,
für kleine Gärten

Anis
Pimpinella anisum

Aussehen: aufrecht
Höhe: 40–60 cm

Anis

Breite: 20–30 cm
Blütezeit: Juni bis August
Blüte: weiß
Standort: sonnig, warme Lagen
Boden: alkalisch; mäßig trocken
bis frisch; durchlässig, humos
Nährstoffbedarf: gering; **Bewäs-
serung:** wenig bis regelmäßig
Pflanzabstand: 25–30 cm
Ernte: Samen zur Samenreife,
etwa 6 Wochen nach der Blüte
(Samen müssen braun sein)
Verwendung: Heilkraut, Küchen-
gewürz, intensiv duftend, für
bunte Beet- und Staudenpflan-
zung, lockt Bienen und Schmet-
terlinge an, einjährig

pflegeleicht, für Einsteiger

Große Bibernelle
Pimpinella major

Aussehen: aufrecht, horst-
bildend; **Höhe:** 60–90 cm
Breite: 30–40 cm
Blütezeit: Juni bis Oktober
Blüte: weiß, rosa
Standort: sonnig
Boden: alkalisch; mäßig trocken
bis frisch; durchlässig
Nährstoffbedarf: gering; **Bewäs-
serung:** wenig bis regelmäßig
Pflanzabstand: 30 cm
Ernte: ab dem Frühjahr Blätter,
Wurzeln im Herbst ausgraben
und trocknen
Verwendung: Heilkraut, für
bunte Beet- und Staudenpflan-
zung, Kräuterspirale, lockt
Bienen und Schmetterlinge an

pflegeleicht

Spitzwegerich
Plantago lanceolata
(Bild Seite 206)

Aussehen: aufrecht, rosetten-
bildend, kompakt wachsend
Höhe: 20–40 cm
Breite: 20–30 cm
Blütezeit: April bis September
Blüte: bräunlich
Standort: sonnig, halbschattig
Boden: sauer bis schwach sauer;
frisch bis feucht; anspruchslos
Nährstoffbedarf: ausgeglichen
Bewässerung: regelmäßig bis
häufig bei Jungpflanzen
Pflanzabstand: 20–25 cm
Ernte: Blätter vor der Blüte
Verwendung: Heil- und Tee-
kraut, Naturkosmetik, zer-
quetschte Blätter lindern Insek-

tenstiche, lockt Bienen und Schmetterlinge an

> pflegeleicht, für Einsteiger, für kleine Gärten

Breitwegerich
Plantago major

Aussehen: aufrecht, rosetten-bildend; **Höhe:** 20–30 cm
Breite: 20–30 cm
Blütezeit: Mai bis Oktober
Blüte: gelblich
Standort: sonnig, halbschattig
Boden: sauer bis schwach sauer; frisch bis feucht; anspruchslos
Nährstoffbedarf: ausgeglichen
Bewässerung: regelmäßig bis häufig bei Jungpflanzen
Ernte: Blätter vor der Blüte
Verwendung: Heil- und Tee-kraut, Naturkosmetik, lockt Bienen und Schmetterlinge an

> pflegeleicht, für Einsteiger

Portulak
Portulaca oleracea

Aussehen: niederliegend; **Höhe:** 10–40 cm; **Breite:** 15–20 cm
Blütezeit: Juli bis August
Blüte: gelb
Standort: sonnig
Boden: schwach sauer bis schwach alkalisch; trocken bis frisch; durchlässig, sandig-kie-sig, leicht humos
Nährstoffbedarf: sehr gering

Portulak

Bewässerung: sehr wenig bis regelmäßig in Trockenzeiten
Pflanzabstand: 15 cm
Ernte: ganzjährig frische Blätter und Triebe bis zu den ersten Frösten
Verwendung: Heil- und Küchen-kraut, für bunte Beet- und Stau-denpflanzung – es gibt grüne, gelbe und breitblättrige Kultur-formen, einjährig

> pflegeleicht, für Einsteiger, für kleine Gärten

Rosmarin
Rosmarinus officinalis

Aussehen: aufrecht buschig
Höhe: 1–1,5 m
Breite: 0,7–1,2 m
Blütezeit: Mai bis Juni
Blüte: hellviolett
Standort: sonnig geschützt
Boden: schwach sauer bis alkalisch; trocken bis frisch; durchlässig, sandig-kiesig
Nährstoffbedarf: gering
Bewässerung: sehr wenig bis regelmäßig
Schnittmaßnahmen: im Herbst oder im Winter bis zum alten Holz zurückschneiden
Überwinterung: vor dem ersten Frost Kübel in helles Winter-quartier bringen
Ernte: ab dem Frühjahr junge Triebspitzen, zum Trocknen vor der Blüte

Rosmarin

Verwendung: Heilkraut, Natur-kosmetik (Bäder), Küchenkraut, intensiv duftend, für bunte Beet- und Staudenpflanzung, lockt Bienen und Schmetterlinge an, nicht frosthart

> pflegeleicht, für Einsteiger

Garten-Sauerampfer
Rumex acetosa (Bild Seite 207)

Aussehen: straff aufrecht, horst-bildend; **Höhe:** 40–80 cm; **Brei-te:** 30–40 cm
Blütezeit: Mai bis Juli
Blüte: braunrot
Standort: sonnig, halbschattig
Boden: sauer bis schwach sauer; frisch bis feucht; humos, sandig-humos, lehmig
Nährstoffbedarf: ausgeglichen bis hoch; **Bewässerung:** regel-mäßig bis häufig
Pflanzabstand: 10–15 cm
Ernte: Blätter ab Frühjahr
Winterbeginn: Herztrieb schonen
Verwendung: Küchenkraut, für

bunte Beet- und Staudenpflan-zung, Teich- und Uferrand, lockt Bienen und Schmetterlinge an, abdecken im Winter

> pflegeleicht, für Einsteiger

Weinraute
Ruta graveolens

Aussehen: aufrecht buschig
Höhe: 40–60 cm
Breite: 50–80 cm
Blütezeit: Juni bis August
Blüte: grünlich gelb
Standort: sonnig
Boden: neutral bis schwach alkalisch; mäßig trocken bis frisch; durchlässig, sandig-lehmig
Nährstoffbedarf: ausgeglichen
Bewässerung: wenig bis regel-mäßig
Schnittmaßnahmen: jährlicher Rückschnitt im Herbst
Verwendung: Heilkraut, intensiv duftend, für bunte Beet-, Stau-den-, und Heckenpflanzung, Steingarten, lockt Bienen und

Empfehlenswerte Rosmarin-Sorten

Sorte	Wuchsform	Höhe	Blütenfarbe
'Beneden Blue'	straff aufrecht	0,9–1,2 m	intensiv blau
'Majorcan Pink'	aufrecht	0,9–1,2 m	hellrosa
'Prostatus'	niederliegend bis überhängend	25–30 cm	hellblau

Weinraute

Schmetterlinge an, auffallende Blätter, mäßig frosthart – geschützter Standort ist empfehlenswert, nicht in größeren Mengen konsumieren, nicht für Schwangere geeignet

pflegeleicht, für kleine Gärten

Salbei, Garten-Salbei
Salvia officinalis

Aussehen: aufrecht buschig, Halbstrauch; **Höhe:** 50–70 cm
Breite: 40–60 cm
Blütezeit: Juni bis August
Blüte: blauviolett bis fliederblau
Standort: sonnig
Boden: kalkhaltig; mäßig trocken bis frisch; durchlässig, sandig-lehmig
Nährstoffbedarf: ausgeglichen
Bewässerung: wenig bis regelmäßig
Schnittmaßnahmen: im Herbst oder Frühjahr bis zum alten Holz zurückschneiden
Ernte: vor der Blüte junge Blätter und Triebe
Verwendung: Heil-, Küchen- und Teekraut, Naturkosmetik, intensiv duftend, für bunte Beet- und Staudenpflanzung, Steingarten, lockt Bienen und Schmetterlinge

Garten-Salbei

an, in rauen Lagen Winterschutz

pflegeleicht, für Einsteiger, für kleine Gärten

Pimpinelle, Kleiner Wiesenknopf
Sanguisorba minor

Aussehen: aufrecht, horstbildend; **Höhe:** 20–40 cm
Breite: 30 cm

Pimpinelle

Blütezeit: Juni bis Juli
Blüte: grünlich braun bis rötlich braun
Standort: sonnig bis halbschattig
Boden: kalkhaltig; mäßig trocken bis frisch; sandig-humos, sandig-lehmig
Nährstoffbedarf: ausgeglichen
Bewässerung: wenig bis regelmäßig
Pflanzabstand: 20–25 cm
Ernte: ganzjährig frische Blätter und junge Triebe
Verwendung: Heil- und Küchenkraut, für bunte Beet- und Staudenpflanzung, in der Kräuterspirale auf die Südseite pflanzen, bestes Aroma nach Regen

pflegeleicht, für Einsteiger, für kleine Gärten

Sanikel, Bauchwehkraut, Heildolde, Schornigel
Sanicula europaea
(Bild Seite 207)

Aussehen: aufrecht, horstbildend; **Höhe:** 20–50 cm
Breite: 20–25 cm
Blütezeit: Mai bis Juli
Blüte: weiß bis rosa
Standort: halbschattig

Boden: schwach sauer bis neutral; frisch bis feucht; durchlässig, humos
Nährstoffbedarf: ausgeglichen
Bewässerung: regelmäßig bis häufig
Pflanzabstand: 25 cm
Ernte: Blätter vor der Blütezeit, blühendes Kraut und Wurzeln für medizinische Zwecke
Verwendung: Küchen- und Heilkraut, bunte Beet- und Staudenpflanzung, Gehölzrand

Liebhaberpflanze

Heiligenkraut, Zypressenkraut
Santolina chamaecyparissus

Aussehen: aufrecht buschig
Höhe: 40–50 cm
Breite: 40–60 cm
Blütezeit: Juli bis August
Blüte: leuchtend gelb
Standort: sonnig
Boden: schwach sauer bis alkalisch; trocken bis mäßig trocken; durchlässig
Nährstoffbedarf: ausgeglichen
Bewässerung: sehr wenig bis wenig
Pflanzabstand: 25–30 cm
Schnittmaßnahmen: Blüten-

Andere *Salvia*-Arten und -Sorten

Botanischer Name	Deutscher Name	Höhe	Blütenfarbe	Merkmal
S. elegans	Ananas-Salbei	0,9–1,5 m	leuchtend rot	intensives Ananasaroma, nicht frosthart
S. officinalis 'Icterina'	Gelbgrüner Salbei	40–50 cm	blauviolett	auffallende, gelbgrüne Blätter
S. officinalis 'Purpurascens'	Purpur-Salbei	40–50 cm	blauviolett	intensiv purpurgrüne Blätter
S. sclarea (Bild Seite 207)	Muskateller-Salbei	0,6–1,5 m	hellviolett bis rosa	altbekannte Heilpflanze für Aromatherapie, besonders stark duftend

Heiligenkraut

köpfe im Herbst entfernen, im Frühjahr bis zum alten Holz zurückschneiden
Ernte: Blätter vor der Blüte oder Blüten im Sommer
Verwendung: für bunte Beet- und Staudenpflanzung, für Trockenbereiche in der Kräuterspirale, Schnittblume, Trockenfloristik, nicht einnehmen, auffallende Blüten, jährlicher Rückschnitt verhindert Verkahlung, mäßig frosthart – geschützter Standort ist empfehlenswert, in kalten Lagen Winterschutz

pflegeleicht, für kleine Gärten

Bohnenkraut
Satureja hortensis

Aussehen: aufrecht buschig
Höhe: 20–30 cm
Breite: 20–30 cm

Bohnenkraut

Blütezeit: Juni bis September
Blüte: hellviolett bis hellrosalila
Standort: sonnig, halbschattig
Boden: schwach sauer bis schwach alkalisch; mäßig trocken bis frisch; fruchtbar, durchlässig
Nährstoffbedarf: ausgeglichen
Bewässerung: wenig bis regelmäßig
Pflanzabstand: 50 cm
Schnittmaßnahmen: frühzeitiges Entspitzen fördert buschigen Wuchs
Ernte: ab dem Frühjahr junge Triebe
Verwendung: Küchen- und Heilkraut, intensiv duftend, für bunte Beet- und Staudenpflanzung, im Steingarten für Mauerritzen, einjährig

pflegeleicht, für Einsteiger, für kleine Gärten

Berg-Bohnenkraut, Winter-Bohnenkraut
Satureja montana

Aussehen: buschig bis breit wachsend; **Höhe:** 20–40 cm
Breite: 30–50 cm
Blütezeit: Juni bis August
Blüte: weißlich violett bis hellviolett
Standort: sonnig, windgeschützt
Boden: schwach sauer bis schwach alkalisch; mäßig trocken; durchlässig, sandig-kiesig
Nährstoffbedarf: gering; **Bewässerung:** wenig
Pflanzabstand: 20–25 cm
Schnittmaßnahmen: leichter Rückschnitt im Frühjahr
Ernte: ganzjährig junge Triebe

Berg-Bohnenkraut

Verwendung: Heil-, Küchen- und Teekraut, intensiv duftend, für bunte Beet- und Staudenpflanzung, Steingarten

pflegeleicht, für Einsteiger, für kleine Gärten

Tripmadam
Sedum reflexum

Aussehen: aufrechter Wuchs
Höhe: 25 cm; **Breite:** 50 cm
Blütezeit: Juli bis August
Blüte: goldgelb
Standort: sonnig
Boden: neutral; sandig, humos, gut durchlässig
Nährstoffbedarf: gering
Bewässerung: wenig
Pflanzabstand: 5–10 cm
Ernte: ganzjährig zarte Triebspitzen und Blättchen
Verwendung: Küchen- und Heilkraut, Steingarten, Kräuterspirale, Trockenmauern

pflegeleicht

Echte Goldrute
Solidago virgaurea

Aussehen: aufrecht buschig bis bogig, horstbildend; **Höhe:** 60–80 cm; **Breite:** 40–50 cm

Echte Goldrute

Blütezeit: Juli bis September
Blüte: leuchtend gelb
Standort: sonnig
Boden: schwach sauer bis schwach alkalisch; mäßig trocken bis frisch; durchlässig
Nährstoffbedarf: gering bis ausgeglichen; **Bewässerung:** wenig bis regelmäßig
Pflanzabstand: 25–30 cm
Schnittmaßnahmen: Rückschnitt des Sprosses im Herbst
Ernte: blühender Spross im Blütenbereich oder ganzes Kraut
Verwendung: Heil- und Teekraut, für bunte Beet- und Staudenpflanzung, Schnittblume, lockt Bienen und Schmetterlinge an

pflegeleicht, für Einsteiger, für kleine Gärten

Gemeiner Beinwell
Symphytum officinale
(Bild Seite 207)

Aussehen: aufrecht buschig, horstbildend; **Höhe:** 0,7–1,5 m
Breite: 0,6–2 m
Blütezeit: Mai bis August
Blüte: purpurrosa, weiß
Standort: sonnig bis halbschattig
Boden: sauer bis schwach alkalisch; frisch bis feucht; humos, lehmig, nährstoffreich

Nährstoffbedarf: hoch; **Bewässerung:** regelmäßig bis häufig
Pflanzabstand: 40–50 cm
Ernte: ab dem Frühjahr frische Blätter, Wurzeln zum Trocknen im Herbst und Frühling
Verwendung: Heilpflanze, Naturkosmetik, für bunte Beet- und Staudenpflanzung, lockt Bienen und Schmetterlinge an, starkwüchsig, auch zum Färben,
Achtung: alle Teile nur zur äußeren Anwendung

> pflegeleicht

Mutterkraut, Goldkamille
Tanacetum parthenium

Aussehen: aufrecht buschig, horstbildend; **Höhe:** 40–60 cm
Breite: 20–30 cm
Blütezeit: Juni bis September
Blüte: weiß mit gelber Mitte
Standort: sonnig
Boden: neutral, ausgeglichen; frisch; durchlässig, sandiglehmig
Nährstoffbedarf: ausgeglichen bis hoch; **Bewässerung:** regelmäßig
Pflanzabstand: 20–25 cm
Schnittmaßnahmen: Rückschnitt des Sprosses im Herbst
Ernte: vor der Blüte Blätter und Sprossspitzen, ganze Pflanze zur Blüte

Verwendung: Heil- und Teekraut, für bunte Beet- und Staudenpflanzung, Steingarten, lockt Bienen und Schmetterlinge an,

> pflegeleicht, für Einsteiger, für kleine Gärten

Rainfarn
Tanacetum vulgare
(Bild Seite 207)

Aussehen: aufrecht buschig, horstbildend, schnell wachsend;
Höhe: 60–90 cm
Breite: 40–50 cm

Rainfarn

Blütezeit: Juli bis September
Blüte: leuchtend gelb
Standort: sonnig
Boden: anpassungsfähig; mäßig trocken bis frisch; durchlässig, sandig-lehmig
Nährstoffbedarf: ausgeglichen
Bewässerung: wenig bis regelmäßig
Pflanzabstand: 30–40 cm
Schnittmaßnahmen: Rückschnitt des Sprosses im Herbst
Verwendung: für bunte Beet- und Staudenpflanzung, Schnittblume, lockt Bienen und Schmetterlinge an, soll Blattläuse auf sich ziehen

> pflegeleicht, für Einsteiger

Echter Thymian, Garten-Thymian
Thymus vulgaris

Aussehen: kompakt buschig
Höhe: 20–30 cm
Breite: 20–40 cm
Blütezeit: Juli bis September
Blüte: hellrosa bis purpurrosa
Standort: sonnig
Boden: schwach sauer bis schwach alkalisch; trocken bis frisch; durchlässig, sandig-kiesig
Nährstoffbedarf: gering;
Bewässerung: sehr wenig bis regelmäßig
Pflanzabstand: 20–25 cm
Schnittmaßnahmen: leichter

Zitronen-Thymian

Rückschnitt im Frühjahr
Ernte: bis zur Blüte junge Triebe ernten
Verwendung: Heil-, Küchen- und Teekraut, Naturkosmetik, intensiv duftend, für bunte Beet-, Stauden- und Heckenpflanzung, Steingarten, für Trockenbereiche in der Kräuterspirale, lockt Bienen und Schmetterlinge an

> pflegeleicht, für Einsteiger

Mutterkraut

Echter Thymian

Brennnessel
Urtica dioica

Aussehen: aufrecht buschig, horstbildend bis wuchernd, schnell wachsend; **Höhe:** 0,6–1,2 m; **Breite:** 40–90 cm

Brennnessel

Blütezeit: Juni bis Oktober
Blüte: grünlich bis grüngelb
Standort: sonnig bis halbschattig
Boden: schwach sauer bis alkalisch; frisch bis feucht; sandig-lehmig, lehmig
Nährstoffbedarf: hoch; **Bewässerung:** regelmäßig bis häufig
Pflanzabstand: 30–35 cm
Ernte: vor der Blüte junge Blätter und Triebspitzen
Verwendung: Heil- und Küchenkraut, Naturkosmetik, Gehölzrand, im welken Zustand brennen die Blätter nicht mehr

pflegeleicht, für Einsteiger

Baldrian
Valeriana officinalis

Aussehen: aufrecht buschig, horstbildend
Höhe: 1–2 m
Breite: 60–90 cm
Blütezeit: Mai bis August

Baldrian

Blüte: hellrosa
Standort: sonnig bis halbschattig
Boden: schwach sauer bis alkalisch; frisch bis feucht; sandig-lehmig, lehmig, nährstoffreich
Nährstoffbedarf: ausgeglichen; **Bewässerung:** regelmäßig bis häufig
Pflanzabstand: 40 cm
Ernte: Wurzeln im Herbst oder zeitigen Frühjahr ausgraben
Verwendung: Heil- und Teepflanze, Naturkosmetik, intensiv duftend, für bunte Beet- und Staudenpflanzung, Kräuterspirale – Ostseite, Teich- und Uferrand, lockt Bienen und Schmetterlinge an

pflegeleicht, für Einsteiger

Kleinblütige Königskerze
Verbascum thapsus
(Bild Seite 207)

Aussehen: aufrecht, rosettenbildend, verzweigend
Höhe: 1,5–2 m; **Breite:** 50 cm
Blütezeit: Juli bis September
Blüte: leuchtend gelb
Standort: sonnig
Boden: sauer bis alkalisch; mäßig trocken bis frisch; durchlässig, sandig-kiesig, nährstoffreich
Nährstoffbedarf: ausgeglichen bis hoch; **Bewässerung:** wenig bis regelmäßig
Ernte: im Sommer Blüten auf Tüchern trocknen
Verwendung: Heilkraut, Naturkosmetik, für bunte Beet- und

Staudenpflanzung, Schnittblume, lockt Bienen und Schmetterlinge an, auffallende Blüten, zweijährig

pflegeleicht

Eisenkraut, Druidenkraut
Verbena officinalis

Aussehen: aufrecht buschig, reich verzweigt; **Höhe:** 30–50 cm
Breite: 30–40 cm
Blütezeit: Juni bis September
Blüte: rötlich weiß bis hellviolett
Standort: sonnig
Boden: schwach sauer bis schwach alkalisch; mäßig trocken bis frisch; durchlässig
Nährstoffbedarf: ausgeglichen
Bewässerung: wenig bis regelmäßig
Pflanzabstand: 25–30 cm
Schnittmaßnahmen: Rückschnitt im Herbst oder bei Ernte zur Blütezeit
Ernte: zur Blütezeit der gesamte Spross

Eisenkraut

Verwendung: Heilkraut, Naturkosmetik, für bunte Beet- und Staudenpflanzung, lockt Bienen und Schmetterlinge an, auffallender Wuchs

pflegeleicht

Thymus-Arten für den Garten

Botanischer Name	Deutscher Name	Wuchsform	Höhe	Bemerkung
T. longicaulis	Langstängeliger Thymian	kompakt buschig	20–30 cm	mildes Aroma, mäßig frosthart
T. pulegioides	Arznei-Thymian (Quendel)	polsterbildend, niederliegend bis kriechend	10–20 cm	alte Heilpflanze
T. × citriodorus 'Doone Valley'	Zitronen-Thymian	flach wachsend	5–10 cm	intensives Zitronenaroma und gelbgrüne Blätter

Chicorée-Pflanze (S. 228)

Pflücksalat (S. 228)

Römischer Salat (S. 228)

Radieschen (S. 233)

Erdbeerspinat (S. 230)

Grünkohl (S. 230)

Chinakohl (S. 231)

Spitzkohl (S. 231)

Zuckermais (S. 232)

Rosenkohl (S. 231)

Chinesicher Senfkohl (S. 229)

Buschbohne (S. 233)

Stangensellerie (S. 230)

Speiserübe (S. 234)

Shii-Take (S. 235)

Porree (S. 235)

Schwarzwurzel, blühend (S. 235)

Guter Heinrich (S. 229)

Eissalat (S. 228)

Riesenkürbis (S. 232)

Gemüse

Zucchini (S. 232)

Rote Bete (S. 233)

Knollensellerie (S. 233)

Meerrettich (S. 235)

Rhabarber (S. 235)

Möhren (S. 233)

Austernseitling (S. 235)

Brokkoli (S. 231)

Gemüse im Garten

Herbstzeit ist Erntezeit und die schönste Zeit im Gemüsegarten.

Dass selbst angebautes Gemüse am besten schmeckt, ist weitläufig bekannt.

Gemüse liefert dem menschlichen Organismus Ballaststoffe, Mineralien, Vitamine und weitere lebensnotwendige Inhaltsstoffe. Obwohl häufig behauptet wird, dass Gemüsegärten viel Arbeit machen, muss dem nicht so sein. Mit den richtigen Methoden und Pflanzen lässt sich natürliche Gesundheit mit geringem Aufwand im Garten kultivieren.

Die Standortwahl

Je sonniger der Standort ist, desto bessere Ernteerträge sind zu erwarten. Die Sonneneinstrahlung ist verantwortlich dafür, wie schnell eine Pflanze wächst und wie

intensiv ihr Aroma und Geschmack ist. Schattige Lagen, beispielsweise unter Obstbäumen, eignen sich nur für wenige Kulturen (Buschbohnen, Sellerie oder Rhabarber). Als wenig geeignet haben sich tiefgelegene Beete erwiesen. Im zeitigen Frühjahr sind diese Standorte besonders durch Spätfröste gefährdet, wodurch zeitige Aussaaten oder keimendes Gemüse erfrieren können. Sie werden auch als Frostlöcher oder Kältekessel bezeichnet. Zudem sammeln sie nach stärkeren Regenfällen das Wasser und verheerende Wurzelschäden können die Folge sein. Ein Gemüsegarten sollte leicht windgeschützt gelegen sein. Stärkere Winde, besonders bei trockenem Wetter, schränken die Pflanzenaktivitäten ein und die Pflanze wird in ihrer Wachstumskraft gehemmt. Völliger Windschutz ist hingegen auch nicht ratsam, da sich durch fehlende Luftbewegung Krankheiten leicht ausbreiten können. Optimal ist es, wenn der Gemüsegarten von lockeren Strauch- oder Heckenpflanzungen umgeben ist.

Boden

Der Boden spielt neben dem Standort bei der Gemüsekultur eine wichtige Rolle. Er versorgt die Pflanzen mit Nährstoffen und Wasser. Boden ist nicht gleich Boden. Grob zu unterscheiden sind leichte, mittlere und schwere Böden. Bei leichten Böden handelt es sich in der Regel um Sandböden, die sehr locker sind. Lehmige oder Tonböden nennt man auch schwere

Böden, da sie sehr fein sind und Feuchtigkeit lange halten können. Als mittlere Böden werden sandige Lehmböden bezeichnet, die durchlässig sind, aber dennoch gut die Bodenfeuchte halten. Sie eignen sich am besten für die Gemüsekultur, da sie nicht so schnell wie Sandböden austrocknen oder wie Lehmböden nach Regen übernässt sind. Sowohl leichte als auch schwere Bodenarten lassen sich verbessern. Das Einarbeiten von Kompost oder Lehm in Sandböden verhindert schnelles Austrocknen. Lehmböden werden mit grobem Sand verbessert, indem eine drainierende Wirkung Übernässungen verringert.

Gemüse anziehen

Bevor es mit der Anzucht des Gemüses losgeht, sind die Beete vorzubereiten. Das erfordert die Lockerung des Bodens. Gelockert wird entweder durch Umgraben oder den Einsatz des Sauzahnes. Im gleichen Arbeitsschritt sind sämtliche Unkräuter zu entfernen. Nach der groben Lockerung wird der Boden für eine Aussaat oder Pflanzung mit Gartenwiesel, Grubber oder Rechen eingeebnet, so dass die Oberfläche feinkrümelig wird. Gemüse möchte man möglichst früh ernten.

Frühe Ernten setzen jedoch eine Vorkultur an einem geschützten Ort voraus. Die meisten Gemüse lassen sich ab März oder April aussäen. Diese frühen Aussaaten werden bis zur Pflanzung im Freiland entweder im Frühbeet oder Gewächshaus angezogen. Ausgepflanzt wird im April oder Mai, wenn die Frostgefahr nur noch gering ist.

Wärmebedürftiges Gemüse, wie zum Beispiel Gurken, Tomaten oder Zucchini, werden erst nach den Eisheiligen (Mitte Mai) oder Juni ausgepflanzt.

Sowohl bei der Direktsaat als auch beim Auspflanzen ist auf ausreichende Pflanzabstände zu achten. Zu eng stehende Gemüse sind anfällig für Krankheits- oder Schädlingsbefall. Während der Wachstumszeit bestehen die Pflegearbeiten vorrangig aus Düngen, Wässern und Unkraut entfernen. Das regelmäßige Gießen beginnt mit der Aussaat und endet erst mit der Ernte. Es ist darauf zu achten, dass die Gemüsepflanzen keinen Wassermangel erleiden, um Ernteeinbußen zu vermeiden. Die Morgenstunden eignen sich am besten zum Wässern, da es durch kühlere Temperaturen noch nicht zu starken Verdunstungen kommt.

Aussaat von Gemüse

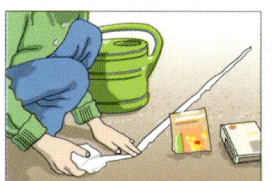

1 *Reihensaat*
2 *Breitwürfig im Beet aussäen*
3 *Fertige käufliche Saatbänder*

Um Schädlinge vom Gemüse fernzuhalten, bietet sich die Mischkultur als einfache Methode an. Dabei werden Kräuter und Gemüse abwechselnd gepflanzt. Insekten und Schädlinge fühlen sich von dem strengen Aroma einiger Pflanzen so gestört, dass sie auf ihre Fress- und Saugtätigkeiten verzichten. Förderlich für Krankheiten und Schädlinge ist ein fehlender Fruchtwechsel. Gemüse aus der gleichen Pflanzenfamilie sollten keinesfalls mehrere Jahre hintereinander auf dem selben Beet angebaut werden. Anbaupläne, die einen systematischen Fruchtwechsel beinhalten, vermeiden Bodenmüdigkeit und die Verbreitung von Krankheiten. Die Erntezeit lässt sich durch mehrere Folgesaaten verlängern. Hierzu wird das Gemüse nicht auf einen Schlag ausgesät, sondern in zeitlich versetzten Abständen. Abstände von sieben bis vierzehn Tagen haben sich als günstig erwiesen, da die Erntezeit entsprechend lange ist.

Gemüse ernten und lagern

Den besten Geschmack hat Gemüse unmittelbar nach der Ernte. Der beste Erntezeitpunkt liegt kurz vor der Vollreife. Der Morgen eignet sich für die Ernte von Frischgemüse, da das Erntegut am knackigsten ist. Nachmittags wird Lagergemüse geerntet, da der morgendliche Tau abgetrocknet ist und Fäulnis verringert wird.

Nicht jedes Gemüse eignet sich zum Lagern. Typische Lagergemüse sind Kartoffeln, Kopfkohl, Möhren, Rote Bete und Sellerie. In geeigneten Räumen lassen sie sich

Blumen und Gemüse dürfen nebeneinander gepflanzt werden.

über mehrere Monate lagern. Diese Räumlichkeiten können Dachböden, Erdmieten oder Schuppen sein, Hauptsache sie werden nicht wärmer als 10 °C. Obst lässt sich nicht mit Gemüse zusammen lagern. Besonders Äpfel haben Inhaltsstoffe, die Gemüse im Lager schnell verderben lassen. In feuchten Sand eingeschlagen, kann sich Wurzelgemüse, wie zum Beispiel Möhren oder Sellerie, bis zum nächsten Jahr halten.

Zur den Pflanzenbeschreibungen

Die folgenden Gemüse haben wir für Sie in verschiedene Gruppen eingeteilt.
1. Salate und Blattgemüse (Seite 228)
2. Blattstielgemüse (Seite 229)
3. Kohlgemüse (Seite 230)
4. Fruchtgemüse (Seite 231)
5. Hülsenfrüchte (Seite 233)
6. Wurzelgemüse (Seite 233)
7. Zwiebelgemüse (Seite 234)
8. Mehrjährige Gemüse (Seite 235)

Innerhalb der Gruppen werden die Pflanzen nach Wichtigkeit besprochen. Die meisten Gemüse eignen sich für kleine Gärten, daher ist das nicht extra erwähnt. Viele kann man sogar im Topf und Kasten ziehen, zum Beispiel Salate und Tomaten.

Die meisten Gemüse können leicht ausgesät werden. Zieht man sie auf der Fensterbank vor, kann man die Erntezeit um einige Wochen vorverlegen.

Salate und Blattgemüse

Kopfsalat
Lactuca sativa var. *capitata*

Kopfsalat

Standort: sonnig
Boden: schwach sauer bis schwach alkalisch; frisch, fruchtbar; lehmig-humos
Nährstoffbedarf: ausgeglichen bis hoch;
Bewässerung: regelmäßig
Pflanzabstand: 30 × 30 cm
Anzucht: Aussaat in Saatkisten ab April, Pflanzung ab Mai bis August
Erntegut: Köpfe und Blattrosetten; **Erntezeit:** Frühjahr bis Herbst
Verwendung: als Salat

pflegeleicht, für Einsteiger

Pflücksalat, Schnittsalat
Lactuca sativa var. *crispa*
(Bild Seite 224)

Standort: sonnig
Boden: schwach sauer bis schwach alkalisch; frisch bis feucht, fruchtbar; lehmig-humos
Nährstoffbedarf: ausgeglichen bis hoch; **Bewässerung:** regelmäßig bis häufig
Aussaatabstand: 20 × 1 cm
Anzucht: Direktsaat ab März
Erntegut: Blätter; **Erntezeit:** April bis Oktober
Verwendung: als Salat

pflegeleicht, für Einsteiger

Eissalat
Lactuca sativa var. *capitata*
(Bild Seite 225)

Standort: sonnig
Boden: schwach sauer bis schwach alkalisch; frisch bis

---

feucht, fruchtbar; lehmig-humos
Nährstoffbedarf: ausgeglichen bis hoch; **Bewässerung:** regelmäßig bis häufig
Pflanzabstand: 30 × 30 cm
Anzucht: Aussaat in Saatkisten ab April; Pflanzung ab Mai
Erntegut: Köpfe
Erntezeit: Sommer
Verwendung: als Salat

pflegeleicht

Römischer Salat
Lactuca sativa var. *longifolia*
(Bild Seite 224)

Standort: sonnig
Boden: schwach sauer bis schwach alkalisch; frisch bis feucht, fruchtbar; lehmig-humos
Nährstoffbedarf: ausgeglichen bis hoch; **Bewässerung:** regelmäßig bis häufig
Pflanzabstand: 40 × 40 cm
Anzucht: Aussaat in Saatkisten ab April, Pflanzung ab Mai (Sorteneignung beachten)
Erntegut: Blattrosetten und lose Köpfe; **Erntezeit:** ab Sommer bis Herbst
Verwendung: als Salat

pflegeleicht

Feldsalat
Valerianella locusta

Standort: sonnig
Boden: neutral, ausgeglichen; frisch, fruchtbar; lehmig-humos
Nährstoffbedarf: gering bis ausgeglichen; **Bewässerung:** nur im Sommer nötig
Aussaatabstand: 20 × 3 cm
Anzucht: Aussaat ab März bis August

Feldsalat

Erntegut: Blattrosette vor dem Schossen; **Erntezeit:** 2–6 Monate nach Aussaat
Verwendung: als Salat

pflegeleicht, für Einsteiger

Endivie
Cichorium endivia

Standort: sonnig
Boden: schwach sauer bis schwach alkalisch; frisch bis feucht, fruchtbar; lehmig-humos
Nährstoffbedarf: ausgeglichen
Bewässerung: regelmäßig, empfindlich gegen anhaltende Blattfeuchte in der Erntephase

Endivie

Pflanzabstand: 30 × 30 cm
Anzucht: Aussaat im März (aber Schossgefahr) oder nochmals im Juni (Sortenwahl beachten)
Erntegut: Blattrosetten; **Erntezeit:** im Juni oder September
Verwendung: als Salat

Chicorée, Schikoree
Cichorium intybus var. *foliosum* (Bild Seite 224)

Standort: sonnig

Boden: schwach sauer bis schwach alkalisch; frisch; durchlässig, sandig-lehmig
Nährstoffbedarf: ausgeglichen
Bewässerung: regelmäßig
Pflanzabstand: 30 × 30 cm
Anzucht: Aussaat im April oder Mai
Erntegut: Sprosse nach dem Treiben in Dunkelräumen
Erntezeit: Wurzeln ab Ende August, dann Blätter entfernen, Treiben auch ohne Erde möglich
Verwendung: als Salat, als Auflauf

Radicchio
Cichorium intybus var. *foliosum*

Standort: sonnig
Boden: schwach sauer bis schwach alkalisch; frisch; durchlässig, sandig-lehmig
Nährstoffbedarf: ausgeglichen
Bewässerung: regelmäßig
Pflanzabstand: 30 × 30 cm
Anzucht: Aussaat im April oder Mai, Pflanzung bis Anfang Juli
Erntegut: Köpfe
Erntezeit: ab August
Verwendung: als Salat

Liebhaberpflanze

Zuckerhut, Fleischkraut
Cichorium intybus var. *foliosum*

Standort: sonnig
Boden: schwach sauer bis schwach alkalisch; frisch; durchlässig, sandig-lehmig
Nährstoffbedarf: ausgeglichen
Bewässerung: regelmäßig
Pflanzabstand: 20 × 40 cm
Anzucht: Aussaat im April oder Mai
Erntegut: loser Kopf (zuckerhutförmig); **Erntezeit:** ab Oktober
Verwendung: als Salat, relativ bitterer Geschmack

Liebhaberpflanze

Rauke; Ruccola
Eruca sativa; Diplotaxis tenuifolia

Standort: sonnig
Boden: schwach sauer bis schwach alkalisch; frisch; durchlässig, sandig-lehmig
Nährstoffbedarf: ausgeglichen
Bewässerung: regelmäßig
Aussaatabstand: 25 × 1 cm
Anzucht: Direktsaat im Frühjahr
Erntegut: Blätter

Ruccola

Erntezeit: ab Mai
Verwendung: als Salat

pflegeleicht, für Einsteiger

Gartenmelde
Atriplex hortensis

Standort: sonnig
Boden: neutral, ausgeglichen; frisch bis feucht; sandig-lehmig
Nährstoffbedarf: ausgeglichen;
Bewässerung: regelmäßig bis häufig
Pflanzabstand: 25 × 10–20 cm
Anzucht: Direktsaat im Frühjahr
Erntegut: Blätter und junge Triebe; **Erntezeit:** ab Krauthöhe von etwa 15 cm
Verwendung: als Salat

pflegeleicht, für Einsteiger

Blattsenf
Amchoi 'Red Giant'

Standort: sonnig
Boden: schwach sauer bis schwach alkalisch; frisch bis feucht; sandig-lehmig
Nährstoffbedarf: ausgeglichen bis hoch; **Bewässerung:** regelmäßig bis häufig
Reihenabstand: 20 cm, in der Reihe: 2–3 Samen/10 cm Reihe
Erntegut: junge Pflanzen
Erntezeit: ab 3 Wochen nach Aussaat als kleine Pflanzen
Verwendung: für Salate

Chinesicher Senfkohl
Pak Choi (Bild Seite 224)

Standort: sonnig
Boden: schwach sauer bis schwach alkalisch; frisch, fruchtbar; lehmig-humos

Nährstoffbedarf: ausgeglichen bis hoch; **Bewässerung:** regelmäßig
Pflanzabstand: 30 × 10–20 cm
Anzucht: in Saatkisten ab März oder Direktsaat ab Ende April
Erntegut: junge Pflanzenrosette;
Erntezeit: ab Juni (bei Vliesbedeckung zur Verfrühung)
Verwendung: roh für Salate oder gedünstet

Senfspinat
Komatsuna 'Green Boy'

Standort: sonnig
Boden: schwach sauer bis schwach alkalisch; frisch, fruchtbar; lehmig-humos
Nährstoffbedarf: ausgeglichen bis hoch; **Bewässerung:** regelmäßig
Pflanzabstand: 20 × 3 cm
Anzucht: Direktsaat ab April
Erntegut: zarte Blätter
Erntezeit: ab Mai
Verwendung: als Salat

Guter Heinrich
Chenopodium bonus-henricus
(Bild Seite 225)

Standort: sonnig bis halbschattig
Boden: neutral, ausgeglichen; frisch bis feucht; sandig-lehmig
Nährstoffbedarf: ausgeglichen;
Bewässerung: regelmäßig bis häufig
Pflanzabstand: 25 × 30 cm
Anzucht: Aussaat ab April
Erntegut: junge Blätter
Erntezeit: von Mai bis zur Blüte
Verwendung: Küchenkraut, Bauern- und Kräutergarten, auffallende Blätter

pflegeleicht, für Einsteiger

Salatchrysantheme, Shungi-ku
Chrysanthemum coronarium

Standort: sonnig
Boden: schwach sauer bis schwach alkalisch; frisch; durchlässig, sandig-lehmig
Nährstoffbedarf: ausgeglichen
Bewässerung: regelmäßig

Salatchrysantheme

Senfspinat

Pflanzabstand: 25 × 5 cm;
Schnittmaßnahmen: frühzeitig Entspitzen
Anzucht: Direktsaat im Mai
Erntegut: Blätter und junge Triebe, auch Knospen
Erntezeit: ab Juni
Verwendung: als Salat, Bauern- und Kräutergarten, lockt Bienen und Schmetterlinge an

pflegeleicht, für kleine Gärten

Blattstielgemüse

Mangold
Beta vulgaris var. vulgaris

Standort: sonnig
Boden: anpassungsfähig; frisch; durchlässig, sandig-lehmig
Nährstoffbedarf: ausgeglichen bis hoch; **Bewässerung:** regelmäßig

Mangold

Pflanzenabstand: 30 × 5 cm
Anzucht: Direktsaat im Frühjahr bis Frühsommer
Erntegut: äußere Blätter oder ganze Pflanze; **Erntezeit:** Juni bis Oktober
Verwendung: Salate, gedünstet, roten Sorte auch als Zierpflanze

pflegeleicht, für Einsteiger

Spinat
Spinacia oleracea

Standort: sonnig
Boden: schwach sauer bis alkalisch; frisch, fruchtbar; lehmig-humos
Nährstoffbedarf: ausgeglichen bis hoch; **Bewässerung:** regelmäßig
Aussatabstand: 20 × 0,5 cm
Anzucht: Aussaat ab Februar oder März, in mehreren Sätzen bis August (geeignete Sorten

Spinat

verwenden, sonst schossen die Pflanzen)
Erntegut: Blätter; **Erntezeit:** mehrmalig über die Wachstumszeit
Verwendung: als Salat, als Gemüse

pflegeleicht, für Einsteiger

Erdbeerspinat
Chenopodium capitatum (Bild Seite 224)

Standort: sonnig bis halbschattig
Boden: neutral, ausgeglichen; frisch bis feucht; sandig-lehmig
Nährstoffbedarf: ausgeglichen
Bewässerung: regelmäßig
Pflanzabstand: 20 × 25 cm
Schnittmaßnahmen: Staudenschnitt
Anzucht: Aussaat ab April oder Pflanzung
Erntegut: junge Blätter oder Triebe mit roten Früchten
Erntezeit: von Mai bis zur Blüte
Verwendung: Bauern- und Kräutergarten, auffallende Blätter, Zubereitung wie Spinat, Triebe mit Früchten zur Dekoration

pflegeleicht, für Einsteiger

Neuseelandspinat
Tetragonia tetragonioides

Standort: sonnig
Boden: schwach sauer bis alkalisch; frisch, fruchtbar; lehmig-humos
Nährstoffbedarf: ausgeglichen
Bewässerung: regelmäßig

Pflanzabstand: 100 × 100 cm
Anzucht: Aussaat oder Pflanzung im Mai
Erntegut: Triebspitzen mit Blättern
Erntezeit: mehrmalig über die Wachstumszeit bis zum Frost
Verwendung: als Gemüse, als Salat

Liebhaberpflanze

Stangensellerie, Bleichsellerie
Apium graveolens var. *dulce*

Standort: sonnig
Boden: schwach sauer bis schwach alkalisch; durchlässig, sandig-lehmig
Nährstoffbedarf: hoch
Bewässerung: häufig, Blätter trocken lassen (Pilzkrankheiten)
Pflanzabstand: 30 × 35 cm
Anzucht: Jungpflanzenanzucht ab März, Auspflanzung von Mai bis Juni
Erntegut: Blattstiele
Erntezeit: mehrmalig über die Wachstumszeit
Verwendung: roh als Salat oder gedünstet

Gemüsefenchel
Foeniculum vulgare var. *azoricum*

Standort: sonnig
Boden: neutral, ausgeglichen; frisch; durchlässig, sandig-lehmig

Nährstoffbedarf: ausgeglichen; relativ hoch;
Bewässerung: regelmäßig
Pflanzabstand: 50 × 30 cm
Anzucht: Direktsaat im Frühjahr, Pflanzung ab April, keine Wachstumsstockungen auftreten lassen, da sonst die Leitgefäße verhärten – dann kaum noch zu verwenden
Erntegut: oberirdische Knollen
Erntezeit: Juli bis Oktober
Verwendung: Bauern- und Kräutergarten, als Gemüse

pflegeleicht, für Einsteiger

Kohlgemüse

Weißkohl, Rotkohl
Brassica oleracea var. *capitata*

Standort: sonnig
Boden: schwach sauer bis schwach alkalisch; fruchtbar; sandig-lehmig
Nährstoffbedarf: ausgeglichen bis hoch; organisch düngen
Bewässerung: regelmäßig
Pflanzabstand: 35–50 × 40 cm
Anzucht: Aussaat ab Februar in Saatkisten, Pflanzung von April bis Juni
Erntegut: Köpfe; **Erntezeit:** Juni bis Oktober
Verwendung: als Gemüse, als Salat

Grünkohl
Brassica oleracea var. *sabellica* (Bild Seite 224)

Standort: sonnig
Boden: schwach sauer bis schwach alkalisch; frisch, fruchtbar; sandig-lehmig
Nährstoffbedarf: ausgeglichen bis hoch; organisch düngen
Bewässerung: regelmäßig
Pflanzabstand: 50 × 10–50 cm
Anzucht: Direktsaat von Mai bis Juni
Erntegut: Blätter
Erntezeit: Herbst
Verwendung: als Gemüse

Wirsing
Brassica oleracea var. *sabauda*

Standort: sonnig
Boden: schwach sauer bis schwach alkalisch; frisch, fruchtbar; sandig-lehmig
Nährstoffbedarf: ausgeglichen bis hoch; organisch düngen
Bewässerung: regelmäßig
Pflanzabstand: 40 × 40 cm
Anzucht: Aussaat ab Februar in Saatkisten, Pflanzung von April bis Juni
Erntegut: Kopf; **Erntezeit:** Juni bis Oktober (es gibt auch Sorten für die Winterernte)
Verwendung: als Gemüse

Weißkohl

Kohlrabi
Brassica oleracea var. *gongylodes*

Standort: sonnig
Boden: schwach sauer bis schwach alkalisch; fruchtbar; sandig-lehmig
Nährstoffbedarf: ausgeglichen bis hoch; **Bewässerung:** regelmäßig
Pflanzabstand: 25 × 30 cm (große Sorten: 50 × 50 cm)
Anzucht: Jungpflanzenanzucht ab Februar; Auspflanzung von April bis Mai, Verfrühen mit Vliesbedeckung, auch Anbau im Gewächshaus

Kohlrabi

Erntegut: Knolle ab Durchmesser von etwa 5 cm; **Erntezeit:** verfrüht ab Mai bis Oktober
Verwendung: gekocht oder roh, auch Blätter sind verwendbar
Sorten: zarte „Gigant"-Sortentypen mit Knollengewichten bis zu 10 kg

pflegeleicht, für Einsteiger

Blumenkohl
Brassica oleracea var. *botrytis*

Standort: sonnig
Boden: schwach sauer bis schwach alkalisch; fruchtbar; sandig-lehmig
Nährstoffbedarf: ausgeglichen hoch; **Bewässerung:** regelmäßig
Pflanzabstand: 40 × 50 cm
Anzucht: Jungpflanzenanzucht ab März, Auspflanzung ab Anfang Mai
Erntegut: Blüte
Erntezeit: Sommer bis Herbst
Verwendung: gekocht als Gemüse, in Suppen und Eintopfgerichten

Blumenkohl

Sorten: es gibt schmackhafte Überwinterungssorten für Ernte im zeitigen Frühjahr – aber nur in milderen Lagen zu empfehlen.

pflegeleicht

Brokkoli
Brassica oleracea var. *italica*
(Bild Seite 225)

Standort: sonnig
Boden: schwach sauer bis schwach alkalisch; fruchtbar; sandig-lehmig
Nährstoffbedarf: ausgeglichen bis hoch, organisch düngen
Bewässerung: regelmäßig
Pflanzabstand: 40 × 40 cm
Anzucht: Aussaat ab April, Pflanzung von Mai bis August, Verfrühen mit Vliesabdeckung
Erntegut: knospige Blume mit Haupt- und Seitentrieben
Erntezeit: verfrüht ab Mai, bis November
Verwendung: als Gemüse, in Suppen und Eintopfgerichten; Pflanzenschutznetze gegen Insekten sind zu empfehlen

Rosenkohl
Brassica oleracea var. *gemmifera*
(Bild Seite 224)

Standort: sonnig
Boden: schwach sauer bis schwach alkalisch; fruchtbar; sandig-lehmig
Nährstoffbedarf: ausgeglichen bis hoch
Bewässerung: regelmäßig
Pflanzabstand: 60 × 50 cm

Anzucht: Aussaat ab Februar in Saatkisten, Pflanzung von April bis Juni
Erntegut: Röschen
Erntezeit: ab Oktober
Verwendung: gekocht als Gemüse

Chinakohl
Brassica rapa ssp. *pekinensis*
(Bild Seite 224)

Standort: sonnig
Boden: schwach sauer bis schwach alkalisch; fruchtbar; sandig-lehmig
Nährstoffbedarf: ausgeglichen bis hoch
Bewässerung: regelmäßig
Pflanzabstand: 30 × 40 cm
Anzucht: Direktsaat von Juni bis Juli
Erntegut: Kopf
Erntezeit: Frühjahr und Herbst (bei Sortenwahl berücksichtigen)
Verwendung: als Salat und Gemüse

pflegeleicht

Spitzkohl
Brassica oleracea var. *capitata*
(Bild Seite 224)

Standort: sonnig
Boden: schwach sauer bis schwach alkalisch; fruchtbar; sandig-lehmig
Nährstoffbedarf: ausgeglichen bis hoch, organisch düngen
Bewässerung: regelmäßig
Pflanzabstand: 40 × 50 cm
Anzucht: Aussaat ab Februar in Saatkisten, Pflanzung von April bis Juni
Erntegut: Köpfe
Erntezeit: Juni bis Oktober
Verwendung: als Gemüse

Fruchtgemüse

Tomate (Cocktailtomate bis Fleischtomate)
Lycopersicon esculentum

Standort: sonnig, wärmeliebend
Boden: neutral, ausgeglichen; frisch, tiefgründig, fruchtbar
Nährstoffbedarf: hoch;
Bewässerung: regelmäßig, Blätter trocken halten

Tomaten

Pflanzabstand: 60 × 40–50 cm (sortenabhängig, Fruchtgrößen ebenfalls sortenabhängig)
Anzucht: Aussaat im März in Saatschalen, Pflanzung ab Mitte Mai, Seitentriebe regelmäßig ausbrechen
Erntegut: Tomaten
Erntezeit: Sommer bis Herbst
Verwendung: im Garten oder als Kübelpflanze für Balkon und Terrasse (sonnige Südseite), als Salat, zu Saucen; keinesfalls Schutzhauben verwenden – sehr gut ist Regendach, welches Seitenlüftung sichert

pflegeleicht, für Einsteiger

Salatgurke, Freilandgurke
Cucumis sativus

Standort: sonnig; wärmeliebend
Boden: schwach sauer bis schwach alkalisch; frisch bis feucht, fruchtbar; lehmig-humos
Nährstoffbedarf: hoch; **Bewässerung:** regelmäßig bis häufig
Pflanzabstand: 100 × 30 cm

231

Gurken

Anzucht: Jungpflanzenanzucht ab März oder April, Auspflanzung im Mai
Erntegut: Gurkenfrüchte
Erntezeit: abhängig von Gewicht und Größe
Verwendung: als Salat, eingelegt

pflegeleicht

Riesenkürbis
Cucurbita maxima
(Bild Seite 225)

Standort: sonnig; wärmeliebend
Boden: schwach sauer bis schwach alkalisch; fruchtbar; lehmig-humos
Nährstoffbedarf: mittel
Bewässerung: regelmäßig bis häufig, nicht auf die Blätter
Pflanzabstand: 80–100 × 50–100 cm (sortenabhängig)
Anzucht: Aussaat in Saatkisten ab April, Pflanzung im Mai
Erntegut: Kürbisfrüchte
Erntezeit: Herbst
Verwendung: neben Gemüsenutzung auch zur Dekoration, als Suppe

pflegeleicht, für Einsteiger

Spaghettikürbis
Cucurbita pepo

Standort: sonnig, wärmeliebend
Boden: schwach sauer bis schwach alkalisch; frisch bis feucht, fruchtbar; lehmig-humos
Nährstoffbedarf: hoch
Bewässerung: regelmäßig bis häufig, nicht auf die Blätter gießen

Pflanzabstand: 90 × 90 cm
Anzucht: Aussaat in Saatkisten ab April, Pflanzung im Mai
Erntegut: Kürbisfrüchte
Erntezeit: regelmäßig
Verwendung: Inneres wie Spaghetti verwenden

Liebhaberpflanze

Zucchini
Cucurbita pepo var. *giromontiina* (Bild Seite 225)

Standort: sonnig; wärmeliebend
Boden: schwach sauer bis schwach alkalisch; frisch bis feucht, fruchtbar; lehmig-humos
Nährstoffbedarf: hoch
Bewässerung: regelmäßig bis häufig
Pflanzabstand: 90 × 90 cm
Anzucht: Aussaat in Saatkisten ab April; Pflanzung im Mai
Erntegut: Früchte
Erntezeit: regelmäßig, wenn Früchte gewünschte Größe erreicht haben
Verwendung: als Gemüse und Salat

pflegeleicht, für Einsteiger

Paprika, Chili
Capsicum annuum

Standort: sonnig, wärmeliebend
Boden: schwach sauer bis schwach alkalisch; frisch bis feucht, fruchtbar; sandig-lehmig
Nährstoffbedarf: ausgeglichen bis mittel
Bewässerung: regelmäßig
Pflanzabstand: 60 × 50 cm

Paprika

Anzucht: Aussaat ab Februar in Saatkisten, Pflanzung je nach Witterung im Mai in geschützten Lagen
Erntegut: Paprikafrüchte
Erntezeit: Spätsommer bis Herbst
Verwendung: roh oder gekocht, als Gewürz, auch getrocknet

pflegeleicht

Aubergine, Eierfrucht
Solanum melongena

Standort: sonnig, wärmeliebend
Boden: schwach sauer bis

Aubergine

alkalisch; frisch; durchlässig, sandig-lehmig
Nährstoffbedarf: ausgeglichen bis hoch
Bewässerung: regelmäßig
Pflanzabstand: 70 × 50 cm
Anzucht: Aussaat ab März in Saatschalen, Pflanzung ins Gewächshaus ab April, ins Freiland an geschützten Lagen ab Mitte Mai (Vliesbedeckung zur Ertragserhöhung)
Erntegut: Früchte
Erntezeit: Sommer bis Herbst
Verwendung: als Gemüse

anspruchsvoll, Liebhaberpflanze

Zuckermais, Gemüsemais
Zea mays (Saccharata-Gruppe) (Bild Seite 224)

Standort: sonnig
Boden: anpassungsfähig, frisch bis feucht; durchlässig, sandig-lehmig
Nährstoffbedarf: hoch
Bewässerung: regelmäßig bis häufig
Pflanzabstand: 50–80 × 20–30 cm
Anzucht: Aussaat ab April
Erntegut: Maiskolben in Milchreife (Körner müssen noch milchig weich sein, später geht der Zuckergehalt zurück)
Erntezeit: Sommer bis Herbst
Verwendung: als Gemüse gedünstet, zum Rohessen, gegrillt

pflegeleicht, für Einsteiger

Zuckermelone
Cucumis melo

Standort: sonnig, wärmeliebend, mit Vliesbedeckung Wärmeangebot verbessern
Boden: schwach sauer bis schwach alkalisch; frisch bis feucht, fruchtbar; lehmig-humos
Nährstoffbedarf: hoch
Bewässerung: regelmäßig bis häufig – nicht auf die Blätter
Pflanzabstand: 75 × 100 cm
Anzucht: Jungpflanzenanzucht ab März oder April, Auspflanzung ab Mitte Mai
Erntegut: Früchte
Erntezeit: ab August
Verwendung: anspruchsvoll

Liebhaberpflanze

Hülsenfrüchte

Buschbohne
Phaseolus vulgaris var. nanus (Bild Seite 224)

Standort: sonnig
Boden: neutral bis schwach alkalisch; frisch, fruchtbar; humos
Nährstoffbedarf: gering
Bewässerung: regelmäßig
Pflanzabstand: Horstsaat je 3 Korn, 40 × 15 cm
Anzucht: Aussaat ab Mai bis Juni
Erntegut: Hülsen mit unreifen, zarten Bohnen
Erntezeit: Juli bis September
Verwendung: gekocht als Gemüse, in Suppen und Eintopfgerichten

> pflegeleicht, für Einsteiger

Stangenbohne
Phaseolus vulgaris var. vulgaris

Standort: sonnig
Boden: neutral bis schwach alkalisch; frisch, fruchtbar; humos
Nährstoffbedarf: gering
Bewässerung: regelmäßig
Pflanzabstand: 3 Korn (Horstsaat) im Abstand von etwa 100 cm × 20 cm
Anzucht: Aussaat im Mai
Erntegut: Hülsen mit unreifen zarten Bohnen, reif als Trockenspeisebohne
Erntezeit: Juli bis September
Verwendung: gekocht als Gemüse, in Suppen und Eintopfgerichten, besitzt auffallende Blüten

> pflegeleicht, für Einsteiger

Feuerbohne
Phaseolus coccineus

Standort: sonnig
Boden: neutral bis schwach alkalisch; frisch, fruchtbar; humos
Nährstoffbedarf: gering
Bewässerung: regelmäßig
Pflanzabstand: 3 Korn (Horstsaat) im Abstand von etwa 100 cm × 20 cm, auch an Zäunen als Sichtschutz
Anzucht: Aussaat im April oder Mai
Erntegut: Hülsen mit unreifen Bohnen

Blüten der Feuerbohne

Erntezeit: Juli bis September
Verwendung: auffällige Blüten

> pflegeleicht, für Einsteiger

Erbse
Pisum sativum ssp. sativum

Standort: sonnig
Boden: schwach sauer bis schwach alkalisch; frisch; sandig-humos, sandig-lehmig
Nährstoffbedarf: hoch
Bewässerung: regelmäßig
Aussaatabstand: 15 × 5 cm
Anzucht: Aussaat im Mai
Erntegut: Hülsenfrüchte
Erntezeit: Sommer

Erbse

Verwendung: Bauern- und Kräutergarten, lockt Bienen und Schmetterlinge an, als Gemüse

> pflegeleicht, für Einsteiger

Spargelerbse
Tetragonolobus purpureus

Standort: sonnig
Boden: schwach sauer bis alkalisch; frisch; durchlässig, sandig-lehmig
Nährstoffbedarf: ausgeglichen
Bewässerung: regelmäßig
Aussaatabstand: 25 × 3 cm, ab Mai
Erntegut: Hülsen
Erntezeit: ab Ende Juni
Verwendung: wie Erbsen, auffällige Blüten

> Liebhaberpflanze

Wurzelgemüse

Möhre, Karotte
Daucus carota ssp. sativus

Standort: sonnig
Boden: schwach sauer bis schwach alkalisch; durchlässig, sandig-lehmig
Nährstoffbedarf: gering
Bewässerung: regelmäßig
Aussaatabstand: 20 × 2 cm
Anzucht: Direktsaat von März bis Juni
Erntegut: Möhren
Erntezeit: Juni bis Oktober
Verwendung: als Gemüse und Salat

> pflegeleicht, für Einsteiger

Radieschen
Raphanus sativus var. sativus (Bild Seite 224)

Standort: sonnig
Boden: schwach sauer bis schwach alkalisch; frisch; durchlässig, sandig-lehmig
Nährstoffbedarf: ausgeglichen
Bewässerung: regelmäßig
Aussaatabstand: 10–15 × 2 cm
Anzucht: im Winter im Gewächshaus oder Frühbeet, Aussaat ab März im Freien
Erntegut: Wurzelknolle; **Erntezeit:** 4–10 Wochen nach Aussaat
Verwendung: roh

> pflegeleicht, für Einsteiger

Rettich

Rettich
Raphanus sativus var. niger

Standort: sonnig
Boden: schwach sauer bis schwach alkalisch; frisch; durchlässig, sandig-lehmig
Nährstoffbedarf: ausgeglichen
Bewässerung: regelmäßig
Pflanzabstand: 5–20 × 20–40 cm (sortenabhängig)
Anzucht: Aussaat ab April
Erntegut: Wurzelknolle; **Erntezeit:** 2–3 Monate nach Aussaat
Verwendung: roh

> pflegeleicht

Rote Bete
Beta vulgaris var. vulgaris (Bild Seite 225)

Standort: sonnig
Boden: anpassungsfähig, frisch; durchlässig, sandig-lehmig
Nährstoffbedarf: ausgeglichen; nicht zu viel Stickstoff
Bewässerung: regelmäßig
Aussaatabstand: 30 × 5–15 cm (enger Abstand für kleine Rübchen)
Anzucht: Direktsaat ab Frühjahr bis Frühsommer
Erntegut: Wurzelrübe
Erntezeit: Juli bis Oktober
Verwendung: gekochte Rübchen, eingelegt

> pflegeleicht

Knollensellerie
Apium graveolens var. rapaceum (Bild Seite 224)

Standort: sonnig
Boden: schwach sauer bis schwach alkalisch; frisch bis feucht; durchlässig, sandiglehmig

Nährstoffbedarf: ausgeglichen hoch; **Bewässerung:** häufig
Pflanzabstand: 40 × 40 cm
Anzucht: Jungpflanzenanzucht ab März; Auspflanzung von Mai bis Juni
Erntegut: Knollen; **Erntezeit:** September bis November
Verwendung: für Suppen und Eintöpfe, als Gemüse

Kartoffel
Solanum tuberosum

Standort: sonnig, wärmeliebend
Boden: schwach sauer bis alkalisch; frisch bis feucht, fruchtbar; lehmig-humos
Nährstoffbedarf: ausgeglichen bis hoch; **Bewässerung:** regelmäßig bis häufig

Kartoffelpflanzen

Pflanzabstand: 40–50 × 30 cm
Anzucht: Kartoffeln legen ab April
Erntegut: Kartoffeln
Erntezeit: Herbst
Verwendung: gekocht als Gemüse, in Suppen, Aufläufen und Eintopfgerichten

pflegeleicht

Pastinake
Pastinaca sativa

Standort: sonnig
Boden: schwach sauer bis schwach alkalisch; frisch, fruchtbar; lehmig-humos
Nährstoffbedarf: ausgeglichen bis hoch; **Bewässerung:** regelmäßig
Aussaatabstand: 25 × 3 cm
Anzucht: Direktsaat im Frühjahr

Erntegut: Wurzel
Erntezeit: ab August
Verwendung: als Gemüse

pflegeleicht

Speiserübe
Brassica rapa ssp. *rapa*
(Bild Seite 224)

Standort: sonnig
Boden: schwach sauer bis schwach alkalisch; frisch, fruchtbar; sandig-lehmig
Nährstoffbedarf: ausgeglichen bis mittel
Bewässerung: regelmäßig
Pflanzabstand: 20 × 10–25 cm
Anzucht: Direktsaat im Frühjahr (sortenabhängig)
Erntegut: Wurzelrübe
Erntezeit: Sommer bis Herbst (sortenabhängig)
Verwendung: für alte Bauerngärten

pflegeleicht

Kohlrübe
Brassica napus ssp. *rapifera*

Standort: sonnig
Boden: schwach sauer bis schwach alkalisch; frisch, fruchtbar; sandig-lehmig
Nährstoffbedarf: ausgeglichen bis hoch; **Bewässerung:** regelmäßig
Pflanzabstand: 50 × 40 cm, für kleine, zarte Rübchen 5 cm in der Reihe
Anzucht: Direktsaat im Frühjahr
Erntegut: Kohlrübe; **Erntezeit:** September bis November

Kohlrübe

Verwendung: für Suppen, in Eintopfgerichten

pflegeleicht

Kerbelrübe
Chaerophyllum bulbosum

Standort: sonnig
Boden: schwach sauer bis schwach alkalisch; frisch; durchlässig, sandig-lehmig
Nährstoffbedarf: ausgeglichen bis hoch; **Bewässerung:** regelmäßig
Pflanzabstand: 50 × 40 cm
Anzucht: Aussaat im zeitigen Frühjahr
Erntegut: Wurzel
Erntezeit: im Herbst
Verwendung: für alte Bauerngärten

Liebhaberpflanze

Erdbirne, Topinambur
Helianthus tuberosus

Standort: sonnig
Boden: neutral, ausgeglichen; frisch; durchlässig, sandiglehmig
Nährstoffbedarf: hoch
Bewässerung: regelmäßig
Pflanzabstand: 70 × 20 cm
Anzucht: Pflanzung von Rhizomknollen im Frühjahr, etwa bis 2 m hoch
Erntegut: Knollen
Erntezeit: von Herbst bis Frühjahr, da frostverträglich
Verwendung: Bauern- und Kräutergarten, lockt Bienen und Schmetterlinge an, nach der

Topinambur-Pflanze in Blüte

Ernte nur ganz kurze Zeit haltbar, kann wuchern

pflegeleicht,
Liebhaberpflanze

Süßkartoffel, Knollenwinde
Ipomoea batatas (Bild Seite 224)

Standort: sonnig, wärmeliebend
Boden: neutral, ausgeglichen mäßig trocken bis frisch; durchlässig, sandig-kiesig
Nährstoffbedarf: ausgeglichen
Bewässerung: wenig bis regelmäßig
Pflanzabstand: 40 × 30 cm
Anzucht: Pflanzung von Schößlingen ab Mai oder Juni
Erntegut: Knollen; **Erntezeit:** nach Gelbfärben des Laubes
Verwendung: Bauern- und Kräutergarten, als Gemüse

pflegeleicht

Zwiebelgemüse

Zwiebel
Allium cepa

Standort: sonnig
Boden: schwach sauer bis schwach alkalisch; frisch bis feucht; durchlässig, sandiglehmig
Nährstoffbedarf: ausgeglichen
Bewässerung: regelmäßig, bei Schlottenknick beenden
Aussaatabstand: 20 cm × 2 cm
Pflanzabstand: 5 × 20–25 cm
Anzucht: Direktsaat im zeitigen Frühjahr; Pflanzung von Steckzwiebeln

Zwiebeln

Erntegut: Zwiebeln
Erntezeit: August bis September
Verwendung: Küchenkraut, intensiv duftend, Bauern- und Kräutergarten, dekorative Blüten

pflegeleicht, für Einsteiger

Lauch, Porree
Allium porrum (Bild Seite 224)

Standort: sonnig
Boden: schwach sauer bis schwach alkalisch; frisch bis feucht; sandig-lehmig
Nährstoffbedarf: relativ hoch
Bewässerung: regelmäßig bis häufig
Pflanzabstand: 15 × 25–30 cm
Anzucht: Direktsaat im März oder April, Anzucht in Saatkisten ab Februar; Pflanzung von möglichst bleistiftdicken Jungpflanzen ab Mai oder Juni in tiefe Pflanzlöcher; später anhäufeln, um lange, weiße Schäfte zu erreichen
Erntegut: Spross und Blätter
Erntezeit: ab August
Verwendung: gekocht als Gemüse, in Suppen und Eintopfgerichten, für Nachwinterernte frostharte Sorten auswählen

Mehrjähriges Gemüse

Spargel (Bleich- und Grünspargel)
Asparagus officinalis

Standort: sonnig
Boden: neutral, ausgeglichen; keine Staunässe; durchlässig, sandig-lehmig; tief lockern vor der Pflanzung
Nährstoffbedarf: mittel; organisch düngen
Bewässerung: regelmäßig nach dem Aufwuchs (ab Juli bis Anfang September)

Pflanzabstand: 180 × 30–40 cm
Anzucht: Pflanzung im zeitigen Frühjahr
Erntegut: mit Damm unterirdische Triebspitzen – Bleichspargel; ohne Damm – Grünspargel.
Erntezeit: April bis Juni
Verwendung: als Beilage, Suppe oder in Salat, bekanntes Saisongemüse

Bleichspargel

Schwarzwurzel
Scorzonera hispanica
(Bild Seite 225)

Standort: sonnig
Boden: neutral bis alkalisch; frisch; tiefgründig, lehmig-humos
Nährstoffbedarf: ausgeglichen
Bewässerung: regelmäßig
Aussaatabstand: 30 × 3 cm
Anzucht: Direktsaat ab März
Erntegut: Wurzeln
Erntezeit: im Herbst und Winter
Verwendung: gekocht als Gemüse

pflegeleicht, für kleine Gärten

Meerrettich
Armoracia rusticana
(Bild Seite 225)

Standort: sonnig
Boden: schwach sauer bis schwach alkalisch; frisch bis feucht; sandig-lehmig, lehmig
Nährstoffbedarf: ausgeglichen bis hoch; **Bewässerung:** regelmäßig bis häufig
Pflanzabstand: 60 × 50 cm

Anzucht: Pflanzung von Wurzelstecklingen im Frühjahr oder Herbst
Erntegut: Wurzeln
Erntezeit: Herbst oder Frühjahr
Verwendung: Bauern- und Kräutergarten, als Würzmittel

pflegeleicht

Rhabarber
Rheum rhabarbarum
(Bild Seite 225)

Standort: sonnig bis halbschattig
Boden: schwach sauer bis schwach alkalisch; frisch bis feucht; sandig-lehmig, lehmig
Nährstoffbedarf: hoch, organisch düngen
Bewässerung: regelmäßig bis häufig
Pflanzabstand: 120 × 80 cm
Anzucht: Pflanzung von Stecklingen im Frühjahr oder Herbst
Erntegut: Blattstiele
Erntezeit: im Frühjahr bis Frühsommer, später zu hohe Oxalatgehalte (gesundheitlich bedenklich)
Verwendung: Bauern- und Kräutergarten, auffallende Blätter, als Marmelade, als Süßspeise

pflegeleicht

Artischocke
Cynara scolymus

Standort: sonnig
Boden: neutral, ausgeglichen; mäßig trocken bis frisch; durchlässig, sandig-lehmig

Artischocke

Nährstoffbedarf: ausgeglichen bis hoch; **Bewässerung:** wenig bis regelmäßig
Pflanzabstand: 100 × 100 cm
Anzucht: Pflanzung im Mai
Erntegut: noch geschlossene Blütenknospe
Erntezeit: ab September
Verwendung: lockt Bienen und Schmetterlinge an, auffallende Blüten, auch als Trockenblume verwendbar, mäßig frosthart – geschützter Standort ist empfehlenswert

pflegeleicht

Speisepilze

Standort: schattig oder halbschattig, feucht, für Champignon und Egerling häufig auch Kellerräume

Weißer Egerling

Boden: Holzstämme für Shii-Take (Bild Seite 224), Eiche, Buche, Esskastanie. Für Samtfußrübling Buche, Weide, Pappel, Esskastanie. Für Austernseitling (Bild Seite 225) Buche, Weide, Pappel, Esskastanie. Für Stockschämmchen Buche, Weide, Pappel.
Stroh (auch Sägemehl) für Austernseitling und Kulturträuschling; **Pferdemist (fermentiert)** für Champignon und Egerling
Anzucht und Pflege: Impfung der Stämme und des Strohs mit Pilzbrut aus dem Fachhandel, genaue Anleitung wird beim Kauf mitgeliefert
Erntegut: Pilze (Fruchtkörper)
Erntezeit: beginnend ab dem Jahr der Impfung, laufend über mehrere Wochen

Apfel 'Gravensteiner' (S. 240)

'Rovada' (S. 246)

Süßkirsche 'Kordia' (S. 242)

Apfel 'Nela' (S. 240)

Erdbeere 'Polka' (S. 246)

Erdbeere 'Honeyoe' (S. 246)

Apfel 'Rosana' (S. 240)

'Rekord aus Alfter' (S. 245)

'Weiße Versailler' (S. 246)

Birne 'Pierre Corneille' (S. 241)

Zwetsche 'Hanita' (S. 244)

Süßkirsche 'Sam' (S. 242)

Süßkirsche 'Hedelfinger' (S. 242)

Brombeere 'Loch Ness' (S. 248)

Reneklode (S. 243)

Apfel 'James Grieve' (S. 240)

Heidelbeere 'Goldtraube' (S. 249)

Stachelbeere 'Rokula' (S. 247)

Apfel 'Otava' (S. 240)

Apfel 'Retina' (S. 240)

Baum- und Beerenobst

Süßkirsche 'Oktavia' (S. 242)

Himbeere 'Elida' (S. 248)

Birne 'Conference' (S. 241)

Erdbeere 'Pandora' (S. 246)

Himbeere 'Golden Bliss' (S. 248)

'Stuttgarter Geißhirtle' (S. 241)

Birne 'Frühe von Trevoux' (S. 241)

Apfel 'Goldstar' (S. 240)

Obst für jeden Garten

Die Gruppen

Wir unterscheiden das Kernobst mit Apfel, Birne und Quitte, das Steinobst mit Süß- und Sauerkirsche, Pflaumen oder Zwetschge, Reneklode, Mirabelle, Aprikose, Pfirsich und Nektarine sowie das Schalenobst mit Walnuss, Haselnuss und Esskastanie. Daneben gibt es die große Gruppe der Wildobstarten mit beispielsweise Schwarzem Holunder, Schlehe und Sanddorn. Alle Wildobstarten finden Sie in dieser Enzyklopädie im Kapitel „Bäume und Sträucher".

Langlebiges Baumobst

Baumobst wird in verschiedenen Höhen angeboten: Vom Buschbaum, der sehr klein bleibt, über den Niederstamm, Halbstamm bis zum Hochstamm, der sich für kleine Gärten auf keinen Fall eignet. Sie können beim Einkauf wählen zwischen Gehölzen im Topf, solchen mit Wurzelballen, aber ohne Topf, und wurzelnackten Gehölzen. Letztere sind die preiswertesten, können aber nicht das ganze Jahr gepflanzt werden, erstere sind die teuersten.

Bei der Auswahl sollten Sie sich Zeit lassen. Immerhin wird Sie der Obstbaum viele Jahre begleiten und das Obst sollte also genau den Geschmack haben, den Sie sich wünschen. Bitte beachten Sie unbedingt, dass nicht alle Obstarten selbstfruchtbar sind. Der Apfel zum

Im Obstgarten gibt es von Mai bis fast November immer etwas zu ernten.

Beispiel ist meistens nicht selbstfruchtbar und würde ohne einen zweiten Apfelbaum in der Nähe nie Früchte tragen. Der zweite Baum kann auch bei Ihrem Nachbarn stehen, muss aber zur gleichen Zeit blühen. Bei Fragen lassen Sie sich bei Ihrer Baumschule beraten.

Die beste Pflanzzeit liegt im Oktober/November, wenn der Boden nicht gefroren ist. Topf-Bäume lassen sich das ganze Jahr über pflanzen. Achten Sie darauf, dass der Boden schön gelockert ist, der Wurzelballen beziehungsweise die Wurzeln gut im Pflanzloch Platz finden, die Veredelungsstelle über der Erdoberfläche liegt. Nach der Pflanzung wird gut gewässert und der Baum bekommt einen Stützpfahl.

Zu den allgemeinen Pflegearbeiten gehören Düngen und Wässern. Gegebenenfalls empfiehlt sich ein Stammanstrich gegen Frostrisse. Schädlingsbekämpfungsmaßnahmen erübrigen sich im Hausgarten bei der richtigen Sorten-Auswahl. Eventuell können die Baumscheiben gemulcht werden.

Die Lagerung von Äpfeln, Birnen und Nüssen ist gut möglich. Alle anderen Baumobstarten lassen sich nur kurzzeitig aufbewahren, bevor sie schimmeln oder faulen. Für Äpfel und Birnen brauchen Sie einen kühlen, nicht zu trockenen Lagerraum. Nur gesunde und unverletzte Früchte kommen ins Lager, das regelmäßig kontrolliert werden muss. Man unterscheidet Pflück- und Genussreife bei Apfel

Die meisten Beerenobst-Arten sind für Einsteiger bestens geeignet und zudem noch ohne viel Mühe zu pflegen.

und Birne. Mit der Pflück-
reife kommen die Früchte
ins Lager, der Stiel löst sich
dann leicht vom Baum.
Gegessen wird, wenn die
Genussreife erreicht ist.

Dankbares Beerenobst

Dem Beerenobst sind Erdbeere, Johannisbeere, Stachelbeere, Himbeere, Heidelbeere, Brombeere und einige
andere zugeordnet. Allen
gemeinsam ist, dass sie
problemlos zu pflegen sind,
wenn sie den richtigen Platz
zugewiesen bekommen.
Achten Sie besonders darauf,
dass der Boden stimmt. Die
Heidelbeere liebt es etwas
sauer und kümmert, wenn
man ihr das nicht gewährt.

Erdbeeren sind sehr dankbare Pflanzen, die sich nicht
nur leicht pflegen, sondern
sich auch super durch Ableger vermehren lassen. Bei
der Pflanzung bitte beachten,
dass die Pflanzen nicht zu
tief und nicht zu hoch gesetzt werden. Während die
Früchte heranwachsen, wird
Stroh oder auch Mulchfolie
untergelegt. Die Erdbeeren
verschmutzen so nicht so

zu tief   *richtig*   *zu hoch*

Die richtige Pflanztiefe für Erdbeeren.

Vermehren Sie Ihre Erdbeeren selbst. Die Ableger werden in Töpfe gesetzt, bewurzelt und dann abgetrennt.

stark und lassen sich besser
ernten.

**Himbeeren und Brom-
beeren** werden am Spalier
gezogen. Bitte denken Sie
daran, dass Brombeeren sehr
wuchern können.
Achten Sie daher darauf,
dass Sie die Pflanze durch
einen guten Schnitt immer

auf den Platz beschränken,
an dem Sie die Brombeere
wachsen lassen wollen.

**Johannisbeeren, Josta-
beeren und Stachelbeeren**
werden als Busch oder Hochstämmchen angeboten. Bü-
sche sind preiswerter, Hochstämmchen lassen sich be-
quemer ernten.

Die Pflege ist unkompli-
ziert. Wässern, Düngen und
Schneiden sind die Haupt-
arbeiten.

Achten Sie durch die richtige Sortenauswahl darauf,
dass die Pflanzen schädlings-
und krankheitsresistent
sind. Dann haben sie die
wenigste Mühe.

Zu den Pflanzenporträts

Auf den folgenden Seiten
wird das Obst in dieser
Reihenfolge beschrieben:
1. Kernobst – Apfel,
   Birne, Quitte, Nashi:
   ab Seite 240
2. Steinobst – Kirschen,
   Pflaumen, Reneklode,
   Mirabelle, Pfirsich,
   Nektarine: ab Seite 243
3. Beerenobst: ab Seite 245
4. Schalenobst – Walnuss,
   Haselnuss, Esskastanie –
   ab Seite 250

Obstbaum leicht selbst pflanzen

1 Wurzelnackte Bäume wässern. Pflanzgrube etwas tiefer und breiter ausheben, als die Wurzeln Platz brauchen. Bodengrund gut lockern.
2 Tote und abgebrochene Wurzeln abschneiden. Den Baum so tief einsetzen, dass die Veredelungsstelle deutlich über der Erdoberfläche zu liegen kommt.
3 Mit Erde auffüllen und vorsichtig festtreten, so dass die Wurzeln guten Erdkontakt bekommen. Einen Gießrand formen und sehr gut wässern. Ein Stützstab ist zu empfehlen.

Kernobst

Apfel
Malus domestica

Aussehen: baumförmig, spindelförmig bis breit ausladend
Höhe: 2–6 m (je nach Erziehung und Unterlage)
Breite: 1,5–8 m (je nach Erziehung und Unterlage)
Blütezeit: April bis Mai
Blüte: weiß bis zartrosa

'Boskoop'

'Klarapfel'

'Topaz'

Pflegeleichte Apfel-Sorten

Sorte	Reifezeit	Fruchtfarbe	Fruchtform	Fruchtgröße	Geschmack
'Ariwa'	Ende September	grüngelb mit hellroter Deckfarbe	unregelmäßig kugelförmig	klein bis mittelgroß	gut, süßsäuerlich
'Arkcharm'	Mitte August	gelbgrün mit roter Deckfarbe	hoch gebaut	mittel bis groß	gut, süßsäuerlich
'Boskoop'	Ende September	grün mit sonnenseits dunkelroter Färbung	kugelförmig, mittelbauchig	mittel bis groß	gut, säuerlich
'Berlepsch'	Ende September	grüngelb mit dunkelroter Deckfarbe	kugelig	klein bis mittelgroß	gut, süßsäuerlich
'Gerlinde'	Anfang September	grüngelb mit roter Deckfarbe	kugelig, mittelbauchig	klein bis mittelgroß	gut, süßsäuerlich, aromatisch
'Goldrush'	Ende Oktober	gelbgrün, sonnenseits orangerote Backe	kugelig	klein bis mittelgroß	sehr gut, süßsäuerlich
'Goldstar' (Bild Seite 237)	Anfang bis Mitte Oktober	gelbgrün, sonnenseits orangerote Backe	kugelförmig, mittelbauchig	mittel bis groß	gut, süßsäuerlich
'Gravensteiner' (Bild Seite 236)	Ende August	grüngelb, sonnenseits rote Backe	unregelmäßig rund, mittelbauchig	mittel bis groß	feinsäuerlich, aromatisch
'James Grieve' (Bild Seite 236)	Ende August	gelbgrün mit orangeroter Deckfarbe	kugelig, mittelbauchig	mittelgroß	gut, süßsäuerlich
'Kaiser Wilhelm'	Ende September	gelbgrün mit roter Deckfarbe	hochgebaut, stielbauchig	mittel bis groß	gut, aromatisch
'Klarapfel'	Anfang August	weißlich gelb	stielbauchig	klein bis mittelgroß	gut, feinsäuerlich
'Nela' (Bild Seite 236)	Anfang August	grüngelb mit leuchtend roter Deckfarbe	stumpf, kegelförmig	klein bis mittelgroß	sehr gut, süßsäuerlich
'Otava' (Bild Seite 237)	Anfang Oktober	gelbgrün, sonnenseits orangerote Färbung	kugelförmig abgeplattet	mittelgroß	gut, süßsäuerlich
'Rajka'	Ende September	grüngelb mit dunkelroter Deckfarbe	abgeplattet, kugelförmig	mittelgroß	gut, süß
'Reglindis'	Anfang September	hellgelb mit hellroter Deckfarbe	mittelhoch gebaut	klein bis mittelgroß	gut, süßsäuerlich
'Resi'	Mitte September	fast vollständig rot gestreift	kugelig	klein	süß
'Retina' (Bild Seite 237)	Mitte bis Ende August	gelbgrün mit dunkelroter Deckfarbe	hoch gebaut	mittel bis groß	gut, süßsäuerlich
'Rosana' (Bild Seite 236)	Mitte September	grüngelb mit dunkelroter Deckfarbe	abgeplattet, kugelförmig	mittel bis groß	gut, säuerlich
'Rubinola'	Anfang bis Mitte September	gelb mit leuchtend roter Deckfarbe	flach gebaut	mittelgroß	sehr gut, süßsäuerlich
'Topaz'	Ende September	grüngelb mit orangeroter bis roter Deckfarbe	flach gebaut	mittelgroß	sehr gut, süßsäuerlich

Bekannte Birnen-Sorten

Sorte	Reifezeit	Fruchtfarbe	Fruchtform	Fruchtgröße	Geschmack
'Alexander Lucas'	Mitte Oktober	grün, sonnenseits rötlich	kegelförmig, dickbauchig	groß	erfrischend, süßfruchtig
'Conference' (Bild Seite 237)	Mitte Oktober	grün, teilweise berostet	schlank, kelchbauchig	mittelgroß bis groß	süß, schwach aromatisch
'Gellerts Butterbirne'	Ende September	stumpfgrün, feine Berostung	klobig gedrungen, kelchbauchig	mittelgroß bis groß	saftig, schmelzend
'Gute Luise'	Mitte September	grüngelb, sonnenseits rötlich	regelmäßig, birnenförmig	klein bis mittelgroß	süß, schwach fruchtig
'Pierre Corneille' (Bild Seite 236)	Mitte September	grüngelb, feine Berostung	kegelförmig	mittelgroß	schmelzend, aromatisch
'Stuttgarter Geißhirtle' (Bild Seite 237)	Mitte August	grüngelb mit roter Deckfarbe	glocken- bis tropfenförmig	klein	süßfruchtig, erfrischend
'Frühe von Trevoux' (Bild Seite 237)	Mitte August	gelbgrün, sonnenseits rötlich	birnen- bis glockenförmig	mittelgroß	feinfruchtig, aromatisch
'Vereinsdechants'	Mitte Oktober	gelbgrün, sonnenseits rötlich	gedrungen bis klobig	mittelgroß bis groß	würzig, aromatisch
'Williams Christbirne'	Mitte September	gelbgrün	birnen- bis glockenförmig	mittelgroß bis groß	süß, würzig, aromatisch

Früchte: grüne, gelbe oder rote Äpfel; **Reifezeit:** August bis Oktober
Blätter: dunkelgrün
Standort: sonnig
Boden: keine besonderen Bodenansprüche; nicht zu alkalisch; durchlässig
Nährstoffbedarf: ausgeglichen
Bewässerung: regelmäßig
Schnittmaßnahmen: Erziehungsschnitt, später Auslichtungsschnitt im Spätwinter
Verwendung: Kleinbaum bis Hochstamm, Größe variierbar durch verschiedene Unterlagen, auffällige Früchte, selbstunfruchtbar, Befruchtersorte notwendig

Birne
Pyrus communis

Aussehen: baumförmig, kegelförmig; **Höhe:** je nach Erziehung und Unterlage 3–10 m
Breite: 1,5–6 m (je nach Erziehung und Unterlage)
Blütezeit: April bis Mai

Blüte: weiß
Früchte: grüne, gelbe oder bronzefarbene Birnen
Reifezeit: August bis Oktober
Blätter: dunkelgrün
Standort: sonnig
Boden: keine besonderen Bodenansprüche; nicht zu alkalisch; durchlässig
Nährstoffbedarf: ausgeglichen
Bewässerung: regelmäßig
Schnittmaßnahmen: Erziehungsschnitt, später Auslichtungsschnitt im Spätwinter

'Gute Luise'

'Alexander Lucas'

'Vereinsdechants'

Bekannte Sorten der Süßkirsche

Sorte	Reifezeit	Fruchtfarbe	Fruchtgröße	Geschmack	sonstiges
'Burlat'	früh	dunkelrot	groß	saftig, süß, aromatisch	selbstunfruchtbar
'Hedelfinger' (Bild Seite 236)	mittelspät	dunkelrot	groß	süßsäuerlich, erfrischend	selbstunfruchtbar
'Kordia' (Bild Seite 236)	mittelspät	dunkelbraunrot	groß	süßsäuerlich, aromatisch	selbstunfruchtbar
'Lapins'	mittelspät	dunkelrot	sehr groß	süß, knackig	selbstfruchtbar
'Oktavia' (Bild Seite 237)	mittelspät	dunkelrot	groß	saftig, würzig	selbstunfruchtbar
'Regina'	spät	dunkelbraunrot	groß	saftig, süß, mild	selbstunfruchtbar
'Sam' (Bild Seite 236)	mittel	rotbraun	mittelgroß bis groß	saftig, süß	selbstunfruchtbar
'Schneiders Späte Knorpel'	mittelspät	dunkelbraunrot	sehr groß	süß, mild	selbstunfruchtbar
'Sunburst'	mittel	dunkelrot	groß	süßsäuerlich	selbstfruchtbar

'Williams Christbirne'

Verwendung: Kleinbaum bis Hochstamm, Größe variierbar durch verschiedene Unterlagen, auffällige Früchte, selbstunfruchtbar, Befruchtersorte notwendig

pflegeleicht

Quitte
Cydonia oblonga

Aussehen: baum- bis strauchförmig;
Höhe: 2–4 m
Breite: 2–3 m

Quitte

Blütezeit: April bis Mai
Blüte: weiß bis zartrosa
Früchte: gelbe Früchte
Reifezeit: Oktober
Blätter: dunkelgrün, samtartig
Standort: sonnig
Boden: schwach sauer bis neutral; mittelschwer und durchlässig
Nährstoffbedarf: ausgeglichen
Bewässerung: regelmäßig
Schnittmaßnahmen: in den ersten Jahren Erziehungsschnitt durchführen, bei älteren Bäumen Auslichtungsschnitt im Spätwinter
Verwendung: Buschbaum, Blüten- und Ziergehölz, Einzelpflanzung, geschützte Lage, dekorative Blüten und Früchte, viele selbstfruchtbare Sorten

pflegeleicht, für Einsteiger

Asienbirne, Nashi
Pyrus pyrifolia

Aussehen: baumförmig, kegelförmig
Höhe: 2–3 m
Breite: 1,5–2 m
Blütezeit: April bis Mai
Blüte: weiß
Früchte: berostete, bronzefarbene Früchte
Reifezeit: September
Blätter: dunkelgrün
Standort: sonnig

Nashi

Boden: keine besonderen Bodenansprüche; nicht zu alkalisch; durchlässig
Nährstoffbedarf: ausgeglichen
Bewässerung: regelmäßig
Schnittmaßnahmen: Erziehungsschnitt, später Ausdünnungsschnitt im Spätwinter
Verwendung: Kleinbaum, Einzelpflanzung, dekorative Blüten und Blätter, gering anfällig für Krankheiten und Schädlinge, selbstunfruchtbar, Befruchtersorte notwendig
Sortenbeispiele: 'Hosui', 'Chojuro'

für Einsteiger

Vier Sorten der Sauerkirsche

Sorte	Reifezeit	Fruchtfarbe	Fruchtgröße	Geschmack	Sonstiges
'Diemitzer Amarelle'	früh	hellrot	mittelgroß	gut, süßsäuerlich	selbstfruchtbar
'Koröser Weichsel'	mittelspät	rötlich braun	groß	gut, süßsäuerlich	selbstunfruchtbar
'Ludwigs Frühe'	früh	hellrot	mittelgroß	gut, süßsäuerlich	selbstfruchtbar
'Morellenfeuer'	mittelspät	dunkelrot	mittelgroß bis groß	gut, säuerlich	selbstfruchtbar

Steinobst

Süßkirsche, Knorpelkirsche
Prunus avium

Aussehen: Baum, ausladend
Höhe: 3–8 m
Breite: 3–6 m
Blütezeit: April
Blüte: weiß
Früchte: gelbrote, hell- bis schwarzrote Kirschen
Reifezeit: Juni bis Juli
Blätter: dunkelgrün
Standort: sonnig
Boden: keine besonderen Bodenansprüche; durchlässig
Nährstoffbedarf: ausgeglichen bis hoch
Bewässerung: regelmäßig
Schnittmaßnahmen: Erziehungsschnitt, später Auslichtungsschnitt im August
Verwendung: mittelhoher Baum, Blütengehölz, Einzelpflanzung, viele Sorten selbstunfruchtbar,

Süßkirsche 'Schneiders Späte Knorpel'

bei der Wahl der Befruchtersorte Gruppensterilität beachten

Sauerkirsche
Prunus cerasus

Aussehen: baumartiger Strauch;
Höhe: 2–4 m
Breite: 2–3 m
Blütezeit: April
Blüte: weiß
Früchte: hellrote bis dunkelrote Kirschen
Reifezeit: Juni bis Juli
Blätter: dunkelgrün
Standort: sonnig bis halbschattig
Boden: keine besonderen Bodenansprüche; durchlässig
Nährstoffbedarf: ausgeglichen bis hoch
Bewässerung: wenig bis regelmäßig
Schnittmaßnahmen: Erziehungsschnitt, später Auslichtungsschnitt im August
Verwendung: Kleinbaum, Blütengehölz, Einzelpflanzung, selbstfruchtbare und selbstunfruchtbare Sorten

Pflaume, Zwetsche, Reneklode, Mirabelle
Prunus domestica

Aussehen: baumförmig, kegelförmig
Höhe: 4–5 m; **Breite:** 3–4 m
Blütezeit: April
Blüte: weiß
Früchte: rundliche, weichfleischige Pflaumen; längliche, meist blaue beduftete Zwetschen mit festem Fruchtfleisch;

Sauerkirsche 'Koröser Weichsel'

Sauerkirsche 'Morellenfeuer'

kleine runde, gelbrote Mirabellen; rundliche, grüne bis rote Renekloden
Reifezeit: Juli bis September
Blätter: mittel- bis dunkelgrün
Standort: sonnig

Boden: feucht, gut durchlüftet; humos, nährstoffreich
Nährstoffbedarf: ausgeglichen bis hoch
Bewässerung: regelmäßig bis häufig

Süßkirsche 'Regina'

'Hauszwetsche'

Verschiedene Sorten von *Prunus domestica* (Pflaumen und Co.)

Sorte	Reifezeit	Fruchtfarbe	Fruchtgröße	Geschmack	sonstiges
'Bühler Frühzwetsche'	Anfang August	violettblau	mittel	gut, säuerlich	selbstfruchtbar
'Graf Althans Reneklode'	Anfang September	blaurot	groß	gut, würzig	selbstunfruchtbar
'Hanita' (Bild Seite 236)	Ende August	dunkelblau	groß	sehr gut, süßsäuerlich	selbstfruchtbar
'Hauszwetsche'	Mitte September	dunkelblau	mittel	gut, süßsäuerlich	selbstfruchtbar
'Herman'	Mitte Juli	violett	groß	gut, süßsäuerlich	selbstfruchtbar
'Katinka'	Ende Juli	violett	mittel	gut, süßsäuerlich	selbstfruchtbar
'Nancy-Mirabelle'	Mitte August	gelbrot	klein	gut, sehr süß, würzig	selbstfruchtbar
'Ontariopflaume'	Mitte August	gelbgrün	groß	gut, süß	selbstfruchtbar
'Valjevka'	Mitte September	dunkelblau	groß	gut, süßsäuerlich	selbstfruchtbar

'Bühler'

'Nancy Mirabelle'

'Valjevka'

Schnittmaßnahmen: Erziehungsschnitt, später Auslichtungsschnitt im Spätwinter
Verwendung: Kleinbaum, Einzelpflanzung, Blütengehölz, viele Sorten selbstfruchtbar

Aprikose
Prunus armeniaca

Aussehen: baumförmig, kugelförmig; **Höhe:** 2–3 m
Breite: 1,5–2 m
Blütezeit: April
Blüte: weiß
Früchte: orangegelbe Früchte
Reifezeit: Juli bis August

Aprikose

Empfehlenswerte Aprikosen-Sorten

Sorte	Reifezeit	Fruchtgröße	Geschmack	Standort- und Klimaansprüche
'Luizet'	Ende Juli bis Anfang August	mittel	süß, saftig	auch rauere Lagen
'Nancy-Aprikose'	Mitte bis Ende Juli	groß	süß, aromatisch	relativ gering
'Temporao de Vila Franca'	Mitte bis Ende Juli	mittel	süß, saftig	geschützte Lagen, hoher Wärmebedarf
'Ungarische Beste'	Mitte bis Ende Juli	mittel	leicht säuerlich	relativ gering

Gute Pfirsich- und Nektarinen-Sorten

Sorte	Reifezeit	Frucht Fleischfarbe	Fruchtgröße	Geschmack	Standort- und Klimaansprüche
'Anneliese Rudolph'	Mitte bis Ende August	behaart, grünlich weiß	klein bis mittelgroß	gut	auch für offene Lagen
'Nektarred'	Mitte August	glatt, orangegelb	mittelgroß	gut, süßsäuerlich	Weinbaulagen, warm
'Redhaven'	Mitte bis Ende August	behaart, orangegelb	mittelgroß	sehr gut, süß	geschützte Lagen, warm
'Rekord aus Alfter'	Ende August bis Anfang September	behaart, gelblich weiß	groß	gut	relativ gering
'Roter Ellerstätter'	Mitte September	behaart, weißlich gelb	mittelgroß	gut, süßsäuerlich	auch für offene Lagen

'Roter Ellerstädter'

'Rekord aus Alfter'

Blätter: mittelgrün
Standort: sonnig
Boden: kalkarm; gut durchlüftet; sandig lehmig
Nährstoffbedarf: ausgeglichen;
Bewässerung: wenig bis regelmäßig

Schnittmaßnahmen: Erziehungsschnitt, Auslichtungsschnitt im August
Verwendung: Kleinbaum, Spalierbaum, auffällige Früchte, anspruchsvoll, mäßig frosthart, warmer, geschützter Standort, viele Sorten selbstfruchtbar

Pfirsich, Nektarine
Prunus persica

Aussehen: baumförmig, kugelförmig; **Höhe:** 2–3 m
Breite: 1,5–2 m
Blütezeit: April
Blüte: weiß bis rosa
Früchte: behaarte oder unbehaarte gelbliche, sonnenseits kräftig rot gefärbte Früchte
Reifezeit: August bis September
Blätter: mittelgrün
Standort: sonnig
Boden: kalkarm; gut durchlüftet; sandig lehmig
Nährstoffbedarf: ausgeglichen
Bewässerung: wenig bis regelmäßig

Nektarine

Schnittmaßnahmen: Erziehungsschnitt, Auslichtungsschnitt im August
Verwendung: Kleinbaum, Spalierbaum, auffällige Früchte, anspruchsvoll, mäßig frosthart, warmer geschützter Standort, viele Sorten selbstfruchtbar

Beerenobst

Walderdbeere
Fragaria vesca

Aussehen: flach wachsend
Höhe: 8–15 cm; **Breite:** 20 cm
Blütezeit: April bis Juni
Blüte: weiß
Früchte: kleine, rote, längliche Früchte mit intensivem Aroma;
Reifezeit: Juni bis Juli
Blätter: mittelgrün
Standort: sonnig bis schattig
Boden: keine besonderen Bodenansprüche; durchlässig
Nährstoffbedarf: ausgeglichen
Bewässerung: regelmäßig
Verwendung: Bodendecker, bildet viele Ausläufer, selbstfruchtbar
Sortenbeispiele: 'Forstina', 'Königin von Vallées'

pflegeleicht, für Einsteiger

Erdbeere
Fragaria × ananassa

Aussehen: kompakt bis flach wachsend; **Höhe:** 15–25 cm
Breite: 30 cm
Blütezeit: April bis Juni
Blüte: weiß
Früchte: rote Früchte
Reifezeit: Juni bis Juli
Blätter: dunkelgrün
Standort: sonnig bis halbschattig
Boden: keine besonderen Bodenansprüche; durchlässig
Nährstoffbedarf: ausgeglichen bis hoch; **Bewässerung:** regelmäßig

'Elvira'

'Tenira'

Neun Erdbeer-Sorten

Sorte	Reifezeit	Fruchtfarbe	Fruchtgröße	Geschmack	Festigkeit
'Elvira'	früh	hellrot	mittel bis groß	befriedigend	mittel
'Honeyoe' (Bild S. 236)	sehr früh	dunkelrot	groß	gut, säuerlich	fest
'Korona'	mittelfrüh	rot	mittel	gut, aromatisch	weich
'Lambada'	sehr früh	hellrot, glänzend	mittel bis groß	sehr gut, aromatisch	weich
'Pandora' (Bild S. 237)	sehr spät	dunkelrot	groß	befriedigend	mittel
'Polka' (Bild S. 236)	mittelfrüh	dunkelrot	mittelgroß bis groß	sehr gut, aromatisch	fest
'Senga Sengana'	mittelspät	dunkelrot	klein	sehr gut	mittel
'Symphony'	spät	rot, glänzend	groß	befriedigend	sehr fest
'Tenira'	mittelspät	rot, glänzend	mittel bis klein	gut, aromatisch	fest

Verwendung: für Kästen, Kübel und Töpfe geeignet, selbstfruchtbar

pflegeleicht, für Einsteiger, für kleine Gärten

Rote Johannisbeere, Weiße Johannisbeere
Ribes rubrum

Aussehen: aufrecht strauchförmig ; **Höhe:** 1,0–1,2 m
Breite: 0,8–1,2 m

'Jonkheer van Tets'

'Rovada'

Blütezeit: April
Blüte: unscheinbar
Früchte: rote oder weiße Beeren
Reifezeit: Juni bis August
Blätter: mittelgrün
Standort: sonnig bis halbschattig

Gute Sorten der Roten und Weißen Johannisbeere

Sorte	Reifezeit	Fruchtfarbe	Fruchtgröße	Traubenlänge	Geschmack
'Blanka'	Anfang August	hellgelb	mittelgroß	sehr lang	gut
'Jonkheer van Tets'	Ende Juni	mittelrot	groß	lang	gut
'Rolan'	Mitte Juli	hellrot	groß	mittellang	gut, säuerlich
'Rotet'	Ende Juli	mittelrot, glänzend	groß	lang	gut, säuerlich
'Rovada'	Anfang August	mittelrot, glänzend	groß	sehr lang	gut
'Weiße Versailler' (Bild Seite 236)	Mitte Juli	hellgelb	klein	lang	gut, mild, aromatisch
'Werdavia'	Anfang Juli	hellgelb	groß	mittellang	gut, säuerlich

Boden: humos; feucht; gut durchlüftet
Nährstoffbedarf: ausgeglichen bis hoch; **Bewässerung:** regelmäßig
Schnittmaßnahmen: nach der Ernte alle Basistriebe entfernen, die älter als 4 Jahre sind
Verwendung: Normalstrauch, auffällige Früchte, selbstfruchtbar, zusätzliche Befruchtersorte empfehlenswert

pflegeleicht, für Einsteiger

Schwarze Johannisbeere
Ribes nigrum

Aussehen: aufrecht strauchförmig; **Höhe:** 1,0–1,2 m
Breite: 0,8–1,2 m
Blütezeit: April
Blüte: unscheinbar

'Ometa'

Früchte: schwarze Beeren
Reifezeit: Juli
Blätter: mittelgrün
Standort: sonnig bis halbschattig
Boden: humos; feucht; gut durchlüftet
Nährstoffbedarf: ausgeglichen bis hoch; **Bewässerung:** regelmäßig
Schnittmaßnahmen: nach der Ernte alle Basistriebe entfernen, die älter als 4 Jahre sind
Verwendung: Normalstrauch, auffällige Früchte, selbstfruchtbar, zusätzliche Befruchtersorte empfehlenswert

pflegeleicht, für Einsteiger

Stachelbeere
Ribes uva-crispa

Aussehen: aufrecht überhängend bis flach wachsend; **Höhe:** 0,8–1,0 m; **Breite:** 0,8–1,0 m
Blütezeit: April bis Mai

Vier Sorten der Schwarzen Johannisbeere

Sorte	Reifezeit	Fruchtgröße	Traubenlänge	Geschmack
'Ben Lomond'	Mitte Juli	groß	mittel	befriedigend
'Fertoder 1' (Bild Seite 237)	Anfang Juli	mittel	lang	aromatisch
'Ometa'	Ende Juli	mittel	lang	gut, süßlich
'Titania'	Mitte Juli	groß	lang	gut

'Rokula'

Blüte: unscheinbar
Früchte: grüne, gelbe, rötliche Beeren; **Reifezeit:** Juli
Blätter: mittelgrün
Standort: sonnig bis halbschattig
Boden: humos; feucht; durchlässig, mittelschwer
Nährstoffbedarf: ausgeglichen
Bewässerung: regelmäßig
Schnittmaßnahmen: alle Basistriebe entfernen, die älter als 4 Jahre sind
Verwendung: Zwergstrauch, Heckenpflanzung, auffällige Früchte, selbstfruchtbar, zusätzliche Befruchtersorte empfehlenswert

pflegeleicht, für Einsteiger

Jostabeere
Ribes × nidigrolaria

Aussehen: aufrecht strauchförmig; **Höhe:** 1–1,5 m
Breite: 1–1,5 m
Blütezeit: April
Blüte: unscheinbar
Früchte: schwarzbraune bis schwarze Beeren; **Reifezeit:** Juni
Blätter: mittelgrün
Standort: sonnig

Jostabeeren

Boden: humos; feucht; gut durchlüftet
Nährstoffbedarf: ausgeglichen bis hoch; **Bewässerung:** regelmäßig
Schnittmaßnahmen: nach der Ernte alle Basistriebe entfernen, die älter als 4 Jahre sind
Verwendung: Normalstrauch, auffällige Früchte, selbstfruchtbar

Sortenbeispiele: 'Jogranda', 'Jostine'

pflegeleicht, für Einsteiger

Himbeere
Rubus idaeus

Aussehen: strauchig aufrecht
Höhe: 1,0–1,5 m
Breite: 20–40 cm

'Autumn Bliss'

Blütezeit: Mai bis August
Blüte: weiß
Früchte: rote Steinfrüchte
Reifezeit: Juni bis Oktober
Blätter: mittelgrün
Standort: sonnig bis halbschattig
Boden: schwach sauer; durchlässig; humos, sandig-lehmig
Nährstoffbedarf: ausgeglichen bis hoch; **Bewässerung:** regelmäßig
Schnittmaßnahmen: abgetragene Ruten nach der Ernte entfernen
Verwendung: Normalsträucher, Gehölzrand, Heckenpflanzung, auffällige Früchte, Himbeeren sind selbstfruchtbar

pflegeleicht, für Einsteiger

Brombeere
Rubus fruticosus

Aussehen: strauchig aufrecht oder rankend
Höhe: 1,5–2 m
Breite: 1,5–3 m
Blütezeit: Mai bis August
Blüte: weiß bis zartrosa
Früchte: schwarze Beeren
Reifezeit: Juli bis September
Blätter: mittel- bis dunkelgrün
Standort: sonnig bis halbschattig
Boden: durchlässig; humos; sandig-lehmig
Nährstoffbedarf: ausgeglichen bis hoch; **Bewässerung:** regelmäßig
Schnittmaßnahmen: abgetragene Ruten nach der Ernte entfernen

'Theodor Reimers'

Empfehlenswerte Stachelbeersorten

Sorte	Reifezeit	Fruchtfarbe	Fruchtgröße	Geschmack	Bestachelung
'Invicta'	sehr früh	gelbgrün	mittelgroß	gut, süßsäuerlich	stark
'Pax'	mittelfrüh	rot	groß	gut, aromatisch	mittel
'Reflamba'	mittelspät	weißgrün	mittelgroß	gut, mild	mittel
'Remarka'	sehr früh	purpur	groß	gut, süßsäuerlich	stark
'Rokula'	früh	schwarzrot	groß	gut, süß	mittel
'Rolonda'	spät	dunkelrot	mittelgroß	gut, säuerlich	gering

Himbeer-Sorten für den Garten

Sorte	Reifezeit	Fruchtfarbe	Fruchtgröße	Geschmack	Ertrag
'Autumn Bliss'	sehr spät	rot bis dunkelrot	mittel	gut	hoch
'Elida' (Bild Seite 237)	sehr früh	rot bis dunkelrot	groß	gut	hoch
'Glen Ample'	mittelspät	rot bis dunkelrot	mittel	gut	hoch
'Golden Bliss' (Bild Seite 237)	sehr spät	leuchtend gelb	mittel	gut	hoch
'Meeker'	mittelspät	dunkelrot	mittel	gut, aromatisch	mittel bis hoch
'Nootka'	früh	dunkelrot	mittel	befriedigend, aromatisch	mittel
'Rubaca'	spät	rot bis dunkelrot	mittel	gut	mittel bis hoch
'Rusilva'	mittelspät	hellrot	mittel	gut, säuerlich	mittel
'Rutrago'	spät	rot	groß	gut, aromatisch	sehr hoch
'Willamette'	früh	dunkelrot	mittel bis groß	gut, mild	hoch

'Bluecrop'

'Chester Thornless'

'Willamette'

Gute Brombeer-Sorten

Sorte	Reifezeit	Fruchtfarbe	Fruchtform	Fruchtgröße	Geschmack	Sonstiges
'Chester Thornless'	Mitte bis Ende August	schwarz, glänzend	rundlich	groß	befriedigend, aromatisch	rankend, dornlos
'Choctaw'	Mitte Juli	schwarz	länglich, konisch	sehr groß	gut	aufrecht, bedornt
'Loch Ness' = 'Nessy' (Bild Seite 236)	Anfang August	schwarz, glänzend	länglich, konisch	groß bis sehr groß	gut, süßlich, aromatisch	rankend, dornlos
'Theodor Reimers'	Ende August	schwarz	rundlich	groß	gut, aromatisch	rankend, bedornt
'Wilsons Frühe'	Mitte bis Ende Juli	schwarz	rundlich	mittelgroß	befriedigend	aufrecht, bedornt

Verwendung: rankende oder aufrecht wachsende, überhängende Sträucher, bedornt oder dornlos, Gehölzrand, Heckenpflanzung, auffällige Früchte, selbstfruchtbar

Kreuzungen zwischen Himbeeren und Brombeeren
Rubus-Hybriden

Aussehen: strauchig aufrecht
Höhe: 1,5–2 m
Breite: 1–3 m

'Loganbeere'

Blütezeit: Mai bis Juni
Blüte: weiß
Früchte: dunkelrote bis purpurrote, sehr große Beeren (3,5–4 cm)
Reifezeit: Juli bis August
Blätter: mittel- bis dunkelgrün
Standort: sonnig bis halbschattig
Boden: durchlässig; humos, sandig-lehmig
Nährstoffbedarf: ausgeglichen bis hoch
Bewässerung: regelmäßig
Schnittmaßnahmen: abgetragene Ruten nach der Ernte entfernen
Verwendung: aufrecht wachsende, überhängende Sträucher, Gehölzrand, Heckenpflanzung, auffällige Früchte, selbstfruchtbar
Sortenbeispiele: 'Taybeere', 'Loganbeere'

Heidelbeere
Vaccinium corymbosum

Aussehen: aufrecht strauchförmig; **Höhe:** 1–1,5 m
Breite: 1–1,5 m
Blütezeit: Mai

Sechs Heidelbeer-Sorten

Sorte	Reifezeit	Fruchtfarbe	Fruchtgröße	Geschmack	Ertrag
'Bluecrop'	mittelspät	hellblau	groß	gut	hoch bis sehr hoch
'Bluetta'	früh	dunkelblau	klein bis mittel	gut	mittel
'Duke'	mittelfrüh	hellblau	groß	gut	hoch
'Darrow'	spät	hell- bis mittelblau	sehr groß	gut	mittel
Goldtraube (Bild S. 237)	mittelfrüh	dunkelblau	groß	gut	mittel
'Patriot'	früh	mittelblau	groß	gut	mittel bis hoch

Blüte: weiß bis zartrosa
Früchte: blaue, bereifte Beeren
Reifezeit: Juli bis August
Blätter: mittelgrün
Standort: sonnig
Boden: feuchte, saure Böden (Moorbeetpflanze); durchlässig
Nährstoffbedarf: ausgeglichen
Bewässerung: regelmäßig
Schnittmaßnahmen: keine Schnittmaßnahmen in den ersten Jahren erforderlich, später Auslichtungsschnitt durchführen
Verwendung: Normalstrauch, Heckenpflanzung, selbstfruchtbar, zusätzliche Befruchtersorte empfehlenswert, anspruchsvoll

Liebhaberpflanze

Preiselbeere
Vaccinium vitis-idaea

Aussehen: aufrecht strauchförmig, dichtbuschig
Höhe: 20–30 cm
Breite: 20–30 cm
Blütezeit: Mai bis Juni
Blüte: weiß bis rosafarben
Früchte: erbsengroße, scharlachrote, runde Früchte; **Reifezeit:** August bis September
Blätter: mittel- bis dunkelgrün
Standort: sonnig bis halbschattig
Boden: feuchte, saure Böden (Moorbeetpflanze); durchlässig
Nährstoffbedarf: ausgeglichen;
Bewässerung: regelmäßig
Schnittmaßnahmen: Abschneiden abgeernteter Triebspitzen
Verwendung: Zwergstrauch, Bodenbegrünung, Gehölzrand, auffällige Früchte, selbstfruchtbar, zusätzliche Befruchtersorte empfehlenswert, anspruchsvoll
Sortenbeispiele: 'Erntesegen', 'Red Pearl', 'Koralle'

Liebhaberpflanze

Japanische Weinbeere
Rubus phoenicolasius

Aussehen: aufrecht strauchförmig bis überhängend
Höhe: 1,5–2 m; **Breite:** 1,5–2 m
Blütezeit: Mai bis Juni
Blüte: zahlreiche, vielblütige Rispen
Früchte: leuchtend hellrote, kugelige Beeren, weinsäuerlicher Geschmack
Reifezeit: Juli bis August
Blätter: mittelgrün
Standort: sonnig bis halbschattig
Boden: durchlässig; humos, sandig-lehmig
Nährstoffbedarf: ausgeglichen
Bewässerung: regelmäßig
Schnittmaßnahmen: abgetragene Ruten nach der Ernte entfernen
Verwendung: Normalstrauch, Ruten dicht mit roten Drüsenhaaren und einzelnen Stacheln besetzt, Gehölzrand, Heckenpflanzung, dekorative, fruchttragende Abgrenzung, selbstfruchtbar

Scharfzähniger Strahlengriffel, Mini-Kiwi
Actinidia arguta

Aussehen: schlingend
Höhe und Breite: je nach Erziehungsform
Blütezeit: Mai bis Juni
Blüte: weiß bis cremefarben
Früchte: glattschalige, braune, stachelbeergroße Früchte
Reifezeit: Oktober
Blätter: mittel- bis dunkelgrün
Standort: sonnig bis halbschattig
Boden: keine besonderen Bodenansprüche; durchlässig
Nährstoffbedarf: ausgeglichen
Bewässerung: regelmäßig
Schnittmaßnahmen: erst nach einigen Jahren Auslichtungsschnitt notwendig
Verwendung: Schlingpflanze, Gerüst notwendig, auffallender Wuchs, dekoratives Laub und auffallende Herbstfärbung, widerstandsfähig, anspruchslos und extrem frosthart (bis –30 °C), zweihäusige Pflanzen, männliche und weibliche Pflanze werden oft in einem Container angeboten

Japanische Weinbeere

Kiwianbau

Blätter: mittel- bis dunkelgrün
Standort: sonnig
Boden: keine besonderen Bodenansprüche; durchlässig
Nährstoffbedarf: ausgeglichen bis hoch; **Bewässerung:** wenig
Schnittmaßnahmen: Erziehungsschnitt, später Zapfen- und Bogenschnitt
Verwendung: rankende Pflanzen, Rankhilfe notwendig, Spalier, Pergola, auffällige Früchte, mäßig frosthart, warmer und geschützter Standort, selbstfruchtbar

Schalenobst

Walnuss
Juglans regia

Aussehen: breit ausladend
Höhe: 15–20 m; **Breite:** 8–10 m
Blütezeit: Mai bis Juni
Blüte: männliche Kätzchen; weibliche, grüne Blütenstände
Früchte: grüne Früchte mit Walnüssen; **Reifezeit:** September bis Oktober
Blätter: mittelgrün
Standort: sonnig
Boden: keine besonderen Bodenansprüche; durchlässig
Nährstoffbedarf: ausgeglichen
Bewässerung: wenig
Schnittmaßnahmen: Erziehungsschnitt, danach keine Schnittmaßnahmen erforderlich
Verwendung: schöner Solitärbaum, Einzelpflanzung, für größere Gärten und Parks, selbstfruchtbar, zusätzliche Befruchtersorte empfehlenswert

Sortenbeispiele: 'Weiki', 'Ambrosia', 'Maki'

für Einsteiger

Chinesischer Strahlengriffel, Kiwi
Actinidia deliciosa

Aussehen: schlingend; **Höhe und Breite:** je nach Erziehungsform
Blütezeit: Juni
Blüte: weiß bis cremefarben
Früchte: behaarte, braune Früchte
Reifezeit: Ende Oktober bis Anfang November
Blätter: mittel- bis dunkelgrün

Standort: sonnig bis halbschattig
Boden: schwach sauer; locker; humos, nährstoffreich,
Nährstoffbedarf: ausgeglichen bis hoch
Bewässerung: regelmäßig
Schnittmaßnahmen: Erziehungsschnitt, später auf Zapfen zurückschneiden
Verwendung: Schlingpflanze, Gerüst notwendig, auffallender Wuchs, dekoratives Laub und auffallende Herbstfärbung, bedingt frosthart, warme geschützte Lagen, dicken Winterschutz geben (Abdecken mit Matten), männliche und weibliche Pflanzen (zweihäusig),

wenige selbstbefruchtende Sorten
Sortenbeispiele: 'Hayward' (weibliche Sorte), 'Starella' (weibliche Sorte), 'Matua' (männliche Sorte), 'Jenny' (selbstfruchtbar)

Tafeltraube
Vitis vinifera

Aussehen: rankend; **Höhe und Breite:** je nach Erziehung unterschiedlich
Blütezeit: Mai; **Blüte:** unscheinbare Blütenstände
Früchte: grüne, gelbe oder blaue Trauben; **Reifezeit:** September bis Oktober

Chinesischer Strahlengriffel

Tafeltrauben

Tafeltrauben-Sorten für den Garten

Sorte	Reifezeit	Fruchtfarbe	Fruchtform	Fruchtgröße	Geschmack
'Angela'	mittelspät	gelb bis grün	oval	sehr groß	sehr süß, angenehm
'Birstaler Muskat'	früh	grün bis gelb	rund	mittel	angenehmer Muskatton
'Eszter'	mittelfrüh	blau	oval	mittel	sehr süß, angenehm
'Muscat bleu'	mittelfrüh	blau	oval	groß	fruchtig- frisch, leichter Muskatton
'Nero'	mittelfrüh	blau	oval	groß	fruchtig-frisch
'Palatina'	mittelfrüh	grün bis gelb	oval	groß	Muskatton
'Regent'	mittel	blau	rund	klein	würzig

durchführen, starke alte Triebe entfernen
Verwendung: Großstrauch, Einzelpflanzung, Gehölzrand, Heckenpflanzung, für größere Gärten und Parks, Befruchtersorte notwendig
Sortenbeispiele: 'Hallesche Riesennuss', 'Webbs Preisnuss', 'Daviana'

pflegeleicht, für Einsteiger

Walnuss

Sortenbeispiele: 'Nr. 120', 'Güls Mosel', 'Nr. 139', 'Weinheim'

pflegeleicht

Haselnuss
Corylus avellana

Aussehen: aufrecht strauchförmig; **Höhe:** 4–6 m
Breite: 3–5 m
Blütezeit: April
Blüte: männliche gelbe Kätzchen, unscheinbare, weibliche, rote Blütenstände
Früchte: braune bis bräunlichrote Haselnüsse
Reifezeit: September
Blätter: mittel- bis dunkelgrün
Standort: sonnig bis halbschattig
Boden: keine besonderen Bodenansprüche; anpassungsfähig
Nährstoffbedarf: ausgeglichen;
Bewässerung: wenig
Schnittmaßnahmen: gegebenenfalls Verjüngungsschnitt

Edelkastanie, Esskastanie, Marone
Castanea sativa

Aussehen: breit ausladend
Höhe: 10–20 m; **Breite:** 10–15 m
Blütezeit: Mai bis Juni
Blüte: duftende, gelblich-grüne Kätzchen
Früchte: stachlige Früchte mit Maronen; **Reifezeit:** Oktober
Blätter: dunkelgrün
Standort: sonnig
Boden: keine besonderen Bodenansprüche, durchlässig
Nährstoffbedarf: ausgeglichen
Bewässerung: wenig
Schnittmaßnahmen: Erziehungsschnitt, danach keine Schnittmaßnahmen erforderlich
Verwendung: schöner Solitärbaum, Einzelpflanzung, für größere Gärten und Parks, ausgefallenes Obst, manche Sorten selbstfruchtbar, zusätzliche Befruchtersorte empfehlenswert
Sortenbeispiele: 'Nouzillard', 'Ecker'

pflegeleicht

Haselnuss

Esskastanie

Inkalilie (S. 272)

Strauchmargerite (S. 273)

Zieringwer (S. 277)

Löwenohr (S. 278)

Priesterpalme (S. 281)

Palmlilie (S. 281)

Million Bells® 'Trailing' (S. 258)

Katzenschwanz (S. 256)

Glockenblume (S. 259)

Zwerg-Rittersporn (S. 259)

Zigarettenblümchen (S. 259)

Winterharte Fuchsie (S. 262)

Gundermann (S. 262)

Zwerg-Strohblume (S. 263)

Nierembergie (S. 266)

Goldmarie (S. 258)

Gerbera (S. 262)

Aztekengold (S. 269)

Orangenblume (S. 275)

Hammerstrauch (S. 275)

Balkon- und Kübelpflanzen

Kalifornische Zypresse (S. 276)

Korallenstrauch (S. 276)

Scheinmalve (S. 273)

Strauch-Veronika (S. 263)

Kartoffelwein (S. 280)

Brautmyrte (S. 279)

Fuchsie 'Dark Eyes' (S. 261)

Kumquat (S. 277)

Stadtgärten

Frühlingsboten vom Balkon – mit Primeln, Stiefmütterchen und vorgetriebenen Zwiebelblumen, wie Narzissen, Hyazinthen und Tulpen

Was wäre ein Balkon oder eine Terrasse ohne die schmückenden Balkon- und Kübelpflanzen? Sie drücken die Frische und das Leben des Sommers aus. Balkone sollen die Erfindungen von Stadtbewohnern sein, die die kleinen Gärten nahe der Wohnung nutzten. Blühende und duftende Pflanzen verbessern das Klima und die Wohnqualität. Werden aus Balkonen größere Terrassen, finden Kübelpflanzen, die teils mehrere Meter groß werden können, einen passenden Standort. Durch die Arbeit von Züchtern ist das Pflanzensortiment in den letzten Jahren stark gestiegen. Immer neue Pflanzen und verbesserte Formen fühlen sich in dem wohnungsnahen Lebensraum wohl.

Klima auf Balkon und Terrasse

Der Balkon- und Terrassengarten wird durch unterschiedliche Einflüsse geprägt. Für eine Pflanzenkultur ist zunächst die Lage wichtig. Grundsätzlich sind bis auf Nordlagen alle Himmelsrichtungen für Balkon- und Kübelpflanzen geeignet. An etwas dunkleren Ost- oder Westlagen ist die Blühfreudigkeit jedoch herabgesetzt. Die Lage hat auch einen Einfluss auf die Temperatur. Sonnige Balkone sind immer wärmer als nach Osten und Norden gerichtete. Je höher ein Balkon vom Boden aus gesehen liegt, desto höher sind die Temperaturen. Sie schwanken jedoch auch zwischen ländlichen und großstädtischen Regionen. In Großstädten spielen späte Nachtfröste kaum noch eine Rolle, hingegen kann es in Randbezirken und auf dem Land noch zu Erfrierungen kommen. Sogar das Mauerwerk beeinflusst das Balkonklima. Helle Mauern oder weißer Putz strahlen im Sommer stark ab und heizen zusätzlich auf. Darunter leiden besonders kleinere Balkone. Im Gegensatz zu ländlichen Regionen herrscht im Stadtsommer nur eine geringe Luftfeuchte. Zusätzlicher Pflegeaufwand in Form von Sprühen kann notwendig sein.

Kästen, Kübel und Töpfe

Der entscheidende Unterschied zu Gartenpflanzen ist, dass Topfpflanzen keine Verbindung zum gewachsenen Boden besitzen, sondern in Gefäßen kultiviert werden. Sie sind deshalb von zusätzlicher Wasser- und Nährstoffversorgung abhängig. Heutzutage gibt es die unterschiedlichsten Pflanzgefäße. Zunächst einmal unterscheiden sie sich im Material.

Pflanzgefäße aus Ton sehen schön aus und bringen einen mediterranen Flair mit. Nachteilig ist jedoch das vergleichsweise schwere Gewicht. Kästen aus Ton benötigen eine gute Befestigung, wenn sie am Balkon angebracht werden sollen. Besser eignen sich Kunststoffkästen. Sie sind leicht und robust. Mittlerweile gibt es sehr hochwertige Kunststoffgefäße, die sich auch optisch nicht groß von Ton unterscheiden. In der Bewässerung unterscheiden sich beide Materialien. Der gebrannte Ton atmet und lässt Wasser durch seine Wände. Hierbei kann es besonders im Sommer schneller zu Bodenaustrocknungen kommen. Kunststoff hingegen lässt kein Wasser durch die Gefäßwände. Was an heißen Sommertagen von Vorteil ist, kann jedoch bei längeren Regenzeiten zu Bodenübernässungen und Wurzelfäulnis führen.

Bei alternativen Materialien, wie zum Beispiel Holz, ist darauf zu achten, dass es entweder unbehandelt ist oder mit pflanzenverträglichen Mitteln bearbeitet wurde. Manche Holzschutzmittel können sogar das Wurzelsystem schädigen.

Achten Sie auf die Topffarbe. Dunkle Farben nehmen die Wärme auf und heizen zusätzlich die Erde auf. Hellere Farben sind deshalb besser geeignet.

Italien lässt grüßen – mit Terracottatöpfen können Sie leicht ein südländisches Flair erzeugen.

Küchenkräuter im Topf finden selbst auf dem kleinsten Balkon noch ein Plätzchen.

Fleißige Lieschen bestechen durch ihre unermüdliche Blütenentwicklung.

Bepflanzung und Pflege

Als Substrat oder Boden für Ampeln, Kästen und Töpfe eignet sich handelsübliche Balkonpflanzenerde. Da sie zum großen Teil aus Kompost- oder Torfprodukten besteht, empfiehlt sich das Einarbeiten von zusätzlichen Drainagematerialien, wie zum Beispiel Blähton, grober Sand oder unkrautfreie Gartenerde. Da Übernässungen die häufigsten Pflegefehler sind, sollte man vor dem Befüllen der Gefäße den Boden mit Tonscherben oder andere groben Materialien bedecken. Sie schützen die Abzugslöcher vor dem Verstopfen durch Erde. Ist der Kasten anschließend befüllt worden, können die Pflanzen eingesetzt werden.

Je nach Größe des Kastens wird alle 20 bis 40 Zentimeter eine Leitpflanze gesetzt. Es handelt sich dabei um größere Balkonpflanzen, die optisch durch größere Blüten oder Wuchs dominieren, zum Beispiel Pelargonien. Die Zwischenräume füllt eine Lückenpflanzung aus, die aus kleineren Pflanzen, beispielsweise Dukatenblume, Elfenspiegel oder Gauklerblume, besteht. Die Ränder sollten Pflanzen umsäumen, die zum Überhängen neigen, wie zum Beispiel Blaue Mauritius oder Hornklee. Eine abwechslungsreiche Optik wird in Kombinationen mit buntblättrigen Pflanzen, zum Beispiel Taubnessel oder Weihrauch, erreicht.

Die Hauptarbeiten während des Sommers sind Gießen und das regelmäßige Düngen bis zum Spätsommer. Schließlich verbrauchen die Balkonpflanzen durch ihre Blühkraft eine Menge Nährstoffe. Die allgemeinen Pflegearbeiten bestehen aus regelmäßigem Putzen und Zurückschneiden abgeblühter Triebe. Die Pflanzen werden durch diese Schnittmaßnahmen zur weiteren Blütenbildung angeregt.

Kübelpflanzenpflege

Als Kübelpflanzen lassen sich alle ausdauernden frostempfindlichen Pflanzen einordnen, auch wenn im Allgemeinen vorrangig Gehölze gemeint sind. Die Pflanzen können im Gegensatz zu den meisten Sommerblumen viele Jahre alt werden. Durch ihre meist mediterrane oder tropische Herkunft eignen sie sich jedoch nicht für die Überwinterung im Garten, da sie nur geringe oder überhaupt keine Frosthärte aufweisen.

Die Gefäße müssen in ihrer Größe dem Wuchs der Kübelpflanze angepasst werden. Bei der Erde ist es nicht ratsam, auf gewöhnliche Balkonpflanzenerde zurückzugreifen. Die organischen Bestandteile verrotten ziemlich schnell und es kommt weniger Luft an die Pflanzenwurzeln. Spezielle Kübelpflanzenerde behält ihre Struktur wenigstens über ein bis zwei Jahre. Um den Boden strukturstabiler zu machen, kann man ihr groben Sand oder Gartenerde beimischen.

Die Hauptarbeiten bestehen wie bei den Balkonpflanzen im Wässern und gelegentlichem Düngen. Die Nährstoffgaben sind vergleichsweise seltener zu verabreichen und spätestens im Spätsommer zu beenden. Zu starke Düngergaben können zu Versalzungen im Boden und somit zu Wurzelschäden führen.

Die Überwinterung ist von den Wärmeansprüchen der Pflanze abhängig. Immergrüne Kübelpflanzen verlangen ein helles Winterquartier. Laub abwerfende Arten werden vor der Überwinterung zurückgeschnitten. Sie lassen sich auch dunkel überwintern. Während dieser Zeit darf nicht gedüngt und das Substrat lediglich feucht gehalten werden. Um die teils stattlichen Pflanzen nicht jährlich durch Umtopfen zu stören, lassen sich nach der Winterpause neue Nährstoffe durch den Austausch der oberen Bodenschicht zu den Wurzeln bringen.

Zu den Pflanzenbeschreibungen

Die nachfolgenden Porträts haben wir in zwei große Gruppen geteilt:

So wird gepflanzt

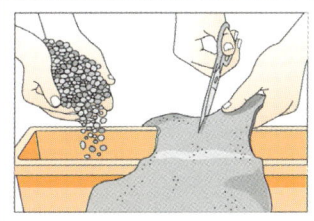  

1 *Einige Zentimeter Drainage (wie Kies) einfüllen. Ein Vlies darüber hilft, dass die Erde nicht ausgewaschen wird.*

2 *So viel Erde einfüllen, dass die Pflanzen genauso hoch eingesetzt werden können, wie sie im Topf gepflanzt waren.*

3 *Mit Erde die Zwischenräume füllen, andrücken und gut angießen, am besten mit einer Gießkanne mit Brausekopf.*

Beet- und Balkonpflanzen

Katzenschwanz, Hängender Fuchsschwanz
Acalypha hispaniolae
(Bild Seite 252)

Aussehen: halbhängend, flächiger Wuchs, Halbstrauch; **Höhe:** 30–50 cm; **Breite:** 30–40 cm
Blütezeit: ganzjährig in Abständen
Blüte: karminrot bis leuchtend rot; männliche (hängende, leuchtend rote Blütenschwänze) und weibliche Blüten
Blätter: leuchtend grün
Standort: hell, nicht in voller Sonne
Boden: schwach sauer; frisch, humos; sandig-humos
Nährstoffbedarf: ausgeglichen bis hoch; **Bewässerung:** regelmäßig
Schnittmaßnahmen: Triebe frühzeitig entspitzen, um einen buschigen Wuchs zu fördern; verblühte Pflanzenteile regelmäßig entfernen, um die Blütezeit zu verlängern
Verwendung: dekorative Ampelbepflanzung, Leitpflanze in Misch- und Kastenpflanzungen, interessante Blüten, lange Blütezeit

> für Einsteiger, für kleine Gärten

Steinquendel, Bergminze
Acinos alpinus
(syn. *Calamintha alpina*)

Aussehen: aufrecht buschig bis ausladend, kurze Ausläufer
Höhe: 30–50 cm
Breite: 40–50 cm
Blütezeit: Juli bis September
Blüte: hellviolett, rosa
Blätter: mittelgrün
Standort: sonnig bis halbschattig
Boden: sauer bis alkalisch; mäßig trocken; durchlässig
Nährstoffbedarf: gering
Bewässerung: wenig
Schnittmaßnahmen: frühzeitiges Entspitzen der Sprosse fördert buschigere Entwicklung; im Herbst den gesamten Spross zurückschneiden
Verwendung: auffallende Blüten, für Steingärten, aromatisch duf-tend, Insektenweide, mehrjährige Pflanze
Weitere Art: *Calamintha grandiflora* 'Variegata' – Großblütige Bergminze

> pflegeleicht, für Einsteiger

Leberbalsam, Blausternchen
Ageratum houstonianum

Aussehen: kompakt buschig, dicht verzweigt; **Höhe:** 15–35 cm
Breite: 20–30 cm
Blütezeit: Mai bis November

Leberbalsam

Blüte: hellblau bis violettblau, purpurrot, weiß
Blätter: mittelgrün
Standort: sonnig bis halbschattig
Boden: schwach sauer bis neutral; frisch bis feucht; durchlässig, sandig-humos
Nährstoffbedarf: ausgeglichen bis hoch; **Bewässerung:** regelmäßig bis häufig
Schnittmaßnahmen: um die Blütezeit zu verlängern, regelmäßig verblühte Sprossspitzen entfernen
Verwendung: für Lücken- und Unterpflanzungen, auffallende Blüten

> pflegeleicht, für Einsteiger, für kleine Gärten

Pazifik-Margerite, Ajania, Silberrand-Chrysantheme
Ajania pacifica

Aussehen: kompakt buschig bis polsterbildend; **Höhe:** 20–50 cm
Breite: 60–90 cm
Blütezeit: August bis Oktober
Blüte: gelb
Blätter: dunkelgrün, silbrig umrandet
Standort: sonnig

Pazifik-Margerite

Boden: schwach sauer bis neutral; mäßig trocken bis frisch; sandig-humos, sandig-lehmig, gut durchlässig
Nährstoffbedarf: gering; **Bewässerung:** wenig bis regelmäßig
Verwendung: für Lücken- und Unterpflanzungen, auffallende Blätter, mehrjährige Pflanze, mäßig frosthart – Winterschutz wird empfohlen

> pflegeleicht, für Einsteiger

Dukatenblume, Strandstern, Goldmünze, Goldtaler
Asteriscus maritimus

Aussehen: kompakt buschig;
Höhe: 15–20 cm; **Breite:** 40 cm
Blütezeit: Mai bis Oktober
Blüte: goldgelb; Strahlenblüten
Blätter: mittelgrün
Standort: sonnig
Boden: schwach sauer bis neutral; frisch; durchlässig, lehmig, sandig-humos
Nährstoffbedarf: hoch

Dukatenblume 'Gold'

Bewässerung: regelmäßig
Schnittmaßnahmen: frühzeitiges Entspitzen der Triebe bewirkt einen kompakteren und buschigeren Wuchs; abgeblühte Triebspitzen sind regelmäßig zu entfernen, um die Blütezeit zu verlängern; **Überwinterung:** im Haus an einem hellen, kühlen Standort
Verwendung: lange Blütezeit, bedingt frosthart – in sehr milden Regionen auch im Freiland mit Winterschutz möglich

> pflegeleicht, für Einsteiger, für kleine Gärten

Freiland-Elatior-Begonien
Begonia-Cultivars
(*Elatior*-Gruppe)

Aussehen: aufrecht buschig
Höhe: 20–60 cm
Breite: 20–30 cm
Blütezeit: Mai bis Oktober
Blüte: Farbvariationen in Gelb, Orange, Rosa, Rot, Violett und Weiß; gefüllte Blüten
Blätter: mittel-, dunkel- oder purpurgrün
Standort: hell bis halbschattig (Schutz vor starker Sonne)
Boden: schwach sauer bis neutral; frisch; durchlässig, humos
Nährstoffbedarf: ausgeglichen bis hoch; **Bewässerung:** regelmäßig
Schnittmaßnahmen: regelmäßig Verblühtes entfernen, um Befall mit Botrytis (Grauschimmel) zu vermeiden

Verwendung: Leitpflanze in Misch- und Kastenpflanzungen, auffallende Blätter und Blüten

für Einsteiger

Knollen-Begonien
Begonia-Cultivars
(Tuberhybrida-Gruppe)

Aussehen: aufrecht bis hängend (sortenabhängig)
Höhe: 30–70 cm
Breite: 20–40 cm
Blütezeit: Mai bis September
Blüte: Farbvariationen in Gelb, Orange, Rosa, Rot, Violett und Weiß; einfach bis dicht gefüllt
Blätter: dunkel- bis purpurgrün

Standort: sonnig bis halbschattig, Hitzestau vermeiden
Boden: neutral; frisch; durchlässig, humos, salzarm
Nährstoffbedarf: ausgeglichen bis hoch
Bewässerung: regelmäßig
Schnittmaßnahmen: frühzeitiges Entspitzen der Triebe bewirkt einen kompakteren und buschigeren Wuchs; abgeblühte Blüten sind regelmäßig zu entfernen, um Befall mit Grauschimmel (Botrytis) zu vermeiden
Überwinterung: gereinigte und getrocknete Knollen dunkel und kühl bei 5 °C überwintern
Verwendung: dekorative Ampel-

Knollen-Begonie (Tuberhybrida-Gruppe)

Freiland-Begonien für Ampeln, Balkonkästen und Beete, Blüte Mai bis September

	Beschreibung	Farbpalette
Beetsorten		
'Memory'-Serie	aufrecht, kräftig, 25 cm hoch, sehr große, gefüllte Blüten mit 12 cm Durchmesser	gelb, goldorange, feuerrot, lachsrosa, rosa, scharlachrot, weiß
'Nonstop'-Serie	kompakt, 25 cm hoch, große, gefüllte Blüten mit 8 bis 9 cm Durchmesser	sehr große Farbpalette
'Ornament'-Serie	wie 'Nonstop'-Serie, jedoch braunes oder smaragdgrün geadertes Laub	gelb, hellrosa, orange, scharlachrot
'Pin-Up'-Serie	kompakt, 25 cm hoch, Blüte bis zu 12 cm Durchmesser; typisch: zwei kleine und zwei große Blütenblätter	'Pin-Up Rosa': weiß mit rosa Saum 'Pin-Up Flamme': goldgelb mit orangefarbenem Saum
'Maribel'	Höhe bis 40 cm, bronzefarbenes Laub; kleine, einfache Blüten	porzellanfarben
Halbhängende Sorten für Balkonkästen und Ampeln		
'Panorama'-Serie	gefüllte Blüten mit etwa 6 cm im Durchmesser	rosa, apricotfarben, gelb, scharlachrot, weiß
'Champagner'	große, gefüllte Blüten; vegetativ vermehrte Sorte	porzellanfarben
'Tenella'-Serie	bis 40 cm überhängend; gefüllte Blüten	lachsorange, rosa, weiß
Girlanden-Begonien für Balkonkästen und Ampeln		
'Illumination'-Serie	starkwüchsig, Länge bis 70 cm, große, gefüllte Blüten	lachsrosa, rosa, orange, weiß, apricot
'Elserta'	starkwüchsig, Länge bis 60 cm, große, gefüllte Blüten; vegetativ vermehrt	orange
Edel-Begonien für Beete und Ampeln		
'Charisma'-Serie	kompakt, etwa 25 cm hoch, gefüllte Blüten mit 5 cm Durchmesser	lachsorange, rosa, scharlachrot
'Solenia'-Serie	Höhe bis 30 cm, große, gefüllte Blüten	hell- und dunkelrosa, rot, orange, dunkelrot, hell- und dunkelgelb
Besonderheiten		
'Dragon Wing'	Sorten für Solitärgefäße und auch Ampeln mit einer Höhe und Breite bis 60 cm; einfache Blüten; sehr robust und gesund	kräftig rot oder pinkfarben
Begonia fuchsioides	aufrecht wachsende Begonie bis 40 cm Höhe mit rötlich dunkelgrünem Laub; Blüten wie kleine Fuchsien;	rot, rosa
Begonia richmondensis	strauchartig mit glänzenden, spitzen Blättern; Höhe bis 50 cm	kirschrot bis tiefrosa

bepflanzung, Leitpflanze in Misch- und Kastenpflanzungen, schöne Blätter und Blüten

Schokoladenblume
Berlandiera lyriata

Aussehen: aufrecht bis ausladend buschig; **Höhe:** 20–40 cm
Breite: 15–25 cm
Blütezeit: Mai bis Juli
Blüte: gelb
Blätter: dunkelgrün
Standort: sonnig
Boden: schwach sauer bis schwach alkalisch; frisch; sandig-humos, sandig-lehmig
Nährstoffbedarf: ausgeglichen
Bewässerung: regelmäßig
Schnittmaßnahmen: frühzeitiges Entspitzen der Triebe fördert einen buschigen Wuchs
Verwendung: mehrjährige Pflanze, bedingt frosthart – in milden Regionen im Freiland mit Winterschutz möglich oder frostfrei überwintern, duftet nach Schokolade

> Liebhaberpflanze, für kleine Gärten

Goldmarie, Zweizahn, Goldzweizahn
Bidens ferulifolia (Bild Seite 252)

Aussehen: aufrecht buschig bis überhängend, stark wachsend
Höhe: 30–45 cm
Breite: 50–60 cm
Blütezeit: Mai bis Oktober
Blüte: goldgelb
Standort: sonnig
Boden: schwach sauer; frisch; durchlässig, sandig-lehmig
Nährstoffbedarf: hoch

Goldmarie

Bewässerung: regelmäßig, hoher Bedarf
Verwendung: dekorative Ampelbepflanzung, duftende Blüten, lange Blütezeit

> pflegeleicht, für Einsteiger, für kleine Gärten

Blaues Gänseblümchen, Australisches Gänseblümchen
Brachyscome multifida

Aussehen: kompakt buschig, breit wachsend
Höhe: 30–40 cm
Breite: 20–30 cm
Blütezeit: Mai bis Oktober
Blüte: blauviolett, hellblau, weiß, rosa
Standort: sonnig
Boden: schwach sauer; frisch; durchlässig, sandig-humos
Nährstoffbedarf: ausgeglichen

Blaues Gänseblümchen 'Ultra'

bis hoch; **Bewässerung:** regelmäßig
Verwendung: dekorative Ampelbepflanzung, für Lücken- und Unterpflanzungen, dekorative Blüten
Weitere Art: *B. iberidifolia* –

wüchsige, einjährige Art mit blaupurpurnen, rosavioletten bis weißen Blüten

> pflegeleicht, für Einsteiger

Pantoffelblume
Calceolaria integrifolia

Aussehen: aufrecht bis überhängend; **Höhe:** 20–100 cm
Breite: 20–50 cm
Blütezeit: Mai bis September
Blüte: leuchtend gelb, orange
Standort: sonnig bis halbschattig, vor Regen schützen
Boden: sauer bis neutral; frisch bis feucht; durchlässig, sandig-humos
Nährstoffbedarf: ausgeglichen bis hoch; **Bewässerung:** regelmäßig bis häufig
Schnittmaßnahmen: um die Blütezeit zu verlängern und gegen Botrytis (Grauschimmel) vorzubeugen, regelmäßig verblühte Sprossspitzen entfernen

Pantoffelblume

Calibrachoa-Sortengruppen (Zauberglöckchen)

Sortengruppe	Eigenschaften	Farbpalette
'Million Bells®'	starkwüchsige Serie mit Längen bis 60 cm	kirschrot, gelb, terrakottafarben
'Million Bells® Trailing'-Sorten (Bild Seite 252)	Serie mit hängendem Wuchs und flacher Mitte, Länge bis 60 cm	weiß, pink, blau
'Carillon'-Serie	Serie mit meist hängendem Wuchs	weiß, blau, rosa, rot, gelb
'MiniFamous'-Serie	umfangreiche Serie mit harmonischem Wuchscharakter, Länge bis 60 cm, gute Blütenöffnung, auch zweifarbige Sorten	weiß, gelb, rot, kirschrot, blau, violett, hellrosa, apricotfarben
'Celebration'-Serie	unterschiedliche Wuchsstärke (sortenabhängig), Länge bis 60 cm	rosa, blau, apricotfarben
'Sweetbells'-Serie	Serie mit hängendem Wuchs, Länge bis 60 cm	blaue und rosafarbene Töne
'Calinova'-Serie	Serie mit unterschiedlichem Wuchscharakter, ausdrucksvolle Farben, gute Blütenöffnung	blau, pink, gelb
'Superbells'-Serie	Sorten auf Toleranz gegenüber Wurzelbräune ausgelesen	blaue und rosafarbene Töne

Verwendung: auffallende „Pantoffelblüten"

pflegeleicht, für Einsteiger

Zauberglöckchen
Calibrachoa

Aussehen: je nach Sorte niederliegend, kugelig bis hängend
Höhe: 25–35 cm
Breite: 40 cm
Blütezeit: Mai bis Oktober
Blüte: 3–4 cm große Blüten ähnlich Petunien (häufig mit Minipetunien verwechselt), Farbvariationen von Weiß, Gelb, Rosa, Blau und Rot; auch zweifarbige Sorten
Blätter: kleine, mittelgrüne, zum Teil behaarte Laubblätter
Standort: sonnig, bedingt auch halbschattig
Boden: schwach sauer; frisch; durchlässig
Nährstoffbedarf: hoch
Bewässerung: gleichmäßig; eher etwas trockener halten
Verwendung: für Balkonkästen und als dekorative Ampelpflanzen, sehr blühintensiv

pflegeleicht, für Einsteiger

Glockenblume
Campanula isophylla
(Bild Seite 252)

Aussehen: niederliegend bis überhängend, rankend
Höhe: 15–25 cm
Breite: 25–35 cm
Blütezeit: Juni bis September
Blüte: blassblau bis weiß
Blätter: hellgrün
Standort: sonnig bis halbschattig
Boden: schwach sauer bis neutral; frisch; durchlässig, sandig-humos
Nährstoffbedarf: ausgeglichen bis hoch; **Bewässerung:** regelmäßig
Überwinterung: an hellem, kühlen Standort im Haus möglich
Verwendung: dekorative Ampelbepflanzung, schöne „Glockenblüten", für Steingärten, Grabbepflanzung, mehrjährige Pflanze, bedingt frosthart – in milden Regionen auch im Freiland mit Winterschutz möglich
Sortenbeispiel: 'Alba' – weiße Blüten

pflegeleicht, für kleine Gärten

Zigarettenblümchen
Cuphea ignea (Bild Seite 252)

Aussehen: ausladend strauchförmig, dicht verzweigt; **Höhe:** 30–80 cm; **Breite:** 30–90 cm
Blütezeit: Mai bis September
Blüte: scharlachrot mit gelber Spitze
Blätter: glänzend grün
Standort: sonnig bis halbschattig, windgeschützt
Boden: schwach sauer bis neutral; frisch; durchlässig, sandig-humos
Nährstoffbedarf: ausgeglichen bis hoch; **Bewässerung:** regelmäßig
Schnittmaßnahmen: bessere Verzweigung durch Einkürzen bei 8–10 cm
Verwendung: Leitpflanze in Misch- und Kastenpflanzungen, ungewöhnliche Blüten

Mickymausblümchen, Cuphea llavea

Weitere Art: *C. llavea* – höhere Art mit größeren, leuchtend roten Blüten

pflegeleicht, für Einsteiger

Stauden-Mittagsblume
Delosperma cooperi

Aussehen: teppichartig, niederliegend; **Höhe:** 10–15 cm
Breite: 40–60 cm
Blütezeit: Juni bis Oktober
Blüte: karminrot bis purpurrot, Strahlenblüte
Blätter: blass- bis graugrün
Standort: sonnig
Boden: schwach sauer bis schwach alkalisch; trocken bis mäßig trocken; durchlässig

Stauden-Mittagsblume

Nährstoffbedarf: schwach
Bewässerung: sehr wenig bis wenig
Schnittmaßnahmen: lange Triebe im Frühjahr oder Herbst kürzen
Verwendung: dekorative Ampelbepflanzung, für Lücken- und Unterpflanzungen, auffallende Blätter und Blüten, für Steingärten, mehrjährige Pflanze, frostfrei überwintern, nässeempfindlich im Winter
Weitere Art: *D. nubigenum* – gelb- bis orangerot blühende Art, fürs Freiland als Bodendecker oder Randbepflanzung geeignet

pflegeleicht, für Einsteiger, für kleine Gärten

Zwerg-Rittersporn
Delphinium grandiflorum
(Bild Seite 252)

Aussehen: aufrecht buschig
Höhe: 20–50 cm
Breite: 30 cm
Blütezeit: Juni bis September
Blüte: violettblau
Blätter: frischgrün
Standort: sonnig bis halbschattig
Boden: neutral, ausgeglichen; mäßig trocken bis frisch; durchlässig
Nährstoffbedarf: ausgeglichen
Bewässerung: wenig bis regelmäßig
Schnittmaßnahmen: kräftiger Schnitt nach der ersten Blüte und nach Abwelken im Herbst
Verwendung: Leitpflanze in Misch- und Kastenpflanzungen,

dekorative, große Blüten, Schnittblume, giftig, mehrjährige Pflanze
Sortenbeispiele: 'Album' – weiße Blüten, 'Blauer Zwerg' – blaue Blüten

pflegeleicht, für kleine Gärten

Elfensporn, Doppelhörnchen, Doppelsporn
Diascia barberae

Aussehen: aufrecht buschig bis überhängend
Höhe: 20–50 cm; **Breite:** 20–50 cm
Blütezeit: Mai bis Oktober
Blüte: rosa bis rosarot
Blätter: matt- bis mittelgrün
Standort: sonnig bis halbschattig
Boden: schwach sauer; mäßig trocken bis frisch; durchlässig, sandig-humos
Nährstoffbedarf: ausgeglichen bis hoch
Bewässerung: wenig bis regelmäßig, nicht zu nass

Elfensporn 'Coral Belle'

Bekannte Elfensporn-Arten und -Sorten

Botanischer Name	Aussehen	Höhe	Blütezeit	Blütenfarbe	Tipps
Diascia barberae 'Elliots Variety'	kompakt buschig bis überhängend	20–40 cm	Mai bis Oktober	hellrosa mit rosaroter Mitte	pflegeleicht, gute Ampelpflanze
Diascia barberae 'Ruby Field'	aufrecht buschig bis niederliegend	20–40 cm	Mai bis Oktober	lachsrot	farbintensiv
Diascia elegans	niederliegend bis kriechend	20–30 cm	Mai bis Oktober	rosa	gute Ampelpflanze
Diascia rigescens	locker aufrecht bis kriechend	20–30 cm	Mai bis Oktober	lachsrot	Blüten in 15 bis 20 cm großen Trauben

Schnittmaßnahmen: frühzeitiges Entspitzen der Triebe bewirkt einen kompakteren und buschigeren Wuchs; im Sommer eventuell Rückschnitt bei Samenansatz
Überwinterung: an hellem, kühlen Standort im Haus möglich
Verwendung: dekorative Ampelbepflanzung, lange Blütezeit, mehrjährige Pflanze, verträgt leichte Minusgrade

pflegeleicht, für Einsteiger

Kapringelblume, Kapkörbchen
Dimorphotheca pluvialis

Aussehen: aufrecht
Höhe: 30–40 cm
Breite: 20–30 cm
Blütezeit: Juli bis September
Blüte: weiß mit dunkler Mitte
Blätter: dunkelgrün
Standort: sonnig
Boden: neutral, ausgeglichen; mäßig trocken bis frisch; durchlässig, lehmig, sandig-humos
Nährstoffbedarf: ausgeglichen bis hoch

Bewässerung: wenig bis regelmäßig
Schnittmaßnahmen: frühzeitiges Entspitzen der Triebe bewirkt einen kompakteren und buschigeren Wuchs; abgeblühte Triebspitzen sind regelmäßig zu entfernen, um die Blütezeit zu verlängern
Verwendung: für Lücken- und Unterpflanzungen, auffallende Blüten

pflegeleicht, für kleine Gärten

Kapkörbchen
Dimorphotheca sinuata

Aussehen: aufrecht; **Höhe:** 25–30 cm; **Breite:** 20–30 cm
Blütezeit: Juli bis September
Blüte: Farbvariationen in Gelb, Orange, Rosa oder Weiß
Blätter: mittelgrün
Standort: sonnig
Boden: neutral, ausgeglichen; mäßig trocken bis frisch; durchlässig, lehmig, sandig-humos
Nährstoffbedarf: ausgeglichen bis hoch
Bewässerung: wenig bis regelmäßig

Schnittmaßnahmen: frühzeitiges Entspitzen der Triebe bewirkt einen kompakteren und buschigeren Wuchs; abgeblühte Triebspitzen sind regelmäßig zu entfernen, um die Blütezeit zu verlängern
Verwendung: auffallende Blüten, für Lücken- und Unterpflanzungen

pflegeleicht, für kleine Gärten

Reiherschnabel
Erodium × variabile

Aussehen: flach kriechend
Höhe: 5–15 cm
Breite: 30 cm
Blütezeit: Mai bis September
Blüte: purpurrosa; auffällig geadert
Blätter: mittelgrün, unten weißhaarig
Standort: sonnig bis halbschattig
Boden: schwach alkalisch; frisch; durchlässig, sandiglehmig
Nährstoffbedarf: ausgeglichen
Bewässerung: regelmäßig
Verwendung: Einfassung, für Lücken- und Unterpflanzungen, mit Winterschutz für geschützte Steingärten, Nässe im Winter vermeiden, lange Blütezeit
Sortenbeispiele: 'Album', 'Flore Plenum', 'Bishop'

Liebhaberpflanze, für kleine Gärten

Schöterich, Goldlack-Schöterich
Erysimum × allionii

Aussehen: aufrecht buschig
Höhe: 30–45 cm
Breite: 20–30 cm
Blütezeit: April bis Juni
Blüte: leuchtend orange
Blätter: dunkelgrün
Standort: sonnig
Boden: schwach sauer bis schwach alkalisch; mäßig trocken; durchlässig
Nährstoffbedarf: gering
Bewässerung: wenig
Verwendung: duftend, dekorative, große Blüten
Weitere Art: *Erysium cheiri*

pflegeleicht, für Einsteiger

Kapkörbchen, Dimorphotheca sinuata

Reiherschnabel

Gelbe Strauchmargerite
Euryops chrysanthemoides

Aussehen: aufrecht buschig
Höhe: 30–60 cm
Breite: 30–60 cm
Blütezeit: Mai bis Oktober
Blüte: goldgelb
Blätter: mittelgrün
Standort: sonnig
Boden: schwach sauer bis neutral; frisch; durchlässig, humos
Nährstoffbedarf: hoch
Bewässerung: regelmäßig
Schnittmaßnahmen: um die Blütezeit zu verlängern, regelmäßig verblühte Blüten entfernen
Verwendung: Einzelpflanzung, Leitpflanze in Misch- und Kastenpflanzungen, als Hochstämmchen, dekorative, große „Margeritenblüten", lange Blütezeit, nicht winterhart

pflegeleicht, für Einsteiger, für kleine Gärten

Strauchmargerite, Kapmargerite
Euryops tenuissimus

Aussehen: aufrecht buschig, auch als Hochstämmchen möglich; **Höhe:** 30–60 cm
Breite: 20–60 cm
Blütezeit: Mai bis Oktober
Blüte: leuchtend gelb
Blätter: mittelgrün
Standort: sonnig
Boden: schwach sauer bis neutral; frisch; durchlässig, humos
Nährstoffbedarf: hoch
Bewässerung: regelmäßig
Schnittmaßnahmen: um die

Strauchmargerite

Blütezeit zu verlängern, regelmäßig verblühte Blüten entfernen; bei Hochstämmchen regelmäßig die Triebe in Form schneiden
Verwendung: Einzelpflanzung, Leitpflanze in Misch- und Kastenpflanzungen, dekorative, große „Margeritenblüten", lange Blütezeit, nicht winterhart

pflegeleicht, für Einsteiger, für kleine Gärten

Kapaster, Felicie
Felicia amelloides

Aussehen: rundlich buschig
Höhe: 30–50 cm
Breite: 30–70 cm
Blütezeit: Mai bis Oktober
Blüte: blau mit gelber Mitte
Blätter: dunkel- bis tiefgrün
Standort: sonnig
Boden: schwach sauer; mäßig trocken bis frisch; durchlässig, sandig-humos

Nährstoffbedarf: ausgeglichen
Bewässerung: wenig bis regelmäßig
Schnittmaßnahmen: Entspitzen der Haupttriebe, abgewelkte Blüten regelmäßig entfernen
Verwendung: auffallende Blüten, auch als Hochstämmchen, nicht winterhart

pflegeleicht, für Einsteiger

Zier-Erdbeere
Fragaria × ananassa 'Pink Panda'

Aussehen: breit teppichförmig bis überhängend, Ausläufer bildend; **Höhe:** 10–15 cm
Breite: 30 cm
Blütezeit: April bis September
Blüte: leuchtend hellrosa
Blätter: grün
Standort: sonnig bis halbschatting
Boden: schwach sauer bis neutral; frisch; sandig-humos
Nährstoffbedarf: hoch

Bewässerung: regelmäßig
Verwendung: Einfassung, dekorative Ampelbepflanzung, mehrjährige Pflanze

pflegeleicht, für Einsteiger

Garten-Fuchsie
Fuchsia-Cultivars

Aussehen: aufrecht strauch- oder baumförmig bis überhängend; **Höhe:** 30–120 cm
Breite: 30–60 cm
Blütezeit: Mai bis September
Blüte: rosa, rot, violett, weiß; einfach bis gefüllt
Blätter: mittel- bis dunkelgrün
Standort: sonnig bis halbschatting
Boden: neutral, ausgeglichen frisch; durchlässig, humos
Nährstoffbedarf: hoch
Bewässerung: regelmäßig

Fuchsia 'Dark Eyes'

Schöne Garten-Fuchsie-Sorten und -Arten

Botanischer Name	Aussehen	Höhe	Blütenfarbe
Fuchsia 'Beacon'	aufrecht strauchförmig bis ausladend	50–75 cm	dunkelrot mit purpurvioletter Krone
Fuchsia 'Beacon Rosa'	aufrecht strauchförmig bis ausladend	50–75 cm	hellrosa bis lachsrosa
Fuchsia 'Celia Smedley'	aufrecht buschig	40–70 cm	hellrosa mit leuchtend roter Krone
Fuchsia 'Dark Eyes'	aufrecht buschig	50–75 cm	tiefrot mit dunkelvioletter Krone
Fuchsia 'Garden News'	aufrecht strauchförmig	50–75 cm	hellrosa mit magentarosa Krone
Fuchsia 'La Campanella'	locker strauchförmig	15–30 cm	weiß mit purpurvioletter Krone
Fuchsia 'Leonora'	aufrecht strauchförmig	50–75 cm	zartrosa
Fuchsia 'Lilac Time'	aufrecht strauchförmig	30–60 cm	rot mit purpurvioletter Krone
Fuchsia 'Swingtime'	hängend	40–70 cm	leuchtend rot mit weißer Krone
Fuchsia arborescens	aufrecht baumförmig	150–180 cm	rosa bis purpurrosa
Fuchsia triphylla 'Billy Green'	aufrecht strauchförmig	40–60 cm	lachsrosa

Fuchsia 'Beacon'

Schnittmaßnahmen: im Herbst oder im Spätwinter vor dem Einräumen ins Haus das Holz in Form schneiden, ohne dabei zu tief ins alte Holz zu gehen;
Überwinterung: bei mindestens 3 °C an einem hellen Standort
Verwendung: Blüten- und Ziergehölz, dekorative Ampelbepflanzung, Leitpflanze in Misch- und Kastenpflanzungen, wunderschöne Blüten, lange Blütezeit, mehrjährige Pflanze

> pflegeleicht, für Einsteiger

Winterharte Fuchsie
Fuchsia magellanica
(Bild Seite 252)

Aussehen: aufrecht strauchförmig; **Höhe:** 60–90 cm
Breite: 60–70 cm
Blütezeit: Juli bis September
Blüte: rosa, rot, weiß
Blätter: dunkelgrün
Standort: sonnig bis halbschattig
Boden: neutral, ausgeglichen; frisch; durchlässig, humos
Nährstoffbedarf: hoch
Bewässerung: regelmäßig
Schnittmaßnahmen: alle Triebe im zeitigen Frühjahr bis auf etwa 30 cm zurückschneiden
Verwendung: Einzelpflanzung, Leitpflanze in Misch- und Kastenpflanzungen, schöne Blüten, mehrjährige Pflanze, mäßig frosthart – Winterschutz ist empfohlen

> pflegeleicht

Rebhuhnbeere, Rote Teppichbeere, Niederliegende Scheinbeere
Gaultheria procumbens

Aussehen: flach kriechend
Höhe: 10–15 cm
Breite: 30–90 cm
Blütezeit: Juni bis August
Blüte: weiß
Blätter: glänzend dunkelgrün
Früchte: tiefrote Beeren im Herbst
Standort: halbschattig
Boden: sauer bis schwach sauer; frisch; durchlässig, humos
Nährstoffbedarf: ausgeglichen
Bewässerung: regelmäßig
Schnittmaßnahmen: Schnitt im Frühjahr oder nach der Blüte auf

Rebhuhnbeere

Wegschneiden abgeblühter Triebspitzen beschränken
Verwendung: für Kästen und Kübel, Einfassung, Gehölzrand, Grabbepflanzung, kann in Moorerde wuchern, mehrjährige Pflanze

> pflegeleicht, Liebhaberpflanze

Gazanie, Mittagsgold
Gazania rigens

Aussehen: flach wachsend bis aufrecht buschig; **Höhe:** 20–50 cm; **Breite:** 30–50 cm
Blütezeit: Mai bis Oktober
Blüte: leuchtend orange
Blätter: dunkelgrün, auch silbrig weiß
Standort: sonnig
Boden: neutral, ausgeglichen;

Gazanie 'New Magic'

mäßig trocken bis frisch; durchlässig, sandig-humos
Nährstoffbedarf: ausgeglichen bis hoch; **Bewässerung:** wenig bis regelmäßig
Schnittmaßnahmen: um die Blütezeit zu verlängern, regelmäßig verblühte Blüten entfernen
Überwinterung: bei mindestens 3 °C an einem hellen Standort
Verwendung: ausgesprochen dekorative, große Blüten, mehrjährige Pflanze, nicht frosthart

> pflegeleicht, für Einsteiger, für kleine Gärten

Gerbera
Gerbera jamesonii
(Bild Seite 253)

Aussehen: aufrecht, horstbildend; **Höhe:** 30–50 cm
Breite: 40–60 cm
Blütezeit: ganzjährig bei Temperaturen über 15 °C
Blüte: orangerot, scharlachrot, gelb, weiß
Blätter: dunkelgrün
Standort: sonnig bis halbschattig
Boden: schwach sauer; frisch; durchlässig, sandig-humos
Nährstoffbedarf: ausgeglichen bis hoch; **Bewässerung:** regelmäßig
Überwinterung: bei mindestens 5–7 °C
Verwendung: Leitpflanze in Misch- und Kastenpflanzungen, auffallende Blüten, anspruchsvoll, mehrjährige Pflanze, nicht frosthart

> für kleine Gärten

Gundermann
Glechoma hederacea
(Bild Seite 252)

Aussehen: kriechend teppichbildend; **Höhe:** 10–15 cm
Breite: 60 cm und mehr
Blütezeit: März bis April
Blüte: blauviolett
Blätter: saftig grün
Standort: sonnig bis halbschattig
Boden: sauer bis schwach sauer; frisch bis feucht; humos, sandig-lehmig
Nährstoffbedarf: ausgeglichen
Bewässerung: regelmäßig bis häufig
Verwendung: Gehölzrand, für Lücken- und Unterpflanzungen, als

Zwei weitere *Gazania*-Arten

Botanischer Name	Aussehen	Höhe	Blütezeit	Blütenfarben
G. splendens	aufrecht bis kompakt buschig	20–40 cm	Mai bis Oktober	orangerot
G. uniflora	kompakt buschig	20–50 cm	Mai bis Oktober	leuchtend gelb

Gundermann 'Variegata'

Blattschmuckpflanze, kann stark wuchern, mehrjährige Pflanze
Sortenbeispiel: 'Variegata' – weißgrüne Blätter

pflegeleicht, für Einsteiger

Strauch-Veronika
Hebe × andersonii
(Bild Seite 253)

Aussehen: kompakt strauchförmig; **Höhe:** 1,2–1,5 m
Breite: 1,2–2 m
Blütezeit: August bis September
Blüte: violett, Farbsorten mit roten, rosafarbenen, violetten und weißen Blüten
Blätter: dunkelgrün
Standort: sonnig bis halbschattig
Boden: neutral; frisch bis feucht; durchlässig, sandig-lehmig
Nährstoffbedarf: gering
Bewässerung: regelmäßig bis häufig, gleichmäßig feucht halten, keine Staunässe
Schnittmaßnahmen: querwachsende Triebe im Januar oder Februar in Form schneiden und abgeblühte Triebspitzen nach der Blüte entfernen; **Überwinterung:** bei 5–10 °C, hell und luftig
Verwendung: Blüten- und Ziergehölz, für Kästen und Kübel, Gehölzrand, bedingt frosthart – in milden Regionen auch im Freiland mit Winterschutz möglich

pflegeleicht, Liebhaberpflanze

Zwerg-Strohblume, Garten-Strohblume
Helichrysum bracteatum
(Bild Seite 252)

Aussehen: aufrecht; **Höhe:** 35–100 cm; **Breite:** 30–50 cm
Blütezeit: Mai bis Oktober
Blüte: gelb, rosa, rot, weiß
Blätter: graugrün
Standort: sonnig
Boden: schwach sauer bis neutral; frisch bis feucht; durchlässig, sandig-humos
Nährstoffbedarf: ausgeglichen
Bewässerung: regelmäßig bis häufig
Verwendung: Leitpflanze in Misch- und Kastenpflanzungen, Schnittblume, Trockenfloristik

pflegeleicht, für Einsteiger

Steppen-Strohblume, Currykraut
Helichrysum italicum

Aussehen: kompakt bis ausladend buschig; **Höhe:** 40–60 cm
Breite: 40–50 cm
Blütezeit: Juni bis August
Blüte: gelb
Blätter: silbrig grau, filzig behaart
Standort: sonnig
Boden: schwach sauer bis neutral; mäßig trocken; durchlässig, sandig-kiesig
Nährstoffbedarf: ausgeglichen
Bewässerung: wenig

Steppen-Strohblume

Schnittmaßnahmen: Rückschnitt im Frühjahr fördert einen buschigen Wuchs
Verwendung: auffallende Blätter, mehrjährige Pflanze, mäßig frosthart – Winterschutz ist empfohlen
Sortenbeispiel: 'Silbernadel'

pflegeleicht, für Einsteiger, für kleine Gärten

Gnaphalium
Helichrysum petiolare

Aussehen: ausladend bis niederliegend oder hängend; **Höhe:** 30–50 cm; **Breite:** 60–90 cm
Blütezeit: August bis September

Gnaphalium

Blüte: weiß; unscheinbar
Blätter: silbergrau oder gelbgrün
Standort: sonnig bis halbschattig
Boden: schwach sauer bis neutral; mäßig trocken bis frisch; durchlässig, sandig-humos
Nährstoffbedarf: ausgeglichen
Bewässerung: regelmäßig
Schnittmaßnahmen: im Frühjahr Sprossspitzen entfernen und überlange Triebe zurückschneiden
Verwendung: Blatt- und Balkonpflanze, dekorative Ampelbepflanzung, für Lücken- und Unterpflanzungen, auffallende Blätter

pflegeleicht, für Einsteiger

Vanilleblume
Heliotropium arborescens

Aussehen: aufrecht bis kompakt buschig; **Höhe:** 0,3–1,2 m
Breite: 30–50 cm
Blütezeit: Mai bis September
Blüte: violettblau, lavendelblau bis tief dunkelblau
Blätter: dunkelgrün

Vanilleblume

Standort: sonnig bis halbschattig, vor Wind und Regen schützen
Boden: schwach sauer; frisch; sandig-humos, sandig-lehmig
Nährstoffbedarf: ausgeglichen bis hoch; **Bewässerung:** regelmäßig, Staunässe und Ballentrockenheit vermeiden
Schnittmaßnahmen: frühzeitiges Entspitzen der Triebe für buschigen Wuchs, regelmäßig abgeblühte Blüten entfernen
Überwinterung: hell bei etwa 10 °C
Verwendung: Leitpflanze in Misch- und Kastenpflanzungen, auffallende Blüten, Insektenweide, duftet nach Vanille, auch als Hochstamm gezogen

pflegeleicht

Kaskadenblume, Cetrademie
Heterocentron elegans

Aussehen: kriechend teppichförmig; **Höhe:** 10–15 cm
Breite: 30–50 cm
Blütezeit: Mai bis September
Blüte: intensiv magentarot
Blätter: mittelgrün
Standort: sonnig
Boden: schwach sauer bis neutral; mäßig trocken bis frisch; durchlässig, sandig-lehmig

Nährstoffbedarf: ausgeglichen bis hoch; **Bewässerung:** wenig bis regelmäßig
Schnittmaßnahmen: frühzeitiges Entspitzen der Triebe
Verwendung: Einfassung, dekorative Ampelbepflanzung, für Lücken- und Unterpflanzungen

> Liebhaberpflanze

Eidechsenschwanz
Houttuynia cordata 'Chameleon'

Aussehen: breit kriechend
Höhe: 30 cm
Breite: 50 cm und mehr
Blütezeit: Juni bis Juli
Blüte: weiß
Blätter: grün, rot; creme panaschiert
Standort: sonnig
Boden: schwach sauer bis schwach alkalisch; feucht bis sumpfig; humos, sandig-lehmig
Nährstoffbedarf: ausgeglichen
Bewässerung: häufig bis überdurchschnittlich viel
Verwendung: Einfassung, dekorative Ampelbepflanzung, für Lücken- und Unterpflanzungen, auffallende Blätter, mäßig

Einige Sortenserien des Edellieschens

Sortengruppe	Aussehen	Höhe	Blütezeit	Blütenfarbe
'Spectra'-Serie	niedrig bis kompakt buschig	20–30 cm	Mai bis September	orange, rosapurpur, weiß
'Tango'-Serie	kompakt buschig	20–30 cm	Mai bis September	leuchtend orange
'Paradise'-Serie	kompakt buschig	20–30 cm	Mai bis September	viele Farben

frosthart – Winterschutz ist empfohlen

> für Einsteiger

Edellieschen
Impatiens-Neuguinea-Gruppe

Aussehen: kompakt buschig
Höhe: 20–40 cm
Breite: 20–30 cm
Blütezeit: Mai bis September
Blüte: karminrot, lavendelblau, orange, rosa, rot, weiß
Blätter: hell- bis bronzegrün bis rötlich überlaufen
Standort: sonnig bis halbschattig
Boden: schwach sauer bis neutral; frisch; durchlässig, humos
Nährstoffbedarf: ausgeglichen bis hoch; **Bewässerung:** regelmäßig, Staunässe und Ballentrockenheit vermeiden

Edellieschen Neuguinea-*Gruppe*

Schnittmaßnahmen: nach Regen verblühte Blüten entfernen, um Befall mit Grauschimmel zu vermeiden
Verwendung: für Lücken- und Unterpflanzungen, Vielblüher

> pflegeleicht, für Einsteiger, für kleine Gärten

Fleißiges Lieschen
Impatiens walleriana

Aussehen: aufrecht buschig
Höhe: 30–60 cm
Breite: 30–60 cm
Blütezeit: Juni bis September
Blüte: karminrot, lavendelblau, orange, rosa, rot oder weiß

Eidechsenschwanz

Fleißiges Lieschen

Blätter: hell- bis bronzegrün bis rötlich überlaufen
Standort: halbschattig
Boden: schwach sauer bis neutral; frisch; durchlässig, humos
Nährstoffbedarf: ausgeglichen
Bewässerung: regelmäßig, Staunässe und Ballentrockenheit vermeiden
Verwendung: auffallende Blätter, unermüdlicher Blüher

> pflegeleicht, für Einsteiger, für kleine Gärten

Männertreu
Lobelia erinus

Aussehen: rundlich buschig bis überhängend
Höhe: 15–25 cm
Breite: 20–30 cm

Männertreu

Blütezeit: Juni bis September (Saatgutsorten) beziehungsweise Mai bis Oktober (neue Sorten aus vegetativer Vermehrung)
Blüte: blau, rosa, rot, violett, weiß
Blätter: dunkelgrün
Standort: halbschattig, bedingt auch sonnig
Boden: schwach sauer; frisch; humos, sandig-humos
Nährstoffbedarf: ausgeglichen
Bewässerung: regelmäßig, darf nicht austrocknen
Verwendung: dekorative Ampelbepflanzung, für Lücken- und Unterpflanzungen, auffallende Blüten

> pflegeleicht, für Einsteiger

Lobelie
Lobelia tenuior

Aussehen: rundlich buschig bis überhängend; **Höhe:** 15–25 cm
Breite: 20–30 cm
Blütezeit: Mai bis September
Blüte: enzianblau mit weißer Mitte
Blätter: mittel- bis dunkelgrün
Standort: sonnig
Boden: schwach sauer; frisch; humos, sandig-humos
Nährstoffbedarf: ausgeglichen
Bewässerung: regelmäßig
Schnittmaßnahmen: Rückschnitt bei Samenansatz im Sommer, um neuen Blütenflor zu fördern
Verwendung: dekorative Ampelbepflanzung, für Lücken- und Unterpflanzungen, zahlreiche kleine Blüten

Asiatischer Felberich
Lysimachia congestiflora

Aussehen: flach kriechend bis überhängend
Höhe: 15–25 cm
Breite: 30–50 cm
Blütezeit: Mai bis September
Blüte: goldgelb
Blätter: dunkelgrün
Standort: sonnig
Boden: schwach sauer bis neutral; frisch; durchlässig, humos
Nährstoffbedarf: ausgeglichen bis hoch

Asiatischer Felberich

Bewässerung: regelmäßig
Schnittmaßnahmen: um die Blütezeit zu verlängern, regelmäßig verblühte Blüten entfernen
Verwendung: dekorative Ampelbepflanzung, für Lücken- und Unterpflanzungen

Elfenspiegel
Nemesia fruticans

Aussehen: niederliegend bis hängend; **Höhe:** 30–50 cm
Breite: 30–40 cm
Blütezeit: Mai bis Oktober
Blüte: weiß, rosa, blauviolett
Blätter: mittel- bis dunkelgrün
Standort: sonnig bis halbschattig
Boden: schwach sauer bis neutral; frisch; durchlässig, humos

Elfenspiegel 'Blue Bird'

Schöne Sortenserien des Fleißigen Lieschens

Sortenserien	Aussehen	Höhe	Blütezeit	Blütenfarbe
'Accent'-Serie	kompakt buschig	15–20 cm	Juni bis August	fliederfarben, karmin, orange, rosa, rot, violett
'Bellizzy'-Serie	kompakt bis kappenförmig	20–30 cm	Mai bis Juli	orange, purpur, rosa, rot, violett, weiß
'Cajun'-Serie	kompakt buschig	15–25 cm	Mai bis August	orangerosa, rosa, rot, violett, weiß
'Candy'-Serie	gedrungen aufrecht	15–20 cm	Mai bis September	hellrosa, orange, purpurrosa, rosa, rot, weiß
'Deko'-Serie	rundlich buschig	20–30 cm	Juni bis August	orange, rosa, rot, weiß
'Florette Star'-Serie	kompakt buschig	15–20 cm	Juni bis August	orange, purpur, rosa, rot, violett mit weißer sternförmiger Mitte
'Impulse'-Serie	kompakt buschig	15–25 cm	Juni bis August	pastell, rosa, rot, violett, weiß, teils zweifarbig
'Super Elfin'-Serie	flach wachsend bis kompakt aufrecht	20–25 cm	Juni bis August	pastell, orange, rosa, rot, violett
'Swirl'-Serie	kompakt aufrecht	15–20 cm	Mai bis Juli	hellrosa bis pfirsichrosa

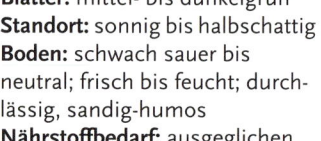
Nährstoffbedarf: mittelhoch
Bewässerung: regelmäßig
Schnittmaßnahmen: frühzeitiges Entspitzen der Triebe bewirkt einen kompakteren und buschigeren Wuchs; Rückschnitt bei Samenansatz im Sommer, um neuen Blütenflor zu fördern
Verwendung: dekorative Ampelbepflanzung, für Lücken- und Unterpflanzungen, lange Blütezeit
Weitere Art: *N. strumbosa* – buschig wachsende, einjährige Art, mit gelben, roten, orangefarbenen und blauen Blüten (je nach Sortenwahl), kurze Blütezeit

> pflegeleicht, für Einsteiger

Ziertabak
Nicotiana alata

Aussehen: aufrecht, rosettenbildend
Höhe: 0,3–1,2 m
Breite: 20–40 cm
Blütezeit: Mai bis September
Blüte: grünlich gelb, weiß, rot, rosarot; trichterförmig
Blätter: mittelgrün
Standort: sonnig
Boden: schwach sauer bis neutral; mäßig trocken bis frisch; durchlässig, humos
Nährstoffbedarf: hoch; **Bewässerung:** wenig bis regelmäßig
Schnittmaßnahmen: um die Blütezeit zu verlängern, regelmäßig verblühte Sprossspitzen entfernen

Verwendung: auffallende Blüten, die abends duften, lange Blütezeit

> pflegeleicht, für Einsteiger, für kleine Gärten

Ziertabak
Nicotiana × sanderae

Aussehen: aufrecht; **Höhe:** 40–60 cm; **Breite:** 20–40 cm
Blütezeit: Juli bis September
Blüte: rot, rosa, purpur, weiß
Blätter: mattgrün
Standort: sonnig
Boden: schwach sauer bis neutral; mäßig trocken bis frisch; durchlässig, humos
Nährstoffbedarf: hoch; **Bewässerung:** wenig bis regelmäßig
Schnittmaßnahmen: um die Blütezeit zu verlängern, regelmäßig verblühte Sprossspitzen entfernen
Verwendung: auffallende, sternartige Blüten

> pflegeleicht, für Einsteiger, für kleine Gärten

Nierembergie, Weißbecher
Nierembergia hippomanica var. *hippomanica* (Bild Seite 252)

Aussehen: kompakt aufrecht bis buschig; **Höhe:** 15–20 cm
Breite: 10–20 cm
Blütezeit: Juni bis September
Blüte: lavendelblau

Blätter: mittel- bis dunkelgrün
Standort: sonnig bis halbschattig
Boden: schwach sauer bis neutral; frisch bis feucht; durchlässig, sandig-humos
Nährstoffbedarf: ausgeglichen
Bewässerung: regelmäßig bis häufig
Verwendung: Einfassung, für Lücken- und Unterpflanzungen, auffallende Blüten, mehrjährige Pflanze, in sehr milden Regionen auch im Freiland mit Winterschutz möglich

> pflegeleicht, für Einsteiger, für kleine Gärten

Glockenwinde
Nolana napiformis

Aussehen: niederliegend bis hängend
Höhe: 20–25 cm; **Breite:** 30–50 cm
Blütezeit: Juni bis August
Blüte: leuchtend violettblau
Blätter: dunkelgrün
Standort: sonnig
Boden: schwach sauer bis schwach alkalisch; mäßig trocken bis frisch; fruchtbar, durchlässig
Nährstoffbedarf: ausgeglichen
Bewässerung: wenig bis regelmäßig
Verwendung: dekorative Ampelbepflanzung, für Lücken- und Unterpflanzungen

> pflegeleicht, für Einsteiger

Glockenwinde
Nolana paradoxa

Aussehen: ausladend buschig bis niederhängend; **Höhe:** 20–25 cm; **Breite:** 40–60 cm
Blütezeit: Juni bis September
Blüte: dunkelblau bis purpurblau mit weißer Mitte
Blätter: mittel- bis dunkelgrün
Standort: sonnig
Boden: schwach sauer bis neutral; mäßig trocken bis frisch; fruchtbar, durchlässig
Nährstoffbedarf: ausgeglichen
Bewässerung: wenig bis regelmäßig
Verwendung: dekorative Ampelbepflanzung, für Lücken- und Unterpflanzungen

> Liebhaberpflanze

Kapkörbchen
Osteospermum ecklonis

Aussehen: aufrecht bis breit buschig; **Höhe:** 0,4–1 m
Breite: 0,5–1 m
Blütezeit: Mai bis September
Blüte: weiß bis weißblau, gelb, orange, violett

Kapkörbchen 'Springstar® Zaurak'

Blätter: matt- bis graugrün
Standort: sonnig
Boden: schwach sauer bis neutral; frisch; fruchtbar, sandig-humos
Nährstoffbedarf: ausgeglichen bis hoch; **Bewässerung:** regelmäßig
Schnittmaßnahmen: um die Blütezeit zu verlängern, regelmäßig verblühte Blüten entfernen, frühzeitiges Entspitzen junger Triebe

Ziertabak

Verwendung: interessante Blütenform
Sortenbeispiele: 'Cape Daisy'-Serie: große Blüten mit dunkler Mitte, große Farbpalette; 'Symphony'-Serie: kompakt wachsende Serie mit cremefarbenen, gelben und orangen Sorten, keine Blühpause im Sommer, für Balkonkästen empfehlenswert

> für Einsteiger,
> für kleine Gärten

Zitronen-Duftgeranie
Pelargonium crispum
'Variegatum'

Aussehen: aufrecht buschig
Höhe: 30–50 cm

Breite: 20–50 cm
Blütezeit: Mai bis August
Blüte: rosa; Blüte nur nach kalter Überwinterung
Blätter: mittelgrün mit auffälliger weißer Zeichnung
Standort: sonnig
Boden: schwach sauer bis neutral; frisch; durchlässig, sandig-humos
Nährstoffbedarf: hoch
Bewässerung: regelmäßig
Schnittmaßnahmen: im Herbst den Spross um etwa ein Drittel zurückschneiden; verblühte Pflanzenteile ab und zu entfernen
Überwinterung: bei mindestens 3 °C an einem hellen Standort
Verwendung: mehrjährige Pflanze, Blatt- und Balkonpflanze, Leitpflanze in Misch- und Kastenpflanzungen, auffallendes, duftendes Laub

> pflegeleicht

Hänge-Pelargonie, Hänge-Geranie
Pelargonium peltatum
(in Sorten)

Aussehen: kräftig buschig, überhängend
Höhe: 30–40 cm
Breite: 30–50 cm
Blütezeit: Mai bis Oktober
Blüte: Farbvariationen in Purpur, Rosa, Rot, Violett, Weiß
Blätter: mittelgrün, dunkelgrün
Standort: sonnig

Boden: schwach sauer bis neutral; frisch; durchlässig, sandig-humos
Nährstoffbedarf: hoch
Bewässerung: regelmäßig
Schnittmaßnahmen: im Herbst die Pflanzen vor der Überwinterung um etwa ein Drittel zurückschneiden; verblühte Pflanzenteile gelegentlich entfernen
Überwinterung: bei mindestens 3 °C an einem hellen Standort, dabei trocken halten
Verwendung: dekorative Ampelbepflanzung, Leitpflanze in Misch- und Kastenpflanzungen, lange Blütezeit, mehrjährige Pflanze, nicht frosthart

> pflegeleicht

Pelargonium-Cultivars (stehende und hängende Pelargonien-Sorten)

Name	Beschreibung	Beispiele
Pelargonium-Zonale-Sorten		
'Rocky Mountain'-Serie	starkwüchsige, eindrucksvolle Sorten, Höhe bis 50 cm, Blüten halbgefüllt	'Rocky Mountain Red' 'Rocky Mountain White'
grünlaubige Sorten	Laub mittelgrün, meist etwas stärker im Wuchs, Blüten einfach, halbgefüllt bis gefüllt, viele Farben	'Fire' (rot) 'Aida' (rot) 'Schöne Helena' (helllachs)
dunkelgrün laubige Sorten	Laub dunkelgrün, Wuchs meist kompakt, Blüten einfach, halbgefüllt bis gefüllt, viele Farben	'Tango'-Serie 'Rio' (hellrosa mit rotem Auge) 'Czardas' (rot) 'Blanca' (weiß)
Serie für Landschaftsgestaltung/Friedhof	Blüten einfach, selbstreinigend und wetterfest	'Saxonia'-Serie
Exoticas Stellarpelargonien	Laub ginkoähnlich, teilweise stark zoniert, sternförmige Blüten	'Happy Orange' 'White Glitter' 'Fireworks'-Serie
Blattschmuckpelargonien	intensiv gefärbte Laubblätter, zum Teil mehrfarbig, Blüten meist einfach	'Pelgardini'-Serie
Pelargonium-Peltatum-Sorten		
Hängesorten mit großen, einfachen Blüten	große Einzelblüten mit hoher Leuchtkraft, besonders für Kombinationspflanzungen	'Blizzard'-Serie 'Bavaria'-Serie 'Sanssouci' (rot) 'Happy Face'-Serie
Hängesorten mit halbgefüllten Blüten	Wuchs mittelstark, etwas kompakter, große Farbauswahl	'Merlona' (burgunderrot) 'Narina' (orangerot) 'Amethyst' (hellviolett) 'Royal'-Serie
'Cascade'-Serie	Wuchs stark bis kompakt ('Mini Cascade'), Blüten einfach	'Lachs-Cascade' 'Leucht-Cascade' 'Ville der Paris' (violett)
Hängesorten mit zweifarbigen Blüten	Wuchs stark bis mittelstark, Blüten einfach, meist ähnlich der Sorte 'Mexikanerin' (rot mit Weiß)	'Solitude' (weiß mit kirschrotem Rand) 'Explosive' (purpurrot mit weißer Mitte) 'Mexica Tomcat' (dunkelrot, weiß gestreift)

Hänge-Pelargonie

Pelargonie, Stehende Pelargonie
Pelargonium zonale (in Sorten)

Aussehen: aufrecht buschig
Höhe: 30–50 cm
Breite: 30–40 cm
Blütezeit: Mai bis Oktober
Blüte: Farbvariationen in Purpur, Rosa, Rot, Violett, Weiß
Blätter: mittelgrün oder dunkelgrün (je nach Sorte)
Standort: sonnig
Boden: schwach sauer bis neutral; frisch; durchlässig, sandig-humos
Nährstoffbedarf: hoch
Bewässerung: regelmäßig
Schnittmaßnahmen: im Herbst vor der Überwinterung die Pflanzen um etwa ein Drittel zurückschneiden; verblühte Pflanzenteile gelegentlich entfernen

Überwinterung: bei mindestens 3 °C an einem hellen Standort
Verwendung: Leitpflanze in Misch- und Kastenpflanzungen, auffallende Blüten, lange Blütezeit, mehrjährige Pflanze, nicht frosthart

> pflegeleicht

Pentas
Pentas lanceolata

Aussehen: aufrecht buschig
Höhe: 20–50 cm
Breite: 20–40 cm
Blütezeit: Mai bis September
Blüte: hellrosa, rot, violett; sternförmig
Blätter: dunkelgrün
Standort: sonnig bis halbschattig
Boden: schwach sauer bis

neutral; frisch; fruchtbar, durchlässig
Nährstoffbedarf: hoch
Bewässerung: regelmäßig
Schnittmaßnahmen: frühzeitiges Entspitzen der Triebe bewirkt einen kompakteren und buschigeren Wuchs; abgeblühte Blüten sind regelmäßig zu entfernen, um die Blütezeit zu verlängern
Verwendung: auffallende Blüten, auch fürs Zimmer geeignet

Cinerarie
Pericallis × hybrida

Aussehen: aufrecht buschig
Höhe: 25–60 cm
Breite: 20–60 cm
Blütezeit: März bis Juni
Blüte: Farbvariationen in Rosa,

Cinerarie

Rot, Blau, Weiß, Kupfer; strahlenförmig
Blätter: dunkelgrün
Standort: sonnig
Boden: schwach sauer bis neutral; frisch; durchlässig, sandig-humos
Nährstoffbedarf: ausgeglichen bis hoch; **Bewässerung:** regelmäßig
Schnittmaßnahmen: regelmäßig verblühte Blüten entfernen
Verwendung: Frühjahrsblüher, Leitpflanze in Misch- und Kastenpflanzungen, Zimmerpflanze für kühle Räume, auffallende Blüten

> pflegeleicht, für Einsteiger, für kleine Gärten

Hänge-Petunie
Petunia × atkinsiana

Aussehen: niederliegend bis stark hängend; **Höhe:** 15–25 cm
Breite: 30–60 cm und mehr
Blütezeit: Mai bis September

Petunia

Blüte: Farbvariationen in Rosa, Rot, Violett, Weiß, Gelb; trompetenförmig
Blätter: mittel- bis dunkelgrün
Standort: sonnig
Boden: schwach sauer; frisch; durchlässig, humos
Nährstoffbedarf: sehr hoch
Bewässerung: regelmäßig, hoher Wasserbedarf
Schnittmaßnahmen: frühzeitiges Entspitzen der Triebe, um einen gleichmäßigen, buschigen Wuchs zu erhalten
Verwendung: dekorative Ampelbepflanzung, auffallende Blüten, Regenschutz vor allem bei gefüllt blühenden Sorten

> pflegeleicht, für Einsteiger

Weihrauch, Harfenstrauch
Plectranthus forsteri

Aussehen: niederliegend bis hängend; **Höhe:** 20–30 cm
Breite: 50 cm und mehr
Blütezeit: ganzjährig in Abständen
Blüte: hellrosa bis malvenfarbig
Blätter: weißgrün panaschiert
Standort: sonnig bis halbschattig
Boden: schwach sauer bis neutral; frisch; sandig-humos, sandig-lehmig

Hänge-Pelargonie (siehe S. 267)

Pentas

Weihrauch

Nährstoffbedarf: mittel
Bewässerung: regelmäßig
Schnittmaßnahmen: Entspitzen langer Triebe fördert kompakten Wuchs
Verwendung: mehrjährig, stark duftende Blattschmuck-Balkonpflanze, dekorative Ampelbepflanzung, für Lücken- und Unterpflanzungen, auffallende Blätter

pflegeleicht, für Einsteiger

Husarenknopf
Sanvitalia procumbens

Aussehen: niederliegend bis buschig, dicht verzweigt; **Höhe:** 10–20 cm; **Breite:** 20–40 cm
Blütezeit: Juni bis September
Blüte: gelb mit dunkelbrauner oder grüner Mitte
Blätter: mittelgrün
Standort: sonnig
Boden: schwach sauer bis neutral; frisch; durchlässig, humos
Nährstoffbedarf: ausgeglichen

Aztekengold

bis hoch; **Bewässerung:** regelmäßig, Staunässe vermeiden
Verwendung: schöne „Sonnenblumenblüten" in Klein, Hängepflanze

pflegeleicht, für Einsteiger, für kleine Gärten

Aztekengold
Sanvitalia speciosa
(Bild auch Seite 253)

Aussehen: kompakt buschig bis hängend; **Höhe:** 10–20 cm
Breite: 20–40 cm
Blütezeit: Mai bis Oktober
Blüte: gelb mit grünlicher Mitte
Blätter: mittelgrün
Standort: sonnig
Boden: schwach sauer bis neutral; frisch; durchlässig, humos
Nährstoffbedarf: ausgeglichen bis hoch; **Bewässerung:** regelmäßig, Staunässe vermeiden
Schnittmaßnahmen: pflegeleicht
Verwendung: lange Blütezeit, schöne Ampelpflanze

pflegeleicht, für Einsteiger, für kleine Gärten

Moos-Steinbrech
Saxifraga × arendsii

Aussehen: flach polsterbildend; **Höhe:** 5–15 cm; **Breite:** 20–30 cm
Blütezeit: April bis Mai
Blüte: rosa bis rosaweiß
Blätter: hellgrün
Standort: sonnig bis halbschattig
Boden: schwach sauer bis neutral; frisch; durchlässig, sandighumos
Nährstoffbedarf: ausgeglichen
Bewässerung: regelmäßig

Schnittmaßnahmen: im Herbst abgestorbene Blattrosetten vorsichtig herausschneiden
Verwendung: mehrjährige Pflanze, Gehölzrand, Frühjahrsblüher

pflegeleicht, für Einsteiger, für kleine Gärten

Blaue Fächerblume
Scaevola saligna

Aussehen: aufrecht buschig bis leicht überhängend; **Höhe:** 30–50 cm; **Breite:** 30–50 cm
Blütezeit: Mai bis Oktober

Blaue Fächerblume

Blüte: blau bis purpurblau
Blätter: dunkelgrün
Standort: sonnig bis halbschattig
Boden: schwach sauer; frisch; durchlässig, humos
Nährstoffbedarf: hoch; **Bewässerung:** regelmäßig, Staunässe vermeiden
Schnittmaßnahmen: frühzeitiges Entspitzen der Triebe bewirkt einen kompakteren und buschigeren Wuchs; **Überwinterung:** bei mindestens 5–7 °C
Verwendung: dekorative Ampelbepflanzung, mehrjährige Pflanze, nicht frosthart

pflegeleicht, für Einsteiger

Silberblatt, Greiskraut
Senecio cineraria

Aussehen: aufrecht buschig
Höhe: 25–60 cm

Breite: 20–50 cm
Blütezeit: Juli bis August (im zweiten Jahr)
Blüte: mattgelb bis dunkelgelb
Blätter: silbergrau bis -blau
Standort: sonnig
Boden: neutral, ausgeglichen; frisch; sandig-humos, sandiglehmig
Nährstoffbedarf: ausgeglichen bis hoch; **Bewässerung:** regelmäßig
Überwinterung: an hellem, kühlen Standort im Haus möglich
Verwendung: auffallende Blätter, Blattschmuckpflanze für Kombinationen, mehrjährige Pflanze, nicht frosthart

pflegeleicht, für Einsteiger

Buntnessel
Solenostemon scutellarioides

Aussehen: aufrecht buschig
Blätter: vielfarbig bunt
Standort: sonnig bis halbschattig
Boden: schwach sauer bis schwach alkalisch, durchlässig, humos, frisch bis feucht
Nährstoffbedarf: hoch
Bewässerung: regelmäßig
Verwendung: wunderschöne Blattpflanze, nicht winterhart

pflegeleicht, für Einsteiger

Drehfrucht
Streptocarpus saxorum

Aussehen: niederliegend bis hängend; **Höhe:** 10–20 cm
Breite: 40–50 cm
Blütezeit: ganzjährig, im Winter als Zimmerpflanze
Blüte: violett mit Weiß
Blätter: graugrün, samtig behaart
Standort: halbschattig
Boden: schwach sauer bis neutral; frisch; durchlässig, humos
Nährstoffbedarf: ausgeglichen
Bewässerung: regelmäßig, trockener halten
Schnittmaßnahmen: regelmäßig verblühte Blütenstiele entfernen
Überwinterung: als Zimmerpflanze
Verwendung: dekorative Ampelbepflanzung, auffallende Blüten, mehrjährige Pflanze, nicht frosthart

Liebhaberpflanze

Schneeflockenblume
Sutera diffusa

Aussehen: flach niederliegend bis hängend; **Höhe:** 10–25 cm **Breite:** 40–60 cm

Schneeflockenblume

Blütezeit: Mai bis Oktober
Blüte: weiß, rosa, flieder
Blätter: mittelgrün, aromatisch
Standort: halbschattig
Boden: schwach sauer; frisch; durchlässig, humos
Nährstoffbedarf: ausgeglichen bis hoch; **Bewässerung:** regelmäßig, Ballentrockenheit vermeiden
Verwendung: für Lücken- und Unterpflanzungen, schöne Ampelpflanze, frostempfindlich, hohe Sommertemperaturen im

Sommer führen vor allem bei weißblühenden Sorten zu Blühpausen

> pflegeleicht, für Einsteiger, für kleine Gärten

Gelbes Gänseblümchen
Thymophylla tenuiloba

Aussehen: aufrecht buschig
Höhe: 20–30 cm
Breite: 20–30 cm
Blütezeit: Mai bis Juli
Blüte: leuchtend gelb bis hellgelb
Blätter: mittelgrün
Standort: sonnig
Boden: schwach sauer bis neutral; frisch; durchlässig, humos
Nährstoffbedarf: ausgeglichen bis hoch; **Bewässerung:** regelmäßig
Schnittmaßnahmen: um die Blütezeit zu verlängern, regelmäßig verblühte Sprossspitzen entfernen
Verwendung: für Lücken- und Unterpflanzungen

> pflegeleicht, Liebhaberpflanze, für kleine Gärten

Torenie, Bauernorchidee
Torenia fournieri

Aussehen: aufrecht buschig
Höhe: 20–30 cm
Breite: 15–20 cm
Blütezeit: Juni bis August
Blüte: fliederblau bis purpurviolett, rot, rosa, weiß
Blätter: blassgrün

Torenie

Standort: halbschattig
Boden: schwach sauer; frisch bis feucht; durchlässig, humos
Nährstoffbedarf: hoch; **Bewässerung:** regelmäßig bis häufig
Schnittmaßnahmen: frühzeitiges Entspitzen der Triebe fördert einen buschigen Wuchs
Verwendung: Sommertopfpflanze, auffallende Blüten

> pflegeleicht, für kleine Gärten

Verbene, Eisenkraut
Verbena-Cultivars

Aussehen: niederliegend bis kriechend oder überhängend
Höhe: 20–40 cm

Breite: 30–40 cm
Blütezeit: Mai bis Oktober
Blüte: Farbvariationen in Rosa, Rot, Violett, Weiß
Blätter: matt- bis graugrün
Standort: sonnig
Boden: schwach sauer bis neutral; mäßig trocken bis frisch; durchlässig
Nährstoffbedarf: hoch
Bewässerung: gleichmäßig feucht halten
Schnittmaßnahmen: um die Blütezeit zu verlängern, regelmäßig verblühte Blütendolden entfernen
Verwendung: dekorative Ampelbepflanzung, für Lücken- und Unterpflanzungen, auffallende

Schöne *Verbena*-Sorten und -Arten

Botanischer Name	Aussehen	Höhe	Blütezeit	Blütenfarbe
Verbena Temari-Sorten	buschig bis hängend	30–45 cm	Mai bis Oktober	rot, blauviolett, weiß, rosa, purpurfarben, fliederfarben
Verbena Babylon-Sorten	kompakt buschig bis überhängend	20–30 cm	Mai bis Oktober	Farbvariationen in Rosa, Rot, Violett, Weiß
Verbena Tapien-Sorten	niederliegend bis kriechend	20–30 cm	Mai bis Oktober	Farbvariationen in Rosa, Violett, Weiß
Verbena Tukana-Sorten	kompakt buschig bis überhängend	30–40 cm	Mai bis Oktober	leuchtend rot, blauviolett, rosa, weiß
V. bonariensis	locker buschig,	0,8–1,2 m	August bis September	intensiv blauviolett
V. rigida	aufrecht buschig, horstbildend	40–60 cm	Juli bis August	hellpurpur bis magentarosa
V. tenuisecta	niederliegend bis kriechend	20–30 cm	Juli bis September	fliederblau, hellrosa, weiß bis blau

Verbena 'Temari® Scarlet'

Nachtphlox

Blüten, die jeweils zu mehreren nebeneinander stehen

> pflegeleicht, für kleine Gärten

Garten-Stiefmütterchen
Viola × wittrockiana

Aussehen: kompakt buschig, horstbildend; **Höhe:** 20–25 cm
Breite: 20–25 cm

Garten-Stiefmütterchen (hinten)

Blütezeit: Februar bis Juni
Blüte: Farbvariationen in Blau, Gelb, Orange, Rosa, Rot, Violett, Weiß
Blätter: glänzend mittel- bis dunkelgrün
Standort: sonnig bis halbschattig
Boden: schwach sauer bis neutral; frisch; durchlässig, sandig-lehmig
Nährstoffbedarf: ausgeglichen
Bewässerung: regelmäßig
Verwendung: wunderschöne Blüten

> pflegeleicht, für Einsteiger, für kleine Gärten

Wedelie, Goldstern-Wedelie
Wedelia trilobata

Aussehen: flach wachsend bis kriechend
Höhe: 10–20 cm; **Breite:** 60–90 cm
Blütezeit: Juni bis September
Blüte: sattgelb
Blätter: mittel- bis dunkelgrün
Standort: sonnig
Boden: schwach sauer bis neutral; frisch; fruchtbar, durchlässig
Nährstoffbedarf: hoch
Bewässerung: regelmäßig
Verwendung: für Lücken- und Unterpflanzungen

> pflegeleicht, Liebhaberpflanze, für kleine Gärten

Nachtphlox, Sternbalsam
Zaluzianskya capensis

Aussehen: aufrecht buschig
Höhe: 20–50 cm
Breite: 20–30 cm
Blütezeit: Juni bis September
Blüte: weiß bis hellrosa
Blätter: mittel- bis graugrün

Standort: sonnig
Boden: schwach sauer bis schwach alkalisch; frisch; durchlässig, sandig-humos
Nährstoffbedarf: ausgeglichen bis hoch
Bewässerung: regelmäßig
Schnittmaßnahmen: starker Rückschnitt nach der Blüte
Verwendung: für Lücken- und Unterpflanzungen, schöne Blüten

> pflegeleicht, Liebhaberpflanze, für kleine Gärten

Kübelpflanzen

Schönmalve
Abutilon × hybridum

Aussehen: aufrecht buschig
Höhe: 1,5–4 m
Breite: 1,2–2 m
Blütezeit: Mai bis September
Blüte: gelb, orange, rosa, rot, weiß; becherförmig
Blätter: mittel- bis dunkelgrün
Standort: sonnig
Boden: schwach sauer bis neutral; mittel bis frisch; durch-

Schönmalve, Abutilon pictum 'Thompsonii'

Empfehlenswerte Garten-Stiefmütterchen-Sorten

Sorten	Blütezeit	Blütenfabe
'Fama Blue Angel'	März bis Mai	hellblau mit weißblauer Mitte
'Fama Love-me'	März bis Mai	goldgelb mit schwarzer Mitte
'Gold Princess'	Februar bis Juni	gelb mit roter Mitte
'Joker Rot-Gold'	März bis Mai	dunkelrot mit leuchtend gelber Mitte
'Jolly Joker'	März bis Mai	dunkelviolett mit orangefarbener Mitte
'Joker' Serie	März bis Mai	zweifarbig mit dunkelrot, hellblau, goldgelb, purpurviolett
'Imperial' Serie	Februar bis April	bunte Farbmischung mit dunkler Mitte

Fünf Schönmalven-Sorten und -Arten

Botanischer Name	Höhe	Blütezeit	Blütenfarbe	Tipps
Abutilon × hybridum 'Boule de Neige'	1,5–4 m	Mai bis September	weiß	pflegeleicht
Abutilon × hybridum 'Souvenir de Bonn'	1–3 m	Mai bis September	blassorange bis hellrosa	pflegeleicht
Abutilon indicum	0,7–1,5 m	Mai bis September	weißgelb	kompakt wachsend
Abutilon megapotamicum	1–2 m	Mai bis September	rotgelb	großblütig
Abutilon pictum 'Thompsonii'	2–5 m	Mai bis September	gelb bis orangerosa	dekorative gelbbunte Blätter

lässig, sandig-lehmig
Nährstoffbedarf: ausgeglichen bis hoch
Bewässerung: regelmäßig, Ballentrockenheit vermeiden
Schnittmaßnahmen: regelmäßig verwelkte Blüten entfernen
Überwinterung: bei 10 °C an einem hellen Standort
Verwendung: Einzelstellung, auffallende Blüten, nicht winterhart

pflegeleicht, für Einsteiger

Akazie
Acacia retinodes

Aussehen: ausladend bis rundlich oder überhängend
Höhe: 4–8 m; **Breite:** 3–6 m
Blütezeit: ganzjährig in Abständen
Blüte: zitronengelb
Blätter: grau- bis blaugrün
Standort: sonnig
Boden: sauer bis neutral; frisch; durchlässig, sandig-lehmig
Nährstoffbedarf: ausgeglichen
Bewässerung: regelmäßig
Schnittmaßnahmen: schiefe oder querwachsende Äste im Spätwinter herausschneiden
Überwinterung: bei mindestens 3 °C an einem hellen Standort
Verwendung: Einzelpflanzung, auffallende Blüten, nicht winterhart

pflegeleicht, Liebhaberpflanze

Schmucklilie
Agapanthus africanus

Aussehen: aufrecht, horstbildend; **Höhe:** 45–60 cm
Breite: 50–70 cm
Blütezeit: Juni bis August
Blüte: tiefblau; trompetenförmig
Blätter: sattgrün
Standort: sonnig
Boden: schwach sauer bis neutral; frisch; sandig-humos, sandig-lehmig
Nährstoffbedarf: hoch

Schmucklilie

Bewässerung: regelmäßig;
Überwinterung: bei mindestens 3 °C
Verwendung: nicht winterhart, auffallende Blüten
Weitere Art: *A. praecox* ssp. *orientalis* – wüchsige Schmucklilie mit blau und weiß blühenden Sorten

pflegeleicht, für Einsteiger

Seidenbaum, Schlafender Seidenbaum
Albizia julibrissin

Aussehen: ausladend strauchförmig bis rundlich baumförmig, langsam wachsend
Höhe: 5–6 m
Breite: 3–6 m
Blütezeit: Juni bis September
Blüte: hellrosa
Blätter: grün; gefiederte Blätter sind nachts in Schlafstellung gefaltet
Standort: sonnig
Boden: schwach sauer bis neutral; frisch; durchlässig, sandig-lehmig
Nährstoffbedarf: ausgeglichen

Bewässerung: regelmäßig, Staunässe vermeiden, Ballentrockenheit führt zum Abwerfen der feinen Fiederblättchen
Schnittmaßnahmen: querwachsende Triebe im zeitigen Frühjahr in Form schneiden; **Überwinterung:** bei 10 °C an einem hellen Standort, frostempfindlich

Verwendung: nicht winterhart, Blüten- und Ziergehölz, duftend, auffallende Blätter und Blüten

Liebhaberpflanze

Inkalilie
Alstromeria aurea (Bild Seite 252)

Aussehen: aufrecht, horstbildend; **Höhe:** 60–90 cm
Breite: 40–50 cm
Blütezeit: Juni bis September, eventuell Sommerpause
Blüte: leuchtend orangegelb
Blätter: mittelgrün
Standort: sonnig bis halbschattig
Boden: schwach sauer bis neutral; mäßig trocken bis frisch; durchlässig, sandig-lehmig
Nährstoffbedarf: ausgeglichen bis hoch; **Bewässerung:** regelmäßig
Verwendung: bedingt frosthart – kann in milden Regionen mit Winterschutz auch im Freiland gehalten oder frostfrei überwintert werden, auch dunkle und kühle Überwinterung der Rhizome möglich

Liebhaberpflanze

Seidenbaum

Scheinmalve
Anisodontea capensis
(Bild Seite 253)

Aussehen: aufrecht buschig
Höhe: 0,6–1 m; **Breite:** 40–80 cm
Blütezeit: April bis Oktober
Blüte: rosarot
Blätter: mittelgrün
Standort: sonnig
Boden: schwach sauer bis neutral; frisch; durchlässig, sandig-humos
Nährstoffbedarf: hoch; **Bewässerung:** regelmäßig, empfindlich gegenüber Staunässe und Ballentrockenheit
Schnittmaßnahmen: quer wachsende Triebe im zeitigen Frühjahr in Form schneiden
Überwinterung: bei 10 °C an einem hellen Standort (nicht unter 5 °C)
Verwendung: nicht winterhart

> pflegeleicht, Liebhaberpflanze, für kleine Gärten

Erdbeerbaum
Arbutus unedo

Aussehen: ausladend strauchförmig bis rundlich
Höhe: 3–8 m; **Breite:** 3–8 m
Blütezeit: Oktober bis Dezember, am Heimatstandort (Südeuropa) als Kübelpflanze ab Juli
Blüte: weiß bis rosa
Frucht: gelbe bis dunkelrote, erdbeerähnliche Früchte
Blätter: mittelgrün
Standort: sonnig bis schattig
Boden: schwach sauer; frisch; durchlässig, sandig-humos

Zwei *Bougainvillea*-Arten

Botanischer Name	Höhe	Blütezeit	Blütenfarbe
B. spectabilis	2–7 m, Triebe mit Dornen	Juli bis September	purpur bis rosa, kupferfarben bis magentarot
B. × buttiana	2–4 m, kletternd	Juli bis September	goldgelb, purpur bis rot

Nährstoffbedarf: ausgeglichen
Bewässerung: regelmäßig, kein hartes Gießwasser
Schnittmaßnahmen: gut schnittverträglich, Verjüngungsschnitt im zeitigen Frühjahr durchführen; nicht in das alte Holz zurückschneiden
Überwinterung: hell, 5–15 °C
Verwendung: Einzelpflanzung, Blätter, Früchte, Rinde und Wuchs auffallend

> pflegeleicht, für kleine Gärten

Strauchmargerite
Argyranthemum frutescens
(Bild Seite 252)

Aussehen: aufrecht buschig bis halbrund; **Höhe:** 30–70 cm
Breite: 30–70 cm
Blütezeit: Mai bis Oktober
Blüte: weiß, rosa, gelb; strahlenförmig
Blätter: tiefgrün bis silbrig grün (je nach Sorte)
Standort: sonnig
Boden: schwach sauer bis neutral; frisch bis feucht; sandig-humos, sandig-lehmig
Nährstoffbedarf: hoch; **Bewässerung:** regelmäßig bis häufig
Schnittmaßnahmen: regelmäßig verwelkte Blüten entfernen

Überwinterung: bei mindestens 3 °C an einem hellen Standort
Verwendung: schöne „Margeritenblüten" lange Blütezeit, als Hochstämmchen, nicht winterhart

> pflegeleicht, für Einsteiger, für kleine Gärten

Aukube
Aucuba japonica

Aussehen: straff aufrecht bis ausladend; **Höhe:** 2–2,5 m
Breite: 2 m

Aukube

Blütezeit: März bis Mai
Blüte: rotpurpur, weibliche und männliche Pflanzen (zweihäusig)
Frucht: leuchtend rote Beeren, giftig
Blätter: glänzend dunkelgrün
Standort: halbschattig, hell
Boden: schwach sauer bis neutral; mäßig trocken bis frisch; durchlässig, sandig-humos
Nährstoffbedarf: ausgeglichen bis hoch; **Bewässerung:** wenig bis regelmäßig
Schnittmaßnahmen: schiefe oder querwachsende Äste im Spätwinter herausschneiden
Verwendung: für Kübel, Gehölzrand, auffallende Blätter (Blattschmuck) und Wuchs, mäßig winterhart – geschützter Standort empfehlenswert oder Überwinterung bei 5 °C in hellen Räumen

> pflegeleicht, für kleine Gärten

Bougainvillee
Bougainvillea glabra

Aussehen: klimmend; **Höhe:** 1,5–3 m; **Breite:** 1,5–2 m
Blütezeit: Juli bis September
Blüte: weiß, magentarot, purpurviolett, gelb; Farbwirkung durch Hochblätter, welche die kleinen, cremefarbenen Blüten umgeben
Blätter: mittel- bis dunkelgrün
Standort: sonnig
Boden: schwach sauer bis neutral; frisch; durchlässig, sandig-humos
Nährstoffbedarf: hoch; **Bewässerung:** regelmäßig, hoher Bedarf während der Blütezeit

Bougainvillee

Schnittmaßnahmen: vor der Überwinterung Pflanzen formieren: lange Triebe zurückschneiden, um die Bildung kurzer, reichlich blühender Seitentriebe zu fördern
Überwinterung: bei 3–10 °C an einem hellen Standort, trocken halten
Verwendung: als Hochstämmchen, auffallende Blüten (mediterrane Ausstrahlung), nicht winterhart

> Liebhaberpflanze

Erdbeerbaum

Schöne Engelstrompeten-Arten

Botanischer Name	Höhe	Blütezeit	Blütenfarbe	Tipps
Brugmansia arborea	1,5–4 m	Juni bis September	weiß	pflegeleicht, robust
Brugmansia aurea	1,5–4 m	Juni bis September	goldgelb bis weiß, rosa	pflegeleicht, große Laubblätter
Brugmansia sanguinea	2,5–4 m	Juni bis September	orangerot bis orangegelb, mehrfarbige Blüten	auffallende Blüten, pflegeleicht
Brugmansia versicolor	1,5–5 m	Juni bis September	weiß, später orangerosa verfärbend	pflegeleicht, Einzelstand
Brugmansia x candida	1,5–2,5 m	Juni bis September	weiß bis zartgelb, apricotfarben	kompakt wachsend, blühsicher

Engelstrompete, Stechapfel
Brugmansia suaveolens

Aussehen: aufrecht strauchförmig; **Höhe:** 1,5–4 m
Breite: 1–2,5 m
Blütezeit: Juni bis September
Blüte: gelb, rosa oder weiß; trompetenförmig, duften in der Dämmerung, periodisch blühend
Blätter: hell- bis mittelgrün
Standort: sonnig
Boden: schwach sauer bis neutral; frisch bis feucht; durchlässig
Nährstoffbedarf: hoch; **Bewässerung:** sehr hoher Bedarf
Schnittmaßnahmen: vor der Überwinterung Krone auf die Hälfte bis zwei Drittel zurückschneiden, bei starkem Rückschnitt verspätet sich die Blüte im Folgejahr; **Überwinterung:** bei mindestens 5–7 °C an einem hellen Standort
Verwendung: Einzelpflanzung, wunderschöne Blüten und eindruckvoller Wuchs, besonders großblütig, giftig, nicht winterhart

pflegeleicht

Zylinderputzer, Schönfaden
Callistemon citrinus

Aussehen: aufrecht strauchförmig; **Höhe:** 1,2–3 m
Blütezeit: Mai bis Juli
Blüte: leuchtend rot, flaschenbürstenartig
Blätter: lanzettlich, bis 7 cm lang
Standort: sonnig
Boden: sauer bis neutral; mäßig trocken bis frisch; durchlässig, sandig-humos
Nährstoffbedarf: ausgeglichen bis hoch; **Bewässerung:** wenig bis regelmäßig
Schnittmaßnahmen: Schnitt im Frühjahr oder nach der Blüte auf Wegschneiden abgeblühter Triebspitzen beschränken
Überwinterung: Überwinterung bei mindestens 5 °C

Verwendung: Kübel- und Topfkultur, Einzelstellung, zauberhafte Blüten

pflegeleicht, Liebhaberpflanze

Kamelie
Camellia japonica

Aussehen: breit strauchförmig bis ausladend; **Höhe:** 1,5–9 m
Breite: 1–6 m

Kamelie

Blütezeit: März bis April
Blüte: rot bis rosarot, weiß; einfach oder gefüllt
Blätter: glänzend dunkelgrün
Standort: halbschattig
Boden: schwach sauer; frisch bis feucht; durchlässig, humos
Nährstoffbedarf: ausgeglichen
Bewässerung: regelmäßig bis häufig, gleichmäßig feucht halten, enthärtetes Gießwasser verwenden
Schnittmaßnahmen: Schnitt im Frühjahr oder nach der Blüte auf Wegschneiden abgeblühter Triebspitzen beschränken
Überwinterung: bei 5–10 °C an einem hellen Standort
Verwendung: Blüten- und Ziergehölz, traumhafte Blüten, mäßig winterhart; es gibt auch Sorten fürs Freiland, siehe dazu S. 20

Liebhaberpflanze

Gewürzrinde, Kassie
Cassia corymbosa

Aussehen: breit strauchförmig bis ausladend; **Höhe:** 1,5–4 m
Breite: 1,5–3 m
Blütezeit: Mai bis September
Blüte: goldgelb
Blätter: dunkelgrün; Blätter sind nachts in Schlafstellung gefaltet
Standort: sonnig
Boden: schwach sauer bis neutral; frisch; durchlässig, sandig-humos
Nährstoffbedarf: ausgeglichen bis hoch; **Bewässerung:** regelmäßig
Schnittmaßnahmen: schiefe oder quer wachsende Äste im Spätwinter herausschneiden
Überwinterung: bei 5–10 °C an einem hellen Standort
Verwendung: Blüten- und Ziergehölz, Einzelstellung, auffallende Blüten, besonders großblütig, lange Blütezeit, nicht winterhart

Gewürzrinde

Weitere Art: *Cassia didymobotrya* – der Kerzenstrauch besitzt ausgesprochen auffallende, nach oben stehende, goldgelb-schwarzbraune Blüten; Fiederblätter duften bei Berührung nach Erdnussbutter

pflegeleicht

Engelstrompete

Hammerstrauch
Cestrum aurantiacum
(Bild Seite 253)

Aussehen: breit strauchförmig bis ausladend; **Höhe:** 2–3 m
Breite: 1,5–2 m
Blütezeit: Mai bis Juni
Blüte: orange bis purpurrot
Blätter: hellgrün
Standort: sonnig bis halbschattig
Boden: neutral, ausgeglichen; frisch; durchlässig, sandig-humos
Nährstoffbedarf: ausgeglichen bis hoch; **Bewässerung:** regelmäßig, hoher Wasserbedarf im Sommer
Schnittmaßnahmen: vor der Überwinterung Krone auf die Hälfte bis ein Drittel zurückschneiden, verblühte Blütenstände gelegentlich abschneiden; **Überwinterung:** bei mindestens 5–7 °C an einem hellen Standort
Verwendung: Blüten- und Ziergehölz, auffallende Blüten, nicht winterhart

Zwergpalme
Chamaerops humilis

Aussehen: aufrecht buschig
Höhe: 2–3 m; **Breite:** 1–2 m
Blütezeit: bei älteren Pflanzen möglich; gelbe bis braune Beerenfrüchte nur an weiblichen Pflanzen durch Befruchtung einer männlichen Pflanze
Blüte: gelb
Blätter: bläulich- bis graugrün
Standort: sonnig bis halbschattig
Boden: neutral, ausgeglichen; frisch durchlässig; sandig-humos
Nährstoffbedarf: ausgeglichen,

Drei Arten des Hammerstrauches

Botanischer Name	Höhe	Blütezeit	Blüten	Tipps
Cestrum elegans	1,5–3 m	Juli bis September	karmin bis purpurrot	purpurrote Beeren, lange Blütezeit
Cestrum fasciculatum	1,5–2 m	Mai bis Juni	leuchtend rot	purpurrote Beeren
Cestrum parqui	1,5–2 m	Juli bis September	gelbgrün, duftend	lange Blütezeit

Zwergpalme

mittel; **Bewässerung:** regelmäßig
Schnittmaßnahmen: lediglich abgestorbene Pflanzenteile regelmäßig entfernen
Überwinterung: bei mindestens 3 °C an einem hellen Standort
Verwendung: auffallende Blätter, Einzelstellung, nicht winterhart

pflegeleicht, Liebhaberpflanze

Orangenblume
Choisya ternata (Bild Seite 253)

Aussehen: kompakt strauchförmig; **Höhe:** bis 2 m

Breite: 2–2,5 m
Blütezeit: Februar bis Juni
Blüte: weiß; stark nach Orangen duftend
Blätter: glänzend dunkelgrün
Standort: halbsonnig, Schutz vor direkter Mittagssonne
Boden: schwach sauer; frisch; durchlässig, humos
Nährstoffbedarf: ausgeglichen bis hoch; **Bewässerung:** regelmäßig, empfindlich gegenüber kalkreichem Gießwasser
Schnittmaßnahmen: gut schnittverträglich; **Überwinterung:** bei mindestens 3 °C an einem hellen Standort

Verwendung: Blüten- und Ziergehölz, auffallende Blätter, duftende Blüten, nicht winterhart

pflegeleicht, Liebhaberpflanze

Zitrone
Citrus limon

Aussehen: breit strauchförmig bis ausladend, stachelig und dicht verzweigt
Höhe: 2–7 m; **Breite:** 1,5–4 m
Blütezeit: ganzjährig
Blüte: weiß; intensiv duftend
Frucht: gelbe Zitronen
Blätter: mittelgrün
Standort: sonnig bis halbschattig
Boden: schwach sauer; frisch bis feucht; durchlässig, sandig-lehmig

Zitrone

Nährstoffbedarf: ausgeglichen bis hoch; **Bewässerung:** regelmäßig, empfindlich gegenüber kalkhaltigem Gießwasser
Schnittmaßnahmen: schiefe oder querwachsende Äste im Spätwinter herausschneiden; **Überwinterung:** bei mindestens 5–7 °C an einem hellen Standort, trocken halten
Verwendung: Wintergarten, Einzelstellung, nicht winterhart

Keulenlilie
Cordyline australis

Aussehen: aufrecht baumförmig, palmenartige Krone

Andere *Citrus*-Arten

Botanischer Name	Deutscher Name	Höhe	Tipps
C. aurantiifolia	Limette	2–8 m	gelblich grüne Limetten, Liebhaberpflanze
C. aurantium	Pomeranze	2–8 m	orangefarbene Früchte, pflegeleicht Liebhaberpflanze
C. × nobilis	Clementine	2–7 m	orangefarbene Clementinen, auffallende Früchte
C. × paradisi	Grapefruit	2–7 m	orangegelbe Grapefruits, pflegeleicht, auffallende Früchte
C. reticulata	Mandarine	2–7 m	auffallende Früchte
C. sinensis	Apfelsine, Orange	2–8 m	orangefarbene Apfelsinen, bekannte Kübelpflanze

Keulenlilie

Höhe: 3–10 m; **Breite:** 1–4 m
Blütezeit: Juli bis August
Blüte: cremeweiß, duftend
Blätter: grün, je nach Sorte mit gelben Längsstreifen; schwertförmig
Standort: sonnig
Boden: schwach sauer bis neutral; frisch; sandig-humos, sandig-lehmig
Nährstoffbedarf: ausgeglichen bis hoch; **Bewässerung:** regelmäßig, Ballentrockenheit führt zu braunen Blattspitzen
Schnittmaßnahmen: nicht notwendig; **Überwinterung:** bei mindestens 3 °C an einem hellen Standort
Verwendung: Blätter, Blüten und Wuchs auffallend, nicht winterhart

> Liebhaberpflanze

Kalifornische Zypresse
Cupressus macrocarpa
(Bild Seite 253)

Aussehen: schmal säulen- bis kegelförmig; **Höhe:** 10–25 m
Breite: 3–12 m
Frucht: braune Zapfen
Blätter: hell- bis dunkelgrün; junges Blattgrün wesentlich heller als älteres
Standort: sonnig
Boden: anpassungsfähig; mäßig trocken bis feucht; durchlässig
Nährstoffbedarf: ausgeglichen bis hoch; **Bewässerung:** wenig bis häufig
Schnittmaßnahmen: kein Schnitt notwendig, jedoch gut schnittverträglich für Skulpturschnitte

Verwendung: interessante Blätter, Früchte und schöner Wuchs, mäßig frosthart – geschützter Standort empfehlenswert

> pflegeleicht, für Einsteiger

Japanischer Palmfarn
Cycas revoluta

Aussehen: aufrecht, breit-flachkronig; **Höhe:** 1–2 m
Breite: 1–2 m
Blüte: goldbraun (an ausgewachsenen Pflanzen)
Blätter: glänzend dunkelgrün

Japanischer Palmfarn

Standort: halbsonnig, vor praller Sonne schützen
Boden: schwach sauer bis neutral; frisch bis feucht; durchlässig
Nährstoffbedarf: ausgeglichen, mittel; **Bewässerung:** gleichmäßig feucht halten
Überwinterung: bei mindestens 5–15 °C an einem hellen Standort
Verwendung: Einzelpflanzung, Blattschmuck, auffallender Wuchs, anspruchsvoll, nicht winterhart

> Liebhaberpflanze

Drachenbaum
Dracaena draco

Aussehen: breit ausladend bis rundlich; **Höhe:** 2–8 m
Breite: 2–12 m
Blütezeit: Juli bis August
Blüte: grünlich weiß, sehr klein, in Rispen
Blätter: mittel- bis dunkelgrün, schwertförmig
Standort: sonnig, warm
Boden: schwach sauer bis neutral; mäßig trocken bis frisch; durchlässig, sandig-humos

Nährstoffbedarf: ausgeglichen
Bewässerung: gleichmäßig feucht, Ballentrockenheit führt zu braunen Blatträndern
Überwinterung: bei mindestens 10–13 °C an einem hellen Standort
Verwendung: Einzelpflanzung, auffallende Blätter und schöner Wuchs, nicht frosthart

> Liebhaberpflanze

Zierbanane
Ensete ventricosum

Aussehen: aufrecht, bananenähnlich; **Höhe:** 2–6 m
Breite: 1–5 m
Blütezeit: Juli bis August (nach 6–8 Jahren)
Blüte: weiß mit dunkelroten Hochblättern (Brakteen)
Blätter: intensiv olivgrün
Standort: sonnig
Boden: schwach sauer bis neutral; frisch bis feucht; durchlässig, sandig-humos
Nährstoffbedarf: ausgeglichen bis hoch; **Bewässerung:** regelmäßig bis häufig
Überwinterung: bei mindestens 5–7 °C an einem hellen Standort
Verwendung: Einzelpflanzung, auffallende Blätter (Blattschmuck), nicht winterhart, für Windschutz sorgen
Sortenbeispiel: ‘Maurelii’– rote Blätter, besonders robust

> Liebhaberpflanze

Japanische Mispel, Wollmispel
Eriobotrya japonica

Aussehen: ausladend strauchförmig; **Höhe:** 3–8 m
Breite: 3–8 m
Blütezeit: Oktober bis Dezember
Blüte: weiß, duftend
Früchte: gelb bis orange, eiförmig
Blätter: dunkelgrün, lederartig
Standort: sonnig
Boden: schwach sauer bis neutral; frisch; durchlässig, sandig-lehmig
Nährstoffbedarf: hoch
Bewässerung: regelmäßig
Schnittmaßnahmen: schiefe oder querwachsende Äste im Spätwinter herausschneiden
Verwendung: Einzelpflanzung, auffallende Blätter und Früchte, bedingt winterhart – kann in

Japanische Mispel

milden Regionen mit Winterschutz auch im Freiland gehalten werden oder hell bei 10 °C überwintern

> Liebhaberpflanze

Korallenstrauch
Erythrina crista-galli
(Bild Seite 253)

Aussehen: locker strauchförmig; **Höhe:** 1,5–2,5 m; **Breite:** 1–1,5 m
Blütezeit: Juli bis September
Blüte: leuchtend rot
Blätter: mittel- bis bläulich grün, Laubabwurf im Winter
Standort: sonnig
Boden: schwach sauer bis neutral; frisch; durchlässig, sandig-humos
Nährstoffbedarf: ausgeglichen bis hoch; **Bewässerung:** regelmäßig
Schnittmaßnahmen: schiefe oder quer wachsende Äste im Winter nach dem Eintrocknen der Blütentriebe herausschneiden; **Überwinterung:** Ruheperiode nach Laubabwurf, dabei trocken halten bei 5 °C, dunkle Überwinterung möglich
Verwendung: interessante Blüten und Hülsenfrüchte, gesamte Pflanze giftig

Eukalyptus
Eucalyptus gunnii

Aussehen: aufrecht bis ausladend baumförmig
Höhe: 3–20 m; **Breite:** 1,5–10 m
Blütezeit: Winter
Blüte: weiß bis cremeweiß; klein, unauffällig

Echter Feigenbaum

Blätter: graugrün; Jugendblätter kreisrund, stiellos; ältere Blätter lanzettlich, bis 10 cm lang
Standort: sonnig
Boden: schwach sauer bis neutral; frisch bis feucht; durchlässig, sandig-humos

Nährstoffbedarf: mittel
Bewässerung: regelmäßig bis häufig, hoher Wasserbedarf im Sommer
Schnittmaßnahmen: schiefe oder querwachsende Äste im Spätwinter herausschneiden oder ein kräftiger Rückschnitt des Sprosses im Frühjahr durchführen, durch ständigen Rückschnitt lässt sich Jugendform erhalten
Verwendung: auffallende Blätter (Blattschmuck), Früchte und Rinde, bedingt winterhart – kann in milden Regionen mit Winterschutz auch im Freiland gehalten oder in gut gelüfteten, hellen Räumen bei 5 °C überwintert werden
Weitere Art: *Eucalyptus globulus* – intensiver Eukalyptusduft von silbrig grauen Blättern

| pflegeleicht |

Echter Feigenbaum
Ficus carica

Aussehen: breit strauchförmig bis ausladend; **Höhe:** 2–3 m
Breite: 2–4 m

Eukalyptus

Blütezeit: ganzjährig in Abständen
Blüte: unscheinbar
Frucht: gelb- bis braunviolette Früchte
Blätter: groß, grün, sehr dekorativ
Standort: sonnig, warm
Boden: schwach sauer bis neutral; frisch bis feucht; sandig-lehmig, sandig-humos
Nährstoffbedarf: hoch (bis August)
Bewässerung: regelmäßig bis häufig, hoher Wasserbedarf im Sommer
Schnittmaßnahmen: junge Pflanzen für schönen verzweigten Aufbau mehrfach stutzen
Überwinterung: nach Laubabwurf dunkel bei 0–10 °C
Verwendung: Einzelpflanzung, auffallende Blätter, kann in milden Regionen an einem geschützten Standort im Freiland gehalten werden

| Liebhaberpflanze |

Kumquat
Fortunella japonica
(Bild Seite 253)

Aussehen: aufrecht strauchförmig, dicht verzweigt
Höhe: 1,5–4 m; **Breite:** 1–2,5 m
Blütezeit: Mai bis Juli
Blüte: weiß
Früchte: goldgelbe Früchte
Blätter: glänzend hell- bis mittelgrün
Standort: sonnig
Boden: schwach sauer; frisch; durchlässig, sandig-humos
Nährstoffbedarf: ausgeglichen bis hoch; **Bewässerung:** regelmäßig, kein kalkhaltiges Gießwasser verwenden
Schnittmaßnahmen: schiefe oder querwachsende Äste im Spätwinter herausschneiden
Überwinterung: bei mindestens 5–10 °C an einem hellen Standort
Verwendung: Einzelpflanzung, nicht winterhart

| Liebhaberpflanze |

Gardenie
Gardenia augusta

Aussehen: strauchförmig
Höhe: bis 1,5 m; **Breite:** 1,5 m
Blütezeit: Juni bis Oktober

Blüte: weiß bis cremeweiß; stark duftend
Blätter: tiefgrün
Standort: halbschattig, jedoch hell
Boden: sauer; frisch bis feucht; sandig-humos
Nährstoffbedarf: ausgeglichen bis hoch; **Bewässerung:** regelmäßig bis häufig, gleichmäßig feucht im Wurzelbereich, nur kalkfreies Gießwasser verwenden
Schnittmaßnahmen: querwachsende Triebe im zeitigen Frühjahr auslichten und abgeblühte Blüten entfernen
Überwinterung: bei mindestens 10–13 °C an einem hellen Standort
Verwendung: Einzelpflanzung, schöne Blüten, nicht frosthart

| Liebhaberpflanze |

Zieringwer, Schmetterlingsblume
Hedychum gardnerianum
(Bild Seite 252)

Aussehen: aufrecht, horstbildend; **Höhe:** 1,5–2,2 m
Breite: 1,5 m
Blütezeit: August bis Oktober
Blüte: goldgelb; duftend
Blätter: graugrün
Standort: sonnig, warm
Boden: schwach sauer bis schwach alkalisch; frisch bis feucht; humos, sandig-lehmig
Nährstoffbedarf: ausgeglichen bis hoch; **Bewässerung:** regelmäßig bis häufig, vor Staunässe schützen
Überwinterung: bei 10–15 °C, hell
Verwendung: auffallende Blüten, nicht winterhart

| pflegeleicht, Liebhaberpflanze |

Chinesischer Roseneibisch
Hibiscus-Rosa-Sinensis-Hybriden

Aussehen: rundlich strauchförmig bis ausladend
Höhe: 1–5 m; **Breite:** 1,5–3 m
Blütezeit: ganzjährig (bei ausreichend Licht und Temperaturen von mindestens 15 °C)
Blüte: gelb, karminrot, orange, weiß; trichterförmig
Blätter: dunkelgrün
Standort: sonnig

Chinesischer Roseneibisch

Boden: neutral; frisch; durchlässig, humos
Nährstoffbedarf: ausgeglichen bis hoch; **Bewässerung:** regelmäßig, hoher Wasserbedarf, Knospenabwurf bei Trockenheit
Schnittmaßnahmen: leichte Rückschnitte – querwachsende Triebe im zeitigen Frühjahr in Form schneiden
Überwinterung: bei mindestens 10–13 °C an einem hellen Standort
Verwendung: nicht winterhart, schöne Blüten

pflegeleicht

Kreppmyrte, Lagerströmie
Lagerstroemia indica

Aussehen: aufrecht strauch- oder baumförmig; **Höhe:** 2,5–7,5 m; **Breite:** 2,5–7,5 m
Blütezeit: August bis September
Blüte: purpur, rosa, rot, weiß
Blätter: dunkelgrün
Standort: sonnig
Boden: schwach sauer bis schwach alkalisch; frisch bis

Kreppmyrte

feucht; sandig-humos, sandig-lehmig
Nährstoffbedarf: ausgeglichen bis hoch; **Bewässerung:** regelmäßig bis häufig
Schnittmaßnahmen: schiefe oder querwachsende Äste im Spätwinter herausschneiden;
Überwinterung: bei mindestens 3 °C auch an dunklen Plätzen möglich
Verwendung: Blüten- und Ziergehölz, Einzelpflanzung, auffallende Blüten, nicht winterhart

Liebhaberpflanze

Wandelröschen
Lantana camara

Aussehen: aufrecht buschig bis rundlich; **Höhe:** 0,3–1 m
Breite: 0,3–1 m

Wandelröschen

Blütezeit: Mai bis Oktober
Blüte: Farbvariationen in Gelb, Lachsrot, Purpur, Rot oder Weiß
Früchte: blauschwarze Beeren, giftig
Blätter: dunkelgrün
Standort: sonnig
Boden: schwach sauer bis neutral; frisch bis feucht; durchlässig, humos
Nährstoffbedarf: hoch; **Bewässerung:** regelmäßig bis häufig
Schnittmaßnahmen: Rückschnitt vor dem Einräumen und Formschnitt im Frühjahr, Früchte gelegentlich entfernen;
Überwinterung: Überwinterung bei 5–10 °C an einem hellen Standort
Verwendung: lange Blütezeit, nicht winterhart

pflegeleicht, für kleine Gärten

Echter Lorbeer
Laurus nobilis

Aussehen: aufrecht buschig bis kegelförmig; **Höhe:** 1,5–12 m
Breite: 5–8 m
Blütezeit: Mai bis Juni

Echter Lorbeer

Blüte: gelbgrün
Frucht: glänzend schwarze Beeren (nur bei weiblichen Pflanzen)
Blätter: glänzend grün, schmal elliptisch
Standort: sonnig
Boden: schwach sauer bis neutral; mäßig trocken bis frisch; durchlässig
Nährstoffbedarf: ausgeglichen bis hoch, Düngergaben nur bis August
Bewässerung: wenig bis regelmäßig, keine Ballentrockenheit
Schnittmaßnahmen: gut schnittverträglich – auch für Formschnitte geeignet
Überwinterung: bei mindestens 3 °C an einem hellen Standort
Verwendung: auffallende Blätter und Früchte, nicht winterhart

pflegeleicht

Löwenohr
Leonotis leonurus (Bild Seite 252)

Aussehen: aufrecht buschig
Höhe: 1,5–2 m; **Breite:** 0,7–1 m
Blütezeit: Juni bis Oktober
Blüte: orangebraun, samtig
Blätter: mittel- bis dunkelgrün, aromatisch-duftend

Standort: sonnig
Boden: schwach sauer bis neutral; frisch; durchlässig, humos
Nährstoffbedarf: ausgeglichen bis hoch; **Bewässerung:** regelmäßig
Schnittmaßnahmen: nach der Blüte lediglich die abgewelkten Sprossspitzen bis zum vorjährigen Holz kürzen
Überwinterung: bei 5–10 °C an einem hellen Standort
Verwendung: Einzelpflanzung, auffallende Blüten, besonders großblütig, nicht frosthart

pflegeleicht, für Einsteiger, für kleine Gärten

Chilenischer Jasmin
Mandevilla laxa

Aussehen: windend kletternd
Höhe: 2–5 m; **Breite:** je nach Rankgerüst
Blütezeit: Juli bis September
Blüte: weiß; trompetenförmig
Blätter: glänzend sattgrün
Standort: sonnig
Boden: schwach sauer bis schwach alkalisch; frisch bis feucht; durchlässig, humos
Nährstoffbedarf: hoch; **Bewässerung:** regelmäßig bis häufig
Schnittmaßnahmen: Rückschnitt im Herbst; **Überwinterung:** bei mindestens 5–7 °C an einem hellen Standort, auf Topfebene zurückgeschnittene Pflanzen können auch dunkel überwintert werden
Verwendung: Blüten- und Ziergehölz, Einzelpflanzung, duftend, Blüten und Wuchs auffallend, frostempfindlich

pflegeleicht

Japanische Faser-Banane
Musa basjoo

Aussehen: aufrecht, horstbildend
Höhe: 2–5 m
Breite: 1,5–4 m
Blütezeit: Juli bis August
Blüte: hängende Rispe mit rötlich gelben Tragblättern
Frucht: gelblich grüne Früchte
Blätter: glänzend grün, sehr lang (bis 3 m) und breit (bis 60 cm)
Standort: sonnig
Boden: neutral, ausgeglichen; frisch bis feucht; durchlässig, humos

Nährstoffbedarf: ausgeglichen bis hoch
Bewässerung: regelmäßig bis häufig, hoher Wasserbedarf
Verwendung: Einzelpflanzung, auffallende Blätter (Blattschmuck) und Früchte, anspruchsvoll, bedingt frosthart – kann in milden Regionen mit Winterschutz auch im Freiland gehalten werden oder frostfrei überwintern

> Liebhaberpflanze

Brautmyrte, Gemeine Myrte
Myrthus communis
(Bild Seite 253)

Aussehen: aufrecht buschig bis leicht überhängend
Höhe: 1–3 m; **Breite:** 1–3 m
Blütezeit: Juli bis September
Blüte: weiß
Frucht: purpurschwarze Beeren
Blätter: glänzend dunkelgrün
Standort: sonnig
Boden: neutral, ausgeglichen; mäßig trocken bis frisch; durchlässig
Nährstoffbedarf: ausgeglichen
Bewässerung: gleichmäßig, Erde darf nie austrocknen; kalkfreies Wasser verwenden
Schnittmaßnahmen: querwachsende Triebe im zeitigen Frühjahr in Form schneiden und abgeblühte Triebspitzen nach der Blüte entfernen; **Überwinterung:** bei 5–10 °C an einem hellen Standort
Verwendung: traditioneller Brautschmuck, auffallende Blüten, nicht winterhart

> pflegeleicht, für Einsteiger

Oleander
Nerium oleander

Aussehen: locker aufrecht bis ausladend
Höhe: 2–6 m; **Breite:** 1–3 m
Blütezeit: Juli bis September
Blüte: weiß bis scharlachrot, rosa, blassgelb; einfach, halbgefüllt und gefüllt blühende Sorten
Frucht: rötlich braune Kapseln
Blätter: dunkel- bis graugrün
Standort: sonnig
Boden: anpassungsfähig; frisch bis feucht; fruchtbar, durchlässig
Nährstoffbedarf: ausgeglichen

Oleander

bis hoch; **Bewässerung:** regelmäßig bis häufig, sehr hoher Wasserbedarf im Sommer
Schnittmaßnahmen: querwachsende Triebe im zeitigen Frühjahr in Form schneiden; alte Blütenstände nicht entfernen, da hier im nächsten Frühjahr neue Knospen austreiben; **Überwinterung:** bei 5–10 °C an einem gut gelüfteten, hellen Standort
Verwendung: für Kübel und Töpfe, Blüten- und Ziergehölz, auffallende Blüten und Früchte, lange Blütezeit, giftig, nicht winterhart

> pflegeleicht

Echte Olive, Ölbaum
Olea europaea

Aussehen: rundlich aufrecht
Höhe: 5–10 m; **Breite:** 5–10 m
Blütezeit: Mai
Blüte: gelblich weiß
Frucht: bräunliche bis schwarzbraune Steinfrüchte

Blätter: graugrün, unterseits silbrig grün
Standort: sonnig
Boden: neutral; frisch bis feucht; tiefgründig, sandig-lehmig
Nährstoffbedarf: ausgeglichen

Echte Olive

Bewässerung: regelmäßig bis häufig
Schnittmaßnahmen: schiefe oder querwachsende Äste im Spätwinter herausschneiden; **Überwinterung:** bei 10 °C an einem hellen Standort
Verwendung: vermittelt mediterrane Stimmung, nicht frosthart

> pflegeleicht

Passionsblume
Passiflora alata

Aussehen: kletternd
Höhe: 2 bis 6 m; **Breite:** abhängig vom Klettergerüst
Blütezeit: Juli bis September
Blüte: leuchtend karmin- bis purpurrot
Frucht: gelbe Früchte
Blätter: hell- bis tiefgrün
Standort: sonnig
Boden: schwach sauer bis neutral; frisch; sandig-humos, sandig-lehmig
Nährstoffbedarf: ausgeglichen bis hoch; **Bewässerung:** regelmäßig; **Schnittmaßnahmen:** lange, außer der Form geratene Ruten im zeitigen Frühjahr in Form schneiden; **Überwinterung:** bei mindestens 3 °C an einem hellen Standort
Verwendung: wunderschöne Blüten und auffallende Früchte, besonders großblütig, nicht winterhart

> pflegeleicht

Passionsblume
Passiflora caerulea

Aussehen: kletternd
Höhe: 3–7 m; **Breite:** abhängig vom Klettergerüst
Blütezeit: Juni bis September
Blüte: weiß bis purpurrosa
Frucht: orangegelbe Früchte
Blätter: sattgrün
Standort: sonnig
Boden: schwach sauer bis neutral; frisch; sandig-humos, sandig-lehmig
Nährstoffbedarf: ausgeglichen bis hoch; **Bewässerung:** regelmäßig
Schnittmaßnahmen: lange, außer der Form geratene Ruten im zeitigen Frühjahr in Form schneiden; **Überwinterung:** bei 8–10 °C an einem hellen Standort

Passionsblume, Passiflora alata

Verwendung: Wintergarten, auffallende Blüten und Früchte, besonders großblütig, nicht winterhart

pflegeleicht

Echte Dattelpalme
Phoenix dactylifera

Aussehen: aufrecht säulenförmig, palmenförmige Krone
Höhe: 10–25 m; **Breite:** 3–6 m
Blütezeit: Mai bis Juli
Blüte: cremeweiß
Blätter: matt- bis graugrün
Standort: sonnig
Boden: schwach sauer bis neutral; frisch bis feucht; sandig-lehmig, lehmig-humos
Nährstoffbedarf: ausgeglichen bis hoch; **Bewässerung:** regelmäßig bis häufig
Überwinterung: bei 5–10 °C an einem hellen Standort
Verwendung: Einzelpflanzung, Blätter und Wuchs auffallend, anspruchsvoll, nicht winterhart

Liebhaberpflanze

Bleiwurz
Plumbago auriculata

Aussehen: überhängend strauchförmig bis klimmend, stark verzweigt
Höhe: 1,5–3 m; **Breite:** 1–2 m
Blütezeit: Juni bis September
Blüte: himmelblau bis violettblau, weiß

Blätter: hell- bis mattgrün
Standort: sonnig
Boden: neutral, ausgeglichen; frisch bis feucht; sandig-humos, sandig-lehmig
Nährstoffbedarf: hoch; **Bewässerung:** regelmäßig bis häufig
Schnittmaßnahmen: kräftiger Rückschnitt der Triebe im Januar
Überwinterung: bei mindestens 3 °C an einem hellen Standort
Verwendung: Blüten- und Ziergehölz, Einzelpflanzung, schöne Blüten, lange Blütezeit, nicht winterhart

pflegeleicht, für Einsteiger

Granatapfel
Punica granatum

Aussehen: aufrecht strauchförmig, dicht verzweigt

Granatapfel

Höhe: 6–7 m; **Breite:** 2–5 m
Blütezeit: Juli bis September
Blüte: leuchtend rot, auch gelbe und weiße Sorten
Frucht: orangebraune Früchte
Blätter: glänzend grün, kupferrote Blattaderung; Laubabwurf im Winter
Standort: sonnig
Boden: schwach sauer bis neutral; mäßig trocken bis frisch; durchlässig, sandig-lehmig
Nährstoffbedarf: ausgeglichen
Bewässerung: wenig bis regelmäßig, gleichmäßig feucht halten bis Anfang September
Schnittmaßnahmen: schiefe oder querwachsende Äste im Spätwinter herausschneiden;
Überwinterung: bei 5–10 °C auch an dunklen Plätzen möglich
Verwendung: Blüten- und Ziergehölz, auffallende Blüten und Früchte, nicht winterhart

pflegeleicht

Kartoffelwein, Weißer Schwan
Solanum jasminoides
(Bild Seite 253)

Aussehen: klimmend
Höhe: 2–6 m
Blütezeit: Juni bis September
Blüte: weiß
Blätter: dunkelgrün
Standort: sonnig mit Hitzeschattierung
Boden: neutral bis schwach alkalisch; frisch bis feucht; durchlässig, humos
Nährstoffbedarf: ausgeglichen bis hoch; **Bewässerung:** regelmäßig bis häufig
Schnittmaßnahmen: nach der Blüte im Herbst Seitentriebe auf drei bis vier Knospen zurückschneiden; **Überwinterung:** bei mindestens 3 °C an einem hellen Standort
Verwendung: Einzelpflanzung, nicht winterhart

Liebhaberpflanze

Enzianstrauch, Enzianblume
Solanum rantonnetii

Aussehen: aufrecht strauchförmig bis ausladend
Höhe: 1–2 m; **Breite:** 1–2 m
Blütezeit: Juni bis September
Blüte: violettblau bis violett

Blätter: mittel- bis dunkelgrün
Standort: sonnig mit Hitzeschattierung
Boden: schwach sauer bis neutral; frisch bis feucht; durchlässig, humos
Nährstoffbedarf: ausgeglichen bis hoch; **Bewässerung:** regelmäßig bis häufig
Schnittmaßnahmen: querwachsende Triebe im Herbst in Form schneiden
Überwinterung: bei mindestens 5–7 °C an einem hellen Standort

Enzianstrauch

Verwendung: schöne Blüten, lange Blütezeit, nicht winterhart

pflegeleicht

Paradiesvogelblume, Papageienblüte
Strelitzia reginae

Aussehen: aufrecht buschig, horstbildend; **Höhe:** 1,2–2 m
Breite: 0,8–1 m
Blütezeit: Februar bis Mai (erste Blüten nach 4–6 Jahren)
Blüte: purpur bis orange mit gelbem Kelch und blauer Krone
Blätter: grau- bis bläulich grün
Standort: sonnig bis halbschattig
Boden: schwach sauer bis neutral; frisch bis feucht; lehmig, lehmig-humos
Nährstoffbedarf: hoch; **Bewässerung:** regelmäßig bis häufig
Überwinterung: bei mindestens 10–13 °C an einem hellen Standort

Paradiesvogelblume

Hanfpalme

Verwendung: große, dekorative, ungewöhnliche Blüten, anspruchsvoll, nicht winterhart

Liebhaberpflanze

Tibouchine, Veilchenstrauch, Prinzessinenstrauch
Tibouchina urvilleana

Aussehen: aufrecht strauchförmig bis schwach ausladend
Höhe: 2–5 m; **Breite:** 1,5–3 m
Blütezeit: Juli bis September

Tibouchine

Blüte: violett bis purpurviolett; veilchenähnlich, samtig
Blätter: smaragdgrün
Standort: sonnig
Boden: schwach sauer bis neutral; frisch; durchlässig, humos
Nährstoffbedarf: hoch
Bewässerung: regelmäßig
Schnittmaßnahmen: Jungpflanzen für buschigen Aufbau mehrmals stutzen, querwachsende Triebe im zeitigen Frühjahr in Form schneiden und abgeblühte Triebspitzen nach der Blüte entfernen; **Überwinterung:** bei 10°C an einem hellen Standort
Verwendung: Blüten- und Ziergehölz, besonders großblütig, nicht winterhart

pflegeleicht,
Liebhaberpflanze

Hanfpalme
Trachycarpus fortunei

Aussehen: aufrecht palmenförmig
Höhe: 5–10 m
Breite: 1–2,5 m
Blätter: dunkelgrün
Standort: sonnig bis halbschattig
Boden: schwach sauer bis neutral; frisch bis feucht; fruchtbar, durchlässig
Nährstoffbedarf: hoch

Bewässerung: regelmäßig bis häufig
Verwendung: Einzelpflanzung, Blattpflanze, auffallende Blätter und Früchte, bedingt winterhart – kann in milden Regionen mit Winterschutz auch im Freiland gehalten werden oder frostfrei überwintern

pflegeleicht,
Liebhaberpflanze

Priesterpalme
Washingtonia filifera
(Bild Seite 252)

Aussehen: aufrecht palmenförmig; **Höhe:** 5–15 m
Breite: 2–5 m
Blütezeit: Juli bis August
Blüte: cremeweiß
Blätter: matt- bis graugrün
Standort: sonnig
Boden: schwach sauer bis neutral; mäßig trocken bis frisch; durchlässig
Nährstoffbedarf: ausgeglichen bis hoch
Bewässerung: wenig bis regelmäßig
Überwinterung: bei mindestens 5–7°C an einem hellen Standort
Verwendung: Einzelpflanzung, Blattpflanze, auffallende Blätter und Früchte (steinfruchtartige,

schwarzbraune Beeren), nicht winterhart

Liebhaberpflanze

Palmlilie, Yucca
Yucca aloifolia (Bild Seite 252)

Aussehen: aufrecht bis strauchförmig; **Höhe:** 2–8 m
Breite: 2–5 m
Blütezeit: August bis September
Blüte: weiß bis purpur überlaufen
Blätter: dunkelgrün, auch buntblättrige Formen
Standort: sonnig
Boden: schwach sauer bis alkalisch; trocken bis frisch; sandig-humos, sandig-kiesig
Nährstoffbedarf: ausgeglichen bis hoch; **Bewässerung:** regelmäßig, Ballentrockenheit im Sommer vermeiden
Schnittmaßnahmen: abgestorbene oder abgewelkte Pflanzenteile sind regelmäßig zu entfernen
Überwinterung: bei mindestens 5–7°C an einem hellen Standort
Verwendung: Einzelpflanzung, Blattpflanze (Blattschmuck), Blüten und Wuchs auffallend, nicht winterhart

Liebhaberpflanze

Verwendungstabellen

Bodendecker (Laub- und Nadelgehölze)

Deutscher Name	Botanischer Name	Seite
Buchsbaumblättrige Berberitze	Berberis buxifolia 'Nana'	17
Schneeige Berberitze	Berberis candidula	17
Zwerg-Birke	Betula nana	18
Besenheide	Calluna vulgaris	20
Teppich-Hartriegel	Cornus canadensis	23
Fächer-Zwergmispel	Cotoneaster horizontalis (und viele weitere Cotoneaster-Arten)	25
Goldland-Ginster	Genista lydia	29
Japanische Hülse	Ilex crenata	30
Flacher Weide-Wacholder	Juniperus communis 'Repanda'	50
Teppich-Wacholder	Juniperus horizontalis	49
Dickmännchen	Pachysandra terminalis	34
Fünffingerstrauch	Potentilla fruticosa	36
Kriech-Weide	Salix repens	41
Großblättriges Immergrün	Vinca major	45
Kleinblättriges Immergrün	Vinca minor	45

Bodendeckende Stauden und Kräuter

Deutscher Name	Botanischer Name	Seite
Blaugr. Stachelnüsschen	Acaena buchananii	108
Braunb. Stachelnüsschen	Acaena microphylla	108
Kriech-Günsel, Günsel	Ajuga reptans	110
Gemeines Katzenpfötchen	Antennaria dioica	113
Gänsekresse	Arabis caucasia	114
Schaumkresse, Ungarische Gänsekresse	Arabis procurrens 'Glacier', 'Neuschnee'	114
Blaukissen	Aubrieta × cultorum	118
Heimischer Waldmeister	Galium odoratum	214
Habichtkraut, Orange-rotes Habichtskraut	Hieracium aurantiacum	136
Große Braunelle	Prunella grandiflora	151
Sternmoos	Sagina subulata	154
Fetthennen-Steinbrech	Saxifraga aizoides (und viele weitere Saxifraga-Arten)	156
Blaustern	Scilla siberica	175
Scharfer Mauerpfeffer	Sedum acre	156
Fetthenne	Sedum floriferum	157
Fetthenne	Sedum spurium (und viele weitere Sedum-Arten)	158
Hauswurz	Sempervivum tectorum	158
Woll-Ziest	Stachys byzantina	159
Schaumblüte	Tiarella cordifolia	160
Waldsteinie	Waldsteinia geoides	163

Für Steingärten

Deutscher Name	Botanischer Name	Seite
Stauden		
Blaugrünes Stachelnüsschen	Acaena buchananii	108
Amur-Adonisröschen	Adonis amurensis	110
Frühlings-Adonisröschen	Adonis vernalis	110
Pyramiden-Günsel	Ajuga pyramidalis	110
Kriech-Günsel, Günsel	Ajuga reptans	110
Zwergiger Frauenmantel	Alchemilla erythropoda	111
Berg-Silbermantel	Alchemilla hoppeana	111
Berg-Steinkraut	Alyssum montanum	111
Kleinblättriges Felsenkraut	Alyssum serpyllifolium	112
Perlkörbchen, Perlpfötchen	Anaphalis triplinervis	112
Himalaja-Mannsschild	Androsace sarmentosa	112
Gemeines Katzenpfötchen	Antennaria dioica	113
Arends-Gänsekresse	Arabis × arendsii	113
Gänsekresse	Arabis caucasica	114
Schaumkresse	Arabis procurrens	114
Sündermann-Schaumkresse	Arabis × suendermannii	114
Grasnelke	Armeria maritima	114
Zwerg-Geißbart, Kleiner Geißbart	Aruncus aethusifolius	114
Alpen-Aster	Aster alpinus	115
Herbst-Aster, Kissen-Aster	Aster dumosus	116
Blaukissen	Aubrieta × cultorum	118
Felsen-Steinkraut	Aurinia saxatilis	119
Andenpolster	Azorella trifurcata	119
Scheckenknöterich	Bistorta affinis	119
Karpaten-Glockenblume	Campanula carpatica	120
Stengellose Silberdistel	Carlina acaulis	121
Silber-Hornkraut	Cerastium biebersteinii	122
China-Lerchensporn	Corydalis flexuosa	124
Lerchensporn	Corydalis solida	124
Alpen-Nelke	Dianthus alpinus	125
Heide-Nelke	Dianthus deltoides	125
Zwerg-Herzblume	Dicentra eximia	126
Alpen-Silberwurz	Dryas octopetala	127
Sündermann-Silberwurz	Dryas × suendermannii	127
Grasblättrige Büschelglocke	Edraianthus graminifolius	128
Großblumige Elfenblume	Epimedium grandiflorum	128
Wollblatt, Wüsten-Goldaster	Eriophyllum lanatum	129
Walzen-Wolfsmilch	Euphorbia myrsinites	131
Großbl. Frühlings-Enzian	Gentiana acaulis	131
Chinesischer Herbst-Enzian	Gentiana sino-ornata	131
Blut-Storchschnabel	Geranium sanguineum	132
Garten-Nelkenwurz	Geum coccineum	133
Teppich-Schleierkraut	Gypsophila repens	133

Für Steingärten (Fortsetzung)

Deutscher Name	Botanischer Name	Seite
Stauden (Fortsetzung)		
Sonnenröschen	Helianthemum-Hybriden	134
Schwarze Christrose, Schneerose	Helleborus niger	135
Leberblümchen	Hepatica nobilis	135
Habichtskraut	Hieracium aurantiacum	136
Pyrenäen-Drachenmaul	Horminum pyrenaicum	136
Felsen-Schleifenblume	Iberis saxatilis	137
Immergrüne Schleifenblume	Iberis sempervirens	137
Zwerg-Alant	Inula ensifolia	138
Wirbel-Steinwurz, Steinrose	Jovibarba heuffelii	138
Alpen-Edelweiß	Leontopodium alpinum	140
Zwergiges China-Edelweiß	Leontopodium souliei	140
Bitterwurz	Lewisia cotyledon	140
Hellerkraut, Pfennigkraut	Lysimachia nummularia	143
Wald-Scheinmohn	Meconopsis cambrica	144
Blauminze, Katzenminze	Nepeta × faassenii	145
Weißbecher, Weiße Becherblüte	Nierembergia repens	145
Nachtkerze, Missouri-Nachtkerze	Oenothera macrocarpa	145
Kaukasus-Gedenkemein	Omphalodes cappadocica	146
Gedenkemein	Omphalodes verna	146
Drüsiger Klee, Sauerklee	Oxalis adenophylla	146
Sauerklee	Oxalis depressa	146
Bartfaden	Penstemon barbatus	147
Teppich-Phlox, Polster-Phlox	Phlox douglasii	148
Kissen-Phlox, Polster-Phlox	Phlox subulata	148
Teufelskralle, Schopfteufelskralle	Physoplexis comosa	148
Kriechende Jakobsleiter	Polemonium reptans	149
Gold-Fingerkraut	Potentilla aurea	149
Teppich-Primel	Primula-Juliae-Hybriden	150
Rosen-Primel	Primula rosea	151
Kissen-Primel	Primula-Vulgaris-Hybrid.	151
Große Braunelle	Prunella grandiflora	151
Gelber Lerchensporn	Pseudofumaria lutea	151
Gewöhnliche Küchenschelle	Pulsatilla vulgaris	151
Sternmoos	Sagina subulata	154
Seifenkraut, Kleines Seifenkraut	Saponaria ocymoides	155
Pracht-Steinbrech	Saxifraga cotyledon	155
Porzellanblümchen	Saxifraga umbrosa	156
Scharfer Mauerpfeffer	Sedum acre	156
Fetthenne	Sedum floriferum	157
Fetthenne, Pracht-Fettblatt	Sedum spectabile	157
Fetthenne, Kaukasus-Fetthenne	Sedum spurium	158
Kugel-Steinrose	Sempervivum ciliosum	158
Hauswurz	Sempervivum tectorum	158
Woll-Ziest	Stachys byzantina	159
Gamander, Echter Gamander	Teucrium chamaedrys	159
Schaumblüte	Tiarella cordifolia	160
Schaumblüte	Tiarella wherryi	160

Für Steingärten (Fortsetzung)

Deutscher Name	Botanischer Name	Seite
Stauden (Fortsetzung)		
Ehrenpreis	Veronica cinerea	162
Wald-Ehrenpreis	Veronica officinalis	162
Horn-Veilchen	Viola cornuta	162
Duft-Veilchen, März-Veilchen	Viola odorata	163
Dreiblättrige Golderdbeere	Waldsteinia ternata	163
Wulfenie, Kärntner Kuhtritt	Wulfenia carinthiaca	163
Zwiebel- und Knollenpflanzen		
Gold-Lauch	Allium moly	165
Schönes Windröschen	Anemone blanda	165
Schneeglanz	Chionodoxa luciliae	166
Herbst-Zeitlose	Colchicum autumnale	166
Frühlings-Krokus	Crocus biflorus	167
Herbst-Krokus	Crocus speciosus	167
Herbst-Alpenveilchen, Saubrot	Cyclamen hederifolium	167
Winterling	Eranthis cilicica	168
Schachbrettblume, Kiebitzei	Fritillaria meleagris	169
Schneeglöckchen	Galanthus nivalis	170
Spanischer Glocken-Blaustern	Hyacinthoides hispanica	171
Frühlingsstern	Ipheion uniflorum	172
Taurus-Zwiebel-Schwertlilie	Iris danfordiae	172
Frühlings-Knotenblume	Leucojum vernum	172
Armenische Traubenhyazinthe	Muscari armeniacum	174
Narzissen	Narcissus-Hybriden	174
Blaustern	Scilla siberica	175
Gräser und Bambus		
Berg-Segge	Carex montana	181
Blau-Schwingel	Festuca cinerea	184
Bärenfell-Schwingel, Bärenfellgras	Festuca gautieri	184
Blaues Schillergras	Koeleria glauca	184
Alpen-Rispengras	Poa alpina	188
Kopfgras, Herbst-Kopfgras	Sesleria autumnalis	188
Moor-Blaugras, Blaugras	Sesleria caerulea	189
Farne		
Hufeisenfarn, Pfauenradfarn	Adiantum pedatum	190
Hufeisenfarn, Pfauenradfarn, Silberdollar-Frauenhaarfarn	Adiantum peruvianum	190
Mauerraute, Mauer-Streifenfarn	Asplenium ruta-muraria	191
Braunstieliger Streifenfarn	Asplenium trichomanes	191
Feuerlandfarn, Seefeder	Blechnum penna-marina	192
Gemeiner Tüpfelfarn, Engelsüß	Polypodium vulgare	193
Heimischer Glanzschildfarn	Polystichum aculeatum	193
Großer Wimpernfarn	Woodsia obtusa	193
Kräuter		
Echter Lavendel	Lavandula angustifolia	214
Salbei, Garten-Salbei	Salvia officinalis	220
Berg-Bohnenkraut	Satureja montana	221
Tripmadam	Sedum reflexum	221
Echter Thymian, Garten-Thymian	Thymus vulgaris	222

Heckenpflanzen

Deutscher Name	Botanischer Name	Seite
Laubbäume und -sträucher		
Kupfer-Felsenbirne	Amelanchier lamarckii	16
Echte Felsenbirne, Gewöhnliche Felsenbirne	Amelanchier ovalis	16
Buchsbaumblättrige Berberitze	Berberis buxifolia 'Nana'	17
Kugel-Berberitze	Berberis × frikartii 'Amstelveen'	17
Großblättrige Berberitze	Berberis julianae	17
Schmalblättrige Berberitze	Berberis × stenophylla	17
Grüne Hecken-Berberitze	Berberis thunbergii	18
Gewöhnlicher Buchsbaum	Buxus sempervirens var. arborescens	19
Gewöhnlicher Erbsenstrauch	Caragana aborescens	20
Hainbuche, Weißbuche	Carpinus betulus	21
Zierquitte	Chaenomeles-Hybriden	22
Hohe Scheinquitte	Chaenomeles speciosa	22
Weißer Hartriegel	Cornus alba	23
Gewöhnliche Hasel	Corylus avellana	24
Fächer-Zwergmispel	Cotoneaster horizontalis	25
Echter Rotdorn	Crataegus laevigata 'Paul's Scarlet'	25
Eingriffliger Weißdorn	Crataegus monogyna	25
Zierliche Deutzie	Deutzia gracilis	26
Buntlaubige Ölweide	Elaeagnus pungens 'Maculata'	26
Europäisches Pfaffenhütchen	Euonymus europaeus	27
Rot-Buche	Fagus sylvatica	28
Forsythie, Goldglöckchen	Forsythia-Hybride	28
Gemeiner Sanddorn	Hippophae rhamnoides	30
Ball-Hortensie	Hydrangea-Macrophylla-Sorten	30
Stechpalme, Gemeine Hülse	Ilex aquifolium	30
Japanische Hülse	Ilex crenata	30
Kerrie, Ranunkelstrauch	Kerria japonica	30
Kolkwitzie	Kolkwitzia amabilis	31
Ovalblättriger Liguster	Ligustrum ovalifolium	31
Gewöhnlicher Liguster, Rainweide, Zaunriegel	Ligustrum vulgare	31
Gewöhnliche Heckenkirsche, Rote Heckenkirsche, Beinholz	Lonicera xylosteum	32
Gewöhnliche Mahonie	Mahonia aquifolium	33
Mahonie	Mahonia × media 'Winter Sun'	33
Europäischer Pfeifenstrauch	Philadelphus coronarius	35
Garten-Jasmin, Pfeifenstrauch	Philadelphus 'Schneesturm'	35
Blasenspiere	Physocarpus opulifolius	36
Blut-Pflaume	Prunus cerasifera 'Nigra'	37
Kirschlorbeer	Prunus laurocerasus	37
Schlehe, Schwarzdorn	Prunus spinosa	37
Feuerdorn	Pyracantha 'Golden Charmer'	38

Heckenpflanzen (Fortsetzung)

Deutscher Name	Botanischer Name	Seite
Laubbäume und -sträucher (Fortsetzung)		
Rhododendron	Großblumige Rhododendron-Hybriden	38
Zwerg-Rhododendron	Rhododendron-Repens-Hybriden	39
Blut-Johannisbeere	Ribes sanguineum 'King Edward VII'	40
Sal-Weide	Salix caprea	41
Schnee-Spiere, Braut-Spiere	Spiraea × arguta	42
Rote Sommer-Spiere	Spiraea × bumalda 'Anthony Waterer'	42
Silbrige Strauch-Spiere	Spiraea × cinerea 'Grefsheim'	42
Rosa Zwerg-Spiere	Spiraea japonica 'Little Princess'	43
Pracht-Spiere	Spiraea × vanhouttei	43
Schneebeere	Symphoricarpos × doorenbosii 'Amethyst'	43
Königs-Flieder	Syringa × chinensis	43
Winter-Schneeball	Viburnum × bodnantense 'Dawn'	44
Immergrüner Kissen-Schneeball	Viburnum davidii	44
Gewöhnlicher Schneeball	Viburnum opulus	45
Weigelie	Weigela florida 'Nana Variegata'	45
Weigelie	Weigela 'Red Prince'	45
Nadelgehölze		
Scheinzypresse	Chamaecyparis lawsoniana	47
Bastardzypresse	× Cupressocyparis leylandii	48
Latsche, Bergkiefer, Leg-Föhre	Pinus mugo	52
Waldkiefer, Föhre	Pinus sylvestris	53
Eibe, Europäische Eibe	Taxus baccata	54
Japanische Eibe	Taxus cuspidata 'Nana'	54
Becher-Eibe	Taxus × media	54
Abendländischer Lebensbaum	Thuja occidentalis	55
Riesen-Lebensbaum	Thuja plicata	55
Hiba-Lebensbaum	Thujopsis dolabrata	55
Obst		
Stachelbeere	Ribes uva-crispa	246
Himbeere	Rubus idaeus	247
Brombeere	Rubus fructicosus	247
Heidelbeere	Vaccinium corymbosum	249
Japanische Weinbeere	Rubus phoenicolasius	249
Haselnuss	Corylus avellana	251
Kräuter		
Weinraute	Ruta graveolens	219
Echter Thymian, Garten-Thymian	Thymus vulgaris	222
Weitere		
viele Rosensorten		ab 56
Palmblatt-Bambus	Sasa palmata	188

Duftpflanzen

Duftpflanzen (Fortsetzung)

Schattenverträgliche Stauden

Deutscher Name	Botanischer Name	Seite
Wald-Geißbart	Aruncus dioicus	115
Prachtspiere, Japanische Astilbe	Astilbe japonica	118
Große Sterndolde	Astrantia major	118
Kaukasische Sterndolde	Astrantia maxima	118
Lanzen-Silberkerze	Cimicifuga racemosa var. cordifolia	123
Oktober-Silberkerze	Cimicifuga simplex	123
Maiglöckchen	Convallaria majalis	123
China-Lerchensporn	Corydalis flexuosa	124
Lerchensporn	Corydalis solida	124
Herbst-Alpenveilchen, Saubrot	Cyclamen hederifolium	167
Großblumige Elfenblume	Epimedium grandiflorum	128
Schneeglöckchen	Galanthus nivalis	170
Schwarze Christrose, Schneerose	Helleborus niger	135
Leberblümchen	Hepatica nobilis	135
Purpurglöckchen	Heuchera-Gartensorten	135
Rotblättriges Silberglöckchen	Heuchera micrantha 'Palace Purple'	136
Lanzen-Funkie	Hosta lancifolia	136
Blaublatt-Funkie	Hosta sieboldiana	137
Kleine Weißrand-Funkie, Schmalblatt-Funkie	Hosta sieboldii	137
Schneefeder-Funkie	Hosta × 'Undulata Univittata'	137
Goldnessel, Taubnessel	Lamium galeobdolon	139
Gefleckte Taubnessel	Lamium maculatum	139
Kreuzkraut, Japanischer Goldkolben	Ligularia dentata	141
Przewalski-Kerzengoldkolben	Ligularia przewalskii	141
Kriechende Jakobsleiter	Polemonium reptans	149
Großer Salomonssiegel	Polygonatum biflorum	149
Vielblütiger Salomonssiegel	Polygonatum multiflorum	149
Etagen-Primel	Primula bulleyana	150
Teppich-Primel	Primula-Juliae-Hybriden	150
Kissen-Primel	Primula-Vulgaris-Hybr.	151
Gelber Lerchensporn	Pseudofumaria lutea	151
Fiederblättriges Schaublatt	Rodgersia pinnata	153
Gestieltblättriges Schaublatt	Rodgersia podophylla	153
Porzellanblümchen	Saxifraga umbrosa	156
Schöllkrautmohn	Stylophorum diphyllum	159
Chinesische Wiesenraute	Thalictrum delavayi	160
Schaumblüte	Tiarella cordifolia	160
Schaumblüte	Tiarella wherryi	160
Waldsteinie, Golderdbeere	Waldsteinia geoides	163
Dreiblättrige Golderdbeere	Waldsteinia ternata	163

Pflanzen mit auffallendem Wuchs

Deutscher Name	Botanischer Name	Seite
Laubgehölze		
Fächer-Ahorn	Acer palmatum	14
Geschlitzter Silber-Ahorn	Acer saccharinum 'Lacinatum Wieri'	15
Gold-Ahorn	Acer shirasawanum 'Aureum'	15
Strauch-Rosskastanie	Aesculus parviflora	15
Japanische Aralie	Aralia elata	16
Zwerg-Birke	Betula nana	18
Sand-Birke, Weiß-Birke	Betula pendula	18
Gewöhnlicher Buchsbaum	Buxus sempervirens var. arborescens	19
Gewöhnlicher Erbsenstrauch	Caragana aborescens	20
Hainbuche, Weißbuche	Carpinus betulus	21
Baum-Hasel, Türkische Hasel	Corylus colurna	24
Grüne Hänge-Buche	Fagus sylvatica 'Pendula'	28
Schwarzer Maulbeerbaum	Morus nigra	34
Scheinbuche, Südbuche	Nothofagus antarctica	34
Strauch-Pfingstrose, Strauch-Päonie	Paeonia suffruticosa	34
Amerikanische Lavendelheide, Vielblütige Lavendelheide	Pieris floribunda	36
Japanische Lavendelheide	Pieris japonica	36
Robine, Scheinakazie	Robinia pseudoacacia	40
Sommer-Tamariske	Tamarix ramosissima	43
Hänge-Ulme, Lauben-Ulme	Ulmus glabra 'Pendula'	44
Nadelgehölze		
Zwerg-Balsamtanne	Abies balsamea 'Nana'	46
Korea-Tanne, Koreanische Tanne	Abies koreana	46
Araukarie, Chilenische Schmucktanne	Araucaria araucana	46
Zwerg-Muschelzypresse	Chamaecyparis obtusa 'Nana Gracilis'	48
Gelbe Fadenzypresse	Chamaecyparis pisifera 'Filifera Aurea Nana'	48
Grüne Fadenzypresse	Chamaecyparis pisifera 'Filifera Nana'	48
Sicheltanne	Cryptomeria japonica	48
Bastardzypresse	× Cupressocyparis leylandii	48
Mittelmeer-Zypresse	Cupressus sempervirens	48
Schlangen-Fichte	Picea abies 'Virgata'	51
Dreh-Kiefer	Picea contorta	53
Schwerin-Kiefer	Pinus × schwerinii	53
Kanadische Hemlocktanne	Tsuga canadensis	55
Kletterpflanzen		
Großblättrige Pfeifenwinde	Aristolochia macrophylla	88
Amerikanische Trompetenblume	Campsis radicans	88
Chinesischer Baumwürger	Celastrus orbiculatus	89
Glockenrebe	Cobaea scandens	85
Gewöhnlicher Efeu	Hedera helix	89

Adressen und Bezugsquellen

Pflanzen, Geräte, Deko und alles, was Sie im Garten brauchen, bekommen Sie im Gartencenter und in Gärtnereien in Ihrer Nähe. Im Branchenfernsprechbuch finden Sie die Adressen. Nachfolgend haben wir Ihnen eine Adressenliste zusammengestellt, die keinen Anspruch an Vollständigkeit erhebt.

Eine optimale Informationsquelle in allen Pflanzen-Angelegenheiten bietet Ihnen das Gartenforum von MEIN SCHÖNER GARTEN. Adresse: www.mein-schoener-garten.de

Die nachfolgenden Adressen sind nach Postleitzahlen geordnet.

Vereine und Verbände

Bundesverband
Deutscher Gartenfreunde
Platanenallee 37
14050 Berlin
www.kleingarten-bund.de

Landesverband Niedersächsischer
Gartenbauvereine
Bückeburger Str. 11
31655 Stadthagen

Landesverband Hessen für Obstbau, Garten und Landschaftspflege
Finkenweg 19
35606 Solms

Landesverband der Gartenbauvereine Westfalen-Lippe
Postfach 1444
48565 Steinfurt

Verband Rheinischer Gartenbauvereine
Gartenstr. 11
50765 Köln

Bundesverband Dt. Gartenfreunde
Steinerstr. 52
53225 Bonn

Landesverband der Gartenbauvereine Saar/Pfalz
Kaiserstr. 77
66133 Saarbrücken-Scheidt

Baden-Württembergischer Landesverband für Obstbau, Garten und Landschaft
Klopstockstr. 6
70193 Stuttgart

Deutsche Gartenbau-Gesellschaft
Webersteig 3
78462 Konstanz
www.dgg1822.de

Bayer. Landesverband für Gartenbau und Landespflege
Herzog-Heinrich-Str. 21
80336 München

Pflanzenliebhaber-Gesellschaften

Pomologen-Verein e.V.
Bruenlasberg 52
08280 Aue
www.pomologen-verein.de

Deutsche Citrus-Gesellschaft
c/o Peter Klock
Stutsmoor 42
22607 Hamburg

Deutsche Rhododendron-Gesellschaft
c/o Julia Westhoff
Marcusallee 60
28359 Bremen
www.bremen.de/info/stadtgruen/RhodoInfo.htm

Deutsche Dahlien-, Fuchsien- und Gladiolen-Gesellschaft
c/o Bettina Verbeek
Maasstr. 153
47608 Geldern-Walbeck
www.ddfgg.de

Europäische Buchsbaum- und Formschnitt-Gesellschaft
c/o Raphael Witte
Oberstr. 36
52349 Düren

Gesellschaft der Staudenfreunde
Geschäftsstelle
Eichenstr. 5
67259 Beindersheim
www.gds-staudenfreunde.de

Internationale Clematis-Gesellschaft
c/o Walter Hirsch
Hagenwiesenstr. 3
73066 Uhingen
www.dialspace.dial.pipex.com/clematis

Verein Deutscher Rosenfreunde
c/o Hanni Bartetzko
Waldseestr. 14
76530 Baden-Baden
www.rosenfreunde.de

Deutsche Dendrologische Gesellschaft
c/o Hubertus Nimsch
Schauinslandstr. 125
79100 Freiburg

Informationsstellen und Fortbildungsstätten

Gartenakademie – Fachschule für Gartenbau
Soebrigener Str. 3 a
01326 Dresden-Pillnitz

Lennée Akademie für Gartenbau und Gartenkultur
Ministerium für Ernährung, Landwirtschaft und Forsten
Heinrich-Mann-Allee 103
14473 Potsdam

Schulungszentrum für naturgemäßen Land- und Gartenbau
Poppenbüttler Hauptstr. 46
22399 Hamburg

Hessische Gartenakademie – Lehr- und Versuchsanstalt für Gartenbau
Oberzwehrener Str. 103
34132 Kassel

Bildungsstätte des deutschen Gartenbaues
Gießener Str. 47
35305 Grünberg

Beratungszentrum Garten und Pflanze, Lehr- und Versuchsanstalt
Gartenstr. 11
50765 Köln-Auweiler

Hessische Gartenakademie, LVG Wiesbaden
Am Kloster Klarenthal 7a
65195 Wiesbaden

Saarländische Gartenakademie, Landwirtschaftskammer
Lessingstr. 12
66121 Saarbrücken

Informationsstelle der Versuchsanstalt für Gartenbau an der FH Weihenstephan
Am Staudengarten 9
85354 Freising

Bayer. Gartenakademie – Bayer. Landesanstalt für Weinbau und Gartenbau
An der Steige 15
97209 Veitshöchheim

Amtliche Pflanzenschutzberatung

Sächsische Landesanstalt für Landwirtschaft
Fachbereich Integrierter Pflanzenschutz, Referat 63
Alttrachau 7
01139 Dresden

Pflanzenschutzamt Berlin
Mohriner Allee 137
12347 Berlin

Landesamt für Ernährung, Landwirtschaft und Flurneuordnung, Dezernat Pflanzenschutz
Ringstr. 1010
15236 Frankfurt (O)/Markendorf

Landespflanzenschutzamt
Graf-Lippe-Str. 1
18059 Rostock

Institut für Angewandte Botanik, Abt. Pflanzenschutz
Marseiller Str. 7
20355 Hamburg

Pflanzenschutzamt
Westring 383
24118 Kiel

Senator für Umweltschutz und Stadtentwicklung, Pflanzenschutzdienst
Große Weidestr. 4–16
(Postanschrift: Hanseatenhof 5)
28195 Bremen

Lehr- und Versuchsanstalt für Gartenbau
Heisterbergallee 12
30453 Hannover

Landespflanzenschutzamt
Lerchenwuhne 125
39128 Magdeburg

Pflanzenschutzamt der Landwirtschaftskammer Rheinland
Siebengebirgstr. 200
53229 Bonn

Landesanstalt für Pflanzenschutz und Pflanzenbau
Essenheimer Str. 144
55128 Mainz-Bretzenheim
www.pflanzenschutzdienst.de

Hess. Gartenakademie
Am Kloster Klarenthal 7a
65197 Wiesbaden

Pflanzenschutzamt Saarbrücken
Lessingstr. 12
66121 Saarbrücken

Landesanstalt für Pflanzenschutz
Reinsburgstr. 107
70197 Stuttgart

Bayrische Gartenakademie
An der Steige 15
Postfach 1140
97205 Veitshöchheim

Thüringer Landesanstalt für Landwirtschaft, Sachgebiet Pflanzenschutz
Mittelhäuser Straße
99189 Erfurt-Kühnhausen

Samen

GartenShop
Wansdorfer Platz 20
13587 Berlin
www.gartenshop.ws

Thysanotus Samenversand
Uwe Siebers
Bockhorsterdorfstr. 39a
28876 Oyten
www.thysanotus-samenversand.de

Thompson & Morgan
Postfach 10 69
36243 Niederaula
www.thompson-morgan.de

Bio-Saatgut Ulla Grall
Eulengasse 3
55288 Armsheim
www.bio-saatgut.de

Syringa Samen
Postfach 1147
78245 Hilzingen
www.syringa-samen.de

N.L. Chrestensen
Postfach 1000
99079 Erfurt
www.gartenversandhaus.de

Baumschulen

Baumschule Schob
Lößnitzer Str. 82
08141 Reinsdorf
www.schob.de

Baumschule Lorberg
Zachower Straße 4
14641 Tremmen
www.lorberg.com

Lorenz von Ehren
Maldfeldstr. 4
21077 Hamburg
www.lve.de

Baumschule Hachmann
Brunnenstr.68
25355 Barmstedt
www.hachmann.de

Pflanzmich.de
Burstah 13
25474 Ellerbek
www.pflanzmich.de/index.html

Eggert Baumschulen
Baumschulenweg 2–6
25594 Vaale
www.eggert-baumschulen.de

Bruns-Pflanzen-Export
GmbH
26160 Bad Zwischenahn
www.bruns.de

Baumschulen Böhlje
Oldenburger Str. 9
26655 Westerstede

Obstbaumschule
Dr. Ute Hoffmann
Brinkstr. 53
27249 Mellinghausen/Brake

Baumschule Bruno Wenk
Dickenrück
36199 Rotenburg a.d. Fulda

Artländer Pflanzenhof
Fliegerhorst 2
49635 Badbergen

Ahornblatt GmbH
Postfach 1125
55001 Mainz
www.ahornblatt-garten.de

Häberli
Obst- und Beerenzentrum
GmbH
August-Ruf-Str.12 a
78201 Singen
www.haeberli-beeren.ch

Baumschule Baumgartner
Hauptstr.2
84378 Nöham
bei Pfarrkirchen
www.baumgartner-
baumschulen.de

Rosen

Deegen Baumschulen
Deegenstraße 1
07586 Bad Köstritz

Schloßgärtnerei
Gartenbau Lützow
Rosenower Str. 2
19209 Lützow
bei Schwerin
www.schlossgaertnerei-luetzow.de

Rosen Jensen GmbH
Am Schlosspark 2b
24960 Glücksburg
www.rosen-jensen.de

Rosarot Pflanzenversand
Gerd Hartung
Besenbek 4b
25335 Raa-Besenbek
www.rosenversand24.de

W. Kordes' Söhne Rosenschulen
GmbH & Co.KG
Rosenstr. 54
25365 Klein Offenseth-
Sparrieshoop
www.kordes-rosen.com

BKN Strobel
Pinneberger Str. 238
25488 Holm

Rosen Welt Tantau
Tornescher Weg 13
25436 Uetersen

Walther Uhl
Mühlenweg 10
25495 Kummerfeld

Baum- und Rosenschulen
Reinhard Noack
Im Waterkamp 12
33334 Gütersloh

Rosenhof Schultheis
Bad Nauheimer Str. 3–7
D 61231 Bad Nauheim-Steinfurth
www.rosenhof-schultheis.de

Rosen-Union
Steinfurther Hauptstr. 25–27
61231 Bad Nauheim/Steinfurth
www.rosen-union.de

Lacon GmbH
J.-S.-Piazolo-Straße 4a
68766 Hockenheim
www.lacon-rosen.de

Rosengärtnerei Kalbus
Hagenhausener Hauptstr. 112
90518 Altdorf-Hagenhausen
www.rosen-kalbus.de

Stauden

Staudengärtnerei Mann
(auch Kräuter)
Schönbacherstr. 25
02708 Lawalde
www.staudenmann.de oder
www.plantasia.de

Staudengärtnerei
Ernst Pagels
Deichstraße 4
26789 Leer

Staudengärtner Klose
Rosenstraße 10
34253 Lohfelden/Kassel

Staudengärtnerei
Arends Maubach
Monschaustraße 76
42369 Wuppertal-Ronsdorf

Staudengärtnerei
Gräfin von Zeppelin
79295 Sulzburg-Laufen
www.graefin-v-zeppelin.com

Staudengärtnerei Gaissmayer
Jungviehweide 3
89257 Illertissen
www.staudengaissmayer.de

Zwiebelblumen

Hoch Albrecht
Potsdamer Str. 40
14163 Berlin

Albert Treppens
Berliner Straße 84–88
14169 Berlin-Zehlendorf
www.treppens.de

Reinhold Krämer
Postfach 1511
73505 Schwäbisch Gmünd

Bernd Schober
Stätzlinger Straße 94a
86165 Augsburg

Kräuter

Die Kräuterei
Alexanderstraße 29
26121 Oldenburg
www.kraeuterei.de

Rühlemanns Kräuter und Duftpflanzen
Auf dem Berg 2
27367 Horstedt
www.ruehlemanns.de

Kräuterey Lützel
Im Stillen Winkel 5
57271 Hilchenbach

Otzberg Kräuter
Erich Ollenhauer Str. 87a
65187 Wiesbaden

Tausendschön
Hauptstraße 9
74541 Vellberg-Großaltdorf

Syringa Duft- und
Würzkräuter
Bachstraße 7
78247 Hilzingen-Binningen
www.syringa-samen.de

Blumenschule Engler & Friesch
Augsburger Straße 62
86956 Schongau

info@Blumenschule.de

Gärtnerei Treml
Eckerstraße 32
93471 Arnbruck
www.pflanzentreml.de

Wasserpflanzen

Erich Maier
Hansell 155
48341 Altenberge

naturagart
Riesenbecker Str. 63
49479 Ibbenbühren-Dörenthe
www.naturagart.de

Staudengärtnerei
Eckhard Schimana
Waldstr.21
86738 Deiningen

Seerosen-Farm Oldenhoff
Siglmühle 2
94051 Hauzenberg
www.seerosen-farm.de

Balkonpflanzen

Mein grünes Heim
Postfach 1645
21306 Lüneburg
www.meingrunesheim.com

Gärtner Pötschke
Beuthener Straße 4
41561 Kaarst
www.gaertner-poetschke.de

Ahrens & Sieberz
53718 Siegburg-Seligenthal
www.ahrens-sieberz.de

Liebig Jungpflanzen
Kirchspiel 106
59077 Hamm-Pelkum

Baldur-Garten
Elbinger Straße 12
64625 Bensheim
www.baldur-garten.de

Dieter Stegmeier
Unteres Dorf 7
73457 Essingen

Kübelpflanzen

Gärtnerei Siegfried Geißler
Gorschmitz Nr.14
04703 Leisnig/Sachsen

Südflora Peter Klock
Stutsmoor 42
22607 Hamburg

Spezialitätenanzucht
Jürgen Peters
Auf dem Flidd 20
25436 Uetersen
www.alpine-peters.de

Ibero Import
Bahnhofstraße 12
37249 Neu-Eichenberg

www.ibero-import.net

Versandgärtnerei Koitzsch
Arheilger Straße 166
4390 Erzhausen

Rudolf und Klara Baum,
Gärtnerei
(u.a. große Fuchsiensammlung)
Scheffelrain 1
71229 Leonberg

Uhlig Kakteen
Postfach 1107
71385 Kernen

Flora Mediterranea
Königsgütler 5
84072 Au/Hallertau
www.floramediterranea.de

Flora Toskana
Böfinger Weg 10
89075 Ulm/Donau
www.flora-toskana.de

Register

Halbfette Seitenzahlen verweisen auf Abbildungen.

Wichtig: Die Sortennamen finden Sie jeweils unter der Art. Beispiel: Die Apfelsorte 'Boskoop' finden Sie unter Apfel 'Boskoop'.

Impressum

Bildnachweis
Mit 1070 Farbfotos von:

Archiv/Dirk Mann, Grünberg: S. 2 1. Reihe li, Mi li, Mi re, 2. Reihe Mi li, re, 3. Reihe alle 4, 4. Reihe li, Mi li, Mi re,3 1. Reihe li, Mi li, re, untere Reihe li, Mi re, 6 alle 3, 7 oli, 14 li, 15 mi, re, 16 u, 17 oli, ore, 18 li, 19 re, 20 oli, 21 u mi, 24 re, 25 li, o re, 27 mi, 30 li, mi, 31 li, 32 re, 34 Mi u re, 37 re, 38 Mi li, 39 re, 40 Mi re, ure, 41 Mi li, 43 o, 45 li, ure, 47 Mi re, 49 oli, 50 oli, Mi re, ure, 51 Mi u, 52 li, re, 53 ure, 54 Mi o, Mi u, 55 li, Mi li, 83 Reihe 3 alle 4, 85 uli, Mi li, 86 alle 3, 89 alle 3, 90 li, 92 1.Reihe Mi li, 2. Reihe Mi li, 3. Reihe Mi beide, re, 4. Mi re re, 93 1. Reihe Mi re, re, 2. Reihe li, 3. Reihe alle 4, 95 alle 4, 96 li, Mi u, 97 beide, 99 alle 3, 100 Mi u, 101 Mi oli, Mi ure, 102 alle 3, 104 oli, ore, 104 uli, Mi re, 105 alle 3, 108 alle 4, 109 beide, 110 alle 4, 111 alle 3, 112 alle 3, 113 alle 3, 114 alle 4, 115 alle 3, 116 alle 5, 117 alle 6, 118 alle 3, 119 beide, 120 beide, 121 beide, 122 alle 4, 123 alle 4, 125 Mi o, ore, uli, 126 alle 4, 127 alle 4, 128 alle 3,129 alle 5, 130 beide, 131 alle 3, 132 alle 3, 133 alle 4, 134 alle 3, 135 alle 3, 136, 137 alle 5,138 alle 3, 139 alle 4, 140 alle 3, 141 alle 3, 142 alle 3, 143 alle 5, 144 alle 4, 145 beide, 146 uli, Mi o, 147 Mi beide, 148 alle 3, 149 beide, 150 alle 3, 151 beide, 152 alle 4, 153 beide, 154 beide, 155 alle 4, 156 alle 3, 157 beide, 158 beide, 159 alle 4, 160 alle 3, 161 li, Mi u beide, 162 ure, 163 alle 4, 165 alle 4, 166 re, 167 li, 169 ore, ure, 170 beide, 172 re, 175 beide, 176 ore, 178 2. Reihe Mi re, 179 1. Reihe li, 3. Reihe Mi beide, re, Mi li, 182 Mi beide, 183 re, 184 li, 185 alle 3, 186 li, Mi li, re, 189 Mi li, 192 mi, 193 li, ore, 194 2. Reihe re, 206 1. Reihe li, Mi beide, 2. Reihe alle 4, 3. Reihe Mi beide, re, 4. Reihe Mi li, 207 1. Reihe alle 4, 2. Reihe li, 3. Reihe Mi li, 210 alle 3, 211 alle 4, 212 beide, 213 alle 4, 214 alle 3, 215 alle 3, 216 beide, 217 alle 3, 218 alle 3, 219 beide, 220 alle 3, 221 alle 4, 222 alle 4, 223 alle 3, 229 re, 242 Mi uli, 252 1. Reihe alle 4, 253 3. Reihe Mi re, 256 Mi oli, 258 Mi o, re, 259 ore, Mi li, 260 re, 261 beide, 262 li, 263 Mi re, re, 264 uli, 265 ore, li, 269 uli, 270 beide, 271 ure, 272 Mi o, 273 uli, re, 274 re, 277 beide, 278 oli, Mi li, Mi re, 279 Mi o, 280 alle 3, 281 ore, uli; **Michael Bauer, Baden-Baden:** S. 229 oli.; **Baumschule Lorenz von Ehren, Hamburg:** S. 2 1. Reihe re, 15 li, 18 re, 20 ore, 25 u mi, 26 u re, 32 li, 35 mi, 36 Mi re; **Baum- und Rosenschulen, Reinhard Noack, Gütersloh:** S. 56 1. Reihe re, 3. Reihe re, 62 re, 66 Mi li,; **Peter Beck, Stuttgart:** S. 3 Untere Reihe re, 29 Mi re, 49 Mi re, 55 ore, 146 Mi ure, 173 oli, 177 ore, 192 Mi re, 194, 191 1. 3. u. 4. Reihe alle 12, 2. Reihe li, Mi beide, 195 alle 12, 196, 198 alle 3, 199 alle 3, 200 alle 3, 201 alle 3, 202 alle 3, 203 alle 5, 205 alle 4; **BKN Strobel GmbH & CoKG, Holm:** S. 3 1. Reihe Mi re, 7 ure, 56 1. Reihe Mi re, 2. Reihe Mi li, Mi re, re, 3. Reihe Mi li, re, 57 1. Reihe Mi li, 61 Mi li, 63 li, re, 64 uli, ure, 65 Mi li, 66 li, ure, 67 oli, uli, Mi re, ure, 68 oli, 69 o beide, 71 li, o mi, Mi uli, 72 li, 73 re, 75 li, Mi re, 78 Mi re, 80 re; **Ursula Borstell, Essen:** S. 231 li; **Delbard, Commentry, Frankreich:** S. 57 1. Reihe li, 63 Mi ore, 73 oli, 74 ure; **Otmar Dietz, Sulzthal:** S. 252 3. Reihe re; **Christl Eberle, Meersburg:** S. 236 1. Reihe Mi re, 2. Reihe Mi li, re, 3. Reihe Mi re, re, 237 2. Reihe li, re, 240 li, mi, 241 alle 3, 242 oli, 243 alle 5, 244 oli, uli, ore, 245 oli, uli, ure, 247 Mi li, 248 o; **John Foxx Images, Images,** NL-Amsterdam: Seite 4 (Vol. 12, FL 1859), 5 Mi (Vol. 3, FLL1822); **Goodshoot,** F-Annecy-Le-Vieux: 5 li (Nature Details Nr. 66, 36), 5 re (Nature Details Nr. 66, 47); **Martin Haberer, Nürtingen:** S. 46 ore, 178 4. Reihe alle 4, 3. Reihe li; **Häberli Obst- und Beerenzentrum AG, Neukirch-Egnach, Schweiz:** S. 236 1. Reihe Mi li, 2. Reihe li, 3. Reihe li, 4. Reihe Mi li, 237 1. Reihe li, Mi li, 2. Reihe Mi li, 3. Reihe li, 245 ore, 246 alle 3, 247 oli, re, 248 ure; **Kienztler GmbH, Gensingen:** S. 252 2. Reihe Mi re, 255 ore, 256 Mi re, 258 Mi re, 259 ure, 262 Mi re, 263 oli, 265 ure, 266 re, 271 oli; **W. Kordes` Söhne, Klein-Olfenseth-Sparrieshoop:** S. 56 1. Reihe Mi li, 3. Reihe Mi li, 57 1. Reihe Mi re, re, 2. Reihe alle 4, 3. Reihe li, Mi mi li, re, 60 ure, 61 u li, Mi re, re, 63 Mi u, 64 Mi oli, 66 ore, 67 ore, 69 u beide, 70 alle 3, 71 re, 72 Mi o, re, 73 uli, 74 o beide, Mi li, 75 Mi li, re, 77 alle 5, 78 Mi uli, 79 li, Mi li, 80 li, Mi o, 81 alle 4; **Hans E. Laux, Biberach/Riß:** S. 207 3. Reihe li, Mi re, re, 228 Mi ore, 233 re, 264 ure; **Dr. Ulrich Mayr, Bavendorf:** S. 236 1. Reihe li, Mi, re, 2. Reihe Mi re, 3. Reihe li, 4. Reihe Mi re, re, 237 1. Reihe Mi re, re, 3. Reihe Mi beide, re, 240 re, 242 re, 247 uli, 248 uli, ure, 249 beide, 250 oli, uli; **Manfred Pforr, Langenpreising:** S. 232 Mi ore; **Wolfgang Redeleit, Bienenbüttel:** S. 84 uli, 92 1. Reihe Mi re, 103 uli, 107 uli, 147 li, 206 4. Reihe Mi re, 207 2. Reihe Mi beide, re, 224 1. Reihe Mi re, 2. Reihe li, 225 1. Reihe Mi re, 2. Reihe li, Mi re, 3. Reihe li, 252 4. Reihe re, 253 1. Reihe li, 268 oli; **Nils Reinhard Tierfoto, Heiligkreuzsteinach-Eiterbach:** S. 93 2. Reihe re; **Reinhard Tierfoto, Heiligkreuzsteinach-Eiterbach:** S. 2 2. Reihe li, 4. Reihe re, 10 alle 16, 11 alle 12, 12, 14 Mi li, Mi re, re, 16 re, 17 u re, 18 mi, 19 li, 20 u li, u mi, u re, 21 o li, o re, 22 alle 4, 23 beide, 24 li, 26 u li, Mi o, 27 li, re, 28 beide, 29 li, Mi li, re, 30 re, 31 mi, re, 32 Mi li, Mi re, 33 alle 4, 35 li, re, 36 li, Mi li, re, 37 li, 38 li, Mi ore, Mi ure, 39 oli, uli, 40 li, Mi li, 41 uli, 41 ure, 42 alle 3, 43 ure, 44 alle 3,45 re, 46 re u, 47 li, Mi li, 48 alle 4, 49 uli, 50 Mi li, 51 Mi o, 52 Mi li, 53 oli, 54 li, Mi li, 55 Mi re, 59 ore, u re, 82 alle 16, 83 Reihe 1 alle 4, Reihe 2 alle 4, 84 ore, 85 ore, 87 ore, ure, 88 alle 4, 90 Mi uli, Mi re, 91 alle 3, 92 1. Reihe li, Mi re, re, 2. Reihe li, Mi re, 3. Reihe li, 4. Reihe li, 93 1. Reihe li, Mi li, 2. Mi re, re, 94 o, 96 re, 98 alle 3, 100 re, 101 Mi uli, 104 oli, 106 ure, 107 oli, 124 125 oli, 146 re, 161 Mi o, re, 162 Mi o, 164 u, 166 Mi u, 167 mi, re, 168 alle 4, 171 alle 3, 172 li, mi, 173 re, uli, 174 beide, 176 oli, uli, ure, 177 uli, 178 1. Reihe alle 4, 2. Reihe li, Mi li, re, 3. Reihe alle 4, 4. Reihe li, Mi re, re, 179 1. Reihe Mi beide, re, 180 oli, 181 re, Mi u, 182 li, 183 Mi re, ure, 186 Mi re, 187 beide, 188 alle 3, 189 li, Mi re, 190 beide,191 beide, 193 Mi li, 197 beide, 206 1. Reihe re, 3. Reihe li, 208 o, 209 beide, 224 1. Reihe li, Mi li, 3. Reihe Mi beide, 4. Reihe Mi li, 4. Mi re re, 225 1. Reihe li, Mi li, re, re, 3. Reihe Mi re, 226 oli, 227 beide, 228 Mi u, 229 Mi ore, Mi u, 231 re, 233 Mi oli, 234 li, Mi u, 235 Mi li, re, 236 4. Reihe Mi re, 238 beide, 244 ure, 245 Mi ore, 251 alle 3, 252 2. Reihe li, Mi li, Mi re, 4. Reihe li, Mi li, Mi re, 253 1. Reihe Mi li, Mi re, re, 2. Reihe alle 4, 3. Reihe Mi li, re, 254 ore, 256 ore, 257, 260 uli, 262 Mi u, 263 Mi uli, 264 ore, 268 uli, 268 uli, Mi uli, Mi re, re, 272 ure, 273 Mi re, 274 uli, Mi re, 275 beide, 276 alle 3, 278 uli, 279 Mi u, 281 oli; **Ralf Roppelt, Ludwigsburg:** S. 206 4. Reihe li, 224 1. Reihe re, 228 li, 235 oli, 254 uli, 255oli; **Rosenwelt Tantau, Uetersen:** S. 2 2. Reihe Mi re, 56 1.Reihe li, 2. Reihe Mi li, re, Mi re, 57 3. Reihe re, 60 oli, Mi li, ore, 62 Mi o, 65 li, ore, ure, 68 uli, 78 oli, re, 79 Mi ore, ure, 80 Mi uli; **Manfred Ruckszio, Taunusstein:** S. 250 ure; **Friedrich Strauß, Au/Hallertau:** S. 224 re, 4. 225 3. Reihe li, re, 234 re, 235 Mi ure; **Syngenta Seeds GmbH, Kleve:** S. 3 Untere Reihe Mi li, 224 2. Reihe Mi re, 3. Reihe li, re, 225 1. Reihe Mi re, 230 beide, 231 mi, 232 oli, Mi ure, 233 Mi uli; **Syringa/Dietrich:** S. 271 ore; **Wolfgang Willner, Moosburg:** S. 169 oli

Bücher · Kalender · Spiele · Experimentierkästen · CDs · Videos

Natur · Garten & Zimmerpflanzen · Heimtiere · Pferde & Reiten · Astronomie · Angeln & Jagd · Eisenbahn & Nutzfahrzeuge · Kinder & Jugend

Informationen senden wir Ihnen gerne zu

KOSMOS Postfach 10 60 11
D-70049 Stuttgart
TELEFON +49 (0)711-2191-0
FAX +49 (0)711-2191-422
WEB www.kosmos.de
E-MAIL info@kosmos.de

Mit 44 Farbillustrationen von:
Wolfgang Lang, Grafenau-Döffingen: S. 13 alle 3, 58 beide, 59 alle 3, 106 li beide, 226 uli, 255 uli; **Horst Lünser, Berlin:** S. 87, 94, 106 ore, 164 ore, 180 ure alle, 208 uli, 239 alle; **Reinhild Hofmann, München:** S. 196 uli

Umschlaggestaltung Atelier Reichert, Stuttgart, unter Verwendung von sieben Fotos: Vorderseite: W. Kordes` Söhne, Klein-Olfenseth-Sparrieshoop: unten Rose; John Foxx Images: oli (Nature & Animals 2, Vol. 12, FLL 1861), Mi o (Vol 3 FLL 1816), Archiv/Dirk Mann, Grünberg: oli
Rückseite: John Foxx Images: Mi o (Vol 12, FLL 1893); Archiv/Dirk Mann, Grünberg: ore; oli

Gedruckt auf chlorfrei gebleichtem Papier.

Bibliografische Informationen der Deutschen Bibliothek

Die Deutsche Bibliothek verzeichnet diese Publikation in der Deutschen Nationalbibliografie; detaillierte bibliografische Daten sind im Internet über http://dnb.ddb.de abrufbar.

© 2003, Franckh-Kosmos Verlags GmbH & Co., Stuttgart
Alle Rechte vorbehalten
ISBN 3-440-09629-7
Lektorat: Angelika Throll-Keller, Dr. Folko Kullmann, Robert Koch
Grundlayout: Dietmar Grashoff, Lahr
Produktion: Siegfried Fischer
Printed in Czech Republic/Imprimé en République tchèque

Alle Angaben in diesem Buch sind sorgfältig geprüft und geben den neuesten Wissensstand bei der Veröffentlichung wieder. Da sich das Wissen aber laufend in rascher Folge weiterentwickelt und vergrößert, muss jeder Anwender prüfen, ob die Angaben nicht durch neuere Erkenntnisse überholt sind. Dazu muss er zum Beispiel Beipackzettel zu Dünge-, Pflanzenschutz- bzw. Pflanzenpflegemitteln lesen und genau befolgen sowie Gebrauchsanweisungen und Gesetze beachten.

In diesem Buch werden Hinweise zur Naturheilkunde gegeben. Nur auf die beschriebenen Arten trifft die angegebene Verwendung zu, ihr Gebrauch setzt daher ihre sichere Kenntnis voraus. Verschiedene Kräuter, wie z. B. Rosmarin und Salbei dürfen nicht während der Schwangerschaft eingenommen werden.

Die Rechtschreibung der deutschen Pflanzennamen ist nicht eindeutig geregelt. Auch jede Art der Schreibung ist möglich, die Sie sowohl in Fach- als auch in populärwissenschaftlichen Büchern finden werden.

Die Standardwerke für jeden Gartenfreund

Jürgen Wolff (Hrsg.)
Mein schöner Bio-Garten

266 Seiten
560 Abbildungen
Hardcover

ISBN 3-440-09688-2
€ 24,90
€/A 25,60; sFr 42,–

Jürgen Wolff (Hrsg.)
Mein schöner Garten

320 Seiten
647 Abbildungen
Hardcover

ISBN 3-440-09226-7
€ 12,50
€/A 12,90; sFr 21,90

Jürgen Wolff (Hrsg.)
Mit mein schöner Garten gestalten

224 Seiten
400 Abbildungen
Hardcover

ISBN 3-440-08876-6
€ 24,90
€/A 25,60; sFr 42,–

Jürgen Wolff (Hrsg.)
Mit mein schöner Garten durchs Jahr

320 Seiten, 730 Abbildungen, Hardcover
ISBN 3-440-09461-8
€ 12,50; €/A 12,90; sFr 21,90

Das Gartenbuch, das Ihnen bei der Verwirklichung Ihrer ganz persönlichen Gartenwünsche – aber auch bei Problemen – 365 Tage im Jahr zur Seite steht. Arbeitskalender und Nachschlagewerk in einem!

▶ Ein zuverlässiger Begleiter für das ganze Gartenjahr